POPULATION ET SOCIÉTÉS EN AFRIQUE AU SUD DU SAHARA

Sous la direction de Dominique TABUTIN

POPULATION ET SOCIÉTÉS EN AFRIQUE AU SUD DU SAHARA

Avec la collaboration de

Eliwo	AKOTO	Christine	OPPONG
Ahmed	BAHRI	Kasa Asila	PANGU
Joseph	CHAMIE	Gilles	PISON
Catherine	COQUERY-VIDROVITCH	Ian	POOL
		André	QUESNEL
Philippe	FARGUES	Mpembele	SALA-DIAKANDA
Joêl	GREGORY	Ronny	SCHOENMAECKERS
Allan	HILL	Dominique	TABUTIN
Georgia	KAUFMANN	Francine	VAN DE WALLE
Ron	LESTHAEGHE	Etienne	VAN DE WALLE
Thérèse	LOCOH	Wim	VAN LERBERGHE
Dominique	MEEKERS	Dominique	WALTISPERGER

LES COOORDONNÉES DES AUTEURS SONT RASSEMBLÉES EN FIN D'OUVRAGE

ÉDITIONS L'HARMATTAN
5-7, rue de l'Ecole-Polytechnique
75005 PARIS

© L'Harmattan, 1988
ISBN : 2-7384-0146-5

REMERCIEMENTS

Cet ouvrage n'a pu voir le jour que grâce aux encouragements et au soutien financier de plusieurs organisations nationales et internationales et à la participation active de plus d'une vingtaine de scientifiques de diverses nationalités.

Je me dois d'abord de remercier *les institutions* qui, dès le départ, ont soutenu financièrement le projet. Il s'agit tout particulièrement du Fonds des Nations Unies pour les Activités en matière de Population (F.N.U.A.P.), de la Faculté des Sciences Economiques, Sociales et Politiques de l'Université Catholique de Louvain et de l'Institut de Démographie de cette même faculté.

Par ailleurs - et comment leur exprimer ici toute ma gratitude ? - je remercie très vivement *les auteurs* des diverses contributions qui bénévolement et, je crois, avec enthousiasme, ont accepté de consacrer de nombreuses heures de leur emploi du temps, déjà souvent surchargé, à une recherche de synthèse parfois difficile mais qui, pour la plupart d'entre eux, ne fera certainement que confirmer une renommée scientifique déjà largement reconnue dans le monde africain.

Je me dois également de remercier *les Editions l'Harmattan* qui ont accepté l'édition de cet ouvrage sans doute plus austère que beaucoup d'autres.

Enfin, je ne peux oublier le travail considérable, remarquable et souvent ingrat qu'a accompli *Mme Patricia Brise*, de l'Institut de Démographie, en matière de dactylographie et de traitement de texte. Merci aussi à tous mes collègues qui m'ont épaulé moralement dans cette entreprise de longue haleine.

Dominique TABUTIN

Institut de Démographie
Université Catholique de Louvain

INTRODUCTION GENERALE

L'Afrique au sud du Sahara - nous l'appellerons ainsi plutôt qu'Afrique Noire ou Afrique Tropicale - fait désormais régulièrement "la une" de l'actualité. On le comprend aisément au vu de la situation politique et économique et des diverses crises et difficultés que connaît actuellement cette région du monde. Le nombre d'articles ou d'ouvrages de grande presse régulièrement consacrés à ce continent devient important. Par ailleurs, non moins impressionnante est la masse des travaux scientifiques de diverse nature portant sur la région, mais qui malheureusement sont souvent trop peu connus et mal diffusés.

Il en est de même pour la littérature et la recherche consacrées aux problèmes de population, disons à la démographie. Ou ce sont des études très spécialisées, concernant souvent la population d'une région ou d'une ethnie, qui ne sont accessibles qu'aux rares initiés, ou alors, au détour d'un ouvrage consacré au politique ou à l'économique, on trouve un passage sur la démographie, souvent simpliste, catastrophiste et affligeant quant aux solutions proposées. En définitive, *les problèmes démographiques du Tiers Monde, et en particulier de l'Afrique, restent très mal connus* en dehors des quelques spécialistes en la matière. Plus personne pourtant n'oserait nier le rôle crucial de l'évolution de la population dans tout processus de planification sociale et économique. Même les gouvernements africains, dans l'ensemble indifférents ou pronatalistes à tout crin jusque récemment, sont peu à peu convaincus de l'importance de cette variable. De plus en plus d'ailleurs, on associe "population" et "développement".

* *
*

Tout le monde sait que les populations de l'Afrique au sud du Sahara augmentent très rapidement, que le nombre d'enfants par femme y est élevé, que la mortalité sévit cruellement, que les mouvements migratoires sont énormes, que les structures familiales y sont plutôt de type élargi et polygamique... mais en connaît-on beaucoup plus ? De toutes les régions du monde, l'Afrique est la seule à ne pas encore avoir connu de ralentissement de sa croissance démographique. Pourquoi ? Comment ? D'où vient-on ? Où va-t-on ? Quels problèmes cela pose-t-il ou cela va-t-il poser ? Quelles politiques de santé ou de répartition de la population essaie-t-on de mettre sur pied ? Quels sont les obstacles et les résistances au niveau institutionnel ou familial ?...

C'est à cet ensemble de questions que va essayer de répondre ce livre, à mi-chemin entre l'ouvrage scientifique proprement dit et l'ouvrage de vulgarisation. *C'est un essai de synthèse scientifique,* accessible à tout enseignant et chercheur africain ou africaniste et destiné notamment à nos collègues sociologues, économistes, médecins, planificateurs...en prise sur les réalités sociales et économiques d'un monde africain contemporain en pleine mutation.

Il était temps et possible en 1986-87 de faire un bilan relativement complet des connaissances en matière de démographie africaine. Tous les pays de la région sub-saharienne ont en effet, au cours des 15 dernières années, connu une extension considérable de leurs systèmes d'informations statistiques (recensements, enquêtes diverses...). Quoique encore insuffisants et fragiles, ce que divers auteurs de cet ouvrage ne manqueront pas de signaler, ces systèmes permettent néanmoins de faire le point, de prendre le cap, même si en définitive on se pose plus de questions que l'on n'apporte de réponses. Mais c'est le propre de toute démarche scientifique.

*   *
*

Nous avons opté pour la formule de *l'ouvrage collectif* qui a ses avantages et ses inconvénients. Chaque chapitre a été confié à un "spécialiste" de la question, ce qui devrait, en principe, garantir la qualité du texte. On en est d'ailleurs arrivé à un tel niveau de connaissances et à une telle abondance de littérature dans les diverses branches d'une même discipline, dont la démographie, qu'il devient presque impossible à une seule et même personne de tout aborder en profondeur. Mais à cet avantage correspondent des risques réels : peut-être un manque d'homogénéité, une absence de fil conducteur réel, la subjectivité de chaque auteur, inévitable mais ô combien riche, un risque de technicité, toutes choses qui, d'une façon, enrichissent l'ensemble mais, de l'autre, le déforcent. Nous osons espérer que notre relecture attentive des textes a limité ces divers inconvénients.

* *
*

Venons-en plus précisément au plan de l'ouvrage. Il se compose de *18 chapitres* que l'on peut regrouper en quelques grands thèmes. Le chapitre 1 (D. Tabutin) tente une synthèse de l'ensemble. On ne peut comprendre les réalités démographiques et sociales de l'Afrique d'aujourd'hui sans prendre quelque *recul historique* (C. Coquery-Vidrovitch, chapitre 2) et sans dresser un clair *bilan de la croissance démographique récente et prévisible* (Ph. Fargues, chapitre 3).

En Afrique comme ailleurs, la variable-clé en matière de transition démographique demeure *la fécondité des populations*, qui sera abordée tant sous son aspect purement quantitatif (R. Schoenmaeckers, chapitre 4) que sous son aspect sociologique par l'étude des comportements en matière de contraception (E. et F. Van de Walle, chapitre 5) et sous son aspect politique (J. Chamie, chapitre 6), sans oublier un problème encore important dans certaines populations africaines, celui de la stérilité et de l'infécondité (M. Sala-Diakanda, chapitre 7). On ne peut, par ailleurs, discuter de fécondité sans aborder *le mariage*, actuellement en pleine évolution (G. Kaufmann, R. Lesthaeghe et D. Meekers, chapitre 8) et sans en privilégier une forme particulièrement importante en Afrique sub-saharienne, la polygamie (G. Pison, chapitre 9).

La deuxième grande composante de toute évolution démographique est *la mortalité,* qui a certes baissé dans son ensemble (D. Waltisperger, chapitre 10), mais qui demeure très élevée pour les enfants (E. Akoto et A. Hill, chapitre 11). Le bilan des politiques de santé menées jusqu'à présent ne pousse guère à l'optimisme (W. Van Lerberghe et A. Pangu, chapitre 12).

Enfin, comment ne pas privilégier aussi le troisième élément de toute dynamique d'une population : *les migrations,* des campagnes vers la ville ou d'un pays à un autre ? Ces mouvements migratoires et, en corollaire, l'urbanisation sont d'une importance considérable dans les stratégies de survie des familles africaines et le devenir du monde rural (J. Grégory, chapitre 13). Quelques gouvernements ont essayé des politiques de redistribution de la population, mais les résultats concrets n'en sont pas évidents (A. Quesnel, chapitre 14).

Comme partout, les populations, ethnies ou classes sociales de l'Afrique développent des stratégies globales de reproduction biologique et sociale, mais c'est au niveau de la famille que se prennent les décisions, que s'effectue la répartition des tâches entre sexes... Le rôle des *femmes* est particulièrement important : elles sont à la fois des épouses, des mères et des travailleuses (Ch. Oppong, chapitre 15). Mais les *structures familiales* elles-mêmes évoluent rapidement et doivent s'adapter aux transformations idéologiques, économiques et sociales que connaît l'ensemble de la région. Au lieu d'une rupture complète avec le passé, on assiste plutôt à une restructuration et à une adaptation de la cellule familiale à des réalités nouvelles (Th. Locoh, chapitre 16).

Il est enfin bien évident que la croissance démographique importante des populations africaines n'est pas sans conséquences au niveau des politiques et des défis que représentent de plus en plus *l'emploi et l'alimentation* (I. Pool, chapitre 17).

Quant au dernier chapitre de cet ouvrage (A. Bahri, chapitre 18), c'est un ensemble de réflexions sur le long terme, un essai de prospective sociale, économique et politique pour l'*Afrique du 21ème siècle.*

* *
*

Sur le plan de la forme, chaque chapitre se termine par une bibliographie relativement importante sur le problème traité.

Chaque référence, signalée dans le texte simplement par le nom de l'auteur et la date, y est précisément reprise. A la fin de certains chapitres, on trouvera aussi une annexe statistique, composée le plus souvent de tableaux auxquels on fait clairement référence dans le texte.

A la fin de l'ouvrage figurent une note succincte de présentation des auteurs, trois index (matières, noms d'auteurs cités, pays ou ethnies), la liste des figures et des tableaux ainsi que la table détaillée des matières.

Dominique TABUTIN

SOMMAIRE

Page

- Remerciements 5

- Introduction générale 7
  D. TABUTIN

- Sommaire 12

- Quelques cartes de l'Afrique 14

Chapitre 1 : Réalités démographiques et sociales de l'Afrique d'aujourd'hui et de demain : une synthèse 17
  D. TABUTIN

Chapitre 2 : Les populations africaines du passé 51
  C. COQUERY-VIDROVITCH

Chapitre 3 : La transition démographique africaine, bilan depuis 1950 et perspectives 73
  Ph. FARGUES

Chapitre 4 : Les niveaux et tendances de la fécondité 111
  R. SCHOENMAECKERS

Chapitre 5 : Les pratiques traditionnelles et modernes des couples en matière d'espacement ou d'arrêt de la fécondité 141
  E. VAN DE WALLE, F. VAN DE WALLE

Chapitre 6 : Les positions et politiques gouvernementales en matière de fécondité et de planification familiale 167
  J. CHAMIE

Chapitre 7 : L'infécondité de certaines ethnies 191
  M. SALA-DIAKANDA

Chapitre 8 : Les caractéristiques et tendances du mariage   217
G. KAUFMANN, R. LESTHAEGHE et D. MEEKERS

Chapitre 9 : Polygamie, fécondité et structures familiales   249
G. PISON

Chapitre 10 : Les tendances et causes de la mortalité   279
D. WALTISPERGER

Chapitre 11 : Morbidité, malnutrition et mortalité des enfants   309
E. AKOTO et A. HILL

Chapitre 12 : Les politiques de santé et de nutrition   335
W. VAN LERBERGHE et K.A. PANGU

Chapitre 13 : Migrations et urbanisation   369
J. GREGORY

Chapitre 14 : Les politiques gouvernementales de migrations et de répartition de la population   401
A. QUESNEL

Chapitre 15 : Les femmes africaines : des épouses, des mères et des travailleuses   421
Ch. OPPONG

Chapitre 16 : Structures familiales et changements sociaux   441
Th. LOCOH

Chapitre 17 : Population, alimentation et main-d'oeuvre   479
I. POOL

Chapitre 18 : L'Afrique du 21ème siècle   497
A. BAHRI

- Notes sur les auteurs   515
- Index des matières   519
- Index des auteurs   525
- Index géographique et ethnique   529
- Liste des figures   535
- Liste des tableaux   537
- Table des matières   543

L'AFRIQUE SUB-SAHARIENNE DANS LE MONDE

PROJECTION MERCATOR :

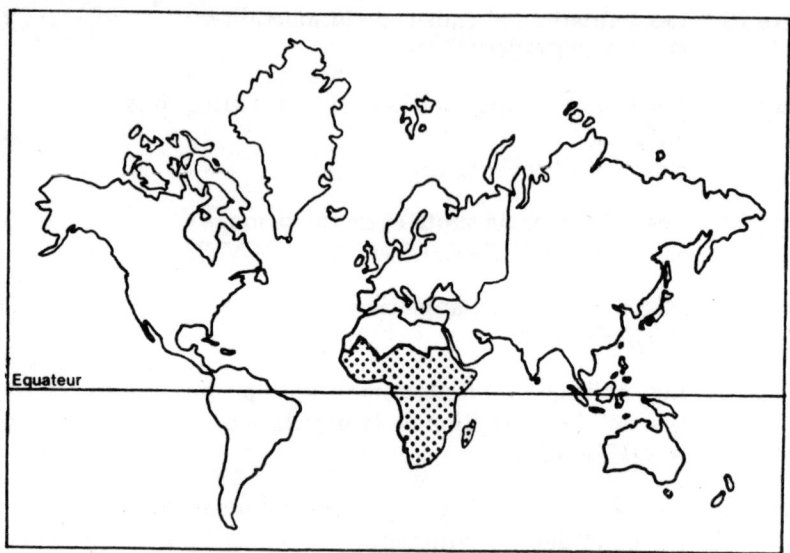

PROJECTION PETERS :

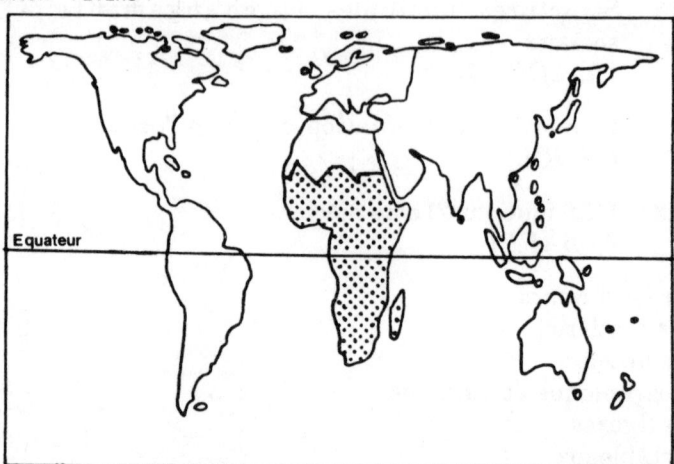

Contrairement à la projection Mercator qui fait de l'Europe le centre du monde, la projection Peters (1974) restitue à chaque région son importance territoriale exacte. L'Afrique y apparaît clairement trois fois plus grande que l'Europe.

CARTE GEOPOLITIQUE DE L'AFRIQUE

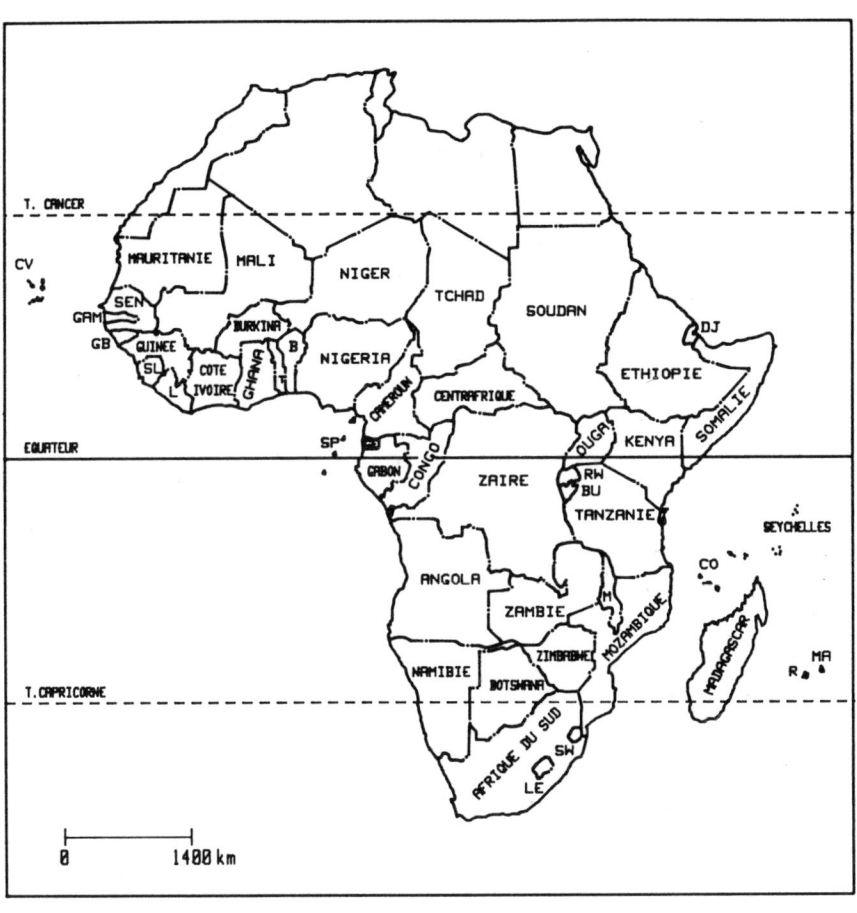

1

REALITES DEMOGRAPHIQUES ET SOCIALES DE L'AFRIQUE D'AUJOURD'HUI ET DE DEMAIN : UNE SYNTHESE

Dominique TABUTIN

> *"Les uns sont dans l'ombre,*
> *Les autres dans la lumière,*
> *On voit ceux qui sont dans la lumière,*
> *Ceux qui sont dans l'ombre, on ne les*
> *voit pas"*
> (B. Brecht, L'opéra de Quat'sous, 1928).

Cet ouvrage est consacré à un examen approfondi des problèmes de population en Afrique sub-saharienne, des caractéristiques et tendances des trois grands phénomènes (la fécondité, la mortalité et les migrations) qui composent toute croissance démographique, de leurs causes et conséquences, et des politiques actuelles qui sont mises en oeuvre dans ce domaine. Mais avant de faire la synthèse de chacun des 17 chapitres qui suivent, quelques généralités et réflexions liminaires.

1. QUELQUES REFLEXIONS ET GENERALITES PREALABLES

On ne saurait commencer sans rappeler que *la période des certitudes scientifiques est bien lointaine et terminée*. Il en est ainsi en démographie comme en bien d'autres sciences sociales, pour nous limiter aux sciences que nous connaissons le mieux. Nous n'irons pas jusqu'à dire que "plus on avance, moins on comprend", mais on peut en tout cas affirmer que "plus les connaissances augmentent, plus la complexité des choses apparaît". En d'autres termes, les "y a qu'à" et les recettes simples n'ont plus cours et la modestie est de rigueur.

Les sciences de la population - disons plus simplement la démographie - sont un excellent exemple en la matière. Il n'y a pas encore si longtemps, on pensait que, pour faire baisser la fécondité d'une population, il suffisait de lui offrir des contraceptifs ou des centres de planning familial ; on pensait qu'à l'image de ce qu'avait connu l'Occident, la croissance économique et l'urbanisation allaient de suite entraîner une chute importante de la natalité, ou encore que la baisse de la mortalité, réelle dans le Tiers Monde à partir des années 1940 et 1950, allait être rapidement suivie d'un déclin de fécondité. Dans le cas de l'Afrique, on prédisait une disparition rapide de la polygamie et la marche vers la famille nucléaire. On pourrait multiplier les exemples d'erreurs ou de simplismes théoriques, qu'on peut considérer comme inhérents à toute progression scientifique, mais qui n'en ont pas moins des conséquences fâcheuses quand on sait que bien des programmes d'actions et bien des financements ont été engagés sur de telles bases.

A l'image pratiquement de ce que les pays industrialisés du Nord avaient connu, on pensait en quelque sorte, et d'aucuns semblent encore le penser, que "la modernisation" des sociétés - l'industrialisation, l'urbanisation, l'éducation, la laïcisation... - allait bouleverser *le système de régulation démographique* et que les pays du Tiers Monde allaient tous connaître le même genre de transition démographique que l'Europe, peut-être plus rapidement même sous l'effet des programmes d'actions en matière de contraception et de santé. De ces visions théoriques ethnocentristes et évolutionnistes (ce que nous avons connu, "les autres" vont le connaître), *on en est peu à peu arrivé à une vision pluraliste des choses, plus ouverte et plus complexe.*

Dans un grand nombre de théories de la transition démographique, forgées pour la plupart dans le monde universitaire occidental, on privilégie toujours le rôle de l'économique. Sans nier son importance, peut-on aujourd'hui considérer le développement économique (et si oui lequel ?) comme le seul facteur forgeant ou transformant les sociétés nouvelles du Tiers Monde et en particulier l'Afrique ?

Dans toute société, le culturel, le social et l'économique sont en constantes interrelations dans un environnement donné. En particulier, *toute société développe son propre système de reproduction* qui détermine un certain équilibre entre sa fécondité, sa mortalité et ses migrations et dont résulte la croissance même de la population. Ce système démographique est lié aux structures familiales de la société (caractérisées par les relations entre conjoints ou entre générations, l'autonomie laissée aux femmes...), avec le système d'alliances et de résidence après le mariage, avec le mode de socialisation... Mais *ce système démographique est dynamique, s'adapte tant bien que mal aux pressions économiques ou sociales, internes ou externes à la société considérée, et il y a une grande diversité de réponses possibles à une nouvelle situation.* Prenons l'exemple simple d'un pays ou d'une région où la densité de population devient telle que les terres manquent pour chacun ; pour faire face à cette pression démographique, la communauté concernée peut, soit diminuer sa fécondité, et elle a le choix entre espacer davantage ses naissances ou pratiquer une contraception d'arrêt définitif plus précoce (vers 35 plutôt que vers 45 ans), soit retarder l'âge au mariage et augmenter le célibat, soit encore faire migrer une partie de sa population. Dans l'histoire européenne, l'Irlande du XIXème siècle avait choisi le célibat et l'émigration, tandis que bien d'autres pays ont plutôt contrôlé leur fécondité dans le mariage.

Toute société repose sur un ensemble de valeurs, de normes et de pratiques, dont le contrôle s'exerce à tous les niveaux de la vie sociale (Etat, communauté, famille), avec chaque fois cependant une marge de manoeuvre plus ou moins grande. En Afrique, le mariage et les pratiques d'espacement entre naissances en sont de bons exemples. Ce contrôle social est, selon les cultures, les religions ou même les systèmes politiques en vigueur, plus ou moins rigide et résistant aux pressions extérieures, à l'occidentalisation, à l'évolution économique ou à la poussée des jeunes générations. Certaines sociétés et, à l'intérieur de chaque société, certains groupes sociaux sont à l'évidence plus perméables que d'autres.

Dès lors, dans tout processus d'explication en matière de fécondité, de migrations et même de mortalité, on ne peut oublier *le rôle décisif des contrôles sociaux qui, tantôt freinent, tantôt accompagnent, voire accélèrent le changement social.* Les facteurs économiques (la crise, par exemple, en Afrique) sont certainement très importants dans la détermination des *stratégies de survie* d'une société ou d'un groupe social, mais on ne peut pour autant négliger les facteurs socio-culturels.

En définitive, *toute transition démographique dans une société, et en particulier son déclin de fécondité (passage d'une forte fécondité dite naturelle à une fécondité contrôlée), n'est qu'un élément d'une transformation plus globale, un élément du changement social.* Cette transition démographique s'accompagne toujours d'une transformation des rapports entre sexes, d'une évolution de la place accordée à l'enfant, d'une réorganisation des structures familiales... Mais, répétons-le encore une fois, fini le simplisme théorique ! Chaque société a son passé, son histoire, son (ou ses) modèle(s) culturel(s), sa stratification sociale et ses structures familiales et économiques.

Mais alors, n'est-ce pas utopique, ou même à la limite naïf, de se lancer dans une synthèse de problèmes pour une région aussi vaste et aussi diversifiée sur les plans culturel (langues, ethnies et religions), écologique (du désert à la forêt), politique et économique ? Dans cet ouvrage, nous gommerons sans doute les spécificités de certaines sociétés, nous laminerons en quelque sorte la diversité, mais il en sortira, nous osons l'espérer, une vision d'ensemble des grands problèmes démographiques et sociaux de l'Afrique d'aujourd'hui et de demain. Comme l'écrivait récemment Edem Kodjo[1] , "il faut que notre continent comprenne que les problèmes auxquels sont confrontés les peuples ne sont pas de nature nationale. Africains, ils ne peuvent trouver qu'une solution africaine".

---

(1) dans... *Et demain l'Afrique,* Stock, 1985, p. 351.

2. LE PASSE DEMOGRAPHIQUE DE L'AFRIQUE : INDISPENSABLE POUR COMPRENDRE LA SITUATION ACTUELLE (2)

Cette histoire démographique du XVIème au XXème siècle demeure encore mal connue, même si bien des progrès ont été réalisés ces dernières années. Les *facteurs climatiques* ont toujours eu une importance considérable dans l'histoire du peuplement africain : pour le seul Angola occidental, on a repéré quelque 170 périodes de sécheresse et d'épidémie entre 1550 et 1830. Au XIXème siècle, la décennie 1820, le début des années 1830 et toute la deuxième moitié du siècle furent particulièrement difficiles (disettes, sécheresses et épidémies). L'introduction progressive en Afrique *de plantes nouvelles* (le manioc, puis le maïs et le haricot et enfin le riz) eut certainement une incidence positive sur la croissance démographique.

Un débat qui demeure actuel est celui de l'importance des *traites négrières* et de leur impact sur les populations africaines. *La traite saharienne* vers le monde méditerranéen fut la plus ancienne (dès l'Antiquité) et la plus durable, avec un trafic total estimé à près de 9 millions de personnes. *La traite atlantique* fut plus concentrée dans le temps et surtout plus massive : elle aurait concerné environ 12 millions d'individus entre 1450 et 1900. Quant à *la traite dans l'Océan Indien,* si elle fut moins importante que les autres (dans les 5 millions de personnes), ses conséquences furent graves en Afrique de l'Est. *Au total, du XVème à la fin du XIXème siècle, ce trafic humain aurait donc porté sur au moins 25 millions de personnes.*

On peut imaginer les drames humains et les conséquences démographiques de cette traite esclavagiste, mais on doit reconnaître qu'il est difficile de les mesurer précisément. Aux départs forcés et à la mortalité parmi les déportés, on doit ajouter les conséquences démographiques et sociales pour les populations qui restaient. On prenait en effet de préférence des jeunes adultes mâles, ce qui entraînait alors un déséquilibre entre hommes et femmes dans les villages et sans doute une moindre fécondité. Ce qui est certain, c'est que *partout où la traite a sévi, les structures et*

---

(2) Chapitre 2 : *Les populations africaines du passé* (Catherine Coquery-Vidrovitch).

comportements démographiques des populations s'en trouvèrent modifiés, mais pas nécessairement dans le sens d'un dépeuplement car il y eut dans certaines régions des réactions d'adaptation et des mécanismes compensatoires, qui peuvent ainsi expliquer comment la Côte nigériane, un grand foyer de traite, est aujourd'hui l'une des régions les plus peuplées d'Afrique.

Tous les historiens s'accordent désormais à reconnaître trois grandes phases dans l'évolution démographique africaine depuis 1850 : une période précoloniale (de 1850 à 1880) de légère croissance démographique mais entrecoupée d'accidents (sécheresses, famines, épidémies), une première période coloniale (1890-1920) qui fut en revanche une période de régression démographique brutale, et enfin une période de reprise démographique depuis 1920 ou 1930. Ces déclins de population entre 1890 et 1920, qui furent importants dans certaines régions comme l'Afrique Centrale, sont dus notamment à la diffusion, avec l'expansion coloniale, de certaines maladies jusqu'alors localisées ou même inconnues.

Il en résulte que, si vers 1650 l'Afrique entière était parmi les zones les plus peuplées du monde (100 millions d'Africains à l'époque contre 113 millions de Chinois et 100 millions d'Indiens), *son importance relative dans la population mondiale va peu à peu diminuer* : elle représentait dans les 20 % du monde vers 1650, 13 % vers 1750, 10 % en 1800 et 9 % en 1960. Il faudra attendre une période récente pour que cette situation se renverse radicalement.

3. UNE CROISSANCE DEMOGRAPHIQUE SANS PRECEDENT DEPUIS 1950 [3]

Il est un fait certain : "*l'Afrique de cette fin du XXème siècle recèle un potentiel de croissance démographique sans précédent dans l'histoire de l'homme ni équivalent contemporain sur d'autres continents* "(P. Fargues). C'est en quelque sorte du jamais vu ; en quelques décennies, l'Afrique au sud du Sahara passera de 450 millions d'habitants en 1985 à plus de 1,4 milliard en 2025. Elle représentait à peine 7 % de la population mondiale en 1950, elle en

---

[3] Chapitre 3 : *La transition démographique africaine, bilan depuis 1950 et perspectives* (Philippe Fargues).

représentera quelque 17 % en 2025. L'Afrique rattrape un "retard" démographique lentement accumulé. *Nous vivons, sans en avoir toujours pleinement conscience, une période de redistribution intensive du peuplement à l'échelle planétaire.*

Mais comment l'Afrique en est-elle arrivée là ? La croissance d'une population est une balance entre sa natalité et sa mortalité[4]. L'équilibre traditionnel ancien entre une natalité et une mortalité toutes les deux élevées, et dont il résultait une croissance faible, est désormais rompu : *la mortalité a en effet sensiblement baissé en Afrique depuis les années 1950, mais contrairement à ce qui s'est passé dans d'autres régions du monde, la natalité n'a pas bougé.* Le résultat arithmétique est que le rythme de croissance des populations africaines dans leur ensemble a fortement augmenté.

Cet accroissement démographique des pays d'Afrique est non seulement très élevé (3 % par an en 1980-85, ce qui, sans changement, conduirait à un doublement de la population tous les 23 ans), mais il va encore avoir tendance à augmenter pendant une quinzaine d'années. Si, un peu partout au monde, on constate une décélération de la croissance démographique depuis une ou deux décennies, on n'a aucun indice permettant de la supposer en Afrique avant le XXIème siècle. *L'Afrique sub-saharienne est donc aujourd'hui dans une situation exceptionnelle qui pourrait même s'accentuer.*

Cela dit, une population n'est jamais homogène, *il y a de profondes différences entre pays, entre régions dans un pays ou entre groupes sociaux.* Autrement dit, les transitions démographiques (déclins de la mortalité et éventuellement de la fécondité) sont plus ou moins avancées selon les zones ou les groupes considérés. Les inégalités en matière de mortalité sont en général importantes entre les milieux d'habitat (urbain et rural), entre les groupes sociaux ou selon le niveau d'instruction. Les différences sont moins fortes en matière de fécondité et pour le

---

(4) Rappelons simplement qu'en l'absence de migrations internationales ou en cas de solde migratoire nul (les entrées égalent les sorties), le taux de croissance d'une population une année donnée est la différence entre son taux de natalité (nombre de naissances pour 1 000 habitants) et son taux de mortalité (décès pour 1 000 habitants).

moment, seuls les citadins les plus instruits ont sensiblement diminué leur nombre d'enfants[5].

La première conséquence de cette absence de déclin de la natalité est *la grande jeunesse des populations africaines,* un fait bien connu : 46 % des habitants du continent ont moins de 15 ans et 2,8 % seulement ont plus de 65 ans. Mais déjà les plus jeunes du monde, *ces populations traversent de surcroît une période de rajeunissement démographique,* et cela durera tant que la natalité se maintiendra. En cela encore l'Afrique sub-saharienne se singularise de toutes les autres régions du monde.

On imagine l'ampleur des efforts à fournir en matière de scolarisation. De plus, l'Afrique n'entrera dans le processus du vieillissement général que dans quelques décennies, quand sa fécondité aura sensiblement baissé, mais d'ici là le nombre de personnes âgées augmentera rapidement (vers 2025, le Nigéria comptera autant de "plus de 60 ans" que l'Allemagne). Là aussi, des politiques de protection sociale spécifiques sont à imaginer au plus tôt.

4. LA FECONDITE LA PLUS ELEVEE DU MONDE[6]

La fécondité est donc la variable cruciale en matière de croissance des populations africaines, et c'est de son évolution que dépend l'avenir démographique de la région. Dans la connaissance de ce phénomène, d'énormes progrès ont été réalisés au cours des quinze dernières années.

Par rapport aux autres grandes régions du monde qui comptent toutes des pays ayant connu un déclin sensible de fécondité, *l'Afrique au sud du Sahara présente à première vue une situation assez homogène au niveau national* : dans pratiquement tous les pays, il y a encore plus de 6 enfants par femme, alors qu'en Amérique Latine et en Asie ce nombre va, selon les pays, de 3 à 7. En fait, cette relative homogénéité de l'ensemble cache bien des diversités, déjà au niveau national (le nombre d'enfants par

---

(5) Mais leur poids est encore si minoritaire que cela n'a guère d'impact sur la fécondité nationale.

(6) Chapitre 4 : *Les niveaux et tendances de la fécondité* (Ronny Schoenmaeckers).

femme varie entre pays de 6 à 8,3) mais surtout au niveau des régions, des ethnies ou des groupes sociaux. Elles sont peut-être moins grandes que dans d'autres régions ou pays du monde, mais elles existent. *Comme partout ailleurs, il n'y a donc pas en Afrique un régime unique de fécondité.* Un certain nombre de normes, par exemple en matière d'espacement entre naissances (allaitement, tabous sexuels...), sont sans doute quasi universelles sur le continent, mais les pratiques peuvent énormément varier selon les structures sociales et familiales, les religions ou l'ouverture vers l'idéologie occidentale des diverses sociétés. Et c'est de cette variété de comportements dans des régimes encore traditionnels de fécondité que viennent ces différences nationales ou ethniques de fécondité.

La fécondité de toute population dépend de trois grands éléments : l'âge de début de la fécondité, directement lié à l'âge au mariage, le modèle d'espacement des naissances et la période de fin de fécondité. En Afrique sub-saharienne, les femmes dans l'ensemble se marient jeunes et ont rapidement un premier enfant, elles pratiquent un espacement assez long entre naissances grâce à l'allaitement et aux tabous post-partum, et elles n'arrêtent souvent de procréer qu'en atteignant la ménopause. La contraception d'espacement ou d'arrêt des naissances y est encore faiblement pratiquée. *Dès lors, il n'est guère étonnant que la fécondité y soit élevée.*

L'espacement entre naissances, en l'absence de contraception, dépend essentiellement de l'allaitement[7] et des coutumes d'abstinence sexuelle après un accouchement. Or on constate que dans l'Afrique actuelle, notamment en ville ou parmi les groupes les plus éduqués, *ces durées d'allaitement et d'abstinence diminuent*. Outre l'impact négatif que cela peut avoir sur la santé des mères et des enfants, *en l'absence de relais par une contraception efficace et largement pratiquée, cela conduit à une augmentation de la fécondité*. C'est ce que récemment on a observé au Kenya, au Nigéria et au Sénégal. C'est en grande partie ainsi que des villes comme Accra ou Dakar ont des fécondités supérieures à celles des milieux ruraux environnants.

---

(7) Plus il est long, plus tardive est la reprise de l'ovulation de la femme et donc plus grande est la période de "protection" de la mère.

La variabilité des comportements de fécondité entre pays, milieux d'habitat ou groupes sociaux n'apparaît pas clairement dans la comparaison des intervalles moyens entre naissances vivantes, que l'on considère comme de bons indicateurs de changement de comportement. Dans les huit pays pour lesquels on dispose de bonnes données en la matière, ils varient peu entre milieux urbains et milieux ruraux, un peu plus selon le niveau d'éducation, mais sans qu'un schéma clair ne se dégage vraiment[8]. En définitive, *les comportements des couples en matière d'espacement des naissances varient encore relativement peu,* et les signes de grands changements ne sont guère évidents dans la majorité des populations.

5. DES MECANISMES TRADITIONNELS D'ESPACEMENT DES NAISSANCES A LA CONTRACEPTION : UN PARI POUR L'AVENIR[9]

"En Afrique au sud du Sahara, peut-être plus que n'importe où ailleurs, les femmes ont une conception claire de ce qui constitue un espacement normal entre les naissances... La durée de l'espacement idéal varie bien entendu, entre 2 et 5 ans, selon l'âge, la parité, les coutumes locales et parfois les goûts personnels. Mais l'opinion publique approuve universellement l'idée d'un intervalle raisonnable, ni trop court, ni trop long" (E. et F. Van de Walle). *Un espacement assez long entre naissances est considéré partout comme un moyen rationnel, d'une part, d'assurer la santé de la mère et de son nourrisson et, d'autre part, de maintenir un équilibre fonctionnel entre les deux rôles de la femme que sont la procréation et la production agricole.* C'est une norme socialement contrôlée et qu'il vaut mieux ne pas enfreindre. Cet espacement entre naissances est réalisé par *l'abstinence sexuelle* et par de

---

(8) On a parfois constance des intervalles selon le niveau d'éducation (Kenya, Soudan, Ghana et Bénin), comme on peut avoir, avec l'augmentation de l'instruction, certaines tendances à la baisse (Cameroun, Côte d'Ivoire et Sénégal) ou même à la hausse (Lesotho) de ces intervalles.

(9) Chapitre 5 : *Les pratiques traditionnelles et modernes des couples en matière d'espacement ou d'arrêt de la fécondité* (Etienne et Francine Van de Walle).

longues périodes d'aménorrhée post-partum dues à un *allaitement prolongé des jeunes enfants.*

Ce n'est qu'assez récemment que l'on a réalisé le rôle parfois important de *l'abstinence sexuelle* dans les déterminants de la fécondité africaine. Cette norme d'absence de relations sexuelles pour le couple après une naissance est encore très répandue en Afrique, mais sa durée varie énormément selon les pays ou les ethnies ; aux extrêmes on a, d'un côté, le Rwanda (quelques semaines) et le Kenya (4,1 mois en moyenne), de l'autre, le Bénin et le Lesotho (18 mois en moyenne)[10]. Les durées les plus longues se rencontrent plutôt en Afrique occidentale et centrale, les durées les plus courtes en Afrique de l'Est. Si ce tabou est dans l'ensemble toujours respecté, sa durée tend cependant à diminuer avec l'urbanisation, l'instruction, mais aussi l'islamisation[11].

Les raisons de cette abstinence sexuelle sont complexes : "impureté" de la femme, santé de l'enfant (le sperme gâterait le lait de la mère), bien-être de la maman... Le plus souvent, le but de l'abstinence est d'abord de garder le plus possible d'enfants en vie. Mais certains y voient aussi une forme de limitation des naissances et un mécanisme d'adaptation aux ressources et à l'environnement, tandis que d'autres lui confèrent plutôt un objectif de contrôle social : l'abstinence ne serait qu'une interdiction parmi d'autres permettant au groupe de contrôler les rapports entre un homme et une femme.

Le rôle de l'allaitement est sans doute encore plus important : il est intensif, prolongé (de 17 à 22 mois en moyenne selon les pays) et partout pratiqué en Afrique. *De par son influence sur la durée d'aménorrhée post-partum, il reste la base du modèle africain d'espacement des naissances.* Mais dans beaucoup de cultures, il ne semble guère employé comme moyen direct d'espacement des naissances et donc de contraception, mais plutôt comme moyen d'assurer le bien-être et la survie de l'enfant. En ce sens, la diminution des durées d'allaitement que l'on constate ici ou là constitue un problème majeur de santé pour les enfants de demain,

---

(10) Chez les Yoruba du Nigéria, on va même jusque vers 3 ans. C'est sans doute le record de durée.

(11) Dans la loi coranique, la règle d'abstinence n'est que de 40 nuits, et il semble bien que partout où l'Islam pénètre en Afrique, on observe un déclin de ce long tabou traditionnel. C'est le cas dans les pays du Sahel.

d'autant plus que s'y ajoutent un rétrécissement des intervalles entre naissances et donc une augmentation de la fécondité des femmes.

Le problème est d'autant plus important que *la contraception moderne en est encore à ses débuts en Afrique sub-saharienne.* Ce n'est pas toujours un problème de connaissances : au Kenya, 91 % des femmes connaissent une méthode moderne, mais 5 % seulement l'utilisent. Un peu partout, il y a encore une grande opposition populaire à la contraception moderne. Les choses changent peu à peu, notamment dans les villes et parmi les jeunes, mais plutôt lentement. En revanche, *les pratiques contraceptives traditionnelles, depuis longtemps connues dans le continent, demeurent très vivantes dans l'Afrique contemporaine.* Elles vont selon les cultures de la continence périodique et du coït interrompu aux pharmacopées diverses à base d'herbes et de plantes. Modernes ou traditionnelles, ces pratiques contraceptives ont essentiellement un objectif d'espacement plutôt que d'arrêt de la fécondité, et en ce sens elles ont assez peu d'efficacité sur la limitation des naissances.

6. UNE SENSIBLE EVOLUTION DES POSITIONS DES GOUVERNEMENTS EN MATIERE DE PLANIFICATION FAMILIALE[12]

Les principes et les prises de position officielles des gouvernements pour ou contre un système de planification des naissances sont importants car ils vont déterminer les actions, les politiques et les moyens qui seront plus ou moins rapidement mis en oeuvre. Et dans ce domaine, les opinions et les idées officiellement affichées ont évolué en Afrique au cours des quinze dernières années.

Entre les deux grandes conférences politiques africaines consacrées à la population (Accra en 1971 et Arusha en 1984), *on est passé de l'indifférence ou même parfois de l'hostilité à toute idée de limiter la croissance démographique à la prise de conscience des pressions et des contraintes qu'exerce cette croissance sur tout effort*

---

[12] Chapitre 6 : *Les positions et politiques gouvernementales en matière de fécondité et de planification familiale* (Joseph Chamie).

de développement. On en est arrivé en 1984 à reconnaître aux couples le droit à l'accès à des services de planification familiale. Mais des recommandations générales aux politiques, il y a un grand pas.

De 1976 à 1983, de plus en plus de pays considèrent que leur fécondité est trop élevée (près de la moitié en 1983), mais 44 % la jugent encore satisfaisante. C'est ce qui ressort des enquêtes régulières des Nations Unies. De plus en plus déclarent aussi avoir une politique d'intervention à la baisse, mais ils ne sont que 28 % en Afrique sub-saharienne contre 42 % dans le reste du monde en développement. D'ailleurs en 1983, près de la moitié des pays africains n'avaient encore aucune politique de fécondité. *Même s'il y a évolution, l'Afrique, par ses voix gouvernementales, demeure donc timide et peu interventionniste en matière de croissance démographique, et en cela elle se distingue assez nettement du reste du monde.*

Cela dit, *les situations varient fort d'un pays à un autre* : si, entre 1976 et 1983, une majorité de pays (60 %) maintiennent leurs positions, le plus souvent de non-intervention, il en est 14 pour changer d'opinions, pour considérer désormais leur fécondité comme trop élevée et pour vouloir faire quelque action en vue de la réduire. La taille du pays n'a pratiquement rien à voir avec les options prises.

La très grande majorité des pays autorisent ou tolèrent les méthodes modernes de contraception. En revanche, l'avortement et la stérilisation sont soit interdits, soit soumis à des conditions sévères. Comme un peu partout, les faits sont souvent en avance sur le droit et on peut espérer une révision d'un certain nombre de législations, ne serait-ce que pour une meilleure protection de la santé des femmes.

7. UN PROBLEME QUE L'ON NE DOIT PAS OUBLIER : LA FORTE STERILITE DANS CERTAINES POPULATIONS

Un paradoxe : si dans son ensemble l'Afrique au sud du Sahara détient le record mondial de fécondité, elle détient aussi celui de la stérilité. Cela ne concerne pas, loin s'en faut, l'ensemble de la région, mais *dans certaines zones et ethnies bien circonscrites, on trouve des proportions de femmes sans enfants*(13) *rarement rencontrées ailleurs.* Que tous les groupes Mongo au Zaïre, que les Douala, les Haoussa, les Yaoundé et les Peuls au Cameroun ou encore les Nzakara en Centrafrique(14) aient entre 10 et 20 % de leurs jeunes femmes qui ne puissent avoir d'enfants constitue un véritable drame au niveau de ces sociétés comme au niveau des couples. C'est sans doute le plus grand malheur qui puisse arriver à une femme ou à un couple que de ne pouvoir procréer ou de n'avoir que peu d'enfants, et on en imagine aisément les conséquences en termes de frustration, résignation, instabilité des mariages, dislocation des ménages...

Ce problème, essentiellement africain, est assez récent : il se serait accru et diffusé dans une partie du continent avec l'expansion coloniale et l'introduction concomitante des maladies vénériennes. *C'est aussi un phénomène bien circonscrit et évoluant dans des limites ethniques bien définies* : l'ethnocentrisme et l'endogamie auraient constitué des obstacles majeurs à une diffusion plus large du fléau.

Le phénomène a atteint sa gravité maximale dans les années 1940 et 1950. Depuis, il a régressé, grâce entre autres à la lutte antivénérienne qui a été menée par les autorités coloniales dans les années 1950 en Haute-Volta, au Cameroun et au Zaïre(15). *Mais même s'il est moins important aujourd'hui qu'hier, le problème est toujours là dans certaines ethnies, latent et menaçant, avec ses conséquences multiples sur le plan psychologique, social et économique.*

8. LE MARIAGE : UNE INSTITUTION UNIVERSELLE MAIS AUX MULTIPLES VISAGES (16)

En Afrique, le mariage est toujours un phénomène social assez précoce et universel, et son rôle est de première importance

---

(13) ou ayant peu d'enfants.

(14) pour ne citer que ceux-là.

(15) La régression de cette stérilité est d'ailleurs à l'origine de l'augmentation de la fécondité que l'on observe ici ou là en milieu rural.

(16) Chapitre 8 : *Les caractéristiques et tendances du mariage* (Georgia Kaufmann, Ron Lesthaeghe et Dominique Meekers).

pour la fécondité : c'est pratiquement toujours dans le mariage que se constitue la descendance. Mais la nuptialité est un phénomène qui varie beaucoup selon la conjoncture, selon les niveaux d'éducation, selon les ethnies ou les religions... Dès lors, suivre l'évolution de l'âge au mariage, du célibat, du remariage ou des types de mariage (monogamique, polygamique) et en examiner la variabilité spatiale ou sociale est d'un intérêt évident pour qui cherche des indices de changement, peut-être précurseurs du processus de transition de la fécondité.

L'Afrique n'est pas du tout homogène en matière de nuptialité. Tandis que les femmes se marient encore jeunes (autour de 17 ans) au Sahel et dans les savanes de l'Ouest et du Centre, elles se marient généralement un peu plus tard tout le long de la côte Atlantique (dans les 19 ans) ou en Afrique de l'Est. De même, les différences d'âge entre époux varient beaucoup (de 3 à 11 années en moyenne) selon les régions. Enfin la polygamie n'est pas partout aussi présente : elle l'est beaucoup plus en Afrique de l'Ouest qu'en Afrique de l'Est ou australe. Un seul trait commun à toute l'Afrique[17] : tout le monde se marie au moins une fois, à de rares exceptions près.

Cela dit, partout l'âge au premier mariage des hommes et des femmes s'est élevé au cours des quinze dernières années, et l'écart d'âge au mariage entre les deux sexes s'est maintenu dans l'ensemble. En revanche, *on constate une relative stabilité de la polygamie;* au niveau national, elle varie assez peu depuis une vingtaine d'années, mais cela cache parfois, comme au Zaïre, des évolutions régionales divergentes.

L'instabilité du mariage est grande en Afrique subsaharienne, en raison soit du divorce, soit du veuvage : selon les pays, de 30 à 50 % des femmes mariées se retrouvent veuves ou divorcées de leur premier mariage avant l'âge de 50 ans. Dans l'ensemble des ruptures d'unions avant cet âge, veuvage et divorce ont à peu près le même poids. Mais, là aussi, il y a une grande diversité régionale : par exemple, on divorce pratiquement deux fois plus au Ghana et au Sénégal qu'au Kenya ou au Lesotho, mais on s'y remarie beaucoup plus.

---

(17) A l'exception peut-être du Lesotho où le célibat est un peu plus important en raison des migrations masculines de travail vers l'Afrique du Sud.

En définitive, et contrairement à ce qu'on a pu dire il y a quelques décennies, *"loin d'adopter le système de mariage européen, les systèmes africains de nuptialité semblent toujours aussi robustes, s'adaptant simplement au changement social et aux difficultés économiques croissantes "* (G. Kaufmann et autres).

On manque encore beaucoup d'éléments explicatifs de cette variabilité et de cette évolution des modèles africains de nuptialité. Partout l'urbanisation et l'éducation féminine sont en relation avec l'âge au mariage, mais les variables d'organisation sociale, comme la division sexuelle du travail, le système d'héritage et peut-être surtout le statut de la femme semblent aussi jouer un rôle important.

9. LA POLYGAMIE : UNE FORME TOUJOURS IMPORTANTE DU MARIAGE[18]

Comment pourrait-on parler de nuptialité africaine sans s'arrêter un instant sur une de ses formes qui en fait une caractéristique de la région : la polygamie[19] ? En effet, *elle est extrêmement importante dans certaines populations africaines* (parfois plus de 50 % des femmes mariées sont dans cette situation), et cela peut sans doute avoir un impact sur les structures familiales, mais aussi sur la fécondité.

Mais tout d'abord, comment peut-on expliquer la polygamie puisque hommes et femmes naissent à peu près en nombres égaux et que tout le monde se marie ? Bien des explications fantaisistes ont été données à ce problème. En fait, *le phénomène suppose les mécanismes démographiques suivants qui apparaissent clairement dans le cas des Peul Bandé du Sénégal : une différence d'âge au premier mariage assez importante entre hommes et femmes* (celles-ci étant alors plus nombreuses que ceux-ci sur le marché matrimonial) et *un remariage des femmes après veuvage ou*

---

(18) Chapitre 9 : *Polygamie, fécondité et structures familiales* (Gilles Pison).

(19) Pour simplifier les choses, G. Pison utilise ici le mot polygamie dans le sens courant du terme : la situation où plusieurs femmes ont le même époux. En anthropologie, on la qualifie de polygynie, la polygamie désignant alors la forme de mariage où un individu (homme ou femme) est marié à plusieurs individus en même temps.

divorce rapide et important. L'émigration et la surmortalité masculines renforcent aussi la supériorité numérique des femmes. On n'explique pas ainsi la polygamie, mais on en donne les conditions démographiques.

La polygamie est un phénomène qui a énergiquement résisté aux missionnaires, aux colonisateurs, puis aux législations des Etats africains indépendants. Cette résistance ne vient pas seulement de l'attachement des pouvoirs masculins à ce privilège, mais s'explique aussi par une relative inertie des phénomènes démographiques à la base des systèmes matrimoniaux. Une brusque évolution des choses bouleverserait totalement le marché matrimonial dans ces sociétés polygames.

Une question depuis longtemps débattue est celle de l'influence de la polygamie sur la fécondité. Est-ce pour la reproduction un système plus efficace que la monogamie ? Dans ce genre de questions, on doit distinguer deux niveaux : l'individuel et le collectif. *Au niveau individuel,* une femme mariée à un polygame aura-t-elle moins d'enfants qu'une femme mariée à un monogame ? *Au niveau collectif,* une société où la polygamie est importante n'est-elle pas plus féconde qu'une société monogame ? Au vu des quelques études dont on dispose et contrairement aux idées admises, *la polygamie n'a guère d'effet sur la fécondité d'une femme.* En revanche, il semble bien, au moins en Afrique de l'Ouest, que *les sociétés polygames aient une fécondité plus forte que les sociétés monogames.* Un déclin de la polygamie contribuerait donc sans doute à la baisse de la fécondité.

Enfin la polygamie rend plus complexes les structures de parenté, accentue les différences d'âge entre apparentés, favorise le remariage... *C'est un système amplificateur des inégalités ou des déséquilibres inhérents à toute société.*

10. LA MORTALITE : DES PROGRES PLUS LENTS QUE PREVU[20]

En Afrique sub-saharienne, comme partout dans le monde, *la mortalité a sensiblement baissé au cours des trente dernières*

---

[20] Chapitre 10 : *Les tendances et causes de la mortalité* (Dominique Waltisperger).

années : l'espérance de vie moyenne des Africains est passée de quelque 36 ans vers 1950 à 50 ans aujourd'hui, tandis qu'en Asie elle passait de 45 ans à 59 ans et en Amérique Latine de 52 à 66 ans. Incontestablement, on vit en Afrique plus longtemps aujourd'hui qu'hier. *Mais cette région dans son ensemble conserve la position la plus défavorisée dans le monde.* Elle accroît même légèrement son retard par rapport à l'Asie. Comme le souligne bien D. Waltisperger, le recul de la mortalité y a été plus lent que ce que l'on escomptait, et de plus en plus de pays progressent moins vite que la moyenne mondiale.

Mais *ce bilan général quelque peu négatif cache des évolutions régionales assez différentes* : les régions de l'Ouest et du Centre, déjà les plus défavorisées dans les années 1950, ont vu leur retard augmenter par rapport aux autres, tandis que les régions Est et Sud enregistraient les progrès les plus substantiels. De même entre pays, on a une diversification croissante des progrès. Autrement dit, *les inégalités entre régions ou entre pays, qui sans doute ont toujours existé, loin de s'estomper, ont plutôt tendance à s'accentuer.*

Les inégalités sont encore plus flagrantes à l'intérieur des pays, notamment entre monde urbain et monde rural, entre niveaux d'éducation ou entre classes sociales. Entre les extrêmes, on peut atteindre de 15 à 20 ans d'écart d'espérance de vie. En matière de santé, l'Afrique, elle non plus, n'échappe pas à cette croissance des inégalités entre groupes sociaux.

On manque encore de données pour pouvoir étudier de façon approfondie les structures par âge des mortalités africaines. Peu de pays ont des tables nationales de mortalité auxquelles on peut se fier. A l'exception de la Réunion et de Maurice, il semble bien que *l'Afrique, particulièrement de l'Ouest, se caractérise par une mortalité entre 1 et 5 ans nettement supérieure à ce que l'on constate autre part*. Nous reviendrons sur ce problème de mortalité des enfants. Par ailleurs, comme c'est le plus fréquent, *les femmes vivent un peu plus longtemps que les hommes (de 3 à 7 années)*, mais elles connaissent une certaine surmortalité aux âges de fécondité (entre 15 et 30 ans), surtout en Afrique de l'Ouest.

Mais *de quoi meurt-on en Afrique au sud du Sahara ?* Les grandes causes de mortalité n'ont pas fondamentalement changé au cours des deux ou trois dernières décennies, et on retrouve toujours les maladies diarrhéiques, la rougeole, les infections respiratoires aiguës, le tétanos, le paludisme (toujours là)[21] ... tout cela sur fond d'une malnutrition croissante aux multiples conséquences.

11. LA SURVIE DES ENFANTS : UNE SITUATION TRES PREOCCUPANTE[22]

C'est en Afrique sub-saharienne que les enfants meurent le plus : un sur huit ou neuf disparaît avant son premier anniversaire ; un sur cinq ou six n'atteint pas ses cinq ans. Là encore, ces moyennes pour l'ensemble du sous-continent cachent bien des disparités entre régions, entre groupes sociaux, entre milieux écologiques ou d'habitat. La mortalité infantile des campagnes est deux à trois fois plus élevée que celle des capitales. Les classes sociales urbaines les plus privilégiées ont une mortalité infantile sept à huit fois plus basse que les paysans... *Ces inégalités ont actuellement tendance à s'accentuer.*

En Afrique comme ailleurs dans le Tiers Monde, *les causes à l'origine de ces fortes mortalités des enfants sont complexes et multiples*. Elles relèvent de l'environnement (climat, altitude...), du biologique (âge et fécondité de la mère, intervalle entre naissances), de l'économique (revenu, niveau de vie ou d'éducation des parents...) ou encore du culturel (par exemple, toutes les sociétés n'ont pas les mêmes comportements et pratiques face à telle ou telle maladie).

Un âge précoce à la première naissance, un âge avancé à la dernière, un intervalle assez court entre deux naissances et donc *une fécondité élevée* augmentent sensiblement les risques de mortalité des enfants. En ce sens, une politique d'espacement ou de limitation des naissances ne peut avoir qu'un impact positif sur la survie des enfants. Un facteur crucial bien connu est *l'allaitement au sein,* qui protège et augmente la résistance de l'enfant, et qui heureusement est très pratiqué en Afrique. Mais on peut être inquiet

---

(21) Sans parler du SIDA, en passe de devenir rapidement une cause de mortalité assez importante.

(22) Chapitre 11 : *Morbidité, malnutrition et mortalité des enfants* (Eliwo Akoto et Allan G. Hill).

de la diminution des durées d'allaitement qu'on observe un peu partout, de la plus grande précocité des sevrages partiels chez les femmes qui travaillent à l'extérieur. *Il y a un déclin des soins maternels intensifs qui étaient une caractéristique de l'Afrique d'hier.* On peut être d'autant plus inquiet que souvent les régimes alimentaires de sevrage ne sont pas adéquats pour l'enfant. On entre alors facilement dans le cycle infernal malnutrition-infections-décès. *La prématurité et le faible poids à la naissance* sont deux autres grands facteurs de risque pendant les premiers mois de vie. Ils sont liés au mauvais état nutritionnel des mères, à leurs trop nombreuses activités pendant la grossesse et au manque de consultations et de surveillance prénatales. En ces matières, bien des progrès restent à faire.

En définitive, comme le disent A. Hill et E. Akoto, "il est à craindre que la santé des jeunes Africains, dont on ne mesure que le risque extrême avec la mortalité, ne demeure un véritable problème pour bien longtemps".

12. DES POLITIQUES DE SANTE A LA HAUTEUR DES PROBLEMES ?[23]

"Les cinq années à venir pourraient être déterminantes pour les politiques sanitaires en Afrique. Il est évident qu'il y a un manque criant de ressources et le danger d'un retour en arrière est réel ; à nouveau, la problématique de la santé serait réduite à un problème de maladies et celle du développement à la fourniture de techniques médicales" (W. van Lerberghe et K.A. Pangu). *C'est une inquiétude profonde, un cri d'alarme des spécialistes de santé publique ou au moins d'une grande partie d'entre eux.* Comment en est-on arrivé là ?

On ne peut comprendre les politiques récentes de santé en Afrique, leurs paradoxes, leurs échecs, mais aussi certaines de leurs réussites sans brièvement les resituer dans l'histoire de la région. Du début de la pénétration coloniale à 1918, ce fut essentiellement une médecine militaire, pour les troupes, pour l'administration coloniale et accessoirement pour les colons. Rien

---

(23) Chapitre 12 : *Les politiques de santé et de nutrition* (Wim van Lerberghe et Kasa Asila Pangu).

de spécifique pour les populations africaines jusqu'au moment (vers 1915-1920) où l'on se rend compte que la dégradation de l'état de santé des "indigènes" va à l'encontre des intérêts coloniaux (production et productivité). C'est alors que se développent, dans les villes, les premiers services de santé centrés autour de l'hôpital et du dispensaire, notamment près des mines ou des plantations et le long des chemins de fer. Mais en 1946, après une cinquantaine d'années d'action médicale, il n'y avait en tout et pour tout, pour l'ensemble des colonies françaises, le Togo et le Cameroun, que 23 hôpitaux, 542 dispensaires et quelque 680 médecins ou auxiliaires médicaux (européens et africains).

Les indépendances n'ont pas fondamentalement remis en cause le modèle colonial d'organisation sanitaire. On a bien entendu "africanisé" et essayé d'élargir l'accès aux services existants, mais la philosophie de base est restée la même : le développement de grands centres hospitaliers urbains (fort coûteux) et l'extension parallèle du réseau sanitaire rural, mais sans y accorder une priorité financière. C'est l'époque des grands programmes *"verticaux"* de lutte contre les principales endémies. *Mais la crise des années 1970 est là,* comprimant encore davantage les budgets alloués à la santé. L'extension des réseaux sanitaires ruraux est freinée, tandis que l'on essaie de maintenir le fonctionnement des hôpitaux urbains. Parallèlement, les masses rurales et les populations récemment urbanisées connaissent une dégradation progressive (et parfois spectaculaire) de leurs conditions de vie. La demande de soins est croissante en ville comme à la campagne, il y a urgence... mais comment y répondre ?

Cette inadéquation de plus en plus évidente entre besoins et ressources, qui n'est pas propre à l'Afrique, a conduit, au niveau international, à une révision totale des politiques sanitaires et à la définition *d'une nouvelle stratégie dite des Soins de Santé Primaires,* discutée à la fameuse conférence d'Alma Ata en 1978. Rompant radicalement avec le modèle urbain et hospitalier classique, cette stratégie veut intégrer santé et développement, reconnaît une priorité au monde rural, se veut décentralisée et "démédicalisée", nécessite la participation active des communautés locales... Cette nouvelle option a fait l'unanimité parmi les organismes internationaux comme parmi les gouvernements, et elle a ranimé bien des enthousiasmes et des énergies en Afrique comme ailleurs. Dans les discours et déclarations, il y a eu incontestablement une réorientation vers cette stratégie des soins de santé primaires, mais dans les faits, il y a plutôt eu un immobilisme ou une quasi-impuissance des pouvoirs officiels.

En Afrique, cette stratégie a le plus souvent avorté ou échoué depuis 1980 et la situation continue à se dégrader ; bien sûr, la récession économique des années 1979-83 a réduit les budgets des Etats, bien sûr les conflits armés ici ou là ou les désastres écologiques, comme les sécheresses du Sahel et de l'Afrique australe, ont bloqué bien des choses, mais il y eut aussi parfois de fortes résistances structurelles et politiques à cette nouvelle stratégie et à ce qu'elle impliquait (remise en cause du pouvoir médical classique, priorité aux masses rurales, participation des populations...).

Face à l'urgence des problèmes, à la dégradation de la situation sanitaire et nutritionnelle et à l'échec des grands programmes gouvernementaux, on voit de plus en plus se développer, ces dernières années, *des actions et des projets à petite échelle,* le plus souvent financés par des organisations non gouvernementales (O.N.G.) et guère intégrés aux systèmes de santé existants. Ils répondent à une demande locale, ils sont souvent pertinents dans leurs objectifs... mais peuvent-ils résoudre les problèmes à plus long terme sans articulation avec le système national de santé ?

Comme le soulignent bien W. van Lerberghe et K.A. Pangu, ce foisonnement de projets n'est qu'un des reflets de l'impuissance des Etats africains à développer des politiques de santé cohérentes, une impuissance qui est due à la dépendance financière, au manque de cadres nationaux, parfois à des choix politiques, souvent à une lourde bureaucratie gouvernementale. Il n'est pas non plus certain que la récente stratégie *des soins de santé primaires sélectifs,* une sorte de dérive de la première vers des objectifs bien ciblés (vaccination, réhydratation orale...), résolve demain les problèmes de santé qui en Afrique s'aggravent et dont la multicausalité ne fait plus de doute pour personne.

13. LES MIGRATIONS ET L'URBANISATION : UNE COMPOSANTE DES STRATEGIES DE SURVIE[24]

Là encore, un recul historique semble indispensable pour comprendre les tendances et les caractéristiques récentes de ces deux phénomènes. Phénomènes on ne peut plus importants dans les stratégies de survie économiques et sociales des communautés et familles africaines. Phénomènes complexes, tant dans leur mesure que dans leur causalité.

Comme d'abord Joël Grégory nous le rappelle, les premières grandes migrations internationales (et forcées) d'Africains remontent à *la traite esclavagiste,* qui durera jusque dans la seconde moitié du XIXème siècle. On les connaît d'ailleurs mieux que les migrations internes de l'époque. Entre 1880 et 1945, les entreprises et les administrations coloniales ont eu un grand besoin de main-d'oeuvre. *Ce fut le travail forcé du début du siècle, qui sera peu à peu remplacé par le travail volontaire,* tout cela se traduisant par des migrations temporaires et saisonnières de travailleurs. *C'est à partir de 1945 que vont s'intensifier les mouvements migratoires spontanés et l'urbanisation,* avec le développement de grandes villes comme Dakar, Accra, Lagos, Nairobi, Léopoldville..., avec les besoins de main-d'oeuvre des plantations de Côte d'Ivoire, de Tanzanie ou du Kenya et avec l'extension des industries minières au Shaba ou en Afrique du Sud. *Tous ces mouvements vont non seulement se poursuivre, mais s'intensifier après les indépendances des années 1960 :* par exemple, du Sahel vers les régions côtières et notamment la Côte d'Ivoire, du Mozambique, du Malawi, du Lesotho et du Botswana vers l'Afrique du Sud et le Zimbabwe d'aujourd'hui, des pays environnants vers le Gabon et le Cameroun.

Ces migrations entre pays se doublent d'importantes migrations intercontinentales : du Cap Vert vers les Etats-Unis, du Mali, de Mauritanie et du Sénégal vers la France, de l'Afrique de l'Est anglophone vers le Royaume-Uni. A cela ajoutons *le problème dramatique des réfugiés,* d'Ethiopie vers la Somalie et le Soudan, du Tchad vers le Cameroun, le Nigéria ou la Centrafrique,

---

[24] Chapitre 13 : *Migrations et urbanisation* (Joël Grégory).

d'Angola vers le Zaïre... L'Afrique est sans doute la région la plus confrontée à ce drame humain.

Si, en matière de migrations africaines, on manque encore de données statistiques (compte tenu de l'importance du problème), en revanche on connaît mieux le phénomène d'urbanisation. *L'Afrique demeure l'une des régions du monde les moins urbanisées, mais le taux de croissance des villes y est actuellement très rapide* : des 7 à 10 % de croissance annuelle y sont monnaie courante. En l'an 2000, il y aura en Afrique dix fois plus de citadins que vers 1950.

Ces migrations, internes ou internationales, provoquent inévitablement des changements dans l'ordre social et familial. Pour la grande majorité des Africains, la famille demeure en effet le point fondamental de référence sur les plans affectif et économique. Une grande partie de l'Afrique rurale vit de sa production domestique intensive, sur la base d'un travail non rémunéré, qui implique une division du travail par sexe et par classes d'âge. Tout départ, de jeunes hommes le plus souvent, affaiblit le système productif local. Ce peut même être une menace pour l'autorité paternelle jusqu'alors incontestée, le jeune accroissant son autonomie et échappant un peu plus à la domination directe des aînés. Mais ce peut aussi être un élément de stabilisation économique par le revenu qu'en retour cela procure à la communauté, comme ce peut être aussi une sorte de "soupape de sécurité" pour l'ordre social traditionnel dans la mesure où ce sont les plus contestataires qui partent. Dans l'ensemble, les relations entre villes et campagnes sont toujours très intenses et beaucoup d'échanges (en nature ou en numéraire) ont lieu dans l'un et l'autre sens. Tout cela fait partie d'une stratégie explicite de survie de la communauté ou du ménage.

14. LE QUASI-ECHEC DES POLITIQUES DE REPARTITION DE LA POPULATION [25]

La population au sud du Sahara est très diversement répartie à l'intérieur du continent : il n'est qu'à voir une carte des densités.

---

[25] Chapitre 14 : *Les politiques gouvernementales en matière de migrations ou de répartition de la population* (André Quesnel).

Les facteurs écologiques n'expliquent pas tout : l'histoire coloniale et certaines des politiques de développement mises en oeuvre depuis les indépendances ont privilégié des régions, des villes, notamment les capitales. D'ailleurs en 1980, aucun gouvernement ne considérait comme appropriée la répartition de sa population, et comme l'écrit A. Quesnel, "il n'y a pas de politique migratoire stricto sensu, qu'il s'agisse de colonisation de terres neuves ou de mouvements encadrés de retour à la terre, alors que toute politique de développement, sectorielle ou non, a des effets sur la mobilité". En revanche, tous les gouvernements ont un objectif prioritaire : ralentir les migrations vers la métropole.

En Afrique, il n'existe guère de politiques nationales d'aménagement du territoire à proprement parler. Il y a des politiques en matière d'infrastructures, des projets locaux de développement, des politiques sectorielles d'investissement public, des mesures ponctuelles... toutes choses qui ont un effet sur la mobilité de la population. "Ce n'est pas tant la pertinence de ces secteurs d'intervention qui est en cause que l'absence d'articulation des politiques, voire leurs contradictions entre elles" (A. Quesnel). De plus, les politiques élaborées privilégient le plus souvent la production industrielle plutôt que la production agricole, l'espace urbain (chômage et insécurité obligent) plutôt que l'espace rural, la capitale plutôt que le reste du pays. *Cela conduit irrévocablement à accroître encore les disparités entre régions et entre milieux urbain et rural, et par là même à accélérer le mouvement vers les villes.*

La stratégie des pôles de développement des années 1970 visait une meilleure répartition nationale du développement. On espérait même qu'elle stabiliserait les populations et limiterait les mouvements vers la capitale. Mais les parcs et zones industriels ont souvent été installés près de très grandes villes (rentabilité oblige) et n'ont pas créé la dynamique d'emplois attendue. On s'est aussi tourné vers *les villes secondaires,* souvent étape intermédiaire de la migration vers la capitale. Mais bien peu ont su retenir les populations migrantes. On s'est de plus en plus orienté vers *le développement rural,* inscrit dans tous les plans de développement africains et mentionné dans tout discours politique : en créant des emplois, en favorisant les prix des productions agricoles, en créant des infrastructures scolaires et sanitaires, on essaie de retenir les populations dans leur milieu d'origine. Sous ce type de politique, il y a un objectif explicite d'aménagement rural qui doit s'accompagner de déplacements de populations (par exemple des terres très peuplées vers des régions moins denses) et favoriser les productions agricoles. On a développé dans ce sens une multitude de projets, mais le plus souvent au niveau régional, sans grande coordination nationale. La seule expérience véritablement nationale de développement rural a été tentée par la Tanzanie. Si certains de ces projets ont certes amélioré les conditions de vie en milieu rural, pratiquement aucun n'a fixé les jeunes dans leur milieu, ni empêché les migrations vers les grandes villes ou la capitale, en Tanzanie comme ailleurs.

Quant aux politiques en matière de migrations internationales, "on est entre le laissez-faire et de temps à autre la coercition" (A. Quesnel). Dans l'ensemble, les gouvernements ne sont pas a priori favorables à de grands mouvements de population avec les pays voisins, mais peu interviennent véritablement, sauf ponctuellement en cas de crise économique ou politique grave où l'expulsion devient la règle (le Ghana en 1969, le Nigéria en 1982). La plupart des pays n'ont guère le choix : les pays "riches" (la Côte d'Ivoire, par exemple) ont besoin de main-d'oeuvre, les plus pauvres (les pays du Sahel) en ont trop. Mais la crise frappe aussi les grands pays exportateurs de matières premières et de produits agricoles (Ghana, Côte d'Ivoire, Gabon...). Les possibilités d'emplois se raréfient, les tensions sociales augmentent,... l'étranger est de trop. Après une longue période de laissez-faire, peut-on s'attendre à une moindre liberté de circulation des personnes et des biens, ce qui irait peut-être à l'encontre des projets d'unification économique régionale ?

15. LES FEMMES : UN ROLE ESSENTIEL, UN STATUT A AMELIORER[26]

"Des épouses, des mères et des travailleuses" (Ch. Oppong) : cela résume l'ensemble des fonctions sociales que doit assumer la

---

[26] Chapitre 15 : *Les femmes africaines : des épouses, des mères et des travailleuses* (Christine Oppong).

femme africaine[27] . Ces dernières années, de nombreux pays de la région ont amélioré leur législation en matière d'égalité sexuelle et de protection de la femme, comme beaucoup ont ratifié un certain nombre des conventions internationales proposées par le B.I.T. (Bureau International du Travail). Mais "dans les faits il demeure une profonde ségrégation dans l'accès à l'éducation et à l'emploi, et les vies des unes et des autres demeurent profondément différentes" (Ch. Oppong).

Non seulement l'Afrique, dans son ensemble, a les taux de scolarisation les plus bas du monde, mais les inégalités entre garçons et filles y sont importantes, et qui plus est, elles ont, semble-t-il, tendance à augmenter ces derniers temps. Autrement dit, les filles profitent beaucoup moins que les garçons des progrès réalisés. Elles sortent assez vite du système scolaire pour s'occuper de la fratrie, travailler à la maison, aux champs ou dans le petit commerce avant de se marier et d'avoir leurs premiers enfants. L'Afrique sub-saharienne est ainsi la région du monde où la fécondité entre 15 et 20 ans est la plus forte. Fécondité certes précoce, mais parfois aussi "illégitime" de ces jeunes femmes, notamment en milieu urbain : cette *fécondité des adolescentes,* qui provoque toujours de grands drames humains et peut conduire à l'avortement ou à l'abandon d'enfants, préoccupe un nombre croissant de gouvernements.

Mariage, enfants, mais aussi *travail* : en Afrique Noire, plus de 50 millions de femmes, soit le tiers de la population active totale, sont engagées dans une activité économique, agricole, commerciale ou relevant d'un secteur plus moderne, à l'extérieur ou à l'intérieur du ménage. *L'Afrique est bien connue pour sa forte participation féminine à l'activité économique nationale.* Mais les secteurs modernes demeurent essentiellement masculins, même si dans les services et l'industrie, la part des femmes a un peu augmenté ces quinze dernières années. Elles sont plus nombreuses dans le secteur public que dans le secteur privé. Mais la crise est là et le nombre d'emplois n'augmente guère ces dernières années : *sur un marché de l'emploi urbain qui se dégrade, l'inégalité des chances entre hommes et femmes s'affirme encore davantage, en Afrique comme ailleurs.*

---

(27) Ce pourrait être dit de bien d'autres régions du monde.

En milieu rural, c'est une autre affaire : pratiquement toutes les femmes participent, d'une façon ou d'une autre, à la production agricole et à son commerce. Dans tous les pays africains, entre 40 et 50 % des travailleurs agricoles sont des femmes. Cette participation féminine dans l'agriculture aurait même tendance à augmenter. Ce sont elles notamment qui de plus en plus assurent les productions vivrières de base, tandis que les hommes ont plutôt tendance à privilégier les cultures de rapport. Toujours sous-estimé dans les statistiques officielles, ce rôle économique fondamental des femmes ne doit pas être oublié dans les projets de développement agricole : "on doit leur permettre de se former, de s'équiper et d'avoir accès au crédit" (Ch. Oppong).

Quant aux travaux domestiques, les femmes en assurent pratiquement l'entièreté : la préparation des repas, la recherche du bois et de l'eau, qui ici ou là exige un temps et une énergie considérables, les soins aux enfants... Dans cette organisation du travail familial, *beaucoup repose aussi sur le travail des jeunes* : ils ont, surtout en milieu rural, une utilité économique certaine ; cela constitue encore un des facteurs favorisant une forte fécondité.

Une amélioration du statut de la femme passera par l'éducation, par l'emploi (stable et bien rémunéré), par une moindre fécondité, par un changement de ses fonctions économiques, par une évolution des structures familiales... en définitive par *ces changements structurels que, tôt ou tard, l'Afrique devrait connaître.*

16. UNE ADAPTATION DES STRUCTURES FAMILIALES AUX REALITES SOCIO-ECONOMIQUES[28]

"Des évolutions, voire des bouleversements, il y en a, comme il y en a probablement toujours eu. Les structures familiales ont leur propre vie, leurs mécanismes d'adaptation ou de résistance aux changements. Si elles ont pu être, dans le passé, relativement figées dans des normes admises par tous... elles sont actuellement prises dans une dynamique économique, sociale, politique, démographique qui exige des transformations, des règles nouvelles".

---

[28] Chapitre 16 : *Structures familiales et changements sociaux* (Thérèse Locoh).

Voilà clairement résumée par T. Locoh la problématique actuelle des relations entre structures familiales et structures socio-économiques dans un contexte qui bouge.

Quelques chiffres d'abord. *Les grandes familles sont toujours une réalité africaine* : dans l'ensemble de la région, une personne sur deux environ vit dans un ménage de plus de six personnes. *On constate même entre 1965 et 1975 une augmentation de la taille moyenne des ménages, et on trouve de plus en plus de grands ménages.* On ne marche donc guère vers la famille nucléaire. Au vu des données dont on dispose[29], il semble que les grandes unités domestiques, regroupant plusieurs noyaux familiaux, sont plus fréquentes en Afrique de l'Ouest qu'en Afrique Centrale ou de l'Est : elles représentent 30 % des ménages urbains au Tchad, 36 % du total des ménages au Ghana et 42 % au Congo. Cela traduit la grande circulation des individus, soit pour le travail et la scolarisation (les plus jeunes), soit pour l'hébergement (parents âgés). Par ailleurs, *la très grande majorité des chefs de ménage (de 70 à 94 %) sont des hommes.* Mais les femmes sont un peu plus nombreuses à assumer cette responsabilité dans les sociétés matrilinéaires, ou alors après 40 ou 45 ans, âges à partir desquels beaucoup sont veuves ou divorcées.

La circulation des personnes entre familles est de pratique courante en Afrique. Elle ne concerne pas seulement les adolescents et les adultes, mais également les enfants. "Les traditions lignagères selon lesquelles un enfant ne dépend pas seulement de ses parents biologiques mais de l'ensemble du segment de lignage, favorisent la circulation des jeunes d'un ménage à l'autre. Tous les adultes y ont intérêt" (T. Locoh). Pour les parents directs, c'est une "charge" temporaire en moins ; pour la famille qui accueille, ce peut être une aide supplémentaire. Les aînés installés sont assez souvent appelés à héberger des cadets... Au Sud-Togo ou à Abidjan, ce phénomène des *enfants confiés* est assez important.

Mais pour mieux comprendre leur dynamique, comment peut-on caractériser les structures familiales africaines ? T. Locoh dégage sept grandes caractéristiques permettant d'éclairer leur fonctionnement, qu'ici nous ne ferons que citer : 1) l'organisation

---

[29] Assez peu nombreuses, non en raison du manque de sources (recensements et enquêtes) mais en raison de leur sous-analyse quant à ce problème.

familiale préférentielle est celle de grandes unités domestiques, 2) la forte fécondité reste un objectif prioritaire, 3) les familles sont des unités de reproduction, mais aussi de production et de répartition des revenus, 4) les solidarités lignagères l'emportent sur les solidarités conjugales, 5) l'union s'inscrit dans la perspective polygamique, 6) le contrôle des anciens sur les jeunes est de règle dans la reproduction comme dans la production et 7) les relations entre hommes et femmes sont inégalitaires.

Chacune de ces grandes caractéristiques peut être plus ou moins affectée par une évolution de la société, de ses valeurs et de ses normes, sous l'effet des changements sociaux et économiques ou des contacts avec d'autres cultures ou d'autres religions. Quelques exemples. *La baisse de la mortalité* interfère avec les relations entre conjoints, entre parents et enfants et entre générations : elle diminue le veuvage et augmente la durée de vie des couples, elle accroît le temps de coexistence des générations successives et maintient plus longtemps le contrôle des anciens sur les jeunes. *De nouveaux modes de production et de revenu se développent* : le système général de production agricole d'antan, extensive, sur des terres plus ou moins collectives et sous l'autorité des anciens, est ici ou là battu en brèche ; on voit s'étendre l'appropriation privative des terres avec transmission aux descendants, ainsi que l'économie de plantation avec vente des produits et revenus afférents, dont les surplus échappent en grande partie au contrôle des anciens. Sans parler des nouveaux secteurs des industries et services et du secteur informel qui se développent dans les villes. *La migration en ville et la scolarisation* créent aussi des aspirations nouvelles, tant sur le plan économique que sur les plans culturel et affectif : souci d'éducation personnalisée des enfants, autonomie plus grande, contrôle de la fécondité, choix du conjoint, aspiration à la monogamie...

Dans l'Afrique actuelle, cela n'entraîne pas un rejet systématique ou un abandon radical des divers éléments de la vie familiale traditionnelle ; on assiste plutôt à une restructuration et à une adaptation à des réalités nouvelles ... et la famille est toujours présente et agissante dans les nouvelles formes de vie sociale" (T. Locoh). Bien sûr, cela ne se fait pas sans paradoxes, sans conflits ou sans tensions entre sexes ou entre générations.

17. L'ALIMENTATION ET L'EMPLOI : DEUX PROBLEMES PRIORITAIRES[30]

Si la démographie n'est pas à l'origine des graves problèmes économiques et agricoles que connaît l'Afrique, la croissance actuelle de la population exerce une pression énorme sur les ressources et constitue un défi pour les gouvernements en matière de besoins essentiels (santé, emploi, éducation et alimentation).

"Pratiquement tous les témoins de la crise aiguë que traverse l'Afrique actuelle sont d'accord sur un point : l'accroissement de la production alimentaire doit être considéré comme une priorité parmi les nombreux problèmes à résoudre" (I. Pool). L'amélioration des productions agricoles en vue de l'autosuffisance alimentaire est un objectif largement proclamé, mais rarement atteint. On en est même loin : entre 1970 et 1976, c'est en Afrique sub-saharienne que la production agricole a augmenté le moins vite (1,3 % par an contre 2,4 % pour le monde entier), et c'est la seule région du monde où la production alimentaire par habitant a diminué (- 1,4 % par an)[31]. *Certes la situation varie selon les régions, mais nulle part elle n'est satisfaisante : partout on a un déséquilibre entre la production et la population.* C'est un bilan pessimiste pour la période actuelle, mais qui est à relativiser pour l'avenir, dans la mesure où on ne cultive qu'une petite partie des terres cultivables. Mais par ailleurs, c'est aussi en Afrique que les populations qui ne produisent pas mais consomment (les jeunes de moins de 10 ou 15 ans et les vieux) vont augmenter le plus rapidement d'ici l'an 2010. De plus, ce n'est pas l'urbanisation (qui crée des consommateurs) qui diminuera sensiblement la pression démographique dans les campagnes.

Quant à la population en âge de travailler, autrement dit la main-d'oeuvre disponible ou la population active, sa croissance va être très rapide dans les 20 ou 30 prochaines années, de loin la plus rapide au monde : elle va pratiquement doubler entre 1980 et l'an 2000. En maintenant les taux d'activité actuels, il faudrait une croissance des emplois de 3,2 % par an pour faire face à la seule croissance de la population. Sans parler du chômage, très important

---

(30) Chapitre 17 : *Population, alimentation et main-d'oeuvre* (Ian Pool).

(31) Il est à craindre qu'avec des statistiques plus récentes on ait des résultats encore plus négatifs.

et mal connu sur le plan statistique et qui, pour sa résorption, nécessiterait bien des emplois nouveaux. Les jeunes de 15 à 25 ans arrivant sur le marché du travail seront particulièrement nombreux pendant quelques décennies[32]. Ce sont déjà ces jeunes qui actuellement connaissent le chômage et le sous-emploi. Qu'en sera-t-il demain si le marché du travail ne s'élargit guère ?

La population active a une tâche extrêmement lourde en Afrique, car c'est elle qui doit faire vivre une grande partie de la population, d'un côté la masse des jeunes, de l'autre les personnes âgées dont le nombre va sensiblement augmenter. Le rapport de ces inactifs aux actifs est nettement plus élevé en Afrique qu'ailleurs : on y compte à peu près un actif pour un inactif contre quatre actifs pour trois inactifs dans le reste du Tiers Monde et deux pour un dans les pays du Nord. Alors qu'ailleurs ce rapport va avoir tendance à baisser d'ici l'an 2000, il augmentera encore légèrement en Afrique sub-saharienne. Tout cela n'est que le résultat du maintien de la fécondité à un niveau élevé et de la grande jeunesse des structures d'âges.

Quelles solutions envisager pour répondre à ces deux grands défis que constitueront de plus en plus l'alimentation et l'emploi ? Ian Pool se montre sceptique sur l'efficacité des stratégies de développement agricole jusqu'alors développées (priorité au secteur d'exportation au détriment des cultures vivrières), comme il l'est sur les projets à grande échelle. Et il termine ainsi : "s'il existe des solutions ou des alternatives, elles se réaliseront au niveau local ou communautaire, dans des petits projets plutôt que dans des projets à grande échelle, tels que l'Afrique en a déjà connu aussi bien pour l'alimentation que pour l'emploi et qui n'ont presque jamais réussi. Des évolutions profondes et durables peuvent surgir d'innovations plus modestes, plus locales et moins radicales que celles qui peuvent être planifiées à un niveau central".

---

[32] Il suffit de regarder quelques pyramides d'âges et quelques chiffres donnés au chapitre 3 par P. Fargues.

18. ET POUR DEMAIN, QUELLES PERSPECTIVES ? [33]

"L'avenir est-il engendré par le passé ? Que nous réserve-t-il ?... A quoi va donc ressembler l'Afrique du 21ème siècle ?". Ahmed Bahri nous engage dans une série de réflexions générales sur le long terme. D'un côté, de plus en plus "de voix autorisées qui réclament un grand dessein pour le continent, une perspective à la hauteur de ses ressources, de sa taille géographique... A l'opposé, des millions d'individus marginalisés... dont la seule préoccupation est de survivre au jour le jour".

Ces dix dernières années, il y a eu quelques grands exercices de prospective et de réflexion à long terme pour la région, dont les résultats vont du pessimisme le plus complet à un optimisme relatif. Si l'on prolonge les tendances des vingt-cinq dernières années en matière économique et sociale (chômage, revenu, production, calamités naturelles...), on aboutit inexorablement à "la crise" dès 2010 ou 2020. *Si rien ne change, on aboutira à une situation bien plus critique et complexe que la situation actuelle, avec des conséquences totalement imprévisibles aux niveaux social et politique.* Une urbanisation de près de 50 %, un déficit alimentaire énorme, une érosion des sols importante, une avancée du désert et un recul de la forêt impressionnants, un épuisement (ou un faible rapport) de certaines ressources naturelles... Bref, si tout se poursuit comme auparavant, l'Afrique de demain sera beaucoup plus pauvre et démunie que vers 1950. Il y aurait bien sûr quelques îlots de prospérité, mais, pour l'ensemble des peuples, la vie serait encore beaucoup plus difficile qu'aujourd'hui.

Mais, selon A. Bahri, ce scénario est purement spéculatif. *Certes l'Afrique a deux grands handicaps : son écologie et son peuplement.* Les obstacles climatiques et pédologiques sont sérieux, mais ne sont pas insurmontables, même si la lutte est de longue haleine. L'assistance extérieure peut jouer un rôle important, mais elle doit "être insérée dans un cadre adéquat et naturel". En revanche, *cette région présente des avantages certains ;* on cite souvent *ses ressources naturelles et minières* (encore qu'il faille distinguer les ressources renouvelables de celles qui ne le sont pas) ; on peut ajouter *sa population* (handicap sans doute par sa

---

(33) Chapitre 18 : *L'Afrique du 21ème siècle* (Ahmed Bahri).

pression sur la demande sociale, mais avantage si on la considère comme ressource mobilisable), *la volonté politique des pays africains d'unification économique* (elle sera difficile et sans doute lente, mais elle est indispensable à l'avenir). *Le progrès technique ?* c'est son acquisition et sa maîtrise qui font, par exemple, la différence entre certaines régions de Chine et certaines régions africaines situées dans le même contexte écologique. Il faut non seulement convaincre les paysans de son utilité, mais surtout leur permettre d'y adhérer et d'en retirer quelque profit. La responsabilité des Etats est grande pour l'avenir.

Et c'est à un certain optimisme que nous convie A. Bahri dans sa conclusion :

> *"Les événements ont la mémoire courte, mais mémoire tout de même. Lorsque la volonté de survie existe, lorsque des potentialités latentes sont à portée de main, nul n'est besoin de désespérer... la confiance dans l'avenir doit être restaurée".*

2

LES POPULATIONS AFRICAINES DU PASSE

Catherine COQUERY-VIDROVITCH

> *"Il est essentiel que nous soyons nourris de notre culture et de notre histoire si nous voulons créer cette personnalité africaine qui doit être la base intellectuelle de notre avenir panafricain"*
> (Kwamé N'Krumah)

L'histoire démographique de l'Afrique demeure fort mal connue. Depuis quelques années néanmoins, les travaux, surtout de langue anglaise, se multiplient. L'évolution démographique apparaît sur le continent africain à la fois très contrastée et tout à fait originale en longue durée, si on la compare à ce que l'on connaît ou pressent des autres continents.

1. LES FACTEURS ECOLOGIQUES

1.1. Les variations climatiques de longue durée

Les sociétés africaines précoloniales étaient constituées de communautés - pastorales ou agraires pour la plupart, plus localement de chasse, de cueillette ou de pêche - caractérisées entre autres par un très faible niveau technologique. Les gens étaient donc étroitement soumis aux contraintes d'une nature sujette à des déséquilibres fréquents, notamment en raison d'une vulnérabilité pluviométrique quasi généralisée, se manifestant par une alternance de sécheresses accentuées ou au contraire de pluies trop abondantes.

Grâce aux travaux des préhistoriens en Afrique orientale et australe (Kenya, Tanzanie, Afrique du Sud), on subodore que la constitution géologique des grandes failles nord-sud du Rift a rassemblé sur le versant oriental plus sec les conditions favorables à l'émergence de *l'homo sapiens* (M. Coppens, 1985).

Dans les temps historiques, la récurrence de longues années de sécheresse, comme celles qui ont périodiquement affecté le continent au XXe siècle, est attestée depuis longtemps. Des recherches récentes, axées sur l'étude conjointe des traditions orales de chronologies dynastiques qui peuvent remonter jusqu'aux Xe et XIe siècles et des niveaux de décrue du Nil Blanc (connus par les Egyptiens depuis le VIIIe siècle) ont notamment permis d'avancer *l'hypothèse d'une corrélation positive entre l'histoire démographique et politique et l'histoire climatique de la zone ougandaise* : les phases de transition et de déclin des tribus et des clans de l'aire interlacustre coïncideraient avec celles de malaises écologiques provoqués par les grandes phases de sécheresse (J.B. Webster, 1979).

De même, les Portugais ont repéré en Angola occidental quelque 170 sécheresses et épidémies[1] entre 1550 et 1830. Aux sécheresses majeures, qui prenaient en écharpe l'ensemble du continent africain, d'Ouest en Est, de l'Océan Atlantique à la Corne de l'Afrique, semblent correspondre des bouleversements structurels sociaux et politiques : ainsi, au tournant des XVIe et XVIIe siècles, la "Révolution Jaga" coïncida avec l'effondrement de l'agriculture qui favorisa l'émergence d'une couche de guerriers (les Imbangala) dont le pillage devint le mode de vie et qui furent ainsi largement utilisés par les Portugais dans la traite des esclaves. De même, la crise de la fin du XVIIIe siècle (des sécheresses répétées de 1784 à 1793) a favorisé la reprise de la mainmise portugaise, dans la mesure où les populations atteintes ont afflué vers les foyers plus densément peuplés du Centre-Ouest et de la Côte (J. Dias, 1981 et J. Thornton, 1980).

---

[1] L'épidémie est le corrolaire ordinaire de la sécheresse.

Au XIXe siècle, les phases les plus difficiles furent, d'une part, la décennie 1820 et le début des années 1830 et, d'autre part, l'ensemble de la deuxième moitié du siècle (M. Tymowski, 1978). Comme chaque fois, le malaise résultait de la conjonction d'un nombre anormalement élevé d'années de fléaux entrecoupées de périodes de récupération trop brèves. Ceci rend compte, au moins en partie, de la relative aisance de la conquête coloniale qui progressait dans le même temps (1880/90 à 1900/1910) au sein de populations déjà affaiblies et désorganisées par un ensemble de conditions internes défavorables.

Au XXe siècle enfin, on repère au moins deux autres phases dramatiques analogues à la période actuelle, extrêmement difficile avec depuis les deux grandes sécheresses des années 1972-1974 et 1982-1984, qui jouent incontestablement un rôle dans les difficultés vivrières accrues du continent : au début de la première guerre mondiale d'abord (1912-1915), lors de la grande dépression ensuite (1930-1933). La malchance voulut que, dans les deux cas, sécheresse et invasions de sauterelles aient surajouté leurs effets à ceux de crises économique et politique. Le résultat en fut une incidence démographique accusée.

1.2. Les " révolutions agricoles "

Une relation existe entre l'introduction de l'agriculture (dite "révolution néolithique") et la dilatation démographique, sans qu'on ait encore déterminé quelle est, de ces deux facteurs, la variable indépendante : est-ce le passage à l'agriculture qui permit un essor démographique favorable, à son tour, à la diffusion de techniques nouvelles ou bien, au contraire, fut-ce une rupture de l'équilibre démographique des chasseurs-cueilleurs qui les obligea à passer à un mode de production et de vie nouveau et moins attractif puisqu'il impliquait une somme et une organisation du travail plus contraignantes ?

La révolution néolithique fut en Afrique sub-saharienne plus diffuse qu'ailleurs. Descendue du nord (par l'Egypte, l'Ethiopie et la bordure du Sahara) il y a quelque 3000 ans au moins, elle impliquait une adaptation spécifique par la domestication de céréales autochtones (éleusine et sorgho) suivant un rythme saisonnier opposé à celui du monde méditerranéen, puisqu'aux cultures d'hiver devait faire place une agriculture d'été (ou "hivernage").

Il semble y avoir eu une certaine coïncidence entre la diffusion de l'agriculture et celle de la métallurgie du fer, à la faveur de l'expansion Bantu dans l'ensemble de la cuvette congolaise. D'où le caractère lent et parfois tardif de cette expansion qui put se prolonger au moins jusqu'au Xe siècle : cela recule considérablement les limites que l'on attribue habituellement à la "préhistoire".

On connait mal les dates et le rythme d'introduction *des plantes originaires du monde asiatique.* Mais il est sûr par exemple que l'arrivée de la banane par l'océan Indien (vers la fin du 1er millénaire après J.C. ?) transforma précocement les perspectives démographiques des peuples d'Afrique orientale et centrale : au Rwanda et au Burundi surtout, la bananeraie apparaît comme l'une des bases de la "maximisation des techniques néolithiques", fondement des fortes densités probablement anciennes de la région.

L'étape suivante fut celle de *la diffusion des plantes américaines introduites par les Portugais,* qui commença au XVe siècle et se poursuivit jusqu'au début du XXe siècle. *Le manioc,* plante facile à cultiver, permit dans l'immédiat d'augmenter la capacité démographique de la cuvette congolaise. Son adoption fut probablement à l'origine de l'essor des empires centraux, royaumes Luba et Lunda (Zaïre actuel) des XVIe et XVIIe siècles, même si à terme cela eut des incidences négatives sur la morbidité, donc sur la mortalité, en raison de la moindre capacité nutritive de la plante nouvelle.

Plus décisive encore fut *la "révolution du maïs"* qui couvre aujourd'hui l'ensemble de l'Afrique orientale et australe, du Kenya à l'Afrique du Sud ; or la plante n'atteignit qu'après 1830 le nord du bassin du Congo et devint vers 1900 seulement la culture Zandé majeure (Centrafrique). Inconnue dans l'Afrique interlacustre (Ouganda, Rwanda, Burundi) jusque vers 1880, présente seulement sur la côte orientale jusqu'à la fin du siècle, elle n'y devint que récemment importante aux côtés du *haricot,* autre culture originaire d'Amérique imposée par la colonisation belge.

Le XXe siècle vit enfin la diffusion de plantes parfois autochtones (comme le riz de Casamance), mais dont l'importation fut généralisée par les contacts coloniaux : *le riz* devint l'aliment urbain par excellence (notamment au Sénégal) et sa culture dans les bas-fonds s'est popularisée depuis la deuxième guerre mondiale (en Côte d'Ivoire forestière par exemple). Quant à *la pomme de terre,* elle bénéficie d'une expansion toute nouvelle grâce aux progrès récents de la génétique botanique : une véritable "révolution verte" locale assure aujourd'hui aux paysans du nord Rwanda trois récoltes par an, ce qui a permis à la région (mais pour combien de temps encore ?) d'assumer sans trop de mal l'explosion démographique contemporaine.

2. UN FACTEUR EXTERNE : LES TRAITES NEGRIERES

Les conséquences de la traite furent probablement plus importantes en moyenne et même en longue durée par les modifications apportées à l'équilibre des sexes et au rythme de la fécondité que par une discontinuité brutale à un moment donné. Par ailleurs, si la traite atlantique est la plus ample et la mieux connue, elle ne fut pas, loin s'en faut, la seule source de ponction humaine : la traite méditerranéenne et celle de l'océan Indien eurent également des incidences considérables.

2.1. Les chiffres d'exportation

La traite saharienne vers le monde méditerranéen (incluant le Nil) fut la plus ancienne et la plus durable, sinon la plus considérable. Déjà existante dans l'Antiquité, elle devint surtout importante avec la conquête arabe et l'essor des grands Empires soudano-sahéliens islamisés : le Ghana au XIe siècle, le Mali aux XIIIe et XIVe siècles, le Songhaï aux XVe et XVIe siècles, relayés ensuite, toujours plus à l'Est, par les Cités-Etats hausa (XVIe-XVIIIe siècles) puis, au XIXe siècle, par les sultanats du Nigéria du Nord, du Cameroun (Ngaoundéré) et de l'Afrique centrale (Sanusiyya). Connus surtout par leur grand commerce d'échange entre l'or du Soudan et le sel du désert, les Empires médiévaux ont en même temps assis leur fortune sur le commerce des esclaves. Le trafic total est estimé à 8,8 millions de personnes, dont 1,5 millions sont mortes en route, et la moitié du total entre le Xe et le XIVe siècle (R. Austen, 1979).

La traite atlantique fut plus massive et plus concentrée dans le temps, de l'ordre de 11,7 millions d'individus entre 1450 et 1900, avec une répartition chronologique très contrastée : plus de la moitié (52 %) au XVIIIe siècle, moins de 20 % auparavant (dont la quasi-totalité dans la deuxième moitié du XVIIe siècle) et près de 30 % au XIXe siècle (surtout avant 1860) dominé par la traite de contrebande (Ph. Curtin, 1969 et P.E. Lovejoy, 1982).

La traite dans l'océan Indien, qui date de l'installation des Arabes dans les cités swahili (ou arabo-bantu) de la côte à partir du Xe siècle, et qui a été renforcée, d'une part, par l'expansion de l'Empire de Zanzibar-Oman et, d'autre part, par l'installation des Portugais au Mozambique, connut son apogée dans la deuxième moitié du XIXe siècle. Alors se constitua une série de formations politiques esclavagistes internes au continent (Rabah autour du lac Tchad, Mirambo de Tanzanie, Msiri du Katanga, Tippu-Tib sur le haut Congo...) qui intensifièrent l'échange des esclaves contre l'importation des armes à feu. C'était une dérive de la "révolution industrielle" occidentale, qui écoulait ainsi les stocks de rebut des armées européennes : l'industrie de leur transformation en "fusils de traite" fut centralisée à Liège, et Khartoum devint l'une des plaques tournantes du marché soudanais. Quantitativement inférieure aux précédentes (on l'estime à 5 millions d'individus, dont plus du tiers au XIXe siècle) (Alpers, 1982), cette traite eut cependant des incidences démographiques locales importantes : une partie des esclaves était exportée, le reste fut surtout déplacé de l'intérieur du continent vers les foyers côtiers de consommation et à Zanzibar.

2.2. Les incidences démographiques globales de la traite

Elles demeurent quasi impossibles à mesurer : on ne saura sans doute jamais les pertes provoquées sur le continent africain par ce trafic, depuis les diverses péripéties de la capture et de la descente vers la côte jusqu'à l'embarquement sur les navires négriers. A ce niveau, toutes les manipulations statistiques sont possibles : selon que l'on suppose que, par esclave effectif, il faille compter en sus un mort en Afrique... ou cinq, tout en sera changé.

A partir des exemples de l'Afrique occidentale et de la côte angolaise où les chiffres du XVIIIe siècle sont assez bien connus, on a estimé que, compte tenu des pertes sur place et des incidences démographiques de l'élimination de la fraction la plus féconde de la population, l'effet fut localement suffisant, dans la deuxième moitié du XVIIIe siècle (c'est-à-dire au moment où la traite atlantique était à son apogée), pour annuler le croît démographique naturel[2]. C'était, dans l'évolution comparée des continents, particulièrement grave puisqu'en Europe occidentale il s'agit, au contraire, du moment décisif de la "révolution démographique" préalable à la révolution industrielle. De là à inférer que la ponction négrière se situe à l'origine du sous-développement africain, il n'y a qu'un pas, récemment franchi (J.E. Inikori, 1982) : sur l'ensemble du continent, les quelque 25 millions d'Africains noirs déportés, toutes traites confondues, auraient-ils, s'ils étaient restés, constitué vers 1880 un complément de 112 millions au moins ? Auquel cas on aurait la preuve d'un déclin sensible de la population africaine entre les XVIIe et XIX siècles.

Ce type de raisonnement a un sérieux travers : celui de faire fi des "régulations démographiques" pré-modernes, cycliques par accroissement de la mortalité, à supposer que la traite n'ait pas fait son office. Mais après tout, rien non plus n'interdit de penser que la pression démographique alors devenue concevable aurait pu exercer sur l'histoire africaine précoloniale des effets incitatifs aussi dynamiques qu'en Occident...

2.3. Les effets démographiques différentiels

Plus révélatrice et sûre est certainement l'analyse des disparités démographiques en fonction du contexte (politique, social, démographique) préexistant.

Les effets ont pu être divers, selon qu'il s'agissait d'une zone relativement surpeuplée ou sous-peuplée. La traite atlantique s'adressant de préférence à de jeunes adultes mâles, la pratique élargie de la polygamie constituait une réponse démographique possible : des recensements portugais en Angola remontant aux années 1777-1778 révèlent un rapport entre sexes très déséquilibré (de 100 femmes pour 40 à 43 hommes), compensé par "l'utilisation à

---

(2) Pour plus de détails, voir par exemple J.D. Fage (1969), J. Dias (1981) et C. Coquery-Vidrovitch (1985).

plein" des femmes en âge de procréer, avec un intervalle entre les naissances de l'ordre de 3 ans (J. Dias, 1981). Mais la condition était que le déséquilibre entre le nombre d'hommes et de femmes ne soit pas trop important. On a ainsi calculé que, pour "supporter" le trafic négrier, les densités auraient dû, vers 1800, dépasser 5,2 au Sénégal, 11,7 en Guinée, 16,5 en Angola, 37,1 sur la Côte des Esclaves et atteindre même 40 dans la baie de Biafra (J. Thornton, 1981) : sans être exclus, ces chiffres sont loin d'être assurés...

Ce qui est sûr, *c'est que partout où la traite s'est exercée, les structures et les comportements démographiques des populations s'en trouvèrent modifiés*. Aussi le raisonnement habituel, impliquant une nécessaire corrélation entre ponction négrière et dépeuplement, apparaît erroné ; au contraire, certaines régions africaines assez densément peuplées aujourd'hui le seraient peut-être non pas en dépit, mais à cause de la traite ; on pourrait expliquer ainsi pourquoi la Côte nigériane, foyer durable et important de traite, compte parmi les plus peuplées d'Afrique : un prélèvement continu aurait entraîné des réactions d'adaptation propres à élever sensiblement les capacités vitales afin de répondre à la demande. Ces mécanismes compensatoires (dont la force d'inertie est plus grande que celle des mécanismes socio-économiques) ont pu continuer sur leur lancée après l'interdiction de la traite... Ce raisonnement ne vaut qu'à partir d'un certain seuil démographique : d'autres zones au contraire, comme l'arrière-pays gabonais (R. Pourtier, 1979) ou le Middlebelt nigérian (M. Mason, 1969) auraient été, par leur potentiel démographique préalable déficient, dans l'incapacité de faire face à l'agression, et le sous-peuplement serait alors devenu irréversible.

2.4. Les disparités régionales

Les effets sociaux de la traite n'ont pas non plus été partout analogues. Il faut distinguer entre les populations côtières à la fois esclavagistes et courtières (c'est-à-dire pratiquant elles-mêmes la traite) et celles de l'arrière-pays (ou peuples réservoirs). Sur la Côte, vers l'Atlantique, on peut estimer que tous les hommes et la moitié des femmes capturés étaient exportés : compte tenu de l'apport de la fécondité féminine, la population courtière aurait eu tendance à augmenter légèrement, tandis que celle des razziés diminuait.

En revanche, dans l'arrière-pays sahélo-soudanien, les femmes étaient plus chères et davantage demandées sur les deux rives du Sahara : probablement les deux tiers d'entre elles étaient exportées contre seulement un tiers des hommes, utilisés sur place dans les armées autochtones. Là aussi, les populations razziées auraient diminué, plus sensiblement encore, tandis que les peuples conquérants grossissaient leurs effectifs.

Sur un siècle, les peuples côtiers ont pu de ce fait régresser de 15 % au moins ; au contraire, dans l'arrière-pays les chiffres globaux n'ont guère été affectés, mais un transfert démographique s'est effectué en faveur des peuples razzieurs (P. Manning, 1981). Ainsi pourrait s'expliquer le brassage des populations attesté par les traditions orales et confirmé par l'archéologie dans l'ensemble de l'aire forestière : les vagues de migrations et de peuplement assez continues du XVIe au XVIIIe siècle furent probablement facilitées par les vides résultant des troubles négriers (D. Kiyaga-Mulindwa, 1982).

2.5. Les effets induits, politiques et sociaux

Même les historiens minimisant l'impact démographique de la traite s'accordent sur l'importance de ses répercussions économiques et sociales. Une chronologie parallèle peut être établie entre l'évolution de la demande négrière et l'histoire des mutations des sociétés précoloniales : Etats négriers de la côte, théocraties religieuses et guerrières de l'arrière-pays où, à partir du XVIIIe siècle, la progression de l'Islam fut une réponse possible au malaise général, enfin Etats ouvertement esclavagistes et négriers de la deuxième moitié du XIXe siècle. Ces bouleversements politiques allaient de pair avec de profonds remaniements sociaux, fondés sur la consolidation d'un mode de production esclavagiste interne, au fur et à mesure que l'écoulement de la masse servile sur le marché atlantique devenait de plus en plus problématique[3].

---

(3) Pour une analyse détaillée de ce problème, voir par exemple les travaux de Cl. Meillassoux (1971 et 1986), de F. Cooper (1979) ou l'ouvrage de J.E. Inikori (1983).

3. LA COLONISATION : COMMERCE ET EPIDEMIES

A partir du XIXe siècle, l'influence européenne devient directe. L'évolution démographique africaine comprend alors trois grandes phases successives :
- **La période précoloniale**, des années 1850 aux années 1880, connut *une tendance à la croissance,* mais de temps à autre contrariée par les régulateurs "classiques" des temps prémodernes renforcés par l'intrusion occidentale : des sécheresses et donc des famines, des épidémies.
- **La première phase coloniale** (1890-1920) fut en revanche *une phase de régression démographique* brutale.
- Enfin, **après 1920,** à la suite des premières mesures sanitaires se dessina *un redressement, puis un essor* qui prit après la seconde guerre mondiale l'allure d'un "boom" démographique sans précédent.

Avec la diffusion du commerce et la pénétration européenne, l'élément démographique déterminant devint au XIXe siècle *l'extension des épidémies.* Non que le phénomène ait été inconnu auparavant : les hommes du pléistocène connaissaient déjà, entre autres, malaria, hépatite virale et herpès, même s'ils avaient appris à éviter les zones infestées par la mouche tsé-tsé, vecteur de la maladie du sommeil (la trypanosomiase animale remonterait au tertiaire) (G. Gabel, 1977). L'extension de celle-ci dans les zones humides, en même temps que la malaria (transmise par les moustiques anophèles) et l'oncocerchose pourraient expliquer pourquoi l'agriculture irriguée fut une technique si rarement utilisée puisque les vallées fluviales constituaient, dans l'histoire ancienne de l'Afrique, des zones répulsives (Th. Shaw, 1977). Mais c'est à une échelle jusqu'alors inconnue que les techniques modernes de communication et les transports massifs de main-d'oeuvre devinrent vecteurs de morbidité.

3.1. Les grandes endémies

Le paludisme

De toutes les grandes endémies, la malaria fut probablement la plus ancienne et la plus durable. Mais la colonisation ne fit rien

pour l'enrayer. Il fallut attendre l'extrême fin du XIXe siècle pour que les Européens acceptent l'idée que les Africains n'étaient pas nécessairement immunisés. On se préoccupa seulement de protéger les Blancs, très réceptifs il est vrai à la maladie. Trois approches furent tentées :
- Une fois établi au tournant du XXe siècle que le vecteur était l'anophèle, on pensa s'attaquer à la source, c'est-à-dire au moustique. Mais jusqu'à l'expansion du DDT après 1945, la seule recette était de protéger l'habitat par des constructions bien ventilées en altitude, considérées comme saines car luttant à la fois contre les "miasmes" du sol et... la proximité des "indigènes" : le "style colonial" doit beaucoup aux convictions sanitaires de l'époque.
- L'école anglaise surtout, sous l'égide de la *Britain's Royal Society*, affirma que 1) moustiques et indigènes, en particulier les enfants considérés comme la principale source d'infection, étaient liés et que 2) la lutte contre l'anophèle était sans espoir. Le grand remède des Blancs, inauguré en Inde, devint la ségrégation résidentielle. Quant aux Africains considérés - de façon quasi ingénument raciste - comme plus résistants[4], ils furent exclus de toute prévention. La première application de ce programme fut la construction d'un quartier suburbain résidentiel à Freetown, *Hill Station,* d'où, sauf exception, les familles de la domesticité furent exclues. De même à Douala, les Allemands avaient prévu le déplacement de 20.000 Africains pour libérer le front de mer en faveur de... 400 colons (Ph. Curtin, 1985).
- Quant à la quinine, améliorée par l'allemand Koch, elle fut massivement introduite dans les Indes néerlandaises dès la fin du XIXe siècle mais, en Afrique, son usage resta réservé aux Blancs.

Le paludisme d'Afrique équatoriale beaucoup plus violent (les attaques peuvent être mortelles) est aussi moins récidivant. La forme prévalant en Afrique de l'Ouest, plus ancienne et très récurrente (sur 20 ans ou davantage), est caractérisée surtout par une morbidité élevée, qui bien entendu n'était pas sans consé-

---

(4) Pourtant dès 1900, on avait démontré qu'un quart au moins des adultes étaient atteints. Une étude de 1910 sur Douala conclut à l'impaludisation de 72 % des habitants de cette ville.

quences sur la mortalité, dans la mesure où les organismes affaiblis n'étaient plus capables de surmonter les efforts imposés surtout dans les premiers temps par le recrutement forcé (chantiers ferroviaires, routiers, forestiers...).

La maladie du sommeil

Elle connut une expansion synchrone à celle de la pénétration européenne, sous le triple impact du trafic négrier, de la conquête coloniale et des défrichements.

La première zone touchée de façon continue fut, dans la seconde moitié du XIXe siècle, l'Afrique orientale : toute la région des grands lacs, du Kenya au Mozambique, jusqu'alors relativement productive et peuplée, subit de ce fait un véritable cataclysme démographique et écologique (J. Ford, 1971). Au tournant du XXe siècle, ce fut le tour du bassin intérieur du fleuve Congo : on suit la progression de la maladie depuis la Côte Atlantique jusqu'aux rives de l'Oubangui, parallèle à celle des colonnes militaires et des porteurs infestés (J. Martin, Leboeuf et Roubaud, 1909).

Dans certaines régions, comme le Congo Maritime et le Bas Ogooué, périt la moitié des populations. Certaines autres zones naguère actives et peuplées furent même entièrement désertées, par exemple le "Pays des rivières" du moyen Congo, et la maladie ne commença d'y régresser que vers 1925.

L'épidémie gagna le Cameroun et, surtout à partir des années 1920, infesta la "haute Côte d'Ivoire" (Haute-Volta), pour n'être jugulée qu'après la seconde guerre mondiale. Le pionnier de la lutte contre le fléau fut le Docteur Jamot qui la suivit pas à pas, puisqu'il la découvrit en Centrafrique lors de la première guerre mondiale, l'étudia au Congo, puis mit au point au Cameroun, dans les années 1920, sa méthode autoritaire de prophylaxie préventive avant de centrer son action sur l'ensemble de l'A.O.F. contaminée[5].

---

(5) Sur la maladie du sommeil et certaines actions sanitaires du début du siècle, voir R. Headrick (1977), D. Domergue (1979) et A.M. Bourgue (1987).

Les maladies vénériennes

Ces maladies, génératrices de sous-fécondité et de stérilité, ont pris en écharpe une large bande de l'Afrique centrale, allant du Gabon côtier à l'est de la Centrafrique et remontant de l'Est à partir du Kenya côtier. Les infections ont été introduites par les commerçants, arabes à l'origine, bien avant l'arrivée locale des Européens, mais la flambée des maladies a correspondu d'abord à l'intensification de la traite, atlantique à l'Ouest, arabe au Centre et à l'Est. Puis, sous la colonisation, travail forcé et déplacements des populations ont fait le reste. Les mobilisés de la première guerre mondiale ont aussi joué un rôle de diffusion (la maladie apparaît en 1914 à Nairobi), tandis que l'effort médical colonial ignorait la pathologie de l'infécondité. Les sociétés touchées ont répondu à la stérilité par l'instabilité conjugale et la migration, ce qui n'a fait qu'étendre le fléau (A. Retel-Laurentin, 1979 ; L. White, 1977).

3.2. Les épidémies

La variole

Elle fut sans doute l'épidémie la plus récurrente. Elle progressa le long des routes de caravanes, à la faveur surtout des gîtes d'étape. Elle semble avoir d'abord sévi sur les côtes : on repère au moins trois épidémies majeures au Cap au XVIIIe siècle (1713, 1755 et 1767). En Afrique orientale, la diffusion vers l'intérieur fut assurée vers la fin du XVIIIe siècle. On a décelé en Ethiopie six épidémies sérieuses au XIXe siècle, avec une mortalité de l'ordre de 50 % chez les enfants et de 80 % chez les adultes. Dans les années 1880-1893, la variole sévit désormais à l'état endémique sur la route de l'ivoire du Tanganyika intérieur, avec une mortalité analogue (50 à 70 %).

Depuis le début du XIXe siècle, les Portugais pratiquaient à titre préventif *l'inoculation* (transmission de la maladie d'un malade à un sujet sain), surtout pour protéger leurs cargaisons d'esclaves ; la seconde moitié du siècle n'en vit pas moins se succéder en Angola une série d'épidémies catastrophiques (notamment en 1864-65 et en 1872-73) qui fit disparaître jusqu'au tiers de la population. La maladie commença de reculer entre les deux guerres, avec la pratique d'une vaccination dont l'efficacité ne fut assurée que dans les années 1950 grâce à la mise au point d'un vaccin résistant aux grandes chaleurs.

La peste bovine

Cette épizootie introduite en Afrique par l'Erythrée, à partir de bétail importé d'Europe dans les années 1880, eut des incidences évidentes sur la survie des peuples pastoraux. La maladie affecta, dans la région du Mont Kenya, les peuples éleveurs Masaï et Kikuyu, laissant le pays appauvri et vide au moment même où arrivaient les premiers colons, qui purent entretenir ainsi l'illusion que le pays était inhabité. Elle descendit jusqu'en Afrique australe dès la fin du XIXe siècle, pénétra jusqu'au Rwanda (1891-92, 1920-21 et 1933-34), atteignit l'Angola et gagna aussi le Sahel occidental, décimant périodiquement jusqu'à 90 % du cheptel. La vaccination n'en vint à bout qu'après les années 1930.

Le choléra et la peste

Le *choléra* est repéré dès le début du XIXe siècle en Afrique orientale à partir du foyer de diffusion de la Mecque (J. Christie, 1876) : en 1817-23, 1826-37, 1842-62, 1865-75, 1881-96 et 1899-1923, date au-delà de laquelle, grâce aux mesures d'hygiène, la maladie se replia à nouveau sur l'Asie méridionale jusqu'à sa résurgence africaine des années 1961-1979 (G.W. Hartwig, 1979). La maladie gagna-t-elle l'intérieur avant les années 1860 ? Plus on avance dans le temps, plus l'épidémie fit de ravages en Afrique : jusqu'à 40.000 morts à Zanzibar en 1870, soit un tiers de la population et la moitié des habitants du port de Kilwa ! (R.F. Burton, 1872, t. II).

Quant à la *peste* qui avait disparu depuis des siècles, elle fit un retour en force à partir de la Chine (Canton et Hong-Kong, 1894) vers Madagascar (1898), l'Afrique du Sud (1907), la Côte d'Ivoire (1899 et 1903), la Gold Coast (1908 et 1924), l'Afrique Orientale (1910) et Dakar (1914). La seule réponse des autorités coloniales fut d'abord le cordon sanitaire - comme toujours en faveur des Européens - et le renforcement de la ségrégation résidentielle : à Dakar, en septembre-octobre 1914, à peine 10 % des quelque 38.000 Africains de la ville furent transférés dans le nouveau quartier de la Medina.

Partout fut généralisé, à partir de cette époque, le principe de la ségrégation urbaine entre "villages africains" et quartiers européens, séparés par un vaste "no man's land" (golf, place, jardin botanique...) destiné à favoriser toute quarantaine éventuelle.

La grippe espagnole

La dernière épidémie généralisée ne fut pas réservée à l'Afrique. Mais, importée d'Europe par les navires chargés de démobilisés, ce fut certainement la plus grande catastrophe démographique à court terme de l'histoire africaine. Elle pénétra pratiquement partout, dans toutes les régions, dans tous les villages, entre août et novembre 1918, puis à nouveau en mars-avril 1919. En Afrique occidentale, on peut estimer la morbidité à plus de 50 % et la mortalité entre 3 et 4 %, frappant surtout les jeunes adultes et les femmes enceintes. Au total, près de 2 millions d'individus au moins moururent en Afrique noire, soit une moyenne d'ensemble de plus de 1,5 %. Les conséquences en furent énormes par les regroupements de population et les mutations du genre de vie qui en découlèrent (K.D. Patterson, 1981).

3.3. Les effets démographiques de la colonisation

Du fait surtout de la diffusion des maladies, *les incidences démographiques de la première phase coloniale furent graves* : en Afrique centrale au moins, la population régressa entre 1890 et 1920 de plus du tiers, voire dans certains cas de la moitié.

La "souffrance démographique" fut d'autant plus aiguë que la protection sanitaire indigène resta, dans la même période (1890 à 1920), quasi inexistante. Une frange infime de la population, pas toujours autochtone, bénéficiait des services d'hygiène : les écoliers, les tirailleurs, les commis. Les premières écoles de médecine tropicale n'ont guère été installées en Europe avant la fin du XIXe siècle et en Afrique avant la fin des années 1920. Déracinés et soumis à de durs travaux, les quelques milliers de travailleurs des administrations ou entreprises coloniales se trouvaient particulièrement sensibles aux aléas du climat et d'une alimentation précaire. Les crises de disettes prolongées et de famines se sont accentuées : le moindre accident, par exemple une sécheresse exceptionnelle ou une invasion de sauterelles, était dramatisé par le prélèvement colonial simultané de vivres et de travail, sans que l'administration ait prévu les moyens d'intervention nécessaires. Une relative stabilisation se produisit ensuite à partir de 1925.

La reprise démographique, d'abord lente, s'amorça au tournant des années 1930. Mais, en règle générale, l'action sanitaire demeura jusqu'en 1945 très fragmentaire, par manque de crédits autant que par savoir inadapté : avant les années 1930, on ne dispose pas de médicaments efficaces et bon marché à usage massif. Quant aux soins touchant à la fécondité et aux maladies infantiles, ils restent inexistants. Les progrès majeurs remontent au tournant de la deuxième guerre mondiale : usage du DDT, diffusion des sulfamides et antibiotiques, vaccinations améliorées et généralisées. Il en résulte une évolution des espérances de vie qui, au mieux, suivit la courbe estimée au Ghana : 28 ans en 1921, 39,5 ans en 1948 et 45,5 ans en 1960.

4. LE BILAN DEMOGRAPHIQUE

La deuxième moitié du XXe siècle constitue donc une discontinuité majeure dans l'histoire de la démographie africaine.

4.1. Des origines au XVIe siècle : un accroissement ancien mais modéré de la population

L'Afrique, on le sait, n'a pas encore abordé la phase de "transition démographique" caractérisée par une régression accentuée de la mortalité compensée par une baisse sensible des taux de natalité. Le "boom" actuel est précisément dû au recul avant tout de la mortalité, essentiellement provoqué par les progrès de la médecine et des vaccinations, tandis que les taux de natalité demeurent proches du "maximum biologique". Tout laisse à penser que ces taux ont toujours été élevés, de 47 à 50 ‰, y compris dans la zone centrale où les stérilités que l'on observe dans certaines ethnies sont assez récentes.

En Afrique, les enfants étaient et demeurent considérés comme le meilleur des biens. Le pire sort d'une femme est d'être stérile. La femme est aussi le bien suprême à acquérir, garante de production autant que de reproduction. D'où l'idée que la *force de vie* agissant sur la natalité fut, dans l'histoire de l'Afrique, encore plus forte qu'en Occident, même s'il put y avoir des modifications de détail : par exemple, il est possible (mais guère prouvé) que, dans les sociétés cynégétiques (de chasseurs), le cycle ovarien des femmes sans ovulation ait connu une fréquence plus élevée : la sédentarisation s'accompagnerait d'une hausse de fécondité ; malnutrition et famines saisonnières ont pu aussi exercer une influence cyclique, imposant la recherche implicite d'une certaine régulation entre fécondité et disponibilité en vivres, qui par exemple pourrait être à l'origine du respect rigoureux de l'abstinence en période prolongée d'allaitement ou de l'abstinence des grand-mères...

C'est surtout la modulation des taux de mortalité qui commandait le rythme des variations démographiques naturelles. Une étude très précise sur l'évolution d'un mini-groupe du sud-ouest de la Côte d'Ivoire du XVIe au XVIIIe siècle (Cl. Perrot, 1981) a démontré la fragilité de l'excédent naturel de population, souvent rétabli par une immigration forcée (dans ce cas la capture de femmes étrangères). Le phénomène migratoire est ainsi, dès l'origine, indissociable du phénomène démographique, fait particulièrement évident en Afrique où les déplacement de peuples furent une constante de l'histoire. Néanmoins, des taux de croissance excessivement faibles, de l'ordre de 0,25 %, auraient pu permettre à la population dans son ensemble, sur un demi-millénaire, de doubler, voire de quadrupler.

Compte tenu de ce qui précède, il est probable que l'histoire démographique africaine comporte au moins un point commun avec la démographie occidentale pré-moderne : celui *d'une régulation cyclique "naturelle"*, c'est-à-dire d'une croissance périodiquement brisée par des catastrophes démographiques résultant, en partie au moins, de cet accroissement même : des guerres (de conquête des groupes en expansion), des famines (par crise de subsistances et accidents écologiques), auxquelles ont pu s'adjoindre des facteurs plus subtils, processus sociaux et courants difficiles à cerner de l'histoire des mentalités.

En définitive, *l'hypothèse admise est que, avant le XXe siècle, la pression démographique n'a jamais pesé lourdement sur les moyens de subsistance.* C'est d'ailleurs cette démographie lâche, entraînant une abondance relative de la terre, qui serait à la racine de l'absence du progrès technique agricole : les Africains n'ont pas développé l'agriculture, non parce qu'ils étaient des peuples attardés, comme le disaient les coloniaux, mais ils sont restés attardés parce que le faible niveau technologique suffisait à leurs besoins; il n'y avait guère d'impérieuse nécessité à innover dans une agriculture à faible productivité, itinérante et extensive, qui constituait au demeurant une réponse adéquate à la fois à la fragilité écologique ambiante et aux problèmes de subsistance.

4.2. Depuis le XVIe siècle : des accidents démographiques accentués

Les Nations Unies, à titre rétrospectif, se réfèrent à la plus ancienne estimation connue, celle de B. Riccioli (1661), dont le répondant scientifique est faible puisqu'il s'agit d'un jésuite influencé surtout par la valeur mystique des nombres, qui évaluait grossièrement la population mondiale répartie entre les continents à 1 milliard. Grâce aux travaux de Willcox (1931) corrigés par Saunders (1936) puis par Durand (1971), on aboutit à une péréquation entre les estimations antérieures de *100 millions d'Africains en 1650. L'Afrique aurait alors compté parmi les zones les plus peuplées du monde :* à la même période il y avait environ 113 millions de Chinois et 100 millions d'Indiens (E. Ducreux, 1977 et J.N. Biraben, 1979). Ces chiffres sont plausibles, même s'ils sont considérés comme sous-estimés par certains africanistes "maximalistes" dont le raisonnement est loin d'être convaincant sur le plan strictement démographique (M. A. Diop, 1978 et 1981).

Ce qui frappe, c'est, à partir de cette date, l'extraordinaire contraste entre l'évolution démographique africaine et celle des autres parties du monde : partout ailleurs, la population a crû depuis lors dans des proportions formidables, malgré des accidents de parcours parfois de longue durée (comme la stagnation/régression du XVIIe siècle européen) : la population africaine serait retombée à 95 millions en 1750 et se trouvait encore à ce niveau un siècle plus tard alors que, de 1600 à 1850, la population chinoise avait triplé, atteignant alors au moins 350 millions, que celle d'Europe occidentale avait grossi sensiblement et que même la population indienne serait passée de 100 à près de 150 millions dans le même temps (W.C. Hance, 1970 ; J. et M. Dupaquier, 1985).

Cette régression de l'Afrique par rapport au reste du monde n'a fait que s'accentuer au fil des siècles : l'Afrique aurait représenté 20 % de la population mondiale en 1650, contre déjà 13 % seulement en 1750, 10 % en 1800 et 9 % en 1960...

Force est de reconnaître que, pour longtemps, *les forces de mort ont été en Afrique plus redoutables qu'ailleurs*. Le fait relève d'une conjonction de deux séries de facteurs : d'une part une relative vulnérabilité du milieu naturel, sans doute plus négative qu'ailleurs, et d'autre part (et sans doute surtout) l'intervention de facteurs exogènes qui ont, périodiquement, soit opéré des coupes sombres dans la démographie africaine, soit accentué de façon dangereuse les contrastes démographiques entre noyaux relativement surpeuplés et zones au contraire quasi désertes (traite négrière, coercition coloniale).

Depuis l'aube des temps modernes, la progression démographique africaine fut tardive et irrégulière. L'explosion démographique date, tout au plus, d'une génération. Auparavant, *les multiples traumatismes subis par les peuples africains... démontrent surtout la vitalité avec laquelle ils parvinrent périodiquement à se remettre de ces hémorragies.*

BIBLIOGRAPHIE

African Demographic History, 1977 et 1982, Edinburgh University Press, 2 volumes.

Ed. Alpers, 1983, "The impact of the slave trade on East Central Africa in the 19th century", in J.E. Inikori (ed.), *Forced migrations, op.cit.*, pp. 242-273.

Austen R., 1979, "The transaharian slave-trade. A tentative census", in H.A. Gemery et J.S. Hogendorn (eds), *The uncommon market, op.cit.*, pp. 23-76.

Biraben J.N., 1979, "Essai sur l'évolution du nombre des hommes", *Population,* n° 1.

Boserup E., 1985, "Economic and demographic interrelationships in sub-saharian Africa", *Population and Development Review*, vol. 11, n° 3, pp. 383-397.

Bourgue A.M., 1987, *La maladie du sommeil en Haute-Volta (Burkina-Faso), 1920-1950,* thèse de 3° cycle, Université Paris 7.

Burton R.F., 1872, *Zanzibar-City, Island and Coast,* rééd. Johnson, New York, 1967.

Caldwell J.C., 1977, "Major questions in African demographic history", *African Demographic History,* vol. I, Edinbourg, pp. 7-22.

Christie J., 1876, *Cholera epidemics in East Africa,* Londres.

Cooper F., 1979, "The problem of slavery in African studies", *Journal of African History,* vol. II, n° 1, pp. 103-125.

Coppens J., 1985, *Le singe, l'Afrique et l'homme,* Paris, Fayard.

Coquery-Vidrovitch C., 1985, *Afrique noire. Permanences et ruptures,* Paris, Payot.

Cordell D.D. et Gregory J. (eds), 1987, *African population and capitalism. Historical perspectives,* Westview Press, 1.

Curtin Ph., 1969, *The atlantic slave-trade: a census,* Madison, The University of Wisconsin Press.

Curtin Ph., 1985, "Medical knowledge and urban planning in Tropical Africa", *The American Historical Review,* vol. 90, n° 3, pp. 594-613.

Dias J., 1981, "Famine and disease in the history of Angola, 1830-1930", *Journal of African History,* vol. XXI, n° 3, pp. 349-378.

Diop M.A., 1978, "Le sous-peuplement de l'Afrique noire", *Bulletin de l'IFAN-B,* vol. 40, n° 4, pp. 718-862.

Diop M.A., 1981, "Méthodes et calculs...", *African Demographic History.II.,* Edinbourg, pp. 139-152.

Domergue D., 1979, "Les vingt premières années de l'action sanitaire en Côte d'Ivoire", *Revue Française d'Histoire d'Outre-Mer,* n° 328, pp. 40-63.

Ducreux E., 1977, "Les premiers essais d'évaluation de la population du monde et l'idée de dépopulation au XVIIe siècle", *Annales de Démographie Historique,* pp. 421-438.

Dupâquier J. et M., 1985, *Histoire de la démographie,* Libr. Académique Perrin.

Fage J.D., 1969, "Slavery and the slave-trade in the context of West African History", *Journal of African History,* vol. X, n° 3, pp. 393-404.

Ford J., 1971, *The role of trypanosomiasis in African ecology,* Oxford Clarendon Press.

Gabel G., 1977, "Demographic perspectives on the African pleistocène", *African Demographic History,* Edinbourg, pp. 71-104.

Gemery H.A. et Hogendorn J.S. eds, 1979, *The uncommon market. Essays in the economic history of the atlantic slave trade,* New York.

Hance W.C., 1970, *Population, migration and urbanization in Africa*, Columbia University Press.

Hartwig G.W., 1979, "Demographic considerations in East Africa during the 19th century", *International Journal of African Historical Studies*, vol. XII, n° 4, pp. 653-672.

Headrick R., 1977, "French health service and African health in french equatorial Africa", ét. ronéot.(Ph. D. en préparation, University of Chicago).

Headrick R.,1965, "The history and traditional treatment of smallpox in Ethiopia", *Medical History*, vol. 9, pp. 144-145.

Inikori J.E., 1982, *Forced migrations: the impact of the export slave trade on African societies*, Londres, Hutchinson.

Kiyaga-Mulindwa D., 1982, "Social and demographic changes in the Birin Valley, Southern Ghana, c.1450 to c.1800", *Journal of African History*, vol. XXIII, n° 1, pp. 63-82.

Lovejoy P.E., 1982, "The volume of the Atlantic slave trade. A synthesis", *Journal of African History*, vol. XXIII, n° 4, pp. 473-501.

Mason M., 1969, "Population density and slave-raiding: the case of the Middle Belt of Nigeria", *Journal of African History*, vol. X, n° 4, pp. 551-564.

Manning P., 1981, "The enslavement of Africans: a demographic model", *Revue Canadienne d'Etudes Africaines*, vol. XV, n° 3, pp. 499-526.

Martin J., Leboeuf et Roubaud, 1909, *Rapport de la Mission d'Etudes de la maladie du sommeil au Congo français*, Paris, Masson.

Meillassoux Cl. ed., 1971, *The development of indigenous trade and markets in West Africa*, Londres, IAI et OUP, introduction.

Miller J.C., 1982, "The significance of drought, disease and famine in the agriculturally marginal zones of West-Central Africa", *Journal of African History*, vol. 23, n° 1, pp. 17-61.

Moss R.P. et Rathborne J.A., 1975, *The population factor in African studies*, Londres.

Patterson K.D., 1981, "The demographic impact of the 1918-19 influenza pandemic in sub-saharian Africa: a preliminary assessment", *African Demographic History, II*, Edinbourg, pp. 401-432.

Perrot Cl. H., 1981, "Traditions orales et démographie historique: à propos de la population du Ndenye aux XVIIIe et XIXe siècles", *African Demography History, II*, Edinbourg, pp. 433-456.

Pourtier R., 1979, "Le Gabon : développement et organisation de l'espace", *Symposium sur l'Afrique équatoriale*, SOAS, University of London.

Pourtier R., 1986, *Le Gabon*, thèse d'Etat, Université Paris I.

Retel-Laurentin A., 1979, *Un pays à la dérive. Une société en régression démographique : les Nzakara de l'Est centrafricain*, Paris, Delage.
Shaw Th., 1977, "Question in the holocene demography of West Africa", *African Demographic History, I.*, Edinbourg, pp. 105-121.
Stevenson R.F., 1968, *Population and political systems in Tropical Africa*, New York, Columbia University Press.
Thornton J., 1980, "The slave trade in 18th century Angola: effect on demographic structure", *Revue Canadienne des Etudes Africaines*, vol. 14, n° 3, pp. 417-427.
Thornton J., 1981, "The demographic effect of the slave trade on West Africa, 1500-1850", *African Demographic History, II*, Edinbourg, pp. 691-720.
Tymowski M., 1978, "Famines et épidémies à Oualata et à Tichit au XIXe siècle", *Africana Bulletin*, Warszawa, n° 7, pp. 35-53.
Webster J.B., 1979, *Chronology, migration and drought in interlacustrine Africa*, Londres.
White L., 1977, "A Chronological symptomology of veneral diseases in Punwani, Nairobi, 1914-1950", *African Demographic History, I,* Edinbourg, pp. 429-436.

3

LA TRANSITION DEMOGRAPHIQUE AFRICAINE BILAN DEPUIS 1950 ET PERSPECTIVES

Philippe FARGUES

1. LA PART CROISSANTE DE L'AFRIQUE DANS LA POPULATION DU GLOBE

Aujourd'hui un homme sur onze est d'Afrique sub-saharienne et dans quinze ans à peine, à l'aube du troisième millénaire de notre ère, ce sera un sur neuf. Cent ans plus tard, les Africains pourraient représenter le quart de l'humanité. Les 450 millions d'habitants que compte l'Afrique au sud du Sahara en 1985, sur un total mondial de 4,842 milliards[1], seraient alors devenus 2,3 milliards, tandis que l'humanité entière se serait stabilisée à 10,2 milliards.

Simple reflet d'une hypothèse "moyenne" retenue par les Nations Unies dans leur projection du long terme (ONU, 1983), ces ordres de grandeur très approximatifs ne valent que ce que celle-ci

---

(1) Sauf mention explicite contraire, les effectifs de population et les autres paramètres démographiques présentés pour l'Afrique Noire ont été calculés à partir des données fournies par les Nations Unies (ONU, 1985) pour l'ensemble des pays d'Afrique, moins ceux qui ont une façade méditerranéenne (Maroc, Algérie, Tunisie, Libye et Egypte). Afin de ne pas couper certains pays en deux, et faute de pouvoir les extraire du total, les populations Arabo-Berbères des pays à la fois sahariens et sub-sahariens (Mauritanie, Tchad et Soudan) sont prises en compte. Un certain nombre de données par pays (densité, taux, populations de 1970 à 2020) sont présentées en tableau annexe n° 4.

vaut elle-même. Ils tiennent compte en tout cas d'un état de fait incontournable : *l'Afrique de cette fin du XXe siècle recèle un potentiel de croissance démographique sans précédent dans l'histoire de l'homme, ni équivalent contemporain sur d'autres continents.*

La figure 1 illustre bien la croissance du poids relatif de la population de ce continent. Elle s'est amorcée dès les années 50 pour s'accélérer vers 1975. C'est une réalité à laquelle nous ont habitués, ces dernières années, les rapports des organisations internationales et la littérature destinée à faire connaître leurs conclusions au grand public.

Leurs techniques permettent aux démographes de serrer de près le futur à moyen terme, disons les quinze prochaines années. *On peut ainsi être certain que ce déplacement des masses démographiques, qui se dessine tout juste si l'on regarde le passé récent, sera profond* : l'évolution prévue de 1985 à 2005 (figure 1) n'est pas, sauf cataclysme imprévisible, susceptible d'être remise en cause. En revanche, au fur et à mesure qu'elle s'éloigne de son point de départ, la projection des démographes se fait moins sûre, car elle intègre des évolutions des comportements humains plus lointaines dans l'avenir, donc plus incertaines. Tous les chiffres présentés pour l'après 2005 ou 2010 sont plus aléatoires : ainsi la progression du poids démographique de l'Afrique ne ralentira effectivement à partir de 2005-2010 qu'à la condition que s'infléchisse au préalable sa fécondité, conformément aux hypothèses des Nations Unies. Or les signes avant-coureurs de cet infléchissement restent aujourd'hui bien ténus. Par une démarche du plus pur évolutionnisme, on suppose simplement que, tôt ou tard, les schémas africains de croissance se rapprocheront de ceux des régions en développement qui sont plus avancées dans leur transition démographique, puis de ceux des pays industrialisés, seule expérience que l'histoire nous offre d'une transition achevée.

A ne mettre en avant que la croissance différentielle et la nouvelle répartition mondiale des hommes qui en découlera à l'issue de quelques décennies seulement, on oublie souvent qu'elles sont à certains égards un *rééquilibrage du peuplement à l'échelle planétaire*. Plus durement ponctionnée par la mort et par l'exode que les autres continents au cours des trois derniers siècles, *l'Afrique est en voie de rattraper un "retard" démographique lentement accumulé*. Ce rattrapage ayant jusqu'à présent demandé beaucoup

FIGURE 3.1

LE POIDS RELATIF DE L'AFRIQUE SUB-SAHARIENNE DANS LE MONDE DE 1950 A 2025

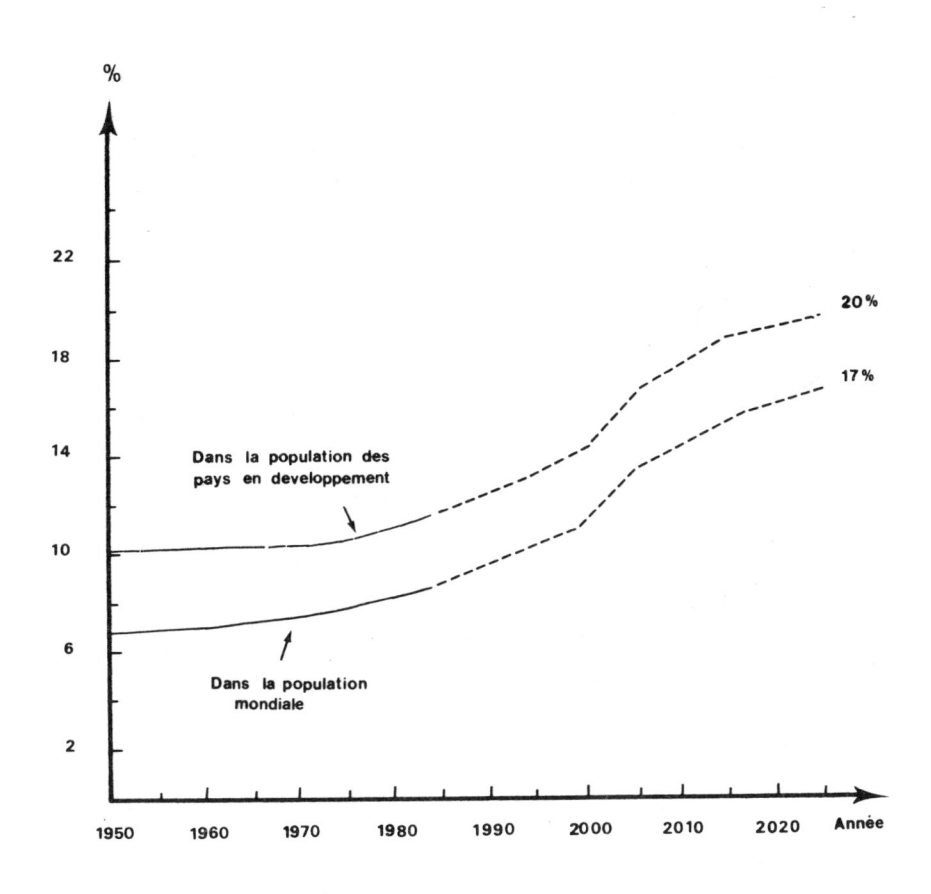

Source : Nations Unies (1985)

moins de temps qu'il n'en avait fallu au retard pour se constituer, ces transformations prennent vite l'allure d'un bouleversement.

Bien que l'Afrique soit un continent très diversifié à beaucoup de points de vue, examinons cependant le profil moyen d'un pays subsaharien. Pour 506.000 kilomètres carrés, soit 10 % de moins que la France, il n'est peuplé en 1985 que de 9,4 millions d'habitants[2] environ, comme la France de l'an mil. Sa densité est presque six fois inférieure à celle de la France. Dans 40 ans, en 2025, sa population sera de 29 millions de personnes et même en 2100 selon les Nations Unies, avec 48 millions d'habitants, il n'aura pas encore rattrapé la France de 1985 et n'atteindra qu'une densité de 95 habitants au kilomètre carré. Tout cela bien sûr n'est qu'une moyenne qui cache des situations fort différentes.

Selon que l'on mette l'accent sur la croissance ou sur les effectifs absolus, on peut être conduit à deux analyses diamétralement opposées et toutes deux partielles. S'accroître à taux rapide, c'est en effet se contraindre à consentir des coûts élevés de court et de moyen terme, en santé, en éducation, en logement. C'est surtout tenir le pari, audacieux pour de nombreux pays africains, que s'accroîtra au même rythme que la population la capacité des terres à la nourrir, compte tenu des techniques en usage et de leurs progrès prévisibles, ou à défaut leur capacité à produire des biens d'échange qui dispenseraient ces pays de viser l'autosuffisance alimentaire. A privilégier cette approche, on a des chances de conclure avec l'Organisation des Nations Unies pour l'Alimentation et l'Agriculture que "c'est en Afrique que la possibilité de nourrir la population future semble la moins assurée" (FAO, 1984, p. 22).

S'accroître, ce n'est pas seulement peser plus lourdement sur les ressources disponibles, c'est également être plus nombreux à partager des investissements que l'on n'aurait pas consentis avec une population moins dense ; c'est autoriser les économies d'échelle et faire place à l'innovation technique, notamment en matière de production vivrière. En développant cette argumentation, l'économiste Samir Amin dénonçait en 1972 le "sous-peuplement" de l'Afrique (S. Amin, 1972). On était alors à la veille de

---

(2) En 1985, l'Afrique sub-saharienne compte 449,845 millions d'habitants répartis en 48 pays qui occupent une surface totale égale à 24,311 millions de km2.

la réapparition de la famine au Sahel. Sans doute serions-nous tentés aujourd'hui de repérer plutôt un "mal-peuplement" (P. Fargues, 1985).

Il ne nous appartient pas d'approfondir ce débat. Les implications sociales et économiques de l'accroissement des populations africaines sont traitées ailleurs dans ce livre. Si la croissance démographique touche l'économique et le social, c'est toutefois largement au travers de ses "conséquences proches" (G. Mc Nicoll, 1984), c'est-à-dire de la modification de la taille de la population et de sa répartition, par région, par âge ou selon d'autres critères. Ce sont ces conséquences proches sur lesquelles nous nous pencherons dans ce chapitre, en dégageant ce qu'a de spécifique à l'Afrique la combinaison des taux de natalité et de mortalité qui a conduit aux croissances actuelles, ainsi que leurs implications strictement démographiques.

2. EXPLOSION DEMOGRAPHIQUE, EXPLOSION DES INEGALITES DE DENSITE

Les premières observations statistiques fiables de populations africaines remontent à moins de trente ans, et ce n'est qu'avec la clôture de la campagne de recensements des années 70 que l'on a disposé d'informations suffisamment nombreuses pour reconstruire une image d'ensemble du peuplement du continent. Il apparaissait clairement que ces populations étaient déjà profondément engagées dans leur transition démographique. L'équilibre "ancien" entre une natalité et une mortalité également hautes sur la longue durée, caractéristique du régime démographique "traditionnel" à croissance nulle ou faible, était largement rompu. Les populations africaines étaient toutes entrées dans *la phase de la croissance* qui provient de ce que, dans le cheminement vers un hypothétique régime "nouveau" à équilibre entre une natalité et une mortalité toutes deux basses[3], la baisse de la mortalité précède généralement la baisse de la natalité.

---

(3) La généralité de ce régime "nouveau" demeure hypothétique puisqu'on ne l'a observé jusqu'à présent que dans les pays industriels.

Si la réalité de cette croissance ne fait pas de doute, on sait mal quand elle s'est amorcée [4]. Malheureusement, les données requises nous manquent pour suivre avec précision et sur une longue période les taux de croissance des populations, et encore plus leurs deux composantes que sont la natalité et la mortalité. Pour mesurer le rythme de croissance d'une population, le démographe s'appuie en effet sur deux recensements successifs ; pour apprécier l'évolution de cette croissance, il lui faut comparer deux taux et donc disposer de trois recensements. Or la plupart des pays d'Afrique n'en ont réalisé qu'un ou deux. Le problème de l'estimation de la natalité et de la mortalité est peut-être encore plus difficile puisqu'il se fonde d'ordinaire sur un enregistrement des faits d'état civil. Or en Afrique, celui-ci n'est qu'en de rares endroits (quelques capitales) suffisamment complet pour permettre une analyse de ses données.

Pour pallier l'absence de recensements successifs et les carences des systèmes d'état civil, *les démographes ont développé des procédures d'enquêtes particulières et des techniques d'ajustement des données déficientes.* C'est à l'ensemble de ces méthodes dites indirectes que l'on doit une grande partie de nos connaissances sur la démographie africaine. Les résultats auxquels elles conduisent sont cependant empreints d'*incertitudes qui fixent à notre savoir des limites assez étroites*. Les comparaisons notamment sont malaisées : dans l'espace, car d'un pays à l'autre les conditions de collecte et les procédures d'estimation diffèrent, et surtout dans le temps, faute de profondeur historique.

Parmi les différentes données que nous utiliserons[5], les moins contestables sont ainsi les plus récentes. Elles fournissent une image relativement bonne de la situation en 1980. En revanche, les remontées dans le passé sont assez hasardeuses, et 1950 semble être la limite la plus lointaine d'une reconstitution encore plausible. Mal connaître l'évolution, même récente, des paramètres démographiques, c'est aussi être mal armé pour faire des

---

(4) On est à peu près convaincu qu'elle n'est pas antérieure à 1930 (C. Coquery-Vidrovitch, 1985), de nombreuses archives et études témoignant du surcroît de mortalité dont s'est accompagnée la pénétration coloniale.

(5) Celles notamment des Nations Unies (ONU, 1985), reprises telles quelles malgré d'évidentes faiblesses pour certains pays.

perspectives. Au halo d'incertitude qui entoure toujours toute projection dans le futur des comportements démographiques, s'ajoute en Afrique l'impossibilité de formuler pour l'avenir des hypothèses appuyées sur un tableau précis des tendances passées. Les projections livrées par les Nations Unies à l'horizon 2025 sont sans doute des indications de tendance fort intéressantes, mais pour l'Afrique encore plus peut-être que pour les autres continents, leur valeur prédictive est incertaine. Les réserves formulées ici valent pour l'ensemble de ce chapitre.

En *1950*, plus des 4/5 ièmes des pays africains ont moins de 5 millions d'habitants (tableau 1). Un seul d'entre eux dépasse les 25 millions : le Nigéria, avec environ 33 millions d'habitants, est alors le treizième pays du monde. En moyenne, un pays d'Afrique au sud du Sahara compte alors 3,7 millions d'habitants. En *1980*, les pays de moins de 5 millions d'habitants restent une majorité. Trois pays supplémentaires, l'Ethiopie, le Zaïre et l'Afrique du Sud ont maintenant plus de 25 millions d'habitants, tandis que le Nigéria atteint sans doute 80 millions de personnes[6]. En 2025, *la population africaine aura été multipliée par 8 par rapport à son effectif de 1950.* Tandis que 40 % des pays auront encore une population comprise entre 5 et 25 millions d'habitants, cinq pays (le Kenya, l'Ouganda, la Tanzanie, le Soudan et l'Afrique du Sud) auront entre 50 et 100 millions d'habitants. Le Zaïre, l'Ethiopie et le Nigéria, eux, auront dépassé les 100 millions, ce dernier pays étant devenu, avec 338 millions d'habitants dans l'hypothèse moyenne, le quatrième de la planète, juste derrière l'Union Soviétique.

Hormis l'île Maurice, aucun pays n'avait en 1950 une densité supérieure à 100 hab./km^2. Aujourd'hui, ils sont six à dépasser ce seuil : quatre îles ou archipels (les Comores, Maurice, la Réunion et les Seychelles) et deux pays de montagnes (le Rwanda et le Burundi). Plusieurs pays de densité moyenne plus faible ont des

---

(6) Géant de l'Afrique, le Nigéria est un pays où coexistent d'abondantes études démographiques fines et l'ignorance de la plus élémentaire des données sur une population : son effectif global. L'estimation fournie par les Nations Unies (80,9 millions en 1980) est une indication de taille que l'on peut accepter à + ou - 20 millions près. Elle est en tout cas incompatible avec la dernière remise à jour des listes électorales (1982), fournissant 78 millions d'électeurs (soit au minimum 150 millions de personnes...).

régions également denses, zones-refuges traditionnelles, îles (Zanzibar) ou massifs montagneux (pays Bamiléké et pays Mafa au Cameroun), ou encore zones ouvertes de culture intensive, comme Sokoto (Nigéria) ou Korhogo (Côte d'Ivoire). Résultant d'une lente mise en place du peuplement dans l'histoire, *les inégalités actuelles de densité sont en passe d'être démesurément grossies par l'explosion démographique en cours.* En 2025, 18 pays auront plus de 100 hab./km^2. Avec 841 hab./km^2, le Rwanda comptera parmi les plus denses du monde. Le géant nigérian aura 366 hab./km^2. La discussion des relations entre économie et densité de population était très à la mode il y a quelques années. Sans rouvrir le débat, rappelons qu'aucun fatalisme n'associe mécaniquement en Afrique misère et haute densité. Dans un même pays, le Cameroun, les deux régions les plus denses, l'Ouest Bamiléké et le Nord Mafa, ne se situent-elles pas pratiquement aux deux extrêmes selon certains indicateurs du développement socio-économique : scolarisation, accumulation de capital, proportion de cadres fournis à l'économie nationale... ?

Le taux d'accroissement des populations d'Afrique Noire est de 3 % par an en 1980-85, ce qui sans changement conduirait à un doublement de la population tous les 23 ans. Cela signifie que les enfants naissent dans un pays deux fois plus peuplé qu'à la naissance de leur mère et trois fois plus qu'à celle de leur père. Pour comprendre ce qu'a d'exceptionnel la croissance africaine, il faut la comparer à celle d'autres grands ensembles géo-économiques. Nous en avons distingué cinq qui représentent autant de types de transition démographique :

- Les pays les plus "avancés" tels qu'ils sont regroupés par les Nations Unies (ONU, 1985)
- l'Asie, sauf la Chine, le Japon et les pays Arabes du Moyen-Orient
- la Chine
- l'Amérique Latine
- les Pays Arabes d'Asie de l'Ouest et d'Afrique du Nord.

Tableau 3.1 : Répartition des 48 pays de l'Afrique selon le volume de leur population et leur densité en 1950, 1980 et 2025.

	1950	1980	2025
Effectifs de population (en millions)			
100 ou plus	0	0	3
50 à 100	0	1	5
25 à 50	1	3	6
5 à 25	8	18	19
moins de 5	39	26	15
Taille moyenne (en millions)	3,7	8,1	29,2
Densité de population (habitants/km²)			
500 ou plus	0	0	2
100 à 500	1	6	16
50 à 100	4	8	14
10 à 50	21	21	12
moins de 10	22	13	4
Densité moyenne	7	15	55

Source : O.N.U. (1985).

Trois caractéristiques distinguent au graphique 2 la croissance démographique de l'Afrique de celle des autres régions en développement :
- le niveau actuel le plus élevé du monde : dès 1960-65, l'accroissement démographique de l'Afrique sub-saharienne dépassait ceux de l'Asie et de l'Amérique Latine. Depuis 1980, il a rejoint celui des pays Arabes.
- l'accélération la plus soutenue du taux d'accroissement depuis 1950, époque où, à égalité avec l'Asie, l'Afrique avait encore la croissance démographique la plus basse des pays en développement.

FIGURE 3.2

ACCROISSEMENT DEMOGRAPHIQUE DES GRANDS ENSEMBLES GEO-POLITIQUES DE 1950 A 2025

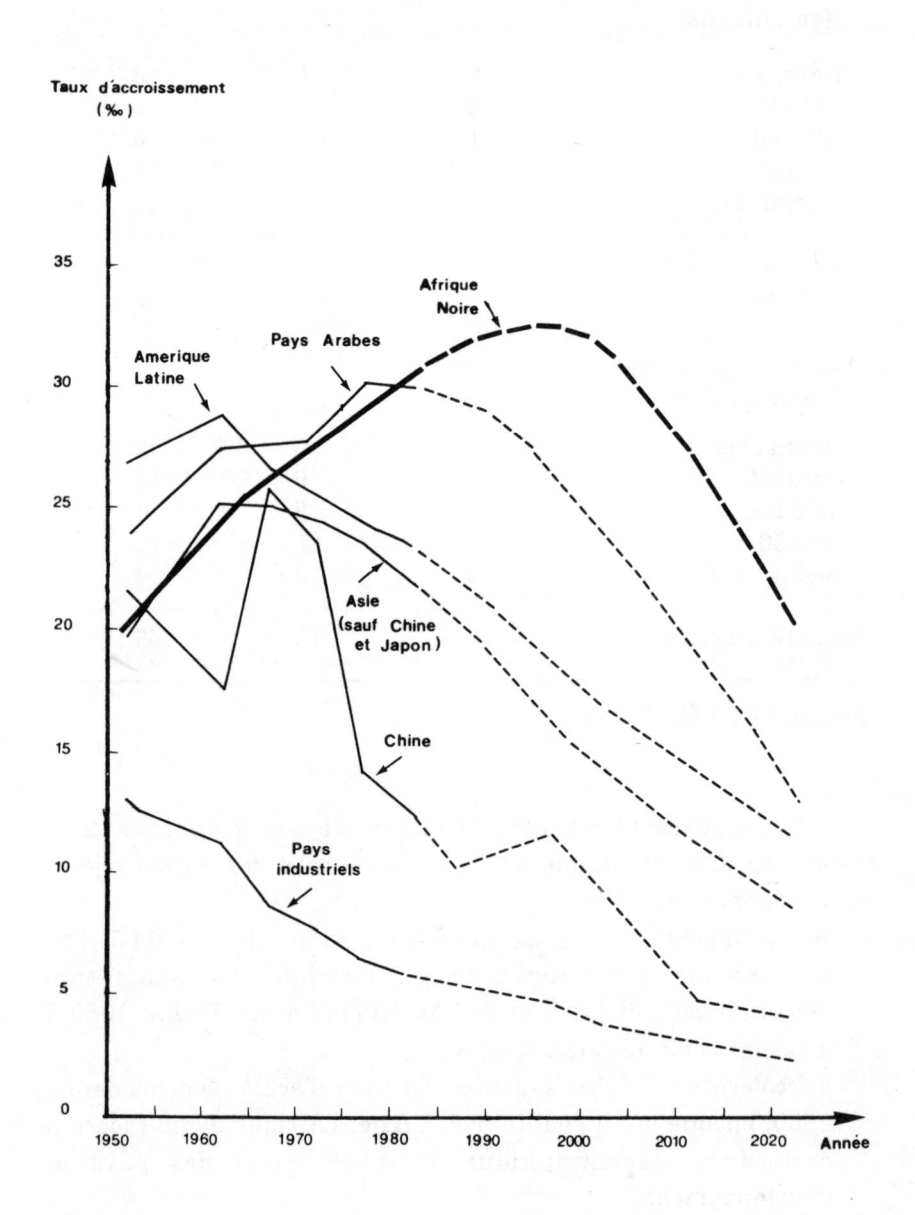

- la poursuite quasi certaine d'une élévation du taux de croissance, au moins au cours de la décennie à venir. Il n'y a pas encore en Afrique de prémisses de la décélération constatée partout ailleurs, y compris dans les pays Arabes ces toutes dernières années[7].

La natalité africaine n'accuse jusqu'à présent aucune baisse véritable, tandis que la mortalité poursuit probablement son déclin. Hormis l'analogie que l'on cherche à établir entre les continents, il n'y a donc pas de raison fondée d'admettre qu'au tournant du vingtième siècle, le rythme de déclin de la natalité commencera à dépasser celui de la mortalité, ce qui conduirait à un ralentissement de la croissance démographique.

3. LE "RETARD" DE L'AFRIQUE : TRANSITION PLUS LENTE OU BAISSE ACCELEREE DE MORTALITE ?

Dans quelle mesure le futur africain sera-t-il à l'image du proche passé des autres régions du monde en développement ? Poser cette question, c'est admettre que la transition démographique a pris du retard en Afrique. Tout le monde s'accorde à prédire que la natalité ne pourra pas indéfiniment demeurer stable, et la croissance continuer à s'élever tant que s'abaissera la mortalité. Ce faisant, on s'attend pour l'Afrique à ce qui est survenu partout ailleurs : l'infléchissement de la natalité qui marquerait l'entrée dans la seconde phase de la transition démographique. On est ainsi unanime à reconnaître le "retard" de l'Afrique, sans pour autant l'être sur le mot lui-même.

Que l'Afrique soit moins avancée dans sa transition ne signifie pas cependant que l'expérience des autres continents se reproduira ici de façon semblable. La diversité de l'histoire récente apparaît bien au graphique 3. L'Afrique ne détient pas seulement un record de croissance, elle est aussi la région où la natalité et la mortalité demeurent les plus élevées. Un examen plus minutieux de ce graphique nous montre que, lorsque les autres régions du monde en développement connaissaient, il y a quelques années, la mortalité de l'Afrique actuelle, disons un taux brut de 17,6 p. 1000

---

(7) Sauf dans certains d'entre eux, le Yémen du Nord en particulier.

FIGURE 3.3 : TAUX BRUTS DE NATALITE ET DE MORTALITE DE 1950 A 2025

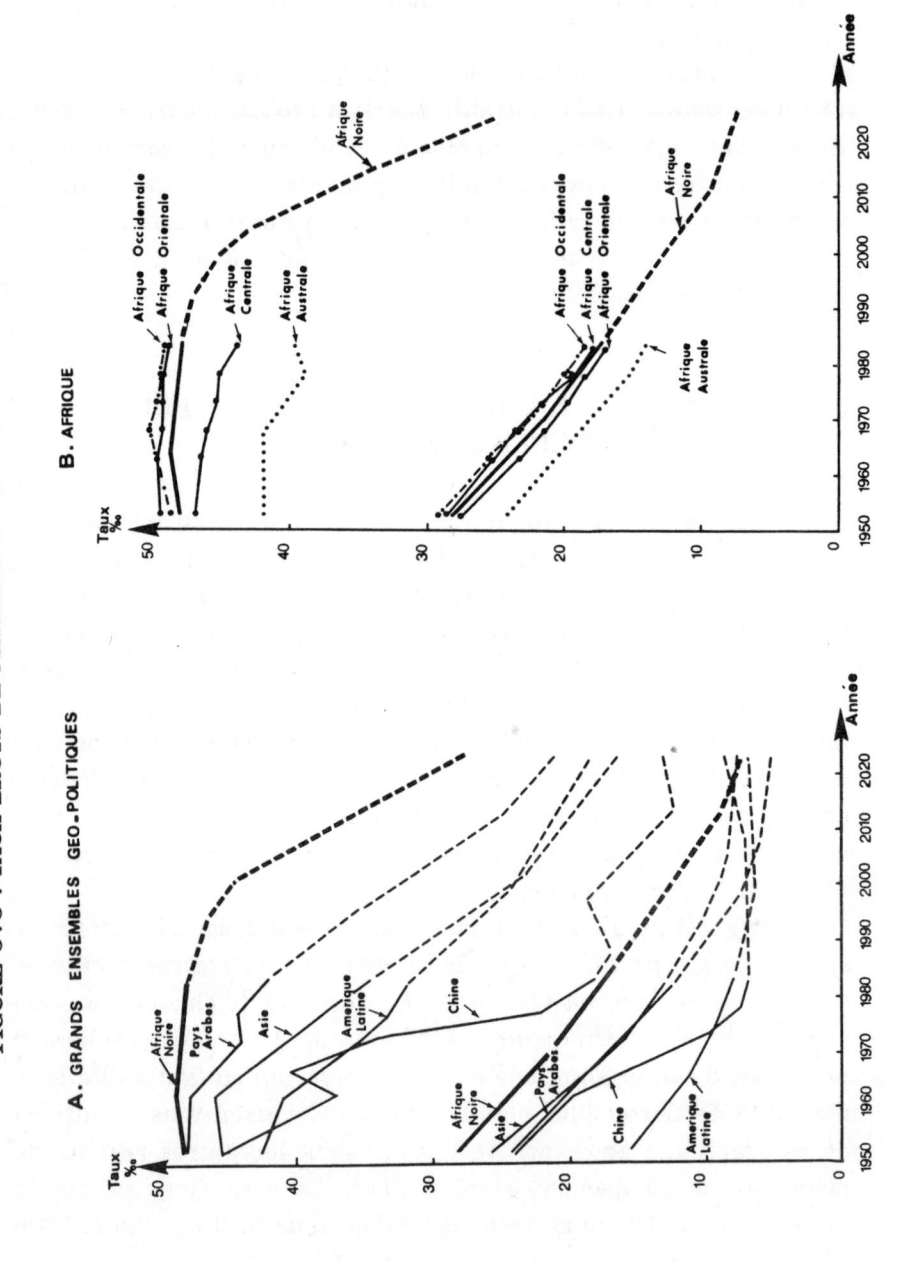

A. GRANDS ENSEMBLES GEO-POLITIQUES

B. AFRIQUE

(valeur en 1980-85), leur natalité n'était pas aussi élevée que celle de l'Afrique (48,1 p. 1000 en 1980-85). Leur accroissement naturel était ainsi plus faible, alors qu'ils occupaient la même position dans la première phase de la transition.

Le recul n'est pas assez long, et surtout l'incertitude qui entoure l'évolution des indices de l'Afrique est trop grande pour que l'on puisse proposer une explication unique. Parmi toutes celles que l'on pourrait avancer, prenons trois cas simples présentés sur le schéma ci-joint qui peuvent expliquer cet accroissement supérieur de l'Afrique :

- *1er cas* : la natalité serait plus élevée aujourd'hui en Afrique qu'elle ne le fut dans les régimes démographiques traditionnels des autres régions en développement.

- *2ème cas* : le décalage dans le temps entre la baisse de mortalité et la baisse de natalité est appelé à durer plus longtemps en Afrique qu'il n'a duré dans les autres régions en développement.

- *3ème cas* : la baisse de mortalité qu'a jusqu'à présent connue l'Afrique aurait exigé moins de temps que la baisse équivalente survenue antérieurement dans les autres régions. En d'autres termes, le déclin de mortalité aurait été plus rapide en Afrique qu'ailleurs.

Cette dernière hypothèse surprendra peut-être. Avec un taux brut de mortalité de 17,6 pour 1000, une espérance de vie de 48 ans seulement et une mortalité infantile de l'ordre de 115 pour 1000, avec surtout la réapparition périodique de grandes crises de surmortalité, l'Afrique est certes la plus mal lotie des régions du monde. Mais c'est le chemin parcouru en quelques décennies dont il faut prendre la mesure ; dans l'entre-deux-guerres, ces indices pouvaient valoir respectivement 40 pour 1000, 20 à 25 ans et 300 pour 1000.

Sous l'effet des grandes campagnes sanitaires engagées ici plus tard qu'en Afrique du Nord, en Asie ou en Amérique Latine, mais bénéficiant en bloc des conquêtes scientifiques lentement accumulées ailleurs, *la chute à la fois plus tardive et plus profonde de la mortalité est une hypothèse réaliste*. Dans une large partie de l'Afrique non sahélienne, ces campagnes ont été relayées par une certaine régularisation des cycles de production vivrière et par l'amélioration des moyens de distribution. Et surtout, l'Afrique

SCHEMA DE TRANSITION : TROIS CAS POSSIBLES POUR L'AFRIQUE

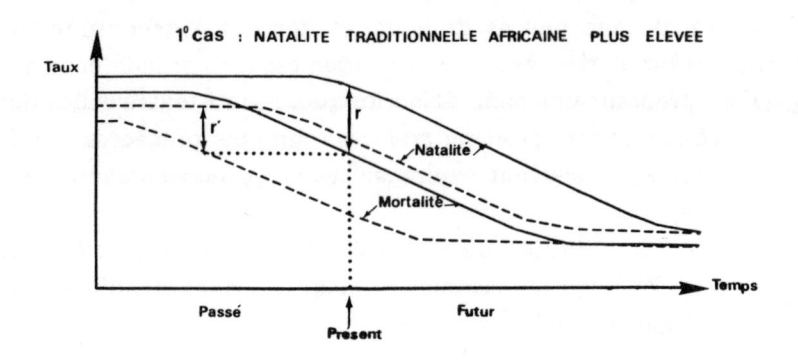

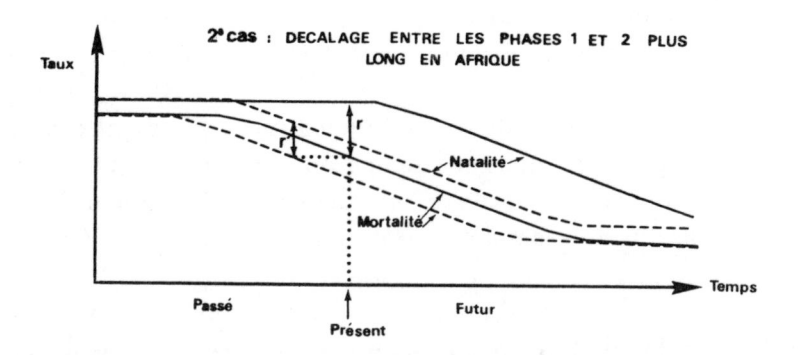

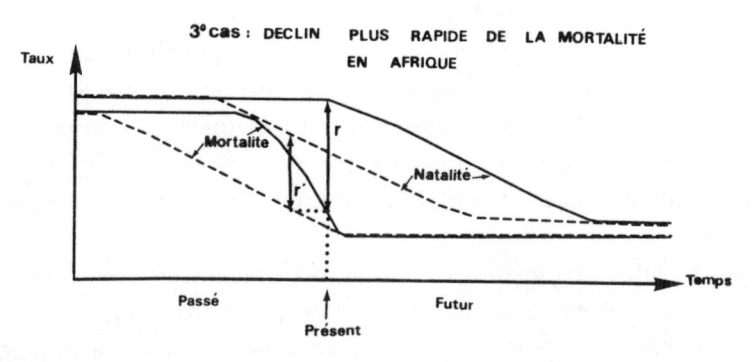

1° cas : NATALITE TRADITIONNELLE AFRICAINE PLUS ELEVEE

2° cas : DECALAGE ENTRE LES PHASES 1 ET 2 PLUS LONG EN AFRIQUE

3° cas : DECLIN PLUS RAPIDE DE LA MORTALITÉ EN AFRIQUE

LEGENDE

——— : Natalité et mortalité en Afrique

-------- : Natalité et mortalité dans les autres P.E.D

r : Taux actuel d'accroissement de l'Afrique

r' : Taux d'accroissement des autres P.E.D au niveau actuel de la mortalité en Afrique indépendante a consacré un effort considérable pour rattraper son retard dans la diffusion de la plus efficace des méthodes modernes de lutte contre la mort : la scolarisation, en particulier celle des jeunes filles, futures mamans, dont on a montré qu'elle était le facteur le plus déterminant de la régression des hautes mortalités de la petite enfance[8].

Le schéma africain de transition semble par ailleurs connaître trois grandes variantes régionales (figure 3 B) :
- une variante orientale et occidentale, à natalité et mortalité élevées,
- une variante centrale, à natalité modérée et mortalité élevée,
- une variante australe, à natalité et mortalité modérées.

Le parallélisme trop parfait des courbes, hormis la brusque chute de mortalité en Afrique australe entre 1975 et 1980, est en revanche suspect. Il relève peut-être autant des ajustements statistiques effectués par les Nations Unies que d'une évolution réelle. Ces courbes ne nous renseignent pas en tout cas sur l'existence ou non d'un lien entre évolution de la natalité et évolution de la mortalité.

4. INTERDEPENDANCE ENTRE MORTALITE ET NATALITE ?

La théorie de la transition postule que, lorsque la mortalité baisse, la natalité est appelée à baisser également, dans un délai variable selon les populations. Un certain nombre de facteurs, qui tiennent largement aux mutations de la société et de l'économie, expliquent séparément chacun des deux phénomènes et, par conséquent, le lien entre eux. Mais on admet généralement que le déclin de la mortalité doit entraîner en partie directement celui de la natalité. Les fortes fécondités des régimes traditionnels seraient une réponse aux fortes mortalités. Pour assurer la reproduction de la famille et de la main-d'oeuvre domestique, le nombre d'enfants à procréer était d'autant plus grand que leurs chances de survie à

---

(8) En 1960, le rapport des taux d'inscription scolaire (primaire) en Afrique sub-saharienne aux taux calculés dans l'ensemble des pays en développement était égal à 0,74 pour les garçons et 0,65 pour les filles. En 1980, il était passé à 0,91 et 0,92 respectivement.

FIGURE 3.4

TAUX DE NATALITE ET DE MORTALITE DANS LE MONDE, EN AFRIQUE ET EN COTE D'IVOIRE

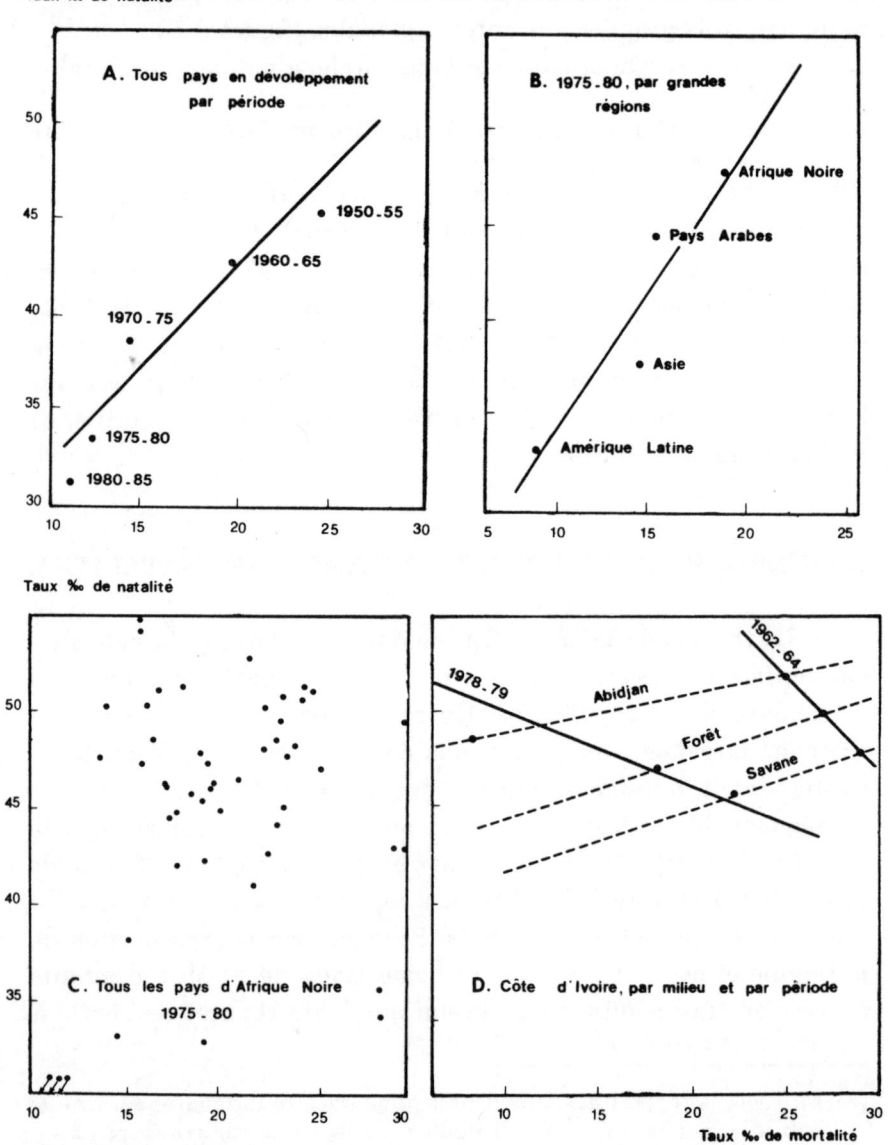

Taux ‰ de natalité

A. Tous pays en dévoleppement par période

- 1950.55
- 1960.65
- 1970.75
- 1975.80
- 1980.85

B. 1975.80, par grandes régions

- Afrique Noire
- Pays Arabes
- Asie
- Amérique Latine

Taux ‰ de natalité

C. Tous les pays d'Afrique Noire 1975.80

D. Côte d'Ivoire, par milieu et par période

- 1978-79
- 1962-64
- Abidjan
- Forêt
- Savane

Taux ‰ de mortalité

Source : d'après ONU (1985) et Côte d'Ivoire (1984)

l'âge adulte étaient faibles ; ainsi pour qu'un homme de trente ans soit remplacé à la génération suivante, c'est-à-dire pour que l'un de ses fils lui survive à trente ans, il lui fallait mettre au monde six enfants : trois étaient des filles et, parmi les trois garçons nés-vivants, l'un mourait avant un an et un second avant 30 ans. Lorsque les chances de survie des enfants s'élèvent, l'une des motivations à la haute fécondité disparaît donc. La forte natalité n'est plus aujourd'hui une réponse directe à la forte mortalité.

La figure 4 A montre pour l'ensemble des pays en développement la relation qui s'est établie dans le temps entre mortalité et natalité : de 1950 à 1985, au fur et à mesure que la première s'est abaissée, la seconde a elle-même décliné. Tout à fait parallèle à cette évolution temporelle est la différenciation spatiale qui apparaît lorsque l'on classe les grandes régions du monde en développement à un même moment du temps (1975-1980) selon leurs taux de mortalité et de natalité (figure 4 B).

Apparemment conforme à l'hypothèse évolutionniste, cette relation fortement positive entre mortalité et natalité s'annule cependant dans une approche par pays à l'intérieur de l'Afrique (figure 4 C). Le nuage de points que l'on obtient alors indique que les deux phénomènes ne sont plus liés l'un à l'autre, d'autant plus que certains pays africains ont déjà atteint le seuil de mortalité en deçà duquel la natalité aurait déjà dû baisser. On voit que les taux de mortalité africains sont eux-mêmes très dispersés et que des mortalités relativement basses (taux inférieur à 15 pour 1000) se trouvent toujours associées à une forte natalité (Botswana, Zimbabwe), ce qui en quelque sorte invalide l'hypothèse du seuil.

Doit-on à partir de cela remettre totalement en cause la qualité des données fournies par les Nations Unies ? Sans doute pas. Nous avons vu que la première phase de la transition africaine s'est déclenchée tardivement, et dès lors a peut-être été accélérée. C'est au rythme de l'importation de techniques déjà éprouvées ailleurs, plutôt qu'au gré de découvertes médicales successives, que sont survenus les déclins de mortalité. Les facteurs qui ont permis à l'Afrique au sud du Sahara d'entrer dans cette première étape de transition furent ainsi largement exogènes. Il n'en est plus de même pour la seconde étape où s'enclenche le déclin de la natalité. L'histoire récente des autres continents nous en a montré le caractère fondamentalement endogène. Une population commence à réduire sa fécondité lorsque les structures familiales se transforment afin que l'infléchissement devienne possible. Les rapports d'autorité, comme les rapports économiques entre membres de la famille africaine, ne laissent pas de place, sauf exception, à la réduction délibérée de la taille de celle-ci. L'autorité sur les choses de la famille appartient en effet au groupe élargi de parents, auquel le nombre contribue à conférer du pouvoir ; ce nombre ne relève pas d'une décision qui serait discutée au sein du couple. Par ailleurs, tant que c'est la collectivité large qui assure l'essentiel de la prise en charge des jeunes enfants, leurs géniteurs n'ont pas de motivation économique à en réduire l'effectif.

5. DIVERSITE SOCIALE, DIVERSITE REGIONALE DES TRANSITIONS

Une population n'est pas homogène et la transition gagne certains sous-groupes avant les autres. Déclin de la mortalité puis de la natalité sont ainsi des phases au cours desquelles les différences se creusent : la baisse des indices moyens s'accompagne d'une hausse de leur variance[9]. Pour la mortalité notamment, on observe de profondes différences entre pays et entre régions à l'intérieur de chaque pays : un Abidjanais a une espérance de vie de plus de 60 ans tandis que celle d'un paysan des savanes du Nord Ivoirien ne dépasse guère 40 ans. De même semble-t-il, la natalité accuse déjà des variations sensibles d'une sous-population à l'autre, selon le degré de transformation des structures familiales. Une Abidjanaise qui a achevé ses études secondaires met au monde 3,3 enfants au cours de sa vie, tandis qu'une Ivoirienne analphabète résidant à la campagne en a 6,9 (Côte d'Ivoire, 1984).

Mais les groupes sociaux où la natalité a peut-être sensiblement baissé, les citadins les plus instruits, demeurent trop minoritaires pour abaisser significativement la natalité de l'ensemble. La tendance à la baisse dans les sous-populations

---

(9) Dans plusieurs pays où sévissait récemment encore une forte infécondité pathologique (par exemple le Burkina Faso, la Centrafrique, le Cameroun), la transition de la natalité est toutefois précédée d'une période où, l'infécondité régressant avec la mortalité, la natalité moyenne s'élève en même temps que diminue sa variance.

faiblement représentées est en outre masquée, dans certains pays, par une légère hausse dans une fraction plus large de la population, pour laquelle l'alphabétisation a pu s'accompagner d'une petite élévation de fécondité, par diminution notamment des durées d'allaitement ou des périodes d'abstinence sexuelle post-partum.

C'est ainsi que les régions de *Côte d'Ivoire* se différencient plus par leur taux de mortalité, allant de 9 pour 1000 à Abidjan à 22 pour 1000 en savane, que par leur natalité (figure 4 D). Dans chaque région, un très léger déclin de la natalité paraît avoir accompagné la baisse de mortalité entre 1960-65 et 1978-79. Quoique leur pente soit beaucoup plus faible, les droites en tirets sont bien de même sens que celles des graphiques 4 A et 4 B. Plus surprenante en apparence est en revanche l'inversion de la pente des droites d'ajustement que l'on observe lorsqu'à une même date, on compare entre elles les différentes régions : la natalité varie alors en raison inverse de la mortalité (figure 4 D, traits pleins).

Tableau 3.2 : Taux bruts (‰) de natalité et de mortalité régionales au Cameroun et au Zaïre.

Pays et régions	Mortalité	Natalité
CAMEROUN 1976		
Yaoundé	10,2	48,8
Douala	11,9	46,8
Centre Sud, Est, Littoral	19,1	44,9
Ouest	19,7	48,8
Nord	20,6	36,9
Cameroun Occidental	22,0	42,5
Extrême Nord	24,4	44,3
OUEST-ZAIRE 1975-1976		
Kinshasa	15,0	54,9
Bas-Zaïre	16,3	42,9
Bandundu	21,7	44,0
Kasaï	22,0	39,4
Equateur, Tshuapa	21,6	35,9

Source : pour le Zaïre, D. Tabutin (1979). Pour le Cameroun, données communiquées par P. Gubry.

Tableau 3.3 : Mouvements naturels et structures par âges de la Côte d'Ivoire (1978-79).

Région	Taux bruts pour 1000		Fécondité cumulée par femme	Pourcentages de population	
	mortalité	natalité		femmes de 15-49 ans dans la population totale	femmes de 15-29 ans dans la population de 15-49 ans
Abidjan	9,0	50,5	5,6	25,2	74,1
Forêt rurale	18,0	46,5	6,8	22,7	48,5
Savane rurale	22,0	45,7	7,1	21,7	47,2

Source : Côte d'Ivoire (1984).

La Côte d'Ivoire ne fait pas exception. On observe par exemple au Cameroun ou au Zaïre (tableau 2) une relation inverse entre natalité et mortalité lorsque l'on compare les grandes villes d'une part et des régions majoritairement rurales de l'autre. Si leur mortalité plus basse reflète bien l'avance des villes sur les campagnes dans la transition démographique, leur natalité plus élevée ne signifie pas qu'une hausse de fécondité prélude systématiquement à l'entrée dans la seconde phase. Les femmes d'Abidjan procréent en effet moins d'enfants que les Ivoiriennes rurales (5,6 contre 6,9) et les femmes de la forêt un peu moins que celles de la savane (6,8 contre 7,1). Si la natalité varie en sens inverse de la fécondité, c'est en raison des perturbations apportées par les *migrations* aux pyramides des âges. D'une ampleur considérable, l'exode rural gonfle en effet les groupes d'âges les plus féconds dans les villes. Les femmes âgées de 15-49 ans, et parmi elles les plus jeunes (moins de 30 ans), ne sont en effet nulle part aussi nombreuses, en valeur relative, qu'à Abidjan (tableau 3). De la même manière, la sur-représentation des jeunes adultes dans les courants de migrations entre campagnes, qui s'établissent des savanes vers la forêt, explique que la natalité des zones forestières de Côte d'Ivoire dépasse légèrement celle des zones de savane. Par leurs effets indirects sur la natalité, les migrations internes suffisent ainsi à donner cette illusion d'une transition inversée.

Toute relation entre natalité et mortalité disparaît d'ailleurs au Cameroun comme au Zaïre lorsque l'on considère les provinces. Une natalité plutôt faible peut se trouver associée à une mortalité modérée (en comparaison avec les niveaux nationaux) comme au Nord Cameroun (Adamaoua), où l'organisation sociale des éleveurs Foulbé explique la première, et leurs pratiques d'hygiène la seconde. Elle peut au contraire coexister avec une mortalité élevée (Kasaï et Tshuapa au Zaïre), lorsque c'est la pathologie qui explique à la fois la mortalité haute et la fréquence de l'infécondité, et donc la faiblesse de la natalité.

6. JEUNESSE DES STRUCTURES PAR AGE ET CROISSANCE DES POPULATIONS A CHARGE, JEUNES ET VIEUX

C'est devenu un lieu commun que de souligner *la jeunesse des populations d'Afrique sub-saharienne* : 46 % des habitants du continent ont moins de 15 ans et 2,8 % seulement ont plus de 65 ans. Avec 208 millions de jeunes de moins de quinze ans en 1980, l'Afrique Noire en compte plus que toute l'Europe et l'Union Soviétique réunies (172 millions). Avec 11 millions de personnes âgées de plus de soixante-cinq ans, elle en compte moins que les deux Allemagne réunies (12 millions). Cela provient essentiellement du maintien à un très haut niveau de la natalité. La mortalité ne joue qu'un rôle d'appoint mineur. En profitant d'abord aux groupes d'âge les plus vulnérables, les moins de 5 ans, la baisse de la mortalité a même jusqu'à présent légèrement accru la proportion de jeunes en Afrique, tandis que maintenant le recul de la mortalité des personnes âgées jouerait plutôt en sens inverse sur les structures par âge des pays vieux.

Déjà les plus jeunes du monde, ces populations traversent donc de surcroît une période de rajeunissement démographique. Pour apprécier le processus en cours, on peut s'intéresser soit à la base de la pyramide des âges, et comparer l'accroissement de la population des jeunes à celui de la population totale (figure 5 A), soit au sommet de la pyramide, en comparant l'accroissement des effectifs de personnes âgées à celui de la population totale (figure 5 B).

FIGURE 3.5

TAUX ANNUELS D'ACCROISSEMENT PAR GRANDS GROUPES D'AGE

A. ACCROISSEMENT DES JEUNES

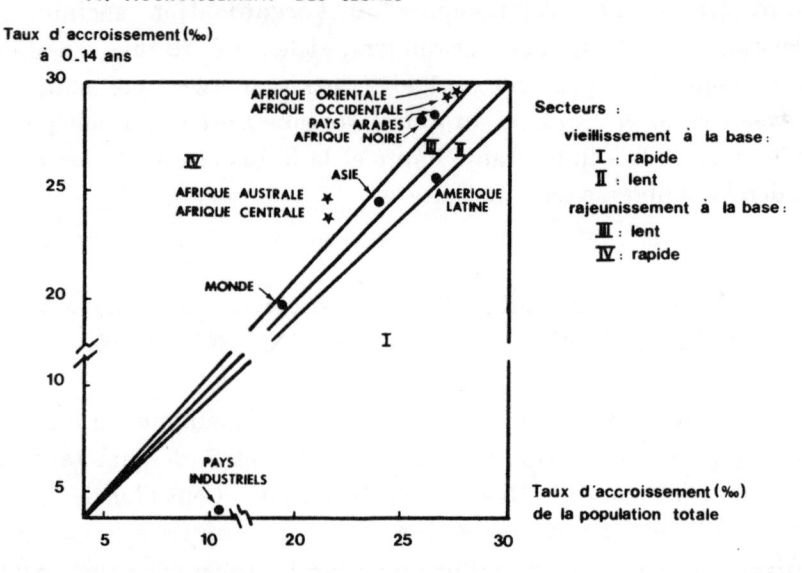

Taux d'accroissement (‰) à 0-14 ans

Secteurs :
  vieillissement à la base :
    I : rapide
    II : lent
  rajeunissement à la base :
    III : lent
    IV : rapide

Taux d'accroissement (‰) de la population totale

B. ACCROISSEMENT DES PERSONNES AGEES

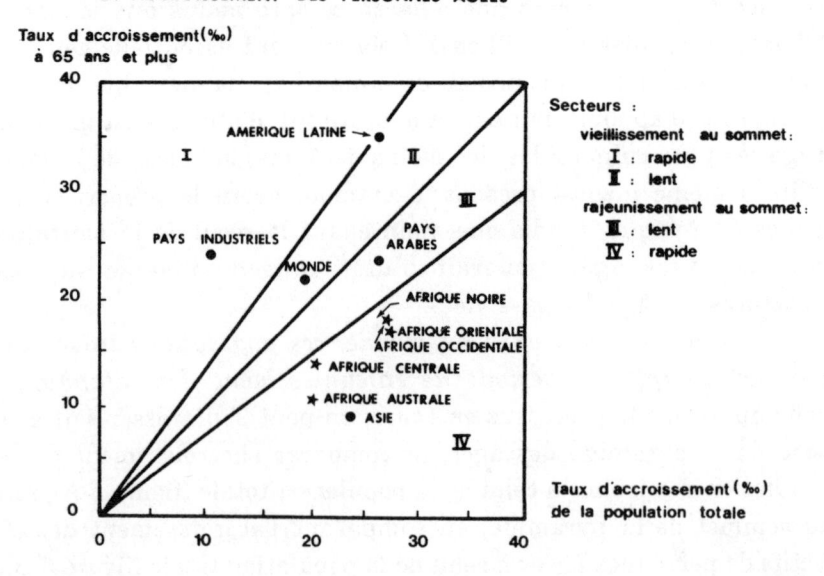

Taux d'accroissement (‰) à 65 ans et plus

Secteurs :
  vieillissement au sommet :
    I : rapide
    II : lent
  rajeunissement au sommet :
    III : lent
    IV : rapide

Taux d'accroissement (‰) de la population totale

Lorsque le taux d'accroissement avant 15 ans est inférieur à celui de la population totale, la proportion de jeunes diminue et l'on parle d'un vieillissement à la base ; inversement, il y a rajeunissement à la base lorsque le premier taux est supérieur au second. De la même manière, la comparaison des taux d'accroissement des personnes âgées et de la population totale nous amène à distinguer le vieillissement au sommet du rajeunissement au sommet. Pour affiner les comparaisons, on peut encore distinguer la vitesse du processus : lent ou rapide. Sur la figure 5, nous avons retenu pour les écarts relatifs avec le taux d'accroissement de la population totale des seuils qui montraient bien la position particulière de l'Afrique : 10 % pour les jeunes et 25 % pour les vieux. En croisant les deux types d'évolution, à la base et au sommet, *l'Afrique se singularise de toutes les autres régions tout en apparaissant assez homogène en son sein.* Elle est le seul continent où la population rajeunisse rapidement, à la fois à la base et au sommet. C'est ce que montre clairement le schéma ci-après.

Schéma : Evolution des pyramides des âges par grande aire géopolitique.

Base de la pyramide	Sommet de la pyramide			
	vieillissement		rajeunissement	
	rapide	lent	lent	rapide
Vieillissement rapide	*Pays industriels*			
Vieillissement lent		*Amérique Latine*		
Rajeunissement lent		*Ensemble du monde*		*Asie (sauf Chine et Japon)*
Rajeunissement rapide			*Pays Arabes*	*Afrique (Est, Centre Sud et Ouest)*

FIGURE 3.6
EVOLUTION DE LA STRUCTURE PAR AGE DES ACTIFS EN AFRIQUE ET DANS LE MONDE : 1980-2000

- Effectifs en l'an 2000, pour cent en 1980 -

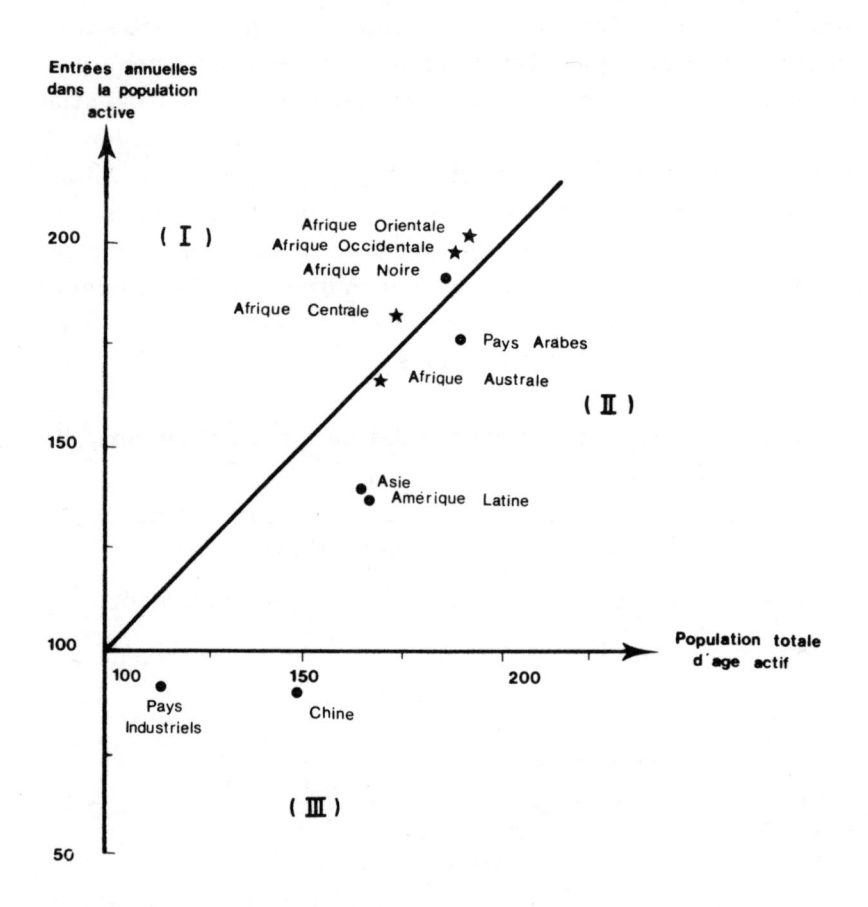

Secteurs :
(I) : Population active en cours de rajeunissement.
(II) : Population active en cours de vieillissement.
(III) : Population active vieille à reproduction declinante.

Ce processus durera ce que durera le maintien de la natalité ; on ne peut préciser combien d'années encore. En revanche, on sait que le rajeunissement enregistré jusqu'à présent se propagera dans la pyramide des âges. Les actifs de l'an 2000, la population âgée de 15 ans et plus, sont déjà nés. Leur structure par âges est donc déjà connue à d'infimes écarts près qui tiennent aux incertitudes présentes sur les schémas de mortalité de demain. Ces actifs seront en Afrique sub-saharienne plus jeunes que ceux d'aujourd'hui. Par exemple, le nombre annuel des entrées dans le groupe des âges actifs[10] s'accroîtra entre 1985 et 2000 à un rythme supérieur à celui de l'ensemble de la population active, en Afrique Noire mais nulle part ailleurs dans le monde (figure 6). Cela ne va pas sans implications sur le volume relatif des emplois à créer par rapport aux emplois existants. A la campagne, la création d'emplois est peut-être une notion sans grande signification, mais en ville où l'exode rural accroît encore le rajeunissement des actifs, elle devient souvent un problème aigu.

Découlant de sa forte fécondité présente et passée, la jeunesse de la population lui confère à son tour un potentiel d'accroissement élevé dans le futur. Dans l'hypothèse d'un déclin de la natalité, on observera bien un rétrécissement de la base de la pyramide des âges (figure 7 A), c'est-à-dire un début de vieillissement, mais il n'en sera pas moins accompagné d'une extraordinaire croissance, en valeur absolue, de tous les groupes d'âges (figure 7 B).

La croissance des populations à charge, élèves et personnes âgées, suppose des investissements proportionnels aux effectifs supplémentaires si l'on veut simplement maintenir leur niveau moyen de consommation (en instruction et en santé notamment), mais plus que proportionnels si l'on cherche à améliorer ce niveau. Or, de tous les pays du monde, c'est le Nigéria qui devra absorber, d'ici la fin du siècle, le plus gros excédent à 6-11 ans, les âges des élèves de l'enseignement primaire (figure 8 A). Ils passeront de 14,1 millions en 1980 à 29,3 millions en 2000. Leur effectif sera déjà un peu plus fort qu'aux Etats-Unis (23,5 millions), mais encore assez faible par rapport aux 117,8 millions d'enfants indiens ou aux 119 millions d'enfants chinois. Chine et Inde auront donc, toutes choses

---

(10) Approximé ici par l'effectif moyen d'une année d'âge dans le groupe 15-19 ans.

FIGURE 3.7
PYRAMIDE DES AGES DU NIGERIA EN 1985 ET 2025

A. REPARTITION PROPORTIONNELLE, POUR 1000 HABITANTS

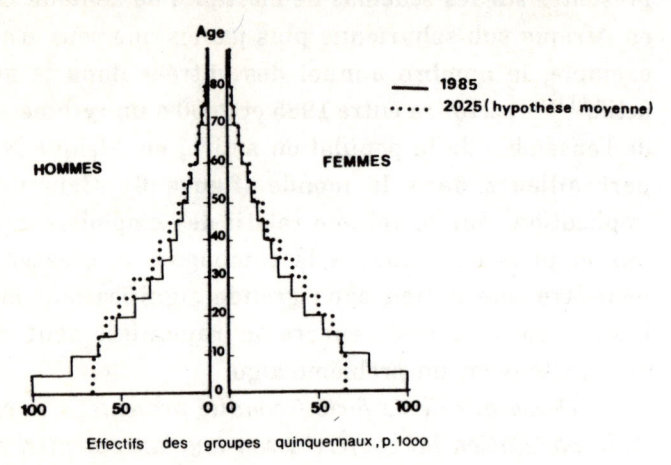

—— 1985
······ 2025 (hypothèse moyenne)

HOMMES   FEMMES

Effectifs des groupes quinquennaux, p.1000

B. EFFECTIFS ABSOLUS, EN MILLIONS D'HABITANTS

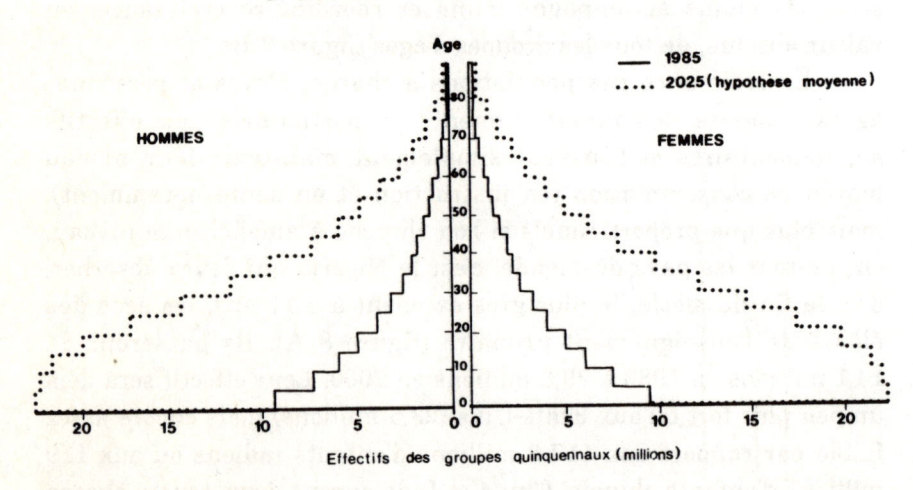

—— 1985
······ 2025 (hypothèse moyenne)

HOMMES   FEMMES

Effectifs des groupes quinquennaux (millions)

Source : Nations Unies (1985)

FIGURE 3.8
ACCROISSEMENTS RELATIFS ET ABSOLUS DES POPULATIONS SCOLARISABLES ET DES PERSONNES AGEES AU NIGERIA ET DANS QUELQUES AUTRES PAYS

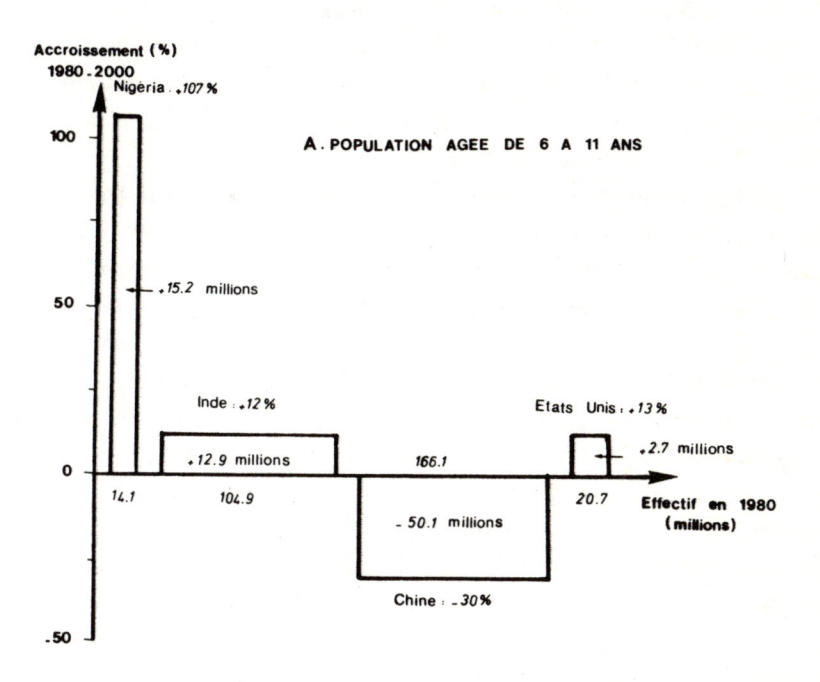

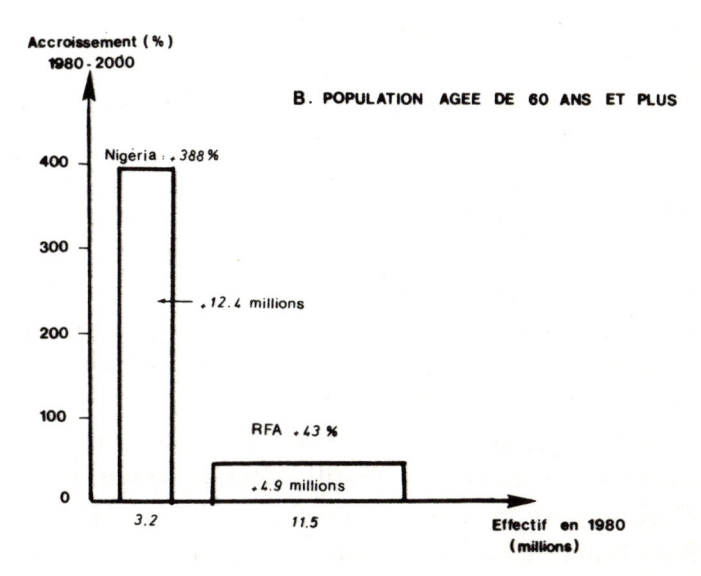

Accroissement (%) 1980-2000

A. POPULATION AGEE DE 6 A 11 ANS

- Nigéria : +107 %, +15.2 millions, 14.1
- Inde : +12 %, +12.9 millions, 104.9
- Chine : -30 %, -50.1 millions, 166.1
- Etats Unis : +13 %, +2.7 millions, 20.7

Effectif en 1980 (millions)

Accroissement (%) 1980-2000

B. POPULATION AGEE DE 60 ANS ET PLUS

- Nigéria : +388 %, +12.4 millions, 3.2
- RFA : +43 %, +4.9 millions, 11.5

Effectif en 1980 (millions)

égales d'ailleurs, des dépenses courantes d'enseignement supérieures à celles du Nigéria, mais en 20 ans, l'accroissement de la population scolarisable aura été de 15,2 millions au Nigéria (+ 107 %), contre 12,9 millions en Inde, 2,7 millions aux Etats Unis, et une diminution de 50,1 millions en Chine. Sachant qu'en Afrique, au Nigéria par exemple, les taux actuels de scolarisation sont plus faibles et la capacité d'accueil des équipements existants plus réduite qu'ailleurs, on voit l'ampleur de l'effort à fournir en un temps très court pour atteindre l'objectif ambitieux de nombreux Etats : l'école pour tous avant la fin du siècle.

A l'autre extrémité de la vie, on peut sans risque prolonger plus loin dans l'avenir les projections de population : en effet les vieillards de l'an 2025 étaient déjà nés lors des indépendances. Une comparaison éloquente est celle du Nigéria, le plus jeune des grands pays (3,2 millions de plus de soixante ans en 1980, représentant 3 % de la population totale), au plus vieux des pays vieux, l'Allemagne de l'Ouest (11,5 millions de plus de 60 ans, 19 %). En 2025, le Nigéria comptera 15,6 millions de personnes âgées, c'est-à-dire à peine moins que l'Allemagne (16,4). Le premier en aura donc accueilli 12,4 millions supplémentaires, contre 4,9 pour le second. Pourtant, la population d'âge actif en 1985, dont les plus jeunes forment les vieux de 2025 et doivent préparer leur "retraite" future, n'est pas plus nombreuse au Nigéria qu'en Allemagne. *C'est l'un des paradoxes des structures démographiques jeunes : leur forte croissance affecte tous les groupes d'âges, y compris les plus âgés. Plus un pays est jeune, plus il doit investir pour répondre à la croissance de sa population âgée.*

Le vieillissement global des populations africaines n'est certes pas encore à l'ordre du jour. Cependant, un vieillissement *"sectoriel"* affecte d'ores et déjà certaines zones rurales d'émigration intense, le Nord de la Côte d'Ivoire ou les régions Mossi du Burkina par exemple, vidées de leurs jeunes actifs par les mouvements vers le Sud Ivoirien et Abidjan. Bientôt pourrait s'y poser la question cruciale de l'entretien des vieux, car qui subviendra à leurs besoins ?

Procréer une descendance nombreuse répond entre autres au besoin d'assurer sa vieillesse. La famille élargie traditionnelle assume collectivement la charge des dépendants, enfants et vieillards. Sous l'effet de l'urbanisation accélérée et dans certains cas de la migration vers l'étranger, cette famille commence à se désagréger. Pour supporter les coûts d'élevage des enfants, la famille restreinte, nucléaire ou non, prend le relais de la famille étendue : s'ils ne naissent pas en ville, les jeunes enfants suivent en effet généralement leurs parents dans l'exode rural.

Pour les vieillards, la règle actuelle est de demeurer au village. En Afrique Noire, les personnes âgées représentent une proportion de la population totale 2,4 fois plus élevée à la campagne qu'en ville. Pour la plupart récentes, les villes africaines ont encore très peu de vieillards (1,4 % de plus de 65 ans en moyenne). Les gérontocraties traditionnelles garantissaient l'entretien de ceux-ci. L'autorité des vieillards pourrait bien ne pas survivre longtemps au passage de la campagne à la ville et à la dispersion géographique des générations qu'il occasionne. L'approvisionnement sur le marché se substitue en ville à l'autoconsommation villageoise, si bien que la migration alourdit le coût des enfants. Mettant ainsi les générations en concurrence, elle risque de précipiter la désintégration des "assurances-vieillesse" traditionnelles.

7. QUELQUES CONCLUSIONS

L'Afrique Noire n'est pas seulement la partie du monde où la transition a le plus tardé à se déclencher. Avec l'Amérique du Sud, elle est aussi celle où la mise en place du peuplement s'est poursuivie le plus tard.

Encore toutes proches de nous sont les grandes migrations de peuples vers les zones, aussi riches en capacités vivrières que difficiles à pénétrer, de la forêt équatoriale. Ce n'est qu'au cours des deux derniers siècles que cette immense réserve de terres habitables a commencé à se désenclaver en quelques points. Il a fallu attendre la seconde moitié du vingtième siècle pour que se dessine nettement la tendance des régions forestières à devenir les plus attractives. Les mouvements migratoires, comme celui, séculaire, des savanes vers la forêt, sont désormais entravés par les frontières des Etats. C'est en contraignant les déplacements des hommes à se cantonner aux migrations intérieures que le politique manifeste aujourd'hui le plus clairement en Afrique sub-saharienne sa volonté de gérer la croissance démographique.

Ce serait faire preuve de vues courtes que d'imaginer que, parce que l'Organisation de l'Unité Africaine a décrété inaltérables les frontières léguées par les partages coloniaux, cette lente mise en place des peuples sur le continent s'est arrêtée une fois pour toutes, comme le suggèrent toutes les projections de populations nationales. Nous avons vu qu'il fallait moins de vingt-cinq ans à la population des pays africains pour doubler. Avec elle, ce sont la densité de chacun, ainsi que les écarts absolus de densité entre pays qui doublent tous les vingt-cinq ans. Entre le Zaïre, peuplé de 15 habitants par kilomètre carré, et son petit voisin montagneux, le Rwanda qui en abrite 250, l'écart de 235 ha/km^2, n'est peut-être pas bien loin d'avoir atteint le maximum tolérable. Dans un quart de siècle, si l'étanchéité des frontières retient au Rwanda toute tentative de débordement démographique, l'écart sera de 470 ha/km^2 entre un Zaïre encore clairsemé (20 ha/km^2) et un Rwanda soumis à une pression interne peut-être insoutenable (500 ha/km^2).

La croissance différentielle entre les continents nous est apparue comme un rééquilibrage au profit de l'Afrique. La mobilité des hommes devrait opérer des rééquilibrages similaires au sein de l'Afrique, afin d'harmoniser peu à peu la distribution des hommes dans l'espace à celle des potentialités de celui-ci, faute de toujours pouvoir réaliser l'adéquation dans l'autre sens en organisant la circulation des ressources là où les hommes se trouvent. On peut gager que, dans une perspective longue, des événements dramatiques, comme le refoulement de centaines de milliers d'étrangers du Nigéria en 1983, se révèleront n'avoir été que des avatars.

BIBLIOGRAPHIE

Amin S., 1972, "L'Afrique sous-peuplée", *Développement et Civilisations,* n° 47/48, pp. 59-67.
Coquery-Vidrovitch C., 1985, *Afrique Noire, permanences et ruptures,* Paris, Payot.
Fargues P., 1985, "L'Afrique est-elle sous-peuplée ?", *L'état du monde en 1985,* La Découverte, pp. 597-599.
FAO, 1984, *Terres, vivres et population,* Rome, Etude n° 30.

Mc Nicoll G., 1984, "Consequences of rapid population growth. Overview and assessment", *Population and Development Review,* vol. 10, n° 2, pp. 177-240.

Nations Unies, 1983, "Long-range global population projections as assessed in 1980", *Population Bulletin of the United Nations,* n°14.

Nations Unies, 1985, *World population prospects. Estimates and projections as assessed in 1982,* Population Studies, n° 86.

Tabutin D., 1979, *Fécondité et mortalité dans l'Ouest Zaïre,* Université de Louvain, Département de Démographie, Working Paper, n° 71.

ANNEXE STATISTIQUE

Tableau A.3.1 : Effectifs de population et mouvements naturels pour l'ensemble de l'Afrique au sud du Sahara de 1950 à 2025.

Année	Population (en milliers)	Taux brut de natalité (p. 1000)	Taux brut de mortalité (p.1000)	Accroissement naturel (p.1000)
1950	179.873			
		48,3	28,2	20,1
1960	224.073			
		48,8	24,3	24,5
1965	-			
		48,5	22,4	26,1
1970	288.142			
		48,5	20,8	27,7
1975	332.008			
		48,3	19,2	29,1
1980	386.515			
		48,1	17,6	30,5
1985	449.845			
		47,8	16,1	31,7
1990	524.407			
		47,0	14,7	32,3
1995	617.604			
		45,7	13,2	32,5
2000	724.694			
		43,6	11,8	31,8
2010	982.364			
		36,0	9,1	26,9
2020	1.266.530			
		28,1	7,4	20,7
2025	1.403.288			

Source : ONU, 1985, hypothèse moyenne.

Tableau A.3.2 : Taux annuels moyens (p. 1000) d'accroissement de la population de 1950 à 1980, par grands groupes d'âge et aire géo-politique.

Aire	Population totale	Population âgée de		
		0-14 ans	15-64 ans	65 ans et +
Monde	19,4	19,9	18,8	22,2
Pays industriels	10,4	4,1	10,9	24,1
Pays en développement	23,1	24,1	22,6	20,5
Amérique Latine	26,6	25,6	26,7	35,0
Asie (sauf Chine et Japon)	23,8	24,3	24,5	9,4
Pays Arabes	26,5	28,6	25,0	23,7
Afrique sub-saharienne	25,9	28,4	24,3	18,0
Afrique Orientale	27,8	29,8	21,1	17,1
Afrique Centrale	21,5	23,8	20,1	14,4
Afrique Australe	21,5	24,6	20,2	11,2
Afrique Occidentale	27,1	29,6	25,5	18,3

Source : ONU, 1985, hypothèse moyenne.

Tableau A.3.3 : Données sur la population d'âge actif (15-64 ans) de 1980 à 2000.

Aire	1980		(2000 : 1980) x 100	
	Population d'âge actif en pourcentage de la population totale	Taux d'entrée dans la population d'âge actif (p. 1000)	Effectifs de la population d'âge actif	Effectif des entrées annuelles dans la population d'âge actif
Pays industriels	65,6	25,9	113	91
Asie (sauf Chine et Japon)	55,9	38,8	164	139
Chine	58,4	34,0	148	90
Amérique Latine	56,3	39,1	166	138
Pays Arabes	52,6	41,1	189	177
Afrique sub-saharienne	51,5	39,8	185	192

<u>Source</u> : ONU, 1985, hypothèse moyenne.

Tableau A.3.4 : Densités, taux bruts (‰) (1980-85) et populations totales en 1970, 1985, 2000 et 2020 pour 44 pays.

Pays	Densité (1985)	Taux (1980-85) de			Population totale (en milliers)			
		natalité	mortalité	accroisse-ment naturel	1970	1985	2000	2020
Afrique du Sud	27	38,7	13,9	24,8	22 760	32 392	46 918	70 652
Angola	7	47,3	22,2	25,1	5 588	8 754	13 234	22 278
Bénin	36	51,0	22,5	28,5	2 708	4 005	6 381	11 051
Botswana	2	50,0	12,7	37,3	623	1 079	1 865	3 599
Burkina Faso	25	47,8	22,2	25,6	5 076	6 939	10 542	17 702
Burundi	166	47,6	20,9	26,7	3 456	4 631	6 951	10 366
Cameroun	20	43,2	17,8	25,4	6 778	9 714	14 424	23 177
Cap Vert	80	23,9	10,3	13,6	253	321	382	445
Centrafrique	4	44,7	21,8	22,9	1 875	2 567	3 736	6 110
Comores	210	46,3	15,9	30,4	271	457	715	1 014
Congo	5	44,5	18,6	25,9	1 201	1 740	2 646	4 534
Côte d'Ivoire	30	46,0	18,0	28,0	5 553	9 797	15 581	25 771
Ethiopie	30	49,2	21,5	27,7	25 450	36 454	58 407	101 101
Gabon	4	34,6	18,1	16,5	950	1 166	1 611	2 835
Gambie	57	48,4	29,0	19,4	469	643	898	1 385
Ghana	57	47,0	14,6	32,4	8 614	13 478	21 923	34 954
Guinée	22	46,8	23,5	23,3	3 921	5 429	7 935	12 744
Guinée Bissau	25	40,7	21,7	19,0	526	889	1 241	1 939

Tableau A.3.4 : suite.

Pays	Densité (1985)	Taux (1980-85) de natalité	Taux (1980-85) de mortalité	Taux (1980-85) de accroisse-ment naturel	Population totale (en milliers) 1970	Population totale (en milliers) 1985	Population totale (en milliers) 2000	Population totale (en milliers) 2020
Guinée Equatoriale	14	42,5	21,0	21,5	291	392	559	865
Kenya	35	55,1	14,0	41,0	11 290	20 600	38 534	74 129
Lesotho	50	41,7	16,4	25,3	1 064	1 520	2 251	3 684
Libéria	20	48,7	17,2	31,5	1 365	2 191	3 564	6 131
Madagascar	17	44,4	16,5	27,9	6 716	10 012	15 552	26 774
Malawi	59	52,1	19,9	32,2	4 518	7 016	11 669	20 943
Mali	6	50,2	22,4	27,7	5 685	8 053	12 363	19 739
Maurice	514	25,5	6,0	19,5	848	1 050	1 298	1 559
Mauritanie	2	50,1	20,9	29,2	1 247	1 888	2 999	5 254
Mozambique	18	44,1	16,5	27,6	8 140	14 085	21 779	36 258
Namibie	2	45,1	17,3	27,8	1 042	1 550	2 382	3 916
Niger	5	51,0	22,9	28,1	4 146	6 115	9 750	17 114
Nigéria	103	50,4	17,1	33,3	57 221	95 198	161 930	301 773
Ouganda	67	49,9	14,7	35,2	9 806	15 697	26 774	47 411
Réunion	224	20,5	6,5	14,0	441	563	685	805
Rwanda	232	51,1	16,6	34,5	3 718	6 115	10 565	19 943
Sénégal	33	47,7	21,2	26,5	4 008	6 520	10 036	17 137
Sierra Leone	50	47,4	29,7	17,7	2 835	3 602	4 868	7 251
Somalie	9	46,5	21,3	25,2	2 789	5 552	7 079	11 949

Tableau A.3.4 : suite et fin.

Pays	Densité (1985)	Taux (1980-85) de			Population totale (en milliers)			
		natalité	mortalité	accroisse-ment naturel	1970	1985	2000	2020
Soudan	9	45,9	17,4	28,5	13 859	21 550	32 926	50 944
Swaziland	37	47,5	17,2	30,3	426	649	1 041	1 771
Togo	52	45,4	16,9	28,5	2 020	2 923	4 599	8 100
Tanzanie	24	50,4	15,3	35,1	13 513	22 499	39 129	74 539
Zaïre	14	45,2	15,8	29,4	21 638	33 052	52 410	93 260
Zambie	9	48,1	15,1	33,0	4 189	6 666	11 237	21 138
Zimbabwe	22	47,2	12,3	34,9	5 308	8 767	15 132	28 992

Source : United Nations, *World population prospects, estimates and projections as assessed in 1982*, Population Studies, n° 86, 1985.
Les projections de population totale sont basées sur l'hypothèse moyenne d'évolution de la fécondité et de la mortalité.

4

NIVEAUX ET TENDANCES DE LA FECONDITE

Ronny SCHOENMAECKERS *

"C'est son dévouement qui vaut à la femme d'enfanter un héros"
(Proverbe Malinké)

1. INTRODUCTION

Depuis deux décennies, on s'intéresse de plus en plus à la démographie africaine. Sur les 41 enquêtes nationales que conduisit à travers le monde le projet international d'Enquête Mondiale de Fécondité[1], 13 eurent lieu en Afrique. Dans un autre grand projet international actuel, celui lancé par la Westinghouse Electric Corporation et le Population Council, financé lui aussi par l'U.S.A.I.D., près de la moitié des 35 enquêtes prévues entre 1984 et 1989 concerneront l'Afrique. *Pourquoi cet intérêt récent ?*

Il est vrai que c'est en Afrique et en Amérique Latine que, de 1965 à 1977, la croissance de la population a été la plus rapide (2,7 % par an en moyenne). Mais les réalités démographiques sont très

---

* L'auteur tient à remercier le support offert par le Population Council et le Programme Interuniversitaire en Démographie à la Vrije Universiteit de Bruxelles.

(1) Les sigles en sont E.M.F. en français et W.F.S. en anglais. Ce vaste projet qui dura une petite dizaine d'années fut financé par l'Agence américaine pour le Développement International (U.S.A.I.D.) et par le Fond des Nations Unies pour les Activités en matière de Population (F.N.U.A.P.).

différentes entre ces deux régions. En Amérique Latine, la croissance rapide de la population a été, il y a une quinzaine d'années, et est encore le résultat d'une natalité assez élevée et d'une mortalité faible, tandis qu'en Afrique elle provient de la différence entre une natalité et une mortalité toutes deux très élevées.

Mais ce qui a peut-être attiré le plus l'attention sur l'Afrique, c'est que non seulement son rythme de croissance démographique y est rapide, mais c'est aussi qu'il augmente ces derniers temps. Il n'est plus rare aujourd'hui d'observer des taux de croissance de 3 à 3,5 % par an, ce qui correspond, si rien ne change, à un doublement de la population en 20 ans. Cet accroissement du rythme de croissance démographique ne provient pas tant d'une baisse des taux de mortalité, que l'on connaît mal au niveau national, que d'une augmentation des niveaux de fécondité. *L'Afrique au sud du Sahara est d'ailleurs la seule région au monde où l'on ait observé une augmentation de la fécondité au cours des deux dernières décennies.*

La figure 1 présente les niveaux nationaux de fécondité dans quatre régions en développement entre 1955 et 1980[2]. Il est clair que l'écart entre l'Afrique et les autres régions s'accroît : en Amérique Latine et en Asie, on a vers 1975 une grande hétérogénéité des situations, avec des pays qui ont connu des déclins sensibles de fécondité. Ce n'est pas le cas de l'Afrique sub-saharienne où pratiquement partout on a encore des fécondités supérieures à 6 enfants par femme, ce qui était la situation la plus fréquente dans l'Asie des années 1960.

Ces dix dernières années, on a beaucoup progressé dans la connaissance des déterminants de la fécondité de l'Afrique sub-saharienne. Il est désormais classique de distinguer les variables "immédiates" (ou proches) qui ont une influence directe sur la fécondité des femmes des variables socio-économiques de base (ou "lointaines") qui n'ont un impact sur la fécondité qu'indirectement en modifiant les variables immédiates. Ces dernières sont

---

[2] Y est présenté ce que les démographes appellent l'indice synthétique de fécondité : il s'agit du nombre d'enfants que mettrait au monde une femme qui, de 15 à 50 ans, connaîtrait la fécondité par âge observée au cours de la période considérée. En termes d'analyse démographique, c'est la somme des taux de fécondité par âge. Les données par pays à la base de ce graphique sont reprises en annexe tableau 1.

FIGURE 4.1

INDICES SYNTHETIQUES DE FECONDITE DE 1955 A 1985 DANS QUATRE GRANDES REGIONS AU MONDE

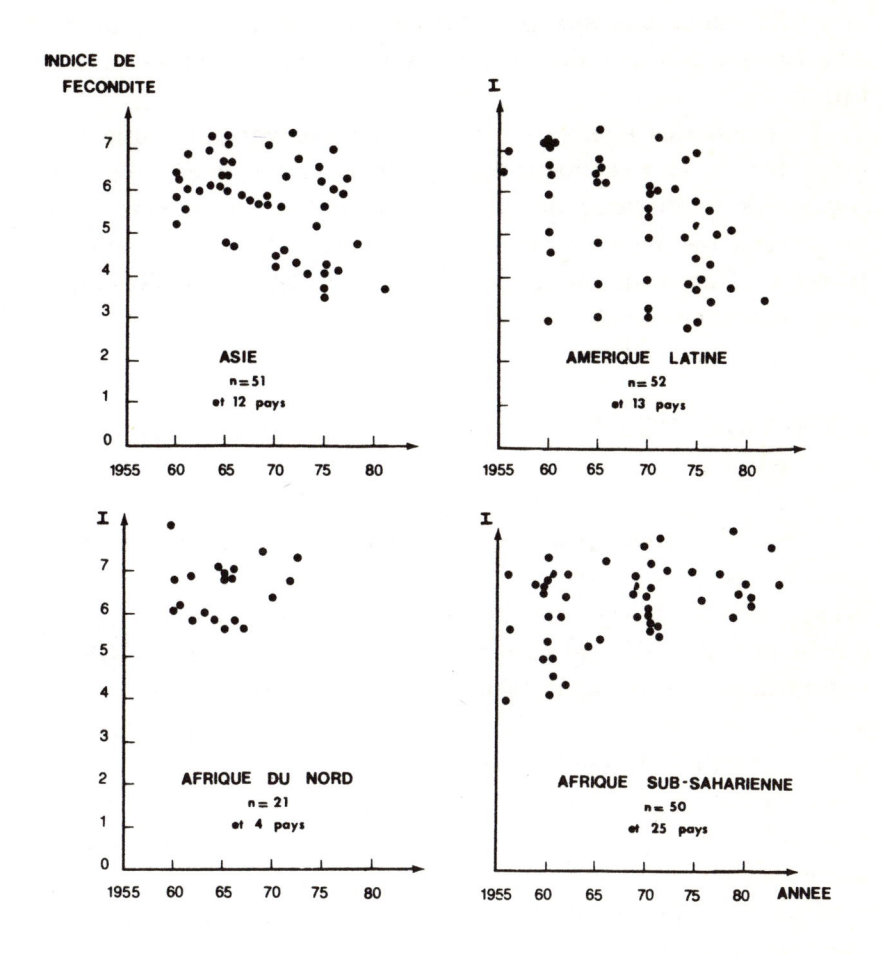

Indice synthétique de fécondité : nombre d'enfants que mettrait au monde une femme qui, de 15 à 50 ans, connaîtrait la fécondité par âge observée au cours de la période considérée.

au nombre de neuf : la proportion de femmes mariées ou en union sexuelle, la fréquence des relations sexuelles, l'abstinence post-partum, l'allaitement, la contraception, l'avortement provoqué, la mortalité intra-utérine, la stérilité naturelle et la stérilité pathologique[3]. D'après des travaux récents, notamment ceux de J. Bongaarts et de ses collègues (1984), il s'avère qu'en Afrique les niveaux et les différences de fécondité entre populations sont essentiellement dus aux pratiques d'allaitement, aux coutumes d'abstinence post-partum et aux stérilités pathologiques involontaires.

Ce sont les effets de certaines de ces variables que nous présenterons dans ce chapitre pour expliquer certaines différences régionales et discuter des intervalles entre naissances. Nous utiliserons les données des enquêtes nationales de fécondité du Bénin, du Cameroun, de la Côte d'Ivoire, du Ghana, du Kenya, du Lesotho, du Sénégal et du Soudan.

2. LA VARIABILITE DES NIVEAUX DE FECONDITE EN AFRIQUE

Peu de pays disposent au niveau national de plusieurs estimations dans le temps de leur fécondité, ce qui permettrait de dégager des tendances avec un minimum de certitude. La figure 2 considère quatre des pays les mieux lotis en la matière : le Ghana, le Kenya, le Nigéria et le Sénégal, le Kenya étant assurément le plus documenté. Au vu de ces données, aussi fragmentaires demeurent-elles, il semble clair que *l'Afrique ne peut être considérée comme un bloc homogène en matière de fécondité* : à l'échelle nationale, des différences sensibles apparaissent déjà dans les niveaux et même dans les tendances d'évolution. La tendance générale est à la hausse, sauf peut-être au Ghana qui connaîtrait une stagnation, si ce n'est une légère diminution de sa fécondité.

---

(3) Pour une présentation détaillée des déterminants immédiats, voir K. Davis et J. Blake (1956) ainsi que J. Bongaarts et R.G. Potter (1983).

FIGURE 4.2

EVOLUTION DE L'INDICE DE FECONDITE DANS 4 PAYS

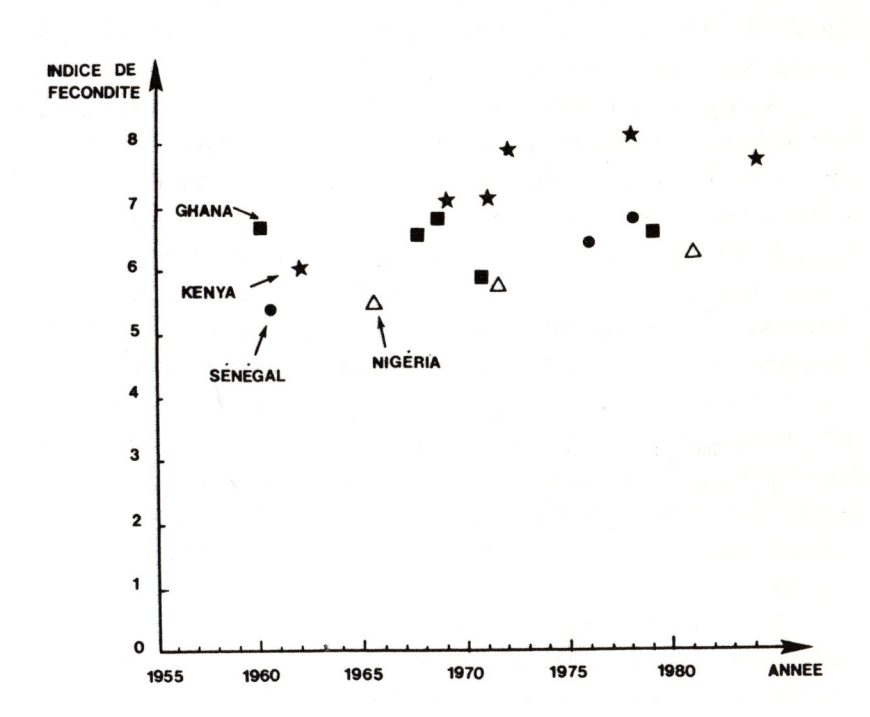

Source : tableau 1 en annexe

Néanmoins toutes ces données doivent être regardées avec prudence. Elles ont été obtenues à partir d'enquêtes et de techniques différentes, de qualité sans doute variable et pouvant entraîner certaines erreurs dans les tendances. Ce n'est qu'ainsi que l'on peut expliquer comment au Ghana, entre 1968 et 1971, la fécondité serait passée de 7 enfants à moins de 6 enfants par femme pour ensuite remonter à 6,6 enfants.

Dans la suite de ce chapitre, nous utiliserons essentiellement les résultats des enquêtes nationales de fécondité effectuées dans le cadre du projet international d'Enquête Mondiale. Cela ne garantit pas strictement une même qualité aux diverses enquêtes, mais cela limite les risques dans la mesure où l'on a eu une certaine standardisation des questionnaires, des manuels de travail et des procédures de contrôle et de correction des données.

A partir de ces enquêtes de fécondité, le tableau 1 et la figure 3 montrent *la variabilité régionale de la fécondité dans six pays* (le Bénin, le Cameroun, le Ghana, la Côte d'Ivoire, le Kenya, le Sénégal), en comparant les grandes régions rurales et la région de la capitale au pays dans son entier. Les différences régionales sont plus ou moins importantes selon les pays : au Ghana et au Sénégal, elles sont faibles (figure 3) tandis que partout ailleurs elles sont importantes, surtout au Kenya. Quant aux différences entre milieu urbain et milieu rural, aucun schéma clair ne se dégage vraiment : dans quatre pays, la fécondité de la région de la capitale est la plus basse, mais en y demeurant élevée, avec un faible écart par rapport à certaines régions rurales. Au Ghana et au Sénégal, la capitale connaît même une fécondité supérieure à celle de certains milieux ruraux.

Il y a donc manifestement une certaine hétérogénéité en matière de fécondité, et ce serait une erreur de croire en l'existence d'un régime unique de fécondité en Afrique sub-saharienne. L'espacement des naissances et le tabou d'abstinence sexuelle qui lui est associé après un accouchement sont des normes quasi universelles dans le continent, mais leur application et leur pratique peuvent énormément varier (R. Schoenmaeckers et autres, 1981). Et c'est de cette variété de comportements dans des régimes traditionnels de fécondité que viennent ces différences de niveaux

FIGURE 4.3
INDICES SYNTHETIQUES REGIONAUX DE FECONDITE

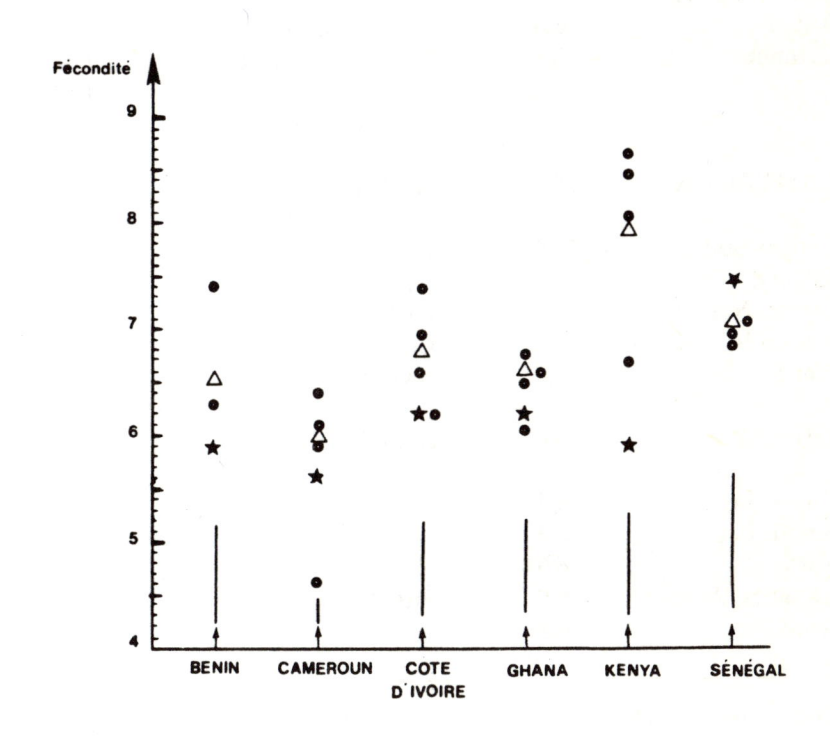

- ● Région rurale
- ★ Région de la capitale
- △ Pays

Tableau 4.1 : Indices synthétiques régionaux de fécondité dans six pays.

Région	Indice	Région	Indice
BENIN	6,5	**COTE D'IVOIRE**	6,8
Atacora, Borgou	7,4	Abidjan	6,2
Autre	6,3	Forêt urbaine	6,9
Cotonou	5,9	Savane urbaine	6,2
		Forêt rurale	6,6
		Savane rurale	7,4
CAMEROUN	6,0	**KENYA**	8,1
Centre-Sud, Est	5,9	Nairobi	5,9
Littoral	6,1	Centre, Est	8,7
Ouest, Nord-Ouest	6,4	Rift	8,1
Yaoundé, Douala	5,6	Côte	6,7
Nord	4,6	Nyanza, Ouest	8,5
GHANA	6,6	**SENEGAL**	7,1
Ouest, Centre	6,7	Ouest	7,5
Accra, Est	6,2	Centre	7,1
Volta	6,5	Nord-Est	6,9
Ashanti, Ahafo	6,6	Sud (Casamance)	7,0
Nord	6,1		

Ces indices synthétiques régionaux de fécondité ont été calculés avec le modèle relationnel de Gompertz.

que l'on observe aujourd'hui. De plus, la pénétration des idéologies occidentales depuis la colonisation n'a pas partout été aussi intense ou aussi précoce ; dès lors les modifications des systèmes de valeurs et des pratiques ont été plus ou moins importantes selon les régions ou les ethnies.

Les résistances au changement varient selon les sociétés en fonction de leurs structures sociales et de leurs croyances. Un facteur très important est sans doute *la religion* : les sociétés islamisées sont certainement moins ouvertes aux idées occidentales que les autres[4] et on peut considérer l'Islam comme l'un des principaux freins à l'occidentalisation de l'Afrique, et peut-être au déclin de la fécondité des femmes. On trouve aussi certains freins au changement dans les comportements traditionnels eux-mêmes. Par exemple, il a été démontré que les pratiques d'espacement des naissances sont non seulement un moyen de contrôler la fécondité, mais aussi, et peut-être surtout, un moyen de renforcer les structures et pouvoirs traditionnels[5]. Très clairement, la séparation physique du mari et de la femme pendant l'allaitement de l'enfant, qui peut être long (de 2 à 2,5 années chez les Yoruba), non seulement garantit le strict respect de la règle, mais ébranle aussi la *solidarité entre les époux*, renforçant en cela les pouvoirs du lignage. Une bonne relation affective et une solidarité entre époux peuvent favoriser l'émergence d'une famille nucléaire et une fécondité librement choisie, en dehors de la pression du groupe familial. On en vient au niveau du couple à l'idée de contrôler sa propre destinée. Cette *nucléarisation familiale* est peut-être le facteur explicatif le plus pertinent des déclins de fécondité, mais il est difficile à mesurer. En Afrique comme ailleurs, tout changement du régime de fécondité ne peut et ne pourra survenir sans changements dans les normes et valeurs de la société.

Un autre facteur pouvant expliquer certaines différences régionales de fécondité est bien entendu *l'infécondité* de certaines populations, présentée par ailleurs dans cet ouvrage. Elle est

---

(4) L'Islam n'est pas une religion "africaine", mais il a pénétré en Afrique Noire dès le 7ème siècle et y était bien présent à l'arrivée des premiers explorateurs européens.

(5) Voir en la matière R. Lesthaeghe (1980), J.F. Saucier (1972) et R. Schoenmaeckers et autres (1981).

beaucoup plus fréquente en Afrique que partout ailleurs dans le monde et elle peut atteindre des niveaux très importants. Dans une analyse effectuée par O. Frank (1983) sur 146 populations et 18 pays, la proportion de femmes sans enfant à 45-49 ans expliquait à elle seule près de 60 % des différences dans les fécondités. Selon le même auteur, la stérilité fait baisser la fécondité totale observée de 1,6 enfant au Cameroun, de 0,8 en Côte d'Ivoire et de 0,1 seulement au Sénégal.

3. L'EVOLUTION DES SCHEMAS PAR AGE DE LA FECONDITE

Tout régime de fécondité est caractérisé par deux éléments : son niveau global (ou son intensité), que nous venons d'examiner, et son schéma par âge (ou son calendrier). Deux populations peuvent avoir une même fécondité totale, mais des calendriers différents. Dans une population en transition, on observe en général des changements non seulement dans le niveau de la fécondité, mais également dans le calendrier des naissances entre 15 et 50 ans. *C'est la combinaison de trois grands éléments qui va déterminer le niveau de fécondité d'une population : son calendrier de début de fécondité* qui dépend surtout de l'âge au mariage, *son schéma d'espacement des naissances* dépendant essentiellement de l'allaitement, de l'abstinence post-partum et de la contraception, et *son schéma d'arrêt de la fécondité* dépendant surtout de l'utilisation de la contraception. La figure 4 compare les schémas de fécondité par âge d'une population traditionnelle et d'une population qui a connu une transition de fécondité.

Les sociétés africaines traditionnelles sont caractérisées par un calendrier de début de fécondité très précoce (l'âge au mariage y est encore jeune dans la plupart des cas) et par un espacement assez long entre les naissances, grâce à un allaitement prolongé des enfants et aux tabous post-partum. Dans quelques sociétés, il y a même une norme d'arrêt complet de la fécondité : dès qu'une femme devient grand-mère, elle doit cesser d'avoir des enfants. Dans un certain nombre de pays africains et dans certains groupes sociaux, les durées d'allaitement et d'abstinence post-partum diminuent actuellement. C'est un indice de début de transition, dont le résultat va être une diminution de l'intervalle entre

FIGURE 4.4

COMPARAISON DES SCHEMAS DE FECONDITE PAR AGE D'UNE POPULATION TRADITIONNELLE ET D'UNE POPULATION EN TRANSITION

— POPULATION TRADITIONNELLE
·—· POPULATION EN TRANSITION

TAUX DE FECONDITE

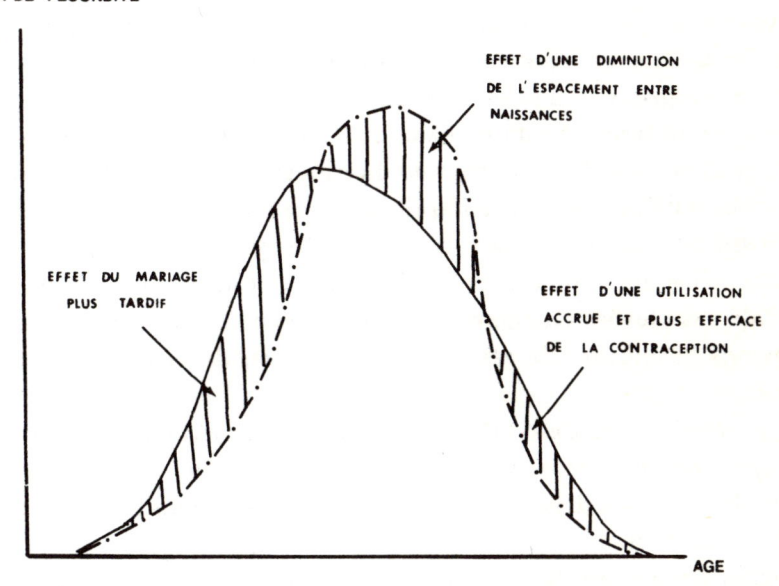

EFFET D'UNE DIMINUTION DE L'ESPACEMENT ENTRE NAISSANCES

EFFET DU MARIAGE PLUS TARDIF

EFFET D'UNE UTILISATION ACCRUE ET PLUS EFFICACE DE LA CONTRACEPTION

AGE

Source : schéma adapté de R. Lesthaeghe, H. Page et Adegbola (1981).

naissances et une augmentation de la fécondité, s'il n'y a pas compensation par un accroissement sensible de l'âge au mariage des femmes et surtout par une utilisation accrue et plus efficace de la contraception moderne. C'est ce mécanisme qui est représenté à la figure 4. *Tout le problème de l'augmentation récente de la fécondité en Afrique et de son devenir est là : on a une certaine érosion des mécanismes traditionnels d'espacement des naissances, insuffisamment relayée par une contraception efficace et largement répandue.*

4. LA PRECOCITE DE LA FECONDITE

Nous mesurerons la précocité de la fécondité en utilisant comme indice la part relative de la fécondité réalisée entre 15 et 25 ans dans la fécondité totale (de 15 à 50 ans)[6] ; autrement dit, c'est la proportion de l'indice synthétique de fécondité due aux deux premiers groupes d'âges féconds (15-19 et 20-24 ans). Avec deux régimes de fécondité de niveaux différents mais à schémas par âge équivalents (les deux courbes de distribution de la fécondité par âge sont parallèles), cet indice aurait la même valeur et le seul facteur à l'origine des différences de fécondité serait la longueur des intervalles entre naissances : plus ils sont courts, plus la fécondité totale est élevée. La figure 5 présente pour 6 pays africains et 27 régions l'évolution de cet indice en fonction de la fécondité totale observée.

Il n'y a pas de relation évidente entre la fécondité totale et sa proportion réalisée avant 25 ans (figure 5) : dans la grande majorité des cas, on a déjà eu entre 30 et 40 % de ses enfants avant 25 ans alors que le nombre total d'enfants va de 5,5 (Yaoundé) à 8,5 (une région rurale du Kenya). Si l'on excepte Nairobi, la fécondité semble néanmoins un peu plus tardive dans les grandes villes ; le mariage, il est vrai, y est moins précoce. Par ailleurs, il n'y a pas de très grandes différences entre les diverses régions d'un pays,

---

[6] Cet indice nous semble plus adéquat pour notre objectif qu'un âge moyen à la maternité. En termes d'analyse démographique, il s'agit du rapport de la somme des taux de fécondité à 15-19 et 20-24 ans sur la somme totale des taux de fécondité de 15 à 50 ans.

FIGURE 4.5

EVOLUTION PAR REGION DE LA PROPORTION (%) DE LA DESCENDANCE REALISEE A 25 ANS DANS LA DESCENDANCE TOTALE

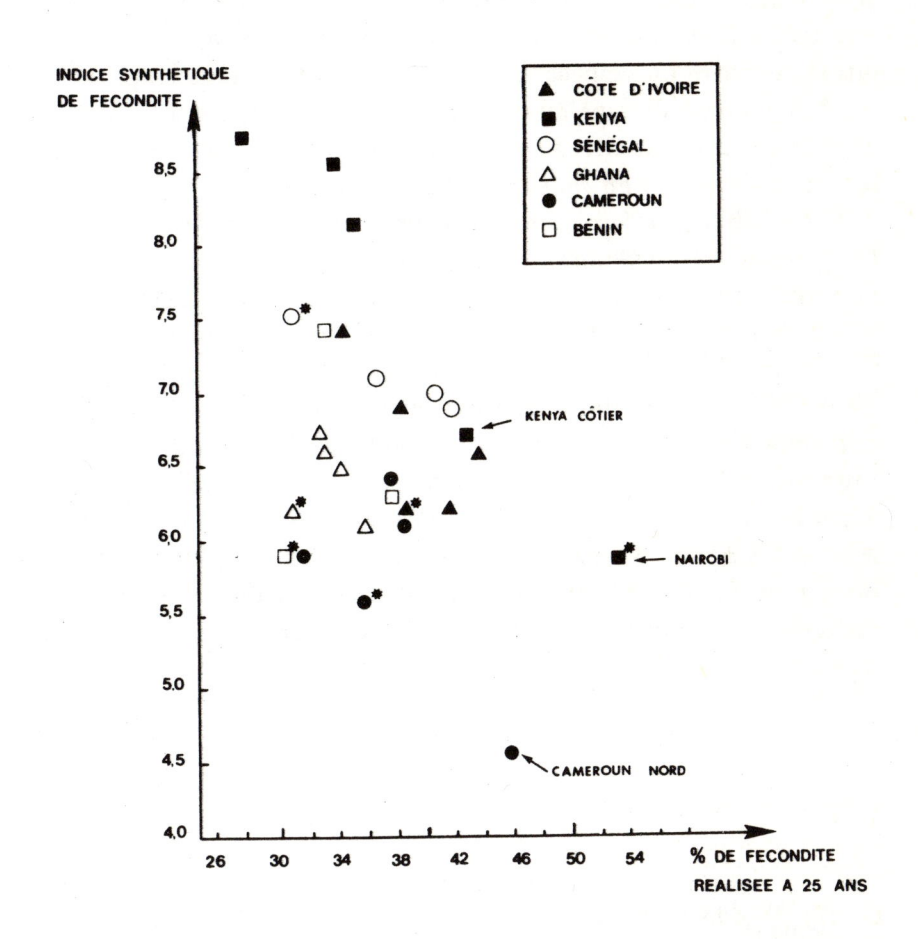

Avec un astérique, il s'agit de la capitale du pays considéré.

sauf au Kenya et au Sénégal où la capitale se distingue nettement des régions rurales, et au Cameroun où la stérilité est importante dans le Nord.

Qu'à précocités de la fécondité grosso modo semblables, on ait des fécondités totales différentes doit être attribué, nous le signalions précédemment, à des comportements différents en matière d'espacement des naissances. Par exemple en milieux ruraux du *Ghana* et du *Kenya,* les femmes ont déjà eu le tiers de leur descendance avant 25 ans, mais les femmes du Ghana n'auront que 6,5 enfants au total contre plus de 8 au Kenya, car leur intervalle entre naissances est en moyenne 6 mois plus long.

Il y a donc de sensibles différences de fécondité entre ces deux pays, bien que leur niveau de "modernisation" soit assez semblable, tout au moins en matière d'éducation féminine : le nombre d'années passées à l'école par les femmes est en moyenne de 3,3 au Kenya et de 4,1 au Ghana, ce qui est relativement élevé par rapport aux autres pays (0,4 au Bénin, 0,7 au Cameroun, 1,3 en Côte d'Ivoire et 1,2 au Sénégal)[7]. Il est vrai qu'au Ghana les femmes utilisent un peu plus qu'au Kenya et ailleurs les méthodes contraceptives modernes[8], mais elles demeurent si peu nombreuses à les pratiquer que cela n'a qu'un faible impact sur la fécondité totale. Autrement dit, ce n'est pas la contraception qui en premier lieu explique les différences actuelles de fécondité entre le Ghana et le Kenya. La norme d'espacement des naissances est plus courte au Kenya qu'au Ghana et c'est du côté socio-culturel qu'il faut rechercher l'explication[9]. Mais examinons un peu plus précisément les intervalles entre naissances.

---

(7) Ce sont nos propres estimations tirées des enquêtes nationales de fécondité.

(8) Les proportions (en %) de femmes mariées utilisant une méthode contraceptive efficace au moment de l'enquête sont les suivantes : 0,8 au Bénin, 0,7 au Cameroun, 6,6 au Ghana, 0,6 en Côte d'Ivoire, 4,7 au Kenya, 2,3 au Lesotho et 0,7 au Sénégal (F. Eelens et L. Donne, 1985).

(9) Les différences entre Accra et Nairobi en figure 5 sont, elles, dues à un modèle d'arrêt de la fécondité plus précoce à Nairobi qu'à Accra.

5. LES DIFFERENCES EN MATIERE D'INTERVALLES ENTRE NAISSANCES

Un intervalle entre deux naissances vivantes comprend trois composantes : 1) une période de stérilité post-partum (ou aménorrhée), 2) un délai de conception et 3) une durée de gestation, d'environ 9 mois[10]. Les deux premiers éléments dépendent essentiellement de facteurs de comportement. La durée d'aménorrhée post-partum augmente en effet avec la durée d'allaitement. Par extension, la période de non-susceptibilité post-partum sera définie comme la période d'aménorrhée post-partum ou/et d'abstinence sexuelle. Quant au délai de conception, il dépend du niveau de fécondabilité de la population (la probabilité de concevoir au cours d'un mois) qui est une donnée biologique, mais bien entendu il dépend aussi du comportement en matière de contraception. Dès lors, *l'intervalle entre naissances peut être considéré comme un indicateur synthétique de changement de comportement.* Dans le contexte africain, où les pratiques contraceptives modernes sont peu répandues, la durée moyenne des intervalles entre naissances dépendra surtout de deux facteurs socio-culturels : l'allaitement et l'abstinence sexuelle post-partum.

Nous allons présenter les intervalles entre naissances des femmes mariées selon leur niveau d'éducation (nombre d'années passées à l'école : 0, 1 à 4, 5 et plus), selon leur région de résidence et selon leur âge (moins de 25 ans, 25-34 ans et 35 ans et plus)[11]. Le tableau 2 est une synthèse de ces résultats, les données détaillées figurant en annexe (tableau 2).

Deux groupes de pays se distinguent clairement : le premier qui comprend le Kenya et le Soudan a des intervalles plutôt courts

---

(10) Pour une description détaillée des composantes des intervalles entre naissances, voir H. Leridon (1977).

(11) Nous ne développerons pas ici notre méthodologie de calculs de ces intervalles. Signalons simplement pour les démographes que ces moyennes ont été obtenues à partir des distributions des durées depuis la dernière naissance vivante, selon la technique de la table d'extinction ; c'est donc une combinaison des intervalles ouverts et fermés. En raison des petits nombres pouvant apparaître dans certaines distributions ou parties de distributions, nous avons utilisé le modèle de risques proportionnels. Pour un développement méthodologique détaillé, voir R. Schoenmaeckers (1984).

Tableau 4.2 : Intervalles moyens (en mois) entre naissances vivantes par pays selon l'âge des mères, leur milieu d'habitat et leur niveau d'éducation.

Pays	Age			Milieu		Nombre d'années à l'école		
	- de 25	25 - 34	35 et +	urbain	rural	0	1 - 4	5 et +
Bénin	31,9	31,7	35,7	31,6	32,0	31,6	30,9	32,2
Cameroun	31,0	31,1	32,6	31,2	30,6	31,2	31,6	30,3
Côte d'Ivoire	31,5	31,1	34,8	31,7	30,5	31,6	30,0	30,6
Ghana	34,9	34,2	35,8	34,6	33,2	34,0	34,8	34,1
Kenya	28,0	28,0	31,0	28,2	27,0	28,3	28,2	27,6
Lesotho	33,5	33,0	35,3	32,8	33,3	31,2	33,3	33,6
Sénégal	30,9	30,9	35,0	31,3	30,2	31,3	-	29,1
Soudan	28,4	29,1	31,2	28,8	29,7	29,4	28,8	29,2

Source : R. Schoenmaeckers (1984). Les données de base sont celles des enquêtes nationales de fécondité.

(dans les 28 mois), le second incluant les six autres pays a des intervalles sensiblement plus longs (de 32 à 34 mois). Cela recoupe dans l'ensemble la répartition géographique de la durée du tabou d'abstinence sexuelle post-partum (R. Schoenmaeckers, 1981). Les populations à tabou relativement "court", de 40 jours selon la règle coranique ou de moins d'un an selon notre classification, se trouvent surtout en Afrique de l'Est ou dans certaines régions du Sahel, tandis que celles qui suivent une longue abstinence sont localisées en Afrique de l'Ouest sub-sahélienne et en Afrique Centrale. Seul le Lesotho fait exception : malgré une abstinence assez courte, la durée élevée de ses intervalles entre naissances est due aux séparations fréquentes des époux suite aux migrations des hommes vers l'Afrique du Sud.

Les différences s'accentuent quelque peu, mais ne sont pas encore énormes quand du niveau national on passe à des comparaisons entre sous-populations, par âge, par niveau d'instruction et par milieu d'habitat (tableau 2, figure 6). *Selon l'âge,* les résultats sont classiques : on a une augmentation avec l'âge des intervalles entre naissances (figure 6, point 1) qui, en l'absence de contraception, est la conséquence de la modification avec l'âge de certains facteurs biologiques : accroissement des durées d'aménorrhée post-partum, déclin de la fécondabilité et augmentation de la mortalité intra-utérine (H. Leridon, 1977). *Selon le milieu d'habitat,* il y a dans l'ensemble peu d'écarts entre secteur urbain et secteur rural (figure 6, point 2). Dans quatre pays sur huit seulement, les femmes rurales ont un intervalle entre naissances légèrement plus long (de 1 à 2 mois) que leurs homologues urbaines.

Dans la plupart des régions au monde[12], les intervalles entre naissances diminuent avec l'augmentation du niveau de "modernité". On pourrait aussi trouver cela en Afrique, dans la mesure où l'urbanisation et l'éducation entraîneraient un déclin du respect du tabou post-partum et un accroissement de la fécondabilité des femmes grâce à de meilleures conditions d'hygiène, tout cela sans relais par une contraception efficace. Mais les résultats par *niveau d'éducation* (figure 6, point 3) dans ces huit

---

(12) Voir par exemple en la matière M. Nag (1980), W.H. Mosley et autres (1982) ou G. Rodriguez et autres (1984).

FIGURE 4.6
INTERVALLES MOYENS ENTRE NAISSANCES VIVANTES SELON L'AGE DES MERES, LEUR MILIEU D'HABITAT ET LEUR NIVEAU D'EDUCATION

- intervalles en mois -

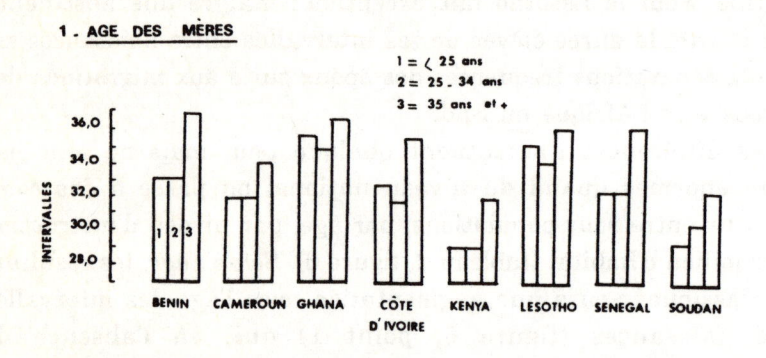

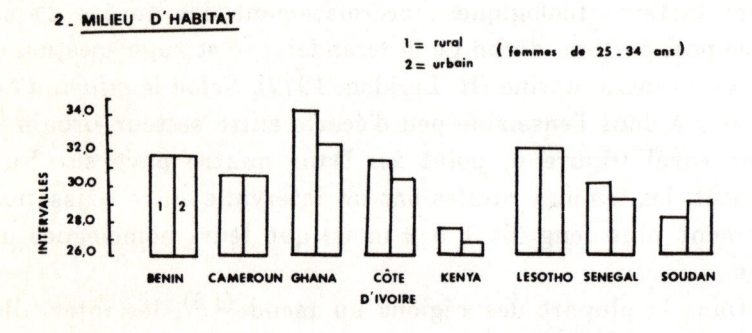

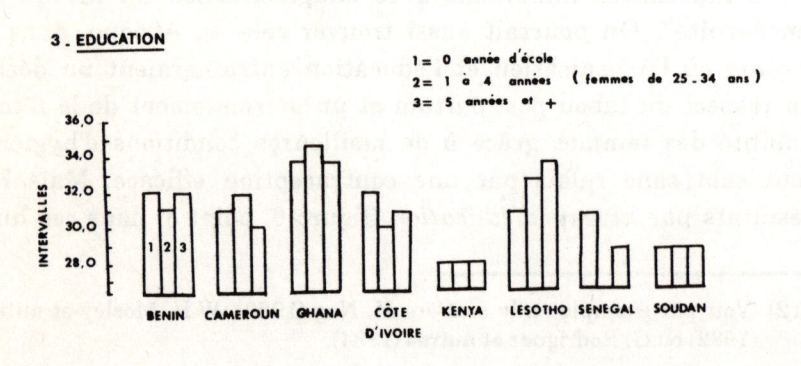

1. AGE DES MERES

1 = < 25 ans
2 = 25 - 34 ans
3 = 35 ans et +

2. MILIEU D'HABITAT

1 = rural
2 = urbain   (femmes de 25 - 34 ans)

3. EDUCATION

1 = 0 année d'école
2 = 1 à 4 années   (femmes de 25 - 34 ans)
3 = 5 années et +

FIGURE 4.7

VARIATIONS DES INTERVALLES MOYENS ENTRE NAISSANCES ET DU NOMBRE MOYEN D'ENFANTS PAR NIVEAU D'EDUCATION SELON LE MILIEU D'HABITAT

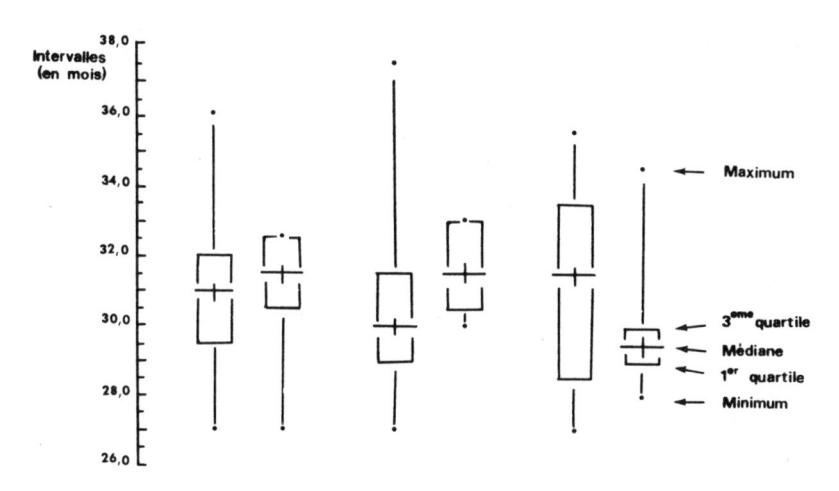

- femmes de 25 à 34 ans, ensemble des 8 pays -

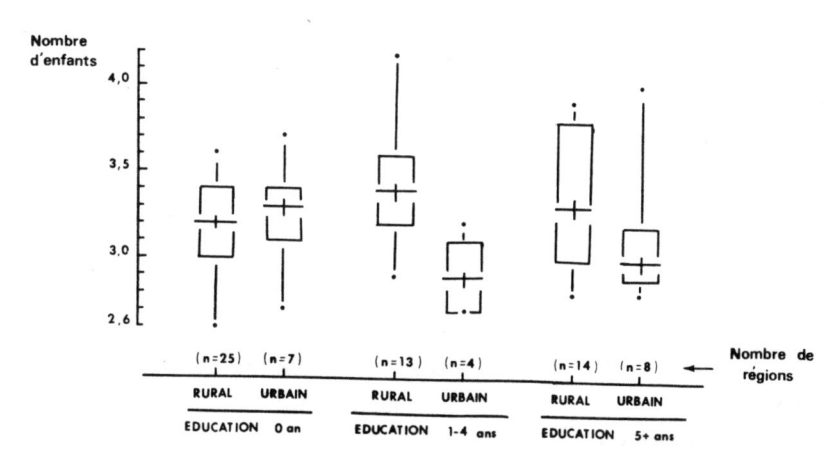

pays africains sont assez hétérogènes : on a parfois constance ou quasi-constance des intervalles selon l'éducation (Kenya, Soudan, Ghana ou Bénin) comme on a diminution (Cameroun, Côte d'Ivoire et Sénégal) ou même augmentation (au Lesotho seulement). Aucun schéma clair général ne se dégage en définitive de ces données par région d'un côté, par niveau d'instruction de l'autre.

Mais croisons les variables région et instruction. C'est l'objet du graphique 7 qui présente les variations de l'intervalle moyen entre naissances et du nombre moyen d'enfants pour les femmes de 25-34 ans en combinant le niveau d'éducation (illettré, 1 à 4 années d'école, plus de 5 années) et le milieu d'habitat (urbain, rural), et cela pour l'ensemble des huit pays envisagés au graphique 6.

Très clairement, ce sont les femmes urbaines avec un bon niveau d'instruction (plus de 5 années d'école) qui ont *les intervalles entre naissances* les plus courts, et c'est à ce niveau d'éducation que la différence entre villes et campagnes est la plus nette, même si elle n'est pas très importante (2 mois d'écart seulement sur les valeurs médianes des intervalles). En revanche pour les deux autres niveaux d'instruction (nul, 1à 4 années d'école), les femmes des villes ont un intervalle entre naissances légèrement plus élevé que leurs homologues des campagnes, mais là aussi l'écart est faible. Quant au *nombre moyen d'enfants* entre 25 et 34 ans, il n'est plus faible en milieu urbain qu'en milieu rural que pour les femmes qui ont quelque instruction et qui se marient un peu plus tard. En revanche, quel que soit leur niveau d'instruction, les femmes des milieux ruraux ont pratiquement le même nombre d'enfants. Le facteur "instruction" semble donc jouer beaucoup plus en villes qu'en campagnes.

Cela dit, tous les écarts observés sont relativement peu importants et en définitive il y a encore peu de grandes variations dans les comportements en matière d'espacement volontaire des naissances.

6. QUELQUES REMARQUES FINALES

Actuellement, les populations africaines ont des taux de croissance très élevés et qui, si rien ne change, risquent d'entraîner un doublement de la population en moins de 20 ans. Cette croissance démographique touche de plus des pays qui ont déjà de sérieuses difficultés économiques, des déficits commerciaux en extension et dont certains connaissent même régulièrement des catastrophes (famines, sécheresses...).

Ces dernières années, de plus en plus de gouvernements ont reconnu que la fécondité élevée de leur pays devenait un problème et certains ont lancé des programmes de contrôle des naissances, avec souvent l'aide d'agences internationales. Les premières mesures prises consistent en général en la fourniture de moyens contraceptifs modernes et en la création de centres de consultation pour l'espacement des naissances. Mais ces programmes ne pourront être efficaces que si, dans leur conception, ils tiennent compte des croyances et pratiques locales en matière de comportements de fécondité. *Notre connaissance des mécanismes conduisant à des changements de fécondité est encore pauvre et il paraît difficile et dangereux de transposer les expériences d'une société à une autre.* On risque sinon d'aller à l'échec.

"Le contrôle de la fécondité" n'est pas un concept totalement inconnu dans les sociétés africaines. Il y avait, et il y a encore, beaucoup de pratiques sociales qui maintiennent la fécondité bien en-dessous de son maximum biologique, mais ce serait une erreur que de les interpréter en termes de contraception. L'objectif des pratiques traditionnelles d'espacement des naissances n'a jamais été de limiter le nombre d'enfants qu'une femme aurait pendant sa vie, mais bien plutôt de maintenir un maximum d'enfants vivants. On doit garder à l'esprit qu'une forte fécondité était, et est encore, la norme prédominante. Elle est en parfaite harmonie avec la tradition du mariage précoce et universel ainsi qu'avec la coutume répandue du remariage en cas de divorce ou de veuvage. Tout cela maximise pour les femmes la durée de leur période de procréation et donc le nombre d'enfants qu'elles peuvent avoir. *Cette norme de forte fécondité durera dans ces sociétés aussi longtemps que les enfants seront pour une majorité de la population considérés comme une source de richesse au sens large du terme (continuation du lignage, main-d'oeuvre agricole bon marché, assurance contre la vieillesse...).* Il est clair que le changement des normes en matière de fécondité ne pourra se faire sans le développement d'un *système minimum de sécurité sociale,* un défi urgent pour les planificateurs, comme *l'augmentation de l'éducation des femmes* en est un autre pour le succès à moyen terme de tout programme d'espacement ou de limitation des naissances. Cette éducation leur permettra plus d'autonomie, plus de choix personnels, en d'autres termes leur permettra de davantage contrôler leur propre destinée plutôt que de dépendre de décisions de la communauté ou de la famille.

En définitive, une sensible évolution des comportements de fécondité nécessitera de profonds changements sociaux. Cela ne signifie pas pour autant que les programmes actuels d'espacement des naissances sont inutiles, notamment quand ils sont intégrés, comme c'est de plus en plus le cas, dans une stratégie de soins de santé primaires auprès des populations les plus démunies.

BIBLIOGRAPHIE

Bongaarts J. et Potter R.G., 1983, *Fertility, biology and behavior: an analysis of the proximate determinants,* New York, Academic Press.

Bongaarts J., Frank O. et Lesthaeghe R., 1984, "The proximate determinants of fertility in sub-saharan Africa", *Population and Development Review,* vol. 10, pp. 511-537.

Cox D., 1972, "Regression models and life tables", *Journal of the Royal Statistical Society,* Series B (Theoretical), vol. 34, pp. 187-220.

Davis K. et Blake J., 1956, "Social structure and fertility: an analytical framework", *Economic Development and Cultural Change,* vol. 4, n° 4, pp. 211-235.

Democratic Republic of the Sudan, 1982, *The Sudan Fertility Survey: 1979, principal report,* Khartoum, Ministry of National Planning, Department of Statistics.

Eelens F. et Donne L., 1985, "The proximate determinants of fertility in sub-saharan Africa : a factbook based on the results of the World Fertility Survey", Interuniversity Programme in Demography Working Papers 85-2, Vrije Universiteit Brussel.

Frank O., 1983, "Infertility in sub-saharan Africa: estimates and implications", *Population and Development Review,* vol. 9, n° 1, pp. 137-144.

Kalbfleisch J.G. et Prentice R.L., 1980, *The statistical analysis of failure time data,* New York, John Wiley and Sons.

Kingdom of Lesotho, 1981, *Lesotho fertility Survey, 1977, first report*, Maseru, Ministry of Planning and Statistics, Central Bureau of Statistics.

Lesthaeghe R., 1980, "On the social control of human reproduction", *Population and Development Review*, vol. 34, n°1, pp. 143-169.

Lesthaeghe R., Page H. et Adegbola O., 1981, "Child-spacing and fertility in Lagos", in H. Page et R.Lesthaeghe (eds), *op. cit.*

Mosley W.H., Wermer L.H. et Becker S., 1982, "The dynamics of birth spacing and marital fertility in Kenya", *WFS Scientific Reports*, n° 30.

Nag M., 1980, "How modernization can also increase fertility", *Current Anthropology*, vol. 21, n° 5, pp. 571-587.

Page H.J. et Lesthaeghe R. (eds), 1981, *Child-spacing in Tropical Africa: Traditions and change*, Londres, Academic Press.

Page H.J., Lesthaeghe R. et Shah I., 1982, "Illustrative analysis: breastfeeding in Pakistan", *WFS Scientific Reports*, n° 37.

Pison G., 1986, "La démographie de la polygamie", *Population,* n° 1, pp. 93-122.

Leridon H., 1977, *Human fertility : The basic components*, Chicago, University of Chicago Press.

République Populaire du Bénin, 1982, *Enquête sur la Fécondité au Bénin - Rapport national*, Cotonou, Ministère du Plan, de la Statistique et de l'Analyse Economique, Bureau Central du Recensement.

République Unie du Cameroun, 1983, *Enquête Nationale sur la Fécondité du Cameroun - Rapport Principal*, Yaoundé, Direction de la Statistique et de la Comptabilité Nationale.

Republic of Ghana, 1983, *Ghana Fertility Survey, 1979-1980, First Report*, Accra, Central Bureau of Statistics.

République de Côte d'Ivoire, 1984, *Enquête Ivoirienne sur la Fécondité 1980-81, Rapport principal*, Abidjan, Ministère de l'Economie et des Finances, Direction de la Statistique.

Republic of Kenya, 1980, *Kenya Fertility Survey, 1977-1978, First Report*, Nairobi, Ministry of Economic Planning and Development, Central Bureau of Statistics.

République du Sénégal, 1981, *Enquête Sénégalaise sur la Fécondité, 1978*, Dakar, Ministère de l'Economie et des Finances, Direction de la Statistique.

Rodriguez G., Hobcraft J., McDonald J., Menken J. et Trussel J., 1984, "A comparative analysis of determinants of birth intervals", *WFS Comparative Studies*, n° 30.

Saucier J.F., 1972, "Correlates of the long post-partum taboo : a cross-cultural study", *Current Anthropology*, vol. 13, n° 2, pp. 238-249.

Schoenmaeckers R., Shah I.H., Lesthaghe R. et Tambashe O., 1981, "The child-spacing tradition and the post-partum taboo in Tropical Africa: anthropological evidence", in Page H. et Lesthaeghe R. (eds), *op. cit.*

Schoenmaeckers R., 1984, *The onset of changes in fertility behaviour in Kenya : a birth interval analysis with the use of a relational hazards model,* unpublished Ph. D. thesis, Vrije Universiteit Brussel.

Schoenmaeckers R., 1985, "Current fertility behaviour in Africa. Results from a birth interval analysis of WFS data", Interuniversity Programme in Demography Working Papers 85-4, Vrije Universiteit Brussel.

Tukey J.W., 1977, *Exploratory data analysis,* Addison-Wesley Publishing Company.

U.S. Bureau of the Census, *A compilation of age-specific fertility rates for developing countries,* International Research Document, n° 7, Washington D.C.

Zaba B., 1981, "Use of the relational Gompertz model in analysing fertility data collected in retrospective surveys", Centre for Population Studies Working Paper 81-2, London School of Hygiene and Tropical Medicine, University of London.

ANNEXE STATISTIQUE

Tableau A.4.1 : Indices synthétiques de fécondité[1] pour un certain nombre de pays dans le monde de 1950 à 1984.

Pays	dates	fécondité	Pays	dates	fécondité
1. AFRIQUE SUB-SAHARIENNE					
Bénin	1961	6,7	Malawi	1971-72	6,7
	1981	6,5 (2)*			
Botswana	1971	6,2	Mali	1960-61	7,4
				1963	7,0
Burkina Faso	1960-61	6,0	Niger	1959-60	6,7
	1973-74	7,2			
			Nigéria	1965-66	5,5
Burundi	1970-71	6,1		1970-73	5,8
				1981	6,3
Cameroun	1960-62	4,6			
	1978	6,0(2)*	Rwanda	1970	7,7
Centrafrique	1959-60	5,0	Sénégal	1960-61	5,4
				1976	6,4
Congo	1960-61	5,1		1978	7,1(2)*
Côte d'Ivoire	1956-58	7,0	Soudan	1958	6,8
	1962-64	6,4			
	1980	6,8(2)*	Tanzanie	1956-57	4,0
				1966-67	7,4
Gabon	1960-61	4,2		1972-73	5,6
Ghana	1960	6,7	Tchad	1964	5,3
	1967-68	6,6			
	1968-69	6,9	Togo	1961	7,0
	1971	5,9			
	1979	6,6(2)*	Zaïre	1955-58	5,7
Kenya	1962	6,0	Zambie	1968-69	6,0
	1969	7,1		1974	7,0
	1971	7,2			
	1972	7,9	Zimbabwe	1984	6,5(3)
	1978	8,1(2)*			
	1984	7,7(3)			
Libéria	1970	6,5			
	1971	5,7			

Tableau A.4.1 : suite.

Pays	dates	fécondité	Pays	dates	fécondité
2. AFRIQUE DU NORD					
Algérie	1964	7,1	Maroc	1952	7,8
	1965	7,0		1960	8,1
	1966	7,0		1962	6,9
	1969	7,5		1965	6,9
				1972	6,9
				1973	7,4
Egypte	1960	6,1(4)	Tunisie	1960	6,8(4)
	1961	6,2		1965	6,8
	1962	5,8		1970	6,4
	1963	6,0			
	1964	5,9			
	1965	5,8			
	1966	6,0			
	1967	5,7			
3. AMERIQUE LATINE					
Argentine	1955	3,2	Honduras	1961	7,2
	1960	3,0		1971-72	7,4
	1965	3,1		1973	6,1
	1970	3,1		1974	6,9
				1975	7,0
Chili	1960	5,1			
	1965	5,0	Jamaïque	1975	4,5(2)
	1970	4,0		1981-83	3,5(3)
	1974	3,9			
	1975	3,0	Mexique	1960	6,5
				1965	6,5
Colombie	1976	4,4(2)		1970	6,3
	1978	3,8(3)		1976	5,7(2)
				1978	5,2(3)
Costa Rica	1950	6,5			
	1955	7,0	Panama	1975-76	4,0(2)
	1960	7,3			
	1965	6,6	Pérou	1977-78	5,2(2)
	1970	4,9			
	1975	3,8	Porto Rico	1960	4,6
	1976	3,5(2)		1965	3,9
				1970	3,1
Dominique	1960	7,2		1974	2,9
	1965	7,6			
	1970	6,2	Vénézuela	1960	6,0
	1974-75	5,9		1965	6,3
	1975	5,3(2)		1970	5,7
				1974	5,0

Tableau A.4.1 : suite.

Pays	dates	fécondité	Pays	dates	fécondité
El Salvador	1950	6,0	Guatemala	1960	6,7
	1960	7,1		1965	6,3
	1965	6,9		1970	5,7
	1970	6,1			

4. ASIE

Pays	dates	fécondité	Pays	dates	fécondité
Afghanistan	1972-73	7,5	Pakistan	1963	7,0
				1964	7,1
Bangladesh	1963	7,3		1965	6,7
	1964	6,7		1968	5,7
	1965	6,4		1969	5,9
	1976	6,1(2)		1971	6,4
				1975	5,8(2)
Corée (Sud)	1960	6,3			
	1966	4,7	Philippines	1960	5,9
	1970	4,5		1961	6,0
	1971	4,6		1962	6,0
	1972	4,4		1963	6,1
	1974	4,0(2)		1964	6,1
	1975	3,7		1965	6,0
				1966	6,0
Inde	1961	5,6(5)		1967	5,8
	1971	5,7(5)		1968	5,8
				1978	4,9(2)
Indonésie	1976	4,2(2)			
			Sri Lanka	1960	5,2
Jordanie	1961	6,9		1965	4,8
	1965	7,1		1970	4,2
	1969	7,1		1975	3,5(2)
	1973	6,8		1981	3,7(3)
	1974	6,6			
	1976	7,0(2)	Thaïlande	1960	6,4
				1964-65	6,3
				1974-75	5,2
Malaisie	1974	4,3(2)		1975	4,2(2)

(1) L'indice synthétique de fécondité est le nombre d'enfants que mettrait au monde une femme qui de 15 à 50 ans aurait connu la fécondité par âge observée au cours de l'année ou de la période considérée. Il est calculé en faisant la somme des taux de fécondité par âge.
(2) Résultat de l'enquête nationale de fécondité effectuée dans le cadre du projet d'Enquête Mondiale de Fécondité (E.M.F.). Avec un astérisque, il s'agit de nos propres estimations.
(3) Résultat issu des Enquêtes de Prévalence Contraceptive.
(4) Données d'état civil.
(5) Résultats basés sur les recensements de 1961 et de 1971 et les enquêtes nationales par échantillon sur des périodes voisines (1958-59 et 1969).

Sans autre précision, les données sont tirées du Bureau of the Census, *A compilation of age-specific fertility rates for developing countries*, International Research Document, n° 7.

Tableau A.4.2 : Intervalles moyens (en mois) entre naissances vivantes, dans huit pays, selon l'âge des mères, leur éducation et leur région de résidence.

Age des mères	moins de 25 ans			25 à 34 ans			35 ans et plus		
Nombre d'années à l'école	0	1-4	5 et+	0	1-4	5 et+	0	1-4	5 et+
BENIN									
Atacora, Borgon	32,4	-	-	31,8	30,9	-	33,7	-	-
Autre	32,4	-	31,0	31,9	-	31,7	35,3	-	-
Cotonou	-	-	-	31,3	-	32,7	38,0	-	-
CAMEROUN									
Centre-Sud, Est	29,8	30,5	31,7	29,7	31,3	29,8	31,5	31,8	-
Littoral	-	31,0	30,4	31,3	30,8	31,9	33,3	-	-
Ouest, Nord-Ouest	31,7	29,5	33,4	33,2	33,5	31,0	34,2	-	-
Yaoundé, Douala	-	-	31,3	32,5	30,6	28,5	32,7	-	35,4
Nord	31,5	-	29,9	29,4	-	-	29,2	-	-
GHANA									
Ouest, Centre	32,5	-	32,7	31,8	-	31,9	32,6	-	-
Accra, Est	35,3	-	35,9	32,5	32,5	34,5	35,1	-	35,8
Volta	-	-	34,6	35,2	-	34,6	36,9	-	-
Ashanti, Ahafo	34,3	-	35,0	34,3	37,0	35,5	36,2	-	38,3
Nord	39,0	-	-	36,1	-	-	35,7	-	-
COTE D'IVOIRE									
Abidjan	31,5	31,4	31,1	32,0	-	29,5	32,7	-	-
Forêt urbaine	33,3	-	30,0	30,5	-	29,4	37,1	-	-
Savane urbaine	32,3	-	-	31,2	-	-	35,5	-	-
Forêt rurale	33,0	31,3	30,5	32,3	30,0	32,9	34,3	-	-
Savane rurale	31,7	-	-	31,7	-	-	34,3	-	-

Tableau A.4.2 : suite et fin.

Age des mères	moins de 25 ans			25 à 34 ans			35 ans et plus		
Nombre d'années à l'école	0	1-4	5 et+	0	1-4	5 et+	0	1-4	5 et+
KENYA									
Nairobi	-	-	27,0	27,1	-	26,8	-	-	-
Centre, Est	31,0	29,0	26,9	29,6	29,1	27,7	31,5	30,3	32,0
Rift	28,2	26,4	26,7	29,5	27,0	27,2	29,6	30,1	-
Côte	29,1	-	28,0	27,0	-	28,8	28,8	-	-
Nyanza, Ouest	27,9	28,9	27,5	28,4	28,6	27,5	30,7	31,9	34,2
LESOTHO									
Lowlands	-	32,8	34,8	-	33,1	33,5	-	34,8	35,6
Highlands	32,9	34,6	32,3	31,2	33,5	33,7	37,2	34,2	34,5
SENEGAL									
Ouest	31,9	-	27,9	31,3	-	29,1	35,9	-	-
Centre	31,9	-	-	32,3	-	-	36,1	-	-
Nord-Est	31,4	-	-	29,9	-	-	34,1	-	-
Sud (Casamance)	31,3	-	-	31,8	-	-	34,0	-	-
SOUDAN									
Khartoum	28,5	29,9	-	29,9	30,0	29,2	31,7	-	-
Nord, Est	27,0	30,4	-	28,7	27,4	-	31,3	-	-
Centre	27,5	28,0	-	28,4	29,0	-	30,7	-	-
Kardofan, Darfur	27,2	-	-	30,6	28,8	-	31,2	-	-

- Les données de base sont tirées des enquêtes nationales de fécondité effectuées dans le cadre de l'Enquête Mondiale de Fécondité.
- Les tirets correspondent à des effectifs insuffisants pour présenter un résultat.

5

LES PRATIQUES TRADITIONNELLES ET MODERNES DES COUPLES EN MATIERE D'ESPACEMENT OU D'ARRET DE LA FECONDITE

Etienne et Francine VAN DE WALLE

> *Les femmes ne sèvrent pas leurs enfants qu'ils ne soient en état de marcher, et d'apporter à leur mère une calebasse remplie d'eau : on se hâte de les y former, car, durant toute la nourriture, les époux gardent les lois de la chasteté, dont on regarderait l'infraction comme un crime d'autant plus grave qu'elle serait nuisible à l'état de nourrice et à la santé de l'enfant."*
> (J.-B. Durand, Voyage au Sénégal, 1802.)

1. EN GUISE D'INTRODUCTION

En Afrique au sud du Sahara, peut-être plus que n'importe où ailleurs, les femmes ont une conception claire de ce qui constitue un espacement normal entre les naissances. Dans toutes les enquêtes, du Sahel aux collines du Rwanda ou du Lesotho, les questions sur la dimension idéale de la famille laissent les femmes perplexes, et la plupart des réponses se réfèrent à la volonté de Dieu. Par contre, demandez-leur comment elles veulent espacer leurs enfants et vous recevrez une réponse beaucoup plus précise. La durée de l'espacement idéal varie généralement, entre 2 et 5 ans, selon l'âge, la parité, les coutumes locales et parfois les goûts personnels. Mais l'opinion publique approuve universellement l'idée d'un intervalle raisonnable, ni trop court, ni trop long.

Traditionnellement, cette préoccupation prend une place très importante dans la vie reproductrice de la femme africaine. Dans des régimes de fécondité naturelle et des cultures où le mariage est pratiquement universel et relativement précoce pour les femmes, *un espacement entre les naissances est un moyen rationnel d'assurer le bien-être de la mère et de son nourrisson*. Un intervalle raisonnable, pas trop court, entre les naissances est d'une telle importance qu'il existe dans la plupart des cultures un nom pour la femme qui est enceinte rapidement et trop tôt après la naissance de son enfant. Ces appelations impliquent souvent la réprobation, la moquerie ou d'autres connotations négatives. Au Sénégal, on dit de la femme qui est enceinte avant que son enfant ne soit sevré qu'elle a fait la "neffe", terme wolof qui implique la malchance. Le comportement wolof contraste avec l'abstinence socialement contrôlée des Yoruba, où le manque d'espacement entre les naissances entraîne une accusation d'irresponsabilité ou pire (B. Ferry, 1981). Il existe aussi des phrases proverbiales désabusées qualifiant "d'insouciance" ou "d'obsession sexuelle" le comportement qui mène à des grossesses trop rapprochées (J.C. et P. Caldwell, 1977). Au Burkina Faso également, on se moque de la femme qui est enceinte trop rapidement, on dit qu'elle est indécente et qu'elle aime trop les hommes. Au Mali, la "sérémuso" et au Togo la "kepdevinon" ou "la mère d'un enfant par an" sont ridiculisées. Chez les Havu de l'est du Zaïre, la femme qui n'espace pas ses enfants est appelée "kulikisa", la paresseuse, car les grossesses rapprochées l'empêche d'accomplir ses tâches agricoles ; dans cette culture comme dans d'autres, l'espacement est impératif et fonctionnel : il a pour but de maintenir un équilibre entre les deux rôles de la femme en tant que procréatrice et productrice agricole (M. Carael, 1979).

Le terme *kwashiorkor*(1) est passé d'un langage ghanéen à la littérature médicale où il est défini comme une maladie due à une grave déficience de protéines. La plupart des cultures au sud du

---

(1) De "kwashi" (langue Akan), le malchanceux (littéralement l'enfant né un samedi) et "orkor" (langue Ga), rouge, par allusion à la teinte prise par les cheveux et la peau de l'enfant.

Sahara ont aussi un nom pour la maladie dont souffre l'enfant qui est sevré trop tôt parce que sa mère est enceinte : par exemple, le "bwaki" chez les Havu, "l'obwosi" chez les Baganda, le "séré" chez les Dioula et les Bambara, "l'apa" chez les Ikale du Nigéria. Dans un même ordre d'idées, chez les Ewondo du Cameroun, l'enfant dont la mère a des relations sexuelles pendant l'allaitement souffrira "d'agnos". En somme, *espacer ses enfants est la norme et la femme qui échoue est mal vue par la société. L'homme, en revanche, ne semble pas partager le blâme.*

L'espacement entre les naissances est le résultat combiné de *l'abstinence sexuelle* et de longues périodes d'aménorrhée post-partum dues à *l'allaitement prolongé*. Ces variables, lactation, aménorrhée et abstinence, règlent la longueur du temps mort qui suit une naissance[2]. Elles sont elles-mêmes influencées par l'environnement et les coutumes locales. Ensemble, les variations dans la longueur de l'allaitement et de l'abstinence post-partum paraissent être les sources principales de l'hétérogénéité des niveaux de la fécondité naturelle que l'on trouve en Afrique (J. Bongaarts et al., 1984).

Pourtant, la norme de l'espacement, ancrée dans les cultures africaines, n'implique pas nécessairement l'utilisation délibérée de techniques visant à éviter la prochaine naissance. Après tout, l'allaitement prolongé qui reste la règle suffirait à lui seul à expliquer des intervalles relativement longs. Dans ce qui suit, il nous faudra examiner une série de questions. Les tabous post-partum sont-ils utilisés délibérément dans le but d'espacer les naissances ? Ont-ils d'autres fonctions ? L'abstinence post-partum, pratiquée en même temps que l'allaitement prolongé, exerce-t-elle un effet sur l'intervalle ? L'allaitement au sein est-il utilisé pour espacer les naissances ? Les comportements visant à l'espacement constituent-ils, comme on l'a parfois affirmé, un " frein préventif " à l'accroissement de la population, comparable au rôle du mariage tardif dans les populations européennes ? Enfin, la contraception, traditionnelle et moderne, est-elle utilisée pour espacer les naissances ou pour limiter la dimension de la famille ?

---

(2) Pour la méthodologie analytique en la matière, qui s'est fort développée ces dernières années, voir par exemple L. Henry (1964) et J. Bongaarts - R.G. Potter (1983).

H. Page et R. Lesthaeghe (1981) ont consacré un livre à l'espacement des naissances en Afrique, et cet ouvrage fera fond pour notre discussion. Ces auteurs ont le mérite d'avoir systématiquement regroupé et généralisé les observations des différents chercheurs après avoir exploré l'extension géographique et l'évolution de la coutume. Ils ont aussi examiné la relation entre abstinence et allaitement et tenté de séparer leurs effets spécifiques.

2. L'ABSTINENCE ET L'ESPACEMENT ENTRE NAISSANCES

Jusque assez récemment, il était généralement admis par les démographes que les couples ne sont guère efficients quand il s'agit d'espacer volontairement les naissances. Mais on se basait pour cela sur les enquêtes faites dans des populations de pays développés, où en effet la contraception est utilisée efficacement seulement quand les couples ont atteint le nombre d'enfants qu'ils ne veulent pas dépasser (C. Westoff et al., 1963). L'existence d'interdits sexuels liés à l'allaitement existait dans l'Europe Ancienne (E. et F. van de Walle, 1972), mais on s'accordait à ne leur reconnaître qu'un effet secondaire sur le niveau de la fécondité. Le fait que les populations africaines avaient eu des tabous traditionnels parfois très longs était aussi abondamment documenté dans la littérature anthropologique[3]. Il faut toutefois attendre l'ouvrage de F. Lorimer sur la culture et la fécondité humaine en 1954, pour que le sujet soit discuté en termes démographiques. D'après Lorimer, "l'interdiction culturelle d'enceindre une nourrice" est un mode coutumier de contrôle de la fécondité qui est très répandu dans les sociétés patriarcales africaines. En Afrique, le sevrage brutal est généralement suivi de maladies et même de la mort de l'enfant. Ces associations d'événements ont dû être observées couramment par les gens qui avaient recours à l'abstinence post-partum pour permettre à la mère de nourrir son enfant longtemps. Les sociétés valorisent la fécondité en termes d'enfants vivants et non en termes de naissances en tant que données statistiques. "Un enfant au sein

---

(3) Pour une revue de cette littérature, voir F. Lorimer (1954) ou plus récemment R. Schoenmaeckers et al. (1981).

est une richesse plus grande qu'un enfant dans le ventre et un autre délaissé, couché par terre" (F. Lorimer, 1954).

Peut-être plus que n'importe quel autre auteur, ce sont les Caldwell (1977) qui ont contribué dans les années 1970 à préciser le rôle de l'abstinence sexuelle dans l'étude des déterminants de la fécondité africaine. Certaines populations Yoruba du Nigéria, qu'ils ont longtemps étudiées, poussent en effet la durée de l'interdit sexuel à son maximum. Les tabous sont encore presque universellement observés et durent souvent jusqu'à 3 ans après la naissance d'un enfant. Toutefois, quoiqu'il ait éveillé beaucoup d'intérêt, l'exemple des Yoruba n'est sans doute pas représentatif de l'Afrique. Les données des enquêtes africaines effectuées dans le cadre du programme de l'Enquête Mondiale sur la Fécondité confirment bien que *le tabou sexuel postnatal est encore très répandu, mais on observe d'énormes variations dans sa durée, même à l'intérieur des différents pays*. Au Cameroun, par exemple, l'écart entre la durée maximale et minimale est de 17 mois (tableau 1) ; il est de 16 mois au Ghana, de 11 mois en Côte d'Ivoire mais seulement de 4,5 mois au Kenya. La littérature anthropologique témoigne bien que les coutumes et les traditions locales présentent une grande diversité. Dans la zone inter-lacustre de l'Afrique orientale, la tradition veut que les époux reprennent les relations sexuelles quelques jours après la naissance[4]. En revanche, au Ghana, on trouve de grandes différences dans la longueur du tabou post-partum parmi les groupes ethniques : chez les femmes Ashanti, M. Fortes (1954) rapporte une abstinence post-partum de 80 jours, mais chez les Bono de Brong-Ahafo où la mère doit s'abstenir pendant 6 mois après la naissance de son premier enfant, D.M. Warren (1975) trouve une période d'abstinence de 40 jours seulement pour les naissances suivantes. Par contre, les Lowilli de la région du nord, les Kusasi, Tallensi et les Ewe de la Volta Noire observent l'abstinence pendant 2 ou 3 ans (S. Gaisie, 1981). Dans le Sud-Est du Togo contemporain, l'abstinence est en moyenne de 12 mois (Th. Locoh, 1984).

---

(4) Voir pour le Rwanda M. Bonte et H. Van Balen (1969) et pour le Kivu M. Carael (1979 et 1981).

Tableau 5.1 : Durée moyenne (en mois) de l'abstinence post-partum, de l'allaitement et de l'aménorrhée dans huit pays africains.

Pays	Date	Abstinence	Allaitement	Aménorrhée
Ghana	1979-80	12,4 (8,4-24,4)	20,2 (15,8-27,9)	14,6 (10,8-19,2)
Lesotho	1978	18,0 (17-19,3)	21,8 (20,7-22,3)	11,4 (10,5-12,3)
Sénégal	1978	...	20,5 (18,3-21,5)	...
Bénin	1981-82	18,2 (14,6-23,5)	21,4 (19,6-24,3)	13,8 (11,7-16,7)
Cameroun	1978	16,2 (5,5-22,2)	19,5 (13,5-24,2)	13,3 (9,2-15,8)
Kenya	1978	4,1 (3,1-7,8)	17,8 (15,1-23,1)	11,7 (10,8-15,5)
Nord Soudan	1978-79	3,2 (2,5-3,9)	17,3 (17,1-20,0)	12,1 (9,7-14,7)
Côte d'Ivoire	1980-81	16,5 (9,9-20,8)	19,7 (15,9-23,1)	13,0 (10,3-14,7)

Entre parenthèses, figurent les minimum et maximum observés par groupe ethnique dans un pays, sauf pour le Lesotho et le Nord Soudan où il s'agit des extrêmes régionaux.

Source : enquêtes africaines de fécondité, F. Eelens et L. Donné (1985).

R. Schoemaeckers et al. (1981) ont récemment dessiné des cartes de l'Afrique en distinguant trois grands groupes de durées d'abstinence post-partum : celles n'excédant pas 40 jours afin notamment de distinguer les groupes islamisés qui suivent la règle coranique, les durées de plus de 40 jours et de moins d'un an, et enfin les durées de plus d'un an[5]. Là où il existe des données, et en excluant les pays où l'Islam domine, on trouve généralement une abstinence plus répandue et de plus longue durée dans l'Afrique centrale et occidentale. En Afrique de l'est, le tabou est de plus courte durée ou est même parfois inexistant.

---

(5) Pour une carte qui résume ces classifications, voir J. Bongaarts, O. Frank et R. Lesthaeghe (1984).

Mais il se peut que les durées d'abstinence aient diminué depuis une trentaine d'années, et à des rythmes divers selon les populations (ethnies, régions) ; dès lors les écarts actuellement observés peuvent en partie refléter ces différents déclins de la coutume. Ainsi selon D. Brokensha (1973), "les naissances chez les Mbeere du Kenya central étaient mieux espacées jadis quand les mères suivaient la coutume et restaient seules jusqu'au sevrage du bébé qui avait lieu au cours de la seconde année". De même R. Schoenmaeckers et al. (1981) énumèrent une série d'ethnies et de régions, le Sahel par exemple, où les tabous sont relativement courts aujourd'hui alors que des anthropologues rapportaient dans le passé l'existence d'abstinences post-partum beaucoup plus longues. Il est en tous cas certain que plus l'Islam s'étend en Afrique, plus le long tabou traditionnel tend à disparaître. Le canon islamique prescrit l'abstention de relations sexuelles pendant les 40 nuits qui suivent la naissance de l'enfant. Cette règle tend de plus en plus à être appliquée dans les pays du Sahel. Par exemple, à Bamako la règle islamique est suivie, tout au moins en principe, par une majorité des femmes.

3. LES DIFFERENTES FONCTIONS ATTRIBUEES A L'ABSTINENCE

En 1964, L. Henry utilisait le terme "tabou de lactation", entendant par cela un tabou interdisant la reprise des relations sexuelles pendant la période d'allaitement. Mais pour J.C. et P. Caldwell (1981), "l'abstinence post-natale, quoique liée à l'allaitement, ne peut pas être toujours identifiée avec un tabou de lactation". En effet, si dans beaucoup de sociétés l'abstinence est plus courte que la période de lactation, chez les Yoruba elle est plus longue. Par ailleurs, les abstinences de courte durée sont assez surprenantes étant donné que la croyance selon laquelle le sperme empoisonne le lait de la mère qui allaite est très répandue à travers tout le continent.

Les motivations pour l'abstinence sont complexes. Par exemple, le tabou le plus court, celui imposé par l'Islam dans une zone qui peu à peu s'étend, n'est que de quarante jours, et on ne saurait y voir l'intention de reculer l'échéance de la grossesse suivante. Il s'agirait plutôt d'une notion d'impureté de la femme pendant une période suivant la naissance, apparentée à son impureté au moment des règles, quand l'Islam impose aussi l'abstention rituelle. En revanche, les Ikale, un sous-groupe Yoruba, invoquent "l'agbon", une mauvaise odeur corporelle de la femme après la naissance, pour justifier une abstinence qui peut durer de deux à neuf mois (L.A. Adeokun, 1981).

Il ne s'agit pas non plus d'espacement à proprement parler quand la femme évite les relations sexuelles pour ne pas gâter le lait. C'est *le bien-être de l'enfant* qui est en cause. Les Lowilli du Nord Ghana pensent que les relations sexuelles durant la période d'allaitement empêchent le lait de la mère de couler et freinent dès lors le développement de l'enfant (J.R. Goody, 1956). Chez les Yorubas du Nigéria et chez les Ewondo du Cameroun entre autres, le tabou de lactation est renforcé par une croyance très répandue que le sperme de l'homme s'infiltre dans le lait et l'empoisonne, le pollue et le gâte, rendant l'enfant malade sur-le-champ. Lors d'interviews avec des femmes Ewondo à Yaoundé (1981), nous avons eu l'occasion de discuter de ce tabou de lactation. Voici ce que nous disait une femme qui avait enfreint la coutume : "Le sang de mon mari bouillonne dans mon corps et se mélange au lait qui se gâte. Si l'enfant prend ce lait, il tombe malade immédiatement. Les gens diront qu'il a été sauté... ils le sauront tout de suite, car le lendemain il aura une forte fièvre et sera à l'agonie"[6]. Dans la logique de ce type de tabou, la femme qui voudrait reprendre les relations sexuelles devrait sevrer son enfant prématurément.

La longue abstinence post-partum des Yoruba du Nigéria a été attribuée à *des raisons de santé, soit du nourrissson, soit de la mère*. Selon les Caldwell (1977),"...les Yoruba considèrent la santé de la mère avant tout comme étant la capacité d'avoir d'autres grossesses réussies". Ici, la préoccupation consciente d'espacer les naissances paraît bien l'emporter. Pour Th. Locoh (1984), "il est clairement reconnu que le but à atteindre est de faire survivre le plus grand nombre d'enfants possible". Toutefois, I.O. Orubuloye (1981) note que l'abstinence sexuelle post-partum a probablement réduit la fécondité des Yoruba d'un quart et qu'en définitive, dans cette ethnie,

---

[6] La maladie s'appelle ici le "saut" car au lit le père passe au-dessus de l'enfant pour rejoindre la mère.

cette coutume restera sans doute la méthode la plus importante de contrôle de la fécondité pour le restant du siècle.

Il faut donc noter que le *but de l'abstinence est généralement pro-nataliste* : il s'agit de garder plus d'enfants en vie, et non pas de limiter la dimension de la famille et la croissance de la société pour l'adapter aux ressources disponibles. Il est difficile de suivre ici le raisonnement de R. Lesthaeghe et de ses collègues quand ils voient un parallèle entre l'abstinence post-partum en Afrique et le mariage tardif des systèmes de nuptialité européens. "Plutôt que d'imposer une longue période d'abstinence placée avant le mariage et le début de la formation de la famille (c'est-à-dire le célibat prolongé), beaucoup de sociétés africaines ont organisé le mécanisme pour adapter la croissance de la population et la densité aux technologies traditionnelles et aux ressources en observant plusieurs périodes d'abstinence, généralement plus courtes, *à l'intérieur* du mariage, principalement espacées entre les naissances" (R. Lesthaeghe et al., 1981). Là où le mariage est universel et très jeune, si l'abstinence post-partum représente une bonne gestion du potentiel de reproduction biologique de chaque femme, visant à maximiser sa descendance vivante, il est difficile d'y voir surtout une adaptation aux ressources de la société.

Plutôt qu'une préoccupation de santé, certains auteurs ont vu *dans l'abstinence un objectif de contrôle social*. Il existe encore de nombreux interdits sexuels liés à la vie familiale et sociale : voyage ou maladie d'un parent, construction d'une nouvelle case... Ces interdits peuvent durer d'un jour à plusieurs mois et ils alternent avec des rapports sexuels obligés. La fonction générale de ces tabous est de rappeler aux individus qu'ils appartiennent à une structure sociale ordonnée ; ils assurent l'autorité des vieux sur les jeunes et celle des parents sur les enfants (M. Carael, 1981). Souvent d'ailleurs, le tabou sexuel n'est qu'un interdit parmi d'autres, dans une société, comme celle du Togo par exemple, où la vie de tous est quadrillée d'un réseau très dense d'obligations et d'interdictions. L'abstinence y est imposée dans bien d'autres circonstances que les suites d'un accouchement, par exemple au moment de funérailles dans la famille ou avant un acte important pour lequel on consulte les devins (Th. Locoh, 1984).

J.C. et P. Caldwell (1977, 1981) insistent abondamment sur le fait que tous les tabous, même les tabous post-partum, ont d'autres rôles à jouer que d'empêcher la nourrice de tomber enceinte. Les sociétés basées sur *la famille étendue* reconnaissent le danger de nucléarisation familiale et le rôle de l'abstinence est alors de garder une distance entre les conjoints, ce qui est bénéfique pour la société. La pratique de l'abstinence n'est possible que parce que les liens conjugaux sont relativement faibles, parce que la polygamie existe et qu'une épouse unique n'est jamais sûre de le rester. C'est la famille étendue qui compte avant tout. D'ailleurs J.F. Saucier (1972) souligne que le tabou est plus fréquent dans des sociétés gérontocratiques et dans les exogamies patrilinéaires et patrilocales où les femmes sont plutôt considérées comme des étrangères et où leurs avis sont d'importance subsidiaire autant dans la famille que dans la société. Dans beaucoup de cultures, l'abstinence sexuelle est contrôlée par la société qui exige la séparation physique et émotionnelle des époux. Par exemple, la coutume veut souvent que la nouvelle accouchée retourne dans sa famille pendant une certaine période. Au pays Dagbon, dans le Nord Ghana, l'épouse va habiter deux ans chez ses parents après la naissance du premier enfant (Ch. Oppong, 1973). La méthode d'espacement des naissances la plus employée par les Ewé du Togo est l'abstinence "qui prend souvent la forme d'une isolation : visite de la femme à ses parents ou beaux-parents... pour ne revenir que quand l'enfant est assez grand et quand elle s'estime prête à avoir un autre enfant" (T. K. Kumekpor, 1975). Des périodes de réclusion des femmes et de séparation des époux sont également signalées dans l'Ouest du Zaïre (M. Sala-Diakanda et al., 1981). Le phénomène d'abstinence est donc d'importance, mais l'allaitement l'est encore peut-être davantage.

4. L'ALLAITEMENT

L'allaitement intensif et prolongé, qui est d'une importance cruciale pour la santé de l'enfant[7], est encore presque partout pratiqué en Afrique. La mère allaite son bébé jour et nuit, chaque fois qu'il montre le moindre appétit. L'enfant vit en symbiose avec

---

(7) Cela n'est plus à démontrer. Voir entre autres nombreux écrits sur le sujet, J. Knodel (1977) et R. Gray (1983).

sa mère : le jour, accroché à son dos, il l'accompagne partout, et la nuit il dort avec elle jusqu'à ce qu'il ait un petit frère ou une petite soeur. Même les rares femmes qui ont un emploi salarié hors de chez elles essayent d'allaiter presque complètement leur nourrisson. D'ailleurs dans plusieurs pays du Sahel, par exemple, la femme qui travaille dans le secteur moderne a droit à un congé de maternité de 3 mois. Ensuite quand elle a repris le travail, elle est autorisée à rentrer chez elle au milieu de la journée pour nourrir son enfant, et cela jusqu'au sevrage.

C. Tietze en 1961 notait que dans la culture populaire de nombreux pays, dans les "contes de bonnes femmes", on trouve fréquemment l'idée que les mères qui allaitent ne peuvent pas concevoir. De fait, et on en connaît maintenant le mécanisme biologique, l'allaitement prolongé protège la mère contre la grossesse en retardant le retour de l'ovulation. Par ailleurs, cette relation entre les durées moyennes de lactation et d'aménorrhée est désormais bien connue des démographes et encore récemment a été quantifiée par J. Bongaarts et R.G. Potter (1983). Ils ont trouvé que la durée de l'aménorrhée est de 60 à 70 pour cent de la durée de l'allaitement pour autant que celui-ci dure plus d'un an. Avec les très longues durées d'allaitement (2 ans et plus), on peut atteindre des périodes aménorrhiques de 2 ans ou plus.

Cependant il faut souligner que *la nature et le mode d'allaitement exercent une influence sur la durée de l'aménorrhée postpartum*. Selon les termes de M. Carael (1978), "...par allaitement naturel, on entend généralement une symbiose mère-enfant telle qu'elle permette un rythme de succions au sein qui corresponde aux demandes spontanées de l'enfant". La fréquence et l'intensité de l'allaitement conditionnent la durée de la période d'aménorrhée, et l'introduction d'une supplémentation alimentaire la raccourcit. L'allaitement prolongé paraît réduire la fécondabilité même après le retour de la menstruation.

Les enquêtes africaines de la fécondité ont montré que les moyennes nationales de durée d'allaitement excédent encore largement l'année : 17,5 mois au Kenya et au Nord-Soudan, 20 mois au Ghana et 22 mois au Lesotho (tableau 1). La durée d'aménorrhée post-partum pour ces périodes d'allaitement atteint 12 mois au Nord-Soudan et au Kenya, 15 mois au Ghana et 11 mois au Lesotho, ce qui constitue des durées importantes. Dans l'ensemble, la diversité ethnique à l'intérieur de ces pays n'est pas considérable, mais en règle générale les femmes urbaines allaitent moins longtemps que les femmes rurales (tableau 2). En tous cas, l'effet sur l'aménorrhée post-partum est partout considérable. En somme, *l'allaitement tel qu'il est encore pratiqué en Afrique (sur demande, complet et prolongé) reste la base de l'espacement des naissances*(8).

Tableau 5.2 : Rapport des durées d'abstinence, d'allaitement et d'aménorrhée par instruction (illettrées=100) et par milieu d'habitat (rural=100).

Pays	Abstinence		Allaitement		Aménorrhée	
	Lettrées	Urbaines	Lettrées	Urbaines	Lettrées	Urbaines
Ghana	71	75	79	78	84	80
Lesotho	91	91	91	89	86	100
Sénégal	...	...	89	83	...	...
Bénin	88	83	84	86	69	75
Cameroun	68	77	81	79	77	69
Kenya	78	100	79	79	74	78
Soudan	74	94	93	91	70	71
Côte d'Ivoire	68	81	69	83	72	73

Note : calculé d'après F. Eelens et L. Donné (1985).

Toutefois, dans beaucoup de cultures d'Afrique, les femmes connaissent mal ou en tous cas ne paraissent pas conscientes de la relation qui existe entre l'allaitement et l'aménorrhée post-partum. Cela avait déjà été démontré (M. Carael, 1978) et nous l'avons vérifié en interrogeant des femmes sur ce qu'elles savaient des

---

(8) A titre d'informations, on a estimé qu'en Thaïlande la lactation prévenait jusqu'à 20 pour cent des naissances qui auraient eu lieu en l'absence d'allaitement (J. Knodel, 1977).

relations entre allaitement et aménorrhée dans une série d'enquêtes à Yaoundé, Bobo-Dioulasso et Bamako. Cette mauvaise connaissance des relations directes entre les deux phénomènes nous pousse à croire que *l'allaitement n'est guère employé pour espacer les naissances*. Il nous paraît dès lors difficile de le classer comme un moyen contraceptif utilisé consciemment.

Comme dans la plupart des cultures en Afrique l'abstinence va de pair avec l'allaitement intensif et prolongé et y est même associée quand il existe un tabou de lactation, on peut se demander si une réduction de la période d'abstinence sexuelle aurait un effet très marqué sur l'intervalle. En fait, d'après les estimations dérivées des récentes enquêtes de fécondité, l'abstinence ajouterait 5 mois à l'intervalle entre les naissances au Lesotho[9] et au Ghana, 2 mois au Kenya et même 1 mois au Nord-Soudan islamisé où elle est cependant très courte (J. Bongaarts et al., 1984). Son effet dans les parties du pays Yoruba où elle est très longue, puisqu'elle excède même la durée de l'allaitement, est évidemment beaucoup plus marqué.

On a souvent dit et écrit que *la modernisation des comportements* entraînera inéluctablement la réduction progressive de l'allaitement et de l'abstinence. Examinant le cas du Zaïre, A. Romaniuk (1980) note que "l'éducation et l'urbanisation rendent les gens de plus en plus réceptifs aux idées modernes, ce qui contribue à effriter la dominance de la parenté et érode différentes coutumes de contrainte sexuelle", et il ajoute "qu'en toute vraisemblance, l'abstinence sexuelle post-partum sera abandonnée en premier lieu". Au Zaïre encore, D. Tabutin (1978) constate que les 20 dernières années ont été marquées par un déclin rapide de la stérilité et une augmentation nette de la fécondité. Il conclut que si la contraception ne se substitue pas aux comportements qui tendaient à allonger les intervalles intergénésiques et qui sont en pleine mutation, il pourrait bien y avoir une hausse substantielle de la fécondité en Afrique. Pour M. Nag (1983), il s'agit là plus que d'une spéculation : "la modernisation a des effets négatifs sur les variables traditionnelles telles que l'allaitement au sein et l'abstinence post-partum". En somme, malgré la mauvaise qualité

---

[9] où elle est associée à des migrations massives d'hommes mariés vers l'Afrique du Sud.

des statistiques qui rend le calcul des tendances de la fécondité difficile, beaucoup d'auteurs croient discerner dans certains pays, comme par exemple le Kenya, l'amorce d'une hausse de la fécondité, due essentiellement à un déclin des tabous traditionnels.

5. LA CONTRACEPTION : LE PROBLEME DES DONNEES

Les enquêtes africaines de la fécondité se sont particulièrement intéressées à la connaissance et à la pratique de la contraception dans les divers pays. Les résultats obtenus, dont nous donnons un aperçu dans le tableau 3, sont assez surprenants.

Tout d'abord, on trouve *peu de relation entre la connaissance et la pratique de la contraception, et encore moins entre la pratique passée et la pratique actuelle.* On est confronté au paradoxe de populations où parfois une forte proportion des femmes ont entendu parler de certaines méthodes, mais où peu les emploient, surtout quand il s'agit de méthodes efficaces : au Kenya, 91 % des femmes connaissent, mais 5 % seulement pratiquent au moment de l'enquête; au Ghana et au Lesotho, plus de 65 % connaissent, mais 6 et 3 % respectivement pratiquent (tableau 3). Les questionnaires d'enquête ont généralement distingué entre les méthodes dites efficaces (la pilule, le stérilet, le condom, les injections, la stérilisation...) et les méthodes dites non efficaces (la douche, le coït interrompu, la continence périodique, l'abstinence et les autres méthodes traditionnelles). Il y a beaucoup d'ambiguïté dans ces classements, car les méthodes modernes peuvent être utilisées de façon non efficace, comme les méthodes traditionnelles peuvent l'être de façon efficace. Dans certains pays, on a noté l'usage de pilules très différentes de celles qui servent pour la contraception à base hormonale dans les pays développés. Par exemple dans une ville du Ghana, le pays où l'on utilise le plus les méthodes dites efficaces, W. Bleek vers 1975 constatait que la pilule la plus employée comme contraceptif était un purgatif, tandis que la seconde citée par les femmes était un régulateur de menstruation. Au dire des enquêtées, ces deux espèces de pilules devaient être prises avant et après les relations sexuelles. On sait que leur valeur contraceptive était nulle.

Tableau 5.3 : Proportions de femmes mariées (tous âges) connaissant et utilisant la contraception.

Pays	Date	Connaissance toutes méthodes (*)	Utilisation (**)			
			passée ou présente		présente	
			méthodes efficaces	méthodes non efficaces	méthodes efficaces	méthodes non efficaces
Ghana	1979-80	69	18	23	6	4
Kenya	1978	91	13	19	5	5
Nord Soudan	1978-79	51	10	3	3	1
Lesotho	1978	65	7	18	3	3
Bénin	1981-82	40	3	34	1	19
Cameroun	1978	34	2	8	1	2
Côte d'Ivoire	1980-81	-	2	72	0	2
Nigéria	1982	34	2	12	1	4
Sénégal	1978	60	2	10	1	4
Mauritanie	1980-81	8	1	1	0	1

(*) y compris les femmes veuves et divorcées
(**) proportions standardisées par l'âge

<u>Source</u> : enquêtes africaines de fécondité ; S. Cockrane et S.M. Farid, 1985.

Quant aux méthodes traditionnelles déclarées dans les enquêtes, il est à l'inverse possible qu'elles incluent parfois des comportements, comme l'abstinence post-partum, dont l'intention n'était pas contraceptive. En Côte-d'Ivoire (tableau 3), une majorité des femmes ont déclaré avoir pratiqué l'abstinence dans le passé, et si actuellement l'usage de la contraception, même traditionnelle, est quasi nul, c'est que la question n'a été posée qu'aux femmes ayant déjà repris les relations sexuelles, ce qui évidemment exclut l'abstinence ! Par ailleurs, il pourrait bien y avoir une sous-déclaration des méthodes plus ou moins magiques qui, à en croire le témoignage non officiel de beaucoup de femmes, sont très répandues. En définitive, une grande prudence est requise dans l'interprétation de ce genre de résultats.

6. LES PRATIQUES CONTRACEPTIVES TRADITIONNELLES

Les pratiques contraceptives traditionnelles, depuis longtemps très répandues dans le continent, paraissent encore très vivantes dans l'Afrique contemporaine, malgré l'introduction récente des contraceptifs modernes[10]. Elles se sont développées apparemment dans des populations qui n'envisagent qu'exceptionnellement la limitation de la dimension de la famille, mais qui en revanche souhaitent espacer leurs enfants. Parmi ces pratiques traditionnelles, *l'abstinence post-partum* est sans doute la plus répandue et la plus efficace, quoique, comme nous l'avons montré, elle ne soit pas toujours directement employée dans un but contraceptif. Dans d'autres sociétés où l'abstinence post-partum est courte, particulièrement en Afrique de l'Est, les relations sexuelles durant la période de lactation s'accompagnent du *coït interrompu*. D'ailleurs d'après R. Schoenmaeckers et al. (1981), le long tabou post-partum a vraisemblablement été érodé par cette méthode rivale d'espacement des naissances. Ainsi selon A. Richards et P. Reining (1954), chez les Baganda l'emploi du coït interrompu était une vieille coutume. Y recourait fréquemment l'homme qui n'avait pas de seconde femme et qui cependant devait maintenir le

---

(10) Voir par exemple en la matière F. Lorimer (1954), A. Molnos (1972), R.W. Morgan (1974) ou encore J.T. Bertrand et al (1985).

long tabou de deux ans jusqu'au sevrage de son enfant. De même dans l'Ouest du Sierra Leone, le retrait couramment utilisé pendant la période de lactation pour éviter que le sperme n'empoisonne le lait est une méthode traditionnellement approuvée (T. Dow, 1974).

Plus récemment encore, les résultats d'une enquête dans le Bas Zaïre ont montré que le coït interrompu était la méthode traditionnelle la plus répandue et était employé par environ 30 pour cent des couples (J. Bertrand et al, 1985). Bien qu'une forte majorité des femmes eussent entendu parler des méthodes modernes, c'était les méthodes traditionnelles qu'elles utilisaient le plus. Parmi celles qui allaitaient, 84 % suivaient une technique traditionnelle et 3 % seulement une technique moderne. Et les auteurs de conclure que dans le Bas Zaïre, c'est l'allaitement au sein qui dicte le besoin et le désir de régulation des naissances. Dès le sevrage, il n'y a plus de raison d'empêcher une grossesse.

Toutefois la méthode du coït interrompu semble ne pas être universellement approuvée en Afrique sub-saharienne. Par exemple dans l'Est du Zaïre, au Kivu, elle est perçue comme un acte injurieux pour la femme (M. Carael, 1978). De même en Afrique de l'Est où selon M. Swartz (1969)"...l'acte est hostile à la femme". Dans le Sahel, si les chefs religieux connaissent bien la tolérance de l'Islam pour le retrait[11], on ne le pratique guère dans les faits. D'autres formes de contraception traditionnelle sont par contre largement diffusées, toujours dans le but de favoriser l'espacement, même si leur efficacité est pour le moins souvent très douteuse. La plus connue dans le Sahel est certainement le "taffo", une ceinture de coton dans laquelle on a fait des noeuds auxquels sont liées des paroles magiques du marabout ou du guérisseur. Le *"taffo"* se vend dans les marchés en même temps qu'une grande pharmacopée de racines, d'écorces, de feuilles, de poudres, de potions ou de décoctions d'herbes qui servent de contraceptifs et d'abortifs, mais aussi d'aphrodisiaques ou encore de remèdes contre la stérilité ou la ménopause.

Il existe des versions traditionnelles de la méthode du rythme ou de l'abstinence périodique, mais elles reposent souvent sur une

---

[11] Comme le montrent clairement les Actes du Séminaire de Dakar de 1982 sur l'Islam et la Planification Familiale (CONAPOP, 1982).

connaissance erronée du cycle de la femme. Pour la grande majorité des femmes que nous avons enquêtées à Yaoundé (1981), Bobo-Dioulasso (1983) et Bamako (1984), la période fertile comprenait les cinq jours après la menstruation. J.F. Middelton (1973) avait fait la même observation en Afrique de l'Est. Par contre, une partie des hommes de notre enquête à Bobo-Dioulasso semblaient employer correctement la méthode, parfois même à l'insu de leur épouse. La *continence périodique*, promue par les catholiques, a sans doute un rôle à jouer dans les régions rurales où peut-être une méthode naturelle est plus appropriée que la pilule ou le stérilet dont l'usage requiert un certain niveau d'instruction et une supervision médicale.

7. LES PRATIQUES CONTRACEPTIVES MODERNES

La contraception moderne en est encore à ses débuts en Afrique au Sud du Sahara, surtout dans les pays francophones où une loi pro-nataliste française de 1920 interdisait ou interdit encore la propagande, la vente et l'emploi de contraceptifs. En 1972, le Mali fut le premier pays à rejeter la loi et à s'engager dans un programme national de planification familiale. La loi a été abrogée au Sénégal en 1980, le processus de l'abrogation est en cours au Burkina Faso. Par contre, dans les autres pays du Sahel, la loi est toujours de rigueur. Cependant, même en Afrique francophone, de plus en plus de programmes de planification familiale existent dans les grandes villes et font peu à peu leur apparition dans les campagnes, le plus souvent intégrés dans les services de santé. Dans des pays anglophones comme le Kenya et le Zimbabwe, des programmes gouvernementaux sont bien établis. La plupart des chefs d'Etat qui ont adressé un message à la Conférence Mondiale de la Population de Mexico en 1984 reconnaissaient la légitimité d'un programme de planification familiale, en soulignant le plus souvent son importance pour la santé de la mère et de l'enfant et son utilité pour l'espacement des naissances (Nations Unies, 1985).

Et de fait, là où la contraception de type moderne a connu un certain succès en Afrique, par exemple chez les Yorubas citadins[12], elle a souvent joué le même rôle que l'abstinence et la contraception traditionnelle, *c'est-à-dire qu'elle sert à espacer les naissances*. Le meilleur espoir d'une diffusion rapide des méthodes contraceptives modernes paraît bien être là. On constate souvent que la pilule, le condom ou le Depo Provera jouent ce rôle de substitution[13] ou de remplacement rapide des méthodes traditionnelles. Comme le notait T. Dow (1974), le but de ce type moderne d'espacement demeure pronataliste, et il n'est pas certain en définitive que l'introduction de la contraception par le truchement de l'espacement contribuera beaucoup à la limitation des naissances.

La plupart des cultures africaines conservent une "horreur" de la stérilité (P. Caldwell et J.C. Caldwell, 1985). Même les parlementaires africains ont souvent de la peine à reconnaître la légitimité de mesures qui paraissent aller à l'encontre des traditions, et les fonctionnaires chargés de mettre en oeuvre des programmes gouvernementaux en la matière n'ont pas toujours le coeur à la tâche. *Il reste en effet beaucoup d'opposition populaire à la contraception moderne.* Il n'est pas rare d'entendre que la pilule rend très malade ou que le stérilet se perd dans le corps de la femme. De plus, la contraception est souvent confondue avec l'avortement et associée avec des relations extra-maritales. Souvent, elle est difficilement acceptée par les maris. Voici comment en 1969 P.B. Olusanya résumait l'opinion des hommes du Nigeria sur le sujet : "les femmes sont si faibles sexuellement qu'un peu de liberté les conduirait invariablement à des relations sexuelles hors mariage". Dans cette vision des choses, la contraception est bien perçue comme un élément de liberté accordée aux femmes, dangereux pour les hommes.

Toutefois, *il y a une demande croissante de contraception moderne dans les villes,* et notamment dans la jeunesse féminine de ces villes, que ce soit pour retarder une première naissance qui serait hors mariage[14], ou que ce soit pour éviter l'avortement qui

---

(12) Voir P. Caldwell et J.C. Caldwell (1982) ou G.A. Oni et J. McCarthy (1986).

(13) Ce problème a déjà été maintes fois signalé. Voir entre autres R. Lestaeghe et H. Page (1981) ou H. Ware (1977).

(14) Avec les graves conséquences que souvent cela entraîne pour la jeune femme : rejet par la famille, renvoi de l'école ou perte d'emploi.

devient un problème préoccupant dans de nombreuses villes africaines[15]. L'opinion publique craint souvent que la diffusion de la contraception n'encourage l'immoralité des jeunes, un argument que l'on retrouve dans bien d'autres cultures[16], mais peu à peu on commence aussi à réaliser qu'elle pourrait être une méthode de prévention des avortements.

8. LES COMPORTEMENTS D'ARRET DE LA FECONDITE

La limitation des naissances qui a accompagné le déclin de la fécondité en Europe au XIXe siècle, et plus récemment en Asie et en Amérique Latine, est avant tout un comportement d'arrêt. Les couples arrêtent définitivement leur descendance dès qu'un certain nombre d'enfants est atteint[17]. *En Afrique, autant les stratégies d'espacement sont évidentes, autant les stratégies d'arrêt sont rares.* Pourtant ce sont ces dernières qui peuvent entraîner un déclin sensible et mesurable de la fécondité. Or dans la plupart des enquêtes récentes de fécondité africaines, la dimension désirée de la famille reste plus élevée que le nombre total d'enfants obtenu en moyenne (S. Cochrane et S.M. Farid, 1986).

Certes, il existe *des formes locales d'arrêt des naissances.* Par exemple, dans certaines cultures comme chez les Yorubas, l'arrivée d'une belle-fille dans la concession et le statut de grand-mère sont incompatibles avec les relations sexuelles ; la compétition entre petits enfants et propres enfants pourrait faire tort à la famille étendue. On peut être grand-mère à 34 ans, et souvent un grand nombre de femmes le sont autour de 40 ans, ce qui constitue dès lors un arrêt précoce de la vie reproductrice et donc de la fécondité. Notons cependant que cette pratique n'est guère fréquente. Une autre raison de pratiquer l'abstinence sexuelle terminale est la ménopause, mais évidemment dans ce cas, l'effet sur la fécondité est nul.

---

(15) Pour deux études de ce problème au Mali et au Ghana, voir N.J. Binkin (1984) et W. Bleek (1976).

(16) Y compris dans les sociétés occidentales il n'y a guère que 20 ou 30 ans.

(17) Ce nombre peut bien entendu varier dans le temps, comme à un moment donné il peut varier selon les sociétés, les classes sociales et les individus.

Le concept de grandeur idéale de la famille ou de nombre d'enfants à ne pas dépasser est encore peu répandu. Lors d'entretiens, un certain nombre de femmes déclarent ne plus vouloir d'enfants, mais entre ce désir, aussi réel soit-il, et le comportement final, il y a un large pas difficile à franchir. En effet, bien des freins existent encore à divers niveaux (société, famille, couple et individus) qui font que ces comportements d'arrêt n'apparaissent jusqu'à présent que dans quelques cas isolés ou quelques couches sociales numériquement peu importantes.

9. CONCLUSION

Compte tenu des niveaux actuels de la fécondité et d'une poursuite de la baisse de la mortalité, le potentiel d'accroissement des populations africaines parait considérable. Sur ce continent, la question de la transition démographique et le débat sur les avantages et inconvénients de la croissance démographique sont plus que jamais à l'ordre du jour.

La norme d'espacer les naissances reste vigoureuse en Afrique au sud du Sahara. Le problème est de savoir si les comportements d'arrêt de la fécondité se grefferont progressivement sur le vieux tronc de l'espacement traditionnel, ou s'il faudra attendre que l'impact de la modernisation impose de nouveaux comportements. Certains suggèrent qu'il n'y a pas de précédent historique indiquant qu'une société conserve une fécondité élevée après deux générations d'éducation généralisée (J.C. Caldwell, 1980). Toutefois il nous semble probable que la baisse de la fécondité sera lente et que la forte croissance de la population restera pour longtemps une des données inéluctables des économies africaines.

BIBLIOGRAPHIE

Adeokun L.A., 1981, *The next child: spacing strategy in Yoruba Land*, African Demography Working Paper n° 8, Population Studies Center, Université de Pennsylvanie.

Adeokun L.A., 1983, "Marital sexuality and birth-spacing among the Yoruba", in C. Oppong (ed.), *Female and Male in West Africa*, George Allen et Unwin, Londres, pp. 127-137.

Bertrand J.T., Mangani N., Mansilu M. et Landry E., 1985, "Factors influencing the use of traditional versus modern family planning methods in Bas Zaïre", *Studies in Family Planning*, vol. 16, n° 6, pp. 332-341.

Binkin N.J., Burton N., Touré A.H., Traoré M.L. et Rochat R., 1984, "Women hospitalized for abortion complications in Mali", *International Family Planning Perspectives*, vol. 10, n° 1.

Bleek W., 1976, *Sexual relationships and birth control in Ghana. A case study of a rural town*, Uitgave 10, Afdeling Culturele Antropologie, Antropologisch-Sociologisch Centrum, Université d'Amsterdam.

Bongaarts J., Frank O. et Lesthaeghe R., 1984, "The proximate determinants of fertility in Sub-Saharan Africa", *Population and Development Review*, vol. 10, n° 3, pp. 511-537.

Bongaarts J. et Potter R.G., 1983, *Fertility, biology, and behavior: an analysis of the proximate determinants*, Academic Press, New York.

Bonte M. et Van Balen H., 1969, "Prolonged lactation and family spacing in Rwanda", *Journal of Biosocial Science*, vol. 1, pp. 97-100.

Brokenska D.W., 1973, "The Mbeere of Central Kenya", in A. Molnos (ed.), *op. cit.*, vol. 3, pp. 79-96.

Caldwell J.C. et Caldwell P., 1977, "The role of marital sexual abstinence in determining fertility: a study of the Yoruba in Nigeria", *Population Studies*, vol. 31, n° 1, pp. 193-215.

Caldwell J.C., 1980, "Mass education as a determinant of the timing of fertility decline", *Population and Development Review*, vol. 6, n° 2, pp. 225-255.

Caldwell J.C. et Caldwell P., 1981, "Cause and sequence in the reduction of postnatal abstinence in Ibadan City, Nigeria", in H.J. Page et R. Lesthaeghe (eds.), *op. cit.*, pp. 181-199.

Caldwell J.C. et Caldwell P., 1985, *Cultural force tending to sustain high fertility in Tropical Africa*, Banque Mondiale, PHN note technique 85-16.

Cantrelle P. et al., 1974, *Population in African development*, Ordina Editions, Liège.

Carael M., 1978, "Les relations allaitement, aménorrhée postpartum et nutrition : une hypothèse. Trois populations au Zaïre", *Population et Famille*, vol. 43, n° 1, pp. 131-153.

Carael M., 1979, "Espacement des naissances, nutrition et écologie au Kivu (Zaïre)", *Population et Famille*, vol. 47, n° 2, pp. 81-99.

Carael M., 1981, "Child-spacing, ecology and nutrition in the Kivu province of Zaïre", in H.J. Page et R. Lesthaeghe (eds), *op. cit.*, pp. 275-286.

Cochrane S. et Farid S.M., 1985, *Fertility in Sub-Saharan Africa: levels and their explanations*, Note technique n° 85-13, Population, Health and Nutrition Department, Banque Mondiale.

Commission Nationale de la Population (CONAPOP), 1982, *L'Islam et la planification familiale*, République du Sénégal, Dakar, 13-15 avril.

Davis K. et Blake J., 1956, "Social structure and fertility: an analytic framework", *Economic Development and Cultural Change*, vol. 4, n° 3, pp. 211-235.

Dow T., 1974, "Some observations on family planning, prospects in Sierra Leone", in P. Cantrelle et al. (eds.), *op. cit.*, pp. 21-32.

Eelens F. et Donné L., 1985, *The proximate determinants of fertility in Sub-Saharan Africa: a factbook based on the results of the world fertility survey*, IPD-Working Paper 1985-3, Université Libre de Bruxelles.

Ferry B., 1981, "The Senegalese surveys", in H.J. Page et R. Lesthaeghe (eds.), *op. cit.*, pp. 265-273.

Fortes M., 1954, "A demographic field study in Ashanti", in F. Lorimer (ed.), *op. cit.*, pp. 254-319.

Gaisie S.K., 1981, "Child spacing patterns and fertility differentials in Ghana", in H.J. Page et R. Lesthaeghe (eds.), *op. cit.*, pp. 237-253.

Goody J.R., 1956, *The social organisation of the Lowilli*, H.M.S.O., Londres.

Gray R., 1983, "The impact of health and nutrition on natural fertility", in R. Bulatao et R. Lee (eds.), *Determinants of fertility in developing countries*, New York, Academic Press.

Henry L., 1964, "Mesure du temps mort en fécondité naturelle", *Population*, n° 3, pp. 485-514.

Knodel J., 1977, "Breastfeeding and population growth", *Science*, n° 198, pp. 1111-1115.

Kumekpor T.K., 1975, "Togo", in J.C. Caldwell (ed.), *Croissance démographique et évolution socio-économique en Afrique de l'ouest*, Population Council, New York.

Lesthaeghe R., Ohadike P.O., Kocher J. et Page H., 1981, "Child-spacing and fertility in Sub-Saharan Africa: an overview of issues", in H. Page et R. Lesthaeghe (eds.), *op. cit.*, pp. 3-23.

Lesthaeghe R., 1984, *Fertility and its proximate determinants in Sub-Saharan Africa: the record of the 1960's and 70's*, IPD-Working Paper 1984-2, Vrije Universiteit Brussel.

Locoh T., 1984, *Fécondité et famille en Afrique de l'Ouest. Le Togo méridional contemporain*, Travaux et Documents, Cahier n°107, INED, Paris.

Lorimer F., 1954, *Culture and human fertility*, Greenwood Press, New York, ré-édition en 1969.

Morgan R.W., 1974, "Traditional contraceptive techniques in Nigeria", in P. Cantrelle et al. (eds.), *op. cit.*, pp. 105-114.

Middleton J.F., 1973, "The Lugbara of North-Western Uganda", in A. Molnos (ed.), *op. cit.*, vol. 3, pp. 289-298.

Molnos A., 1973, *Cultural source materials for population planning in East Africa*, Institute of African Studies, Université de Nairobi.

Nag M., 1983, "Modernization affects fertility", *Populi*, n° 1, pp. 57-77.

Nations Unies, 1985, *Population perspectives, statements by world leaders*, second edition, F.N.U.A.P.

Nations Unies, Population Division, 1986, *Nuptiality: selected findings from the World Fertility Survey Data*, ESA/P/W.P.92.

Olusanya P.O., 1969, "Nigeria: cultural barriers to family planning among the Yoruba", *Studies in Family Planning*, n° 37, pp. 13-16.

Oni G.A. et McCarthy J., 1986, "Use of contraceptives for birth spacing in a Nigerian city", *Studies in Family Planning*, vol. 17, n° 4, pp. 165-171.

Oppong C., 1973, *Growing up in Dagbon*, Ghana publishing corporation, Accra-Tema.

Orubuloye I.O., 1981, *Abstinence as a method of birth control*, Changing african family project series, monographe n° 8, the Australian National University, Canberra.

Page H.J. et Lesthaeghe R. (eds.), 1981, *Child-spacing in Tropical Africa. Traditions and change*, Academic Press, Londres.

Richards A.I. et Reining P., 1954, "Report on fertility in Buganda and Buhaya, 1952", in F. Lorimer (ed.), *op. cit.*, pp. 351-403.

Romaniuk A., 1968, "Infertility in Tropical Africa", in J.C. Caldwell et C. Okonjo (eds.), *The population of Tropical Africa*, Columbia University Press, New York, pp. 214-224.

Romaniuk A., 1980, "Increase in natural fertility during the early stages of modernisation: evidence from an African case study, Zaïre", *Population Studies*, vol. 34, n° 2, pp. 293-310.

Sala-Diakanda M., Ngondo a Pitshandenge, Tabutin D. et Vilquin E., 1981, "Fertility and child-spacing in Western Zaïre", in H. Page et R. Lesthaeghe (eds.), *op. cit.*, pp. 289-299.

Saucier J.F., 1972, "Correlates of the long postpartum taboo: a cross-cultural study", *Current Anthropology*, vol. 3, n° 2, pp. 238-249.

Schoenmaeckers R., Shah I.H., Lesthaeghe R. et Tambashe O., 1981, "The child spacing tradition and the postpartum taboo in Tropical Africa: anthropological evidence", in H. Page et R. Lesthaeghe (eds.), *op. cit.*, pp. 25-71.

Swartz M.J., 1969, "Some cultural influences on family size in three East African societies", *Anthropological Quarterly*, vol. 42, n° 2, pp. 73-98.

Tabutin D., 1978, *Tendances et niveaux de la fécondité au Zaïre*, Working Paper n° 54, Département de Démographie, Université Catholique de Louvain.

Tietze C., 1963, "The effect of breastfeeding on the rate of conception", in *Congrès international de la population*, New York, 1961, I.U.S.S.P., tome 2, pp. 129-140.

van de Walle E. et van de Walle F., 1972, "Allaitement, stérilité et contraception: les opinions jusqu'au 19ème siècle", *Population*, n° 4-5, pp. 685-701.

Ware H., 1976, "Motivations for use of birth control: evidence from West Africa", *Demography*, vol. 13, pp. 174-193.

Warren D.M., 1975, *The Techiman-Bono of Ghana: an ethnography of the Akan society*, Kendall-Hunt, Dubuque, Iowa.

Westoff C. et al., 1963, *The third child*, Princeton, New Jersey, Princeton University Press.

6

LES POSITIONS ET POLITIQUES GOUVERNEMENTALES EN MATIERE DE FECONDITE ET DE PLANIFICATION FAMILIALE

Joseph CHAMIE*

Les opinions, les idées et les déclarations des gouvernements africains ont beaucoup évolué en matière démographique au cours des 15 dernières années. En guise d'introduction, voici quelques extraits d'écrits ou de déclarations faits pour les uns dans les années 1970, pour les autres en 1983 ou 1984.

Dans *les années 1970*, voici ce que l'on pouvait lire ou entendre :
"Les politiques de population en Afrique ne doivent pas se préoccuper outre mesure de questions comme le contrôle de la population" (un extrait du Rapport de la Conférence Africaine de Population d'Accra en 1971).
"Aucun pays francophone sub-saharien n'a une politique tendant à réduire le taux d'accroissement de la population. En général, ces pays ont résisté aux influences extérieures, notamment à celles du monde anglophone, qui tendent à lier le développement économique et social à une décroissance préalable ou concomitante de la fécondité" (H. Gautier et G.F. Brown, 1975).

---

* Les opinions exprimées dans ce chapitre sont celles de l'auteur et ne reflètent pas nécessairement celles des Nations Unies.

ou encore

> *"En dépit de l'intérêt international pour les problèmes de population, très peu de pays d'Afrique Noire considèrent la population comme un problème ou un obstacle majeur dans leur stratégie de développement. Etant donnée la petite taille de la population de la plupart de ces pays (34 pays sur 48 ont une population de moins de 5 millions d'habitants), on est en général satisfait de la croissance démographique actuelle"* (A.L. Mabogunje et O. Arowolo, 1978).

Le ton change véritablement dans *les années 1980* ; en voici quelques exemples :

> *"On note avec une grande inquiétude l'accroissement rapide de la population au cours des dernières années, les pressions et les contraintes que cela exerce sur les efforts de développement des gouvernements africains et sur les maigres ressources à leur disposition"* (un extrait du Rapport de la deuxième Conférence Africaine de Population à Arusha en 1984).

toujours dans ce même rapport (recommandation 23) :

> *"les gouvernements devraient veiller à ce que tous les couples ou individus qui le souhaitent puissent, gratuitement ou à bon marché, avoir accès à des services de planification familiale".*

ou enfin

> *"les gouvernements africains réalisent de plus en plus l'impact négatif d'un accroissement rapide de la population sur la réussite de leurs objectifs nationaux"* (F.T. Sai, 1984).

Apparemment, il y a donc eu une évolution dans les prises de positions et les politiques des pays africains en matière de fécondité et de planification familiale. Mais quelle est la nature de ces changements ? Plus précisément, quels sont les points de vue actuels et les politiques des gouvernements, et en quoi cela diffère-t-il d'hier ?

1. UNE VUE D'ENSEMBLE

Tout d'abord, que s'est-il passé aux deux grandes Conférences Africaines de Population, de 1971 à Accra (Ghana) et de 1984 à Arusha (Tanzanie), qui furent des conférences politiques régionales on ne peut plus importantes en la matière ?

Le nombre de pays qui ont pris position et ont fait une déclaration officielle est déjà un indicateur d'intérêt et de prise de conscience des problèmes. Le tableau 1 en annexe donne la liste de 46 pays selon qu'ils ont ou pas fait une déclaration à Accra ou à Arusha. Le nombre de pays qui ont pris une position officielle a fortement augmenté : de 20 en 1971 à 36 en 1984. Environ la moitié des pays seulement avaient fait une déclaration à Accra, il y en aura plus des trois quarts à Arusha. Cette participation plus active est un indice manifeste de l'intérêt croissant des gouvernements pour le problème démographique.

L'examen des rapports officiels des deux conférences montre aussi que les positions des gouvernements africains ont évolué vis à vis de la croissance de la population, de la fécondité et de la planification familiale. La Division de la Population de la Commission Economique pour l'Afrique, dans un rapport de synthèse (1984) sur les deux conférences, note qu'à la première en 1971, "les discussions se sont surtout centrées sur la distribution spatiale de la population", "que l'expression même de contrôle des naissances a été rejetée comme étant une expression négative" et que "la planification familiale était alors considérée comme un problème individuel". Mais treize années plus tard, on recommande officiellement aux gouvernements de prévoir des services de planification familiale, d'en permettre l'accessibilité à tout couple ou tout individu et de les insérer dans les services de santé maternelle et infantile, comme on recommande une éducation de la population en la matière.

2. UNE EVOLUTION DES IDEES AU NIVEAU DES GOUVERNEMENTS

De nombreux pays ont sensiblement changé leurs positions et leurs politiques entre 1971 et 1984. En voici quelques exemples avec l'Ouganda, le Nigéria et la Gambie.

Le délégué de *l'Ouganda* à Accra reconnaissait qu'il n'y avait alors aucune politique officielle de population dans son pays ; il y avait simplement une Association de la Planification Familiale qui offrait des services sur une base volontaire. A Arusha, le ton est assez différent puisque le représentant de ce pays déclarait que *"la politique du gouvernement vise à contrôler la croissance démographique en réduisant à la fois les taux de natalité et de mortalité"..., "que l'éducation en matière de population va être introduite dans les écoles pour amener les élèves à accepter l'idée des familles de petite taille et la planification familiale"*, et enfin que *"le gouvernement va jouer un rôle plus actif en la matière à travers les hôpitaux ou les autres unités de santé".*

Un autre exemple, important de par la taille du pays[1], est celui du *Nigéria*. En 1971, il ne fit à Accra aucune déclaration officielle. En revanche, il prend nettement position à la Conférence Africaine d'Arusha en 1984 ainsi qu'à la Conférence Internationale de Mexico quelques mois plus tard. Voici ce que son représentant y déclarera :

> *"dans les années 1970, le gouvernement nigérian reconnaissait que le pays avait une population importante et à croissance rapide. Mais il ne considérait pas à cette époque que ces variables démographiques pouvaient constituer un obstacle majeur ou sérieux au progrès économique des ménages... Désormais le gouvernement reconnaît davantage qu'auparavant le fait que le taux d'accroissement doit être ramené à un niveau tel qu'il ne puisse constituer à long terme une charge excessive sur l'économie. Les projets du gouvernement pour atteindre cet*

---

(1) Avec une population estimée en 1985 à 95 millions d'habitants, le Nigéria est le pays le plus peuplé d'Afrique. Il représente un peu plus du cinquième de la population sub-saharienne. Dans 40 ans, selon les projections des Nations Unies, il aurait dans les 338 millions d'habitants, ce qui en ferait le quatrième pays au monde, après la Chine, l'Inde et l'U.R.S.S.

objectif se feront à travers une approche intégrée de la planification de la population" (1984).

Un dernier exemple illustrant cette évolution notable des idées officielles en Afrique : celui de la *Gambie*. A Accra, le délégué de ce pays déclarait simplement : *"la Gambie n'a ni politique nationale ni de priorités d'action en matière de population"*. En 1984, voici un extrait du discours tenu par le représentant du pays :

"La stratégie visant à réduire la taille moyenne de la famille et le taux de dépendance comprend deux volets : a) faire comprendre aux parents l'intérêt de n'avoir que les enfants qu'ils peuvent soigner, nourrir, loger, habiller et éduquer, b) fournir les services permettant aux parents de choisir le nombre et l'espacement de leurs enfants".

3. COMPARAISON ENTRE L'AFRIQUE ET LES AUTRES REGIONS

Des enquêtes régulières sont effectuées auprès des gouvernements par la Division de la Population des Nations Unies en matière de politiques de population (prises de position, perception du problème, application...). Nous commenterons certains résultats des enquêtes de 1976 et de 1983 pour mieux comprendre l'évolution de la vision des problèmes et les changements de politiques envisagés.

Le tableau 1 présente les perceptions de leur niveau de fécondité qu'ont dans l'ensemble l'Afrique, le reste du monde en développement et les pays industrialisés. Avec le même découpage géographique, le tableau 2 concerne les politiques de fécondité, le tableau 3 les options et politiques en matière de contraception moderne.

Ce que pensent les gouvernements du niveau de fécondité de leur pays (tableau 1) :

il y a en Afrique une sensible évolution : en 1976, 56 % des gouvernements se déclaraient satisfaits de la forte fécondité de leurs populations et seuls 35 % la considéraient comme trop élevée ; en 1983, il y a encore 43 % des pays qui sont satisfaits de la situation, mais il en est désormais un peu plus à considérer leur fécondité comme trop forte (46 %). En revanche, aux deux dates, 4 à 5 gouvernements pensaient que la fécondité était trop basse ; il s'agit surtout de pays, comme le Gabon, qui connaissent une stérilité non négligeable.

En définitive, en 1983, l'Afrique dans son ensemble n'est plus très éloignée du reste du monde en développement. Cela est dû au fait que de plus en plus de gouvernements africains voient leur fécondité comme trop élevée, mais aussi au fait inverse qu'entre 1976 et 1983 il y a moins de pays parmi le reste du monde en développement à la considérer comme trop forte : il y a plus de satisfaits aujourd'hui qu'hier.

Les politiques en matière de fécondité (tableau 2) :

Là aussi des changements importants apparaissent : en 1976, 72 % des pays déclaraient n'avoir aucune politique d'intervention sur leur fécondité ; en 1983, ils ne sont plus que 48 %. Autrement dit, la proportion des gouvernements qui disent intervenir en matière de fécondité a presque doublé en 8 ans, passant de 28 à 52 %. La majorité de ceux-ci ont une politique de déclin de la fécondité, mais beaucoup ont aussi une politique de maintien ou même de hausse de la fécondité.

En matière de politiques, l'Afrique se distingue sensiblement du reste du monde en développement en 1976 comme en 1983. Il y a proportionnellement beaucoup plus de pays en Afrique à n'avoir aucune politique d'intervention (48 % en 1983) que dans le reste du monde (36 %). Parmi ceux qui déclarent intervenir sur leur fécondité, les politiques de réduction de fécondité sont aussi proportionnellement beaucoup plus nombreuses dans le monde qu'en Afrique, où un certain nombre de pays essaient simplement de la maintenir.

Les politiques en matière de contraception moderne (tableau 3) :

Là aussi, on a quelque évolution, mais pas très importante au niveau de l'ensemble régional. L'interdiction pure et simple de toute contraception moderne a diminué : de 9,3 % en 1976 à 6,5 % en 1983. La proportion de gouvernements qui ne soutiennent aucune action de contraception diminue elle aussi, mais de peu : de 28 % en

Tableau 6.1 : Perceptions gouvernementales (%) des niveaux actuels de la fécondité en 1976 et 1983.

Régions	Taux considérés comme				Nombre de pays
	trop bas	satisfaisants	trop élevés	total	
1976					
- Pays sub-sahariens	9,3	55,8	34,9	100	43
- Autres pays en développement	8,0	37,3	54,7	100	75
- Pays développés	23,1	76,9	-	100	39
- Ensemble du monde	12,1	52,2	35,7	100	157
1983					
- Pays sub-sahariens	10,9	43,5	45,6	100	46
- Autres pays en développement	8,4	42,2	49,4	100	83
- Pays développés	25,6	74,4	-	100	39
- Ensemble du monde	13,1	50,0	36,9	100	168

Source : Nations Unies, 1979 et 1985.

Tableau 6.2 : Politiques gouvernementales (%) en matière de fécondité en 1976 et 1983.

Régions	Politiques d'intervention sur la fécondité					Nombre de pays
	pour l'augmenter	pour la maintenir	pour la diminuer	aucune politique	total	
1976						
- Pays sub-sahariens	2,3	4,7	20,9	72,1	100	43
- Autres pays en développement	8,0	12,0	42,7	37,3	100	75
- Pays développés	20,5	25,6	-	53,9	100	39
- Ensemble du monde	9,5	13,4	26,1	51,0	100	157
1983						
- Pays sub-sahariens	10,9	13,0	28,3	47,8	100	46
- Autres pays en développement	8,4	13,3	42,2	36,1	100	83
- Pays développés	30,8	17,9	-	51,3	100	39
- Ensemble du monde	14,3	14,3	28,6	42,8	100	168

Source : Nations Unies, 1979 et 1985.

Tableau 6.3 : Politiques d'accès (%) aux méthodes modernes de contraception en 1976 et 1983.

Régions	Accès non autorisé	autorisé			Total	Nombre de pays
		sans soutien gouverne-mental	avec soutien indirect	avec soutien direct		
1976						
- Pays sub-sahariens	9,3	27,9	16,3	46,5	100	43
- Autres pays en développement	5,6	12,7	5,6	76,1	100	71
- Pays développés	16,7	4,8	16,7	61,8	100	42
- Ensemble du monde	9,6	14,8	11,5	64,1	100	156
1983						
- Pays sub-sahariens	6,5	23,9	26,1	43,5	100	46
- Autres pays en développement	3,6	18,1	7,2	71,1	100	83
- Pays développés	2,6	15,4	25,6	56,4	100	39
- Ensemble du monde	4,2	19,0	16,7	60,1	100	168

1976 à 24 % en 1983 ; autrement dit près d'un gouvernement sur quatre ne fait encore strictement rien en la matière. Quant au soutien direct de ces actions par les gouvernements, il a même un peu diminué.

Le résultat est qu'en matière de politique contraceptive, l'Afrique se distingue nettement du reste du monde en développement, où plus de 7 % des gouvernements ont en 1983 une politique de soutien direct aux méthodes modernes de planification familiale. *L'Afrique dans son ensemble est encore très timide et peu interventionniste en matière de fécondité.*

4. OPTIONS ET POLITIQUES NATIONALES

Voyons un peu plus en détails les prises de positions nationales. Les tableaux 2 et 3 en annexe présentent pour 1977 et 1983 non seulement ce que pense chaque gouvernement de sa fécondité, mais également ce qu'il fait comme politique d'intervention. Sont également considérés les niveaux de fécondité et la politique de planification familiale. Nous commenterons essentiellement le tableau 2 concernant l'enquête de 1983, la grande majorité des pays se déclarant en 1977 satisfaits et n'appliquant aucune politique.

En 1983, les choses sont plus diversifiées, tant au niveau des perceptions gouvernementales des niveaux de fécondité que des politiques d'intervention. Il semble tout d'abord que la perception qu'a un gouvernement du niveau de la fécondité de son pays n'a guère de relation avec le niveau réel de sa fécondité ; autrement dit *le degré de satisfaction (fécondité trop basse, bonne, trop élevée) n'est pas en relation directe avec le niveau de fécondité (basse, moyenne, forte).* Par exemple, parmi les gouvernements se déclarant satisfaits, on trouve des pays à très fortes fécondités (7 enfants et plus par femme) comme le Bénin, le Malawi, le Niger, le Nigéria ou la Tanzanie, comme on trouve des pays un peu moins féconds. Parmi ceux trouvant leur fécondité trop élevée, on a des pays dont la fécondité va de 2,8 enfants par femme (Maurice) à 7,3 (Rwanda) ou même 8,1 (Kenya). Le Gabon considère sa fécondité trop basse avec 4,7 enfants par femme, alors que le Cap Vert se déclare satisfait avec 2,6 enfants.

En revanche, on a *une meilleure concordance entre ce qu'un gouvernement pense de la fécondité de son pays et ce qu'il fait comme politique en la matière.* Par exemple, des cinq pays qui en 1983 considèrent leur fécondité trop basse, quatre (le Congo, la Guinée, la Guinée Equatoriale, le Gabon) déclarent suivre une politique pour l'augmenter. Parmi les vingt pays se disant satisfaits, tous, à l'exception de la Côte d'Ivoire, ont une politique de maintien de cette fécondité ou une absence de politique d'intervention. En revanche, il y a un peu plus d'hétérogénéité parmi les vingt et un pays trouvant leur fécondité trop forte, puisque treize déclarent une politique visant à la baisse et huit une politique de non-intervention.

Par ailleurs, on a une *assez bonne concordance entre les politiques générales en matière de fécondité et les politiques en matière de contraception moderne.* La plupart des gouvernements désirant faire baisser leur fécondité fournissent soit un appui direct, soit au moins un appui indirect à l'utilisation des méthodes modernes de planification familiale, ce qui est beaucoup moins fréquent parmi les pays satisfaits.

5. QUELQUE CHANGEMENT D'OPTIONS ENTRE 1977 ET 1983

Si l'on compare les situations de 1976 et de 1983 (tableaux 2 et 3 en annexe), il y a quelque évolution dans les pensées et les options gouvernementales, même si ce n'est pas un bouleversement complet. En effet, il est vrai qu'entre ces deux dates, une majorité des gouvernements, 60 % plus précisément, maintiennent leurs positions, tant dans la perception des problèmes que dans les politiques préconisées. Mais des 18 pays qui ont changé d'options, on a une nette tendance (14 pays) à considérer désormais la fécondité comme trop élevée et à adopter une politique d'intervention à la baisse. C'est le cas par exemple du Cameroun qui, en 1977, trouvait encore sa fécondité trop basse ; c'est le cas du Burundi, de l'Ethiopie, de la Gambie, du Malawi et de la Zambie qui en 1977 se déclaraient satisfaits de leur forte fécondité et qui désormais la considèrent plutôt comme un problème. Il y a 10 ans, le Sénégal et le Rwanda trouvaient déjà leur fécondité trop élevée, mais n'avaient aucune politique d'intervention pour la faire diminuer ; en 1983, ils déclarent, en revanche, intervenir en la matière avec un soutien direct du gouvernement.

En ce qui concerne les politiques d'accès et d'utilisation des méthodes modernes de contraception, il y a aussi évolution, mais bien incertaine : tout d'abord, sur 43 pays, 25 n'ont pas du tout changé de politiques au cours des 10 dernières années ; 9 ont libéralisé leurs positions et favorisé l'accès à la contraception, mais 9 autres en revanche ont, semble-t-il, une politique un peu plus restrictive en 1983 qu'en 1977, passant d'un soutien direct à des programmes d'espacement des naissances à un soutien indirect. C'est le cas par exemple du Sierra Leone, du Liberia et du Lesotho.

6. PRISES DE POSITIONS, POLITIQUES ET TAILLE DES PAYS

L'Afrique est extrêmement hétérogène sur le plan de la taille des pays qui la composent. Cela va d'environ 95 millions d'habitants pour le Nigéria à 76.000 habitants pour les Seychelles (tableau 4 en annexe) ; 15 pays sur 46 ont une population de moins de 2 millions d'habitants et 7 pays une population supérieure à 20 millions. Tandis que 10 pays rassemblent à eux tous moins de 1 % de la population d'Afrique Noire, cinq à eux seuls (le Nigéria, l'Ethiopie, le Zaïre, l'Afrique du Sud et la Tanzanie) en regroupent près de 50 %. Les prises de positions et les politiques suivies en matière de fécondité sont-elles liées à la taille des pays ?

Les 21 pays africains sur 46 au total, qui en 1983 considéraient leur fécondité trop élevée (tableau 4 en annexe), ne représentent que 39 % de la population totale de l'Afrique sub-saharienne, tandis que les 20 pays satisfaits de la situation en regroupent 58 %. De même, les 22 pays qui n'ont aucune politique d'intervention sur la fécondité regroupent 65%, soit près des deux tiers de la population totale de la région. *La taille n'a donc guère d'influence sur les options prises.*

Plus précisément, on trouve, parmi les 7 pays de plus de 20 millions d'habitants, quatre gouvernements se déclarant satisfaits (le Nigéria, le Zaïre, la Tanzanie ou le Soudan) et trois autres désirant faire baisser leur fécondité (l'Ethiopie, l'Afrique du Sud et le Kenya). Parmi les petits pays, on trouve aussi toutes les situations : le Gabon trouve sa fécondité trop basse, la Guinée Bissau satisfaisante, la Gambie ou le Swaziland trop forte.

De même, la politique d'intervention ou de soutien à la planification familiale n'est guère liée à la taille du pays : sur les 7 grandes nations, seuls l'Afrique du Sud et le Kenya déclarent avoir une politique de déclin de la fécondité ; dans les autres pays, on a une diversité complète des options.

7. PEU DE PAYS A VOULOIR VERITABLEMENT FREINER LEUR CROISSANCE DEMOGRAPHIQUE

Toujours d'après ces enquêtes des Nations Unies, des 32 pays qui, en 1983, déclaraient appuyer directement ou indirectement des programmes de planification familiale, 23 d'entre eux déclarent le faire uniquement pour des raisons de santé ou de droits humains. Pour les neuf autres (Botswana, Ghana, Kenya, Mauritanie, Ouganda, Rwanda, Sénégal, Seychelles et Swaziland), il s'agit en plus de freiner la croissance démographique dont la fécondité est l'élément déterminant. Parmi ceux-ci, trois avaient pris une position assez nette dès le début des années 1970. Il s'agit du Ghana, du Kenya et de la Mauritanie qui, à cette époque, étaient les seuls à avoir clairement adopté une politique visant à réduire le taux d'accroissement de la population, pour en limiter certaines conséquences en matière d'éducation, d'emploi et de santé.

Et c'est sans doute au *Kenya* que le gouvernement se soucie le plus de la croissance démographique. En 1967, c'est le premier pays sub-saharien à se lancer dans une politique de réduction de sa croissance de population, il est vrai très élevée. De 1967 à 1983, sa population est déjà passée de 10 à environ 20 millions d'habitants et elle atteindra sans doute les 80 millions d'habitants vers 2025. Cette politique, jusqu'à maintenant, n'a eu qu'un faible impact et le Kenya demeure un des pays à fécondité la plus élevée du monde. Le gouvernement kenyan en est à envisager des mesures relativement drastiques ; le président Arap Moi n'a-t-il pas récemment déclaré que non seulement on devrait restreindre sa famille à un maximum de quatre enfants, mais que certaines mesures dissuasives pourraient être prises : par exemple, annuler les congés de maternité au-delà de quatre enfants ou encore payer des frais de scolarité au-delà de ce seuil.

Presque tous les pays d'Afrique sub-saharienne autorisent l'utilisation des méthodes modernes de contraception, malgré l'existence parfois de lois datant de la période coloniale et interdisant la distribution des contraceptifs, notamment dans les pays francophones. Par exemple, malgré une loi toujours répressive en la matière, le Zaïre a développé depuis 1973 son programme de "naissances désirables" qui consiste à informer les couples et à fournir les moyens nécessaires pour espacer les naissances. Mais partout on est beaucoup plus restrictif en matière de stérilisation et d'avortement.

8. DES LEGISLATIONS PLUTOT RESTRICTIVES POUR L'AVORTEMENT ET LA STERILISATION

Le tableau 6 en annexe présente par pays le statut légal de l'avortement et de la stérilisation ainsi que le type de critères que la loi exige pour procéder à l'une ou à l'autre de ces interventions.

L'*avortement* tout d'abord : dans 9 pays, il est tout à fait interdit[2], tandis que dans 6 autres son statut légal n'est pas clair ; dans 14 pays, on ne peut pratiquer un avortement qu'en cas de danger extrême pour la vie de la mère et il n'en est que 17 (moins d'un pays sur trois) à admettre un critère un peu plus large, comme celui de la santé physique ou mentale de la mère. Sur tout le continent africain, il n'y a actuellement que la Tunisie à autoriser l'avortement à la demande.

Quant à la *stérilisation*, son statut tout d'abord n'est pas clair dans 24 pays sur 46, ce qui est énorme. Elle semble autorisée dans 22 pays, mais dans 8 d'entre eux, il faut des raisons médicales ou thérapeutiques assez précises et restrictives. Il n'y a donc que 14 pays qui semblent l'admettre comme moyen de contrôle définitif de la fécondité, et même là, ce que le tableau 5 en annexe ne montre pas, il faut en général remplir au préalable certaines conditions : par exemple que la femme ait plus de 35 ans, ou qu'elle ait déjà plus

---

(2) Il s'agit de pays essentiellement francophones : Centrafrique, Mali, Mauritanie, Rwanda, Somalie, Burkina Faso, Niger, Burundi et Zaïre.

de 5 ou 6 enfants... Ces 14 pays qui semblent l'autoriser à des fins contraceptives représentent cependant quelque 62 % de la population totale africaine.

9. QUELQUES CONCLUSIONS

1) Tout d'abord, il est incontestable qu'en dix ans il y a eu une prise de conscience chez une majorité de responsables africains de l'importance des problèmes de population et du rôle de la croissance démographique. Tant les participations aux réunions et conférences en la matière que les déclarations qui y sont faites en sont le reflet.
2) De plus en plus de pays en arrivent à considérer leur fécondité ou leur croissance démographique comme trop élevée, et en cela l'Afrique rejoint peu à peu le reste du monde en développement. Le pronatalisme, jusque récemment affiché par nombre de responsables africains, s'affirme moins souvent dans les grandes réunions africaines.
3) De plus en plus de gouvernements déclarent aujourd'hui avoir une politique d'intervention sur la fécondité. On n'en est pas encore à des actions ou à des programmes de planification familiale tout à fait efficaces ou couvrant tout le pays, mais nombre de gouvernements soutiennent la diffusion des méthodes contraceptives soit directement dans leurs hôpitaux et dispensaires, soit indirectement par des subventions à des organismes non gouvernementaux.
4) On s'accorde de plus en plus en Afrique à reconnaître l'importance du statut de la femme tant pour les problèmes de population que pour le développement, et en ce sens nombre de législations sont en train d'être révisées ou élaborées pour un meilleur égalitarisme entre hommes et femmes.
5) *En conclusion générale, les choses changent peu à peu en Afrique, certains diront avec prudence, d'autres diront avec lenteur.* En tous cas, la croissance démographique et la fécondité ne sont plus que rarement considérées comme des "non-problèmes". La prise de conscience de l'importance de la variable population est réelle. De là à passer à une politique d'action et d'intervention volontariste, il y a un grand pas ; certains

gouvernements sont déjà bien engagés en la matière, d'autres en sont plutôt à cette prise de conscience.

BIBLIOGRAPHIE

Gauthier H. et Brown G.F., 1975, "Francophone countries", *Studies in Family Planning*, vol. 6, n° 8, pp. 297-300.

"Kilimanjaro programme of action for African population and self-reliant development", in *Report of the Second African Population Conference*, Arusha, United Nations, Economic Commission for Africa, Addis-Abeba.

Mabogunje A.L. et Arowolo O., 1978, *Social science research on population and development in Africa South of the Sahara*, International Review Group of Social Science Research on Population and Development, Appendix 7, Mexico.

Ross J.A., Hong S. et Huber D.H., 1985, *Voluntary sterilization: an international fact book*, Association for Voluntary Sterilization, New York.

Sai F.T., 1984, "The population factor in Africa's development dilemma", *Science*, 16 novembre 1984, pp. 801-805.

Tietze C., 1983, *Induced abortion: a world review*, 1983, Population Council, New York.

United Nations, 1979, *World population trends and policies, 1977 Monitoring Report,* volume II, sales n°. E.78.XIII.4, New York.

United Nations, 1982, *World population trends and policies, 1981 Monitoring Report,* volume II, sales n°.E.82.XIII.3, New York.

United Nations, 1985 a, *The Mexico city conference: the debate of the review and appraisal of the World Population Plan of Action,* New York.

United Nations, 1985 b, *World population prospects: estimates and projections as assessed in 1982,* sales n°. E.83.XIII.5, New York.

United Nations, 1985 c, *World population trends, population and development interrelations and population policies, 1983 Monitoring Report,* vol. II, sales n°. E.85.XIII.2, New York.

United Nations, Economic Commission for Africa, 1971, *Report of the African Population Conference*, Accra, Ghana, 9-18 décembre, Addis-Abeba.

United Nations, Economic Commission for Africa, 1984, *Report of the Second African Population Conference*, Arusha, United Republic of Tanzania, Addis-Abeba.

United Nations Fund for Population Activities, 1985, "Kenya President urges couples to limit family size", *Population*, 11(11), p.2.

World Bank, 1984, *World Development Report*, 1984, Oxford University Press, New York.

ANNEXE STATISTIQUE

Tableau A.6.1 : Les pays africains selon qu'ils ont fait ou pas une déclaration officielle à la conférence d'Accra (1971) et à la conférence d'Arusha (1984).

Pays	Accra (1971)	Arusha (1984)
Afrique du Sud		
Angola	...	•
Bénin	•	•
Botswana	•	•
Burkina Faso		
Burundi		•
Cameroun	•	•
Cap Vert	...	
Centrafrique		•
Comores	...	•
Congo		
Côte d'Ivoire	•	
Djibouti	...	•
Ethiopie	•	•
Gabon	•	
Gambie	•	•
Ghana	•	•
Guinée		•
Guinée Bissau		•
Guinée Equatoriale		
Kenya	•	•
Lesotho	•	•
Liberia	•	•
Madagascar		•
Malawi	•	•
Mali	•	•
Mauritanie		•
Maurice	•	•
Mozambique	...	•
Niger		•

Tableau A.6.1 : Suite.

Pays	Accra (1971)	Arusha (1984)
Nigéria		•
Ouganda	•	•
Rwanda		•
Sao Tomé et Principe		•
Sénégal		•
Seychelles	...	
Sierra Leone		•
Somalie		•
Soudan	•	•
Swaziland	•	
Tanzanie	•	•
Tchad	•	•
Togo		•
Zaïre	•	•
Zambie		•
Zimbabwe	...	•
Nombre de déclarations	20	36
Nombre total de pays	39	46
% de pays qui ont fait une intervention	51,3	78,3

Source : Rapports des deux Conférences Africaines, Commission Economique pour l'Afrique, Addis-Abeba.
Les points indiquent une déclaration officielle ; les ... indiquent que le pays concerné n'était pas membre des Nations Unies au moment de la conférence.

Tableau A.6.2 : Perceptions des gouvernements (en 1983) de leur fécondité actuelle selon leur politique d'intervention, selon leur politique de contraception moderne et selon leur fécondité récente.

Perception du niveau de fécondité actuel	Politique d'intervention sur la fécondité				Total
	pour l'augmenter	pour la maintenir	pour la diminuer	aucune politique	
Non satisfaisant : trop bas	Congo (6,0) c Guinée Equatoriale (5,7) b Gabon (4,7) b Guinée (6,2) b			Centrafrique (5,9)b	5
Satisfaisant	Côte d'Ivoire (6,7)a	Burkina Faso (6,5)b Mali (6,7)d Mauritanie (6,9)b Niger (7,1)b Sao Tomé et Principe(...)b Togo (6,1)d		Angola (6,4)c Bénin (7,0)c Cap Vert (2,6)d Guinée Bissau (5,4)c Malawi (7,0)a Mozambique (6,1)d	Nigéria (7,1)c Somalie (6,1)b Soudan (6,6)d Tanzanie (7,1)d Tchad (5,9)a Zaïre (6,1)c Zambie (6,7)c	20
Non satisfaisant : trop élevé		Afrique du Sud (5,1)d Botswana (6,5)d Burundi (6,4)d Gambie (6,4)d Ghana(6,5)d Kenya (8,1)d Lesotho(5,8)c	Maurice (2,8)c Ouganda (6,9)d Rwanda (7,3)d Sénégal (6,5)c Seychelles(...)d Zimbabwe (6,6)c	Cameroun (5,8)b Comores (6,3)b Djibouti (...)c Ethiopie (6,7)d Liberia (6,9)c Madagascar (6,9)d	Sierra Leone (6,1)c Swaziland (6,5)d	21
Total	5	6	13		22	46

- Le niveau de fécondité est indiqué entre parenthèses : il s'agit de la somme des naissances réduites, autrement dit du nombre moyen d'enfants qu'une femme aurait entre 15 et 50 ans avec les taux actuels de fécondité par âge.

- Le type de politique gouvernementale en matière de contraception est indiqué en exposants :
  a - accès non autorisé
  b - accès autorisé mais aucun soutien
  c - accès autorisé avec soutien indirect
  d - accès autorisé avec soutien direct.

Source : Nations Unies, 1985 c ; 1985 b.

Tableau A.6.3 : Perceptions des gouvernements (en 1977) de leur niveau de fécondité selon leur politique d'intervention, selon leur politique en matière de contraception moderne et selon leur fécondité.

Perception du niveau de fécondité actuel	Politique d'intervention sur la fécondité				
	pour l'augmenter	pour la maintenir	pour la diminuer	aucune politique	Total
Non satisfaisant : trop bas	Gabon (4,4)a			Cameroun (5,8)c Centrafrique (5,9)b Guinée Equatoriale (5,7)a	4
Satisfaisant		Côte d'Ivoire (6,7)b Mozambique (6,1)d		Bénin (7,0)c Burkina Faso (6,5)b Burundi (6,4)b Cap Vert (3,0)d Congo (6,0)d Ethiopie (6,7)c Gambie (6,4)c Guinée (6,2)b Guinée Bissau (5,4)c Malawi (7,0)a Mali (6,7)d Mauritanie (6,9)b	Niger (7,1)b Nigéria (7,1)b Sao Tomé et Principe (...)b Somalie (6,1)b Soudan (6,7)d Tanzanie (7,1)d Tchad (5,9)a Togo (6,1)c Zaïre (6,1)d Zambie (6,8)d	24
Non satisfaisant : trop élevé			Afrique du Sud (5,1)d Botswana (6,5)d Ghana (6,5)d Kenya (8,2)d Lesotho (5,7)d Maurice (3,1)d Ouganda (6,9)d Seychelles (...)c Swaziland (6,5)d	Comores (6,3)b Liberia (6,9)d Madagascar (6,1)c Rwanda (7,3)b Senegal (6,5)b Sierra Leone (6,3)d	15
Total	1	2	9	31	43

Indices identiques à ceux du tableau A.6.2.

Source : Nations Unies, 1979, New-York.

Tableau A.6.4 : Classement des pays selon leur population en 1985, selon la perception de leur niveau de fécondité et selon leur politique en matière de fécondité.

Pays	Population en 1985 (en milliers)	en pourcentages	en pourcentages cumulés	Perception de la fécondité	Politique d'intervention en matière de fécondité
1. Nigéria	95,198	21,3	21,3	S	N
2. Ethiopie	36,454	8,1	29,4	H	N
3. Zaïre	33,052	7,4	36,8	S	N
4. Afrique du Sud	32,392	7,2	44,0	H	L
5. Tanzanie	22,499	5,0	49,0	S	N
6. Soudan	21,550	4,8	53,9	S	N
7. Kenya	20,600	4,6	58,5	H	L
8. Ouganda	15,697	3,5	61,0	H	L
9. Mozambique	14,085	3,1	65,1	S	N
10. Ghana	13,478	3,0	68,1	H	L
11. Madagascar	10,012	2,2	70,4	H	N
12. Côte d'Ivoire	9,797	2,2	72,5	S	R
13. Cameroun	9,714	2,2	74,7	H	N
14. Zimbabwe	8,767	2,0	76,7	H	L
15. Angola	8,754	2,0	78,6	S	N
16. Mali	8,053	1,8	80,4	S	N
17. Malawi	7,016	1,6	82,0	S	N
18. Burkina Faso	6,939	1,5	83,5	S	M
19. Zambie	6,666	1,5	85,0	S	N
20. Sénégal	6,520	1,5	86,5	H	L
21. Rwanda	6,115	1,4	87,9	H	L
22. Niger	6,115	1,4	89,2	S	M
23. Somalie	5,552	1,2	90,5	S	N
24. Guinée	5,429	1,2	91,7	L	R
25. Tchad	5,018	1,1	92,8	S	N
26. Burundi	4,631	1,0	93,8	H	L
27. Bénin	4,005	0,9	94,7	S	N

Tableau A.6.4 : suite.

Pays	Population en 1985 (en milliers)	en pourcentages	en pourcentages cumulés	Perception de la fécondité	Politique d'intervention en matière de fécondité
28. Sierra Leone	3,602	0,8	95,5	H	N
29. Togo	2,923	0,7	96,2	S	M
30. Centrafrique	2,567	0,6	96,8	L	N
31. Liberia	2,191	0,5	97,2	H	N
32. Mauritanie	1,888	0,4	98,1	S	M
33. Congo	1,740	0,4	98,1	L	R
34. Lesotho	1,520	0,3	98,4	H	L
35. Gabon	1,166	0,3	98,7	L	R
36. Botswana	1,079	0,2	98,9	H	L
37. Maurice	1,050	0,2	99,1	H	L
38. Guinée Bissau	889	0,2	99,3	S	N
39. Swaziland	649	0,1	99,5	H	N
40. Gambie	643	0,1	99,6	H	L
41. Comores	457	0,1	99,7	H	N
42. Guinée Equatoriale	392	0,1	99,8	L	R
43. Djibouti	364	0,1	99,9	H	N
44. Cap Vert	321	0,1	100,0	S	N
45. Sao Tomé et Principe	97	0,0	100,0	S	M
46. Seychelles	76	0,0	100,0	H	L
Total	447,722	100,0	100,0		

Perception de la fécondité :

L = trop basse
S = satisfaisante
H = trop élevée

Politique d'intervention en matière de fécondité :

R = l'augmenter
M = la maintenir
L = la diminuer
N = aucune politique

Source : Nations Unies, 1985 c, 1985 b.

Tableau A.6.5 : Statut légal et critères d'autorisation par pays de l'avortement et de la stérilisation.

Statut légal pour l'avortement	Statut légal de la stérilisation									
	autorisé comme objectif de contraception		autorisé seulement pour raisons médicales ou thérapeutiques		statut peu clair (information obscure ou contradictoire)		non précisé		Total		
	Population (%)	Pays	Population (%)	Pays	Population (%)	Pays	Population (%)	Pays	Population (%)	Nbre pays	% des pays
Illégal	0,6	Centrafrique	4,8	Mali Mauritanie Rwanda Somalie	11,3	Burkina Burundi Niger Zaïre			16,7	9	(19,6)
Légal avec critères étroits (la vie)	31,1	Lesotho Malawi Nigéria Mozambique Soudan	4,0	Madagascar Tchad Togo	4,8	Angola Bénin Gabon Maurice Sénégal	0,0	Seychelles	40,0	14	(30,4)
Légal avec critères médicaux larges (la santé)	30,2	Afrique du Sud Botswana Éthiopie Ghana Kenya Ouganda Zambie Zimbabwe	0,4	Congo	12,2	Cameroun Côte d'Ivoire Gambie Guinée Liberia Sierra Leone Swaziland Tanzanie			42,7	17	(37,0)
Non précisé							0,6	Cap Vert Comores Djibouti Guinée Bis. Guinée Equ. Sao Tomé	0,6	6	(13,0)

Tableau A.6.5 : Suite.

Statut légal pour l'avortement	Statut légal de la sterilisation									Total		
	autorisé comme objectif de contraception		autorisé seulement pour raisons médicales ou thérapeutiques		statut peu clair (information obscure ou contradictoire)		non précisé				
	Population (%)	Pays	Population (%)	Pays	Population (%)	Pays	Population (%)	Pays	Population (%)	Nbre pays	% des pays
TOTAL											
% de la population	61,9		9,2		28,3		0,6		100,0		
Nombre de pays		14		8		17		7		46	
% des pays		(30,4)		(17,4)		(37,0)		(15,2)			(100,0)

<u>Sources</u> : C. Tietze (1983) ; J.A. Ross et autres (1985) ; Nations Unies, 1982.

7

L'INFECONDITE DE CERTAINES ETHNIES

Mpembele SALA-DIAKANDA*

> *"Ce qui sied le plus à un ménage, le plus à une femme : l'enfant, la maternité qui sont plus que les plus riches parures, plus que la plus éclatante beauté ! A la femme sans maternité manque plus que la moitié de la féminité"*
> (Ahmadou Kourouma, Les soleils des indépendances, Seuil, 1970, p. 51).

Si sans aucun doute l'Afrique est actuellement le continent où l'accroissement démographique est le plus élevé du monde du fait de sa fécondité élevée, on y observe également, particulièrement en Afrique Centrale, des proportions non négligeables de femmes sans enfant ou avec peu d'enfants. Pourtant, la quasi-totalité des femmes se marient tôt et souhaitent avoir une progéniture nombreuse. En Afrique sub-saharienne, la stérilité et la sous-fécondité constituent un phénomène pathologique relativement récent et évoluant à l'intérieur de limites ethniques bien définies. Et sans nier l'existence de causes extérieures, du reste encore mal connues, qui pourraient en expliquer les niveaux et les variations, tous les auteurs s'accordent à reconnaître que les pratiques culturelles jouent un grand rôle en la matière. Cela dit, l'importance et les

---

* Les opinions exprimées dans ce chapitre sont celles de l'auteur et ne reflètent pas nécessairement celles des Nations Unies ou de l'I.FO.R.D.

causes du phénomène varient beaucoup dans le temps et dans l'espace.

Pour ce problème comme pour bien d'autres, on manque encore en Afrique de données adéquates et d'enquêtes spécifiques. Les informations obtenues à partir d'enquêtes classiques de fécondité sont toujours partielles et insuffisantes pour étudier en profondeur le phénomène d'infécondité. Même si le programme mondial d'enquêtes sur la fécondité, le plus vaste programme d'observation démographique jamais réalisé dans le monde, apporte maintes données, il permet surtout de mesurer le phénomène, mais guère de l'expliquer. Nous serons dans ce cas avec les deux pays, le Cameroun et le Zaïre qui constitueront l'ossature statistique de ce chapitre[1]. Il est vrai aussi que le problème est difficile.

1. TOUT D'ABORD, QU'EST-CE QUE L'INFECONDITE ?

L'infécondité étant un phénomène concernant aussi bien les démographes que les médecins, la terminologie utilisée pour le décrire et le mesurer peut varier. Pour éviter toute confusion, précisons certains des termes couramment utilisés, notamment par les démographes.

De façon simple mais claire, la *fertilité* est définie comme l'aptitude à concevoir (pour la femme) ou à engendrer (pour l'homme). A l'opposé, la *stérilité* est pour la femme l'impossibilité de concevoir ou d'être enceinte, tandis que pour l'homme, c'est l'incapacité d'émettre des spermatozoïdes viables. Lorsqu'une personne a manifesté sa capacité de procréer, on dit qu'elle est féconde ; sinon, elle est inféconde. D'où les termes de *fécondité* qui est la preuve de la fertilité et *d'infécondité* qui est au contraire l'absence de naissances (généralement de naissances vivantes). Lorsque la preuve de la fertilité n'a pas été suffisamment donnée, autrement dit quand la fécondité est faible, on parle de *sous-*

---

(1) Toutes les statistiques sur le Cameroun proviennent de l'enquête mondiale sur la fécondité de 1978 ; celles sur le Zaïre sont tirées de l'Etude Démographique de l'Ouest du Zaïre (EDOZA), réalisée en 1975-77, et de l'enquête effectuée en 1955-57 sur l'ensemble du Congo de l'époque.

fécondité. Cette notion, très relative donc, s'applique dans le contexte africain au cas d'une femme, d'un homme ou d'un couple qui involontairement n'a pas suffisamment procréé. Quant à l'absence totale de naissances vivantes, elle peut être, comme d'ailleurs la sous-fécondité, volontaire ou non ; on parlera d'infécondité volontaire ou d'infécondité involontaire. Dans le premier cas, l'absence de naissances vivantes est le résultat du recours à tout procédé mécanique ou chimique de limitation des naissances, tandis que, dans le second, elle est due à un état physiologique défectueux ; c'est le type d'infécondité le plus courant dans les pays africains au Sud du Sahara, et c'est celui qui nous intéresse ici.

L'infécondité involontaire est considérée comme *primaire* si la femme n'a pas conçu après un délai suffisant d'exposition au risque de concevoir, généralement après 2 ans (O.M.S., 1975) ; c'est une preuve de la stérilité, même si, à proprement parler, il faudrait mesurer la stérilité primaire d'après le nombre de femmes qui parviennent au terme de la période de procréation (vers 45 ans) sans avoir mis au monde un seul enfant né vivant (J. Caldwell, 1983). L'infécondité involontaire est dite *secondaire* si la femme a conçu au moins une fois sans être en mesure d'amener le produit de sa conception jusqu'à une naissance vivante. Pour une femme ayant atteint l'âge de la ménopause et se trouvant dans ce cas, on parle de stérilité secondaire ou acquise.

Signalons également qu'il y a souvent confusion entre deux situations : celle d'infécondité et celle de sous-fécondité. Le cas d'une femme qui a déjà été enceinte et qui a accouché d'au moins un enfant né vivant, mais ne peut parvenir à être à nouveau enceinte, sort de la catégorie des femmes infécondes. Une telle femme a manifesté sa fertilité : elle est donc sous-féconde et non pas inféconde. Mais on parle aussi parfois dans ce cas de stérilité secondaire.

Faute de données adéquates, *l'infécondité sera mesurée par la proportion, selon l'âge, de femmes n'ayant jamais procréé d'enfant né vivant* ; on y inclut donc aussi bien l'infécondité primaire que secondaire. Ces proportions ne sont pas des mesures exactes de la stérilité, mais dans le contexte africain où le mariage, puis une maternité nombreuse sont de règle, elles en sont une bonne approximation, particulièrement pour les femmes ayant atteint l'âge de la ménopause. Par ailleurs, *la sous-fécondité de certaines ethnies africaines sera mesurée par la proportion de femmes de plus de 45 ans ayant moins de 5 enfants nés vivants* [2].

La difficulté même de mesurer le phénomène en entraîne une autre : celle de parvenir à la détermination de ses causes et de fournir une explication cohérente et satisfaisante des niveaux et des variations de l'infécondité. Dans un contexte culturel favorable aux familles nombreuses, où l'intervalle entre naissances successives est de l'ordre de 24 mois, une femme mariée dont l'enfant précédent "marche déjà tout seul", mais qui, durant cette période, ne montre aucun signe de nouvelle grossesse ou qui connaît des fausses couches ou des mort-nés, est sujet d'inquiétude dans le village, surtout si elle est encore jeune. Qu'il s'agisse d'une infécondité primaire ou secondaire, sur le plan socio-culturel ou aux yeux des voisins, le résultat est le même (une absence d'enfants ou d'enfant supplémentaire), mais sur le plan de la connaissance, la distinction entre les deux catégories serait essentielle : elle aiderait à identifier les causes du phénomène et les actions à entreprendre. Malheureusement, les données dont nous disposons ne permettent pas de mesurer la part de l'infécondité secondaire dans l'infécondité générale, ni de mettre en évidence l'évolution dans le temps, éventuellement différente, des deux types d'infécondité.

2. UN PROBLEME HISTORIQUE ET ETHNIQUE

C'est à la suite du contact brutal de l'Afrique avec le monde extérieur et de l'introduction concomitante des maladies vénériennes que le phénomène d'infécondité, jusqu'alors demeuré à l'état latent, s'est accru et s'est diffusé dans le continent. Lorsqu'on considère les points saillants de l'histoire africaine, tels que le commerce des esclaves et les guerres intestines, la conquête

---

(2) Etant donné la précocité et l'universalité du mariage, la facilité en général du remariage, l'utilisation limitée des méthodes contraceptives, le désir d'une progéniture nombreuse et un intervalle intergénésique de 3 ans, les femmes africaines sont à même d'avoir au moins 10 enfants au cours de leur vie génésique (entre la puberté et la ménopause). Dans ce contexte, la proportion de femmes de 45 ans ayant eu moins de 5 enfants nés vivants est une bonne mesure de la sous-fécondité.

européenne, la politique de rendement à tout prix pratiquée ensuite par les colons, les déplacements d'hommes en tous sens, avec toutes leurs conséquences sur les moeurs, les structures et organisations sociales, sur la vie communautaire et sur l'état de santé des populations, on ne peut s'empêcher de conclure que *l'infécondité en Afrique sub-saharienne est un phénomène historique.* J.C. Caldwell (1983) précise d'ailleurs que l'apparition de la stérilité en Afrique Centrale constitue un phénomène récent, datant probablement d'une centaine d'années au maximum. C'est ce qu'on peut déduire à la fois de la tradition orale et de la situation démographique du dernier siècle, telle qu'elle peut être reconstituée par des modèles démographiques (J.C. Caldwell et P. Caldwell, 1983).

S'il est admis que l'infécondité est un phénomène historique, il a aussi été démontré qu'il s'agit *d'un phénomène circonscrit et évoluant à l'intérieur de limites ethniques bien définies* (3). Certaines populations, dans le même environnement écologique, ont subi des influences externes similaires, du fait par exemple de leur localisation le long de voies naturelles de communication, mais toutes n'ont pas été également touchées dans leurs facultés de reproduction. Les frontières des différentes zones d'infécondité et de sous-fécondité coïncident étrangement avec celles de l'habitat naturel de groupes ethniques particuliers.

A. Romaniuk (1967) explique en partie cela par *l'ethnocentrisme* qui caractérise les groupements ethniques, avec leurs comportements spécifiques et leur ségrégation culturelle et sexuelle. Chaque tribu garde jalousement son autonomie et se mélange rarement avec d'autres. Les moeurs sexuelles, en particulier, varient fortement d'une tribu à l'autre. Les mariages hétérogamiques étant exceptionnels, il y a en pratique peu de contact physique entre les membres des diverses tribus. L'ethnocentrisme aurait donc constitué un obstacle à la diffusion des agents stérilisants à travers l'Afrique. A propos de la géographie des maladies vénériennes et de leur incidence sur la fécondité, A. Retel-Laurentin (1974) écrit dans le même ordre d'idées : "la barrière ethnique, qui s'oppose à l'infécondité, tient donc au

---

(3) Voir notamment en la matière les travaux de A. Romaniuk (1967), de M. Sala-Diakanda (1980) et surtout de A. Retel-Laurentin (1974).

particularisme des coutumes du mariage. On se marie dans son groupe ; on prend rarement des femmes dans une ethnie de coutume et de langue différentes. Les maladies vénériennes circulent dans une société alors que leurs voisins sont indemnes, ce qui rend vraisemblable la disparité des taux de natalité, si fréquente dans une région donnée". Ainsi, les maladies vénériennes stérilisantes, qui avaient pris de l'ampleur au moment de l'esclavagisme et au début de la colonisation, n'ont pu se diffuser à grande échelle et alimenter le processus d'infécondité que là où les moeurs sexuelles étaient très relâchées, favorisant une intense activité sexuelle prénuptiale et des pratiques matrimoniales peu contraignantes. Le particularisme ethnique a donc permis à des groupes dotés de comportements sexuels et de pratiques matrimoniales différents, tantôt rigides, tantôt souples, de coexister sans se mélanger. Cette différence de comportements a entraîné des effets inverses sur la diffusion des maladies vénériennes, la freinant dans le premier cas, la favorisant dans le second. Le résultat en est une disparité démographique flagrante entre ethnies voisines (A. Retel-Laurentin, 1979).

Lorsqu'on examine une carte de fécondité de l'Afrique, on constate que *la zone d'infécondité et de sous-fécondité s'étend sur un vaste territoire,* couvrant principalement les pays de l'Afrique Centrale (Cameroun, Centrafrique, Congo, Gabon et Zaïre) ainsi que les régions riveraines du Lac Victoria et du Lac Tchad. Quelques poches ont également été identifiées dans le sud-ouest du Soudan, au Burkina Faso et sur l'île de Zanzibar. La figure 1, établie par le Dr. Retel-Laurentin (1974), montre la répartition géographique des ethnies africaines à faible fécondité.

3. UN PHENOMENE ENCORE TRES IMPORTANT DANS CERTAINES ETHNIES

Comme nous l'avons signalé, nous présenterons essentiellement des données sur le Zaïre et le Cameroun. Pour le *Zaïre*, on a beaucoup d'informations sur les niveaux et tendances de l'infécondité, grâce à deux grandes enquêtes faites à 20 ans d'intervalle : celle, nationale, de 1955-57 qui, dans une certaine mesure, a attiré l'attention des démographes sur le problème en

FIGURE 7.1 : CARTE DES ETHNIES A FAIBLE FECONDITE - en milliers de personnes -

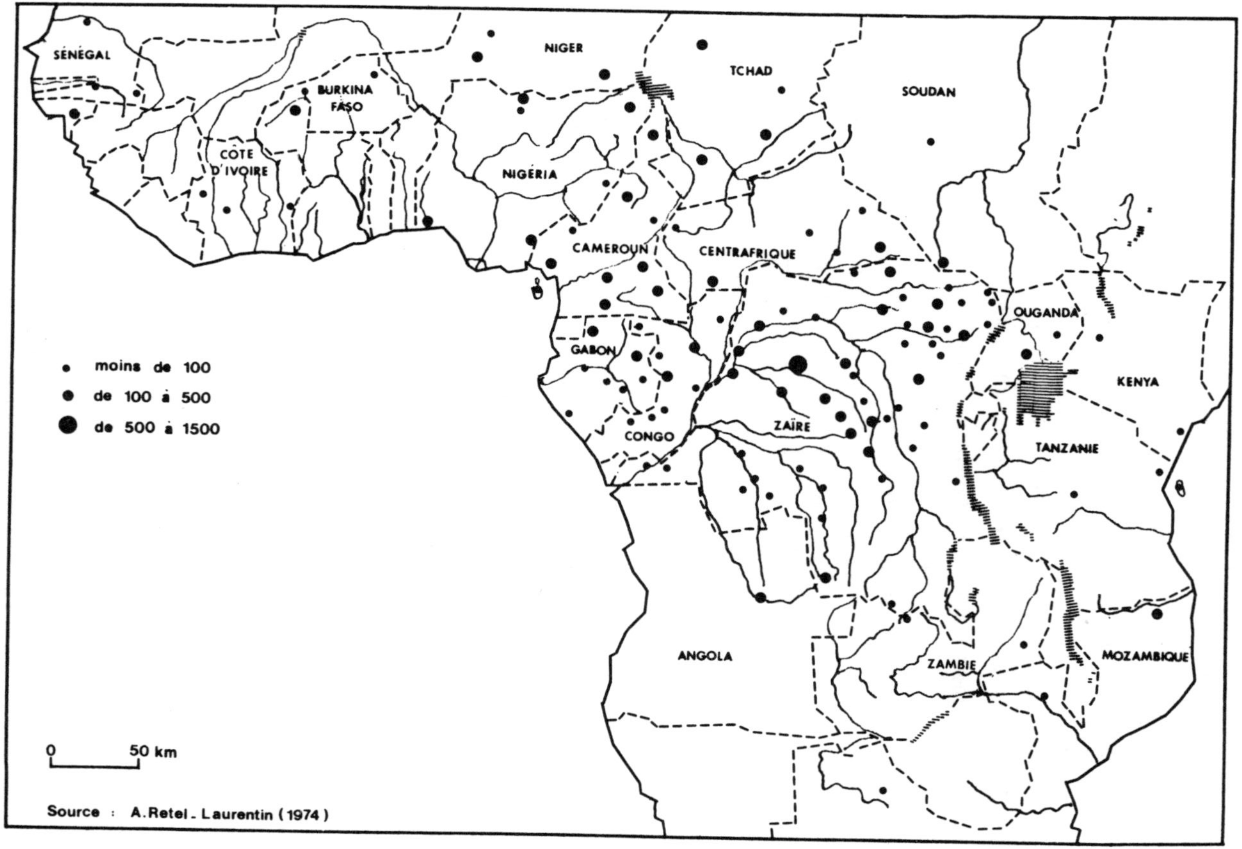

· moins de 100
● de 100 à 500
⬤ de 500 à 1500

0   50 km

Source : A.Retel - Laurentin (1974)

Afrique, celle de 1975-77 qui couvre tout l'ouest du Zaïre, incluant certaines régions particulièrement touchées par le phénomène dans les années 1950. Quant au *Cameroun*, il offre en plus la possibilité d'étudier l'infécondité en tenant plus ou moins compte de l'histoire matrimoniale des femmes[4].

Si l'on estime à environ 5 % la stérilité physiologique des femmes dans une population vivant dans des conditions sanitaires satisfaisantes et ne pratiquant pas la restriction volontaire des naissances[5], on constate (tableaux 1 et 2) que *l'infécondité involontaire est encore très élevée en Afrique Centrale,* même si elle varie énormément d'une ethnie à une autre.

Tableau 7.1 : Proportions (%), selon l'âge et l'ethnie, de femmes infécondes en milieu rural parmi les femmes actuellement en union - *Zaïre,* 1975-1977 -

Ethnies	Groupes d'âges			
	15-24	25-34	35-44	45 +
Bakongo du Mayombe	14,4	2,2	4,0	7,8
Bakongo des Cataractes	15,7	1,9	1,4	2,3
Peuples du Kwango	20,2	2,0	0,8	1,5
Peuples du Kwilu-Wamba	17,1	3,5	3,0	4,3
Peuples du Kwilu-Kasai	18,4	4,7	7,0	11,9
Peuples du Kwa-Fimi	17,6	1,1	2,2	4,1
Lulua	20,0	3,2	4,9	10,3
Mongo des Lacs	13,9	3,6	7,3	22,4
Mongo Nkundo-Bokote	26,3	9,8	18,3	43,1
Mongo de la Tshuapa	28,1	12,7	20,3	38,3
Ensemble	19,5	4,6	7,3	14,8

Source : M. Sala-Diakanda (1980).

---

(4) Sauf indication contraire, lorsqu'on parle d'ethnies camerounaises et zaïroises, il s'agit de celles touchées par les enquêtes dont il est question ci-dessus.

(5) Voir par exemple pour ce problème de stérilité physiologique les travaux de P. Vincent (1950), de L. Henry (1963) ou de J. Bourgeois-Pichat (1965).

Tableau 7.2 : Proportions (%), selon l'âge et l'ethnie, de femmes infécondes parmi les femmes actuellement en union - *Cameroun, 1978* -

Ethnies	Groupes d'âges			
	15-24	25-34	35-44	45+
Milieu rural				
Bakosi	18,9	11,1	2,9	-
Douala	24,0	10,2	5,1	11,1
Ethnies de l'Est	34,6	8,9	11,3	16,5
Bassa	17,4	7,4	9,1	13,3
Fang	22,9	8,3	25,4	37,5
Yaoundé	25,4	14,0	16,5	35,4
Bamiléké	24,9	3,6	5,1	6,7
Haoussa	24,2	14,3	11,0	13,0
Peul	34,2	17,8	21,8	38,7
Autres	32,4	8,5	4,7	-
Ensemble	27,4	10,3	11,5	20,9
Milieux urbain et rural				
Bakosi	25,5	5,5	2,7	-
Douala	24,7	8,8	4,1	9,6
Ethnies de l'Est	35,0	9,4	10,4	14,8
Bassa	29,5	4,1	8,3	8,7
Fang	26,2	9,9	23,1	36,7
Yaoundé	27,8	12,7	17,3	31,5
Bamiléké	27,2	3,8	5,0	5,3
Haoussa	23,5	15,1	11,0	15,0
Peul	34,7	18,0	24,3	38,4
Autres	29,7	7,8	4,2	-
Ensemble	28,6	9,5	11,2	19,1

Source : Enquête Camerounaise de Fécondité

Ainsi au Cameroun, parmi les femmes de 25-34 ans[6], en union et vivant en milieu rural, seules les femmes Bamiléké ont un niveau d'infécondité pouvant être considéré comme "normal" ; dans toutes les autres ethnies camerounaises, l'infécondité dans ce groupe d'âges varie de 7,4 à 17,8 %. Dans l'Ouest du Zaïre, et toujours entre 25 et 35 ans, le niveau d'infécondité est très faible (1 à 5 %) ; seules les populations Mongo de la Tshuapa et les Nkundo-Bokote ont des proportions de femmes infécondes atteignant respectivement 9,8 et 12,7 %.

Mais l'infécondité s'élève dans l'ensemble considérablement lorsqu'on considère les femmes mariées ayant plus de 45 ans. A ces âges, elle varie alors de 6,7 à 38,7 % d'une ethnie à une autre au Cameroun et de 1,5 à 43,1 % au Zaïre. Les ethnies les plus touchées dans ces deux pays sont les suivantes, dans l'ordre croissant d'importance : les Lulua, les peuples du Kwilu-Kasaï et tous les groupes Mongo (au Zaïre) ; les Douala, les Haoussa, les Bassa, les ethnies de l'Est, les Yaoundé, les Fang et les Peuls (au Cameroun).

Si l'on examine la proportion de femmes qui n'ont pas encore eu de naissances vivantes au cours des 5 premières années de leur mariage, on mesure aussi l'ampleur du phénomène (tableau 3) : selon les ethnies, au Cameroun, de 10 à 57 % des femmes de plus de 45 ans se sont trouvées dans cette impossibilité d'une naissance rapide. Ces proportions sont un peu moins élevées parmi les générations plus jeunes (25-34 ans), mais elles demeurent importantes (de 6,8 à 44 %).

Etant donné qu'en Afrique l'infécondité cause, depuis la nuit des temps, une peur profonde, voire atavique (I. Guest, 1978), tout est mis en oeuvre, aussi bien par le couple que par les belles-familles, pour éviter au ménage, plus précisément à la femme mariée, la

---

(6) Du fait dans les campagnes africaines de la précocité du premier mariage ou de la première union et de la rapidité de la première naissance après le mariage, les femmes mariées du groupe 25-34 ans ont, en moyenne, une durée suffisante d'exposition au risque de concevoir, de sorte que, si elles sont encore infécondes au-delà de 25 ans, elles peuvent déjà être considérées comme des femmes à grossesses improductives ou comme stériles.

honte due à l'absence d'enfant[7]. C'est ce qui se dégage du vécu quotidien comme des statistiques disponibles : ainsi la comparaison des tableaux 3 et 4 montre comment, parmi les femmes de 25 ans et plus[8], un pourcentage non négligeable des femmes infécondes au cours des 5 premières années de mariage ont quand même fini par avoir au moins une naissance vivante. Cela dit, l'infécondité définitive demeure un réel problème, même si le phénomène a évolué ici ou là.

4. UNE EVOLUTION VARIABLE DE L'INFECONDITE, AVEC UNE TENDANCE A LA BAISSE

Dans le cas du Zaïre, il a été clairement établi que l'infécondité, au cours des vingt dernières années, a baissé d'autant plus rapidement qu'elle était élevée au départ, entraînant ainsi une augmentation de la fécondité dans les populations concernées[9]. Mais au Cameroun, il semble bien (M. Azafor, 1985) que dans certaines ethnies du Nord, la stérilité persiste, si elle n'augmente pas. Parmi ces populations, très islamisées, on passe ainsi d'une proportion de femmes infécondes parmi les mariées de plus de 45 ans de 15 % en 1960-61 à 24 % en 1978.

Même si le phénomène demeure important dans certaines ethnies, *dans l'ensemble la stérilité a diminué au cours des 20 dernières années.* Les jeunes générations de femmes sont beaucoup moins touchées que leurs aînées. Pour le Cameroun, c'est ce qui ressort en général des tableaux 2, 3 et 4 quand on compare les taux d'infécondité des femmes de 25-34 ans à ceux des femmes de 45 ans

---

(7) A propos de l'amertume des femmes stériles, le Dr. Retel-Laurentin rapporte le cas d'une patiente qui s'est écriée : "fais tout ce qu'il faut. Opère-moi si tu veux. Ne te rends-tu pas compte qu'il vaudrait mieux pour moi être mère d'un enfant mort que de ne pas avoir d'enfant du tout !" (A. Retel-Laurentin, 1978).

(8) Au-delà de 25 ans, les proportions d'infécondité reprises au tableau 4 sont inférieures à celles du tableau 3. C'est l'inverse que l'on observe à 15-24 ans. Cela est notamment dû au fait qu'au-delà de 25 ans, 98 % au moins des femmes mariées encore en première union ont déjà 5 ans de mariage, alors que cette proportion n'est que de 36 % à 15-24 ans.

(9) Pour quelques travaux sur le Zaïre, voir M. Sala-Diakanda (1980), A. Romaniuk (1980) et D. Tabutin (1982).

Tableau 7.3 : Proportions (%), selon l'ethnie et leur âge actuel, de femmes qui sont demeurées infécondes au cours des cinq premières années de mariage (femmes toujours en première union) - *Cameroun, 1978* -

Ethnies	Groupes d'âges			
	15-24	25-34	35-44	45+
Bakosi	11,1	8,9	9,7	10,0
Douala	20,7	11,8	16,9	43,2
Ethnies de l'Est	19,2	16,3	23,2	24,4
Bassa	19,0	6,8	8,9	15,8
Fang	9,1	12,9	17,4	39,1
Yaoundé	17,6	15,1	12,7	29,4
Bamiléké	10,1	10,4	19,8	21,8
Haoussa	32,5	39,5	43,6	56,4
Peul	26,4	44,1	50,7	56,9
Autres	20,0	30,2	18,6	27,3
Ensemble	19,6	20,7	24,8	32,8

Source : Enquête Camerounaise de Fécondité.

Tableau 7.4 : Proportions (%) selon l'âge et l'ethnie de femmes infécondes parmi les femmes encore en première union - *Cameroun*, 1978-

Ethnies	Groupes d'âges			
	15-24	25-34	35-44	45+
Bakosi	27,9	4,2	-	-
Douala	26,4	8,1	1,4	10,8
Ethnies de l'Est	35,3	8,3	9,8	8,9
Bassa	29,5	4,5	6,4	5,3
Fang	28,3	8,8	10,6	30,4
Yaoundé	28,6	12,0	9,9	21,7
Bamiléké	27,4	3,8	4,1	3,8
Haoussa	24,3	14,8	8,5	10,3
Peul	34,0	15,9	20,8	31,4
Autres	29,2	8,6	4,7	-
Ensemble	29,2	8,6	8,1	12,0

Source : Enquête Camerounaise de fécondité.

et plus. C'est aussi ce que l'on constate au Zaïre dans les tribus de la Cuvette Centrale, les plus touchées par la dénatalité. En comparant les situations en 1955-57 et en 1975-77 (tableau 5), on note des changements radicaux dans ces populations, très infécondes il n'y a guère que 30 ans : l'infécondité y a dans l'ensemble partout diminué, mais sans pour autant toujours disparaître. Chez les Mongo par exemple, actuellement près d'une jeune femme sur huit n'aura jamais d'enfant, tandis qu'en 1955-57 c'était le cas d'une femme sur trois.

Cette baisse sans précédent de la stérilité s'est évidemment traduite par une augmentation de la fécondité, en particulier dans tous les groupes Mongo. C'est ce qui se dégage de la figure 2 qui montre, selon les générations, l'évolution de la fécondité par groupes d'âges dans diverses ethnies de l'ouest du Zaïre. Chez les Mongo, et dans une certaine mesure chez les Lulua, les gens du Kwa-Fimi et du Kwilu Kasai, à âge égal, la fécondité est beaucoup plus élevée aujourd'hui qu'hier, autrement dit les jeunes femmes ont et auront beaucoup plus d'enfants que leurs mères.

5. UN PHENOMENE SOCIO-PATHOLOGIQUE

Dans la littérature sur l'infécondité, on trouve des facteurs d'explication de nature extrêmement diverse : l'âge au mariage, la fréquence de la polygamie, l'abstinence postpartum, les pratiques obstétricales traditionnelles, l'environnement écologique, la migration d'un des conjoints, la mobilité matrimoniale, la liberté sexuelle et la prostitution, les maladies aussi bien vénériennes que non vénériennes[10], le niveau nutritionnel des mères, la densité de peuplement...

Bien entendu, ces différents facteurs ne se retrouvent pas partout et n'ont pas toujours le même effet déprimant sur les capacités reproductives de la femme. De plus, aucun de ces facteurs n'explique à lui seul de manière satisfaisante les niveaux et les

---

(10) Les principales maladies citées étant la blennorragie, la syphilis, la tuberculose pelvienne, la filariose, le paludisme, la maladie du sommeil, le goître, les infections abortives ou puerpérales, la rickettsiose et la bilharziose.

Tableau 7.5 : Comparaison du pourcentage de femmes infécondes selon le groupe d'âge dans quelques tribus de la Cuvette Centrale (Zaïre) en 1955-57 et en 1975-77.

Sous-région	Tshuapa			Equateur						Mai-Ndombe/Equateur					
Tribu	Mongando			Nkundo			Mongo			Ekonda			Ntomba		
Groupe d'âges	1955-1957 (1)	1975-1977 (2)	(1)/(2)	1955-1957 (1)	1975-1977 (2)	(1)/(2)	1955-1957 (1)	1975-1977 (2)	(1)/(2)	1955-1957 (1)	1975-1977 (2)	(1)/(2)	1955-1957 (1)	1975-1977 (2)	(1)/(2)
15-19	84,2	76,3	1,1	76,6	71,1	1,1	77,5	73,9	1,1	61,8	81,3	0,8	62,2	76,5	0,8
20-24	53,5	26,1	2,0	41,5	18,6	2,2	45,7	22,7	2,0	18,9	13,6	1,4	42,6	24,7	1,7
25-29	36,8	9,4	3,9	43,8	1,6	27,4	47,6	13,5	3,1	31,4	0,9	34,9	20,5	4,2	4,9
30-34	40,5	14,8	2,7	46,7	14,0	3,3	49,7	10,2	4,9	25,5	12,8	2,0	31,9	7,9	4,0
35-44	32,1	23,5	1,4	50,3	24,0	2,1	51,6	17,2	3,0	23,2	12,8	1,8	34,0	5,2	6,5
45-54	22,7	34,1	0,7	46,6	42,6	1,1	51,8	39,8	1,3	22,8	29,9	0,8	38,0	18,5	2,1
55 et +	19,4	33,0	0,6	33,2	42,5	0,8	33,7	39,6	0,9	15,5	28,2	0,5	27,7	22,9	1,2
TOTAL	37,9	34,2	1,1	46,2	37,5	1,2	48,8	34,9	1,4	26,8	30,9	0,9	34,9	30,9	1,1

Source : Enquête 1955-57 et enquête EDOZA 1975-77.

205

FIGURE 7.2 : TAUX (‰) DE FECONDITE (FEMMES EN MARIAGE MONOGAME) PAR
GROUPE DE GENERATIONS ET PAR ETHNIE AU ZAIRE

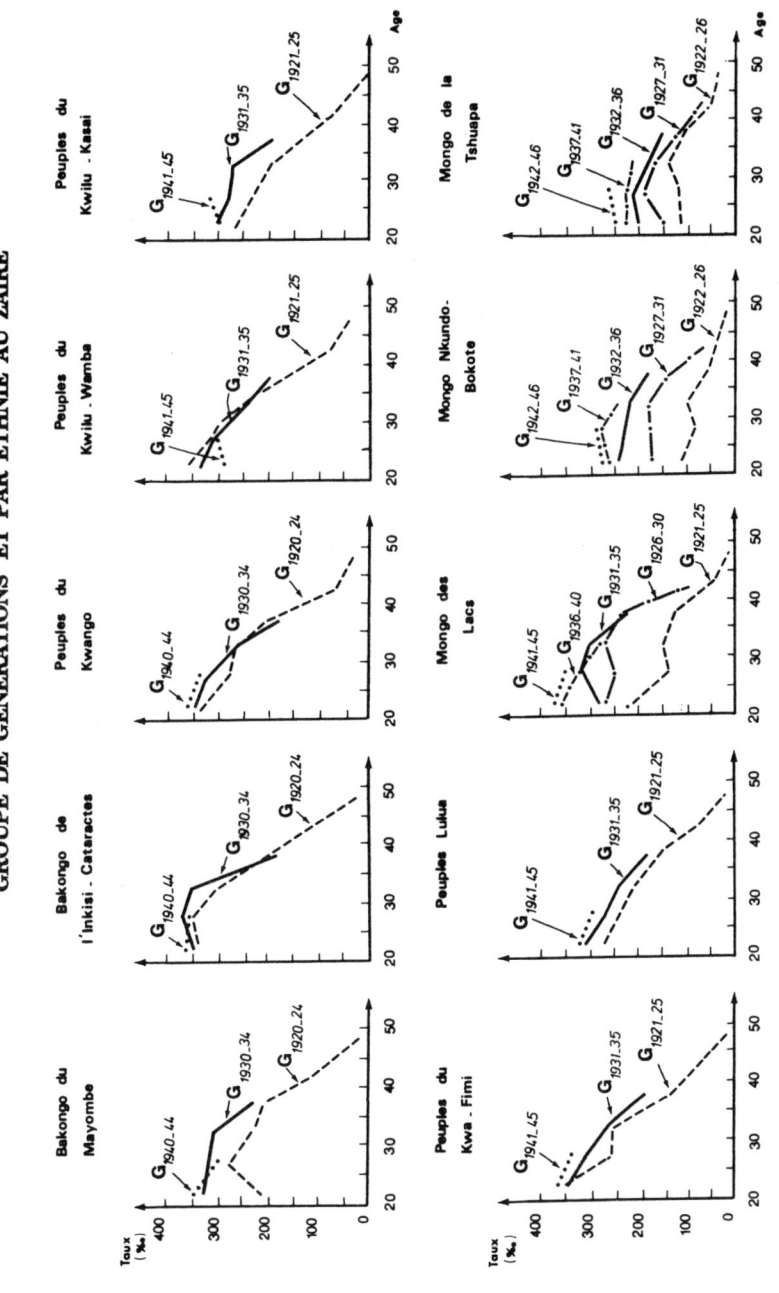

Source : M. Sala-Diakanda (1980)

variations de l'infécondité sur le continent. Parlant par exemple des *facteurs pathologiques,* plus particulièrement de la syphilis et de la gonococcie, qui sont depuis longtemps identifiées comme de puissants agents de la dénatalité, les Caldwell (1983) signalent que leurs effets peuvent être très différents d'une population à une autre. Par exemple, un niveau de gonococcie de 4 % parmi la population féminine de la province de l'Equateur, au Zaïre, a été associé à un niveau de stérilité primaire de l'ordre de 40 %, tandis qu'un niveau de 5 % à Lagos et à Ibadan allait de pair avec une stérilité inférieure à 5 %. De même, dès les années 1940, les docteurs Ledent et Baker (1944, 1945) ont montré comment, chez les Mongo-Nkundo, la dénatalité est essentiellement une conséquence de la syphilis ancienne et de l'hérédo-syphilis et comment, malgré de nombreuses réactions positives, les Pygmoïdes de la Cuvette Centrale, pourtant leurs voisins immédiats[11], gardent une bonne fécondité grâce à une discipline sexuelle beaucoup plus rigoureuse. Les femmes pygmoïdes contaminées propagent peu l'infection, car il y a beaucoup moins de liberté sexuelle et de mobilité conjugale que chez les Mongo.

On peut multiplier les exemples. Ainsi, des populations camerounaises à mariage et structures familiales quasiment identiques présentent des niveaux différents d'infécondité (M. Azefor, 1985). De même au Zaïre, des ethnies situées dans des contextes assez semblables du point de vue des cultures agricoles et vivrières, des voies de communication, des pratiques polygamiques, de la distance aux principaux services comme l'enseignement, la santé, l'administration ... n'ont pas nécessairement le même niveau de stérilité, et donc de fécondité (M. Sala-Diakanda, 1980).

En définitive, tout cela montre que *la relation entre l'infécondité et l'environnement médical, social et économique n'est ni simple, ni mécanique.* Nous dirons même qu'elle est tributaire, pour une bonne part, de la façon de vivre de chaque peuple. Aussi, s'il est sans doute vrai que l'infécondité en Afrique sub-saharienne

---

(11) En parlant de ces deux groupes ethniques, A. Romaniuk (1967) signale qu'ils entretiennent des relations commerciales, se rendent des services mutuels, tout en pratiquant une rigoureuse ségrégation sexuelle et résidentielle. L'auteur précise même que les Pygmoïdes bâtissent leurs huttes dans le voisinage immédiat du village Mongo.

est essentiellement d'origine pathologique, et qu'il serait donc erroné d'escamoter l'importance des facteurs sanitaires, il serait tout aussi erroné de négliger ou de méconnaître le rôle des moeurs et des coutumes, et des comportements qu'elles engendrent, comme agents permissifs ou préventifs.

Partant de ses études sur les populations zaïroises, A. Romaniuk (1967) reconnaît une large place aux *moeurs sexuelles* dans le processus de diffusion des maladies vénériennes et de l'infécondité. Dans des conditions de promiscuité complète, dit-il, la maladie finira par gagner vite l'ensemble de la communauté à partir d'un noyau contaminé. Par contre, la propagation en sera lente si les contacts intimes sont minimisés par une institutionnalisation rigoureuse des activités sexuelles. Il se peut même que la maladie finisse par disparaître avec la mort des individus contaminés. C'est ce qui, dans une certaine mesure, semble s'être passé chez les Baluba : ceux-ci ont pourtant souffert d'une sérieuse infécondité à l'époque des incursions de négriers, mais une fois la situation redevenue normale, leur fécondité s'est redressée en l'absence d'une action médicale appropriée. En revanche, les Batetela, dont la situation initiale était assez similaire à celle des Baluba, mais dans un système de relations sexuelles plus lâches, ont vu leur fécondité continuer à se détériorer. Il semble également que l'endogamie tribale semble avoir considérablement freiné la propagation des affections vénériennes à travers l'Afrique. Ces explications d'A. Romaniuk, basées sur l'expérience des populations zaïroises, nous paraissent applicables à bien d'autres populations, et nous dirons que l'infécondité involontaire en Afrique au sud du Sahara est un phénomène et social et pathologique.

6. QUELQUES FACTEURS D'EXPLICATION DU DECLIN DE L'INFECONDITE

Le modèle de relations entre l'état des moeurs matrimoniales et sexuelles, le risque de contamination et la fécondité, tel que développé par A. Romaniuk et complété par A. Retel-Laurentin, permet non seulement de comprendre pourquoi l'infécondité s'installe et se diffuse dans certaines ethnies et pas dans d'autres, même voisines, mais aussi d'expliquer, tout au moins en partie, pourquoi, parmi les ethnies touchées, certaines voient leur infécondité peu à peu régresser ou même disparaître, alors que dans d'autres elle demeure importante. Nous venons de donner l'exemple des Baluba et des Batetela.

Les mécanismes régulateurs internes, là où ils existent, n'ont pas eu partout la même efficacité dans le rétablissement d'un équilibre démographique, souvent précaire à l'origine et rompu du fait d'une agression extérieure (la colonisation). Certaines ethnies doivent en effet leur redressement démographique à des *actions médicales d'envergure*, menées de façon délibérée par les pouvoirs publics coloniaux de l'époque. C'est par exemple le cas des Bobo-Oulé du Burkina-Faso qui ont vu leur fécondité se redresser, la stérilité diminuer et les maladies vénériennes régresser grâce à une vaste campagne de traitement à la pénicilline dont ils ont bénéficié vers les années 50 (A. Retel-Laurentin, 1979). C'est aussi, et surtout, le cas de populations zaïroises où l'agent pathogène responsable de la stérilité a été particulièrement sensible aux campagnes de santé publique lancées par l'administration coloniale belge dès le début des années 40[12]. Au Cameroun du Sud-Est, il semble bien aussi que la hausse de la fécondité des années 1950 soit due à une large diffusion d'antibiotiques contre les maladies vénériennes (J.M. Callies, cité par R. Clairin, 1969).

Dans le cas du Zaïre, la lutte anti-vénérienne constitue l'aspect peut-être le plus impressionnant de la politique sociale menée dans les années 1950 et 1960 par l'Administration coloniale, pour notamment relever la natalité qui était devenue un réel sujet de préoccupation aussi bien pour les autochtones que pour le pouvoir. Parmi les mesures prises, il y avait, outre l'action médicale générale et la lutte anti-vénérienne, le dégrèvement d'impôt, voire sa suppression, pour les familles monogamiques nombreuses, l'octroi d'allocations familiales, la construction de maternités, la vacci-

---

(12) En ne considérant que les services médicaux gouvernementaux, les cas de maladie traités passent de 1.210.000 en 1944 à 3.540.000 en 1957 pour une population de quelque 13.000.000 d'habitants à l'époque. Bien qu'il soit difficile d'évaluer les progrès réalisés par la lutte anti-vénérienne dans le cadre de l'action médicale générale, l'application, sur une large échelle, des antibiotiques ne pouvait rester sans effet. Le nombre des seuls cas de blennorragie traités passe de 26.700 en 1940 à 180.000 en 1958 (A. Romaniuk, 1967).

nation des enfants en bas âge... Tous ces facteurs ont contribué à faire reculer la stérilité et à relever le niveau général de la natalité de populations hier encore fortement menacées. Cependant, l'évolution actuelle du phénomène est aussi tributaire du *degré de modernité* des populations concernées et, tout particulièrement, du niveau d'instruction de leurs éléments féminins.

En définitive, comme pour sa diffusion, l'évolution actuelle de l'infécondité, et plus particulièrement son déclin, relève *d'une conjonction de facteurs tant endogènes* (organisation sociale, discipline du groupe,...) qu'*exogènes* (médecine et modernité) dont on imagine à peine la complexité des interrelations.

7. CONSEQUENCES ET IMPLICATIONS EN MATIERE DE POLITIQUES DE POPULATION

L'infécondité, rappelons-le encore une fois, cause en Afrique une peur profonde : avoir une postérité saine et abondante demeure une aspiration fortement enracinée dans le coeur des Africains, même si, inévitablement, les nouvelles générations ne reproduisent plus nécessairement tout à fait les dimensions des familles, dans l'ensemble très élevées, dont elles sont issues. Comme nous l'avons observé au Zaïre, les ethnies les moins prolifiques se caractérisent par un âge tardif au premier accouchement, en dépit de la précocité du mariage, ainsi que par un intervalle légèrement plus long entre accouchements successifs. Autant de signes d'une forte infécondité primaire et secondaire dans des sociétés natalistes.

Les conséquences d'une telle situation sont évidentes, dans un contexte où la première naissance est généralement attendue avec impatience après le mariage, et où une perturbation involontaire du rythme de la procréation, avec des retards plus ou moins prolongés, est source d'anxiété non seulement pour la mariée[13], mais aussi pour les belles-familles. Le mariage en Afrique est plus

---

(13) C'est en effet elle, la première, qui sera le plus souvent accusée de stérilité ; de plus, elle court le risque de voir son mari nouer des relations extra-conjugales dans l'espoir d'avoir un enfant et clamer ainsi son innocence.

un contrat entre familles, ou entre clans, qu'un contrat entre individus, sa fonction première étant la procréation. Ainsi, il n'est pas rare de voir un couple céder aux pressions de la famille du mari et se séparer deux ou trois ans après le mariage, faute d'avoir obtenu ce que tout le monde attendait de lui : un bébé. Frustrée et n'ayant plus guère de chances d'entrer comme première épouse dans une nouvelle union, la femme finira souvent par accepter, avec résignation, d'être co-épouse dans une union polygamique, afin notamment de tenter une nouvelle fois de devenir mère[14]. En cas de nouvel échec, un second divorce est à craindre. Cette mobilité matrimoniale peut à la limite entretenir, voire aggraver, la situation d'infécondité et avoir ainsi des conséquences inverses à celles attendues. Et comme les chances de la femme d'être mère un jour s'amenuisent avec l'âge, les 45 ans peuvent être atteints sans une seule naissance vivante ou, dans le meilleur des cas, avec une descendance bien inférieure à ce que son groupe d'appartenance, sa famille et elle-même souhaitaient. *Frustration, résignation, mobilité matrimoniale, sous-fécondité et dénatalité sont donc certaines des conséquences de l'infécondité.*

Les tableaux 6 et 7, sur *le Cameroun,* illustrent parfaitement ce que l'on vient de dire. Quelle que soit l'ethnie, ce sont les femmes à mobilité matrimoniale élevée qui accusent la plus forte infécondité (tableau 6) ; ce sont aussi parmi elles que l'on trouve le plus de femmes avec moins de 4 enfants (tableau 7). L'instabilité dans le mariage n'est certes pas l'apanage des seules femmes stériles et sous-fécondes, mais elle en est sans nul doute une de leurs caractéristiques principales.

De par ses conséquences au niveau individuel et collectif, l'infécondité porte en elle-même, dirait-on, les germes de sa destruction, le groupe menacé étant le premier à s'inquiéter de ses méfaits, bientôt rejoint dans son tourment par les pouvoirs publics. C'est ce qui semble s'être passé au *Zaïre,* il y a quarante ans environ. A. Romaniuk (1967) signale bien que la grande enquête, que le Gouverneur Général, Léon Pétillon, ordonna en 1955 au Congo

---

(14) Le mariage ou l'union n'est peut-être pas le seul cadre de procréation, mais il constitue encore, en Afrique, l'institution ad hoc socialement la plus admise.

Tableau 7.6 : Proportions (en %) selon l'âge et l'ethnie de femmes infécondes parmi les femmes mariées plus d'une fois - Cameroun, 1978 -

Ethnies	Groupes d'âges			
	15-24	25-34	35-44	45+
Bakosi	-	11,3	16,7	-
Douala	-	10,0	12,0	10,0
Ethnie de l'Est	27,3	15,4	13,6	27,3
Bassa	-	-	21,4	28,6
Fang	-	14,3	55,6	43,8
Yaoundé	-	20,0	48,5	55,2
Bamiléké	14,3	3,4	11,3	13,0
Haoussa	18,2	15,3	17,4	29,2
Peul	40,0	23,8	29,9	46,7
Autres	-	-	-	-
Ensemble	23,7	16,0	23,7	33,0

Belge, répondait en partie aux préoccupations que suscitait dans le public le problème de la dénatalité de certaines ethnies. A une époque plus ancienne, les enquêtes démographiques ("coups de sonde") organisées par l'administration coloniale belge dès 1925 ont été à l'origine des campagnes médicales entreprises au début des années 40, pour notamment lutter contre les maladies vénériennes qui indignaient tant l'opinion publique. Dès cet instant, l'infécondité devenait, au niveau de l'Etat, un véritable problème démographique, dépassant le cadre d'un couple ou d'un groupe isolé, avec toutes les conséquences prévisibles que le phénomène pouvait avoir sur le développement économique et social. Il fallait donc faire vite, et un ensemble de mesures natalistes furent rapidement promulguées pour enrayer le mal et redresser la trajectoire démographique du pays, ou au moins de certaines de ses régions. En fait le problème n'est pas seulement démographique : il a aussi *une dimension économique*. En effet, l'infécondité peut aussi affecter plus sournoisement l'économie par le vieillissement de la population qu'elle entraîne (J. Verrière, 1978). La raréfaction de la main-d'oeuvre dans certaines régions du Congo de l'époque,

Tableau 7.7 : Nombre moyen d'enfants nés-vivants parmi les femmes mariées au moins une fois - Cameroun, 1978 -

	Groupes d'âges			
Ethnies	15-24	25-34	35-44	45+
Femmes mariées une seule fois				
Bakosi	1,31	4,01	6,57	6,85
Douala	1,46	3,37	5,82	4,94
Ethnies de l'Est	1,22	3,84	5,23	5,37
Bassa	1,46	3,46	5,53	4,92
Fang	1,37	4,22	5,29	3,87
Yaoundé	1,31	3,38	5,31	4,36
Bamiléké	1,35	3,85	5,75	5,97
Haoussa	1,35	3,40	5,03	5,39
Peul	1,20	3,35	3,88	3,35
Autres	1,17	3,60	5,66	6,53
Ensemble	1,31	3,66	5,34	5,12
Femmes mariées plusieurs fois				
Bakosi	1,75	4,44	5,17	-
Douala	2,00	2,65	3,36	3,65
Ethnies de l'Est	1,55	2,56	4,32	3,41
Bassa	-	-	3,57	3,29
Fang	-	2,93	2,39	2,22
Yaoundé	1,80	3,67	2,09	1,97
Bamiléké	2,00	3,90	4,66	4,48
Haoussa	1,50	3,48	4,33	3,63
Peul	1,30	2,64	2,22	2,07
Autres	0,67	2,67	-	3,60
Ensemble	1,60	3,10	3,47	2,97

Source des tableaux 6 et 7 : l'Enquête Camerounaise de fécondité de 1978.

du fait de la dénatalité, n'est d'ailleurs pas étrangère à l'action entreprise par l'administration coloniale belge pour redynamiser la démographie des autochtones. En l'espace d'une génération environ, les effets attendus de cette politique sont là : l'infécondité des régions ou des ethnies touchées a baissé, d'autant plus rapidement qu'elle était élevée, et la croissance démographique du Zaïre a repris son envolée, aidée en cela par une baisse timide de la mortalité.

Les conséquences de l'infécondité sont donc multiples. On a vu que sur les plans individuel et sociétal, l'infécondité est source de frustration, de résignation, de mobilité matrimoniale, voire même de prostitution avec tout son cortège d'effets pervers. D'autres méfaits plus indirects ont pour noms : dislocation et désorganisation des familles, détérioration des moeurs et autres institutions sociales comme le mariage. Sur le plan démographique, la conséquence extrême la plus redoutable est la dénatalité, qui dans certains cas équivaut à un véritable suicide collectif. Mais l'infécondité constitue aussi une véritable bombe démographique à retardement, compte tenu du fait - bien compréhensible - que les groupes menacés de dénatalité ou se considérant comme tels sont peu sensibles au discours sur les bienfaits du déclin de la fécondité.

Toute politique de population doit donc, dans un contexte où sévissent infécondité et sous-fécondité, intégrer les différentes dimensions (psychologique, sociale, économique ...) de ce phénomène pour avoir quelque chance de succès. Il en est particulièrement ainsi des politiques ou programmes visant la maîtrise de la fécondité des populations.

En effet, il est illusoire de chercher à mettre sur pied des politiques d'espacement ou d'arrêt des naissances, visant l'efficacité, dans un contexte où persistent ces problèmes et où fait contrepoids un discours social favorable à une progéniture nombreuse et conforme à la survie du groupe. Là, les programmes de santé maternelle et infantile et de planification familiale gagneraient à developper aussi des services sanitaires susceptibles de "contrôler l'infécondité", tout en continuant à promulguer les bienfaits, pour la mère et l'enfant, d'un espacement suffisant des naissances.

8. SYNTHESE

Continent où la croissance démographique est la plus élevée du monde, l'Afrique, dans sa partie sub-saharienne, présente aussi paradoxalement des niveaux très élevés, et jamais observés, d'infécondité et de sous-fécondité. La variété des situations, aussi bien entre sous-régions du continent qu'entre pays proches, ne cesse d'étonner. A un niveau géographique encore plus fin, on retrouve des contrastes énormes entre populations voisines qui pourtant recherchent toutes invariablement une progéniture nombreuse. Il apparaît clairement que les limites de la faible ou de la forte fécondité suivent étroitement les frontières des groupes ethniques. Qui plus est, il se fait que des ethnies, se trouvant hier encore dans des situations d'infécondité quasiment identiques, présentent aujourd'hui des conditions de procréation diamétralement opposées : chez les uns, la fécondité s'est vigoureusement redressée alors que chez les autres l'infécondité demeure encore un problème réel.

Niveaux et tendances du phénomène varient d'une société à une autre ; il en est d'ailleurs ainsi de ses causes, même si un peu partout les normes et pratiques sociales ont une grande importance dans sa propagation. Quant à son déclin actuel, il relève d'une conjonction de facteurs, tant endogènes (organisation sociale, discipline du groupe, notamment en matière de nuptialité et de relations sexuelles ...) qu'exogènes (progrès de la médecine, généralisation de l'instruction ...).

L'infécondité a des conséquences multiples aussi bien sur le plan individuel que collectif. Frustration, résignation, mobilité matrimoniale, prostitution, dislocation des ménages, détérioration des moeurs... sont autant de méfaits de l'infécondité au niveau individuel et sociétal. Sur le plan démographique et sociologique, l'infécondité constitue une menace pour le dynamisme et la survie du groupe, si des mesures appropriées ne sont pas prises pour la combattre. Son importance et son étendue expliquent aussi, dans certaines régions d'Afrique, le peu de succès rencontré à ce jour par les programmes de planification familiale. Pour être perçus comme socialement utiles dans un contexte d'infécondité, ces programmes devraient développer des services sanitaires permettant aux couples sans enfant de jouir également des joies de la maternité.

BIBLIOGRAPHIE

Azefor M.N.A., 1985, "Infertility problems of Northern Cameroon and policy implications of recent research findings", Document présenté au *National Seminar on Infertility*, Cameroun, Yaoundé, 28 pages, ronéo.

Bourgeois-Pichat J., 1965, "Les facteurs de la fécondité non dirigée", *Population*, n° 3, pp. 384-424.

Caldwell J.C. et Caldwell P., 1983, "Ampleur et causes de la sous-fécondité en Afrique tropicale : données démographiques", *Rapport trimestriel de statistiques mondiales*, O.M.S., vol. 36, n° 1, pp. 2-34.

Clairin R., 1969, "Levels and factors of fertility in French speaking African countries", in *Actes de la Conférence Internationale de la Population*, U.I.E.S.P., Londres, pp. 760-770.

Frank O., 1983, "Infertility in Sub-Saharan Africa: estimates and implications", *Population and Development Review*, vol. 9, n° 1, pp. 137-144.

Frank O., 1983, *Infertility in Sub-Saharan Africa*, Center for Population Studies, The Population Council, Working Paper, n° 97, 109 p.

Guest I., 1978, "Infécondité en Afrique", *Peuples*, n°1, pp. 23-34.

Hamand J., 1985, "La stérilité dans le Tiers Monde", *Peuples*, n° 3, pp. 14-19.

Henry L., 1963, "Aspects biologiques de la fécondité", *Proceedings of the Royal Society*, series B, 159, n° 974, pp. 81-93.

Karim A., 1985, "Nutritional status and age at secondary sterility in rural Bangladesh", *Journal of Biosocial Science*, vol. 17, n° 4, pp. 497-502.

Ledent H. et Baker D.H., 1944, "Mission maladie du sommeil : Tshuapa. La dépopulation chez les Nkundo", *Recueil de Travaux de Sciences Médicales au Congo Belge*, n° 2, pp. 130-141.

Ledent H., 1945, "Mission médicale de la Tshuapa. Monogamie, polygamie et natalité chez les Nkundo", *Recueil de Travaux de Sciences Médicales au Congo Belge*, n° 4, pp. 37-45.

Mburu F.M., 1984, "Infertility : the indelible curse in Africa", *Africa Link*, pp. 14-15.

O.M.S., 1975, *Epidémiologie de l'infécondité*, Série de Rapports Techniques, n° 582, Genève, 39 p.

République du Cameroun, Ministère de l'Economie et du Plan, Direction de la Statistique, IIS-WFS, 1983, *Enquête nationale sur la fécondité du Cameroun. 1978. Rapport principal, Vol. 1 : Analyse des principaux résultats*, 222 p.

République du Congo, 1961, *Tableau général de la démographie congolaise. Enquête par sondage 1955-57. Analyse générale des résultats statistiques,* IRES, Léopoldville, 212 p.

République du Zaïre, SICAI-Département de Démographie de Louvain, 1978, *Etude démographique de l'Ouest du Zaïre. Tome 3 : Mouvement de la population,* U.C.L., Louvain-la-Neuve, 187 p.

Retel-Laurentin A., 1974, *Infécondité en Afrique Noire. Maladies et conséquences sociales,* Masson, Paris, 188 p.

Retel-Laurentin A., 1978, "Evaluation du rôle de certaines maladies dans l'infécondité. Un exemple africain", *Population,* n° 1, pp. 101-119.

Retel-Laurentin A., 1979, "Quelques éléments de la fécondité naturelle dans deux populations africaines à faible fécondité", in H. Leridon and J. Menken (ed.), *Natural Fertility/Fécondité Naturelle,* U.I.E.S.P., Ordina Editions, Liège, pp. 371-396.

Romaniuk A., 1967, *La fécondité des populations congolaises*, Mouton, Paris, 348 p.

Romaniuk A., 1980, "Increase in natural fertility during the early stages of modernization: evidence from an African case study, Zaïre", *Population Studies,* vol. 34, n° 2, pp. 293-310.

Sala-Diakanda M., 1980, *Approche ethnique des phénomènes démographiques : le cas du Zaïre,* Département de Démographie de Louvain, Cabay Editeur, Recherches Démographiques, Cahier n° 4, Louvain-la-Neuve, 433 p.

Sala-Diakanda M., 1981, "Problèmes d'infécondité et de sous-fécondité en Afrique Centrale et de l'Ouest", in *Actes du Congrès International de la Population,* Manille, U.I.E.S.P., Ordina Editions, vol. 3, pp. 643-666.

Tabutin D., 1982, "Evolution régionale de la fécondité dans l'Ouest du Zaïre", *Population,* n° 1, pp. 29-50.

Trussell J. et Wilson C., 1985, "Sterility in a population with natural fertility", *Population Studies,* vol. 39, n° 2, pp. 269-286.

Verriere J., 1978, *Les politiques de population,* P.U.F., Paris, 207 p.

Vincent P., 1950, "La stérilité physiologique des populations", *Population,* n° 1, pp. 45-64.

8

LES CARACTERISTIQUES ET TENDANCES DU MARIAGE

Georgia KAUFMANN, Ron LESTHAEGHE et Dominique MEEKERS

> *"Nous voulons te marier. C'est notre devoir de te marier, comme cela a toujours été le devoir de la communauté de marier ses enfants"*
> *(Francis Bebey,* Le fils d'Agatha Moudio, *C.L.E., 1967, p. 60).*

1. INTRODUCTION

Le mariage en Afrique sub-saharienne est depuis longtemps considéré comme une institution sociale "précoce et universelle" (E. Van de Walle, 1968). Si on a peu de données pour le passé, la multiplication récente des recensements et des enquêtes permet désormais une étude beaucoup plus approfondie des régimes de nuptialité. D'autres raisons militent aussi en faveur d'un examen spécifique du sujet. Tout d'abord, loin d'être universellement précoce, l'âge moyen des femmes au premier mariage varie selon les pays : de 15 à 21 ans. Cet écart de six ans est d'ailleurs comparable à ce que J. Hajnal (1965) a trouvé pour le passé dans le Nord-Ouest de l'Europe. Ensuite, on a de bonnes raisons de penser que l'âge au mariage des femmes tend à augmenter. Il a été montré[1] que la croissance de l'alphabétisation et de l'instruction est le plus souvent suivie d'un changement de comportement face au mariage. Comme les niveaux d'instruction se sont récemment améliorés en Afrique, on peut s'attendre à des modifications dans ce sens. Les données de l'Enquête Mondiale de Fécondité révèlent bien en Afrique une corrélation positive entre l'alphabétisation des femmes et l'augmentation de leur âge au mariage. Enfin une dernière raison, peut-être la plus complexe, de reprendre ce sujet, que nous formulerons sous forme d'une question : quels ont pu être les effets sur le mariage de l'occidentalisation et de la modernisation que l'Afrique sub-saharienne a connues au cours des dernières décennies ?

En effet, selon différents auteurs, la diffusion des idéaux occidentaux, comme l'individualisme, par l'intermédiaire de l'éducation, diminuerait l'autorité des aînés et permettrait une plus grande liberté dans le choix du partenaire en lieu et place des mariages arrangés (J.C. Caldwell, 1980 ; H. Dries, 1985). Pour d'autres, l'existence quasi généralisée de la polygynie en Afrique sub-saharienne serait battue en brèche en raison de l'augmentation du "prix" des femmes et de leur indépendance croissante[2]. A cela, R. Clignet (1984) rétorque que la polygynie résiste bien aux pressions de la modernisation en se transformant en un système plus illicite de"outside wives" ou de "deuxième bureau".

C'est dans ce contexte que nous présentons cette analyse du changement des caractéristiques du mariage africain[3]. Plusieurs points seront successivement abordés : les problèmes de mesure et de définition des indicateurs, les caractéristiques du divorce, du veuvage et du remariage, les modèles régionaux de nuptialité, les tendances de l'âge au mariage et de la pratique de la

---

Ce projet d'étude a bénéficié d'un support de la part du Population Council, de l'USAID (contrat CP82-39A) et de la Banque Nationale de Belgique.

(1) Voir par exemple, à ce propos, J.B. Casterline et J. Trussell (1980), J. McCarthy (1982) et P. McDonald (1985).

(2) C'est ce que défendent des auteurs comme W. Goode (1963), G. Hunter (1967) ou H.G. Gough (1977).

(3) Pour une analyse beaucoup plus détaillée et technique, le lecteur pourra se référer à un autre document récent (R. Lesthaeghe et al., 1986).

polygynie. Nous terminerons par quelques éléments d'explication d'ordre anthropologique.

2. MESURES ET DEFINITIONS DES INDICATEURS

On ne peut commencer une étude sur la nuptialité sans *définir le mariage*, une première tâche bien difficile. Ce qui intéresse surtout le démographe est l'existence d'unions sexuelles régulières (pour la fécondité). Mais il y a des différences considérables dans les définitions de ces unions, aussi bien entre pays qu'à l'intérieur des pays.

On distingue communément mariage légal, consensuel, traditionnel, religieux, polygyne ou monogame, toutes formes d'unions qui, selon les cas, peuvent être, ou pas, incluses dans la panoplie des mariages. La diversité des données collectées en la matière provient de cet état de choses. On ne peut ignorer le problème épistémologique suivant : "qu'est-ce qu'un mariage ?". S'il est défini comme une union sexuelle *légitime,* alors on exclut les unions sexuelles régulières "illicites", comme les "deuxièmes bureaux", les concubines et les maîtresses. Dans les enquêtes de fécondité, on essaie de remédier au problème en demandant aux femmes "seules" si elles n'ont pas un partenaire.

Autre difficulté : *la collecte des données sur les âges ou les dates,* indispensables aussi en matière de nuptialité. Chez les hommes comme chez les femmes, on a entre 15 et 20 ans une tendance à se vieillir si on est marié et une tendance à se rajeunir dans le cas contraire (R. Lesthaeghe et al., 1986 ; A. Romaniuk, 1968). Comme la qualité de ces données s'est améliorée ces vingt dernières années, on peut avoir quelques problèmes pour l'estimation des tendances dans le temps. En général, la qualité de ces déclarations d'âge augmente aussi avec le degré d'instruction des femmes.

Autre problème : *les migrations*. L'afflux de migrants masculins dans les villes et les sites miniers provoque un surplus d'hommes dans les zones d'arrivée et un surplus de femmes dans les zones de départ. Cela entraîne au niveau régional des déséquilibres entre populations masculines et féminines qui peuvent sérieusement affecter la qualité des estimations des indices de nuptialité.

Enfin voici, brièvement définis, les indices que nous utiliserons dans ce chapitre :

-*le rapport classique de polygynie (m)*, qui est le rapport du nombre de femmes actuellement mariées au nombre d'hommes mariés.

-*les proportions de femmes célibataires à 15-19 ans (PSF) et d'hommes célibataires à 20-24 ans (PSM)*. Ce sont des données dont on dispose facilement au niveau régional dans les enquêtes et les recensements.

-*l'âge moyen au premier mariage (SMAM)*, calculé à partir des proportions de célibataires par groupe d'âges ou encore estimé comme suit (R. Lesthaeghe et al., 1986) :

$$\text{pour les femmes} \quad \text{SMAMF} = 15{,}0 + 6{,}5 \text{ PSF}$$
$$\text{pour les hommes} \quad \text{SMAMM} = 16{,}0 + 13{,}3 \text{ PSM}$$

On pourra ainsi présenter les différences d'âge au premier mariage entre hommes et femmes. Elles vont de 3 à 11 ans selon les ethnies ou les régions.

- différents *indices de polygynie* utilisés dans la littérature[4] : la proportion de polygynes parmi les hommes mariés (p), la proportion des femmes mariées vivant dans des unions polygynes (f). Ces deux indices mesurent l'incidence de la polygynie, tandis que le nombre moyen de femmes par homme polygyne (w) en mesure l'intensité. On a la relation suivante entre ces trois indices :

$$f = p w [1 + p (w - 1)].$$

3. QUELQUES FACTEURS DEMOGRAPHIQUES INFLUENCANT LA POLYGYNIE

Tout d'abord, trois indices complémentaires d'analyse démographique :

---

[4] Voir par exemple, pour plus de détails, E. Van de Walle (1968), N. Goldman et A. Pebley (1986) ou R. Lesthaeghe et al (1986).

- *le rapport k des proportions par sexe des individus actuellement mariés* (proportion de femmes mariées de plus de 15 ans sur proportion d'hommes mariés de plus de 15 ans). Ce rapport, qui mesure le déficit relatif des hommes veufs et divorcés, est le plus souvent inférieur à l'unité, non seulement parce que le veuvage est plus fréquent chez les femmes mais aussi parce que leur remariage est plus rare.
- *le rapport l des proportions par sexe des individus qui sont ou ont été mariés* (proportion de femmes non célibataires de plus de 15 ans sur la proportion correspondante pour les hommes)[5].
- enfin, comme l'indice classique de polygynie (m) ne tient pas compte des distorsions entre populations des deux sexes dues aux différences d'âge au mariage, au divorce, à la migration..., nous utiliserons l'indice suivant (M) qui donne de meilleures estimations des niveaux de polygynie :

$$M = k.l . \frac{F}{H}$$

$\frac{F}{H}$ étant le rapport du nombre de femmes au nombre d'hommes.

Par ailleurs, nous avons construit un modèle simulant des régimes de nuptialité sub-sahariens pour étudier l'influence des âges d'entrée au mariage sur la polygynie et l'impact du veuvage et du divorce. Voici brièvement quelques résultats obtenus[6] :

- *la différence d'âge au premier mariage entre époux* : plus elle est importante, plus la polygynie augmente. Autrement dit, un grand écart d'âge entre époux signifie une polygynie fréquente.
- *les niveaux du divorce et du veuvage* : peu de femmes veuves et divorcées signifie des remariages rapides et aussi un renforcement de la polygynie.
- *les âges au veuvage et au divorce* : divorces et veuvages précoces facilitent le recrutement des femmes en unions polygames.

---

(5) Dans ces deux indices, le rapport des proportions pour chaque sexe, et non directement des nombres absolus, permet de tenir compte des distorsions entre effectifs masculins et féminins quand on mesure des différences d'âge au premier mariage entre sexes.

(6) Pour plus de détails techniques sur ce multiplicateur M, le modèle et ses résultats, voir R. Lesthaeghe et al. (1986).

Ces trois grands facteurs ont un effet cumulatif sur la polygynie telle que mesurée par l'indice M ci-dessus présenté. Cependant, l'effet des deux premiers est prépondérant.

4. DIVORCE, VEUVAGE ET REMARIAGE

L'instabilité du mariage est grande en Afrique subsaharienne et les ruptures d'unions y sont nombreuses. Les causes des divorces sont encore mal connues, mais comme dans le monde occidental, elles sont sans doute liées au statut de la femme dans les sociétés (R. Cohen, 1971). Le veuvage, lui, est en partie dû à la grande différence d'âge entre époux, notamment dans les sociétés polygames ; les deuxième et troisième femmes peuvent être de 15 à 20 ans plus jeunes que leur mari (J.B. Casterline et P.F. McDonald, 1983). Il est souvent difficile de mesurer l'étendue exacte du veuvage et du divorce dans la mesure où beaucoup de femmes se remarient. Dans les enquêtes nationales de fécondité menées dans le cadre du programme de l'Enquête Mondiale de Fécondité, des questions concernaient la survie du premier mariage des femmes. Nous avons analysé les données de six pays[7] pour tenter d'y voir plus clair en matière de divorce, de veuvage et de remariage.

Le tableau 1 présente, *pour l'ensemble des six pays*, l'évolution des proportions de dissolution du premier mariage des femmes (par divorce ou veuvage) en fonction de l'ancienneté du mariage. Plus de 40 % des femmes mariées avant 20 ans se retrouvent en définitive veuves ou divorcées avant l'âge de 50 ans. C'est d'abord le divorce le phénomène le plus important, quand les femmes sont jeunes et les durées du mariage encore faibles. Le veuvage, lui, ne jouera véritablement un rôle dans ces ruptures d'union qu'après 15 ou 20 ans de mariage, autrement dit quand la femme a dans les 35-40 ans et l'homme dans les 50 ans. En définitive, dans l'ensemble des ruptures d'union avant 50 ans, veuvage et divorce ont presque le même poids.

---

(7) Ces six pays sont le Cameroun, le Ghana, le Kenya, le Lesotho, le Sénégal et le Soudan.

Tableau 8.1 : Proportions (%) de premiers mariages qui se sont terminés par un divorce ou un veuvage selon la durée du mariage - moyenne pour six pays, femmes âgées de 15 à 50 ans -

Evénement	Durée (en années) du premier mariage						
	0-4	5-9	10-14	15-19	20-24	25-29	30+
Divorce	7,4	13,9	16,7	17,1	18,0	18,3	19,5
Veuvage	0,8	2,1	4,6	8,0	11,5	15,0	21,0
Divorce et veuvage	8,2	16,0	21,3	25,1	29,5	33,3	40,5

Source : R. Lesthaeghe (1984).

Tableau 8.2 : Proportions (%), pour les femmes, de premiers mariages qui se finissent par un veuvage ou un divorce et proportions de femmes qui se remarient.

Pays	Date de l'enquête	Divorce	Veuvage	Divorce et veuvage	Remariage
Ghana	1979	31	13	44	76
Sénégal	1979	27	21	48	92
Cameroun	1978	20	25	45	64
Soudan	1979	16	18	34	62
Kenya	1977-78	14	15	29	55
Lesotho	1977	9	28	37	18
Ensemble	-	20	21	41	61

Ces intensités donnent les proportions de femmes qui, mariées avant 20 ans, connaissent l'événement considéré avant l'âge de 50 ans.

Source : R. Lesthaeghe (1984).

Mais si, dans notre échantillon, on examine *les résultats par pays,* il apparaît une nette différence entre l'Est et l'Ouest de l'Afrique (tableau 2). Dans les trois pays de l'Ouest (Ghana, Sénégal et Cameroun), les ruptures de premières unions sont très fréquentes (de 45 à 53 %) et plus de la moitié sont dues au divorce. Ces phénomènes sont moins accentués à l'Est (de 29 à 34 % de ruptures d'union au Soudan, au Kenya et au Lesotho) ; le divorce y est notamment beaucoup moins important.

Mais les disparités en matière de remariage sont, elles aussi, réelles : si, pour l'ensemble des six pays, 60 % des femmes qui ont connu une rupture d'union finissent par se remarier avant 50 ans, cela va de 92 % au Sénégal à seulement 18 % au Lesotho. En Afrique de l'Ouest, on divorce sans doute plus qu'en Afrique de l'Est, mais on s'y remarie aussi plus fréquemment (tableau 2).

On a malheureusement peu de données permettant de connaître l'évolution dans le temps de la stabilité - ou de l'instabilité - des mariages en Afrique. Divorce-t-on plus ou moins aujourd'hui qu'hier ? Le veuvage précoce des femmes est-il en régression ? Il semble qu'au Zaïre, de 1956 à 1976, le divorce ait augmenté parmi les jeunes femmes et que le veuvage ait diminué. Au Kenya, de 1969 à 1979, on a eu une diminution de la fréquence du divorce avant 25 ans, mais une augmentation au-delà de cet âge. Le veuvage a, là aussi, diminué avant 40 ans. On ne peut extrapoler ces quelques résultats à l'ensemble de l'Afrique sub-saharienne, mais il est probable que l'augmentation de l'instruction, l'affaiblissement des systèmes traditionnels de contrôle social et le déclin des stérilités doivent avoir, et auront sans doute de plus en plus, une influence sur la stabilité ou l'instabilité des unions.

5. LES SCHEMAS REGIONAUX DE NUPTIALITE

D'un travail récent (R. Lesthaeghe et al., 1986), nous avons sélectionné quelques résultats parmi les plus pertinents. Ce travail avait consisté, d'une part, à établir des indices de nuptialité (voir point 2) au niveau régional pour l'ensemble de l'Afrique sub-saharienne et, d'autre part, à les présenter sous forme de cartes pour essayer de dégager des schémas régionaux de nuptialité. La carte 1 (en annexe) donne le découpage territorial retenu dans chacun des pays ; on y a annexé l'identification précise des unités territoriales.

L'âge moyen au mariage des femmes : carte 2

Des schémas régionaux se dégagent clairement. Quasiment l'ensemble du Sahel et des savanes de l'Ouest et du Centre se caractérisent par un mariage des femmes en moyenne très précoce, avant 18 ans le plus souvent, parfois même dès avant 17 ans. Cela contraste avec un schéma de mariage plus tardif, au delà de 18 ou de 19,5 ans, qui suit toute la côte atlantique du Libéria à la Namibie et s'enfonce même à l'intérieur (le Bandundu au Zaïre). En Afrique de l'Est, les femmes se marient le plus souvent autour de 19 ans en moyenne, alors qu'en Afrique plus australe c'est plutôt autour de 20 ans.

Les différences d'âge entre époux : carte 3

Ces différences d'âge au premier mariage entre hommes et femmes vont de 3 à 11 ans selon la région considérée. Les grands écarts d'âge (au-delà de 9 ans) concernent surtout l'Afrique de l'Ouest, et notamment les régions islamisées, mais on trouve aussi des différences de 7 à 9 années dans la Vallée du Rift au Kenya et parmi les peuples Tswana, Ndebele et Venda d'Afrique du Sud. Partout ailleurs en Afrique, ces différences d'âge entre hommes et femmes sont relativement faibles (de 4 à 6 années le plus souvent).

La polygynie : carte 4

La distribution géographique du rapport de polygynie m[8] est presque identique à celle des différences d'âge entre époux (carte 3). Les régions de polygynie importante couvrent toute l'Afrique de l'Ouest et descendent le long de la côte atlantique jusqu'en Angola, avec seulement quelques zones de moindre polygynie autour des frontières entre le Nigéria et le Cameroun et entre la Côte d'Ivoire et le Ghana. On trouve une polygynie déjà moins importante parmi

---

[8] Rappelons qu'il s'agit du rapport du nombre de femmes mariées au nombre d'hommes mariés.

CARTE 8.2 : PROPORTIONS DE FEMMES CELIBATAIRES A 15-19 ANS (a) ET ESTIMATION DE LEUR AGE MOYEN AU PREMIER MARIAGE (b)

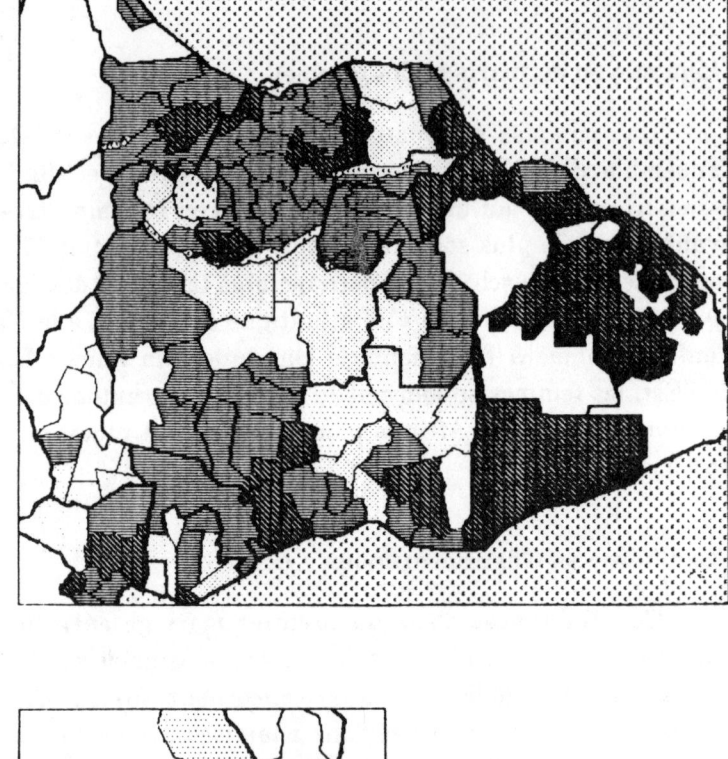

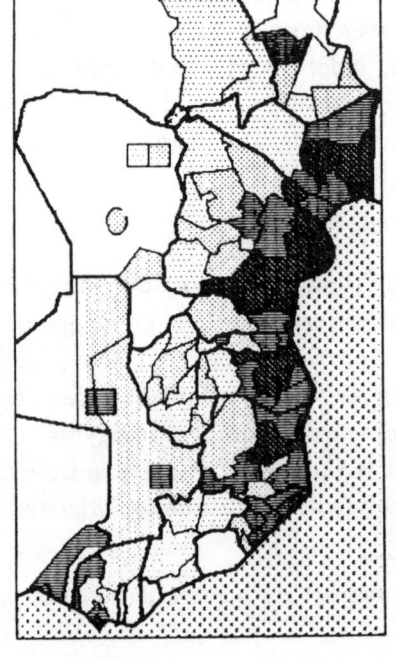

a : moins de 0,300
b : moins de 17 ans

a : de 0,300 à 0,499
b : de 17,0 à 18,2 ans

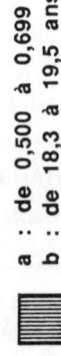

a : de 0,500 à 0,699
b : de 18,3 à 19,5 ans

a : 0,700 et plus
b : 19,6 ans et plus

CARTE 8.3 : DIFFERENCES D'AGES ENTRE EPOUX (âge de l'homme - âge de la femme)

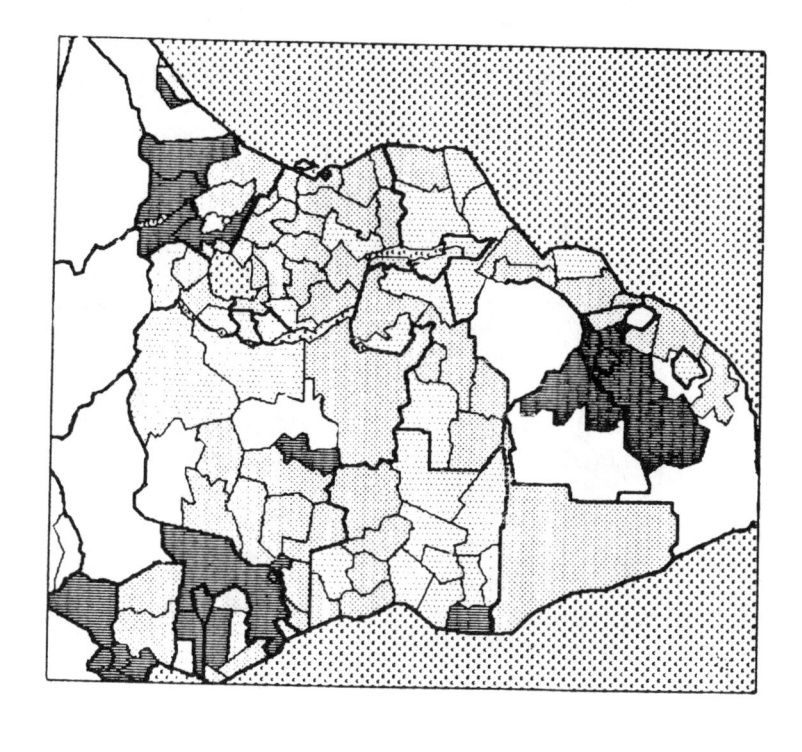

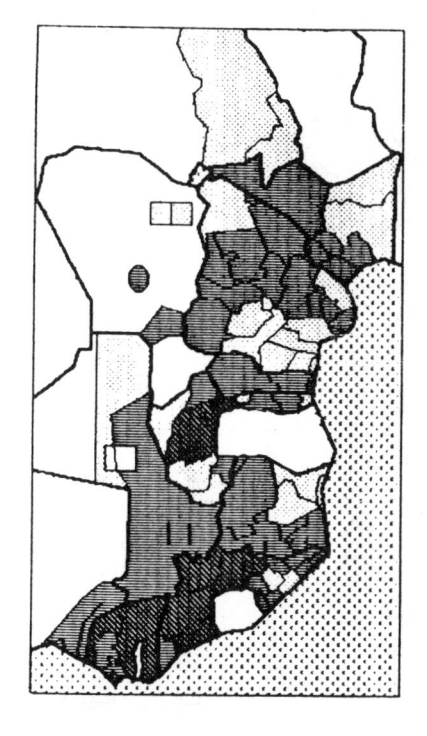

moins de 5 ans

de 5,0 à 6,9 ans

de 7,0 à 8,9 ans

plus de 9 ans

228

CARTE 8.4 : RAPPORTS DE POLYGYNIE - nombre de femmes mariées sur nombre d'hommes mariés -

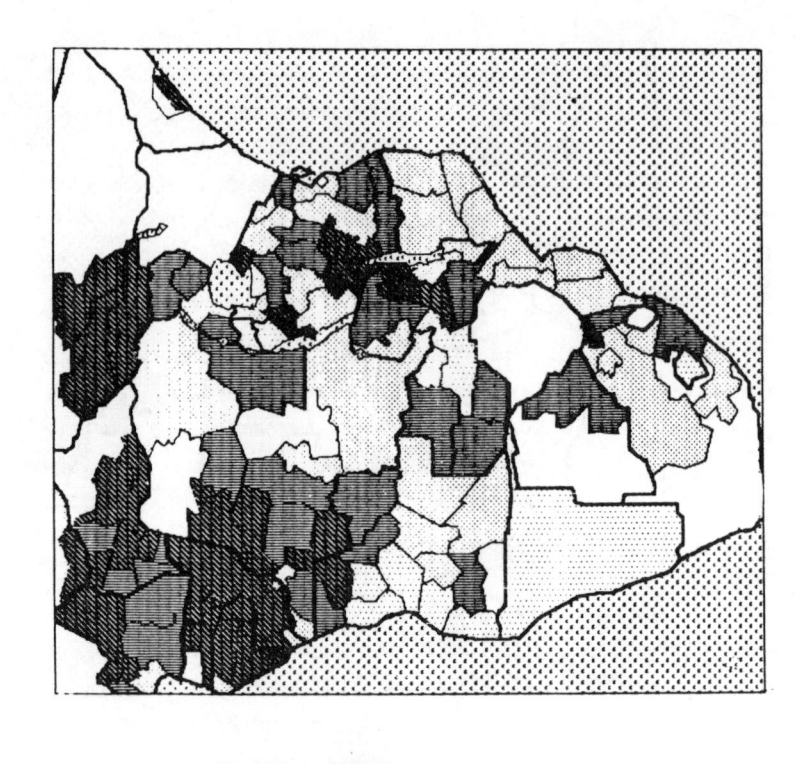

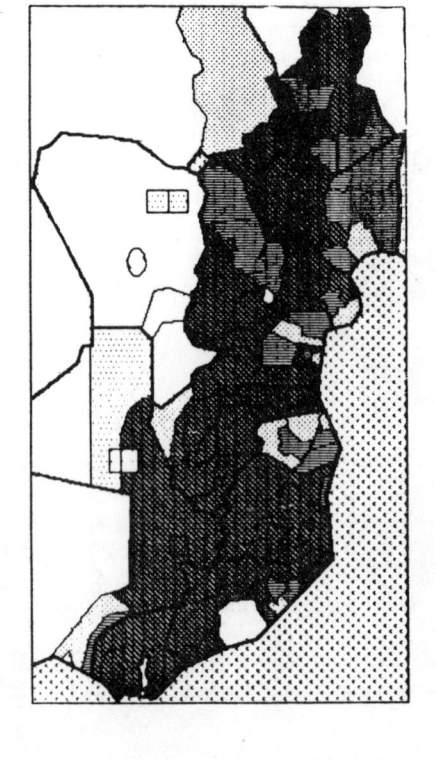

moins de 1,100
de 1,100 à 1,199
de 1,200 à 1,299
plus de 1,300

les tribus nomades du Sahel, Touaregs et Berbères, mais elle l'est encore moins en Afrique Centrale, en Afrique de l'Est et en Afrique Australe. Notons cependant une poussé de polygynie dans une zone assez étroite descendant du Kenya et passant par la Tanzanie, la Zambie, le Malawi et le Mozambique, mais dont l'importance est bien moindre que ce que l'on trouve en Afrique de l'Ouest[9].

En résumé

Si l'on excepte les Arabes et les Berbères, l'Afrique de l'Ouest se caractérise par une polygynie plus importante, par des écarts d'âge entre époux plus grands et par un remariage plus rapide que dans tout le reste de l'Afrique sub-saharienne. Dans les populations islamisées de l'Ouest, les femmes, encore peu alphabétisées, se marient à des âges particulièrement jeunes. En Afrique de l'Est, les hommes se marient assez vite et il y a moins de polygynie. En Afrique Australe, il y a peu de polygynie, l'âge au mariage est assez élevé, et de plus, contrairement aux autres régions, le mariage n'y est pas universel, notamment en raison des fortes migrations de travail (A. Kuper, 1985). A l'inverse, en Afrique de l'Ouest, les migrations masculines semblent favoriser la polygynie.

6. L'EVOLUTION DES AGES AU MARIAGE ET DE LA POLYGYNIE

Non seulement la qualité des données dont on dispose n'est pas toujours certaine, mais elle peut aussi changer dans le temps ou varier selon les types de sources utilisées (enquêtes ou recensements). Une certaine prudence est donc requise dans l'interprétation des données de tendance.

---

(9) Nous avons par ailleurs montré (R. Lesthaeghe et al., 1986) comment ce rapport de polygynie dépend aussi des déséquilibres d'effectifs entre populations masculine et féminine dans une région donnée, ces déséquilibres étant essentiellement dus aux migrations sélectives selon le sexe (les hommes migrent en général davantage) ou même parfois selon le statut matrimonial (les célibataires, comme en Afrique de l'Ouest, migrant plus que les autres, ce qui n'est pas le cas en Afrique Australe). Si l'on en tient compte dans le calcul des indices, la forte polygynie de l'Ouest s'accentue, celle de la zone étroite de l'Est disparaît.

6.1. Les âges au mariage

Comme indices d'évolution de l'âge au mariage, nous utiliserons les proportions de célibataires à 15-19 et 20-24 ans pour les femmes, à 20-24 et 25-29 ans pour les hommes[10]. En annexe, les tableaux 1 (femmes) et 2 (hommes) présentent ces données pour onze pays africains de 1960 à 1980.

Pour *les femmes,* ces proportions ont augmenté un peu partout dans le temps, mais plus ou moins rapidement : par exemple, à 15-19 ans, de 8 % seulement par décennie en Angola et au Kenya, ce qui correspond à une augmentation d'une demi-année de l'âge moyen au mariage, contre 22 % au Ghana entre 1960 et 1971, ce qui correspond à une augmentation de 13 mois de l'âge au mariage. De même chez *les hommes,* le célibat augmente dans la plupart des cas à 15-19, 20-24 et 25-29 ans, et de façon parfois substantielle. Autrement dit, *l'âge au premier mariage des hommes et des femmes a partout augmenté et l'écart d'âge entre les deux sexes s'est globalement maintenu au cours des années 1970.*

6.2. La polygynie

Le tableau 3 en annexe présente pour 14 pays africains l'évolution de trois indicateurs de polygynie (M, kl et f) définis précédemment. L'impression d'ensemble qui se dégage de ces résultats est celle d'*une relative stabilité de la polygynie* en Afrique. En Côte d'Ivoire, au Ghana, au Kenya, au Sénégal ou en Tanzanie, le meilleur indice (M) varie assez peu depuis une vingtaine d'années, même si les proportions de femmes vivant en union polygame diminuent parfois. Le cas du Zaïre est intéressant car il montre des divergences régionales : de 1956 à 1975, la polygynie semble se maintenir à Kinshasa, tandis qu'elle a sensiblement augmenté dans le Bas-Zaïre et très fortement diminué dans l'Equateur et la Tshuapa. Ces deux dernières régions étaient, dans les années 1950, des zones à maladies vénériennes répandues et à stérilité importante, ce qui incitait les hommes à avoir plusieurs femmes. Les déclins de stérilité survenus depuis lors (D. Tabutin et al., 1981) ont pu entraîner parallèlement un

---

[10] Nous avons vu au point 2 comment on peut utiliser ces proportions de célibataires pour estimer les âges moyens au mariage.

déclin de la polygynie. Mais dans l'ensemble, comme E. Van de Walle et J. Kekovole l'écrivaient en 1984, on assiste plutôt à une stabilité du phénomène.

Mais que se passera-t-il demain dans les milieux urbains et ruraux ? On voit déjà apparaître, en ville surtout, un système de "deuxième bureau" qui est une forme de polygynie déguisée et non reconnue. En définitive, *loin d'adopter le modèle de mariage européen, les systèmes africains de nuptialité semblent toujours aussi robustes, s'adaptant simplement au changement social et aux difficultés économiques croissantes.*

7. QUELQUES ELEMENTS D'EXPLICATION DES DIFFERENCES REGIONALES DE NUPTIALITE

Les explications les plus globales relient simplement le développement socio-économique aux variables démographiques par l'intermédiaire de l'éducation : par exemple une augmentation de l'instruction entraînera une augmentation de l'âge au mariage, une diminution de la polygynie, etc. On constate bien, pratiquement partout, une corrélation positive entre le niveau d'éducation et l'âge au mariage[11], mais cela est une relation et non une explication. De même, les premiers grands travaux anthropologiques, comme ceux de A.R. Radcliffe-Brown et D. Forde en 1950, ont bien décrit mais guère expliqué la polygynie.

Voici quelques grandes questions à la base de certaines théories anthropologiques sur la nuptialité que nous avons essayé de tester dans un travail antérieur (R. Lesthaeghe et al., 1986) et dont nous ne reprendrons ici que quelques résultats :

a - *La modernisation pourrait-elle conduire à un déclin de la polygynie dans la mesure où les Africains adoptent alors un système occidental plus "rationnel"* (G. Hunter, 1967 ; W. Goode, 1963 ; H.G. Gough, 1977) ? Cette modernisation s'accompagnerait d'un coût croissant des femmes et d'une liberté accrue pour elles, ce qui amènerait hommes et femmes à préférer la monogamie.

---

(11) Voir, à ce propos, les travaux de J.B. Casterline et J. Trussell (1980), de J. McCarthy (1982) ou de P. McDonald (1985).

L'augmentation de l'instruction et de l'éducation (H. Dries, 1985 ; J.C. Caldwell, 1980) signifierait aussi une plus grande liberté de choix du partenaire et un moindre pouvoir de la famille et du lignage, ce qui affaiblirait le système polygyne.

b - *Comment le système de production agricole de subsistance, caractérisé en particulier par sa division sexuelle du travail, peut-il influer sur le mariage et la polygynie ?* E. Boserup, en 1980, fut un des premiers auteurs à insister sur le rôle crucial des femmes dans le développement économique en général. Selon elle, il y a essentiellement *deux grands systèmes agricoles* : dans le premier, à faible technologie et à travail manuel (houe, binette...), les femmes sont fort impliquées ; dans le second, avec l'introduction de la charrue et d'une technologie plus avancée, le travail masculin l'emporte. Toujours selon elle, le premier système favoriserait la polygynie et le second plutôt la monogamie.

c - Mais *les systèmes de transmission des biens ne peuvent-ils pas aussi influencer la nuptialité ?* J. Goody (1976) a élargi la thèse de E. Boserup en introduisant les systèmes d'héritage et de succession. Selon lui, le modèle agricole à base de travail essentiellement féminin (la houe) favoriserait un système de dot versée par le père (ou les parents) du marié au père (ou aux parents) de la mariée. Dans l'autre modèle agricole reposant beaucoup plus sur le travail masculin (au départ, la charrue), on trouverait plutôt un système où la mariée "hérite" des biens de son père au moment de son mariage. Dans le premier système, il y a un échange de droits entre familles dans le mariage et exogamie, tandis que, dans le second, il y a succession et héritage pour chacun des deux sexes et une tendance à l'endogamie. Selon J. Goody, le premier favoriserait la polygynie (système africain) tandis que le second serait plutôt tourné vers la monogamie (système euro-asiatique).

Cet auteur a été au-delà de cette simple dichotomie et a étudié les régimes d'héritage dans des sociétés plus complexes et stratifiées. Mais en Afrique, il y avait encore peu de stratification en castes, il n'y avait guère de sociétés complexes, le système où la femme "hérite" au moment de son mariage est rare et, comme

J.L. Comaroff (1980) l'a mis en évidence, il y a une certaine homogénéité africaine en la matière. Mais néanmoins, il y a de nombreux modèles de nuptialité en Afrique. Selon J.L. Comaroff, cette hétérogénéité des pratiques du mariage pourrait être due à la valeur que dans les diverses sociétés l'on reconnaît au travail respectif des hommes et des femmes.

d - *Le rôle ou la valeur qu'une société reconnaît au travail économique des femmes peut-il influencer le mariage et la polygynie ?* Actuellement c'est, nous semble-t-il, la meilleure voie d'explication de l'hétérogénéité que nous avons constatée en matière de polygynie. La différence entre l'Est et l'Ouest de l'Afrique n'est peut-être pas tant due à l'intensité du travail féminin traditionnel dans l'agriculture qu'à la perception et la place que chacune de ces deux régions et chacune des grandes sociétés qui les composent accordent au travail de la femme par rapport à celui de l'homme. Cette variance Est-Ouest n'est nullement expliquée par les approches de E. Boserup et de J. Goody. On pourrait en revanche suggérer que la polygynie est forte en Afrique de l'Ouest parce que le rôle économique des femmes y est important et reconnu, tandis qu'elle est plus faible à l'Est du fait que l'activité économique la plus prestigieuse, l'élevage, dépend surtout de l'homme, ce qui dévalorise alors le travail des femmes et par là même la polygynie. Au Botswana, où le pastoralisme s'est transformé en commerce de bétail et où la "valeur" de la femme est faible, le mariage a connu un déclin sensible (A. Kuper, 1985).

Dans ce même travail récent (R. Lesthaeghe et al., 1986), *nous avons essayé de tester certaines de ces hypothèses par deux analyses statistiques* : une analyse de variance et une analyse de classification multiple (MCA). L'objectif était de mesurer, pour environ 120 groupes ethniques, l'effet de quelques macro-variables d'organisation sociale sur quatre indicateurs de nuptialité : la proportion de femmes célibataires à 15-19 ans, la proportion d'hommes célibataires à 20-24 ans, la différence d'âge au mariage entre sexes et la proportion des femmes mariées en unions polygames. Le tableau 3 présente les résultats de l'analyse de variance.

Tableau 8.3 : Proportions de variance expliquée pour quatre variables de nuptialité par des indicateurs d'organisation sociale et par l'instruction féminine (1).

	% de femmes célibataires à 15-19 ans	% d'hommes célibataires à 20-24 ans	Différence d'âge entre époux	% de femmes mariées en unions polygames
1. Variables d'organisation sociale				
- pastoralisme/agriculture (4 catégories)	0,01	0,02	0,05	0,10*
- système de filiation (patrilinéaire, matrilinéaire et bilinéaire)	0,00	0,01	0,02	0,13*
- système d'héritage pour les femmes (rien, autre)	0,06*	0,00	0,05*	0,00
- complexité politique des sociétés (faible, forte)	0,06*	0,00	0,02	0,03*
- stratification sociale en castes ou classes (faible, réelle)	0,01	0,01	0,05*	0,00
- Ensemble	0,13*	0,05	0,17*	0,21*
2. Autres variables				
- instruction des femmes	0,28*	0,01	0,12*	0,04*
- année d'observation	0,01	0,04*	0,02	0,01
- Ensemble	0,33*	0,07*	0,13*	0,04*
Total de la variance expliquée (R2)	0,46	0,12	0,30	0,25
Coefficient de corrélation multiple (R)	0,68	0,34	0,55	0,50
Nombre d'observations	118	108	108	121

(1) Pour de plus amples explications sur les variables et la méthodologie, voir R. Lesthaeghe et al. (1986). Les astérisques correspondent à une signification statistique à 95 %.

Voici simplement quelques conclusions auxquelles nous sommes arrivés.

Le rôle de l'instruction apparaît très clairement pour *l'âge au mariage des femmes* (la proportion de célibat à 15-19 ans) : elle "explique" 28 % de la variance entre groupes. Cela confirme l'hypothèse de J. Caldwell (1980) selon laquelle l'éducation et, par là, la modernisation entraînent une augmentation de l'âge des femmes à leur première union. On voit aussi (tableau 3) que la structure politique des sociétés et le système d'héritage ont une influence sur l'âge au mariage : dans les sociétés plus complexes où l'on a des pouvoirs traditionnels et étatiques plus puissants, il y a un âge au mariage plus élevé. Par contre, dans les sociétés les plus islamisées qui pratiquent l'endogamie et le pré-héritage pour les femmes, les âges au mariage féminins sont particulièrement précoces.Cela confirme en quelque sorte l'hypothèse de J. Goody. En revanche, aucune des variables envisagées n'a d'effet statistiquement significatif sur les différences régionales et ethniques en matière *d'âge au mariage des hommes*.

Pour *la polygynie,* les variables d'organisation sociale jouent un rôle beaucoup plus important que l'instruction. Le type de système agricole tout d'abord : plus une société est pastorale, moindre est la polygynie[12]. Cela conforte notre hypothèse que, dans une société, la valeur économique reconnue à la femme a une influence sur le système matrimonial. Les règles de filiation aussi : on trouve beaucoup moins de polygynie dans un système matrilinéaire que dans un système patrilinéaire ou bilinéaire. Enfin, mais dans une moindre mesure, la structure des sociétés : les sociétés qui étaient politiquement complexes sont moins polygames, toutes choses égales par ailleurs.

En revanche, l'instruction est la variable la plus importante dans "l'explication" *des différences d'âge entre époux au premier mariage* (tableau 3). Dans la ligne de J. Caldwell, le rôle de l'éducation apparaît encore clairement. Les variables d'organisation sociale jouent aussi, mais dans une moindre mesure : plus les sociétés sont stratifiées et "égalitaires" en matière d'héritage

---

(12) Ces résultats n'apparaissent pas au tableau 3, mais sont issus de notre analyse complémentaire de classification multiple (R. Lesthaeghe et al., 1986).

des femmes, plus la différence d'âge entre époux augmente. A l'inverse, un système de filiation matrilinéaire et le pastoralisme favorisent un moindre écart d'âge au premier mariage.

A notre avis, l'intérêt essentiel de ces analyses est de montrer la nécessité d'envisager de nouvelles variables, comme celles de l'organisation sociale, moins classiques que l'instruction, quand on essaie de comprendre les différences entre régimes africains de nuptialité. La place et le statut social et économique de la femme dans une société sont en cela une piste à approfondir.

8. CONCLUSION

On a longtemps pensé qu'à l'image de l'Europe ancienne ou de l'Asie plus récemment, l'Afrique connaîtrait une transition de nuptialité comme prélude à une transition de fécondité. A l'analyse des données dont on dispose actuellement, il ressort que l'on n'a guère de "transition à l'occidentale" en Afrique. Les âges au mariage ont augmenté pour les hommes et pour les femmes, mais on s'y mariait et on s'y marie encore beaucoup plus jeune qu'en Europe. Le système africain de nuptialité se caractérise toujours par une polygynie importante et par de grandes différences entre l'Est et l'Ouest de la région : à l'Ouest, l'écart d'âge entre époux est grand et le remariage fréquent et rapide, alors qu'à l'Est ce l'est beaucoup moins. On a aussi une forme africaine d'adaptation au monde moderne par l'extension des unions illicites et parallèles au mariage en lieu et place de la polygynie classique.

Un peu partout, on constate une bonne relation entre l'augmentation de l'âge au mariage des femmes et leur niveau d'instruction, que l'on considère souvent comme un indice de développement socio-économique. Mais que sera l'avenir en matière de progrès de l'éducation féminine? D'une part, l'Islam est bien moins "ouvert" en la matière que le Christianisme et, d'autre part, la récession économique peut freiner ou même arrêter ce mouvement d'émancipation.

L'Afrique n'est pas un tout homogène en matière de polygynie. Il y a de grandes différences entre l'Est et l'Ouest de l'Afrique ou même entre ethnies relativement voisines. On n'a pas encore totalement l'explication de ces différences, mais il nous semble que les pratiques matrimoniales (âge au mariage, polygynie...) sont à relier au statut social de la femme, à la "valeur" économique que la société lui reconnaît et à la division sexuelle du travail, qui, en partie, dépendent du système économique et agricole en place (plus ou moins d'élevage, plus ou moins de technologie...). C'est dans ce sens, nous semble-t-il, qu'il faut aller si l'on veut mieux comprendre le mariage africain de demain.

BIBLIOGRAPHIE

Boserup E., 1970, *Women's role in economic development*, George Allen and Unwin, Londres.
Caldwell J.C., 1980, "Mass education as a determinant of the timing of fertility decline", *Population and Development Review*, vol. 6, n° 2, pp. 225-255.
Casterline J.B. et Trussell J., 1980, "Age at first birth", *WFS Comparative Studies*, n° 15, International Statistical Institute, La Haye.
Casterline J.B. et McDonald P.F., 1983, "The age difference between union partners", *WFS Comparative Studies*, International Statistical Institute, La Haye.
Capron J. et Kohler J., 1975, *Migrations de travail et pratique matrimoniale - Migrations à partir du Pays Mossi*, ORSTOM, Ouagadougou (mimeo).
Clignet R., 1970, *Many wives, many powers - Authority and power in polygynous families*, Northwestern University Press, Evanston.
Clignet R., 1984, "La polygamie est morte, vive la polygamie", conference on "The transformation of african marriage - customary models in a new setting", *International African Institute*, Nairobi.
Cohen R., 1971, *Dominance and defiance*, American Anthropological Association, Washington.
Comaroff J.L., 1980, "Introduction", in J.L. Comaroff (ed.), *The meaning of marriage payments*, Academic Press, New York, pp. 1-48.
Dries H., 1985, "De Afrikaanse familie : structuro-functionalistische interpretatie in een context van modernizatie", *Africa Focus*, vol. 1, n° 1, pp. 89-121.
Goldman N. et Pebley A., 1986, "The demography of polygyny in sub-saharan Africa", forthcoming in R. Lesthaeghe (ed.),

Reproduction and social organization in sub-saharan Africa, University of California Press, Californie.

Goode W., 1963, *World revolution and family patterns,* The Free Press, Glencoe, Ill.

Goody J., 1976, *Production and reproduction - A comparative study of the domestic domain,* Cambridge University Press, Cambridge.

Gough H.G., 1977, "Further validation of a measure of individual modernity", *Journal of Personality Assessment,* n° 41, pp. 49-57.

Hajnal H.J., 1965, "European marriage patterns in perspective", in D.V. Glass et D. Eversley (eds), *Population in History,* Edward Arnold, Londres, pp. 101-143.

Hunter G., 1967, "From the old culture to the new", in J.M. McEwan et R.B. Sutcliffe (eds), *Modern Africa,* Thomas Crowell, pp. 315-325.

Kuper A., 1985, "African marriage in an impinging world - The case of Southern Africa", *Afrika Studie Centrum paper,* Leiden.

Lesthaeghe R., 1984, "Fertility and its proximate determinants in sub-saharan Africa: the record of the 1960's and 70's", *IPD-Working Paper,* 1984-2, Bruxelles.

Lesthaeghe R., Kaufmann G. et Meekers D., 1986, "The nuptiality regimes in sub-saharan Africa", forthcoming in R. Lesthaeghe (ed.), *Reproduction and social organization in sub-saharan Africa,* University of California Press, Californie.

McCarthy J., 1982, "Differentials in age at first marriage", *WFS Comparative Studies,* n° 19, International Statistical Institute, La Haye.

McDonald P., 1985, "Social organization and nuptiality in developing countries", in J. Cleland and J. Hobcraft (eds), *Reproductive change in developing countries,* Oxford University Press, Oxford.

Murdock G.P., 1967, "Ethnographic atlas ; a summary", *Ethnology,* vol. 6, n° 2, pp. 109-234.

Murdock G.P., 1975, *Outline of world cultures,* Human Relations Area Files, New Haven, 5th edition.

Pison G., 1982, *Dynamique d'une population traditionnelle - Les Peuls Bandé du Sénégal Oriental,* I.N.E.D., Travaux et Documents, Cahier n° 99, Presses Universitaires de France, Paris.

Pison G., 1986, "La démographie de la polygamie", *Population,* vol. 41, n° 1, pp. 93-122.

Radcliffe-Brown A.R. et Forde D., 1950, *African systems of kinship and marriage*, Oxford University Press, Londres.

Romaniuk A., 1968, "The demography of the Democratic Republic of the Congo", in W. Brass et al., *The demography of Tropical Africa*, Princeton University Press, Princeton N.J.

Tabutin D., Sala-Diakanda M., Ngondo a Pitshandenge et Vilquin E., 1981, "Fertility and child-spacing in Western Zaïre", in H.J. Page et R. Lesthaeghe (eds), *Child-spacing in Tropical Africa - Traditions and change*, Academic Press, Londres, pp. 287-299.

Van de Walle E., 1968, "Marriage in African censuses and inquiries", in W. Brass et al., *The demography of Tropical Africa*, Princeton University Press, Princeton N.J.

Van de Walle E. et Kekovole J., 1984, "The recent evolution of African marriage and polygyny", *Paper presented at the Population Association of America meeting in Minneapolis*, University of Pennsylvania, Population Studies Center, Philadelphie.

CARTE 8.1 : AIRES STATISTIQUES

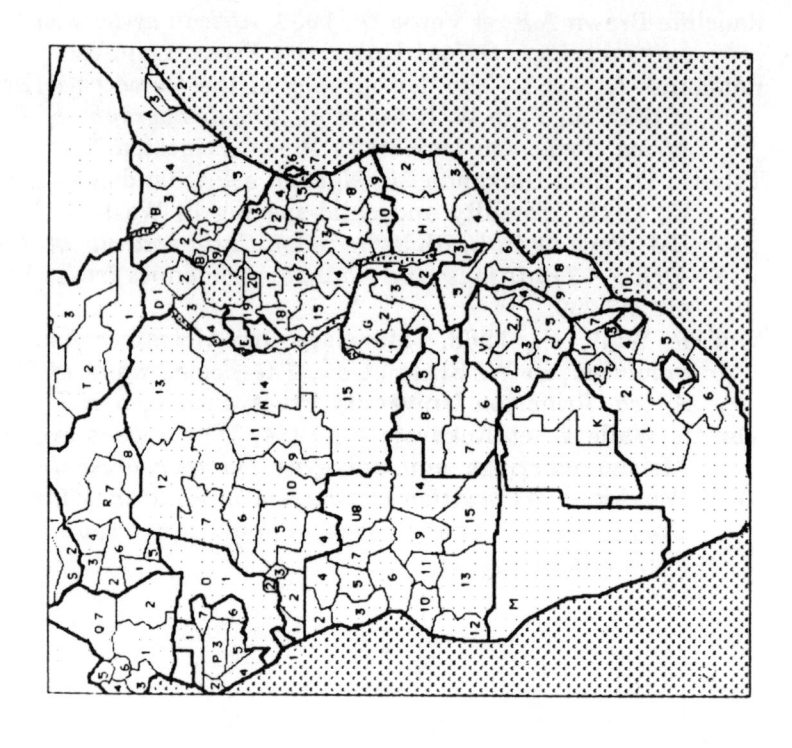

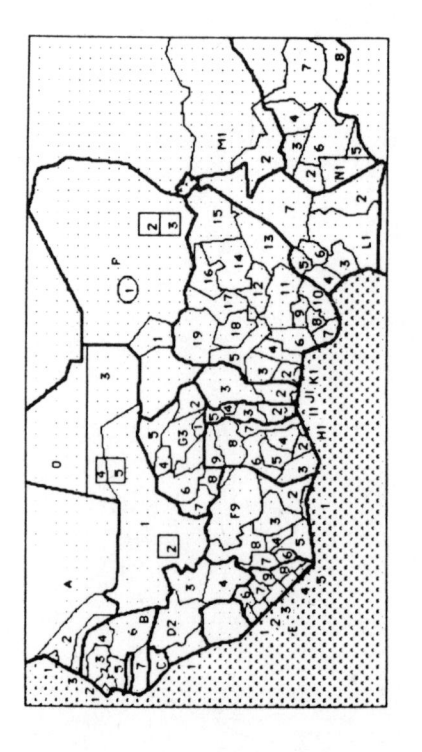

Voir liste ci-jointe.

IDENTIFICATION DES AIRES (CARTE 1)

Afrique de l'Ouest

A. **Mauritanie** : 1. Nouakchott; 2. Nomades/autre rural; 3. Fleuve rural.

B. **Sénégal** : 1. Dakar; 2. Thiès; 3. Louga & Diourbel; 4. Fleuve ; 5. Sine Saloum; 6. Sénégal Oriental; 7. Casamance.

C. **Guinée Bissau** (total).

D. **Guinée Conakry** : 1. Maritime; 2. Fouta Djallon; 3. Haute; 4. Forêt.

E. **Libéria** : 1. Grand Cape Mountain; 2. Montserrado; 3. Grand Bassa; 4. Sinoe; 5. Maryland; 6. Loffa; 7. Bong; 8. Grand Gedeh; 9. Nimba.

F. **Côte d'Ivoire** (ethnies) : 1. Lagunaires ; 2. Agni et Akan; 3. Baoulé; 4. Guro; 5. Kru; 6. Guéré (Ngere); 7. Yacuba; 8. Malinke; 9. Senufo & Kulango.

G. **Burkina Faso** (ethnies) : 1. Bissa; 2. Gourmantche; 3. Mossi Central; 4. Mossi Yatenga; 5. Peul; 6. Bobo; 7. Senufo; 8. Lobi-Dagara.

H. **Ghana** : 1. Greater Accra; 2. Central; 3. Western; 4. Eastern; 5. Ashanti; 6. Brong-Ahafo; 7. Volta; 8. Northern; 9. Upper.

I. **Togo** : 1. Maritime; 2. Plateau; 3. Centre; 4. Kara; 5. Savanes.

J. **Bénin** : 1. Cotonou; 2. Sud et Centre (Zou, Oueme, Atlantique, Mono); 3. Atacora et Borgu.

K. **Nigéria** : 1. Lagos ; 2. Ogun; 3. Oyo; 4. Ondo; 5. Kwara; 6. Bendel; 7. Rivers; 8. Imo; 9. Anambra; 10. Cross-River; 11. Benue; 12. Plateau; 13. Gongola; 14. Bauchi; 15. Borno; 16. Kano; 17. Kaduna; 18. Niger; 19. Sokoto.

L. **Cameroun** : 1. Centre-Sud; 2. Est; 3. Littoral; 4. Sud-Ouest; 5. Nord-Ouest; 6. Ouest; 7. Nord.

M. **Tchad Sud** : 1. Centre; 2. Sud.

N. **Centrafrique** : 1. Haute Sangha; 2. Nana Membere; 3. Ouham-Pende; 4. Ouham; 5. Lobaye; 6. reste de l'Ouest; 7. Centre; 8. Fleuve.

O. **Mali** : 1. Rural; 2. Urbain; 3. Nomades; 4. Delta Tamasheq, Touareg et Bella; 5. Delta Bambara.

P. **Niger** : 1. Agadez et Tahoua; 2. Niger Peul (Wodaabe); 3. Niger Touareg.

Afrique Centrale, de l'Est et du Sud

A. **Somalie** : Mogadishu et Bay/Shebelle urbains; 2. Benadir et Shebelle sédentaires; 3. Nomades.

B. **Kenya** : 1. Rift Valley-Turkana; 2. Rift Valley autre; 3. Eastern-Marsabit; 4. North-Eastern; 5. Coast; 6. Eastern-rest; 7. Central; 8. Western; 9. Nyanza; 10. Nairobi.

C. **Tanzanie** : 1. Mara; 2. Arusha; 3. Kilimanjaro; 4. Tanga; 5. Coast; 6. Zanzibar; 7. Dar Es Salaam; 8. Lindi; 9. Mtwara; 10. Ruvuma; 11. Morogoro; 12. Dodoma; 13. Iringa; 14. Mbeya; 15. Rukwa; 16. Tabora; 17. Shinyanga; 18. Kigoma; 19. West Lake; 20. Mwanza; 21. Singida.

D. **Ouganda** : 1. Northern; 2. Eastern; 3. Buganda; 4. Western.

E. **Rwanda** (total)

F. **Burundi** (total)

G. **Zambie** : 1. Luapula; 2. Northern; 3. Eastern; 4. Central; 5. Copperbelt; 6. Southern; 7. Western; 8. North-Western.

H. **Mozambique** : 1. Niassa; 2. Cabo Delgado; 3. Moçambique; 4. Zambesia; 5. Tete; 6. Sofala; 7. Manica; 8. Inhambane; 9. Gaza; 10. Maputo (Laurenço-Marques).

I. **Malawi** : 1. Northern; 2. Central; 3. Southern.

J. **Lesotho** (total).

K. **Botswana** (total).

L. **Afrique du Sud** (ethnies) : 1. Venda; 2. Tswana; 3. Ndebele; 4. Swazi; 5. Zulu; 6. Xho-sa; 7. Thonga-Shangaan.

M. **Namibie** (total).

N. **Zaïre** : 1. Bas-Fleuve; 2. Cataractes (1+2 = Bas Zaïre); 3. Kinshasa; 4. Kwango; 5. Kwilu; 6. Mai Ndombe (4+5+6 = Bandundu); 7. Equateur; 8. Tshuapa (7+8 = Equateur Province); 9. Lulua; 10. Kasai (9+10 = Kasai Occidental); 11. Sankura & Kabinda (reste Kasai province); 12. Ubangi & Mongala (reste Equateur province); 13. Orientale; 14. Shaba.

O. **Congo** : 1. Congo villages + centres extra-coutumiers; 2. Brazzaville.

P. **Gabon** (ethnies) : 1. Fang; 2. Omyene; 3. Bakele; 4. Eshira; 5. Okande; 6. Mbede; 7. Bakota.

Q. **Cameroun** : voir Afrique de l'Ouest

R. **Centrafrique** : voir Afrique de l'Ouest

S. **Tchad du Sud** : voir Afrique de l'Ouest

T. **Soudan du Sud** : 1. Equatoria; 2. Bahr-el-Ghazal; 3. Upper Nile.

U. **Angola** : 1. Cabinda; 2. Zaire; 3. Luanda; 4. Uige; 5. Cuanza Norte; 6. Cuanza Sul; 7. Malange; 8. Lunda Norte & Sul; 9. Bie; 10. Benguela; 11. Huambo; 12. Mocamedes; 13. Huila & Cunene; 14. Moxico; 15. Cuando Cubango.

V. **Zimbabwe** : 1. North Mashonaland; 2. South Mashonaland; 3. Midlands; 4. Mani-caland; 5. Victoria; 6. North Matabeleland; 7. South Matabeleland.

ANNEXE STATISTIQUE

Tableau A.8.1 : Evolution récente des proportions (%) de *femmes* célibataires à 15-19 et 20-24 ans dans onze pays africains.

Pays		Dates	% de célibataires		Changement à
			15-19	20-24	15-19 ans
Angola	R	1960	56,4	11,3	
	R	1970	64,3	17,2	+ 7,9
Cameroun	E	1963	15,5	7,0	
Nord	R	1976	22,1	4,3	+ 6,6
	E	1978	20,9	3,2	+ 5,4
Congo	E	1960	41,6	7,2	
	R	1974	66,8	20,5	+ 25,2
Côte d'Ivoire	R	1975	57,2	22,8	
	E	1978	47,9	17,8	- 9,3
	W	1981	51,4	18,0	+ 3,5
Ghana	R	1960	45,9	8,6	
	R	1971	68,2	16,0	+ 22,3
	W	1979	69,1	15,4	+ 0,9
Kenya	R	1962	55,3	12,6	
	R	1969	63,6	18,4	+ 8,3
	R	1979	71,2	24,5	+ 7,6
Liberia	R	1962	43,5	12,0	
	R	1974	57,7	21,4	+ 14,2
Mali	E	1960	21,0	3,1	
	R	1976	47,6	11,7	+ 26,6
Mauritanie	E	1965(1)	52,8	28,9	
	R	1977	57,0	24,4	
	W	1981	61,5	24,9	+ 4,5
Rwanda	E	1970	82,4	18,0	
	E	1983	87,6	31,9	+ 5,2
Sénégal	E	1960	37,2	-	
	E	1970	56,6	14,6	+ 19,4
	R	1976	54,8	20,6	- 1,8
	W	1978	45,2	16,1	- 11,4

(1) milieu rural

Source : R. Lesthaeghe et al. (1986).

R = recensement
E = enquête démographique
W = enquête de fécondité

Tableau A.8.2 : Evolution récente des proportions (%) d'*hommes* célibataires à 20-24 et 25-29 ans dans onze pays africains.

Pays		Dates	% de célibataires		Changement à
			15-19	20-24	15-19 ans
Angola	R	1960	53,8	24,3	
	R	1970	58,3	28,6	+ 4,5
Cameroun Nord	E	1963	45,1	10,2	
	R	1976	59,8	30,5	+14,7
	W	1978	56,4	27,3	+11,3
Congo	E.	1960	56,8	19,7	
	R	1974	81,7	37,9	+ 24,9
Côte d'Ivoire	R	1975	74,7	42,2	
	E	1978	75,3	45,1	+ 0,6
	W	1981	77,5	43,2	+ 2,2
Ghana	R	1960	71,2	36,7	
	R	1971	79,6	39,5	+ 8,4
	W	1979	-	-	
Kenya	R	1962	56,8	26,4	
	R	1969	71,8	32,1	+15,0
	R	1979	72,0	-	+ 0,2
Liberia	R	1962	68,5	40,0	
	R	1974	74,4	41,1	+ 5,9
Mali	E	1960	78,2	37,3	
	R	1976	81,6	47,0	+ 3,4
Mauritanie	E	1965(1)	84,4	55,4	
	R	1977	80,5	47,2	- 3,9
	W	1981	84,9	46,5	+ 4,4
Rwanda	E	1970	45,5	10,0	
	E	1983	-	-	
Sénégal	E	1960	85,3	-	
	E	1970	90,1	56,0	+ 4,8
	R	1976	86,4	54,2	- 3,7
	W	1978	85,2	50,1	- 4,9

(1) Milieu rural

Source : R. Lesthaeghe et al. (1986).

R = recensement
E = enquête démographique
W = enquête de fécondité.

Tableau A.8.3 : Evolution récente de quelques indicateurs de polygynie dans quatorze pays africains.

Pays		Dates	Indice de polygynie M	Multiplicateur de polygynie k.l	% de femmes mariées en union polygyne f
Bénin	E	1961(1)	1,42	1,24	51,3
	W	1982	-	-	34,6
Cameroun Nord	E	1963	1,28	1,09	46,3
	R	1976	1,69	1,50	44,2
	W	1978	1,35	1,21	42,9
Congo	E	1960	1,46	1,07	53,8
	R	1974	1,56	1,12	38,1
Côte d'Ivoire	R	1975	1,35	1,24	41,4
	E	1978	-	-	-
	W	1981	1,31	1,28	41,4
Ghana	R	1961	1,27	1,26	45,4
	R	1971	1,24	-	-
	W	1979	1,24	-	34,4
Kenya	R	1962	1,28	-	-
	R	1969	1,29	1,18	-
	R	1979	1,21	-	-
	W	1977	-	-	29,5
Liberia	R	1962	1,38	1,30	-
	R	1974	1,29	1,28	-
Mali	E	1960	1,41	1,29	44,1
	R	1976	1,34	1,22	46,3
Mauritanie	E	1965(1)	1,04	-	8,4
	R	1977	1,14	1,01	-
	W	1981	-	-	18,0

Tableau A.8.3 : Suite et fin.

Pays		Dates	Indice de polygynie M	Multiplicateur de polygynie k.1	% de femmes mariées en union polygyne f
Mozambique	R	1955	0,83	0,94	-
	R	1970	1,15	1,05	24,6
	R	1980	1,17	1,04	-
Rwanda	E	1970	1,09	-	16,1
	R	1978	1,25	-	15,2
	E	1983	-	-	18,4
Sénégal	E	1970	1,41	1,32	46,9
	R	1976	1,47	1,39	51,8
	W	1978	1,48	1,38	48,5
Tanzanie	R	1967	1,25	1,13	-
(mainland)	E	1973	1,18	1,17	27,1
	R	1977	1,21	1,14	-
Zaïre					
. Kinshasa	E	1975	1,03	1,18	10,2
	E	1983	-	-	10,4
. Bas-Fleuve	E	1956	1,08	-	15,0
Cataractes	E	1956	1,15	-	11,2
Bas-Zaïre	E	1975	1,20	1,11	27,2
. Equateur	E	1956	1,24	-	34,7
Tshuapa	E	1956	1,25	-	37,0
Ensemble	E	1975	1,02	0,83	16,1

(1) Milieu rural

R = recensement
E = enquête démographique
W = enquête de fécondité.

Source : R. Lestaeghe et al. (1986).

9

POLYGAMIE, FECONDITE ET STRUCTURES FAMILIALES

Gilles PISON

> *"Un homme comme Gorgui Mbodj, descendant d'une lignée aussi illustre, devrait avoir honte d'être monogame. Il a le devoir de perpétuer son sang par une progéniture convenable"*
> *(Cheik Aliou Ndao,* Buur Tillen, *Présence Africaine, 1972, p. 11).*

Le mot polygamie désigne la situation d'un homme marié à plusieurs femmes en même temps[1]. Si les populations polygames étaient probablement la majorité dans le monde avant l'expansion

---

(1) Le mot polygamie (du grec "poly", plusieurs et "gamos", mariage) désigne en fait une forme de mariage où un individu est marié à plusieurs individus en même temps. L'atlas ethnologique dressé par G.P. Murdock (1957) recense 418 sociétés polygames où ce type d'union est reconnu socialement, parmi 557 sociétés dont on connaît la forme du mariage. Celles où ce sont les femmes qui peuvent avoir plusieurs époux, on parle de "polyandrie", sont extrêmement rares (il y en a 4 dans l'ensemble étudié, soit moins de 1 %) et la situation inverse, où ce sont les hommes qui peuvent avoir plusieurs épouses, la "polygynie", est de loin la plus fréquente : on la rencontre dans 74 % des sociétés étudiées. Suivant les usages, nous utilisons le mot polygamie plutôt que polygynie pour désigner cette forme de mariage.

de la culture occidentale, on ne la rencontre plus aujourd'hui que dans quelques régions, principalement les pays arabes, les régions musulmanes d'Asie et l'Afrique. Dans cet ensemble, l'importance de la polygamie varie beaucoup. Dans les pays arabes et dans les régions musulmanes d'Asie, les unions polygames sont une minorité : moins de 10 % des unions. A l'opposé de l'opinion courante, la polygamie n'est et n'a jamais été très développée dans les pays arabes. En revanche, en Afrique au Sud du Sahara, les unions polygames sont fréquentes : ce peut être la moitié ou plus des femmes mariées qui, dans certaines régions, sont dans cette situation. La polygamie à grande échelle apparaît donc comme une particularité de l'Afrique sub-saharienne, et elle donne à sa population des traits caractéristiques.

Nous examinerons ici trois questions posées par la polygamie : 1) comment fonctionne le marché matrimonial avec la polygamie ? comment, en particulier, est-elle possible lorsqu'il y a égalité numérique entre les hommes et les femmes ? ; 2) la polygamie a-t-elle un effet sur la fécondité, et lequel ? ; 3) quelle est l'allure de la famille et de la parenté dans les sociétés polygames ? Quelles sont les différences avec les sociétés monogames ?

1. LES CONDITIONS DEMOGRAPHIQUES DE LA POLYGAMIE

1.1. Des explications fantaisistes

La polygamie est parfois expliquée par *un prétendu excédent de femmes sur les hommes*. Un journaliste français, en visite en Amérique du Nord au siècle dernier, n'écrivait-il pas à propos des Mormons, à l'époque polygames et vivant dans la région du Lac-Salé : "Au Lac-Salé, il naît plus de femmes que d'hommes. C'est, du reste, un fait commun à tous les pays polygames et qu'on m'avait déjà fait remarquer en Turquie, par exemple. Il y a là une loi physiologique qui se manifeste partout où l'homme est épuisé par l'abus du plaisir" (P. Toutain, 1876).

Les statistiques sérieuses sur les naissances vont toutes à l'encontre de cette loi fantaisiste ; elles montrent, à l'opposé, que si *"les hommes et les femmes naissent égaux", c'est d'abord en nombre*. Plus précisément, il existe même un léger excédent de naissances masculines : il naît en moyenne 103 à 106 garçons pour 100 filles. Cet avantage disparaît souvent au bout de quelques mois ou de quelques années, parce que la mortalité est en général un peu plus forte chez les garçons que chez les filles. Et aux âges élevés, ce sont au contraire les femmes qui sont très souvent un peu plus nombreuses que les hommes, toujours à cause d'une moindre mortalité chez elles. Ces nuances ne remettent cependant pas en cause l'égalité numérique d'ensemble des hommes et des femmes, en l'absence de guerre ou de migration affectant différemment les deux sexes.

Pourtant la polygamie suppose une inégalité des sexes à l'égard du mariage : certains hommes mariés ont plusieurs épouses, toutes les femmes mariées n'ont qu'un mari. Comment cette inégalité s'accommode-t-elle de l'égalité numérique des sexes dans la population ? Certains auteurs, ne pouvant admettre que la polygamie puisse exister sans un excédent de femmes sur les hommes, ont considéré que *les populations polygames prenaient des femmes dans les populations voisines,* ou que leurs échanges matrimoniaux avec ces populations étaient déséquilibrés, avec un solde positif en leur faveur. Mais cette explication ne tient pas lorsque la polygamie est répandue dans toute une région ou tout un pays, ce qui est une situation fréquente : où les populations polygames voisines prendraient-elles leur femmes ? D'autres ont pensé au *célibat* pour expliquer la polygamie : une partie des hommes renoncerait à se marier, ce qui permettrait à une autre partie d'avoir plusieurs épouses. Mais le célibat masculin existe aussi dans les sociétés monogames et curieusement, c'est plutôt dans celles-ci, et non dans les sociétés polygames, qu'il est le plus fréquent. La polygamie fonctionne en réalité selon quelques mécanismes simples. Avant de les examiner, signalons quelques-unes des difficultés de l'étude du mariage en Afrique.

1.2. Les difficultés d'étude du mariage

L'étude du mariage en Afrique au Sud du Sahara est malaisée. Aux difficultés communes à toutes les études démographiques dans les pays à statistiques imparfaites, s'en ajoutent d'autres spécifiques de l'étude du mariage. La première vient des *concepts* : les recensements et les enquêtes à large échelle menées jusqu'ici en Afrique reprennent souvent les mêmes catégories que celles utilisées dans les pays industrialisés. Les individus, par exemple, sont classés en "célibataires", "mariés", "divorcés" ou "veufs" ; parmi les mariés, on distingue souvent ceux en union légale de ceux en union de fait. Parfois, on rajoute des catégories supplémentaires, le mariage coutumier par exemple qui désigne les unions reconnues socialement, mais non enregistrées à l'état civil. Mais même avec ces ajouts, *le système de catégories utilisées et les critères pour les distinguer ne donnent que rarement un classement satisfaisant.* Les formes du mariage peuvent en effet être assez différentes de celles qu'il a dans les sociétés européennes industrialisées.

Les descriptions des ethnologues rendent bien compte des particularités du mariage dans telle ou telle population ou ethnie, et elles permettent de définir des catégories qui correspondent bien à la réalité. L'inconvénient est que, pour être bien adaptées, les définitions de ces catégories doivent changer d'une ethnie à l'autre, rendant alors difficiles les comparaisons entre populations. Une difficulté supplémentaire vient des *législations* qui, dans certains pays, interdisent la polygamie. La régression ou la disparition de la polygamie qui en résulte n'est souvent qu'apparente : celle-ci se camoufle souvent alors sous des formes et des noms divers. Son étude n'en est que plus difficile. Les difficultés que nous venons de mentionner sont plus ou moins grandes selon les populations et les pays. Elles s'accroissent en général pour les populations urbaines et pour les époques récentes, en liaison avec la montée de formes nouvelles d'union.

Pour montrer les principaux mécanismes de la polygamie, prenons une population où la polygamie est très développée, pour laquelle on dispose de données assez détaillées sur la situation matrimoniale des individus et où les difficultés énumérées plus haut sont peu importantes : *les Peul Bandé du Sénégal.* Ce sont des agriculteurs pratiquant également l'élevage, au nombre de 4 200 environ en 1986, et habitant la région de Kédougou à l'extrémité sud-est du Sénégal. Par leur langue, leur mode de vie et leur organisation sociale, ils sont très proches des Peul habitant, plus au sud, le massif montagneux du Fouta-Djallon, en Guinée. Depuis 10 ans, une étude a permis de décrire leur démographie (G. Pison, 1982) et la polygamie a pu y être étudiée en détail.

1.3. L'écart d'âge au mariage entre hommes et femmes

Pour comprendre les mécanismes de la polygamie, il faut distinguer différentes catégories d'individus dans la population : il faut bien sûr séparer les hommes et les femmes, les mariés et les non mariés, mais aussi les différents groupes d'âge. La figure 1 présente la répartition de la population Peul Bandé au 1er mars 1980 par sexe (les femmes à droite, les hommes à gauche), par âge (groupes d'âge de 10 ans sur l'axe vertical) et par situation matrimoniale ; nous avons distingué deux catégories d'individus sur *la figure 1 A* : les individus "en union", c'est-à-dire les individus qui ont au moins un conjoint (un seul bien entendu pour les femmes, un ou plusieurs pour les hommes), et les individus "sans union", ceux qui n'ont pas de conjoint au moment de notre recensement. Cette catégorie comprend tant les individus qui n'ont jamais eu de conjoint, autrement dit, qui ne se sont jamais mariés (on parlera de "célibataires") que ceux qui se sont mariés et ont eu un ou plusieurs conjoints, mais qui n'en ont plus au moment du recensement, leurs conjoints les ayant quittés ou étant décédés.

La figure 1 A montre trois caractéristiques remarquables de la population : 1) une nette supériorité numérique des femmes en union sur les hommes en union, 2) un décalage important entre les répartitions par âge de ces deux catégories et 3) une faible proportion d'individus sans union au-delà d'un certain âge.

La première caractéristique, *l'excès de femmes en union sur les hommes en union*, est directement liée à l'existence de la polygamie. Le rapport des nombres de femmes et d'hommes en union, représentés sur la pyramide de la figure 1 A par les deux surfaces hachurées, est 1,8 femmes en moyenne par homme en union (ce rapport est souvent appelé taux de polygamie).

La deuxième caractéristique de la figure 1 A est *la distribution plus âgée des hommes en union* ; le groupe d'âge 10-19 ans, en particulier, ne comprend aucun homme en union, alors que du côté des femmes, pas loin de la moitié sont déjà en union à ces âges ; entre 20 et 29 ans, toutes les femmes sont en union, alors que plus de la moitié des hommes ne le sont pas. La quasi-totalité des individus sans union de ces deux groupes d'âges sont des célibataires. Cette inégalité des répartitions par âge des individus en union vient de *la différence entre sexes de l'âge au premier mariage,* qui est

FIGURE 9.1
PYRAMIDE DES AGES DE LA POPULATION PEUL BANDE AU 1er MARS 1980 SELON DIVERSES CATEGORIES D'ETAT MATRIMONIAL

A. Une simple dichotomie

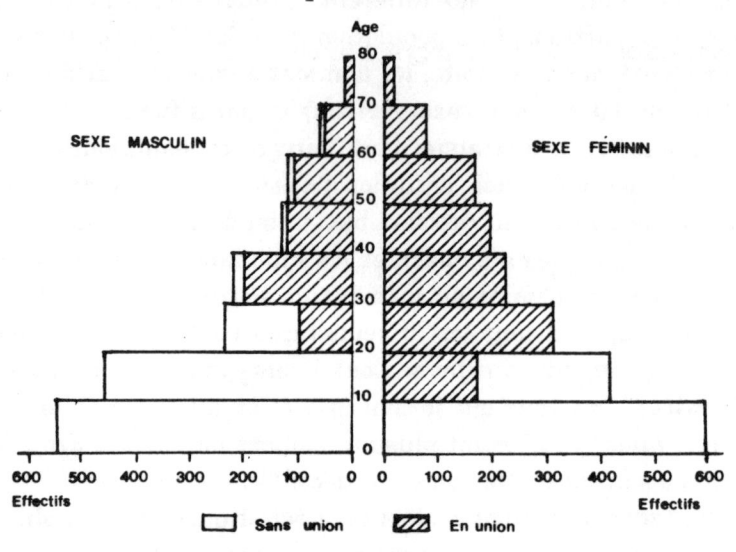

B. Une classification plus fine

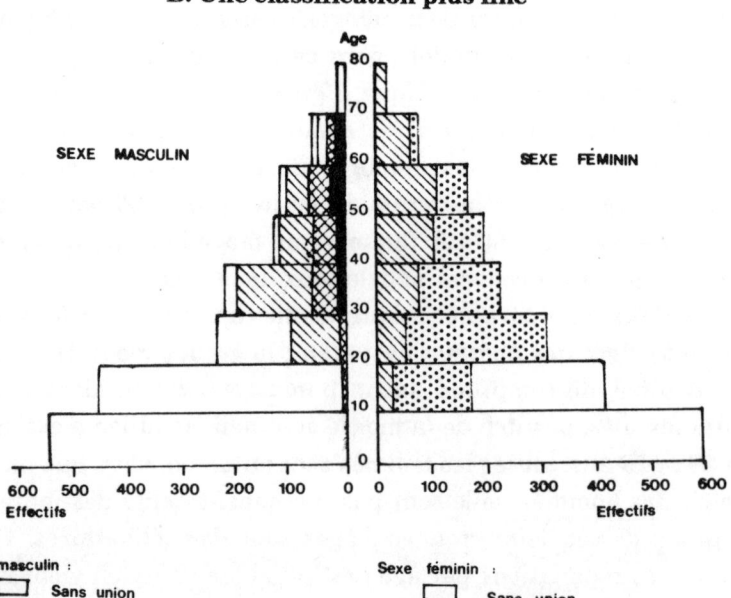

Sexe masculin :
- Sans union
- 1 épouse
- 2 épouses
- 3 épouses et plus

Sexe féminin :
- Sans union
- En première union
- En seconde union et plus

importante : de l'ordre de 10 ans ; les femmes se marient pour la première fois, en moyenne, vers 15 ans[2], et les hommes en moyenne vers 25 ans. Cet écart d'âge au premier mariage est la condition nécessaire pour qu'il y ait excédent de femmes en union sur les hommes en union. Mais elle ne suffit pas à elle seule.

1.4. Les autres facteurs démographiques

Quant à la troisième caractéristique de la figure 1 A (à partir de 20 ans pour les femmes et de 30 ans pour les hommes, *tout le monde est en union*), elle signifie, d'une part, que le célibat définitif (le fait de ne jamais se marier) est peu fréquent et que, d'autre part, après leur premier mariage, les individus restent en union pratiquement toute leur vie.

La figure 1 B montre la répartition de la même population selon des catégories matrimoniales un peu plus fines : les femmes sont divisées selon le nombre d'unions qu'elles ont eues et les hommes selon le nombre de femmes qu'ils ont. On y voit qu'une partie importante des femmes en union est remariée ; leur proportion augmente avec l'âge et dépasse 50 % à partir de 40 ans. On y voit aussi que les hommes âgés ont, en moyenne, plus d'épouses que les jeunes. Examinons dans l'ordre ces différents traits : d'abord l'absence ou presque de célibat définitif, ensuite le remariage des femmes et enfin les inégalités entre générations masculines.

Le célibat définitif
───────────────────

Le célibat définitif ne se rencontre chez les Peul Bandé qu'en cas d'infirmité physique ou mentale grave. *Il ne concerne donc qu'une infime minorité de la population,* environ 2 % des hommes de plus de 40 ans, moins de 1 % des femmes de plus de 25 ans. Même les femmes infirmes se marient souvent afin de respecter la règle inspirée de l'Islam : toute femme adulte doit avoir un mari. L'Islam ne fait d'ailleurs que renforcer la tradition africaine selon laquelle le célibat définitif est aberrant.

───────────────

[2] Généralement, les mesures d'âge au mariage ne sont guère fiables en Afrique ; en l'absence d'état civil, elles reflètent souvent les préjugés des enquêteurs sur l'âge normal au mariage. Dans le cas de l'exemple cité ici, ce biais a cependant en grande partie été éliminé.

L'absence de célibat définitif chez les femmes a pour résultat un nombre élevé de femmes en union. On pourrait être tenté de voir là un mécanisme important de la polygamie, mais ce serait une erreur car on a aussi une fréquence très faible du célibat définitif chez les hommes. La polygamie est d'abord liée dans cette population, comme dans toutes les populations polygames, à un écart d'âge au premier mariage important selon le sexe, dont résulte ce que l'on peut appeler un célibat temporaire des hommes par rapport aux femmes.

Rupture d'union et remariage

Toute union se rompt un jour, ne serait-ce qu'au décès de l'un des conjoints. Chez les Peul Bandé, du fait de la forte mortalité et de l'écart d'âge important entre conjoints, les femmes ont un risque élevé de devenir veuves un jour : 12 % des femmes entrant dans leur première union le deviennent dans les dix années qui suivent. L'union peut d'ailleurs déjà être rompue d'une autre façon. Les séparations - nous les appelerons divorces - sont en effet relativement fréquentes : en l'absence de veuvage, 26 % des femmes divorcent dans les trois premières années de leur première union.

Les ruptures d'union limiteraient sérieusement la polygamie si elles n'étaient pas suivies du *remariage des femmes*. Chez les Peul Bandé, le remariage, après rupture d'union, est *systématique* chez les femmes, la situation de veuve ou de divorcée non remariée, pendant une longue période, n'étant pas admise, même quand elles ont dépassé la cinquantaine. Ces unions ne sont alors souvent que formelles, pour respecter la règle religieuse, et en général il n'y a pas cohabitation.

Systématique après rupture d'union, le remariage des femmes est aussi *très rapide*. En cas de veuvage, le nouveau mari est souvent un frère ou un parent paternel du mari décédé (cette forme de remariage est appelée "lévirat") et le délai de remariage est fixe, de 4 mois et 10 jours, comme le prescrit l'Islam. En cas de divorce, le délai de remariage est également fixe en théorie, mais comme dans beaucoup d'autres populations africaines, *le délai réel de remariage est souvent difficile à apprécier*. Une séparation de fait, avec le retour de l'épouse chez ses parents, précède souvent de plusieurs mois la séparation de droit (droit coutumier ici, car la plupart des unions ne sont pas enregistrées à l'état civil) ; celle-ci est prononcée par une assemblée d'anciens et entérinée par le remboursement au mari de la dot qu'il avait versée aux parents de la femme au moment où le mariage avait été conclu. Les parents étant souvent dans l'impossibilité de rendre la dot, parce que, comme on dit en Afrique de façon figurée, ils l'ont "mangée", le règlement du divorce n'est possible qu'à partir du moment où un nouveau prétendant s'annonce, avec une nouvelle dot. Souvent supérieure à la première, celle-ci permet ainsi aux parents de la femme, à qui elle est versée, de rembourser la première dot à l'ex-mari, tout en prenant au passage leur bénéfice. En pratique, le divorce n'est envisagé de façon sérieuse que lorsqu'il y a eu accord entre la femme ou sa famille et le futur mari et, en l'absence d'un tel accord, les parents font tout pour que leur fille retourne chez son mari.

Cette pratique a pour résultat pour la femme de lier tout divorce au remariage qui le suit. Le délai de remariage est court, comme dans le cas d'un veuvage, d'où la fréquence très faible de femmes sans union au-delà de 20 ans, si faible que cette catégorie n'apparaît pas dans les pyramides de la figure 1. Une séparation de fait précède souvent, nous l'avons vu, de plusieurs mois la séparation de droit et le remariage. Certaines femmes en union, mais en instance de divorce, vivent en fait dans leur famille d'origine et ne devraient donc pas être classées en union si on utilisait le critère de cohabitation. Ces femmes ne représentent cependant pas plus de 1 à 2 % des femmes en union entre 20 et 45 ans.

En raison du remariage systématique, et dans des délais extrêmement courts, de toute veuve ou divorcée, le nombre d'épouses à répartir entre les hommes est proche de son maximum possible, une fois fixé l'âge au premier mariage. *Le remariage des femmes est donc un facteur important de la polygamie,* qui renforce l'effet premier de l'écart d'âge au premier mariage entre hommes et femmes[3]. Mais ce ne sont pas les seuls mécanismes de la

---

(3) Le remariage systématique des femmes âgées paraît cependant gonfler démesurément le nombre de femmes en union, d'épouses qui ne le sont que de nom. Que deviendrait la polygamie sans ces unions purement formelles ? Si on ne les prend pas en compte, on obtient un taux de polygamie d'environ 1,6 femmes en union par homme en union, au lieu de 1,8 ; la différence est faible. Ainsi, quelle que soit la définition adoptée pour les unions, la polygamie reste étroitement liée au remariage des femmes.

polygamie des Peul Bandé. En voici deux autres que l'examen des pyramides des âges (figure 1) met bien en évidence :

    - la forme de la pyramide, très large à la base et se rétrécissant rapidement, renforce elle aussi l'effet de l'écart d'âge au premier mariage. Cette forme, que l'on retrouve dans tous les pays en développement, est liée à la *croissance de la population* (en moyenne de 12 ‰ par an chez les Peul Bandé depuis une dizaine d'années), croissance qui n'est que la résultante d'une natalité très élevée (52 ‰) en face d'une mortalité pourtant très élevée également (33 ‰) et d'une émigration assez forte (le solde migratoire, émigration moins immigration, est égal à 7 ‰). En raison de cette croissance, les générations successives sont de plus en plus nombreuses. Du fait de la différence d'âge au mariage, les hommes épousent des femmes appartenant à des générations plus jeunes que la leur, donc plus nombreuses. La polygamie se trouve ainsi favorisée.

    - les pyramides des âges montrent aussi qu'à tout âge au-delà de 20 ans, les femmes sont plus nombreuses que les hommes (l'écart est de 20 % en moyenne). Cette inégalité est liée à *l'émigration* d'une fraction des hommes et aussi sans doute à une *surmortalité masculine passée* (les mesures de mortalité pour la période actuelle ne montrent pas de différences d'un sexe à l'autre). La polygamie se trouve, là aussi, favorisée.

L'examen de la pyramide des âges nous a révélé plusieurs mécanismes démographiques qui, en se combinant, expliquent l'importance de la polygamie dans cette population. Ce sont, par ordre d'importance, l'écart d'âge au premier mariage selon le sexe, le remariage des veuves et divorcées, la croissance de la population, l'émigration masculine et la surmortalité masculine.

Mais ce serait une erreur d'appliquer à l'ensemble des populations polygames d'Afrique la configuration de facteurs démographiques observée dans l'une d'elles, en gardant notamment la même hiérarchie entre eux. On peut imaginer d'autres combinaisons donnant naissance à un excédent de femmes en union par rapport aux hommes en union, incluant d'autres facteurs comme le célibat définitif, ou donnant plus d'importance à certains et moins à d'autres. Il est ainsi possible que la surmortalité masculine ait été plus élevée à certaines périodes de l'humanité qu'aujourd'hui, du fait des activités de chasse ou des guerres se terminant par la mort des vaincus et la récupération de leurs femmes par les vainqueurs. Mais aujourd'hui, ce sont l'écart d'âge au premier mariage entre hommes et femmes et le remariage des veuves ou divorcées qui tiennent en général les premiers rôles.

2. LES CHANGEMENTS FREQUENTS DE SITUATION MATRIMONIALE

Revenons à la figure 1 B. La pyramide masculine montre que la polygamie n'est dominante que chez les hommes âgés, au-delà de 40 ou 50 ans ; jusqu'à ces âges, la plupart des hommes en union sont monogames. La polygamie semble donc réservée aux générations âgées. Cette inégalité entre les générations n'est cependant qu'apparente : elle disparaît si on considère l'ensemble de la carrière de chaque génération, de la naissance aux derniers âges, autrement dit si l'on examine le *"cycle de vie"*. Nous nous sommes intéressés jusqu'ici à la situation matrimoniale des individus composant la population à une date donnée, et nous avons comparé les individus des différents groupes d'âge entre eux. A cette optique "transversale", nous pouvons opposer la "longitudinale" qui enregistre les changements de la situation matrimoniale chez un même individu, ou un même ensemble d'individus, à mesure qu'il gravit l'échelle des âges.

Considérons un homme ayant deux épouses à un certain moment de sa vie. Comme il est exceptionnel qu'un homme se marie le même jour avec deux femmes, il n'a dû avoir qu'une seule épouse pendant toute une période de sa vie. Avant d'être polygame, il faut donc être monogame. De façon symétrique, un homme peut être monogame et avoir été polygame, si une ou plusieurs de ses épouses sont décédées ou ont divorcé. Et, du côté des femmes, la première épouse d'un polygame a forcément d'abord été l'épouse d'un monogame, lorsque son mari n'avait qu'elle comme épouse. Ainsi apparaît *la grande diversité des situations matrimoniales dans une société polygame,* diversité d'abord entre individus, mais aussi chez le même individu entre les différentes périodes de sa vie.

Cette diversité a pour origine *les changements relativement fréquents de situation matrimoniale*. Ils sont de deux types :

- Les premiers sont liés au cycle de vie et présentent une certaine régularité ; c'est le cas par exemple du premier mariage, un événement quasi certain pour les deux sexes, sauf décès précoce, et qui survient le plus souvent à un âge assez bien délimité : chez les Peul Bandé, les 3/4 des femmes ont entre 13 et 17 ans au moment de leur premier mariage et les 3/4 des hommes entre 21 et 29 ans. Il en est en partie de même du deuxième mariage des hommes : 85 % d'entre eux se marient au moins deux fois et ils ont alors pour la plupart entre 25 et 45 ans.

- Les ruptures d'union par veuvage ou divorce, et les remariages qui suivent chez les femmes, appartiennent au deuxième type de changements de situation matrimoniale, ceux qui ne peuvent être prévus de façon aussi sûre. Ils bouleversent l'arrangement initial des premiers mariages, et des deuxièmes chez les hommes, un peu à n'importe quel âge.

Les remariages fréquents font que le nombre de mariages et de remariages d'un individu ne cesse d'augmenter avec son âge (figures 2 A et 2 B). Vu d'un oeil occidental, le système polygame se distingue du système monogame par la possibilité, pour un homme, d'avoir plusieurs épouses en même temps. Les remariages des femmes, si fréquents chez les Peul Bandé qu'au-delà de 50 ans une majorité d'entre elles ont eu deux maris ou plus, semblent être tout aussi caractéristiques de la polygamie. Le remariage des femmes fait en quelque sorte pendant aux unions multiples des hommes. *Remariage et polygamie vont ainsi de pair.*

Les explications que nous avons données jusqu'ici permettent de mieux comprendre comment fonctionne le marché matrimonial dans une société polygame. Il est plus complexe que dans une société monogame : les liens tissés par les unions mettent en effet en relation toutes les générations adultes entre elles. Lorsqu'il y a surnombre d'un des sexes dans une génération, les ajustements possibles pour que chacun se marie sont nombreux. De tels ajustements existent également dans les sociétés monogames, mais ils sont moins aisés.

FIGURE 9.2

VARIATIONS DU NOMBRE MOYEN DE MARIAGES ET REMARIAGES SELON L'AGE CHEZ LES PEUL BANDE EN 1980

A. Hommes : nombre moyen de mariages et d'épouses

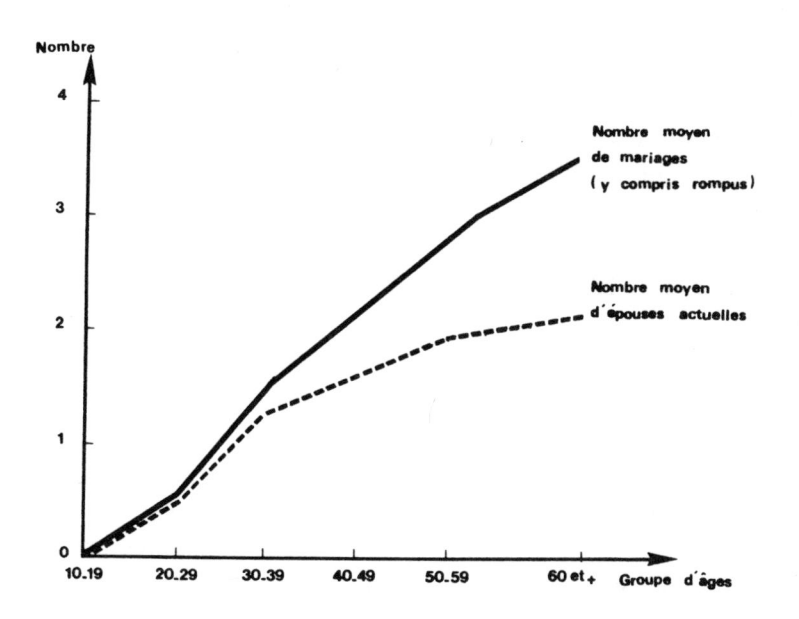

B. Femmes : nombre moyen de mariages et de remariages

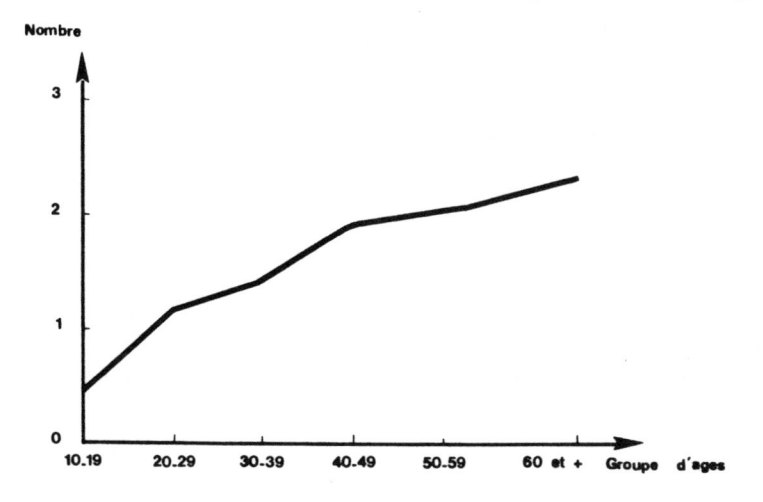

L'évolution du régime de mariage est par contre plus difficile avec la polygamie. Un changement du mariage dans une génération affecte le mariage de toutes les autres. Les générations âgées peuvent freiner les évolutions du mariage chez les jeunes : les aînés ont souvent en effet autorité sur le mariage de leurs cadets ou de leurs enfants. Avec la polygamie, le contrôle qu'exercent les hommes des générations âgées sur le mariage des jeunes est renforcé, car ils prennent eux-mêmes des épouses dans les générations plus jeunes. L'évolution du mariage ne peut être qu'assez lente. On comprend ainsi la résistance étonnante qu'a montré jusqu'ici la polygamie aux missionnaires et aux administrateurs coloniaux et, plus récemment, aux législations des états africains modernes.

3. LA POLYGAMIE ET LA FECONDITE

Dès le 18e siècle, certains auteurs se sont demandés quel est le système le plus favorable au développement d'une population : la monogamie ou la polygamie ? Fondant leur raisonnement sur le fait que plusieurs femmes produisent plus d'enfants qu'une seule, ils pensaient que c'était la polygamie. Ils oubliaient cependant que la polygamie n'augmente pas le nombre total de femmes présentes dans la population. En revanche, à partir du 19e siècle et jusqu'à aujourd'hui, la polygamie a plutôt été considérée comme défavorable à la fécondité : les femmes mariées à des hommes polygames auraient leur fécondité réduite par le partage des capacités sexuelles de leur mari entre plusieurs épouses.

Le problème des relations entre la polygamie et la fécondité recouvre en pratique *deux questions différentes*. La première concerne l'effet *individuel* de la polygamie sur la fécondité d'une femme : une femme mariée à un polygame a-t-elle moins d'enfants qu'une femme mariée à un monogame ? On compare ici entre elles des femmes appartenant toutes à une même société polygame. La deuxième question se place au niveau *collectif* : le système de la polygamie diminue-t-il ou non la fécondité de l'ensemble des femmes par rapport au système de la monogamie ? La comparaison est ici entre populations polygames et populations monogames et non entre individus.

3.1. Le niveau individuel

Selon les données d'enquêtes dont on dispose, il semble en général qu'à âge égal, les femmes de polygame ont en moyenne moins d'enfants que les femmes de monogame. Ce résultat, qui semble confirmer les idées reçues, doit cependant être interprété avec prudence. On ne peut en effet en conclure que les premières sont moins exposées au risque de concevoir que les secondes, pour deux raisons :

1) *les femmes mariées à un polygame peuvent d'abord ne pas l'avoir été toute leur vie* ; nous avons déjà noté que la première épouse d'un polygame a, en général, d'abord été l'épouse d'un monogame et que les ruptures d'union et les remariages, fréquents, modifiaient la situation matrimoniale des femmes plusieurs fois en moyenne au cours de leur vie, pouvant en particulier les faire passer de la catégorie de femme de polygame à celle de femme de monogame, et vice versa. En définitive, il faut prendre en compte les différentes situations matrimoniales que les femmes ont connues dans le passé, et non la seule situation matrimoniale du moment, comme le font la plupart des études.

2) *la proportion de femmes stériles est souvent plus élevée dans les ménages polygames que dans les ménages monogames.* Deux mécanismes encore expliquent ce résultat. D'une part, lorsque l'épouse unique d'un monogame se révèle stérile, celui-ci prend souvent une épouse supplémentaire, ou il la prend plus vite que si sa première épouse était féconde. D'autre part, dans les sociétés où le divorce est admis, les femmes stériles divorcent en général nettement plus que les autres, et leur remariage les conduit souvent dans des ménages polygames.

La forte mobilité conjugale des femmes stériles tient à plusieurs causes. D'abord dans les société patrilinéaires, qui sont la majorité en Afrique, en cas de divorce, les enfants restent la plupart du temps avec leur père ou sa famille. Le divorce est souvent à l'initiative des femmes, au moins en Afrique au sud du Sahara, et pour celles qui ont déjà des enfants, la perspective de devoir les abandonner les retient en partie de le demander. Les femmes qui n'ont pas d'enfants n'ont pas ce problème et elles divorcent donc plus souvent que celles qui en ont. Et puis certaines femmes stériles divorcent pour tenter leur chance ailleurs. La stérilité d'origine masculine est souvent méconnue, mais certains cas d'infécondité sont attribués à des sorts jetés sur la femme, et le changement de conjoint est considéré parfois comme une solution pour les lever.

Une partie importante des deuxièmes épouses et des épouses de rang supérieur sont prises parmi les veuves et divorcées, alors qu'au contraire les premières épouses sont plutôt des filles qui n'étaient pas mariées auparavant et pour qui l'union en cours est la première union. En raison du divorce plus fréquent, les femmes sans enfant se retrouvent épouses de rang 2 ou plus, donc en union polygame, plus souvent que les femmes ayant des enfants.

On ne dispose finalement que de peu d'études convenables pour étudier l'effet individuel de la polygamie sur la fécondité. L'un des rares exemples en est l'enquête sur la fécondité au Sud-Togo (Th. Locoh, 1984), qui permet de sélectionner les femmes qui ne se sont jamais remariées, c'est-à-dire celles qui sont encore dans leur première union et, parmi celles-ci, de comparer les femmes mariées dès le début à un monogame qui l'est resté par la suite, à celles mariées dès le début à un polygame qui l'est également resté. A âge égal, la descendance des premières est supérieure à celle des secondes, mais l'écart est très léger : moins de 5 % pour les femmes en fin de vie féconde. Ce résultat confirme ceux d'études bien documentées, plus anciennes, menées chez les Bédouins du Neguev en Israël (H. Musham, 1956) ou les Mormons d'Amérique du Nord (J. Smith et P. Kunz, 1976) : *la polygamie ne diminue pas de façon sensible la fécondité d'une femme.*

Ce résultat peut paraître surprenant au premier abord, mais il peut en grande partie s'expliquer. Tout d'abord, il est vrai que le risque de conception augmente avec la fréquence des rapports sexuels, mais sans lui être proportionnel (H. Léridon, 1973). Deux fois moins de rapports sexuels ne réduit pas de moitié le risque de conception ou la fécondité, mais beaucoup moins. Par ailleurs, les interdits sexuels pendant la grossesse, l'allaitement ou les règles, fréquents en Afrique, obligent les polygames pendant des périodes parfois longues à n'avoir de rapports qu'avec certaines de leurs épouses. La fréquence des rapports sexuels d'une femme n'est donc pas non plus inversement proportionnelle au nombre d'épouses de son mari. Enfin, les hommes célibataires, qui sont nombreux, ont des rapports avec certaines femmes mariées. Dans pratiquement toutes les sociétés, l'adultère est réprouvé et sanctionné souvent par une peine ou une amende, en cas de flagrant délit. Mais un homme qui a plusieurs épouses a plus de peine à l'empêcher que celui qui n'en a qu'une. Il peut également fermer les yeux et même, dans certains cas, favoriser l'adultère lorsque, âgé ou malade, il ne suffit plus à la tâche[4].

On comprend ainsi en partie que le risque de conception soit peu différent entre une épouse d'un monogame et une épouse d'un polygame. *Contrairement aux idées admises, la polygamie n'a donc pas d'effet important sur la fécondité d'une femme*, et les études révèlent plutôt une liaison de cause à effet en sens inverse : les femmes infécondes, ou peu fécondes, sont, nous l'avons signalé, plus souvent en union polygame.

3.2. Le niveau collectif

Mais au niveau collectif, une population optant pour la polygamie est-elle moins féconde qu'une population optant pour la monogamie ? La tendance est de répondre par l'affirmative, en considérant que les femmes de polygame ont moins d'enfants que les femmes de monogame. L'erreur de ce raisonnement est double : il repose d'abord sur une erreur d'interprétation de mesures biaisées, comme nous venons de le voir ; il admet par ailleurs que les femmes des sociétés monogames ont une descendance analogue à celle des femmes restées en union monogame des sociétés polygames. Dans une société à fécondité naturelle, la descendance d'une femme est surtout fonction de sa durée d'exposition au risque de concevoir au cours de sa vie, durée elle-même proportionnelle au temps passé en union lorsqu'elle ne pratique pas la limitation des naissances. Or, les conditions démographiques associées à la polygamie (célibat définitif absent ou peu fréquent, âge au premier mariage précoce et remariage systématique et rapide après veuvage ou divorce) ont pour résultat que le temps moyen passé en union est élevé, et souvent proche du maximum possible. Dans les sociétés

---

(4) L'écart d'âge entre mari et femme est en moyenne plus grand pour les femmes de polygames que pour celles de monogames. L'âge plus élevé du mari a sans doute comme effet de réduire la fécondité de la femme, en raison d'un taux plus important de stérilité masculine et d'une fréquence plus faible des rapports sexuels. Ces effets n'ont cependant pas encore été beaucoup étudiés et il est difficile de les séparer des autres facteurs.

monogames, il est, en général, inférieur à ce maximum. *Plutôt donc que de réduire la fécondité moyenne, la polygamie, au contraire, la favoriserait.*

Si l'on compare les populations monogames et les populations polygames d'une même région, *le Sahel,* cela semble bien être le cas. Les administrateurs et médecins coloniaux avaient depuis longtemps remarqué que les populations nomades du Sahel étaient moins fécondes que les populations d'agriculteurs sédentaires qu'elles côtoient, et ils pensaient que ces différences résultaient d'une fréquence élevée de maladies vénériennes stérilisantes chez les premières, liée à une grande liberté sexuelle et aux nombreux divorces. Cette explication ne s'appuyait en général sur aucune mesure sérieuse de l'incidence de ces maladies. L'une des explications proposées aujourd'hui s'appuie sur les différences de nuptialité entre les deux types de population. Les populations nomades du Sahel sont pour la plupart monogames (c'est le cas des Maures et des Touaregs par exemple) ou légèrement polygames (les Peul nomades), alors que les populations voisines d'agriculteurs sont en général fortement polygames. Les femmes se marient aussi rapidement dans les deux types de population, mais chez les nomades, il arrive souvent qu'une fraction d'entre elles restent célibataires toute leur vie. Par ailleurs, les divorces, fréquents, et les veuvages ne sont pas toujours suivis de remariage de la femme et, en cas de remariage, le délai de remariage peut être long.

Une étude récente a estimé la descendance moyenne et le temps moyen passé en union des femmes d'un groupe Touareg du Mali et d'un groupe Bambara voisin (S. Randall, 1984). La descendance des femmes Touareg est de 6,6 enfants en moyenne à 50 ans contre 8,1 pour les femmes Bambara, soit 1,5 enfant de moins en moyenne. Mais leur temps passé en union est aussi inférieur. Si on le prend en compte, à durée passée en union égale, la descendance des femmes Touareg devient alors nettement supérieure à celle des femmes Bambara (10,1 enfants en moyenne contre 8,9 pour toute une vie passée en union).

Cet exemple montre que dans cette région, la polygamie est associée à une forte fécondité et que quelques mécanismes démographiques simples rendent compte de cette liaison. Il serait néanmoins simpliste d'en conclure que la polygamie est seule responsable de la forte fécondité des populations sédentaires, et la monogamie de la moindre fécondité des populations nomades. La nuptialité n'est ici qu'un facteur intermédiaire, dépendant d'autres facteurs liés au mode de vie.

4. LA FAMILLE ET LA PARENTE DANS LES SOCIETES POLYGAMES

Si de nombreux auteurs se sont interrogés sur les effets de la polygamie sur la fécondité, peu se sont penchés sur ses conséquences sur la structure des familles et de la parenté. En dehors du constat qu'en moyenne un ménage polygame est plus grand qu'un ménage monogame, les différences de structures, dont certaines sont très importantes, n'ont en général guère été perçues. Nous en présentons ici un certain nombre qui résultent toutes des rythmes de reproduction différents des hommes et des femmes dans les populations polygames.

4.1. Les rythmes de reproduction des hommes et des femmes

Reprenons l'exemple Peul Bandé. L'étude de la fécondité féminine et de la fécondité masculine (tableau 1) montre que le rythme de reproduction diffère fortement d'un sexe à l'autre dans cette population (G. Pison, 1986). Les hommes ont leurs enfants plus tard et ils en ont plus que les femmes. L'âge moyen à la paternité est un peu supérieur à 40 ans alors que l'âge moyen à la maternité est proche de 27 ans ; le taux de remplacement des générations (appelé taux net de reproduction par les démographes) est 2,1 du côté masculin et 1,5 du côté féminin. La population masculine dans son ensemble se reproduit donc plus, mais plus lentement que la population féminine[5].

---

(5) Ces différences de rythme de reproduction, qui sont directement liées à la polygamie, semblent au premier abord difficilement concevables. Elles ne sont cependant pas incompatibles entre elles, puisque les deux rythmes conduisent chacun à une croissance de la population dont le taux, exprimé avec la même unité de temps, est pratiquement identique d'un sexe à l'autre.

Tableau 9.1 : Les rythmes de reproduction des hommes et des femmes chez les Peul Bandé du Sénégal.

Indices	Génération ne subissant pas la mortalité (mesures brutes)		Génération subissant la mortalité (mesures nettes)	
	femmes	hommes	femmes	hommes
fécondité cumulée à 80 ans, en nombre moyen d'enfants par femme ou par homme	6,7	11,2	3,2	4,2
taux de reproduction, en nombre de filles, ou de fils, pour respectivement une femme et un homme	3,2	5,8	1,5	2,1
âge moyen à la maternité ou à la paternité (en années)	27,8	42,9	27,2	40,2

Source : G. Pison (1986).

4.2. Une parenté asymétrique

Les différences de rythme de reproduction selon le sexe donnent à la parenté une allure particulière, marquée par une asymétrie entre le côté paternel et le côté maternel. Nous donnons ici quelques exemples chiffrés. Ces résultats viennent soit de l'observation directe, soit d'une combinaison entre l'observation et l'étude de modèles.

Les orphelins de père et les orphelins de mère

La forte mortalité des Peul Bandé fait que l'on y rencontre beaucoup d'orphelins. Comme dans la plupart des sociétés à famille étendue, les orphelins ne se distinguent pratiquement pas des enfants dont les parents sont vivants ; ils appartiennent comme eux au groupe familial et sont pris en charge par lui. Si l'on calcule le taux d'orphelins pour différents groupes d'âge, on observe une augmentation régulière du taux avec l'âge, qu'il s'agisse des orphelins de mère (figure 3, courbe "mère" en trait plein) ou des orphelins de père (figure 3, courbe "père" en trait plein). Les taux d'orphelins observés sont d'ailleurs proches des taux théoriques calculés en utilisant le modèle des populations stables (figure 3, courbes en tirets). Mais dans un même groupe d'âge, le taux d'orphelins de père est toujours beaucoup plus élevé que le taux d'orphelin de mère. Ainsi à 25-29 ans, 56 % des individus n'ont plus leur père, alors que 33 % n'ont plus leur mère. Cette différence tient essentiellement ici aux écarts entre l'âge à la maternité et l'âge à la paternité : les pères, étant nettement plus âgés que les mères, meurent beaucoup plus tôt. Il est assez fréquent de ne pas avoir connu son père, cela l'est moins pour sa mère.

Les germains (frères et soeurs) et les demi-germains (demi-frères et demi-soeurs)

La polygamie et la mobilité conjugale qui lui est associée sont à l'origine de nombreux demi-frères et demi-soeurs (dans la suite, nous dirons "demi-germains", un "germain" étant indifféremment un frère ou une soeur). La plus forte fécondité des hommes par rapport aux femmes crée par ailleurs une inégalité entre les demi-germains de père et les demi-germains de mère. Le tableau 2 et la figure 4 donnent le nombre moyen de germains et de demi-germains d'un individu quelconque, désigné sous le nom de "ego", en distinguant différentes catégories selon les parents qu'ont ces germains et demi-germains en commun avec ego.

Le nombre de germains et de demi-germains est, en moyenne, élevé (plus de 12). Ce résultat tient à la fois à la forte fécondité, que ce soit des hommes ou des femmes, et aux variations importantes du nombre d'enfants d'un individu à l'autre. L'ensemble des germains et demi-germains (A + B + C du tableau 2 et de la figure 4) se partage à égalité entre germains (A), qui ont leurs deux parents en commun avec ego, et demi-germains (B +C) qui n'en ont qu'un. Ces derniers sont par ailleurs en grande majorité des demi-

FIGURE 9.3

VARIATIONS SELON L'AGE DES TAUX D'ORPHELINS DE PERE OU DE MERE CHEZ LES PEUL BANDE EN 1983

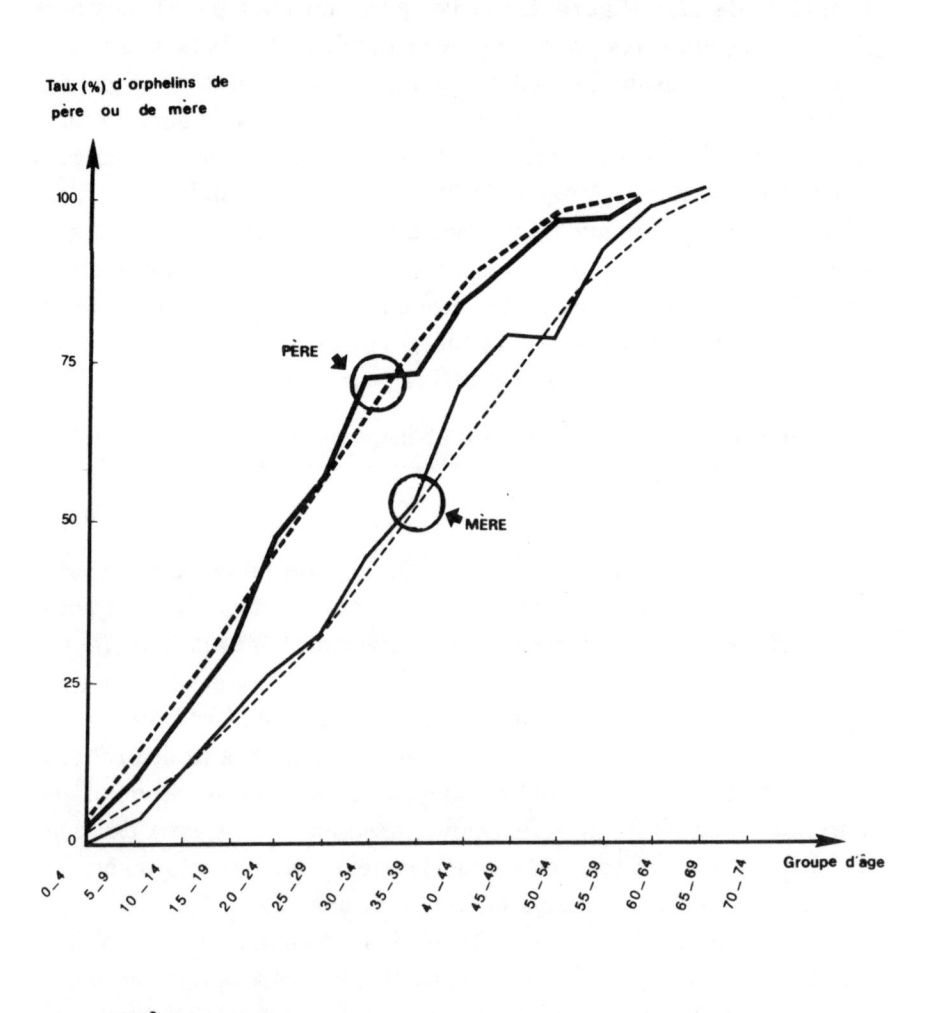

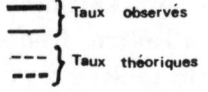

FIGURE 9.4 : NOMBRE DE GERMAINS (frères et soeurs) ET DE DEMI-GERMAINS (demi-frères et demi-soeurs) D'UN INDIVIDU ET LEUR REPARTITION SUIVANT LE OU LES PARENTS COMMUNS

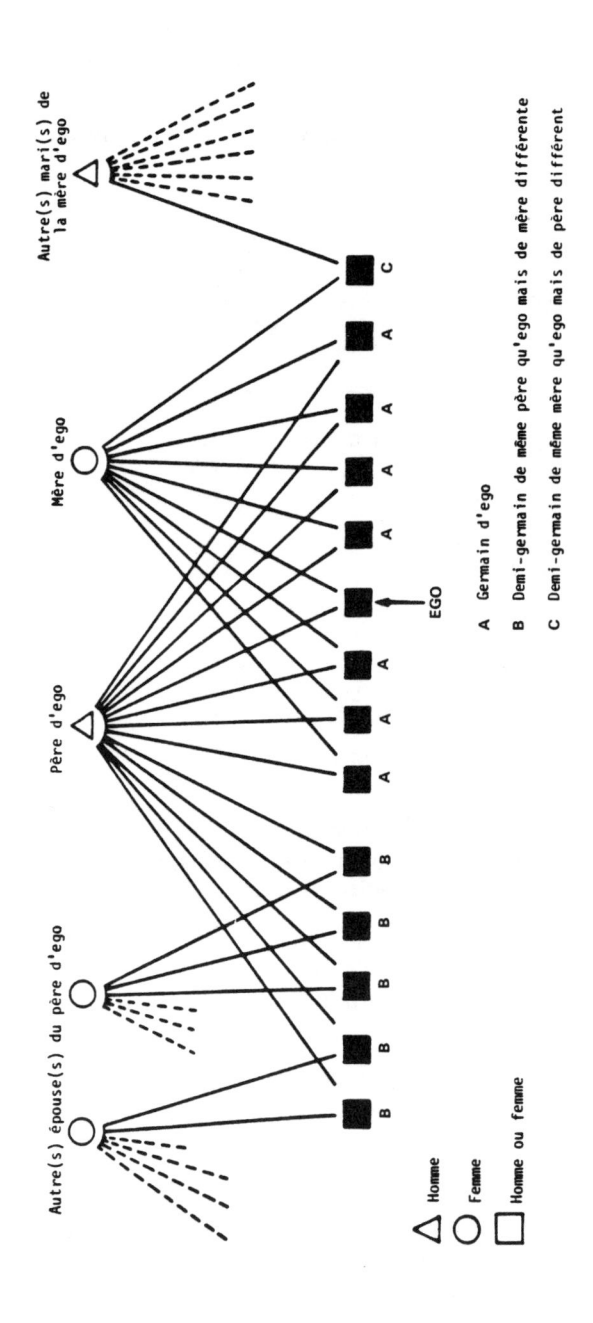

A Germain d'ego
B Demi-germain de même père qu'ego mais de mère différente
C Demi-germain de même mère qu'ego mais de père différent

△ Homme
○ Femme
□ Homme ou femme

On considère un individu quelconque de la population, choisi au hasard, et désigné sous le nom "ego". On a représenté sur la figure la situation moyenne, correspondant aux effectifs moyens indiqués au tableau 2, en arrondissant à l'unité. Il y a en réalité de grandes variations autour de cette situation moyenne.

germains de père (B), les demi-germains de mère (C) étant peu nombreux.

Tableau 9.2 : Nombre moyen de germains (frères et soeurs) et de demi-germains (demi-frères et demi-soeurs) d'un individu et leur répartition suivant le ou les parents communs.

Type de parenté avec ego (1)	Effectif moyen de germains ou de demi-germains	Proportion pour 100 germains ou demi-germains d'ego
A = germain (même père et même mère)	6,5	53
B = demi-germain de même père	4,9	40
C = demi-germain de même mère	0,9	7
A+B = germain ou demi-germain de même père	11,4	93
A+C = germain ou demi-germain de même mère	7,4	60
B+C = demi-germain	5,8	47
A+B+C = germain ou demi-germain	12,3	100

(1) On considère un individu quelconque de la population, choisi au hasard et désigné sous le nom "ego". Les types de parenté sont représentés avec les mêmes lettres A, B et C à la figure 4.

Bien que les demi-germains existent dans toutes les sociétés, la polygamie a cependant pour effet de les multiplier, mais cette multiplication est inégale puisqu'elle porte surtout sur les demi-germains de père. Cette asymétrie à l'échelle de la fratrie se retrouve dans l'ensemble de la parenté : les parents patrilatéraux sont toujours plus nombreux que les parents matrilatéraux. Les inégalités en nombre se doublent par ailleurs d'inégalités en âge. Nous allons le montrer en examinant les cousins.

Les cousins germains

Les cousins germains sont très nombreux, chacun en a en moyenne près de 74 qui ont un grand-père, paternel ou maternel, en commun avec lui. Ceux qui ont une grand-mère commune avec lui ne sont en moyenne que 48 ! Ce foisonnement des cousins germains résulte en partie, comme pour les germains, de la variance de la taille des fratries. Ne considérons que les cousins germains qui ont au moins un grand-père en commun avec ego. Si nous nous intéressons à leur âge, nous constatons qu'ils ne sont, en moyenne, pas tout à fait de même âge selon la manière dont ils sont apparentés avec ego.

L'étude des sociétés européennes a depuis longtemps conduit les ethnologues à distinguer quatre types de paires de cousins germains (voir figure 5), en se fondant sur une double division des cousins germains : la première sépare les enfants de deux frères ou de deux soeurs (paires 1-8 et 1-9 de la figure 5), appelés cousins germains "parallèles", des enfants d'un frère et d'une soeur (paires 1-10 et 1-11), appelés cousins germains "croisés". La seconde division intervient si on se place du point de vue de l'un des cousins germains de la paire, appelons le ego, et son cousin alter, et si on considère le sexe du parent d'ego par lequel passe le lien de parenté. Si alter est le cousin germain d'ego par le père d'ego (paires 1-8 et 1-10), on le dit cousin germain patrilatéral d'ego ; s'il l'est par la mère d'ego (paires 1-9 et 1-11), on le dit son cousin germain matrilatéral.

Les quatres types de cousins germains n'ont pas tout à fait le même âge si on les compare à ego. Un cousin germain croisé patrilatéral (10) est en moyenne plus âgé qu'ego (1). Sa mère (6) a en effet ses enfants, en moyenne, plus tôt que son frère (2), ici le père d'ego, car l'âge à la maternité est moins élevé que l'âge à la paternité. Cette différence est représentée à la figure 5 par l'intervalle plus court entre une mère et son enfant (3 et 1, 5 et 9, 6 et 10) qu'entre un père et son enfant (2 et 1, 4 et 8, 7 et 11). Un cousin germain croisé matrilatéral d'ego (11) est au contraire plus jeune que lui en moyenne, et un cousin germain parallèle, qu'il soit patrilatéral (8) ou matrilatéral (9), a en moyenne le même âge qu'ego. *L'écart entre l'âge à la maternité et l'âge à la paternité produit donc dans la parenté un déséquilibre d'âge qui vient*

FIGURE 9.5

LES QUATRE TYPES DE COUSIN GERMAIN ET LEUR DIFFERENCE D'AGE MOYENNE AVEC EGO

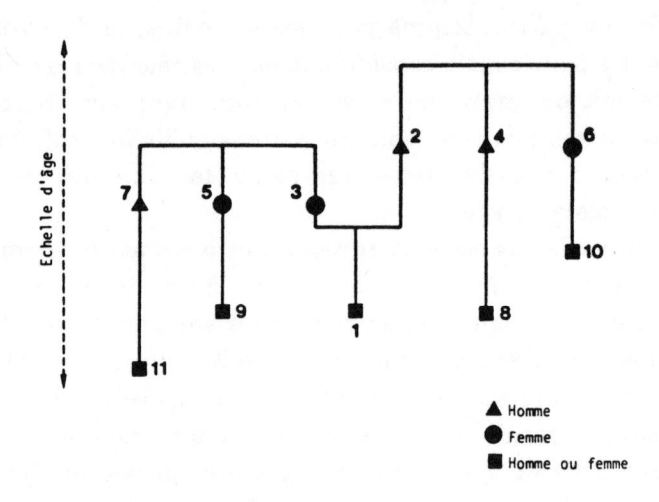

	1	Ego
Parents d'ego	2	Père d'ego
	3	Mère d'ego
Oncles et tantes d'ego	4	Frère du père d'ego
	5	Soeur de la mère d'ego
	6	Soeur du père d'ego
	7	Frère de la mère d'ego
Cousins germains d'ego	8	Enfant du frère du père d'ego = Cousin germain parallèle patrilatéral
	9	Enfant de la soeur de la mère d'ego = Cousin germain parallèle matrilatéral
	10	Enfant de la soeur du père d'ego = Cousin germain croisé patrilatéral
	11	Enfant du frère de la mère d'ego = Cousin germain croisé matrilatéral

Ego représente un individu quelconque, choisi au hasard parmi l'ensemble des individus de la population. Les individus de la généalogie présentée ici sont placés sur une échelle verticale, selon leur différence d'âge moyenne avec ego.

s'ajouter au déséquilibre du nombre. De tels déséquilibres ne sont pas sans conséquence sur les relations entre les individus. Ils sont probablement ainsi à l'origine de la fréquence élevée de certains mariages entre individus apparentés.

4.3. Des mariages privilégiés

L'ethnologie a montré que toutes les sociétés ont des règles pour les mariages entre individus apparentés, qui interdisent certains mariages - l'inceste en est un exemple quasi universel - ou au contraire en recommandent d'autres.

L'une des règles que l'on rencontre le plus souvent dans les sociétés non européennes est celle qui recommande à un individu masculin d'épouser une fille du frère de sa mère, une cousine croisée matrilatérale pour lui (n° 11 à la figure 5). Le recensement des mariages entre cousins germains dans ces sociétés montre que cette règle est en général suivie, ce type de mariage se réalisant fréquemment. Chez les Peul Bandé, on observe que plus du tiers des mariages entre cousins germains correspondent à ce type. Pour un autre tiers, les conjoints sont enfants de deux frères. Ces deux types de mariages, qui représentent 72 %, soit plus des 2/3 de l'ensemble des mariages entre cousins germains (alors qu'on attend que chaque type soit également fréquent, et donc que ces deux-là représentent la moitié du total des mariages entre cousins germains) sont aussi ceux traditionnellement recommandés.

On retrouve aussi des inégalités entre les différents types de mariage entre cousins germains, quoique beaucoup moins marquées, dans les populations européennes. La religion catholique interdit, en théorie, certains mariages, dont les mariages entre cousins germains. Mais elle les autorise en pratique, une dispense signée de l'évêque étant alors exigée dans chaque cas. L'étude des registres de dispense des diocèses dans les régions catholiques d'Europe a permis d'établir des statistiques sur ces mariages et en particulier de calculer leur répartition selon le type de cousins germains. Les différences de fréquence d'un type à l'autre, que l'on retrouve d'ailleurs dans tous les pays, ont longtemps intrigué les chercheurs. J. Hajnal (1963) en a proposé une explication démographique simple : les maris sont en moyenne un peu plus âgés que leur femme. L'écart d'âge entre un père et ses enfants est donc en moyenne un peu plus grand que celui entre une mère et ses enfants. Il en résulte une inégalité d'âge entre cousins, analogue à celle que nous avons décrite pour les Peul Bandé (figure 5), mais avec des écarts beaucoup moins importants. Les cousines d'ego appartenant au type n° 11 étant en moyenne un peu plus jeunes que lui ont plus de chances de l'épouser que ses cousines du type n° 10, qui sont en moyenne un peu plus âgées. Ces différences sont bien sûr imperceptibles, elles n'apparaissent que dans les statistiques. Dans les populations où les inégalités d'âge entre cousins sont importantes, elles expliquent bien pourquoi certains mariages sont si fréquents, comme celui avec la cousine croisée matrilatérale.

Bien souvent, les conditions démographiques ne peuvent expliquer, à elles seules, la répartition des mariages entre individus apparentés. On a cependant intérêt à étudier les contraintes que celles-ci exercent sur les mariages, si l'on veut séparer les préférences apparentes, qui n'en sont que les conséquences, des préférences plus profondes, liées à des facteurs non démographiques.

Les rythmes différents de reproduction selon le sexe, l'asymétrie de la parenté et la fréquence élevée de mariages entre un homme et sa cousine croisée matrilatérale sont des exemples d'effets indirects, et de plus en plus lointains, de la polygamie. Celle-ci donne en définitive une forme particulière à de nombreux traits de la famille et de la parenté et retentit de façon plus générale sur l'ensemble de l'organisation sociale. Précisons que l'effet de la polygamie n'est pas de créer ces formes particulières. Elles existent dans toutes les sociétés, à cause de la différence d'âge entre conjoints : l'homme est de façon quasi universelle plus âgé en moyenne que son ou ses épouses. Les remariages étaient fréquents également dans les populations européennes aux siècles passés, principalement à cause de la forte mortalité, et les demi-germains n'étaient pas rares. Mais les conséquences des différences d'âge entre conjoints, ou des remariages, sont peu visibles dans les populations non polygames. En tout cas, elles n'ont pas beaucoup retenu l'attention jusqu'ici. Avec la polygamie, la différence d'âge, le remariage et toutes leurs conséquences sont amplifiés et les inégalités ou les déséquilibres apparaissent clairement.

5. CONCLUSION

Les pays où la polygamie est encore dominante sont tous situés en Afrique, au sud du Sahara. Cette région du monde est celle dont l'évolution démographique en cours est la plus mal connue et les prévisions démographiques les plus explosives, tout en étant les moins sûres. C'est aussi celle pour laquelle les pays riches, en particulier les Etats-Unis, investissent beaucoup pour réduire la fécondité.

Les niveaux élevés de la fécondité d'aujourd'hui résultent de la combinaison souvent complexe de divers facteurs, la polygamie ayant un rôle central dans l'équilibre d'ensemble. L'évolution des formes d'unions, la régression probable de la polygamie en particulier peuvent être à l'origine de changements démographiques importants dans l'avenir. La polygamie semble favoriser une fécondité féminine élevée et sa disparition contribuerait probablement à sa baisse.

Mais la polygamie a résisté de façon étonnante aux missionnaires et aux colonisateurs, puis aux législations des Etats africains modernes. Elle subsiste dans les villes, parfois sous des formes déguisées. Cette résistance ne vient pas seulement de l'attachement des hommes à un privilège. Elle s'explique d'abord par l'inertie des phénomènes démographiques : un système matrimonial ne peut pas se modifier brutalement du jour au lendemain, le marché matrimonial en serait bouleversé. Les contraintes démographiques poussent à son maintien, ou n'autorisent que des modifications lentes et progressives. Nous avons également montré comment la polygamie était associée à une parenté aux formes particulières. Sa disparition serait accompagnée de modifications de celle-là, ainsi que de nombreux autres aspects de l'organisation sociale. Son maintien est donc aussi le signe d'un attachement de la société à une organisation sociale particulière. Etudier et comprendre les liens entre la polygamie et celle-ci doit contribuer à mieux prévoir l'avenir des populations polygames d'Afrique.

BIBLIOGRAPHIE

E.M.F., Enquête Mondiale de Fécondité, 1984, *Major findings and implications*, Institut International de Statistique, Pays-Bas.

Hajnal J., 1963, "Concept of random mating and the frequency of consanguineous mariages", in *A discussion on demography*, Proceedings of the Royal Society, B, volume 159, pp. 125-177.

Léridon H., 1973, *Aspects biométriques de la fécondité humaine*, Paris, PUF, Cahier de l'I.N.E.D., n° 65.

Locoh T., 1984, *Fécondité et famille en Afrique de l'Ouest. Le Togo méridional contemporain*, Paris, PUF, Cahier de l'I.N.E.D., n° 107.

Murdock G.P., 1957, "World ethnographic sample", *American Anthropogist*, vol. 49.

Musham H.V., 1956, "Fertility of polygamous marriages", *Population Studies*, vol. 10, n°1, pp. 3-16.

Pison G., 1982, *Dynamique d'une population traditionnelle : les Peul Bandé (Sénégal Oriental)*, Paris, PUF, Cahier de l'I.N.E.D., n° 99.

Pison G., 1986, "La démographie de la polygamie", *Population*, vol. 1, pp. 93-122.

Randall S., 1984, *A comparative demographic study of three Sahelian populations: marriage and child care as intermediate determinants of fertility and mortality*, Ph. D., University of London, School of Hygiene and Tropical Medecine.

Smith J.E. et Kunz P.R., 1976, "Polygyny and fertility in nineteenth century America", *Population Studies*, vol. 30, n° 3, pp. 465-480.

Toutain P., 1876, *Un Français en Amérique*, Paris, Plon.

10

TENDANCES ET CAUSES DE LA MORTALITE

Dominique WALTISPERGER

"La mort ne bat pas le tam-tam"
(Proverbe Malinké)

1. INTRODUCTION : LE MANQUE DE DONNEES

Dans les pays les plus industrialisés, la grande partie des données de mortalité proviennent de l'enregistrement permanent des décès par les bureaux d'état civil, système qui, à une bonne précision des faits, allie la possibilité de procéder à un suivi du phénomène à des niveaux géographiques divers. L'enquête vient compléter cette information de base lorsque l'on désire plus de détails sur une sous-population à risque ou sur une maladie particulière.

En Afrique sub-saharienne, *le système d'état civil* existe et le plus souvent son instauration remonte même à la première moitié du vingtième siècle[1]. Mais création ne signifie pas bon fonctionnement. A ce jour, dans un bon nombre de pays encore, l'enregistrement n'est obligatoire que sur une portion limitée du territoire : centres urbains, personnes résidant dans un rayon de 10 kms autour des bureaux de l'état civil, ou encore ressortissants de telle nationalité. Lorsque l'obligation de déclaration s'adresse à

---

(1) Aux îles Seychelles et Maurice, le système fonctionne même depuis le début du 19ème siècle sur l'ensemble du territoire.

l'ensemble de la population, le système n'en devient pas pour autant performant. Les taux de sous-déclaration continuent à être importants. Ce mauvais fonctionnement chronique de l'état civil a trois causes essentielles : le manque de moyens financiers et de personnel compétent, l'insuffisante implantation géographique des bureaux d'état civil et enfin l'absence de motivation de la population pour obtenir un extrait d'acte, jugé inutile[2].

Tableau 10.1 : Quelques estimations du taux d'enregistrement des décès dans douze enquêtes africaines.

Pays	Période	Taux d'enregistrement	
		Hommes	Femmes
Burkina Faso	1960-61	0,97	1,09
Cameroun occidental	1964	0,72	0,60
Cameroun (Bamiléké)	1965	0,73	0,85
Cameroun (environs des Bamiléké)	1965	0,81	0,90
Côte d'Ivoire	1961-62	1,21	0,96
Guinée	1954-55	1,14	1,22
Burundi	1970-71	0,49	0,45
Malawi	1971	0,79	0,40
Centrafrique	1959-60	0,44	0,13
Maurice	1971-73	0,88	1,02
Réunion	1966-69	0,86	1,05
Seychelles	1960	1,10	0,91

Source : O.C.D.E (1980) ; la méthode utilisée est celle de W. Brass.

Cette déficience de l'état civil a nécessité la mise au point *d'autres méthodes de collecte* sur le continent africain, et on se sert des recensements ou des enquêtes pour approcher la mortalité, soit *directement* en posant des questions sur les décès survenus au cours des 12 derniers mois, ou en s'intéressant à la survie des divers

---

(2) Pour plus de détails, voir *Dynamique de la population*, C.E.A. (1979).

enfants déclarés, soit *indirectement* par des questions sur le nombre d'enfants décédés dans le nombre total d'enfants d'une femme ou encore par des questions sur la survie du père et de la mère de l'interviewé(e), ou même de l'époux. Ni l'une ni l'autre de ces deux grandes approches n'est sans problème. Le recours dans les enquêtes aux questions directes sur les décès donne sans doute des informations de meilleure qualité que l'état civil, mais les omissions de déclarations des décès y sont assez importantes, fréquemment de l'ordre de 20 à 30 % (tableau 1). Il est parfois difficile pour les personnes interrogées de bien situer dans le temps les décès qu'elle déclare. Quant aux approches dites indirectes, les questions nécessaires sont certes plus simples (par exemple, "votre père est-il encore en vie ?"), mais on ne peut en tirer que des estimations des niveaux globaux de la mortalité. Il est hasardeux d'en déduire des structures de mortalité par âge.

En définitive, l'incertitude est grande sur la qualité des données en matière de mortalité africaine. Le phénomène est complexe et, en l'absence d'état civil, nécessite des systèmes d'informations coûteux et difficiles. Selon le type d'enquête utilisée ou selon l'auteur, on peut avoir des résultats sensiblement différents (tableau 2). Ordres de grandeur et approximations, incertitude et prudence seront encore pendant longtemps le lot des spécialistes (honnêtes) de mortalité africaine.

2. LE NIVEAU DE MORTALITE : UNE EVOLUTION INQUIETANTE

Dans les pays les plus avancés, les progrès spectaculaires réalisés au cours des deux derniers siècles, dans des domaines aussi divers que l'économie, le développement social, l'éducation et la santé, ont eu entre autres conséquences d'engager un processus de recul de la mortalité qui s'est soldé par un quasi doublement de l'espérance de vie. Les gains en matière de longévité humaine ont été particulièrement importants, durant ces quarante dernières années, en raison de la diffusion de nouvelles techniques médicales, mais également grâce à la mise en place de systèmes de protection sociale pour une part croissante de la population et à l'essor économique des années 1960. Ainsi pour ne parler que

Tableau 10.2 : Comparaison de données de mortalité aux jeunes âges selon le type d'enquêtes et selon les sources (quotients pour 1000 de mortalité de 0 à 1 an et de 1 à 5 ans).

Zone géographique	Période	Indice	(A)	(B)
1. DIFFERENTS TYPES D'ENQUETES				
Nord-Cameroun (Foulbé)	1965-68	$_1q_0$	43	85
		$_4q_1$	44	58
Nord Cameroun (Dourou)	1965-68	$_1q_0$	120	194
		$_4q_1$	129	118
Sénégal (Sine)	1963-65	$_1q_0$	165	238
Sénégal (Thiénaba)	1966-67	$_1q_0$	135	247

(A) = enquêtes ponctuelles   (B) = enquêtes à passages répétés,

2. DIFFERENTES SOURCES				
Cameroun	1978	$_1q_0$	137	111
Ghana	1979-80	$_1q_0$	115	84
Kenya	1977-78	$_1q_0$	119	97
Lesotho	1977	$_1q_0$	114	104
Nigéria	1981-82	$_1q_0$	157	104

(A) = Population Reference Bureau   (B) = Enquête Mondiale Fécondité

Source : pour (1), D. Tabutin (1984)
          pour (2), O. Ayeni (1985).

Un quotient de mortalité mesure la probabilité de décéder entre deux âges exacts ou anniversaires ; $_1q_0$ est le risque de décéder entre 0 et 1 an, $_4q_1$ le risque de décéder entre 1 et 5 ans.

d'eux, les pays européens ont connu, entre 1950-55 et 1980-85, une augmentation moyenne de l'espérance de vie à la naissance proche de 8 années : elle est passée de 65 à 73 ans. Parallèlement, les inégalités entre les pays ont été en s'estompant : de l'ordre de 17 ans (entre l'Albanie et la Norvège) vers 1950, elles ne sont plus actuellement que d'environ 8 années (entre la Hongrie et l'Islande).

On pouvait espérer pour *les pays du Tiers Monde* une évolution analogue, voire plus favorable encore, grâce aux programmes d'intervention sanitaire et à la mutation attendue du contexte socio-économique. Si on constate un accroissement de la durée moyenne de vie dans ces pays, les résultats obtenus sont loin des prévisions d'il y a une vingtaine d'années. Ainsi, l'évolution des espérances de vie par région (tableau 3) amène deux grandes remarques :
- le classement des continents selon la durée de vie est resté inchangé au cours des trente dernières années. *L'Afrique dans son ensemble conserve la position la plus défavorisée,* accroissant même légèrement son retard par rapport à l'Asie ;
- certes, l'écart entre l'Afrique et les pays plus avancés (Europe et Amérique du Nord) s'est sensiblement réduit, passant de 30 à moins de 24 ans, mais on est loin des progrès escomptés. A titre d'exemple, rappelons que l'Espagne a réduit son retard (en termes d'espérance de vie) par rapport à la Norvège de 7 années en l'espace de 30 ans, et cela à partir d'une durée de vie moyenne déjà de 63 ans.

Ce lent recul de la mortalité sur le continent africain est la résultante *d'évolutions régionales assez différentes* (tableau 3). Au lendemain de la seconde guerre mondiale, seule *l'Afrique du Nord* avait une espérance de vie supérieure à 40 ans. Elle a su préserver son avance, voire même se démarquer du sous-continent d'Afrique Noire en maintenant un rythme de croissance soutenu, avec un gain annuel de l'espérance de vie supérieur à 0,5 an en moyenne. En revanche, *l'Afrique de l'Ouest et les régions du Centre,* les plus mal placées dans les années 1950, ont vu leur retard augmenter par rapport au reste sub-saharien, et cela bien que les progrès en *Afrique de l'Est* se soient considérablement amenuisés au cours des dernières années. Enfin, *l'Afrique Australe* fait figure d'exception : elle serait la seule région enregistrant une accélération de sa baisse de mortalité. L'Afrique au Sud du Sahara était et demeure donc la région la plus défavorisée en matière de mortalité. De plus, les disparités géographiques, loin de s'estomper, tendent plutôt à s'accentuer.

Tableau 10.3 : Espérances de vie à la naissance (en années) selon le continent ou la région en Afrique.

Région	Nombre de pays	1950-55	1965-70	1980-85
Afrique	50	35,6	42,7	49,2
Amérique Latine	28	52,4	60,7	66,0
Amérique Nord et Europe	30	65,7	70,6	73,1
Asie	35	44,8	52,5	59,0
Ensemble mondial	147	47,7	54,8	60,2
Afrique du Nord	6	42,3	49,9	57,0
Afrique de l'Ouest	16	33,0	39,5	45,8
Afrique de l'Est	15	37,1	45,0	51,2
Afrique Centrale	8	33,1	39,6	45,8
Afrique Australe	5	35,7	42,6	50,4
Ensemble Afrique	50	35,6	42,7	49,2

Sources : pour 1950-55 et 1965-70 : O.N.U. (1979) ; pour 1985 : Population Reference Bureau (1985).
Note : L'espérance de vie de chaque continent ou région est égale à la moyenne des espérances de vie des pays qui les composent.

Dans un travail récent, beaucoup plus technique (D. Waltisperger, 1985), nous avons montré comment, depuis 1950, se comportaient les pays africains par rapport à l'évolution mondiale de la mortalité. Nous avions établi un schéma de transition de la mortalité dans le monde, qui était en quelque sorte le schéma théorique par rapport auquel on pouvait mesurer si l'Afrique (44 pays dans l'étude) comblait ou pas son retard. Reprenons-en simplement trois grandes conclusions :
1) le nombre de pays africains qui accusent un rythme de progrès inférieur à celui de l'ensemble mondial augmente de la période

1955-70 à la période 1970-85 (il passe de 18 à 25). Autrement dit, *de plus en plus de pays progressent moins vite que la moyenne du monde.*

2) les rythmes de croissance des espérances de vie, c'est-à-dire des progrès, ont été en se diversifiant. Certains pays progressent assez vite, d'autres beaucoup moins. *Les inégalités entre pays s'accroissent.*

3) enfin *cette diversification des comportements ne semble pas suivre une logique géographique bien marquée.* Tout au plus, peut-on constater que les zones à développement particulièrement lent se situent plutôt autour de deux axes, le premier allant du Sénégal à la Somalie, le second de la Somalie à l'Afrique du Sud.

3. LES STRUCTURES DE LA MORTALITE SELON L'AGE ET LE SEXE

Mettre en évidence les particularités de la mortalité d'Afrique noire n'est pas chose aisée, en raison du faible nombre et du manque de fiabilité des séries statistiques disponibles. La plupart sont d'ailleurs inutilisables à l'état brut.

3.1. Les structures par âge

L'étude des structures par âge de la mortalité ne pourra être abordée que de façon modeste, en nous fondant sur les séries les moins erronées. Celles-ci ont dû être préalablement lissées, en prenant soin de contrarier le moins possible leur forme d'origine[3]. L'échantillon de base se compose de sept tables (trois de l'Afrique de l'Ouest, quatre de l'Afrique de l'Est). Afin de faire ressortir leurs spécificités, nous les avons comparées aux tables-type de Coale et Demeny (modèle Ouest)[4], selon la technique suivante :

---

(3) Sur la procédure de lissage, utilisant le système logit, trop technique pour être développée ici, voir D. Waltisperger (1988, à paraître). Ces 7 tables lissées sont présentées en annexe (tableau 1).

(4) Université de Princeton, 1986.

- chaque table observée a été comparée à la table type (Ouest) ayant une espérance de vie identique (pour les deux sexes) ;
- pour chaque groupe d'âge, nous avons rapporté le quotient observé à celui du modèle ;
- les indices obtenus ont été portés sur graphique (figure 1).

Cette analyse ne permet pas de conclure à un schéma de mortalité unique. Toutefois, on peut, à partir de ce petit échantillon, observer quelques ressemblances entre pays. C'est le cas de Maurice et de la Réunion qui, par rapport au modèle, ont une mortalité entre 1 et 20 ans particulièrement faible et des quotients anormalement élevés entre 30 et 50 ans. Bien que l'ampleur des déformations soit nettement moindre à Madagascar, le profil de mortalité de ce pays se rapproche de celui des deux autres îles.

En revanche, les autres pays affichent des mortalités juvéniles nettement supérieures au modèle, autrement dit des mortalités particulièrement fortes entre 1 et 5 ans. Par contre, à partir de 15 ans, les quotients prennent des valeurs peu différentes et même parfois inférieures à celles du modèle. Dans ce sous-groupe, le Kenya se distingue des autres par une remontée sensible de sa mortalité autour de 40 ans. De plus, les trois pays d'Afrique de l'Ouest sont les seuls à avoir une mortalité juvénile (entre 1 et 5 ans) supérieure à la mortalité infantile. En définitive, dans cet ensemble, le Kenya fait en quelque sorte figure de schéma transitoire entre les pays d'Afrique de l'Ouest et les îles de l'Est.

3.2. Les différences entre sexes

La plus grande longévité de la population féminine est un phénomène courant, attribuée en grande partie à des différences biologiques. Mais le contexte socio-culturel - le statut de la femme notamment dans une société - peut fort bien venir contrarier cette tendance, comme c'est le cas en Inde, par exemple, où les hommes vivent en moyenne plus longtemps que les femmes. Rien n'interdit a priori de supposer l'existence d'un tel phénomène en Afrique, et au vu des chiffres (tableau 4), il semble qu'au Nigéria (milieu rural) vers 1966 les hommes aient eu une espérance de vie

FIGURE 10.1 : EVOLUTION SELON L'AGE DES RAPPORTS DES QUOTIENTS OBSERVES A CEUX DU MODELE OUEST

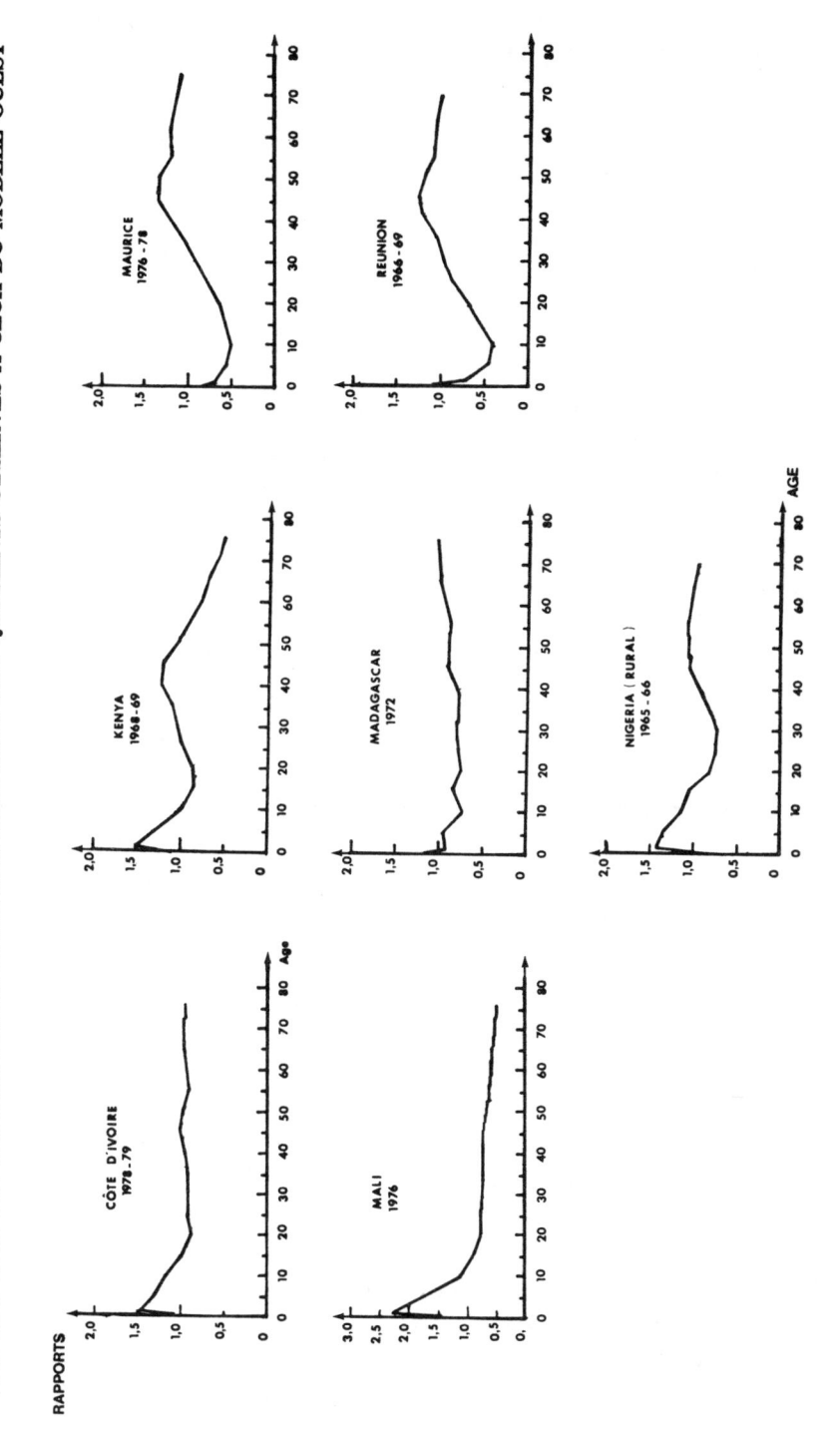

supérieure à celle des femmes. Mais il est aussi possible qu'il y ait un problème de qualité dans les données par sexe[5].

Tableau 10.4 : Espérances de vie à la naissance par sexe dans sept pays.

Pays	Dates	Valeurs observées			Modèle Ouest		
		H	F	H+F	H	F	H+F
Côte d'Ivoire	1978-79	52,1	55,8	53,9	52,3	55,5	53,9
Mali	1976	47,9	51,3	49,6	48,2	51,0	49,6
Nigéria (rural)	1965-66	37,1	36,6	36,9	35,6	38,9	36,9
Kenya	1968-69	49,8	53,5	51,6	50,1	53,1	51,6
Madagascar	1972	46,6	49,9	48,2	46,8	49,7	48,2
Maurice	1976-78	60,8	68,5	64,5	62,7	66,5	64,5
Réunion	1966-69	55,4	62,7	59,0	57,2	60,7	59,0

En revanche, dans les six autres pays, *les femmes vivent bien plus longtemps que les hommes,* et les différences entre les deux sexes (de 4 à 8 ans) sont même supérieures à celles que l'on trouve dans les tables types (3 ans environ). A même espérance de vie (sexes réunis), la mortalité des hommes en Afrique est supérieure à celle de ces tables types, tandis que celle des femmes est moindre.

D'après le modèle Ouest des tables types de Coale et Demeny, lorsque la mortalité est très forte et donc l'espérance de vie basse (de l'ordre de 30 ans), on a une surmortalité des femmes par rapport aux hommes entre 1 et 20 ans et au delà de 60 ans. Cette surmortalité est particulièrement accentuée entre 10 et 14 ans, c'est-à-dire aux âges de la puberté et du début de fécondité. Mais pratiquement toujours, l'augmentation de la durée de vie moyenne d'une population profite davantage au sexe féminin, ce qui, aux espérances de vie élevées, conduit à une surmortalité masculine à tous les âges.

---

(5) Cela consisterait ici en une sous-déclaration plus forte des décès masculins que des décès féminins.

L'évolution des rapports des quotients masculins aux quotients féminins[6] dans nos sept tables africaines (figure 2) fait apparaître les particularités suivantes :
  a) Les trois séries d'Afrique de l'Ouest (Côte d'Ivoire, Mali et Nigéria) donnent une surmortalité féminine aux âges de la fécondité, qui surprend et par son intensité et par sa durée. Elle se prolonge jusque vers 30 ans, pour ensuite faire place à une surmortalité masculine assez marquée ;
  b) Maurice et la Réunion semblent avoir amorcé le processus de réduction des décès liés à l'accouchement, de sorte que seule persiste une très forte surmortalité masculine après 30 ans.
  c) Madagascar et le Kenya font figure de pays "atypiques", puisque les différences de mortalité par sexe y diffèrent peu du schéma de référence (le modèle Ouest).

3.3. En définitive...

Cet examen de quelques structures de mortalité semble confirmer l'hypothèse de *l'existence de schémas de mortalité différents dans les diverses régions d'Afrique Noire,* schémas d'ailleurs qui s'écartent nettement des profils connus. Bien entendu, il est difficile de généraliser nos conclusions à l'ensemble du sous-continent, mais on a pu constater une certaine ressemblance entre structures de pays géographiquement proches. On retiendra surtout *le caractère excessif que revêt presque systématiquement la mortalité au sud du Sahara,* excessif par son niveau (faible espérance de vie), mais également par sa structure. Plus surprenante encore est la persistance de ce caractère excessif dans les pays les plus avancés du sous-continent en matière sanitaire (cas de Maurice). L'accroissement de la longévité a pour effet d'accentuer la sous-mortalité ou surmortalité à certains âges, ce qui laisse à penser que la baisse de la mortalité des enfants ou des femmes en âge de fécondité n'est guère la conséquence d'une amélioration des conditions de vie, mais plutôt le résultat d'actions sanitaires sur des causes de décès bien ciblées.

---

(6) Quand ces rapports sont supérieurs à l'unité, on a surmortalité masculine ; dans le cas contraire, on a surmortalité féminine.

FIGURE 10.2 : EVOLUTION SELON L'AGE DES RAPPORTS DES QUOTIENTS DE MORTALITE DE CHAQUE SEXE
- quotients masculins sur quotients féminins -

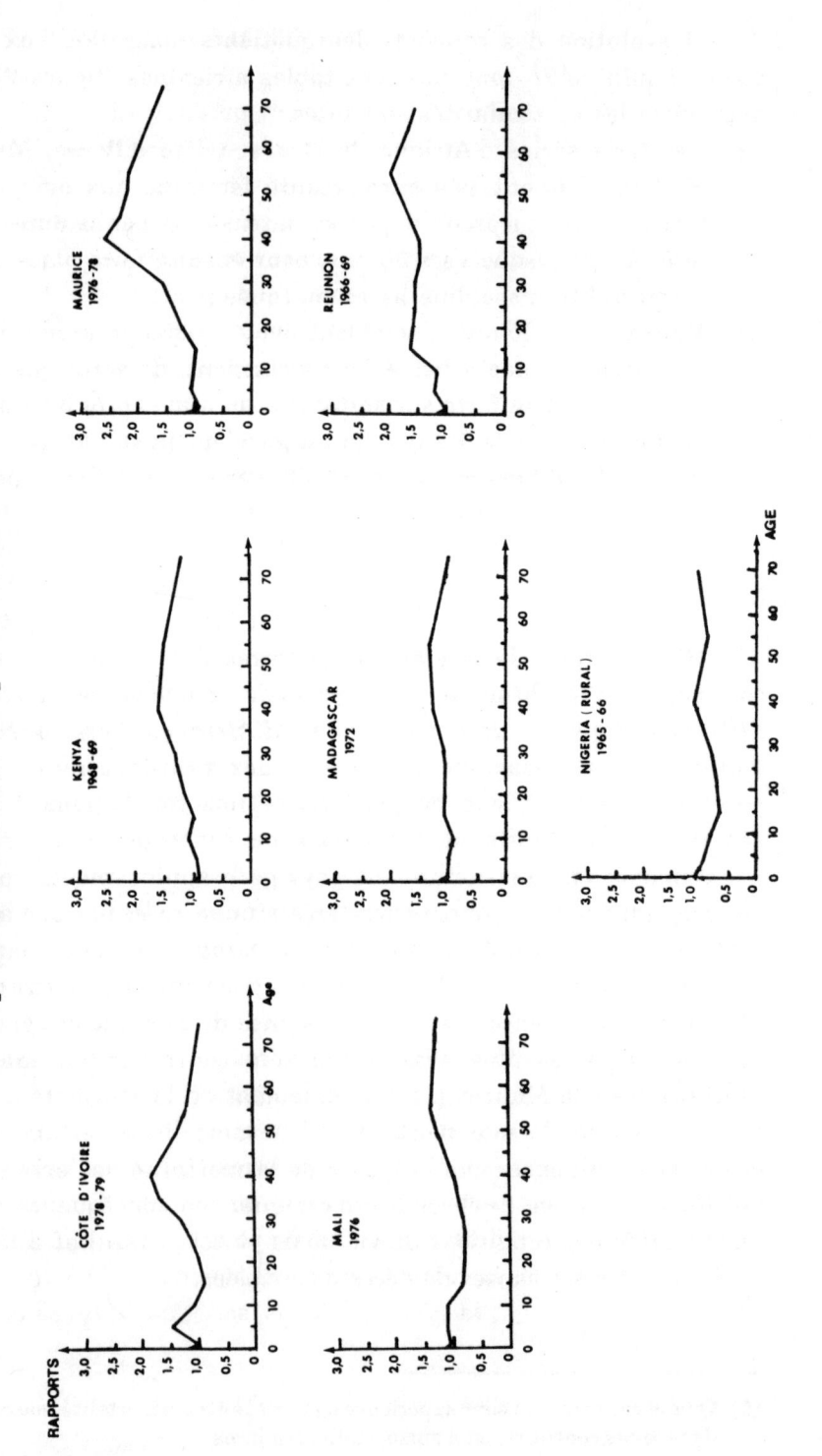

4. LA MORTALITE : UN RISQUE INEGALEMENT PARTAGE

La durée moyenne de vie d'une population dépend de trois grands facteurs : 1) le contexte écologique et climatique dans lequel elle se trouve, 2) ses capacités physiques d'adaptation à cet environnement, et 3) sa faculté de maîtriser le milieu naturel de manière à en réduire l'hostilité. A mesure qu'une société se développe, l'importance des deux premières variables tend à s'estomper au profit de la dernière. Par exemple, les conditions climatiques difficiles des pays d'Europe du Nord (Islande, Suède, Norvège) ne les ont pas empêchés d'atteindre des espérances de vie très élevées. En revanche, le retard, en matière de développement socio-économique, de la plupart des pays d'Afrique maintient les populations dans un état de forte dépendance vis-à-vis de l'environnement.

Dans bon nombre de pays, on constate *des différences de mortalité assez sensibles entre régions* : la zone montagneuse du Ghana ou la partie Ouest du Kenya sont défavorisées par rapport aux autres unités administratives de ces pays, comme au Sénégal, la région du Sine aurait une espérance de vie à la naissance inférieure d'environ 5 années à celle du Saloum[7]. *Les agglomérations regroupent des populations privilégiées sur le plan sanitaire,* qui ont des espérances de vie nettement meilleures qu'en milieu rural : au Ghana, la différence entre milieux rural et urbain serait de près de 13 ans, au Kenya de l'ordre de 7 années, en Côte d'Ivoire et en Tanzanie d'environ 6 années. L'essentiel de ces écarts entre milieux d'habitat est dû aux différences de mortalité infantile (de 50 % souvent), de mortalité entre 1 et 5 ans et de mortalité directement liée aux conditions de l'accouchement.

Malgré l'aspect rudimentaire du confort qu'offre la ville pour la grande majorité de la population, ce confort n'est pas également partagé, et les avantages de la ville varieront en fonction des capacités des individus à en user. Si le niveau de ces capacités peut être appréhendé en termes de revenus du ménage dans les pays industrialisés, cet indicateur n'a en Afrique qu'une signification réduite en raison de la redistribution des moyens qui s'effectue au sein de la famille élargie. Plus pertinent, sans doute, est *le niveau*

---

(7) Pour les études détaillées, voir S.K. Gaisie (1982), P. Cantrelle (1969) et L.S. Muganzi (1977).

d'instruction des parents et en particulier celui de la mère. De lui, dépendent les soins apportés aux membres de la famille (hygiène, alimentation, recours à des centres de soins...), soins qui auront un impact important sur la survie des enfants. Dans la ville d'Ibadan, en 1973, les enfants de mères ayant un niveau scolaire équivalent au secondaire avaient en moyenne 14 ans de plus à vivre que ceux dont la mère n'avait pas été à l'école (J.C. Caldwell, 1979).

On serait alors tenté de conclure en faveur d'une intensification de l'urbanisation en Afrique. C'est d'ailleurs le raisonnement qu'ont tenu des millions d'individus, surtout depuis la sécheresse des années 1970, en abandonnant leurs terres et en venant chercher refuge à la périphérie des villes. Les pays du Sahel ont été les plus touchés par ces migrations et les premiers à voir se développer un quart-monde urbain. Les chiffres font défaut pour apprécier les conditions de survie de cette frange croissante de la population, mais on a de bonnes raisons de craindre une forte mortalité, due à la fois à l'insuffisance des conditions d'hygiène élémentaire (adduction d'eau potable, égouts...), à l'irrégularité des approvisionnements en nourriture et au manque de moyens des services sanitaires. L'abandon aussi de certaines valeurs sociales et culturelles traditionnelles a entre autres pour conséquence de limiter l'intervalle entre naissances, et donc de favoriser la mortalité en bas âge ainsi que celle des mères (M.N.A. Azefor, 1981).

5. DE QUOI MEURT-ON EN AFRIQUE ?

On connaît encore peu de choses précises sur les causes médicales de décès. Le bilan de la collecte est, en la matière, assez négatif : on n'a pas de production statistique régulière, et peut-être encore moins aujourd'hui qu'il y a vingt-cinq ans[8].

5.1. Problèmes d'observation et de définition

Le manque d'informations sur les causes de décès tient à la complexité du sujet. Il ne s'agit pas seulement de situer dans le

---

[8] Citons pour mémoire les enquêtes du Burkina Faso (1960-61), du Bénin (1961) et de la Moyenne Vallée du Sénégal (1956-58).

temps la survenance d'un événement (le décès), mais aussi d'en déterminer les raisons. Même dans les pays développés, ce problème reste difficile à résoudre.

Le plus souvent, *on distingue la cause principale des causes immédiate et associée* : "Un enfant souffrant de malnutrition (cause favorisante ou associée), atteint de rougeole (cause principale), meurt à l'occasion d'une déshydratation par diarrhée (cause immédiate)" (P. Cantrelle, 1980). Mais les statistiques publiées par l'Organisation Mondiale de la Santé ne font état que de la cause principale (dans notre exemple, la rougeole). L'importance des causes associées, comme la malnutrition, sera toujours minimisée. A ce problème de hiérarchisation des causes, s'ajoute parfois celui de la détermination de la cause principale, c'est-à-dire de la compétence à établir un diagnostic. Par ailleurs, les séries statistiques ne seront comparables que si les définitions sont comprises et respectées de façon identique. Dans les pays les plus avancés, l'enregistrement des causes de décès fait l'objet de dispositions légales précises, et il est sous la responsabilité des médecins (délivrance d'un certificat de décès). Mais cette pratique n'est concevable que lorsque l'infrastructure sanitaire est suffisamment développée. Dans les pays au sud du Sahara, la pénurie de personnel qualifié exclut une telle pratique à l'échelle nationale. Elle n'est possible que dans le cadre des formations hospitalières ou des centres de santé, ce qui limite la portée des résultats obtenus, les échantillons observés n'étant alors représentatifs d'aucune zone géographique précise.

Pour combler cette lacune, on procède à des opérations ponctuelles, soit spécifiques, soit greffées sur des investigations à objectifs plus larges. Parfois, les enquêteurs ont une formation d'agent de santé leur permettant de déterminer la cause de décès la plus vraisemblable ; parfois, il s'agit de personnel rompu aux techniques de collecte, mais dont les compétences médicales sont insuffisantes. De plus, dans un cas comme dans l'autre, on n'établit pas un constat de décès d'une personne vue préalablement (comme lors d'une admission à l'hôpital), mais on déduit les affections dont elle était atteinte à partir du témoignage de ses proches. Le décès pouvant remonter à plusieurs semaines ou plusieurs mois, on imagine facilement quelle peut être la précision de ces *"autopsies orales"*.

En définitive, les structures de décès par cause dont on dispose sur les pays d'Afrique sub-saharienne sont assez rares, elles sont ponctuelles (pour une année ou une période donnée), et elles ont une couverture géographique restreinte (une petite région) ou difficile à définir quand il s'agit de statistiques hospitalières. De plus, les classifications utilisées pour les maladies sont très variables. Quelques séries de décès par cause sont présentées en annexe (tableau 2) : pour le Cameroun (1975), pour le Nigéria (1972), pour Maurice (de 1941 à 1977), pour le Burkina Faso (1961) et le Bénin (1961). Cela dit, on connaît suffisamment bien les maladies les plus meurtrières pour mettre sur pied des programmes d'action afférents.

5.2. Principales causes de décès et causes principales de maladie

En Afrique au sud du Sahara, comme dans la plupart des régions à mortalité élevée et précoce, *les maladies infectieuses et parasitaires constituent la principale cause de décès*. Elles représentent 30 % des décès enregistrés au Ghana, 72 % des consultations et 60 % des décès à Madagascar, et 35 % des maladies diagnostiquées en Tanzanie (O.M.S., 1980). Ces maladies ont un impact particulièrement important sur les enfants de 1 à 5 ans : dans cette classe d'âge, 60 à 80 % des décès sont dus à ces affections. Mais parmi elles, certaines méritent une attention plus particulière :

- *Les maladies diarrhéiques* : à elles seules, elles représentent de l'ordre du tiers des décès de moins de 5 ans. Dans les pays d'Afrique tropicale, elles se manifestent aussi sous la forme du choléra dont la transmission fécale-orale est bien connue. Mais ces maladies diarrhéiques ne sont pas mortelles en elles-mêmes ; elles le deviennent soit par les déshydratations qu'elles provoquent, soit par l'effet synergique de leur action avec d'autres maladies infectieuses comme la rougeole.

- *La rougeole* : endémique, elle représente une menace permanente pour les enfants souffrant de malnutrition. Il n'est pas rare d'enregistrer de l'ordre de 15 % de décès (tous âges) dus à cette maladie. La proportion peut atteindre 40 à 50 % dans le groupe des 1-4 ans. Pour un même pays, on a pu observer des fluctuations importantes de l'intensité de la rougeole, occasionnée par des épidémies. Ce fut, par exemple, le cas en Guinée Equatoriale en 1976-77. Ces épidémies sont généralement suivies d'un recul apparent de la maladie, provenant de l'effet de sélection et d'autovaccination, mais les enfants qui survivent à la rougeole gardent près d'une fois sur trois des séquelles graves (pneumonie, cécité ou surdité).

- *Les infections respiratoires aiguës* : comme dans les pays développés, elles peuvent revêtir des formes très variées (on en compte environ 300). Parmi les plus connues, citons la diphtérie, la coqueluche, la tuberculose ainsi que les complications respiratoires consécutives au mauvais traitement de la rougeole. D'après les estimations faites par l'U.N.I.C.E.F (1986), les risques de décès à la suite d'infections respiratoires seraient environ 70 fois plus forts en cas de carence nutritionnelle.

- *Le tétanos* : à l'origine d'un décès sur vingt, c'est surtout une maladie de la petite enfance, en raison de la contamination fréquente de la plaie ombilicale (tétanos du nouveau-né).

- *Le paludisme* : très anciennement connu en Afrique, il demeure ou redevient l'une des principales causes de décès. Il constitue, par exemple, le premier facteur de morbidité au Burkina Faso. Vers 1970, on avait estimé à 750 000 le nombre de décès qui lui étaient imputables dans les pays sub-sahariens (U.N.I.C.E.F, 1986). Cette maladie endémique avait été combattue avec succès dans certains pays dès le début des années cinquante, et on envisageait alors son éradication complète en une vingtaine d'années. Cette prévision optimiste avait ignoré à la fois la réduction des moyens financiers liée à la récession économique et les capacités d'adaptation des moustiques aux insecticides. Aujourd'hui, on observe une persistance, et parfois même une recrudescence, des décès dus à cette fièvre, qui touchent plus souvent les enfants de moins de 5 ans (n'ayant pas encore acquis une immunité naturelle) et les femmes enceintes (qui perdent cette immunité en fin de grossesse). Quand on sait que chaque attaque de paludisme fait perdre l'équivalent de trois jours de nourriture à un adulte, on imagine sans peine les effets du paludisme sur une population sous-alimentée. En Tanzanie, de 10 à 15 % des séjours à l'hôpital sont occasionnés par cette fièvre (O.M.S, 1980).

Ce bref examen des principales causes de mortalité souligne les interrelations qui existent entre maladies. *En Afrique, la mort est assez rarement le résultat d'une infection particulière, mais souvent celui d'une succession de maladies qui affaiblissent peu à peu le mécanisme de défense de l'individu.* Il en ressort aussi que *la malnutrition* joue un rôle déterminant sur la précocité de la mortalité. Si, en Afrique, on meurt peu de faim, là comme ailleurs, on ne peut résister longtemps aux agressions du milieu en cas d'alimentation insuffisante. Or les carences nutritionnelles sévissent dès le plus jeune âge, souvent même avant la naissance : la femme enceinte, particulièrement vulnérable au contexte infectieux, mettra au monde un enfant souffrant d'une *insuffisance pondérale*. Celui-ci, partiellement immunisé les premiers temps grâce à l'allaitement maternel, sera sous-alimenté dès le cinquième ou sixième mois, quand le lait de sa mère devient insuffisant. Mais l'allaitement ne sera interrompu que beaucoup plus tard, vers 20 mois en Afrique de l'Ouest, et souvent brutalement. L'enfant est alors contraint d'adopter le régime alimentaire de ses aînés, ce qui l'expose à des diarrhées souvent fatales. Entre 2 et 5 ans, le jeune africain est dans un état de faiblesse tel qu'une fois sur trois, les maladies infectieuses et parasitaires l'empêchent d'atteindre son cinquième anniversaire. Au Ghana, on estime que 70 % des décès de moins de 5 ans sont causés par la conjugaison malnutrition-infections. Au Burkina Faso, 50 % des enfants examinés dans les dispensaires souffrent d'hyponutrition (O.M.S., 1980).

5.3. Les actions entreprises

Au cours des dernières décennies, et encore actuellement, *la stratégie de lutte contre les grandes maladies a essentiellement reposé sur les techniques thérapeutiques* (vaccination, chimiothérapie). On peut citer, à titre d'exemple, un projet des Nations Unies qui prévoit d'ici 1990 la vaccination des mères (contre le tétanos) et de tous les enfants (BCG, DTC, polio, rougeole). Participent à ce projet le Burkina Faso, le Nigéria, le Lesotho, l'Ethiopie, le Rwanda, la Somalie, la Tanzanie et le Zimbabwe. Ce type d'action devrait avoir des effets spectaculaires à brève échéance, surtout sur la mortalité infanto-juvénile. Cependant, en se limitant à des interventions verticales de cette nature, aussi bonnes soient-elles, on risque fort de déplacer le problème sans rien résoudre. Comme le fait remarquer D. Tabutin (1985),"...On peut en effet très bien, et c'est ici et là ce qui se passe, diminuer la létalité de certaines maladies sans toucher à son incidence. Couper une diarrhée par des antibiotiques ou une technique de réhydratation permet temporairement d'éviter un décès par diarrhée, mais ne touche pas à la fréquence des maladies diarrhéiques". Dans le même ordre d'idée, on peut imaginer un pays d'Afrique où les maladies susceptibles d'être prévenues par vaccination auraient en grande partie disparu, sans grand changement dans les conditions de vie de la population : même mode alimentaire, même niveau d'hygiène, même manque d'instruction, et cependant une espérance de vie à la naissance accrue d'une dizaine d'années. Ce scénario semble assez conforme à la voie vers laquelle certains pays africains risquent de s'engager, si ce n'est déjà chose faite.

A cet égard, *l'exemple de Maurice donne quelques motifs d'inquiétude*. Après des progrès spectaculaires réalisés au cours des années cinquante, qui se sont soldés par un gain de longévité de plus de neuf années en l'espace de dix ans, on assiste à un ralentissement de la croissance de l'espérance de vie non moins spectaculaire (tableau 5).

Tableau 10.5 : Evolution des espérances de vie à la naissance à Maurice.

Période	Hommes	Femmes	Sexes réunis
1951-53	49,3	52,4	50,8
1961-63	58,4	61,9	60,1
1971-73	60,7	65,8	63,2
1976-78	60,9	68,6	64,7

Source : N'Cho Sombo et D. Tabutin (1985).

La période récente se caractérise par un recul encore sensible de la mortalité des jeunes (moins de 15 ans), mais aussi par une stagnation, voire une reprise de la mortalité aux âges adultes.

Ainsi, la mortalité des hommes de 25-29 ans est revenue en 1976-78 à son niveau de 1961-63. L'augmentation des maladies du coeur (plus fréquentes chez les hommes), des tumeurs et des maladies endocriniennes et nutritionnelles en est à l'origine (N'Cho Sombo et D. Tabutin, 1985).

Ici, comme dans d'autres régions en développement, l'action thérapeutique a atteint son objectif en neutralisant les maladies "cibles". En revanche, elle n'a pu prévoir ni contrôler l'émergence de nouvelles affections, considérées jusqu'alors comme secondaires. Il en sera ainsi tant que les individus ne pourront acquérir, par des conditions de vie décentes, une capacité naturelle suffisante pour résister aux agressions bactériennes et parasitaires.

6. UNE NOUVELLE PERCEPTION DU PROBLEME : UN ESPOIR POUR L'AVENIR

La récession économique des années 1970 a fait prendre conscience de la fragilité et du manque d'efficacité des stratégies et des moyens mis en oeuvre pour lutter contre les maladies du Tiers Monde. En témoigne cet extrait d'un rapport conjoint du Directeur Général de l'Organisation Mondiale de la Santé et du Directeur du Fonds des Nations Unies pour l'Enfance (1985) : "Les soins de santé suscitent dans le monde entier des grandes déceptions dont il n'est pas difficile de cerner les raisons... Outre ce qu'elle a de socialement contestable, la concentration d'une technologie complexe et coûteuse sur des segments limités de la population n'offre même pas l'avantage d'améliorer la santé. En fait, l'amélioration de la santé est actuellement assimilée à la fourniture de soins médicaux par un nombre croissant de spécialistes qui appliquent des technologies médicales étroitement spécialisées au profit d'une minorité de privilégiés".

Ajoutons à ces propos que la réduction du problème de la santé aux techniques médicales a pour effet de maintenir les pays en développement dans *un état de dépendance croissante*. Les efforts entrepris dans ce domaine seront toujours décevants aussi longtemps que la santé ne sera pas perçue comme partie intégrante du développement social, économique et culturel, ce qui implique la participation des populations à leur propre essor. Un premier pas a été accompli dans ce sens avec *les soins de santé primaires* (Tanzanie, Ghana...), prodigués au plus grand nombre par des agents originaires de la communauté et qui ont reçu une formation de base. Le système hospitalier n'intervient plus que pour les cas graves. L'utilisation d'un personnel local paraît être le moyen privilégié pour faire comprendre, puis admettre la nécessité de certaines pratiques d'hygiène élémentaire par des populations soucieuses du respect des coutumes. De plus, cela devrait déboucher à terme sur une prise de conscience plus globale du problème sanitaire par les populations elles-mêmes.

"Il ne fait aucun doute que les actions entreprises en toute connaissance de cause par des individus et des familles conscients de leur responsabilité à l'égard de leur santé offrent aujourd'hui de bien meilleures perspectives de progrès que des dépenses supplémentaires pour la recherche de nouvelles techniques médicales curatives." (U.N.I.C.E.F, 1986).

BIBLIOGRAPHIE

Ayeni O., 1985, "Geographic and socio-economic differentials characteristics of infant and child mortality in Africa", in *Actes du Congrès International de la Population,* U.I.E.S.P., Florence, vol. 2, pp. 261-274.

Azefor M.N.A., 1981, "Counteracting forces in the continued decline of mortality in Africa", in *Actes du Congrès Mondial de la Population,* U.I.E.S.P., Manille, vol. 1, pp. 5-20.

Boulanger P.M., 1980, "Les grandes orientations de la lutte contre la mortalité des enfants", in P.M. Boulanger et D. Tabutin (eds), *La mortalité des enfants dans le monde et dans l'histoire,* Liège, Ordina Editions, Département de Démographie, Louvain-La-Neuve, pp. 387-404.

Bénin, 1964, *Enquête démographique au Dahomey 1961. Résultats définitifs,* Ministère de la Coopération, I.N.S.E.E. coopération, Paris.

Burkina Faso, 1970, *Enquête démographique par sondage en République de Haute-Volta 1960-61,* Service de la Statistique, Secrétariat d'état aux affaires étrangères, I.N.S.E.E., service coopération, Paris.

Caldwell J.C., 1979, "Education as a factor in mortality decline: an examination of Nigerian data", *Population Studies*, vol. 33, n° 3, pp. 395-413.

Cantrelle P., 1969, "Etude démographique dans la région du Sine-Saloum (Sénégal). Etat civil et observation démographique", *Travaux et documents de l'O.R.S.T.O.M.*, n° 1, Paris.

Cantrelle P. et Ly V., 1980, "La mortalité des enfants en Afrique", in P.M. Boulanger et D. Tabutin (eds), *op. cit.*

Chukwudum Uche, 1981, "The contexts of mortality in Nigeria", *Genus*, vol. XXXVII, n° 1-2, pp. 123-133.

Clairin R., 1985, *L'enregistrement des causes de décès par un personnel non médical*, Deuxième stage de perfectionnement pour démographes africains, G.D.A.-U.I.E.S.P.-I.F.O.R.D., Document de Travail n° 1.

Gaisie S.K., 1982, "Considérations sur les causes socio-économiques de la mortalité en Afrique tropicale", *Bulletin Démographique des Nations Unies*, n° 13, New York, pp. 17-27.

Hunpono-Wusu O.O., 1976, "Disorders which shorten life among Nigerians : a study of mortality patterns in the age group 15-44 years in Kaduna, Nigeria", *Tropical Geographical Medicine*, vol. 28, pp. 343-348.

Kenya, 1970, *Population census 1969*, Statistics Division, Ministry of Finance and Economic Planing, vol. 1, Nairobi.

Madagascar, *Population à Madagascar : situation au 1er janvier 1970...1972*, République Malgache, Institut national de la statistique et de la recherche économique.

Mali, 1980, *Recensement général de la population : décembre 1976*, Série population et socio-démographique, Ministère du Plan, Direction nationale de la statistique et de l'informatique, vol. 1, Bamako.

Muganzi L.S., 1977, *Some aspects of mortality levels and differentials in Kenya*, Master of arts thesis in population studies, Université du Ghana.

Nations Unies, 1979, "Enregistrement des faits d'état civil et rassemblement des statistiques de l'état civil en Afrique : évaluation des méthodes utilisées et des problèmes rencontrés", in *Dynamique de la population, fécondité et mortalité en Afrique*, Division de la statistique de la C.E.A., Monrovia, pp. 89-130.

Nations Unies, 1979, *World population trends and policies*, 1977 monitoring report, vol. 1, New York.

Nations Unies, 1982, *Levels and trends of mortality since 1950*, A joint study by the United Nations and the World Health Organisation, New York.

N'Cho Sombo et Tabutin D., 1985, "Tendances et causes de la mortalité à Maurice depuis 1940", *Population*, n° 3, pp. 435-454.

O.C.D.E., 1980, *La mortalité dans les pays en développement. Evaluation*, tome II, vol. 3, Paris.

O.M.S., 1976, *Rapport des statistiques sanitaires mondiales*, vol. 29, n° 11, Genève.

O.M.S., 1980, *Sixième rapport sur la situation sanitaire dans le monde 1973-77. Exposé par pays et territoire*, Partie 2, Genève.

O.M.S., 1985, *Principes de base de la lutte antipaludique et directives générales pour un appui U.N.I.C.E.F./O.M.S.,* Déclaration conjointe U.N.I.C.E.F./O.M.S.

Palloni A., 1985, "An epidemio-demographic analysis of factors in the mortality decline of slow-decline developing countries", in *Actes du Congrès International de la Population*, U.I.E.S.P., vol. 2, Florence, pp. 329-352.

Réunion, *Statistique du mouvement de la population dans les départements d'outre-mer. Années 1965-70*, I.N.S.E.E., Paris.

Sénégal, 1957, *Enquête démographique 1957. Résultats provisoires,* Mission socio-économique de la basse vallée du Sénégal, Service des Statistiques, Paris.

Sivamurthy M., 1982, "The deceleration of mortality decline in Asian countries", in *Actes du Congrès International de la Population*, U.I.E.S.P., vol. 2, Manille, pp. 51-71.

Tabutin D., 1984, "Comparaison of simple and multi-round surveys for mesuring mortality in developing countries", in *Methodologies for the collection and analysis of mortality data*, Actes du colloque de Dakar, U.I.E.S.P., Liège, pp.11-26.

Tabutin D., 1986, "Les transitions de mortalité dans le Tiers Monde : quelques problèmes et aspects explicatifs", in *Les changements ou les transitions démographiques dans le monde contemporain en développement*, Editions de l'O.R.S.T.O.M., Colloques et Séminaires, pp. 83-123.

Tabutin D., 1986, *Caractéristiques et déterminants de la mortalité en Afrique*, Stage de perfectionnement pour démographes africains, Bamako, février-mars 1986, U.I.E.S.P.-I.N.S.A.H., 96 p.

U.N.I.C.E.F., 1986, *La situation des enfants dans le monde 1986*, Fonds des Nations Unies pour l'enfance.

Waltisperger D., 1986, "La mortalité dans les changements et transitions démographiques", in *Les changements ou les transitions démographiques dans le monde contemporain en développement*, Editions de l'O.R.S.T.O.M., Colloques et Séminaires, pp. 125-186.

ANNEXE STATISTIQUE

Tableau A.10.1 : Tables de mortalité lissées (ensemble des deux sexes) pour sept pays.

COTE D'IVOIRE 1978-79

Age x	Quotients de mortalité entre les âges x et x+n $_nq_x$	Survivants à l'âge x l_x	Espérance de vie à l'âge x e_x
0	0,0852	10000	53,86
1	0,0723	9148	57,85
5	0,0198	8487	58,25
10	0,0136	8318	54,38
15	0,0167	8205	50,10
20	0,0201	8068	45,90
25	0,0238	7905	41,80
30	0,0275	7718	37,75
35	0,0319	7505	33,75
40	0,0398	7266	29,78
45	0,0528	6976	25,91
50	0,0696	6608	22,22
55	0,0879	6148	18,69
60	0,1314	5607	15,25
65	0,1941	4871	12,18
70	0,2818	3926	9,51
75	0,3985	2819	7,27
80	0,5418	1696	5,42
85	1,0000	777	3,88

MALI 1976

Age x	Quotients de mortalité entre les âges x et x+n nq_x	Survivants à l'âge x l_x	Espérance de vie à l'âge x e_x
0	0,1309	10000	49,56
1	0,1526	8691	55,97
5	0,0353	7364	61,81
10	0,0168	7104	58,98
15	0,0197	6985	54,95
20	0,0223	6847	51,00
25	0,0248	6694	47,11
30	0,0275	6528	43,25
35	0,0309	6349	39,40
40	0,0367	6153	35,57
45	0,0451	5927	31,83
50	0,0551	5660	28,22
55	0,0661	5348	24,72
60	0,0891	4995	21,29
65	0,1196	4549	18,13
70	0,1595	4005	15,25
75	0,2110	3366	12,67
80	1,0000	2656	10,39

NIGERIA RURAL 1965-66

Age x	Quotients de mortalité entre les âges x et x+n nq_x	Survivants à l'âge x l_x	Espérance de vie à l'âge x e_x
0	0,1596	10000	36,86
1	0,1919	8404	42,79
5	0,0483	6875	48,00
10	0,0310	6543	45,31
15	0,0386	6341	41,68
20	0,0397	6096	38,25
25	0,0416	5854	34,73
30	0,0461	5611	31,13
35	0,0578	5352	27,51
40	0,0755	5043	24,05
45	0,0982	4662	20,81
50	0,1277	4204	17,80
55	0,1631	3667	15,04
60	0,2156	3069	12,49
65	0,2824	2408	10,23
70	0,3649	1728	8,27
75	1,0000	1097	6,59

KENYA 1968-69

Age x	Quotients de mortalité entre les âges x et x+n nq_x	Survivants à l'âge x l_x	Espérance de vie à l'âge x e_x
0	0,1257	10000	51,59
1	0,0875	8743	57,96
5	0,0225	7978	59,39
10	0,0129	7798	55,69
15	0,0166	7698	51,39
20	0,0231	7569	47,22
25	0,0293	7395	43,28
30	0,0347	7178	39,51
35	0,0424	6929	35,83
40	0,0571	6636	32,31
45	0,0684	6257	29,11
50	0,0805	5829	26,07
55	0,0938	5359	23,13
60	0,1168	4857	20,27
65	0,1453	4289	17,62
70	0,1804	3666	15,19
75	0,2233	3004	12,98
80	0,2751	2334	1,00
85	1,0000	1692	9,22

MADAGASCAR 1972

Age x	Quotients de mortalité entre les âges x et x+n nq_x	Survivants à l'âge x l_x	Espérance de vie à l'âge x e_x
0	0,1618	10000	48,21
1	0,0668	8382	56,45
5	0,0205	7822	56,39
10	0,0119	7662	52,52
15	0,0193	7571	88,12
20	0,0233	7425	44,02
25	0,0272	7252	40,01
30	0,0311	7055	36,06
35	0,0552	6835	32,14
40	0,0427	6594	28,22
45	0,0579	6312	24,37
50	0,0773	5947	20,71
55	0,0994	5488	17,23
60	0,1508	4942	13,86
65	0,2256	4197	10,88
70	0,3304	3250	8,32
75	0,4679	2176	6,19
80	1,0000	1158	4,43

MAURICE 1976-78

Age x	Quotients de mortalité entre les âges x et x+n $_nq_x$	Survivants à l'âge x l_x	Espérance de vie à l'âge x e_x
0	0,0409	10000	64,54
1	0,0110	9591	66,29
5	0,0035	9486	63,01
10	0,0025	9452	58,22
15	0,0047	9428	53,37
20	0,0072	9384	48,61
25	0,0098	9317	43,94
30	0,0131	9226	39,35
35	0,0185	9105	34,84
40	0,0283	8936	30,45
45	0,0446	8683	26,26
50	0,0644	8296	22,37
55	0,0863	7762	18,74
60	0,1303	7062	18,74
65	0,1936	6168	12,18
70	0,2812	4973	9,51
75	0,3960	3575	7,25
80	1,0000	2159	5,37

RÉUNION 1966-69

Age x	Quotients de mortalité entre les âges x et x+n $_nq_x$	Survivants à l'âge x l_x	Espérance de vie à l'âge x e_x
0	0,0879	10000	58,96
1	0,0234	9121	63,61
5	0,0050	8907	61,10
10	0,0032	8863	56,40
15	0,0071	8834	51,57
20	0,0120	8771	46,92
25	0,0167	8666	42,46
30	0,0214	8521	38,14
35	0,0276	8339	33,92
40	0,0389	8109	29,81
45	0,0142	7693	25,92
50	0,0726	7371	22,26
55	0,0931	6836	18,81
60	0,1350	6199	15,48
65	0,1933	5362	12,51
70	0,2723	4326	9,90
75	1,0000	3148	7,67

Tableau A.10.2 : Quelques répartitions de décès par cause.

1. Causes de décès à Maurice. Taux par groupe de causes (p. 100.000).

Cause / Période	1940-42	1952-54	1961-63	1970-72	1976-78
Maladies infectieuses	1183,8	365,0	156,5	104,6	52,7
Tumeurs	16,9	26,7	29,2	40,3	43,1
Maladies endocriniennes, de la nutrition et du sang	79,1	112,2	54,8	40,0	51,4
Maladies de l'appareil circulatoire	49,8	120,2	95,7	182,5	227,6
Maladies de l'appareil respiratoire	363,5	202,0	95,9	101,2	76,0
Maladies de l'appareil digestif	53,8	14,3	9,5	11,2	19,8
Complications des grossesses et accouchements	35,3	12,4	5,6	4,0	3,3
Maladies de la 1ère enfance	219,6	150,5	106,7	48,6	40,6
Morts violentes, accidents	40,6	41,7	34,6	39,2	48,4
Autres maladies	634,3	519,7	369,6	205,4	199,9
Total	2676,7	1564,7	958,1	777,0	762,8

Source : N'Cho Sombo et D. Tabutin (1985).

2. Décès dans 42 formations hospitalières au Cameroun (1975).

Maladies dépistées	Nombre de décès	Décès p. 100
Rougeole	509	12,5
Paludisme	239	5,9
Tétanos	196	4,8
Méningite	139	3,4
Broncho-pneumonie	134	3,3
Anémie	128	3,2
Malnutrition	119	2,9
Kwashiorkor	112	2,8
Maladie du coeur	112	2,8
Accidents à l'accouchement	109	2,7
Pneumonie	101	2,5
Diarrhée	90	2,2
Cancer	88	2,2
Déshydratation	85	2,1
Hernie	79	1,9
Dysenterie	66	1,6
Bronchite	81	1,5
Tuberculose	54	1,3
Gastro-entérite	50	1,2
Hépatite	47	1,1
Autres maladies	1571	38,6
Total	4066	100,0

Source : Keuzeta (1976).

3. Causes de décès enregistrées à l'hôpital universitaire Ahmadu Bello de Kaduna (Nigéria). Population de 15-44 ans, décédée entre janvier 1971 et décembre 1973.

Causes de décès	Nombre	Pourcentage
Maladies infectieuses et parasitaires	249	31,8
Accidents, morts violentes	107	13,6
Maladies du système circulatoire	90	11,5
Maladies du système digestif	86	11,0
Néoplasmes	55	7,0
Complications liées à la grossesse, accouchements	48	6,1
Maladies du système génito-urinaire	43	5,5
Maladies du sang	31	4,0
Maladies endocriniennes et de la nutrition	18	2,3
Autres	15	2,0
Total	784	100,0

Source : Hunpono-Wusu (1976).

4. Décès par cause au Burkina Faso (1960-61) et au Bénin (1961) (répartitions p. 100).

Causes de décès	Burkina Faso	Bénin
Mort violente	1,3	3,0
Complications grossesse ou accouchement	1,8	1,9
Diarrhée	17,7	5,5
Maux de ventre sans diarrhée	5,6	11,0
Toux courte	8,8	6,3
Tuberculose, autres signes respiratoires	4,0	4,7
Troubles cardiaques et gonflement des jambes	3,5	4,0
Variole	-	3,3
Rougeole	18,1	2,3
Autres éruptions cutanées	-	1,1
Maux de tête sans autre précision	1,2	1,9
Méningite	4,4	0,3
Tétanos	0,9	3,1
Paludisme	10,1	4,0
Autres fièvres	1,0	11,8
Décès liés aux circonstances de la naissance	2,4	2,3
Vieillesse	1,9	5,4
Autres causes	4,6	18,4
Causes indéterminées	12,9	9,6
Total	100,0	100,0

Source : R. Clairin (1985),

11

MORBIDITE, MALNUTRITION ET MORTALITE DES ENFANTS

Eliwo AKOTO et Allan G. HILL

1. INTRODUCTION : UNE PROFUSION DE CAUSES

La mortalité infantile et juvénile est en Afrique sub-saharienne la plus élevée du monde (chapitre 10). Jadis, on attribuait cela à l'effet conjugué du climat et de l'environnement tropical, particulièrement en Afrique de l'Ouest mais aussi dans les autres régions où les colons s'installaient. Les causes précises de cette surmortalité des enfants africains sont encore mal connues, mais des recherches récentes ont dégagé une série de facteurs-clés liés à la survie du jeune enfant ; de même la chute de la mortalité dans certaines zones inhospitalières, ou au contraire parmi les couches sociales les plus favorisées, a montré l'importance de certains facteurs socio-culturels. De plus, et on l'a constaté lors des périodes de crise alimentaire des années 1970 et 1980, on a peut-être exagéré le rôle de la famine et de la malnutrition comme déterminants de la survie des enfants. En fait, peu de décès sont directement liés à la seule pénurie alimentaire. Les enfants restent surtout exposés aux maladies transmissibles, comme la rougeole, la coqueluche et les infections respiratoires aiguës, mises à part les périodes vraiment de catastrophes alimentaires, comme la grande sécheresse du Sahel en 1973-74 et la famine générale en Ethiopie entre 1983 et 1986. Mais bien entendu, dans une population malnutrie et sans couverture

310

vaccinale, on attrape plus facilement une maladie et on en meurt plus souvent par suite de diarrhée[1].

Les causes à l'origine de cette forte mortalité en Afrique sont complexes et multiples : elles relèvent de l'environnement, du biologique et du culturel. Dans la littérature récente, il existe quelques schémas ou cadres conceptuels[2] montrant les nombreuses variables qui interviennent sur la mortalité des enfants et illustrant les mécanismes conduisant de la bonne santé au décès. Malheureusement, beaucoup de ces cadres d'analyse demeurent relativement théoriques, et on ne dispose pas encore de modèle opérationnel permettant d'isoler le rôle d'une cause particulière ou les effets d'une intervention spécifique, comme un programme d'immunisation, parmi la masse des autres déterminants[3].

2. DES CAUSES DE DECES : ALLUSIONS ET ILLUSIONS

En Afrique au sud du Sahara, les principales "causes immédiates" de décès des enfants sont *les maladies infectieuses et parasitaires* (E. Akoto, 1985). Elles sévissent un peu partout dans le monde, mais c'est en Afrique qu'elles sont le plus mortelles. Tous les enfants des pays tropicaux meurent à peu près des mêmes causes, mais c'est dans cette région que les facteurs de risque et d'exposition sont les plus élevés. Par exemple, le virus de la rougeole est le même en Afrique et en Europe, mais on en meurt beaucoup plus ici que là parce que les enfants y sont beaucoup moins résistants. Et on touche ici au facteur-clé qu'est *la malnutrition*. L'enfant africain n'est sans doute guère vacciné, mais il est aussi, et peut-être surtout, malnourri. De plus, il vit souvent dans un environnement insalubre, partage sa chambre, sinon son lit, avec plusieurs frères et soeurs et, enfin, bénéficie de beaucoup moins de soins que son homologue européen. Examinons une série de

---

(1) La diarrhée est d'ailleurs vraisemblablement sur-représentée parmi les causes de décès des enfants africains, mais si on ne meurt pas toujours de diarrhée, on meurt très souvent avec la diarrhée.

(2) Pour une présentation de synthèse, voir E. Akoto (1985) ou J.W. Grégory et V. Piché (1986).

(3) Statistiquement parlant, il y a de grands risques d'inférences fallacieuses.

facteurs qui, dans un tel contexte, sont aujourd'hui jugés importants. Ils sont d'ordre biologique, socio-culturel et économique.

2.1. L'âge et la fécondité de la mère

La plupart des études montrent une très nette association entre l'âge de la mère à l'accouchement et le risque de perdre son nouveau-né. D'un côté, les femmes qui accouchent très jeunes, à un âge où leur propre développement physique n'est pas encore achevé, ont plus de chance d'avoir un enfant de faible poids, ce qui augmente son risque de décès. De l'autre, les femmes très fécondes, surtout à partir de 35 ans, courent des risques divers (fausses-couches, malformations ou autres problèmes...) et peuvent connaître des difficultés d'allaitement pour le dernier-né, ce qui bien entendu diminue la "protection maternelle". Autrement dit, toutes choses égales par ailleurs, *la mortalité des enfants est liée à leur rang de naissance, ainsi qu'à l'âge et à la fécondité de leurs mères.* Or en Afrique, la fécondité commence à un âge précoce et continue souvent jusqu'à la ménopause. L'impact de ces caractéristiques de la fécondité africaine est important sur la mortalité infantile : dans un modèle, il a été montré que si toutes les naissances étaient concentrées entre 20 et 35 ans, et que si en moyenne les femmes n'avaient pas plus de 5 enfants, cela entraînerait une réduction de la mortalité infantile de 9 à 16 % (J. Trussell et A. Pebley, 1984).

L'âge de la mère a un effet particulièrement important pour la mortalité néonatale, qui est celle du premier mois de vie. Les risques de perdre rapidement un enfant sont élevés pour les mères de moins de 20 ans (prématurité fréquente et faible poids des enfants) ; ils passent par un mimimum entre 20 et 35 ans, avant d'augmenter de nouveau. Au-delà d'un certain âge, les risques de malformations congénitales (trisomie 21 ou mongolisme) s'accroissent rapidement. Dans une étude à Zaria (Nigéria), K.A. Harrison et autres (1984) ont ainsi constaté que "près d'un enfant sur cinq, né de mères de 15 ans ou moins, était mort au cours de la seule période néonatale. Ce chiffre représentait deux fois et demi le taux de mortalité des enfants nés de mères âgées de 20 à 24 ans". Cette relation curvilinéaire entre la mortalité néonatale et l'âge de la mère est confirmée dans les enquêtes récentes de fécondité. Du tableau 1, qui concerne six pays sub-sahariens, il ressort bien

Tableau 11.1 : Rapport (%) pour six pays du quotient de mortalité néonatale des mères d'un groupe d'âges quinquennal donné à celui des mères âgées de 20 à 29 ans.

Age des mères à l'accouchement	Bénin 1981-82	Cameroun 1978	Côte d'Ivoire 1981-82	Ghana 1979	Nigéria 1981-82	Sénégal 1978
Moins de 20 ans	123	135	162	191	145	171
	(54,6)	(57,0)	(75,9)	(58,2)	(57,6)	(71,0)
20-29 ans	100	100	100	100	100	100
	(44,4)	(42,1)	(46,9)	(30,5)	(39,8)	(41,5)
30-39 ans	119	120	105	117	110	111
	(51,1)	(50,7)	(49,2)	(35,6)	(43,7)	(46,2)
40 ans et plus	223	106	84	187	248	150
	(99,2)	(44,8)	(39,2)	(57,0)	(98,9)	(62,3)

<u>Source des données de base</u> : S.O. Rutstein (1984). Ces données sont tirées des enquêtes de fécondité de ces pays. Entre parenthèses, il s'agit du quotient (‰) de mortalité néonatale, autrement dit de la probabilité de décéder durant le premier mois de vie.

une surmortalité néonatale des enfants dont les mères ont moins de 20 ans, ou plus de 30 ans, par rapport à ceux dont les mères ont entre 20 et 29 ans. Ces surmortalités sont importantes, puisqu'elles vont de 23 à 91 % chez les jeunes femmes et de 5 à 20 % chez les plus âgées (30-39 ans).

On a constaté le même phénomène en matière de *mortalité périnatale,* qui regroupe la mortinatalité et la mortalité de la première semaine de vie. Dans une importante enquête à Kinshasa (K. Nzita, 1986), pour les premiers nés, le risque de mortalité périnatale passait de 53 ‰ chez les mères de moins de 20 ans à 44 ‰ chez "les 25-34 ans". Pour les enfants de rang 5 ou plus, le risque était de 20 ‰ à 25-34 ans et de 74 ‰ à 35 ans et plus.

2.2. L'intervalle entre naissances vivantes

Il est bien établi que, partout dans le monde, on a une relation entre l'intervalle entre deux naissances vivantes et la mortalité des deux enfants concernés : plus l'intervalle est court, plus la mortalité de l'un et de l'autre augmente[4]. Cet espacement entre naissances agirait par le canal de la concurrence qu'il suscite entre frères pour la nourriture, l'attention et les soins de la mère. On a aussi ce que D.B. Jeliffe (1966) a qualifié de "syndrome d'épuisement maternel", très fréquent chez les femmes d'âge avancé et qui ont de nombreux enfants. Ce rapprochement des grossesses et des périodes d'allaitement entraîne souvent pour les enfants une insuffisance pondérale à la naissance, une prématurité ou une dysmaturité. Beaucoup des décès associés à des intervalles courts entre naissances surviennent dans la première semaine ou le premier mois de vie (P.M. Dunn, 1979).

En Afrique aussi, plusieurs études ont confirmé l'impact de l'espacement des naissances sur la mortalité néonatale. M.L. van den Eerembeemt (1985) l'a, par exemple, constaté chez les Peuls du Mali Central : la mortalité du premier mois de vie allait de 138 ‰ à 56 ‰ selon la longueur de l'intervalle entre naissances. On l'a de même mis en évidence lors de l'analyse récente de quelques enquêtes de fécondité (J. Hobcraft et al., 1983). Le tableau 2 présente

---

(4) Pour une synthèse en la matière, voir J. Hobcraft, P. McDonald et S.O. Rutstein (1983 et 1984), A. Palloni et M. Tienda (1986), C. De Sweetmer (1984), J.T. Boerma et H.A.W. Van Vianem (1984).

Tableau 11.2 : Evolution du risque relatif de mortalité néonatale selon le nombre d'enfants nés dans les deux années qui précèdent la naissance (base 100 pour aucun enfant).

Pays	Nombre d'enfants nés-vivants		
	0	1	2 et plus
Sénégal	100	176	-
Lesotho	100	238	-
Kenya	100	138	162
Ghana	100	154	343

Source : Données calculées à partir des quotients tirés de J. Hobcraft et al. (1983). Il s'agit uniquement des naissances non gémellaires. Les tirets signifient que les effectifs sont trop faibles pour pouvoir présenter des résultats.

Tableau 11.3 : Mortalités infantile (A) et juvénile (B) selon le niveau d'instruction des mères.

Nombre d'années passées à l'école	Cameroun 1968-71 (1)		Kenya 1978 (2)	Lesotho 1977 (3)	Nigéria 1981-82 (3)	Sénégal 1968-78 (4)	
	A	B	A	A	A	A'	B
Aucune	116	109	117	211	127	73	188
1 à 3	88	87	|	137	|	32	113
			90		97		
4 à 6	87	80	|	95	|	47	28
7 et plus	64	55	57	82	67	34	29

A = taux (‰) de mortalité infantile
A' = quotient (‰) de mortalité post-néonatale (de 1 à 12 mois)
B = quotient (‰) de mortalité entre 1 et 5 ans.
Source : (1) S.O. Rutstein (1985) ; (2) F. Mott (1982) ; (3) E.M.F. (1981,1983) ; (4) P. Cantrelle et al. (1986).

quelques résultats sur le Sénégal, le Lesotho, le Kenya et le Ghana. Dans ces quatre pays, le risque pour un enfant de décéder durant son premier mois de vie augmente considérablement avec le nombre de frères ou de soeurs que sa mère a mis au monde dans les deux années qui précèdent sa propre naissance. Autrement dit, *plus les naissances sont rapprochées, plus le risque de décéder augmente, et ce risque devient considérable.*

La variation des risques de mortalité selon l'intervalle intergénésique ne se limite pas à la période néonatale, mais s'étend pour les enfants jusque vers l'âge de 5 ans. En cas d'intervalles courts, la mortalité entre 1 et 12 mois d'âge augmente de 80 % et la mortalité entre 1 et 5 ans de l'ordre de 40 %[5]. Un bon espacement entre naissances est donc important pour la santé des enfants.

2.3. Le niveau d'éducation des parents

Depuis longtemps, on sait que le niveau de scolarisation des mères et des pères joue un grand rôle sur la survie des enfants. Cela se fait par toute une série de variables intermédiaires : la rupture possible, quant on est instruit, avec certaines pratiques traditionnelles néfastes à la santé de l'enfant, une certaine facilité de s'adapter au monde moderne, une sensibilisation aux problèmes d'hygiène et une modification des structures de décision dans la famille, entre autres en matière de soins à accorder aux enfants[6].

Une étude de B. Maina-Ahlberg (1979), au Kenya, illustre la façon dont l'instruction maternelle peut agir sur la mortalité des enfants par la rupture avec certaines coutumes : ainsi chez les Kamba, l'instruction de la mère diminuait la fréquence d'une pratique traditionnelle dangereuse, celle qui consiste à exclure l'eau et le lait du régime de l'enfant rougeoleux. La proportion des mères recourant à ce mode de traitement passait de 75 % pour celles sans aucune instruction à 29 % seulement pour celles qui avaient plus de 8 années de scolarité. Mais l'instruction peut aussi n'être que le reflet partiel du niveau économique du ménage. Ainsi au Bangladesh, on a montré (S. Lindenbaum, 1983) que l'importance

---

(5) Résultats issus d'une étude (J. Hobcraft et al., 1983) portant sur cinq pays africains.

(6) Sur ce type de problèmes, voir entre autres J.C. Caldwell (1979, 1981 et 1986) et J.C. Caldwell - P. McDonald (1981, 1982).

de la scolarisation de la mère, en tant que facteur de déclin de la mortalité de l'enfance, résulterait plutôt "de la capacité d'une femme très instruite d'attirer un mari qui gagne beaucoup d'argent" (cité par United Nations, 1985, p. 19). Ce phénomène existe sans doute aussi dans notre région, mais à un moindre degré.

En tout cas, *il est certain qu'en Afrique l'instruction maternelle a un impact important sur la mortalité des enfants.* Un peu partout, la mortalité de 0 à 3 ou 5 ans baisse avec l'augmentation du niveau d'éducation de la mère. Dans les cinq pays envisagés au tableau 3, les risques de décès des enfants diminuent quand l'instruction des mères augmente : ils vont grosso modo de 1 à 2 entre les niveaux extrêmes. La simple augmentation de l'instruction féminine, et notamment la disparition de l'analphabétisme, permettraient sans doute en elles-mêmes de sensibles progrès en matière de survie, mais ils sont difficiles à mesurer directement. En effet, on doit distinguer l'effet de l'instruction maternelle des effets d'autres variables qui peuvent lui être associées, comme l'instruction du père, la région ou le milieu d'habitat, le confort du logement...

Dans quelques études où l'on a essayé de "contrôler" les diverses variables en présence, le rôle de l'instruction de la mère s'atténue quelque peu. Au Sénégal (P. Cantrelle et al., 1986), le fait d'habiter en villes plutôt qu'en milieu rural ainsi que l'ethnie d'origine sont des facteurs "explicatifs" de la mortalité des enfants plus importants que l'instruction de la mère. Dans d'autres études, l'instruction du père joue autant que celle de la mère. Le processus "explicatif" est donc complexe, mais *nul doute qu'à moyen et long terme l'éducation demeure une variable cruciale.*

2.4. L'accès et l'utilisation des services sanitaires

En Afrique sub-saharienne, l'accès à des services sanitaires est impossible pour une grande majorité de la population, en raison de l'insuffisance même de ces services et de la distribution géographique très dispersée de la population. Cela dit, dans l'histoire européenne, la chute de la mortalité infantile a commencé bien avant le développement des systèmes sanitaires modernes, davantage tournés vers le traitement que vers la prévention (T. McKeown, 1976 et G. Masuy-Stroobant, 1983). L'accès à une eau potable et abondante est peut-être plus important pour la santé de l'enfant que l'existence d'un grand hôpital moderne. Si la mortalité infantile est plus faible en villes qu'en campagnes, cela tient à une combinaison de facteurs, et non à la seule infrastructure médicale : une scolarisation plus élevée, une fécondité parfois plus faible, une meilleure couverture des populations à risques pour les actions de prévention et aussi une plus grande acceptabilité des traitements modernes.

Mais jusqu'à présent, *il y a peu d'évaluations sérieuses et scientifiques de l'efficacité de tel ou tel type de système sanitaire sur la santé de l'enfant.* On s'accorde à reconnaître les limites d'un système centralisé et médicalisé, dans lequel se sont lancés nombre de pays, mais par ailleurs on manque d'évaluation des programmes plus communautaires de soins de santé primaires, tout au moins tels qu'ils ont été promus et exécutés en Afrique, par exemple par l'U.N.I.C.E.F., sous l'appelation de "soins de santé primaires sélectifs".

3. LES FACTEURS DE LA MORTALITE SELON L'AGE

En Afrique sub-saharienne, les enfants ne meurent pas partout des mêmes causes de décès, et les risques de mortalité par âge varient selon les populations. Par exemple, en Afrique de l'Ouest, les enfants meurent énormément entre 1 et 2 ans en raison de la rougeole et de la malnutrition qui survient rapidement après le sevrage de l'enfant. Un tel schéma ne se retrouve pas partout. Par ailleurs, dans un même environnement comme celui du Mali, on observe des différences importantes entre ethnies. C'est dire que l'environnement comme les cultures doivent avoir un rôle non négligeable sur la survie des enfants.

3.1. La mortalité du premier mois de vie

Durant cette période néonatale, ce sont surtout *les facteurs biologiques* - on entend par là les facteurs affectant l'organisme de la mère - qui influenceront la mortalité des enfants. La plupart des décès néonatals résultent de malformations congénitales, de la prématurité, des accidents à l'accouchement[7]. Ces causes vont jusqu'à représenter de 75 à 80 % des décès du premier mois de vie, comme on l'a observé dans une région rurale du Kenya (Omondi-Odhiambo, 1982) ou dans les hopitaux d'Accra et de Kumasi au Ghana (E. Mollard, 1980). Entre autres facteurs, le comportement des mères en matière de consultations prénatales et leur état nutritionnel durant la grossesse semblent jouer un rôle important.

Le fait d'être suivi par un médecin pendant la grossesse réduit le risque d'accidents au moment de l'accouchement, comme il élimine certaines maladies infectieuses et parasitaires (la rubéole en est un bon exemple). A Kinshasa (K. Nzita, 1986), le fait d'accoucher ou non dans une maternité où pratique son médecin est un important facteur de discrimination de la mortalité périnatale, surtout en cas de complications à l'accouchement[8]. Dans cette même ville, le fait simplement d'avoir consulté un médecin pendant la grossesse entraîne un risque moindre de mortalité (K. Nzita, 1986 ; Tshibemba Wa Mulumba, 1985). Il en est de même au Cameroun et en Côte d'Ivoire (J. Casterline, 1984) quand on habite à proximité de sages-femmes qualifiées qui aident à l'accouchement. Le rôle des consultations prénatales et de l'assistance à l'accouchement est incontestablement important.

Une variable non moins primordiale est *l'état nutritionnel de la mère pendant la grossesse,* et particulièrement durant les trois derniers mois. Une mauvaise nutrition maternelle entraîne souvent une insuffisance pondérale à la naissance, qui constitue un facteur à haut risque de mortalité[9]. Par exemple, toujours à Kinshasa, le risque de mortalité périnatale des bébés de moins de 2,25 kg est d'environ trente fois supérieur à celui des bébés de plus de 3 kg ! Comme on l'a vu au Bangladesh dans la région du Matlab (A. Kielman, 1985), un programme de distribution alimen-

---

(7) A Dakar et à St Louis (Sénégal), les seules malformations congénitales auraient été, entre 1973 et 1980, à l'origine de près de 30 % des décès infantiles (P. Cantrelle et al., 1986). C'est du moins ce qui ressort des statistiques de l'état civil.

(8) Il ressort de cette étude que, si toutes les femmes de Kinshasa accouchaient là où travaille leur médecin, cela ferait baisser la mortalité de la première semaine de vie de quelque 55 %.

(9) Pour plus de détails sur ce point, voir entre autres L. Bergner et M.W. Susser (1970), R.L. Naeye et al. (1973) ou A.M. Prentice et al. (1983).

taire aux mères nécessiteuses est un moyen efficace de réduire la mortalité des enfants.

Dans l'état actuel des choses, il est à craindre que pendant longtemps la mortalité néonatale ne demeure élevée en Afrique au sud du Sahara. Les consultations prénatales n'y sont pas généralisées, et là où les services sanitaires existent, certaines couches de la population n'y ont pas accès, faute notamment de moyens financiers. Les sages-femmes qualifiées n'y sont pas légion. Quant à l'alimentation des mères durant leur grossesse, les perspectives d'avenir nous semblent sombres, surtout dans les pays du Sahel, frappés régulièrement par la sécheresse et la famine. Il est en outre à craindre que certaines coutumes, croyances et interdits privant, dans certains cas, la femme enceinte des seules sources de protéines et d'énergie disponibles, ne disparaissent d'aussi tôt. Il est également à redouter que la précocité des premières maternités ne continue encore longtemps à influencer à la hausse la mortalité néonatale, même si l'on enregistre un peu partout un léger relèvement de l'âge au mariage.

3.2. La mortalité entre 1 et 6 mois

A ces âges, un facteur crucial pour la santé de l'enfant est incontestablement *l'allaitement au sein,* avec ses diverses modalités (fréquence des tétées, rapidité du sevrage...). Cela est surtout vrai dans les pays pauvres, où les aliments pouvant remplacer le lait maternel sont souvent inappropriés, tant du point de vue hygiénique que nutritif. Rien, dit-on souvent, ne peut remplacer le lait maternel. Un allaitement complet de l'enfant réduit son risque de contamination, augmente sa capacité de résistance à des agressions microbiennes et lui assure un bon état nutritionnel jusque vers six mois. Allaiter constitue de plus un excellent contraceptif pour la femme, puisque cela retarde la reprise de son ovulation[10]. On a montré (R. Lightbourne et al., 1982) qu'une baisse de la durée d'allaitement de trois mois entraîne une hausse de fécondité, en diminuant l'intervalle moyen entre naissances de 1 à 2 mois. Or

---

(10) Pour ces rôles importants de l'allaitement maternel, voir par exemple O.M.S. (1981), R. H. Gray (1981), R.G Whitehead (1983).

on sait que plus les intervalles intergénésiques sont courts, plus les risques de décès sont grands.

Bien des études ont montré l'incidence de l'allaitement maternel sur la survie des enfants. En milieu hospitalier rwandais (P. Lepage et al., 1981), la mortalité des enfants va de 1 à 2 pratiquement, selon qu'ils sont encore allaités ou sevrés. Le fait d'être allaité protégerait l'enfant des diarrhées et des infections pulmonaires aiguës. De même au Kenya (F. Eelens, 1983), la mortalité entre 2 et 5 mois des enfants sevrés est 6 à 7 fois plus forte que celle des enfants demeurés au sein. Il n'est pas que le sevrage total (l'arrêt complet de l'allaitement) qui soit important. *Le sevrage partiel,* moment à partir duquel l'enfant reçoit autre chose en complément du lait de sa mère, l'est déjà également à divers titres. L'alimentation nouvelle donnée à l'enfant et la moindre fréquence des tétées diminuent ses protections immunitaires, augmentent les chances de contamination et déjà les risques de diarrhée et de malnutrition.

Souvent en Afrique, dès qu'une femme se sait enceinte, elle arrête l'allaitement de son enfant. C'est là l'origine des nombreux *sevrages précoces et brusques* que l'on observe un peu partout[11]. Toute une série de croyances et de pratiques recommandent en effet, pour la santé de l'enfant allaité comme pour celle du foetus, la cessation de l'allaitement dès que la mère attend famille. Le lait d'une femme enceinte est considéré comme impropre et donc nuisible au nourrisson[12]. Selon diverses études, dont une au Sénégal (P. Cantrelle et H. Léridon, 1971), il est clair que plus l'âge au sevrage est tardif, moindre est le risque de décès de l'enfant dans l'année qui suit.

Ces comportements en matière d'allaitement ne sont pas sans relation avec *le type d'activité des mères*. "Son activité hors du ménage peut avoir un impact considérable sur la nutrition et la mortalité infantiles" (W. H. Mosley, 1985). Plus les activités extérieures de la femme sont grandes, plus le sevrage partiel risque d'être précoce (S. B. Nerlove, 1974), car le jeune enfant est confié à

---

(11) Sans parler d'autres causes évidentes que constituent la maladie ou le décès de la mère.

(12) Sur ce sujet voir P. Erny (1972), J.M. Mondot-Bernard (1977), C. Dini (1983), M. Carael (1981) ou R. Schoenmaeckers (1981).

d'autres membres de la famille ou même à ses frères ou soeurs. Sous une forme ou une autre, on a alors une diminution des soins maternels vis-à-vis du dernier né. En Gambie rurale, on a ainsi constaté (I.A. McGregor, 1976) une augmentation sensible de la mortalité infantile durant la période d'intense activité agricole des mères, occupées aux champs du matin au soir. On y a aussi observé une bonne corrélation entre les périodes d'activité agricole des femmes et les épisodes de diarrhée et de malnutrition (M. Rowland et J. McCollum, 1977).

Plus précisément, le tableau 4 présente la variation de la mortalité selon le statut professionnel des mères dans six pays africains[13]. Dans l'ensemble, l'activité féminine semble plus nuisible à l'enfant que "la non-activité", mais en réalité cela dépend du type d'emploi occupé : dans 4 pays sur 5, le statut d'employée entraîne une moindre mortalité des enfants, tandis qu'être travailleuse familiale conduit pratiquement partout à une surmortalité. Dans une étude portant sur 15 pays du Tiers Monde (United Nations, 1985), apparaissait aussi cet avantage des mères "employées" par rapport aux mères non actives ou exerçant d'autres types d'activité, sauf en Asie où toute activité de la mère est dangereuse pour l'enfant.

Mais cette approche directe des relations entre le type d'activité féminine et la mortalité des enfants peut cacher l'effet d'autres variables (instruction, milieu d'habitat, profession du père...), que l'on doit "contrôler" pour isoler celui dû au seul "statut professionnel" de la femme. En procédant ainsi (United Nations, 1985), on a pu montrer que la différence observée entre les employées et les autres n'est pas statistiquement significative au Ghana et au Kenya, tandis que se confirmait la surmortalité des "non-salariées" au Lesotho, au Liberia et au Nigéria. En définitive, cela montre comment *les conséquences de l'activité maternelle sur la*

---

[13] Il s'agit au tableau 4 de l'évolution de rapports de décès observés à des décès théoriques. Le nombre de décès théoriques pour une femme est le nombre de décès d'enfants qu'elle aurait dû connaître compte tenu de la mortalité moyenne du pays et de sa durée de mariage ou de son âge. En rapportant les décès qu'elle a réellement connus à ces décès théoriques, on mesure ainsi sa surmortalité ou sous-mortalité par rapport à une sorte de moyenne.

Tableau 11.4 : Surmortalité ou sous-mortalité des enfants selon l'activité et le statut professionnel de la mère.

Activité et statut	Ghana 1971	Kenya 1978	Lesotho 1977	Liberia 1974	Nigéria 1972	Sierra Leone 1980
Non-active	1,152	0,998	0,965	0,946	0,849	1,058
Active	0,968	0,868	1,089	1,131	1,037	0,979
- travailleuse familiale non salariée	1,073	1,090	1,017	1,196	0,954	-
- employeuse ou installée pour son compte personnel	0,945	-	1,250	1,159	1,087	-
- employée	0,659	0,840	1,019	0,668	0,711	-

Source : United Nations, 1985, p. 161. Plus ce rapport s'écarte de l'unité, plus on a surmortalité (quand il est supérieur à 1) ou sous-mortalité (quand il est inférieur à 1) des enfants du groupe de femmes considérées par rapport à la moyenne. Voir note 13 pour plus de détails techniques. Les tirets correspondent à un manque de données.

santé des enfants peuvent varier d'un contexte à un autre, ou d'un statut professionnel à un autre.

Que conclure pour cette plage d'âges importante des 1 à 6 mois ? Il y a clairement un problème de calendrier pour le sevrage. Dans certaines ethnies, le sevrage partiel est trop précoce, tandis que dans d'autres il est trop tardif. Certaines croyances ou pratiques, comme celle d'un arrêt de l'allaitement de l'enfant dès que sa mère est enceinte, renforcent ces risques de mortalité liés au sevrage. Il est aussi à craindre qu'avec la modernisation les femmes n'allaitent de moins en moins longtemps et ne travaillent de plus en plus à l'extérieur sans qu'un système adéquat de garderies d'enfants n'ait été installé.

3.3. La mortalité entre 6 mois et 3 ans

Dans les pays en développement et en Afrique sub-saharienne en particulier, *cette période est la plus dangereuse pour les enfants*, qui sont confrontés à toute une série de problèmes nouveaux. Leurs organismes fragiles vont devoir se défendre seuls d'une multitude de maladies, et cette période est celle du sevrage et de l'après-sevrage, moments difficiles dans un milieu pauvre et malsain. A partir de l'âge de 6 mois, le seul lait maternel ne suffit plus aux besoins protéiques et énergétiques de l'enfant. Mais "dans le monde entier, peu de sociétés ont pu mettre au point un aliment de sevrage satisfaisant les exigences protéiques des petits enfants" (J. Robson, cité par I. de Garine, 1980, p. 139). Souvent "les familles donnent à leurs enfants des aliments inférieurs en quantité et en qualité" à ce qu'elles devraient fournir (R. Martorell et T. J. Ho, 1984).

L'Afrique n'échappe pas à ce problème. *Les régimes alimentaires de sevrage que l'on offre sont en grande partie à l'origine des nombreuses maladies nutritionnelles qui sévissent un peu partout.* Ne tenant pas compte des besoins spécifiques de l'enfant, ils sont à la base du développement du kwashiorkor, la maladie nutritionnelle la plus mortelle[14]. Cette pauvreté nutritionnelle des aliments, alliée à *l'insalubrité* entourant leur préparation, font que

---

(14) Sur le kwashiorkor, voir entre autres I. Rutishauser et J. Frood (1973), D. Naismith (1973), I. Rutishauser et R.G. Whitehead (1972).

généralement ce sevrage (partiel ou total) correspond au début d'une période à haut risque de maladies et de décès pour l'enfant. Au Kenya (D. Ewbank et al., 1986), l'incidence des diarrhées est liée aux pratiques du sevrage en vigueur. Au Sénégal (P. Cantrelle et al., 1986), une grande partie des décès à moins de 5 ans sont concentrés entre 6 et 36 mois et sont dus à ce problème d'alimentation.

Rappelons aussi l'importance du *comportement des mères en matière de fécondité*. Toutes les enquêtes confirment que plus les intervalles entre naissances sont courts, plus les risques de mortalité augmentent jusque vers deux ans[15]. Ajoutons à cela *la promiscuité* des enfants qui favorise la contamination et la propagation des maladies. On ne peut, pour cette période d'âges, oublier *l'environnement physique* qui déterminera le type d'agressions extérieures auxquelles l'enfant devra faire face. Les régions de hauts plateaux, comme le Kenya, favorisent plutôt les maladies de l'appareil respiratoire (pneumonie, coqueluche...), tandis que les régions de marais et de marécages sont plutôt touchées par les maladies parasitaires et infectieuses (paludisme, diarrhées...). Dans les zones arides ou semi-désertiques (Sahel, Soudan, Ethiopie), on trouvera davantage de maladies nutritionnelles.

4. LA MORTALITE SELON LE MILIEU D'HABITAT

En Afrique comme un peu partout au monde, la mortalité infantile et juvénile est plus élevée en milieu rural qu'en milieu urbain. A l'exception peut-être du Lesotho, le tableau 5 confirme dans l'ensemble cet avantage des familles urbaines. Mais les inégalités entre milieux d'habitat varient beaucoup selon les pays : elles vont de 20 à 92 % pour la mortalité infantile, de 18 à 91 % pour la mortalité juvénile, les plus faibles étant observées au Ghana, les plus fortes au Sénégal. Pour ce dernier, nous avons déjà souligné

---

(15) Selon J. Hobcraft et al. (1984), le risque de décès d'un enfant dans sa deuxième année augmenterait de plus de 50 % lorsqu'une autre naissance survient dans les 18 mois après lui. Au Lesotho et au Ghana, ce risque double, tandis qu'au Kenya il augmente de moitié.

Tableau 11.5 : Mortalité des enfants (‰) selon le lieu de résidence de la mère dans six pays africains.

Milieu d'habitat	Cameroun (1)	Ghana (1)	Kenya (1)	Lesotho (1)	Sénégal (2)	Nigéria (2)
TAUX DE MORTALITE INFANTILE						
. milieu urbain (a)	101	63	87	117	79	62
. milieu rural (b)	136	81	104	120	141	119
. rapport (b)/(a)	1,35	1,29	1,20	1,02*	1,78	1,92
QUOTIENTS DE MORTALITE JUVENILE (1-5 ANS)						
. milieu urbain (a)	70	50	36	59	116	-
. milieu rural (b)	109	59	64	50	222	-
. rapport (b)/(a)	1,56	1,18	1,78	0,85*	1,91	-

Sources : (1) Akoto Eliwo (1985) ; (2) J. Hobcraft et al. (1984). Les chiffres du Sénégal n'incluent pas les grands centres urbains.

Les astérisques signifient que la différence n'est pas statistiquement significative au seuil de 5 %.

comment, après élimination des effets des autres variables, l'urbanisation constituait un des meilleurs facteurs de réduction de la mortalité[16].

On pouvait s'attendre à des écarts dans l'ensemble plus considérables. Mais ce milieu urbain est lui-même composite et fait de grandes, de moyennes et de petites villes. Entre les petits centres urbains et le monde rural, il n'y a guère de différences en matière d'évacuation des déchets, d'approvisionnement en eau potable ou d'accessibilité aux soins de santé modernes. Quant aux grandes villes, elles se composent bien sûr de groupes sociaux ou de quartiers privilégiés, mais également, et de plus en plus, de populations "marginales" et pauvres, et de bidonvilles. La situation de ces populations et de ces zones périphériques n'est sans doute pas meilleure que celle des populations rurales. En définitive, ce sont les villes de taille intermédiaire qui, dans certains pays, présentent les mortalités les plus basses. Au Ghana, l'avantage du milieu urbain sur le milieu rural provenait des villes moyennes (46 ‰ de mortalité juvénile pour les villes moyennes contre 60 ‰ pour les grandes). De même au Kenya, Nairobi et Mombassa ont une mortalité des enfants moindre que le milieu rural, mais supérieure à celle des autres villes (Akoto Eliwo, 1985).

Les inégalités de mortalité entre milieux d'habitat sont plus importantes pour les enfants de 1 à 5 ans que pour les "moins d'un an" (tableau 5). Cela confirmerait que la mortalité juvénile est plus sensible aux caractéristiques de l'environnement (physique, économique, social et culturel) que la mortalité infantile. Les tout jeunes enfants sont mieux protégés que leurs aînés des agressions extérieures. On retrouve ici un des rôles fondamentaux de l'allaitement.

La situation actuelle ne pousse guère non plus à l'optimisme quant aux déclins de morbidité et de mortalité à attendre pour ces enfants de 6 à 36 mois. En effet, comment par exemple pourrait-on changer dans l'immédiat la nature et la qualité des aliments du sevrage ? par un accroissement rapide du niveau de vie ou encore

---

(16) On ne doit guère s'arrêter au cas du Lesotho qui montre une quasi-égalité de mortalité entre les deux secteurs d'habitat : dans ce pays, certaines communes de 450 habitants sont considérées comme urbaines !

par une scolarisation massive des femmes ? Ce sont des objectifs quasi utopiques pour l'instant. Le fossé entre la ville et la campagne, comme celui entre "l'élite" et les masses urbaines, risque de se maintenir encore longtemps.

5. L'IMPORTANCE DES FACTEURS SOCIO-CULTURELS

La santé des enfants ne dépend pas seulement de la médecine (l'offre de soins), ni du niveau de vie économique (la richesse du groupe ou de la famille). On sait maintenant que les facteurs culturels (ethnie, religion, croyances) ont parfois leur importance sur le comportement des couples et notamment des mères vis-à-vis des enfants, en particulier quand ils sont malades. Leur rôle est parfois si important que les résultats en matière de mortalité des enfants peuvent aller à l'encontre de ce que l'on attendait : les plus riches ou les plus puissants n'ont pas nécessairement la mortalité la plus basse. C'est ce que l'on a récemment observé au Mali en comparant trois ethnies (Peuls, Bambara et Tamasheq), qui vivent dans la même zone géographique mais ont des structures sociales relativement différentes. Voici simplement la conclusion des auteurs (A. Hill et S. Randall, 1984) :

> "Dans le cadre d'une économie de subsistance ayant en commun des taux de développement similaires, un analphabétisme presque total et une infrastructure sociale et médicale presque inexistante, on observe cependant des taux de mortalité juvénile très différents. Non seulement ces variations existent, mais qui plus est, les différences vont à l'encontre de notre prévision en ce qui concerne certains déterminants intermédiaires de la mortalité infantile, qui nous poussaient à croire que les populations riches et sédentaires auraient un taux de mortalité plus faible que les populations d'éleveurs. Nos prévisions ont été renversées, lorsque nous avons constaté que non seulement les nomades pasteurs Tamasheq avaient un taux de mortalité plus faible, mais de plus que *les classes riches et puissantes avaient un taux de mortalité plus élevé que les autres, alors que les anciens esclaves avaient un taux de mortalité plus faible*. Ainsi les indices conventionnels (richesse ou classe sociale), souvent utilisés, ne sont pas nécessairement suffisants pour comprendre les différences

des taux de mortalité. C'est uniquement à travers une étude intensive du comportement réel et un examen des valeurs prioritaires dans une population que nous pouvons comprendre pourquoi de telles différences émergent, et observer que ces facteurs influencent la mortalité dans une direction opposée à celle qu'on attend. Les données quantitatives qui ont été nécessaires à l'identification des différences étaient insuffisantes pour les expliquer, car les résultats s'opposaient à la logique et au traditionnel. Seules des recherches intensives et qualitatives, qui sont moins restrictives, permettent de dépasser les idées préconçues et donc d'élucider les processus actuels".

Cette situation au Mali est peut-être particulière et non généralisable, mais elle montre bien comment, dans une société certes encore traditionnelle, les variables culturelles (statut de la femme, structures des classes sociales...) peuvent avoir un impact important sur les comportements affectifs et nutritionnels vis-à-vis de l'enfant et sur les soins qui lui sont donnés.

6. CONCLUSION

L'Afrique sub-saharienne est la région du monde où les enfants meurent le plus en bas âges. Dans certaines sous-régions, survivre à cinq ans est une véritable gageure. Mais au sein d'une même zone géographique, tous les enfants ne courent pas le même risque de mourir. Toute une série de facteurs sont à la base de ces inégalités. Ils sont d'ordre biologique, socio-culturel et économique.

Jusque récemment, les divers programmes de lutte contre ce fléau, lancés souvent par des organismes internationaux ou des organisations non gouvernementales, en collaboration plus ou moins grande avec les pays, se sont surtout focalisés sur le côté médical et curatif du problème. On ne saurait nier son importance, mais n'oublions pas le rôle primordial des politiques sociales et de prévention dans l'explication des déclins de mortalité de l'Occident depuis plus d'un siècle. Par ailleurs, dans le contexte de la récession économique actuelle de l'Afrique, comment une médecine basée sur l'hôpital et une technologie coûteuse pourrait-elle être efficace, dans la mesure où la masse en est souvent exclue, soit en raison de son éloignement, soit en raison de sa pauvreté ? Qu'arrivera-t-il également le jour où les gouvernements ou les bailleurs de fonds occidentaux ne seront plus à même de supporter ces divers programmes énormes et coûteux ? Un système de soins de santé primaires est a priori beaucoup plus intéressant : décentralisé, sensibilisant les communautés à leur santé, associant les gens à la prise de décisions, moins coûteux et plus accessible à tous... Mais il y a encore peu d'évaluations scientifiques sérieuses de son efficacité réelle.

Quel sera le sort des enfants africains de demain ? Les perspectives d'avenir nous semblent sombres. D'abord à la panoplie des causes de décès existantes, est venu s'ajouter, surtout en Afrique Centrale, le SIDA dans un milieu de malnutrition et de pauvreté favorable à son extension rapide. Et puis, un certain nombre de normes, de croyances et de pratiques, plus ou moins dangereuses pour les enfants, ne sont pas près de disparaître. La fécondité en Afrique est toujours très élevée et le demeurera encore quelque temps. La durée d'allaitement tend à diminuer, sans qu'il y ait toujours un substitut adéquat et bon marché au lait maternel. Les progrès en matière d'hygiène alimentaire et d'eau sont insuffisants... La lumière pourrait peut-être venir des progrès en matière de scolarisation. En effet, l'éducation réduit considérablement la mortalité des enfants. Hélas, si jusque récemment son extension se poursuivait sans problème, elle est désormais freinée dans de nombreux pays. La scolarisation universelle est utopique à court et moyen terme . *Il est à craindre que la santé des jeunes africains, dont on ne mesure que le risque extrême avec la mortalité, ne demeure un véritable problème pour bien longtemps.*

BIBLIOGRAPHIE

Akoto E.M., 1985, *Mortalité infantile et juvénile en Afrique. Niveaux et caractéristiques. Causes et déterminants*, Louvain-la-Neuve, Ciaco.

Bergner L. et Susser M.W., 1970, "Low birth weight and prenatal nutrition; an interpretative review", *Pediatrics,* vol. 46, n° 6, pp. 946-966.

Boerma J.T. et Van Vianem H.A.W., 1984, "Birth interval, mortality and growth in a rural area in Kenya", *Journal of Biosocial Science,* vol. 16, pp. 475-486.

Caldwell J.C., 1979, "Education as a factor in mortality decline. An examination of Nigerian data", *Population Studies,* vol. 33, n° 3, pp. 395-413.

Caldwell J.C., 1981, "Education maternelle et mortalité infantile", *Revue Internationale du Développement Sanitaire,* vol. 2, n° 1, pp. 91-94.

Caldwell J.C. et McDonald P., 1981, "Influence of maternal education on infant and child mortality: Levels and causes", in *International Population Conference: sollicited papers, Manila, 1981,* vol. 2, I.U.S.S.P., Liège, pp. 79-96.

Caldwell J.C. et McDonald P., 1982, "Influence of maternal education on infant and child mortality: Levels and causes", *Health Policy and Education,* vol. 2, pp. 251-267.

Caldwell J.C., 1986, "The role of mortality decline in theories of social and demographic transition", in United Nations (ed.), *Consequences of mortality trends and differentials,* ST/ESA/Ser.A/95, Population Studies n° 95, New York, pp. 31-42.

Cantrelle P., Diop I.L., Garenne M., Gueye M. et Sadio A., 1986, "The profile of mortality and its determinants in Senegal, 1960-1980", in United Nations (ed.), *Determinants of mortality change and differentials in developing countries. The five-country case study project,* New York, ST/ESA/SER.A/94, pp. 86-116.

Cantrelle P. et Leridon H., 1971, "Breast-feeding, mortality in childhood and fertility in a rural zone of Senegal", *Population Studies,* n° 3, pp. 505-533.

Carael M., 1981, "Child-spacing, ecology and nutrition in the Kivu province of Zaïre", in Page H.J. et Lesthaeghe R. (eds.), *Child-spacing in Tropical Africa. Traditions and change,* Londres, Academic Press, pp. 275-286.

Casterline J., 1984, "Influence of community factors on fertility and mortality", *Communication présentée au Symposium de l'Enquête Mondiale sur la Fécondité, 1972-1984,* Londres, 24-27 avril 1984.

De Sweemer C., 1984, "The influence of child-spacing on child survival", *Population Studies,* vol. 38, n° 1, pp. 47-72.

Dini C., 1983, "Aspects socio-culturels de la mortalité des enfants en Afrique", *Notes et Documents de l'I.F.O.R.D.*

Dunn P.M., 1979, "Low birthweight: incidence, aetiology and prevention", in Philpott R.H. (ed.), *Maternity services in the developing world: what the community needs*, Londres, Royal College of Obstetricians and Gynaecologists, pp. 233-240.

Eelens F., 1983, "Impact of breast-feeding on infant and child mortality with varying incidence of malaria. Evidence from the Kenya Fertility Survey, 1977-78", *IPD Working Paper*, n° 1983-3, Bruxelles.

Erny P., 1972, *Les premiers pas dans la vie de l'enfant d'Afrique Noire. Naissance et première enfance*, Paris, l'Ecole.

Ewbank D., Henin R. et Kekovole J., 1986, "An integration of demographic and epidemiologic research on mortality in Kenya", in United Nations (ed.), *op.cit.*, pp. 33-85.

Garine I. de, 1980, "Evolution contemporaine des croyances et interdits alimentaires", *Présence Africaine*, n° 113, pp. 129-146.

Gilles H.M., 1965, *Akufo: an environmental study of a Nigerian village community*, Ibadan, University Press.

Gray R.H., 1981, "Birth intervals, post-partum sexual abstinence and child health", in Page H.J. et Lesthaeghe R. (eds.), *op. cit.*, pp. 93-109.

Gregory J.W. et Piché V., 1986, "Population, santé et développement : cadre conceptuel, variables clés et possibilités méthodologiques", in *Les actes du séminaire méthodologique sur les interrelations population, santé et développement*, Bamako, C.R.D.I., Etudes et Travaux de l'USED, n° 6, pp. 33-78.

Harrison K.A. et al., 1984, "Zaria maternity survey 1976-1979-3. The influence of maternal age and parity on child-bearing with special reference to primigravidae aged 15 years and under", miméo.

Hill A. et Randall S., 1984, "Différences géographiques et sociales dans la mortalité infantile et juvénile au Mali", *Population*, n° 6, pp. 921-945.

Hobcraft J., McDonald J. et Rutstein S.O., 1983, "Child-spacing effects on infant and early child mortality, *Population Index*, vol. 49, n° 4, pp. 585-618.

Hobcraft J.N., McDonald J. et Rutstein S.O., 1984, "Socio-economic factors in infant and child mortality: a cross-national comparison", *Population Studies*, vol. 38, n° 2, pp. 193-223.

Jeliffe D.B., 1966, *The assessment of the nutritional status of the community (with special reference to field surveys in developing regions of the world)*, Geneva, World Health Organization Monograph Series, n° 53.

Kielman A.A., 1985, "Evolution of mortality at young ages as an indicator of evaluation of health programmes", *paper* delivered at the International Colloquium on health and mortality of young children in developing countries, Anvers, 12-14 décembre 1985, Institut de Médecine Tropicale Prince Léopold.

Lepage P. et al, 1981, "Breast-feeding and hospital mortality of children in Rwanda", *Lancet*, n° 8243, pp. 409-411.

Lightbourne R. et al., 1982, "The World Fertility Survey: charting global childbearing", *Population Bulletin*, vol. 37, n° 1.

Lindenbaum S. et al., 1983, "The influence of maternal education on infant and child mortality in Bangladesh", *International Centre for Diarrhoeal Disease Research Manuscrit*, Bangladesh.

Maina-Ahlberg B., 1979, "Beliefs and practices concerning the treatment of measles and acute diarrhoea among the Akamba", *Tropical and Geographical Medicine*, vol. 31, pp. 139-148.

Martorell R. et Ho T.J., 1984, "Malnutrition, morbidity and mortality", in Mosley W.H. et Chen L.C. (eds.), Child survival. Strategies for research, *Population and Development Review*, Supplément au vol. 10, pp. 49-68.

Masuy-Stroobant G., 1983, *Les déterminants de la mortalité infantile : La Belgique d'hier et d'aujourd'hui*, Ciaco, Louvain-la-Neuve.

McGregor I.A., 1976, "Health and communicable disease in a rural African environment", *Oikos*, vol. 27, pp. 180-192.

McKeown T., 1976, *The modern rise of population*, Arnold, Londres.

Mollard E., 1980, "Le niveau de la mortalité aux jeunes âges et présentation des causes de décès. Le cas du Ghana", in Chaire Quetelet'79, *La mortalité des enfants dans le Tiers-Monde. Orientations et méthodes de recherche*, Département de Démographie, Université Catholique de Louvain, Liège, Ordina Editions, pp. 93-106.

Mondot-Bernard J.M., 1977, "Relationship between fertility, child mortality and nutrition in Africa : tentative analysis", *O.E.C.D. Technical Papers*, Paris.

Mosley W.H., 1985, "Will primary health care reduce infant and child mortality ? A critique of some current strategies, with special references to Africa and Asia", in Vallin J. et Lopez A. (eds.), *Health policy, social policy and mortality prospects*, Liège, U.I.E.S.P./I.N.E.D., Ordina Edition.

Mott F.L., 1982, "Infant mortality in Kenya: evidence from the Kenya Fertility Survey", *W.F.S. Scientific Report*, n° 32.

Naeye R.L. et al., 1973, "Effects of maternal nutrition on the human fetus", *Pediatrics*, vol. 52, n° 4, pp. 494-503.

Naismith D.J., 1973, "Kwashiorkor in Western Nigeria: a study of traditional weaning foods, with particular reference to energy and linoleic acid", *Brithish Journal of Nutrition*, vol. 30, n° 3, pp. 567-576.

Nerlove S.B., 1974, "Women's workload and infant feeding practices: a relationship with demographic implications", *Ethnology*, vol. 13, n° 2, pp. 207-214.

Nzita Kikhela, 1986, *La mortalité périnatale à Kinshasa. Niveaux, déterminants et familles à risque*, Thèse de Doctorat, Louvain-la-Neuve, Université Catholique de Louvain, Département de Démographie.

Omondi-Odhiambo, 1982, "Age and sex specific infant and childhood mortality and causes of death in a rural area of Kenya (Machakos)", miméo.

Organisation Mondiale de la Santé (O.M.S.), 1981, *Les modes actuels de l'allaitement maternel*, Genève.

Palloni A. et Tienda M., 1986, "The effets of breastfeeding and pace of childbearing on mortality at early ages", *Demography*, vol. 23, n° 1, pp. 31-52.

Prentice A.M. et al., 1983, "Prenatal dietary supplementation of African women and birth-weight", *Lancet*, n° 8323, pp. 489-498.

Robson J.R.K., 1974, "The ecology of malnutrition in a rural community in Tanzania", *Ecology of Food and Nutrition*, vol. 3, n° 1.

Rowland M.G.M. et McCollum J.P.K., 1977, "Malnutrition and gastroenteritis in the Gambia", *Transactions of the Royal Society of Tropical Medicine and Hygiene*, vol. 71, pp. 199-203.

Rutishauser I.H.E. et Frood J.D.L., 1973, "The effect of a traditional low-fat diet on energy and protein intake, serum albumin concentration and body-weight in Ugandan preschool children", *British Journal of Nutrition*, vol. 29, n° 2, pp. 261-268.

Rutishauser I.H.E. et Whitehead R.G., 1972, "Energy intake and expenditure in 1-3 year old Ugandan children living in a rural environment", *British Journal of Nutrition*, vol. 28, n° 1, pp. 145-152.

Rutstein S.O., 1984, "Infant and child mortality : Levels, trends and demographic differentials", *W.F.S. Comparative Studies*, n° 43.

Rutstein S.O., 1985, "Socio-economic differentials in infant and child mortality", *W.F.S. Comparative Studies*, n° 46.

Schoenmaeckers R. et al., 1981, "The child-spacing tradition and the postpartum taboo in Tropical Africa: Anthropological

evidence", in Page H.J. et Lesthaeghe R. (eds), *op.cit.*, pp. 25-71.
Trussel J. et Pebley A., 1984, "The potential impact of changes in fertility on infant child and maternal mortality", *Studies in Family Planning*, vol. 15, n° 6, pp. 267-280.
Tshibemba wa Mulumba, 1985, *Contribution à l'étude du nouveau-né africain et de sa mère,* Thèse de doctorat spécial en pédiatrie, Katholieke Universiteit Leuven, Louvain.
United Nations, 1985, *Socio-economic differentials in child mortality in developing countries,* New York, ST/ESA/SER.A/97, Population Studies n° 97.
United Nations, 1986, *Determinants of mortality change and differentials in developing countries. The five-country case study project,* New York, ST/ESA/SER.A/94, Population Studies n° 94.
Van den Eerenbeemt M.L., 1985, "Profil démographique des Peul du Mali Central avec référence spéciale à la mortalité infantile et juvénile", in Hill A.G. et al. (ed.), *Population, santé et nutrition au Sahel. Etudes sur le bien être de certaines communautés de l'Afrique de l'Ouest,* Londres, The London School of Hygiene and Tropical Medicine, pp. 83-107.
W.F.S. - Republic of Lesotho, Lesotho Central Bureau of Statistics, Ministry of Planning and Statistics, 1981, *Lesotho Fertility Survey 1977,* Maseru, First Report, vol. I.
W.F.S. - Federal Republic of Nigeria, Nigerian National Population Commission, 1983, *The Nigerian Fertility Survey 1981-1982,* Lagos.
Whitehead R.G., 1983, "Nutritionnal aspects of human lactation", *Lancet,* n° 8317, pp. 167-169.

12

LES POLITIQUES DE SANTE

Wim Van LERBERGHE et Kasa Asila PANGU

> *"Soins de santé primaires : révolution ou alibi ?"*
> *(Titre d'un article de Diane Senghor, 1981).*

1. DE LA COLONISATION A LA PREMIERE GUERRE MONDIALE : SANTE MILITAIRE ET SANTE DES COLONS

En 1782, le major Alexander Gordon Laing, du Royal Africa Corps, parti à la recherche (infructueuse) des sources du Niger, recevait du Sierra Leone du vaccin antivariolique avec lequel il inocula les enfants du roi de Soolima. Il s'étonnera plus tard dans ses notes de voyage "qu'une nation aussi loin à l'intérieur de l'Afrique ait si facilement admis, à l'instigation d'un homme blanc qu'ils connaissaient à peine, une opération qui avait rencontré tant de préjugés pendant tant d'années dans les pays les plus éclairés et civilisés d'Europe" (rapporté par C. Hibbert, 1984). Si cette anecdote illustre la façon cavalière dont le modèle médical occidental allait s'imposer en Afrique, avant même le partage de ce continent entre les puissances européennes, elle se situe un peu en marge de ce que furent en réalité l'action et la politique de santé du temps de la colonisation.

Pour les médecins coloniaux, il n'y avait pas de "médecine indigène", mais seulement des "sorciers" et des "charlatans" exploitant la crédulité des gens. Hormis contre la variole, la médecine occidentale n'était pas beaucoup mieux armée techniquement que les médecines africaines[1]. Les explications sur l'étiologie des "fièvres des pays chauds", avancées par les médecins-majors et les administrations des établissements côtiers, incluaient tout aussi bien les "miasmes", les "moeurs indigènes" que la malnutrition. Ce n'est qu'en 1896 que le premier laboratoire de microbiologie sera créé en Afrique Noire, à Saint Louis du Sénégal, suivi en 1909 par l'installation de l'Institut Pasteur de Brazzaville. Même après des découvertes, comme celle en 1898 du rôle de l'anophèle dans la transmission de la malaria ou l'identification du trypanosome en 1901, un long chemin restera à parcourir avant que les actions sanitaires européennes en Afrique commencent à prendre en considération des paradigmes scientifiques qui semblent évidents aujourd'hui. A cette époque, la médecine traditionnelle a été combattue avec force. Le guérisseur était le symbole de l'opposition de la population à la pénétration coloniale et à l'évangélisation. Il devait disparaître.

L'action sanitaire coloniale était à ses débuts essentiellement militaire et urbaine. A côté de quelques missions, qui avaient créé des infirmeries ou des dispensaires et travaillaient le plus souvent sans médecins ou personnel qualifié, le corps médical était rattaché à l'armée. Jusqu'à la première guerre mondiale, sa mission principale était de soigner les militaires, les administrateurs coloniaux et accessoirement les colons. En Afrique française surtout, l'armée laissera une forte empreinte sur les services de santé, avec, au début du 20ème siècle, les médecins-majors de la marine, et plus tard les médecins militaires du corps de santé des troupes coloniales. Au Sénégal par exemple, les trois hôpitaux que comptait le pays à la veille de l'indépendance étaient encore placés sous administration de l'armée.

A côté des militaires, il y avait bien sûr les administrations des agglomérations urbaines, qui peu à peu prendront en main les services de santé des villes. Elles développeront quelques structures de soins curatifs (les hôpitaux urbains, auxquels très rapidement participeront des oeuvres charitables) et surtout l'hygiène du milieu.

---

(1) D.F. Clyde (1962) rapporte que la trousse du médecin allemand au début du 20ème siècle ne comportait que sept médicaments : parmi ceux-ci, on trouvait, outre la quinine et l'opium, des pilules de rhubarbe. Voir aussi P.A. Twumasi (1981).

Un bon exemple est celui d'Accra (K.D. Patterson, 1979), où le conseil de la ville (town council) devient en 1896 responsable de la santé publique et de l'assainissement. Pour ses administrateurs, il y a deux problèmes de base : celui de l'eau potable et celui des "habitudes paresseuses et sales d'une grande partie de la population indigène". La ville entreprit des travaux d'assainissement, de façon empirique tout d'abord et sans guère de moyens, de façon plus systématique ensuite après l'épidémie de peste de 1908. Les grandes mesures sanitaires seront essentiellement la fourniture d'eau potable et l'essai d'élimination des gîtes de moustiques, avec un quadrillage de la ville de type policier. D'ailleurs, comme dans la plupart des autres villes africaines, se développera rapidement une segrégation résidentielle entre colons et Africains pour notamment se protéger de la fièvre jaune et de la malaria ; dès 1901, cela devient une politique officielle à Accra. Cet ensemble de mesures améliorera nettement l'état de santé des colons.

Dès le début du 20ème siècle, on voit donc apparaître les trois éléments qui vont fortement influencer la façon dont se développeront les politiques sanitaires en Afrique : le rôle de l'autorité coloniale (en particulier des militaires), le biais urbain et la reconnaissance de l'existence de grandes endémies. Parmi celles-ci, la trypanosomiase occupe une place particulière. Elle a probablement connu son extension géographique à travers deux épidémies, une première qui débuta vers 1885 (et qui aurait, vers 1889, tué 200.000 des 300.000 habitants de Busoga, en Ouganda) et une seconde vers 1920. Dans l'ensemble, les premières mesures à être prises sont administratives et coercitives : recensements, passeport médical, traitement obligatoire...

2. DE LA PREMIERE GUERRE MONDIALE AUX INDEPENDANCES : SANTE URBAINE ET LUTTE CONTRE LES GRANDES ENDEMIES

Avant la première guerre mondiale, l'objectif essentiel était donc de préserver la santé des cadres européens, des troupes et, dans une certaine mesure, des intermédiaires africains de l'appareil colonial. A partir des années 1920, vient s'y ajouter un autre objectif : celui d'éviter le manque de main-d'oeuvre qui met en péril l'exploitation économique de la colonie.

En effet, *l'état sanitaire de la population africaine se dégrade*, au moins partiellement comme "effet secondaire" direct de la colonisation. Il y a d'abord les migrations importantes liées à l'exploitation des ressources minières et aux travaux publics, migrations souvent forcées et s'effectuant dans de piteuses conditions. Il y a aussi, et peut-être surtout, le développement des cultures de rente, qui fait un appel de plus en plus pressant à une main-d'oeuvre de moins en moins disponible[2]. La prolétarisation, la réorientation de l'économie agricole vers les cultures de rapport et l'affaiblissement des mécanismes traditionnels d'aide et de compensation ont peu à peu créé les conditions menant parfois à des épisodes de famine et à une situation de malnutrition chronique, de même que cela a favorisé la diffusion ou l'aggravation d'une série de maladies préexistantes ou nouvelles (comme la syphillis)[3]. On en arrive aussi à désorganiser les systèmes traditionnels de soins ; c'est le cas au Nigéria où, durant la période pré-coloniale, il s'était développé un "système médical" décentralisé, basé sur des praticiens traditionnels indépendants, auquel la colonisation va opposer un modèle centralisé et étatique[4].

La dégradation de l'état de santé des populations est telle que les autorités commencent à se rendre compte que la situation va à l'encontre de leurs intérêts. Comme le formulait le directeur de la C.F.A.O. en 1926 : "Et, ce qui est plus grave encore, c'est qu'on en arrive à se demander si cette population, déjà très faible, ne va pas encore en s'affaiblissant... Nous avons le strict devoir de réagir. D'abord, au nom de l'humanité. Au nom de notre intérêt également : le développement de la production, que seul le développement de la population rendra possible, enrichira la métropole

---

(2) Voir entre autres J. Suret-Canale (1964) et R.F. Franke (1981).

(3) Un exemple de lien plus direct entre pathologie et pénétration économique est celui de l'extension de l'alcoolisme : "...un mal nécessaire. Pour permettre aux Blancs de s'implanter dans de tels pays, d'y commercer, il faut évidemment créer à l'indigène des besoins nouveaux : l'alcool est là, un auxiliaire énergique, mais sûr". (Lieutenant Bonneau, parlant de la Côte d'Ivoire, 1899, cité par J. Suret-Canale, p. 500).

(4) Voir Tola Olu Pearce (1980).

comme il enrichira la colonie. Et chacun de nous...y trouvera largement son profit"[5].

Les services de santé vont alors se renforcer, et en premier lieu *les services urbains*. Les mesures d'hygiène et d'assainissement, notamment la chloration de l'eau à partir des années 1920, vont, dans les villes, sinon éliminer, au moins contrôler une série de maladies infectieuses. *L'hôpital urbain* joue un rôle social essentiel dans la vie coloniale, ne fut-ce que par la garantie qu'il représente face aux "risques des tropiques". Rappelons que la malaria restait une des causes principales de mortalité des expatriés pendant les années 20 : au Ghana en 1923-24 et en 1933-34, on a observé des taux de mortalité malarique parmi la population expatriée de 7,9 et de 5,7 ‰ et des taux d'invalidité de 28,6 et de 26,1 ‰ [6]. A cet hôpital urbain dépendant de l'administration ou des militaires, viennent s'ajouter *des institutions privées,* souvent à caractère religieux. La population africaine des villes commence ainsi à avoir un accès ou une possibilité d'accès à des soins curatifs ambulatoires et hospitaliers, à des maternités, à des soins prénatals et postnatals et même, comme à Accra à partir de 1920-1930, à recevoir une "éducation nutritionnelle". Si on arrive ainsi à contrôler, en milieu urbain, une série de maladies telles que la malaria, la peste, la dracunculose, les problèmes des accidents et des accouchements dystociques, par contre tous les problèmes de malnutrition, d'affections respiratoires et gastro-intestinales demeurent entiers, et cela de pair avec une urbanisation très rapide ; les services de santé n'arrivent pas du tout à y répondre d'une façon satisfaisante.

Parallèlement à ces services urbains, va se développer un *réseau sanitaire rural,* avec des hôpitaux et surtout des dispensaires, dans les mines, le long des chemins de fer et dans les plantations. Conçus comme une extension de l'action curative des hôpitaux, ces dispensaires sont destinés à absorber une partie de leur charge de travail par une action qui peut se comparer à celle des pharmacies européennes de l'époque. Gérés en partie par le secteur privé et

---

(5) Cité par J. Suret-Canale, 1964, p. 508. La C.F.A.O. était la Compagnie Française d'Afrique Occidentale.
(6) Chiffres rapportés par Akwasi Aidoo (1982) et P. A. Twumasi (1981).

missionnaire, ils sont l'embryon des futurs réseaux gouvernementaux.

Les services qui s'occupent de *la trypanosomiase* connaissent un grand essor. La lutte contre cette maladie existe depuis le début du siècle[7], et elle est de première importance économique. Dès la première guerre mondiale, le Congo Belge compte 51 médecins engagés dans le seul contrôle de cette maladie. Vers la fin des années 20, les "missions spéciales", qui recensent et traitent des régions entières, touchent chaque année un tiers de la population. On va même, entre 1930 et 1940, vers la création d'organismes spécialisés, autonomes et avec un statut parastatal (P.G. Janssens, 1981). Ces services spécialisés, souvent structurés de façon militaire, inspireront l'organisation de ce qui deviendra, dans l'Afrique francophone, la "lutte contre les grandes endémies".

A la veille des indépendances, des succès réels ont été remportés : la trypanosomiase a reculé, le pian et la fièvre jaune ont disparu de certaines régions. *Mais ces résultats sont obtenus au prix fort,* par l'action combinée de services spécialisés coûteux et d'une administration policière, sans pratiquement aucune participation de la population. Et l'argent va chroniquement faire défaut, pour ces programmes comme pour le réseau d'hôpitaux et de dispensaires dont l'expansion est freinée. En 1946 par exemple, après une cinquantaine d'années d'action médicale, il n'y a en tout et pour tout, pour l'ensemble de l'Afrique Occidentale et Equatoriale Française, du Togo et du Cameroun, que 23 hôpitaux, 223 centres médicaux et 542 dispensaires, regroupant 310 médecins européens et 370 médecins ou auxiliaires médicaux africains.

Ce qui caractérise l'action sanitaire durant la colonisation, et en fait sa faiblesse, *c'est une absence de politique cohérente*. En fait, la plupart des activités sont regroupées sous forme de programmes avec des structures juxtaposées et indépendantes, sous la tutelle d'une forte administration. Cela va terriblement conditionner l'avenir.

---

(7) Le Cameroun Allemand comptait alors 10 médecins affectés à la lutte contre la trypanosomiase sur un total de 42 médecins dans la colonie ; 17 de ces 42 médecins étaient des militaires.

3. DES INDEPENDANCES A ALMA ATA : LA LENTE EMERGENCE DES SOINS DE SANTE PRIMAIRES

Les nouvelles élites arrivées au pouvoir au moment des indépendances n'ont quasiment pas remis en question les modèles d'organisation sanitaire hérités de l'époque coloniale. On s'est limité à procéder à leur "africanisation" et à élargir l'accès aux services existants, tout en maintenant les "hauts niveaux de qualité" tels que définis par les professionnels médicaux. Il y a différents facteurs à l'origine de cela : l'identification de ces élites à l'idéologie, aux comportements et aux intérêts des colonisateurs, mais également la position de classe, les intérêts et la formation technologique des médecins[8].

Vu le manque aigu de cadres nationaux, la planification de la santé va en grande partie être pensée et élaborée par des fonctionnaires étrangers, venant soit d'organisations internationales, surtout au début des indépendances, soit des anciennes métropoles dans le cadre d'accords d'assistance technique. La base théorique en était l'identification de ce que les technocrates considéraient comme les besoins de santé : les maladies identifiables et quantifiables en tant que "problèmes de santé publique" ; on se voulait technique et politiquement neutre. Or les connaissances épidémiologiques étaient encore très restreintes, et de toute façon on ne tenait guère compte des données scientifiques au moment des choix à effectuer ou des prises de décisions[9]. Bien sûr, les plans prévoyaient aussi, à côté du développement de la formation de cadres médicaux et paramédicaux africains (la relève des cadres coloniaux), une extension du réseau de dispensaires pour les populations rurales. Cela était nécessaire, tant pour des raisons

---

(8) Sur l'élitisme du corps médical, voir par exemple F.M. Mburu (1981) ou M. Segall (1983) qui, dans le cas du Zimbabwe, discute du rôle de la médecine hospitalière privée et urbaine sur la formation et la pratique médicales.

(9) Nous renvoyons à l'excellente analyse que fait J. Dumoulin (1983) du processus de planification sanitaire au Congo.

politiques$^{(10)}$ que comme suite logique de l'analyse technocratique. Mais les contraintes financières ont, c'est le moins qu'on puisse dire, rapidement mené à un développement inégal des différentes composantes du système de soins. Les choix faits ont quasiment toujours mené vers ce qui symbolise la fusion des intérêts du pouvoir médical et du pouvoir de la classe bureaucratique : les soins hospitaliers de type technologique. Comme l'écrivait G. Destane de Bernis (1973), "la planification est une technique qui ne peut modifier la nature du pouvoir qui l'utilise".

Dans ces années 1960 et 1970, il y a eu un développement intense de l'offre de soins (privée et publique) pour les populations urbaines, et les grands centres hospitaliers, notamment académiques, ont joué un rôle important. Le tableau 1 donne une idée de la rapidité de l'accroissement en Afrique du parc hospitalier entre 1950 et 1980.

Tableau 12.1 : Taux d'accroissement en Afrique du nombre de lits d'hôpitaux entre 1950 et 1980.

Période	Accroissement du nombre de lits	Nombre de pays inclus dans le calcul
1950-60	+ 56 %	26
1960-65	+ 24 %	46
1965-70	+ 19 %	42
1970-75	+ 22 %	33
1975-80	+ 11 %	16

Source : Annuaire de Statistiques Sanitaires Mondiales, diverses années.

---

(10) A la naissance, à Bamako (octobre 1946), du Rassemblement Démocratique Africain, sous la direction de Houphouët Boigny, Sékou Touré, Mamadou Konaté et Ouezzin Coulibaly, la commission sociale avait formulé trois revendications essentielles en matière de santé, qui préfigurent déjà quelques axes du développement sanitaire africain à l'époque des indépendances : la gratuité des soins médicaux, l'extension du réseau constitué de formations médicales et de dispensaires et la création de laboratoires et d'écoles d'herboristes pour l'utilisation de la pharmacopée indigène.

Si l'on prend l'exemple du Sénégal, la partie des investissements consacrée aux hôpitaux a toujours été importante, puisqu'elle est successivement de 54, 62, 53, 51 et 54 % dans les cinq plans quadriennaux de la période 1961-1981[11]. L'encadrement médical a lui aussi fort augmenté.

La lutte contre les endémies est également sortie renforcée de cette période, et paradoxalement cela est dû en partie à la faiblesse des pouvoirs publics. Il a toujours été plus séduisant et facile pour des bailleurs de fonds, qu'il s'agisse d'organismes privés, de coopération bilatérale ou internationale comme l'Organisation Mondiale de la Santé, de financer des opérations de type vertical. Elles combinent les avantages de visibilité, de possibilité de contrôle de la gestion et de conformité à la vision technocratique du développement. Ces opérations verticales paraissaient d'autant plus justifiables que le réseau rural n'était pas suffisamment développé pour servir d'alternative. C'est *l'époque des grands programmes verticaux* contre la variole, le paludisme, la trypanosomiase... A part l'éradication de la variole et le contrôle du pian, *aucun de ces programmes ne sera vraiment un succès*[12].

Or, dans les années 60, la croissance économique des pays africains est déjà relativement lente et pendant la décennie 1970, elle sera même inférieure à 1 % par an. La crise du pétrole de 1972-74 s'accompagne d'une augmentation des prix à l'importation des aliments, d'une stagnation ou d'une chute des prix à l'exportation et même d'une sécheresse (1968-1974) dans le Sahel. Les effets sur les budgets alloués à la santé sont parfois spectaculaires. A titre d'illustration, la figure 1 montre l'évolution, de 1973 à 1981, des dépenses de santé publique par habitant dans cinq pays africains. Face à cette régression ou stagnation des dépenses, les investissements destinés à l'extension des réseaux ruraux vont diminuer et la part du lion va vers les hôpitaux urbains ; dès les années 1970,

---

(11) M. Garenne, P. Cantrelle et I.L. Diop (1985).

(12) Le cas de la variole est un peu particulier. Il s'agit en effet d'une maladie contre laquelle il suffit techniquement de vacciner une seule fois l'ensemble de la population pour définitivement se débarrasser du problème. En revanche, pour les autres endémies importantes, un contrôle véritable n'est réalisable qu'à travers un effort soutenu dans le temps. C'est là une distinction qui, du point de vue opérationnel, est fondamentale.

344

FIGURE 12.1

EVOLUTION RELATIVE (%) DE 1973 A 1980 DES DEPENSES PUBLIQUES DE SANTE, PAR HABITANT ET PAR AN EN MONNAIE CONSTANTE (■) ET DU RAPPORT PERSONNEL DE SANTE/POPULATION (✶) DANS CINQ PAYS AFRICAINS

- base 100 en 1973 -

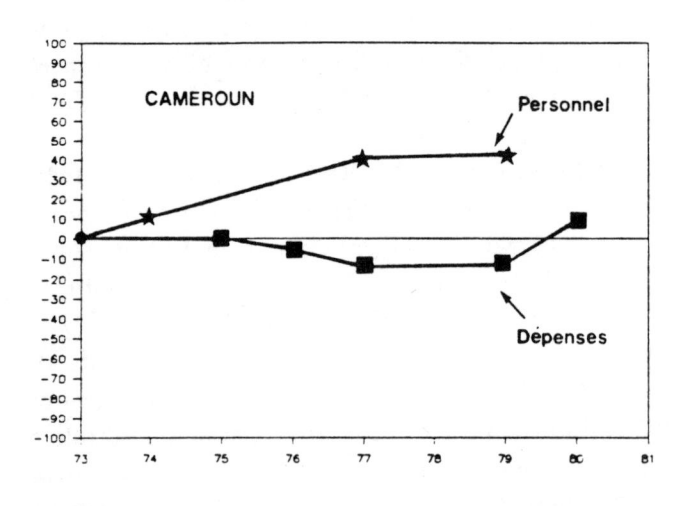

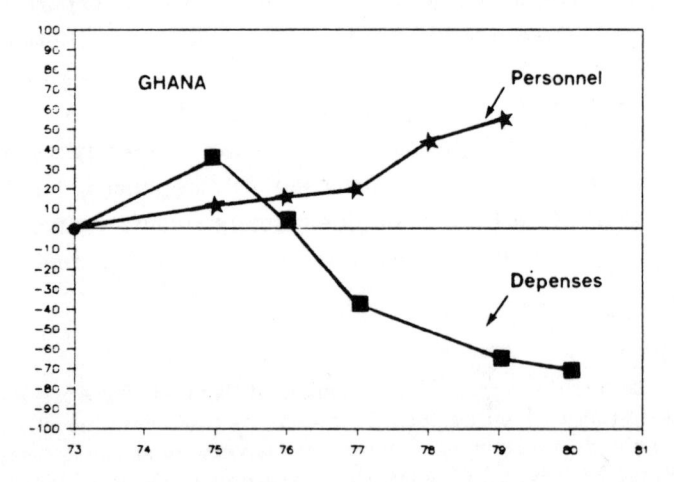

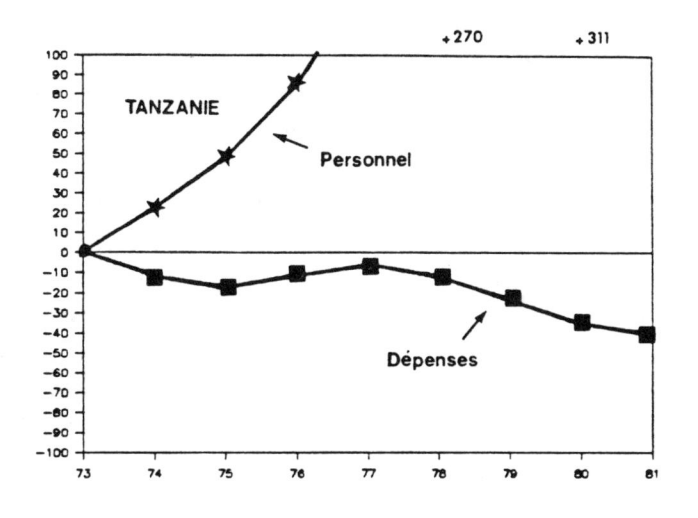

345

+270 +311

TANZANIE

Personnel

Dépenses

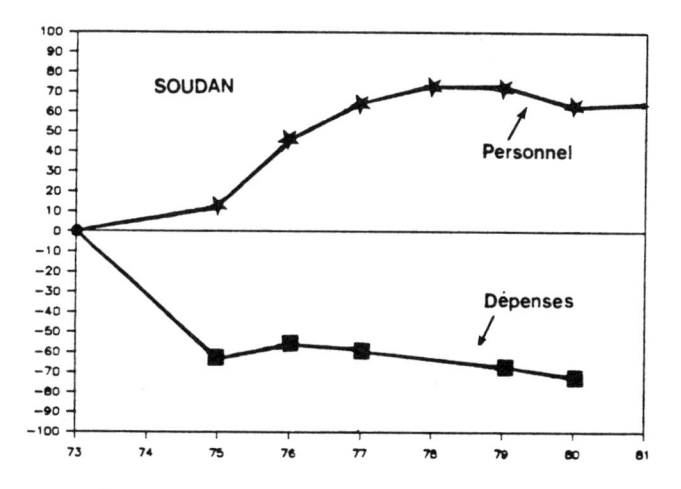

SOUDAN

Personnel

Dépenses

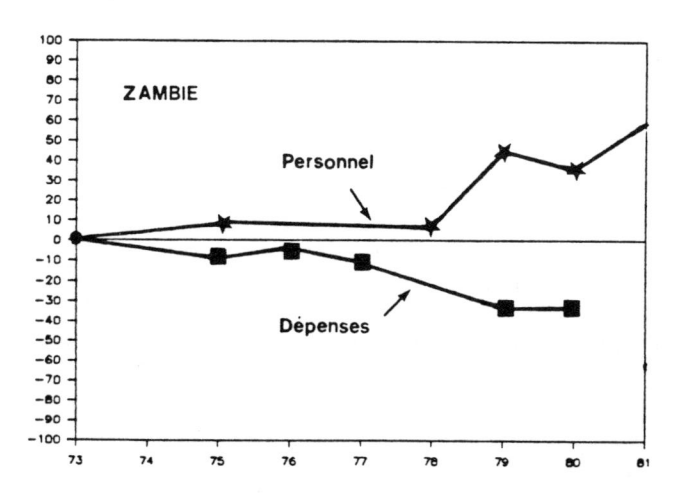

ZAMBIE

Personnel

Dépenses

on commence même à différer l'entretien des équipements existants. Cette régression du système sanitaire rural et la disparition parfois de certains programmes verticaux (fort coûteux) vont avoir de graves conséquences : on assiste, par exemple, à la recrudescence de certaines endémies, comme la trypanosomiase au Zaïre.

Parallèlement à *cette baisse des ressources nationales* freinant le développement de la médecine technologisée, très coûteuse, s'amorce une *dégradation progressive des conditions de vie des masses rurales (parfois spectaculaire lors des sécheresses ou des conflits armés) et des populations récemment urbanisées* . Les Etats sont confrontés à une demande toujours plus pressante de soins de santé en villes et à des difficultés croissantes de maintenir l'état de santé des masses rurales. Or celles-ci, même si elles font surtout de l'agriculture d'autosubsistance, jouent un rôle fondamental : elles constituent la réserve de main-d'oeuvre et sont à l'origine de la chaîne d'accumulation primitive de capital, nécessaire au développement du capitalisme périphérique.

Face à l'importance et à l'urgence des problèmes, *on a dû revoir les politiques préconisées.* Tout d'abord, les experts ou technocrates ont assez vite réalisé qu'il fallait redéfinir les priorités, autant en termes de problèmes auxquels on devait s'attaquer qu'en termes de groupes de population à viser. Les politiques de santé devaient mieux s'intégrer aux politiques de développement rural qui commencent à émerger. De même, les bailleurs de fonds sont de plus en plus convaincus qu'il faut investir dans le développement rural pour corriger le déséquilibre croissant entre les villes et le monde rural et agricole, déséquilibre qui résulte en grande partie du réinvestissement des surplus agricoles non pas dans l'agriculture, mais dans les autres secteurs économiques[13]. Politiquement, cela paraît d'ailleurs essentiel pour désamorcer le mécontentement des masses rurales et ainsi maintenir la stabilité politique des jeunes

---

(13) Ces surplus agricoles n'étant plus réinvestis dans le monde rural, l'aide au développement rural doit alors essentiellement servir à compenser "the investment gap left by an internal system of unequal returns to production in agriculture" (C. Schuftan, 1983). Le mode de production agricole des masses rurales est orienté vers la consommation des villes. Les paysans produisent des vivres que l'Etat ou des intermédiaires vont leur acheter à bas prix pour nourrir les citadins. On assiste à une prolétarisation des masses rurales au profit des villes.

nations[14]. En somme, on se rend compte que les soins de santé ont aussi leur place dans la rentabilisation des ressources du monde rural[15].

Les textes et les discours politiques ont peut-être été admirables, mais beaucoup de voeux sont demeurés pieux. Au cours des quinze dernières années, les soins de santé en milieu rural (la très grande majorité de la population) sont restés les parents pauvres de la politique sanitaire. Les réseaux de santé, soit des gouvernements, soit des missions, n'arrivent pas à satisfaire la demande, et *il y a d'importantes disparités d'une région à une autre*. Au Sénégal, par exemple, la région du Cap Vert avait en 1975 un médecin pour 4 000 habitants et un infirmier pour 900 habitants, alors que dans d'autres zones, moins favorisées, il n'y avait qu'un médecin pour 69.000 habitants et un infirmier pour 3 000 habitants[16]. Ces inégalités peuvent même s'accentuer au lieu de se réduire : ainsi, au Kenya, le nombre de médecins par habitant augmente très rapidement dans les villes, mais il diminue dans les campagnes. Les disparités de ressources vont bien entendu de pair avec des inégalités en matière de fourniture de services. Le tableau 2 présente quelques données en matière d'assistance à l'accouchement.

Tableau 12.2 : Proportion des accouchements en maternités selon le milieu d'habitat.

Ethiopie (1970)	urbain : 15 %	rural :	1 %
Ghana (1974)	urbain : 95 %	national :	25 %
Sierra Leone (1974-75)	urbain : 59 %	rural :	27 %
Zambie (1976)	urbain : 86 %	national :	40 %

Source : E. Royston et J. Ferguson (1985).

---

(14) Argumentation développée, par exemple, par W. Bichmann (1979).

(15) N. Makhoul (1985) attache beaucoup d'importance à la notion de "concern for the delegitimizing effect on capitalism of the persistence of mass disease", pour expliquer l'opposition d'organismes comme la Banque Mondiale ou l'AID aux excès hospitalo-centristes des politiques sanitaires des élites nationales.

(16) La moyenne pour le pays était de 14 000 habitants par médecin et de 1 700 habitants par infirmier, mais la médiane des régions est de 47 000 et de 2 100 habitants (C.P. Hogan, 1979).

La mauvaise distribution des services et l'inadéquation du modèle hospitalier aux besoins et aux ressources ont abouti à une révision générale des politiques sanitaires. En 1978 à la conférence d'Alma Ata, en Union Soviétique, une nouvelle stratégie a été définie pour réaliser ce que l'Assemblée Mondiale de la Santé avait tracé comme objectif, sous la forme du slogan simplificateur de "santé pour tous en l'an 2000". Cette stratégie, dite des *"Soins de Santé Primaires"* (17), devait engager les Etats au plus haut niveau et nécessitait un accroissement des financements de l'action sanitaire, notamment en milieu rural. Schématiquement, elle comprend les grandes composantes suivantes :
- l'éducation des populations en matière de santé et de prévention des maladies ;
- la promotion de bonnes conditions alimentaires et nutritionnelles pour la famille et les enfants, ainsi que la prévention et le traitement des maladies nutrionnelles ;
- l'approvisionnement en eau potable et l' assainissement de base ;
- une priorité pour la santé maternelle et infantile, à domicile et au niveau communautaire, avec le concours des praticiens traditionnels et du personnel de santé moderne, incluant notamment les soins prénatals, le contrôle de l'accouchement, la planification familiale et les soins aux enfants ;
- la vaccination contre les grandes maladies infectieuses : diphtérie, coqueluche, tétanos, rougeole, poliomyélite et tuberculose ;
- la prévention et le contrôle des maladies par élimination des vecteurs au niveau communautaire ;
- enfin la fourniture des médicaments essentiels.

Cette stratégie des soins de santé primaires, qui devait rompre radicalement avec le modèle urbain et hospitalier classique, a reçu son coup d'envoi officiel lors de la trente-deuxième Assemblée Mondiale de la Santé, en 1979. Techniquement, cela ne suppose guère d'innovations. La base de la planification reste toujours une évaluation plus ou moins technocratique des besoins de santé et dans

---

(17) *Rapport de la conférence internationale sur les soins de santé primaires*, Alma Ata, 6-12 septembre 1978.

un bon nombre d'endroits, on avait d'ailleurs déjà expérimenté de nouvelles formes d'organisation des soins de santé en milieu rural[18]. En revanche, ce qui est nouveau, comme le dit O. Gish (1979), c'est "la priorité que ces soins (de santé primaires) doivent recevoir maintenant que la communauté internationale en a (tardivement) reconnu l'importance". Ce qui est nouveau également, c'est l'explicitation de la place de la santé dans le processus de développement et de la place du développement dans la stratégie sanitaire. Il est certain que l'expérience chinoise, avec ses médecins aux pieds nus, a fort influencé la Conférence d'Alma Ata. Les conclusions de cette réunion sont très claires sur la façon dont ces soins de santé primaires doivent être rendus accessibles à la population. En voici quelques éléments d'action :
- un effort important de décentralisation et de "démédicalisation" : on admet le principe d'une délégation de tâches et de responsabilités en dehors de la profession médicale ;
- l'appel à une technologie appropriée ;
- une participation active des communautés locales ;
- l'adaptation de la stratégie au contexte local, les soins de santé de type cosmopolite étant considérés comme complément aux systèmes traditionnels plutôt que comme substitut ;
- enfin, une approche multisectorielle, avec un développement conjoint de l'enseignement, de la santé, de l'agriculture...

Avec la conférence d'Alma Ata, on passe en quelque sorte de la "santé pour le peuple", expression d'une analyse caritative ou technocratique du développement, à "la santé par le peuple" (P. Mercenier, 1979). Cette nouvelle vision des choses a soulevé de grands enthousiasmes et ranimé certaines énergies, tant par son caractère volontariste que par son optique de décentralisation, mais elle a aussi suscité bien des résistances et des équivoques.

---

(18) Par exemple, le livre de Maurice King, *Medical care in developing countries,* qui a été édité pour la première fois en 1966 et qui a eu une très grande influence en Afrique anglophone, contenait déjà toute une série d'éléments qui vont caractériser les Soins de Santé Primaires : les concepts de centre de santé intégré, de délégation de tâches, d'optimisation de l'utilisation de ressources rares...

4. LE POST-ALMA ATA : LE FOSSE ENTRE DISCOURS ET REALITES

L'option des "soins de santé primaires" a rapidement fait la quasi-unanimité auprès des organismes internationaux[19] comme auprès des gouvernements[20], mais de là à rendre le système accessible à l'ensemble de la population, il y a un grand pas. Selon l'U.N.I.C.E.F., en 1980, dans 9 pays africains sur 13, moins de la moitié de la population rurale avait accès à des services de santé ; au Nigéria et au Burundi, cette proportion était de 25 % et elle tombait même à 17 % au Zaïre, 15 % en Somalie et 11 % en Côte d'Ivoire[21]. Selon les données de l'O.M.S. pour 1983-85, dans 12 pays africains sur 25, plus de la moitié de la population habite à plus d'une heure de marche d'un centre de soins de santé local (un endroit où l'on trouve au moins vingt médicaments essentiels).

Pour se forger une idée de l'ampleur de la tâche à accomplir, prenons le cas de *l'Ethiopie* et de ses projets entre 1981 et 1990. Voici ce que, en dehors des hôpitaux, le plan national de santé avait retenu : par 50 000 habitants, un centre de santé avec un médecin, deux ou trois infirmières et quelques techniciens ; par 10 000 habitants, un poste sanitaire avec trois assistants sanitaires (formation de 18 mois), et enfin au niveau communautaire un relais composé d'agents de santé locaux, formés en trois mois, et d'accoucheuses traditionnelles recyclées. Même s'il s'agit là d'un réseau d'une densité modeste, il faudra néanmoins, pour pouvoir le réaliser avant 1990, passer de 127 centres de santé à 327, créer quelque 2 000 postes de santé en plus des 1 336 existants, former 7 000

---

(19) La Banque Mondiale par exemple; dans les années 1970, elle finançait surtout des composantes "santé" dans des projets de développement économique, souvent axées sur le développement de l'infrastructure, de l'approvisionnement en eau ou de la planification familiale. A partir de 1981, elle décide d'accorder directement des prêts en faveur de projets de santé destinés à améliorer l'accès à des services acceptables et efficaces et à renforcer les réseaux de soins de santé primaires. Voir Banque Mondiale (1980).

(20) En 1983, 103 sur 107 pays de par le monde avaient déjà totalement et officiellement cautionné cette politique de "la santé pour tous".

(21) Les quatre pays où l'on trouve les chiffres les plus élevés sont tous anglophones : le Botswana, la Tanzanie, le Zimbabwe et l'Ouganda (Unicef, 1985).

assistants sanitaires, mettre en place (et y maintenir) plus de 23 000 agents de santé communautaires et recycler les accoucheuses traditionnelles (T. Flip et M.I. Roemer, 1984).

Dans le discours, et c'est déjà important, il y a une réorientation vers les soins de santé primaires, *mais dans les faits, il y a une sorte d'immobilisme ou de quasi-impuissance des pouvoirs officiels, et la situation continue à se dégrader.* En Afrique, cette stratégie a le plus souvent avorté ou échoué depuis 1980, et cela pour trois grandes raisons plus ou moins en interrelations : les effets combinés et synergiques de la récession des années 79-83, les effets aussi des désastres écologiques et des conflits armés et enfin l'existence de résistances structurelles et politiques.

On ne saurait sous-estimer *l'impact sur les économies africaines de la récession mondiale,* consécutive à la hausse du prix du pétrole en 1979-80, et les conséquences de l'effondrement des prix et du volume des exportations ; entre 1980 et 1983, 31 pays africains sur 44 ont connu un taux d'accroissement négatif de leur P.N.B. par habitant. Si les économies africaines se sont plus ou moins adaptées à la crise de 1972-74, elles sont, dans l'ensemble, bien plus ébranlées par la récession mondiale et la détérioration des termes de l'échange de 1979-83. Cette crise et l'échec des politiques nationales agricoles, industrielles et financières expliquent en grande partie la difficulté de faire face aux désastres écologiques, notamment la sécheresse de 1982-84 au Sahel et en Afrique australe, aux conséquences amplifiées par les nombreux conflits armés. *En dépit de l'amélioration continue de certains indicateurs, comme les taux de mortalité infantile, la situation sanitaire et nutritionnelle et surtout les moyens d'action se dégradent incontestablement* (22).

L'Afrique sub-saharienne est la seule région où l'aide alimentaire par habitant n'a pas baissé depuis les années 60 : elle est passée de 0,62 kg de céréales par habitant en 1961-63 à 2,89 kg en 1976-78 et à 6,02 kg en 1981 (J.W. Meller, 1984). Dans les 24 pays les plus touchés par la sécheresse, la production de céréales a diminué de 2 % par an depuis 1970. Même dans des pays peu touchés par des désastres écologiques, comme le Ghana ou le Botswana, l'état

---

(22) Pour plus de détails, voir l'étude de l'U.N.I.C.E.F. (1984) sur l'impact de la récession sur le bien-être des enfants, avec un chapitre consacré à l'Afrique par R.H. Green et H. Singer.

nutritionnel des enfants semble empirer (U.N.I.C.E.F., 1985). Dans d'autres - faut-il rappeler ce qui s'est passé en Ethiopie ou au Mozambique - il devient catastrophique.

Pour l'ensemble du Ghana, du Kenya, du Niger, du Rwanda, de l'Ouganda et de la Zambie, le nombre total de personnes touchées par le réseau des services d'hygiène du milieu et d'assainissement passe de 20,6 millions en 1970 à 28,1 en 1975, mais il chute ensuite : il n'est plus que de 16,4 millions en 1980 et de 20,2 en 1983[23]. Toujours pour l'ensemble, le nombre d'habitants touchés diminue en milieu rural et se stabilise au niveau de 1975 en milieu urbain. La situation se dégrade dans trois pays sur six en milieu rural, dans quatre sur six en villes.

En revanche, l'approvisionnement en *eau potable* s'améliore un peu partout en milieu rural : un gros effort a été entrepris à partir des années 1970, et débute en 1981 la décennie de l'eau potable. Par contre, l'évolution est beaucoup plus décevante dans les villes où la pression de l'urbanisation galopante vient s'ajouter aux problèmes de gestion et de manque de ressources. Des années 1970 à 1983, seuls deux pays sur treize ont augmenté leur couverture d'eau potable en milieu urbain : ce sont la Tanzanie et le Zaïre qui tous deux passent à 43 % de population couverte ; au Botswana et au Niger, c'est plus ou moins la stagnation avec des taux de couverture de 98 % et 48 %, tandis que, dans les neuf autres, la situation se dégrade, parfois de façon importante, en dépit de l'augmentation du nombre d'habitants desservis[24]. Pour l'ensemble de l'Afrique au sud du Sahara, on estime qu'un quart de la population rurale et les deux tiers de la population urbaine ont un accès à l'eau potable à moins de 15 minutes de marche.

Le moins qu'on puisse dire, *c'est qu'il est extrêmement difficile de réorienter rapidement l'ensemble d'un système de santé.* Certes, certains pays ont réussi à imposer des rééquilibrages importants : en Tanzanie, par exemple, de 20 % du budget de la

---

(23) Ont été analysées les données sur les quelques pays disposant de séries d'informations sur la période 1970-1983, avec au moins des estimations pour 1970, 1975 et 1983 ; la source en est l'Annuaire de Statistiques Sanitaires Mondiales de 1985.

(24) Ce qui n'est pas toujours le cas. Par exemple au Congo, au Kenya et en Ouganda, entre 1975 et 1983, en villes, non seulement les taux de couverture, mais le nombre même d'habitants desservis sont à la baisse.

santé consacré au milieu rural en 1971, on est passé à 42 % en 1981. Mais le plus souvent, la redistribution des ressources en faveur des soins de santé primaires en général, et des campagnes en particulier, ne s'opère que lentement. Par exemple, au Mali, on continue à dépenser 3,3 fois plus par habitant du milieu urbain que par habitant du milieu rural ; à Madagascar, en médicaments par habitant, le gouvernement dépense trois fois plus dans les villes que dans les campagnes ; au Burkina Faso, on a toujours seize fois plus d'habitants par médecin en milieu rural qu'en milieu urbain. Autres exemples : au Sénégal on arrive, en 1983, à vacciner 38 % des enfants de la région du Cap Vert, mais moins de 5 % des enfants des régions du Sine Saloum et du Sénégal Oriental ; en Côte d'Ivoire, on arrive à suivre 90 % des femmes en consultation prénatale dans la ville d'Abidjan, mais à peine 20 % à Man.

Si ces disparités persistent et s'aggravent même parfois, c'est en grande partie à cause du manque de ressources. Une des conditions explicites pour réaliser l'objectif de "santé pour tous en l'an 2000" était d'augmenter les fonds destinés à la santé, dont une grande partie devait provenir de l'accroissement de l'aide de la communauté internationale. Or, comme l'écrit en 1984 David de Ferranti, un économiste de la Banque Mondiale, "rien dans le passé récent, le présent ou l'avenir proche (compte tenu des projections économiques actuelles) ne permet de croire que les fonds venant de l'extérieur feront plus qu'augmenter lentement au cours des cinq à dix prochaines années". L'aide au développement sanitaire n'est qu'une partie de l'enveloppe totale de capitaux apportés, et cette enveloppe tend à diminuer : la Banque Mondiale (1984) estime que l'entrée nette de capitaux extérieurs en Afrique au Sud du Sahara passera de 10,8 milliards de dollars en 1980-82 à 5 milliards en 1985-87. De façon globale, l'aide au secteur santé est moins que la moitié de ce dont on aurait besoin pour pouvoir travailler comme il était prévu. Pour réaliser cet objectif des soins de santé primaires, il fallait en plus dans les pays une augmentation de la proportion des dépenses destinées à la santé, et l'O.M.S. proposait de consacrer 5 % des P.N.B. à ce secteur. En 1979-1983, la Zambie dépensait (secteurs public et privé confondus) 5 % de son P.N.B. en santé, le Malawi et le Zimbabwe 4 %, le Burkina Faso et le Rwanda 3 %, le Burundi, le Lesotho et le Kenya 2 % ou moins. En 1981, les pays africains attribuent entre 1 % (Soudan) et 11,9 % (Mozambique) des dépenses publiques au secteur santé. Un certain nombre de budgets de santé ont pu rester stables par rapport aux budgets nationaux, comme ceux de Madagascar ou du Mali; celui du Burundi a augmenté en 1984, mais d'autres sont en nette décroissance : ainsi, les budgets du Zimbabwe ont été réduits de presque 20 % en 1984-85 ; celui du Ministère de la santé du Sierra Leone est passé de 15,4 % du budget national en 1963-64 à 13,9 % en 1971-72, puis à 8,2 % en 1980-81 ; celui de Tanzanie passe de 8,8 %.en 1979 à 5,8 % en 1984.

Même quand la proportion du budget national qui va à la santé ne baisse pas, on a souvent une diminution des marges de manoeuvre. En effet, les budgets de fonctionnement sont consacrés en grande partie à payer les agents de santé, médicaux et paramédicaux, formés en grand nombre ces dernières années, et qui sont venus gonfler les effectifs des services de santé publique. La figure 1 montre la rapidité de l'augmentation de ces personnels et le net contraste entre cette augmentation et l'évolution de l'enveloppe budgétaire. Même si l'on fait abstraction des diminutions, en termes réels, des salaires, leur volume total constitue une dépense incompressible, représentant souvent de 60 à 80 % du budget total de la santé[25]. Dès lors, *beaucoup d'Etats n'arrivent à continuer à payer leur personnel qu'en diminuant d'autres dépenses* : celles de fournitures et de produits pharmaceutiques ou celles nécessaires à l'entretien du parc hospitalier qui lui aussi a connu une forte extension depuis 1950 (tableau 1). Le résultat est un système de santé gouvernemental qui doit fonctionner avec un personnel de plus en plus mal payé, avec tout ce que cela implique de découragement, de baisse de productivité, de corruption..., et qui a de moins en moins d'outils de travail. Dans les pays mêmes où l'on a fait le plus en matière de santé, *on manque souvent de médicaments et de vaccins, et la qualité du service offert est médiocre*. Alors que, dans les années 60, l'image type de la formation sanitaire rurale était celle d'un secteur surchargé de travail, c'est plutôt dans les années 80 celle d'un secteur manquant presque de tout, sauf de

---

(25) Par exemple au Burkina Faso, les seuls salaires pour un personnel aux trois-quarts urbain représentent 85 % du budget ; au Sénégal, la proportion est de 57 % en 1981. Dans beaucoup de pays, l'Etat n'est plus en mesure d'engager les médecins nouvellement formés.

personnel[26]. La description que fait C.P. MacCormack (1984) de la situation au Sierra Leone est typique : "Le système de soins de santé manque terriblement de fonds, et on ne fait guère plus que de payer les salaires. Les hôpitaux de districts sont sans médicaments et souvent sans eau courante, sans électricité et sans nourriture pour les patients. En vérité, il y en a peu : on a vu un hôpital de province recevant moins de 100 patients par semaine... On ne peut guère s'occuper de soins de santé primaires... Même le programme étendu de vaccination... était défaillant en raison de l'impossibilité pour le gouvernement de transporter et de payer les agents de vaccination".

Dans un tel contexte, une interprétation simpliste de la stratégie des soins de santé primaires, selon laquelle il suffirait de réaffecter une partie des ressources des hôpitaux aux services de premier échelon, est évidemment irréaliste. Les hôpitaux, eux aussi, ont de très sérieux problèmes et sur le plan financier, beaucoup sont dans une situation intenable. Au Bénin par exemple, on a instauré une tarification, que l'hôpital est bien obligé d'appliquer, selon laquelle une urgence chirurgicale, comme une hernie étranglée ou une césarienne, coûte au malade l'équivalent de plusieurs mois de travail au SMIG.

Le tableau 3 illustre ce que *la diminution des ressources nationales peut signifier sur le terrain.* Il montre l'évolution des subsides gouvernementaux pour une "zone de santé" rurale de 200.000 habitants, à l'Est du Zaïre. Le financement national diminue rapidement et ne permet plus de soutenir l'expansion des services.

Les statistiques nous rappelent cruellement les réalités : à peine un enfant africain sur trois est couvert par un programme de surveillance de la croissance ; moins de la moitié des femmes enceintes reçoivent des soins prénatals ou accouchent en présence de personnel qualifié ; à peine une femme sur dix est vaccinée contre le tétanos. Dans les pays comme le Burundi, le Cameroun, le Tchad,

---

(26) Le P.N.U.D. (1983) relève notamment les difficultés suivantes en matière de personnel : nombre insuffisant et proportion trop élevée du personnel de type classique ; formation inadéquate du personnel, surtout en ce qui concerne la supervision et les aspects non cliniques du travail ; mauvaises conditions de vie et de travail dans le milieu rural ; insuffisance des rémunérations et des mesures d'incitation ; gestion centralisée du système de santé, qui ne laisse pas de place à l'initiative en périphérie.

Tableau 12.3 : Subsides gouvernementaux à la "zone de santé" de Kasongo (Zaïre) de 1981 à 1985.

Années	Subsides en zaïres	Equivalent en dollars US
1981	140 000	92 400
1982	150 000	75 000
1983	303 000	30 300
1984	230 000	23 000
1985	250 000	19 000

l'Ethiopie, Madagascar, le Mali... à peine 10 % des enfants de moins d'un an ont reçu leurs trois doses de vaccin contre la poliomyélite. Pour l'ensemble de l'Afrique, à peine 32 % des enfants ont reçu le BCG, 17 % le DTC-3 et 31 % le vaccin antirougeole...(O.M.S., 1986).

5. LE FOISONNEMENT DES PETITS PROJETS

Face à l'échec des programmes gouvernementaux, il y eut un développement rapide des projets à petite échelle, essayant de mettre en pratique diverses lectures "ultra-décentralisées et démédicalisées" de l'approche d'Alma Ata. Les dénominateurs communs à nombre d'entre eux sont le financement par des organisations non gouvernementales (O.N.G.) et le manque d'harmonisation et d'intégration avec le système de santé existant. "Le processus de gestation de ces projets rappelle toujours un scénario dans lequel le souci principal est celui de dépenser des ressources", plutôt que de régler un problème à long terme. Ces projets s'occupent de problèmes vraiment pertinents (promotion féminine, éducation, développement sanitaire et économique au niveau micro...), mais souvent ils créent une demande qui ne pourra plus être satisfaite après le départ de l'organisme initiateur. Ils ont aussi une série d'inconvénients : une "mauvaise articulation... avec l'ensemble du système national de santé, la prolifération de schémas de promotion sanitaire qui ne doivent leurs résultats qu'à l'importance des moyens matériels et financiers affectés, et le développement, chez le personnel de base, de conditions de travail qui ne sauraient être maintenues par les moyens nationaux mis en place par la suite"[27]. Dans le même sens, le Dr. Mahler écrit : "Le syndrome d'Albert Schweitzer, nous l'avons tous fait. Mais il faut renoncer à ces petits projets homéopathiques qui laissent vraiment très peu de traces derrière eux". Malgré tout, on peut tirer une série d'enseignements de ces expériences.

Ces projets ont montré, et c'est un de leurs mérites, le potentiel des communautés comme ressource d'exécution et de financement des soins de santé primaires au niveau local, comme cela a été le cas, certes à petite échelle, en Angola, au Bénin, au Mali, au Mozambique ou au Niger. Ce qui déjà est beaucoup plus rare, c'est de trouver des formules où la participation dépasse ce stade, pour arriver à toucher des éléments de planification ou de gestion du système.

Beaucoup de ces projets se sont plus ou moins rapidement essoufflés après une première phase d'enthousiasme, de financement et d'encadrement adéquats. D'autres sont restés une expérience locale, et bien des difficultés sont apparues lorsqu'on a essayé de les étendre. On a aussi trop souvent fait un amalgame entre soins de santé primaires et agents de santé de village. Une des grandes méprises, par exemple, a été de penser qu'on pouvait transplanter un peu partout l'expérience politique qu'était en Chine celle du médecin aux pieds nus, et de la présenter comme une recette nécessaire et suffisante à tous les problèmes. Malgré toutes les bonnes intentions au départ, les agents de santé communautaires, éléments de base de la plupart de ces projets, cessent de fonctionner après un certain temps, et cela pour toute une série de raisons (rémunération, supervision, approvisionnement, acceptabilité pour la population...)[28]. Les difficultés sont telles que beaucoup d'engagements envers les communautés ne sont pas tenus.

---

(27) Voir, par exemple, *Soins de santé primaires : expériences de neuf pays de la région africaine*, Rapport d'une Conférence-Atelier tenue à Bamako en 1986, ou encore O. Gish (1979).

(28) Voir l'excellente analyse faite par Diane Senghor (1981).

Paradoxalement peut-être, *on peut tirer beaucoup d'enseignements de ces échecs*. La leçon sans doute la plus importante peut se résumer ainsi : si une politique de santé efficace nécessite une participation de la population, une participation en matière de santé n'est possible que si elle est appuyée par un réseau qui fonctionne. De toute évidence, il faut faire un compromis entre ce qui est demande, y compris la demande non rationnelle de soins, et ce qui correspond à la définition "objective" des besoins. Ce compromis n'est réalisable qu'à travers un premier échelon, d'une certaine technicité. L'agent de santé communautaire peut, dans certaines circonstances, être un relais utile, mais sans ce premier échelon il est illusoire de croire qu'il puisse fonctionner utilement.

6. LE MANQUE DE POLITIQUES NATIONALES COHERENTES

Le foisonnement des petits projets est une des expressions de la difficulté qu'éprouvent les pays africains à mettre en place des politiques de santé nationales cohérentes, même dans les cas où une réelle volonté politique existe. Cette impuissance est due en partie à *la dépendance en matière de financement* (il n'est pas rare de voir l'aide extérieure financer presque entièrement les plans de développement sanitaire) et *au manque de structures et de cadres nationaux,* capables de discuter à armes égales avec les différents bailleurs de fonds. Par exemple au Mali, le gouvernement doit négocier avec une bonne centaine d'organisations non gouvernementales, sans parler des organismes internationaux et de coopération bilatérale. Si certains pays, comme le Zimbabwe, font un effort important pour insérer cette aide dans leur propre politique de santé, il n'en est pas de même dans un grand nombre d'autres. De manière générale, l'Etat n'arrive pas à assumer une fonction de régulateur et à introduire des critères de rationel dans le processus social de développement.

Un bon exemple est celui de *l'approvisionnement en produits pharmaceutiques.* De nombreux pays avaient adopté, bien avant

Alma Ata, la politique des médicaments essentiels[29]. Quelques-uns ont réussi, comme le Mozambique, à l'appliquer en donnant le monopole de l'importation à un organisme contrôlé par l'Etat. En 1983, on comptait sept pays africains qui produisaient eux-mêmes des sels de réhydratation. Cependant, dans la plupart des cas, les sociétés privées bénéficient d'importantes protections. Au Cameroun, par exemple, les services de l'Etat ne peuvent pas s'approvisionner auprès des sources génériques. Au Zaïre, l'importation de médicaments est dans les mains de sept sociétés privées[30], et moins d'un quart des médicaments importés y sont essentiels ; de plus, ils le sont sous forme d'un produit commercial qui coûte en moyenne trois fois plus cher que le produit générique ; en définitive, avec la même quantité de devises, le Zaïre pourrait acheter de neuf à douze fois plus de médicaments essentiels, s'il les achetait sous forme générique et se limitait à ce qui est utile et nécessaire. Cette impuissance[31] en quelque sorte des Etats face aux multinationales pharmaceutiques ne gaspille pas seulement de précieuses devises, mais elle mène également à l'introduction de médicaments, comme l'aminopyrone-dipyrone, pour lesquels il existe des alternatives moins chères et surtout moins dangereuses. Conséquences de tout cela : des problèmes de gestion, de corruption et de ruptures de stocks continuelles, notamment en milieu rural où l'on manque même souvent de médicaments aussi essentiels que la chloroquine.

Si les Etats sont ou se disent impuissants face à ce type d'intérêts, ils le sont encore plus face *aux résistances de type*

---

(29) Dès le début des années 1970, l'O.M.S. a établi et fait la promotion de listes de "médicaments essentiels", regroupant un nombre réduit de médicaments ; ces listes ont été dressées sur base de la prévalence et de la gravité des maladies, de considérations de coût-efficacité et des niveaux où ils peuvent être employés. La plupart de ces médicaments peuvent assez facilement être obtenus (à l'UNIPAC par exemple, le centre d'achat de l'U.N.I.C.E.F.) et sont fournis à bas prix et sous leur nom générique.

(30) Pour une analyse du cas zaïrois, voir H. Glucksberg et J. Singer (1982).

(31) Ces firmes font en effet une publicité extrêmement active auprès des médecins (en Tanzanie, il y a 1 représentant pharmaceutique pour 4 médecins, contre 1 pour 10 en Europe occidentale) et auprès des gouvernements ; la Tanzanie a ainsi acheté des stocks de avamigran (un produit contre la migraine) et de réverin (un tétracycline) qui devraient pouvoir satisfaire ses besoins en la matière pendant plus de 40 ans. Voir M. Silverman et autres (1982).

structurel ou politique. Bien souvent, ce sont ces résistances-là qui, s'ajoutant au manque de ressources, ralentissent le plus la mise en oeuvre des soins de santé primaires.

Dans de nombreux pays, on a considéré les soins de santé primaires comme un nouveau programme s'ajoutant aux autres et pouvant être géré en parallèle. La modification structurelle la plus importante au ministère de la santé se résume alors, comme par exemple au Bénin, à la création d'un service chargé des SSP. Lors de la conférence de Bamako (1983), on a prudemment formulé cela de la façon suivante : "la majorité des cas rapportés ne met pas en lumière une véritable dynamique de l'intégration des SSP dans les systèmes nationaux de santé. On peut se demander si le concept d'intégration est correctement appréhendé". En pratique, *les soins de santé primaires sont alors gérés non comme une stratégie de changement, mais comme un programme spécifique pour les plus pauvres, à exécuter selon des normes de qualité qui, si elles se disent différentes, sont perçues comme inférieures.*

Le personnel de santé constitue souvent le premier obstacle. Dans la majorité des cas, il n'a pas établi de relation claire entre les soins de santé primaires et le travail quotidien qu'il exécute à son niveau. Ce système est catalogué médecine sans médecins et sans technologie. Quand il ne s'y oppose pas, le personnel de santé, dont le rôle précis n'a pas été défini, adopte une attitude plutôt passive.

En fait, si l'on fait abstraction des "petits projets" précédemment discutés, la partie "non réformiste" des réformes, qu'implique la réorientation vers les soins de santé primaires, est plus souvent absente que présente. *La participation des communautés,* si déjà elle est plus qu'une participation au financement, se limite fréquemment à une collaboration avec les structures de pouvoir des élites locales. Cela constitue parfois une barrière plutôt qu'un moyen de participation communautaire.

Cependant, l'obstacle principal continue d'être la *forte centralisation des bureaucraties gouvernementales*[32]. Le plus souvent, les mesures prises pour la décentralisation n'ont eu que peu d'effets, sauf peut-être en matière budgétaire. Parfois il existe des structures permettant une régionalisation des ressources disponibles, comme au Mali, au Niger ou à Madagascar, mais souvent,

---

(32) Voir l'analyse effectuée pour l'Afrique et l'Asie par W.H. Mosley (1985).

comme en Angola ou au Mozambique, il y a un manque de cadres moyens pour la gérer. Parfois même, on refuse cette décentralisation pour des raisons politiques. Si, au sein même du secteur de la santé, il y a peu de communications ou de circuits transversaux, il y a encore moins de coordination entre les différents secteurs ou ministères, entre par exemple la santé et l'agriculture.

Les "petits projets" accordent souvent une très grande importance aux valeurs culturelles des populations, alors que les grands programmes de soins de santé primaires y attachent moins d'intérêt, sauf peut-être lorsqu'il s'agit de recycler des accoucheuses traditionnelles. Dès qu'on travaille à large échelle, le risque est grand de ne plus connaître que la technologie cosmopolite, et il ne semble pas y avoir de modèles permettant de mettre ensemble ce qui est technologie médicale et ce qui ne l'est pas. Parfois, on s'occupe de plantes médicinales avec des praticiens traditionnels, mais sans guère de relations avec la médecine privée ou la pharmacopée occidentale, déjà plus ou moins intégrée dans la culture locale[33]. Souvent, le technocrate refuse de prendre en considération ce qu'il pense être irrationnel.

7. LA DERIVE VERS LES "SOINS SELECTIFS"

Conséquence de ces diverses difficultés d'ordre structurel, politique ou financier, c'est une dérive rapide vers une politique dite de *soins de santé primaires sélectifs*, une sorte de réponse technocratique au manque de ressources et à l'impuissance des Etats. Le point de départ se veut pragmatique : réaliser un système de soins de santé primaires est nécessaire, mais c'est à court terme tout à fait illusoire, en raison du coût financier et politique trop élevé d'un

---

(33) Beaucoup de mères de famille en Afrique n'ont plus besoin des services de santé pour donner de la chloroquine à leur enfant lorsqu'il a de la fièvre, surtout en milieu urbain où cela est rapidement devenu un acquis culturel. La problématique est pourtant plus complexe qu'il n'y paraît à première vue ; en effet, l'intégration de la pharmacopée occidentale se fait le plus souvent en fonction des paradigmes thérapeutiques locaux, et non pas en fonction de la logique pharmacologique (voir par exemple C.H. Bledsoe et M.F. Goubaud, 1985).

changement aussi radical. Dès lors, on en arrive[34] à la nécessité d'une stratégie plus sélective, qui s'attaquerait non plus au problème 'santé' dans son ensemble, mais à une série de maladies considérées comme prioritaires[35]. Suivant une démarche assez analogue à celle des planificateurs des années 1960-1975, le degré de priorité s'établit à partir de la prévalence et de la sévérité des maladies, de leur risque de mortalité et de l'efficacité et du coût de leur contrôle. On propose de se limiter à une stratégie qui s'adresse aux femmes en âge de procréer et aux enfants de moins de 5 ans, stratégie dont les grands éléments seront la vaccination des enfants et des femmes enceintes, la promotion de l'allaitement maternel, la chloroquine contre la malaria et la réhydratation orale pour les diarrhées. Ce sont des petites unités fixes ou mobiles qui se concentrent sur ces quelques problèmes. On est bien loin de l'esprit d'Alma Ata.

Ces "soins sélectifs" - ils méritent bien leur appellation - ont rencontré un succès certain auprès d'institutions telles que l'U.S.A.I.D, la Banque Mondiale, le Center for Disease Control, la Fondation Ford... Un cas particulier est peut-être celui de l'U.N.I.C.E.F, qui en 1982 lance son programme GOBI-FF avec comme objectif d'obtenir rapidement des réductions importantes de la morbidité et de la mortalité des jeunes enfants. Ce programme comprend les éléments suivants : la surveillance de la croissance des jeunes enfants, la réhydratation orale, la promotion de l'allaitement maternel, l'immunisation, les suppléments alimentaires au sevrage et le planning familial[36]. Tout cela est certes indispensable, mais si au départ l'U.N.I.C.E.F place ces priorités dans le cadre global et intégré des actions de développement, bien vite tout se concentre sur le programme immédiat, aux dépens du travail de développement en profondeur.

---

(34) Voir les écrits de certains de ses promoteurs : J.A. Walsh et K.S. Warren (1979) ou R. Boland et M. Young (1982).

(35) Il est intéressant de noter que, dans le titre même de l'article ci-dessus mentionné de Walsh et Warren, on trouve l'expression "disease control" (contrôle de la maladie).

(36) Le sigle même du programme (GOBI-FF) inclut ces divers éléments en anglais : Growth monitoring, Oral rehydration, Breastfeeding, Immunization, Food and Family planning.

La rapidité du succès de cette approche est d'autant plus impressionnante que ses bases empiriques et méthodologiques ne sont guère convaincantes, ni en ce qui concerne son rapport coût-efficacité prétendu supérieur, ni en ce qui concerne les garanties d'une meilleure faisabilité[37]. A travers cette approche tronquée des soins de santé primaires, réapparaissent en fait les traditions verticalistes qui ont dominé l'organisation de la santé en Afrique avant Alma Ata. Cela comporte bien des dangers que D. Banerji (1984) résume ainsi :
- on favorise l'emprise de la technocratie internationale sur les politiques nationales émergentes ;
- on abandonne la notion de 'bas vers le haut', un des acquis essentiels de la déclaration d'Alma Ata ;
- on abandonne aussi peu à peu l'élément essentiel de la participation communautaire, de la prise en charge de la santé par les populations concernées ;
- on ne prétend plus soigner les gens au sens large et global du terme, mais simplement lutter contre certaines maladies prioritaires, ce qui en soi est indispensable, mais constitue un recul ;
- enfin, la base scientifique même de l'approche est très fragile et il est peu certain qu'à long terme cette stratégie s'avère moins coûteuse et plus efficace face aux phénomènes de la souffrance, de la maladie et de la mort, dont la complexité et la multicausalité ne font plus guère de doute pour personne.

8. ET DEMAIN ?

Les cinq années à venir pourraient être déterminantes pour les politiques sanitaires en Afrique. Il est évident qu'il y a un manque criant de ressources, d'autant plus qu'il faudra faire face à de nouvelles demandes de soins, du fait de l'extension de l'épidémie de SIDA. Le danger d'un retour en arrière est réel : à nouveau, la problématique de la santé serait réduite à un problème de maladies et celle du développement à la fourniture de techniques médicales.

---

[37] Pour plus de détails et une vision critique de cette politique de soins sélectifs, voir entre autres O. Gish (1982), P. Berman (1982), J.P. Unger et R. Killingsworth (1986) ou S. Rifkin et G. Walt (1986).

On connaît certains des pièges à éviter, mais cela ne signifie pas qu'il existe des solutions toutes faites et des recettes sans failles. Il y a bien peu de modèles où les grands principes énoncés à la fin des années 70 ont été mis en pratique de façon convaincante. Beaucoup de recherches restent à faire.

Cela dit, on ne fait pas de politique de santé dans le néant[38]. Aussi inadéquats qu'ils puissent être, des réseaux sanitaires existent partout et c'est à partir de là qu'il faut commencer. Appuyés en cela par l'O.M.S., plusieurs pays, dont le Zaïre, reprennent actuellement en main leur politique de santé en utilisant le district comme unité de base de planification, de gestion et d'action sanitaire. Transformer des structures sanitaires défaillantes en instruments de changement est sans doute une tâche difficile, tout comme il sera difficile pour les Etats de mobiliser les ressources humaines et financières nécessaires, face à des pressions intérieures et extérieures favorables à la seule initiative privée. Cependant c'est à notre avis l'unique hypothèse de travail valable pour éviter que "les pays africains chancellent d'une crise à l'autre, se retrouvant toujours plus démunis pour affronter les nouveaux problèmes nés de nouvelles catastrophes" (U.N.I.C.E.F, 1985).

BIBLIOGRAPHIE

Akwasi Aidoo, 1982, "Rural health under colonialism and neocolonialism: a survey of the Ghanaian experience", *International Journal of Health Services,* vol. 12, n° 4, pp. 637-657.

Banerji D., 1984, "Can there be a selective primary health care ?", *SHS Document,* n° 4.

Banerji D., 1984, "Les soins de santé primaires doivent-ils être sélectifs ou globaux ?", *Forum Mondial de la Santé,* n° 5, pp. 347-350.

Banque Mondiale, 1980, *Santé : politique sectorielle,* Washington.

---

(38) Ce qu'on a parfois tendance à oublier, surtout lorsqu'on est confronté à des situations d'urgence. Voir à cet égard l'analyse que font D. Grodos et R. Tonglet (1985) des difficultés du passage de l'action d'urgence à l'action à long terme, et des bombes à retardement que peuvent constituer pour les systèmes de soins de santé des interventions nécessaires mais parfois intempestives.

Banque Mondiale, 1984, *Un programme d'action concertée pour le développement stable de l'Afrique au Sud du Sahara,* Washington.

Berman P., 1982, "Selective primary health care : is efficient sufficient ?", *Social Science and Medicine,* vol. 16, n° 2, pp. 1054-1059.

Bichmann W., 1979, "Primary health care and traditionnal medicine, considering the background of changing health care concepts in Africa", *Social Science and Medicine,* vol. 13 B, n° 3, pp. 175-182.

Bledsoe C.H. et Goubaud M.F., 1985, "The reinterpretation of western pharmaceuticals among the Mende of Sierra Leone", *Social Science and Medicine,* vol. 21, n° 3, pp. 275-282.

Boland R. et Young M., 1982, "The strategy, cost and progress of primary health care", *Bulletin of the P.A.H.O.,* vol. 16, n° 3, pp. 233-241.

Clyde D.F., 1962, *History of the medical services of Tanganyka,* Government Press, Dar Es Salaam.

de Ferranti D., 1984, "Stratégies pour le financement des services de santé dans les pays en voie de développement", *Rapport trimestriel de statistiques sanitaires mondiales,* vol. 37, n° 4.

Destane de Bernis G., 1973, "La planification sanitaire, questions introductives", *Revue Tiers-Monde,* vol. 14, n° 53, pp. 19-65.

Dumoulin J., 1983, "Les techniques de planification de la santé", *Sciences Sociales et Santé,* n° 3-4, pp. 41-74.

Flip T. et Roemer M.I., 1984, *Evolution internationale de la politique des personnels de santé,* O.M.S., publication offset n° 61.

Franke R.F., 1981, "Mode of production and population pattern: policy implications for West African development", *International Journal of Health Services,* vol. 11, n° 3, pp. 361-387.

Garenne M., Cantrelle P. et Diop I.L., 1985, "Le cas du Sénégal (1960-1980)", in J. Vallin et A. Lopez (ed.), *La lutte contre la mort. Influences des politiques sociales et des politiques de santé sur l'évolution de la mortalité,* I.N.E.D.-U.I.E.S.P., P.U.F., Travaux et Documents, n° 108, pp. 307-330.

Gish O., 1979, "The political economy of primary care and health by the people : an historical exploration", *Social Science and Medicine,* vol. 13 C, n° 4, pp. 203-211.

Gish O., 1982, "Selective primary health care. Old wine in new bottles", *Social Science and Medicine,* vol. 16, n° 10, pp. 1049-1054.

Glucksberg H. et Singer J., 1982, "The multinational drug companies in Zaïre : their adverse effect on cost and availability of essential drugs", *International Journal of Health Services,* vol. 12, n° 3, pp. 381-387.

Green R.H. et Singer H., 1984, "L'Afrique sub-saharienne en crise : l'impact de la récession sur le bien-être des enfants", in *L'impact de la recession mondiale sur les enfants, étude réalisée pour l'U.N.I.C.E.F.*, R. Jolly et G.A. Cornia (ed.), Editions Archimbaud/Birr, La Différence.

Grodos D. et Tonglet R., 1985, "Médecins sans frontières : de la morale de l'urgence à la stratégie de l'impatience", *La Revue Nouvelle*, n° 7, pp. 31-52.

Hibbert C., 1984, *Africa explored : Europeans in the dark continent, 1769-1889*, Penguin, Londres.

Hogan C.P., 1979, "Croissance du secteur de la santé et modifications dans la composition des groupes professionnels dans sept pays au cours de deux décennies", *Rapport trimestriel de statistiques sanitaires*, O.M.S., vol.32, n° 2.

Janssens P.G., 1981, "The colonial legacy: health and medicine in the Belgian Congo", *Tropical Doctor*, n° 11, pp. 132-140.

King M., 1966, *Medical care in developing countries, A symposium from Makerere*, Oxford University Press.

MacCormack C.P., 1984, "Primary health care in Sierra Leone", *Social Science and Medicine*, vol. 19, n° 3, pp. 199-208.

Makhoul N., 1985, "Assessment and implementation of health care priorities in developing countries : incompatible paradigms and competing social systems", *Social Science and Medicine*, vol. 19, n° 4, pp. 373-384.

MBuru F.M., 1981, "Implications of the ideology and implementation of health in a developing country", *Social Science and Medicine*, vol. 15 A, n° 1, pp.17-24.

Mellor J.W., 1984, "Aide alimentaire : réflexions sur une décennie d'action", *Alimentation et Nutrition*, 10, F.A.O.

Mercenier P., 1979, "Soins de santé et développement", Colloque International sur les services de santé de base dans les pays en voie de développement, *Annales de la Société Belge de Médecine Tropicale*, vol. 59, supplément, pp. 5-11.

Mosley W.H., 1985, "Les soins de santé primaires peuvent-ils réduire la mortalité infantile ? Bilan critique de quelques programmes africains et asiatiques", in J. Vallin et A. Lopez (ed.), *op. cit.*, pp. 105-136.

Patterson K.D., 1979, "Health in urban Ghana: the case of Accra, 1900-1940", *Social Science and Medicine*, vol. 13 B, n° 4, pp. 251-268.

P.N.U.D., 1983, *Mise en valeur des ressources humaines aux fins de soins de santé primaires*, Etude d'évaluation n° 9.

Raikes A.M., 1975, "Medical education in transition: Tanzania", in S.R. Ingman et A.E. Thomas (eds), *Topias and utopias in health policy studies*, Mouton Publ., Paris.

Rifkin S.B. et Walt G., 1986, "Why health improves: defining the issues concerning comprehensive primary health care and selective primary health care", *Social Science and Medicine*, vol. 23, n° 6, pp. 559-566.

Royston E. et Ferguson J., 1985, "La couverture des soins de maternité : étude critique des renseignements accessibles", *Rapport trimestriel de statistiques sanitaires mondiales*, vol. 38, pp. 267-269.

Schneider C.R., 1962, "Ressources for health and medical care", in *A report on a study of needs and ressources*, Publication 996, NAS-NRC, Washington DC.

Schuftan C., 1983, "Foreign aid and its role in maintaining the exploitation of the agricultural sector: evidence from a case study in Africa", *International Journal of Health Services*, vol. 13, pp. 33-47.

Segall M., 1983, "Planning and politics of ressource allocation for primary health care: promotion of a meaningful national policy", *Social Science and Medicine*, vol. 17, n° 24, pp. 1947-1960.

Senghor D., 1981, "Soins de santé primaires, révolution ou alibi ?", *Famille et Développement*, n° 28, pp. 35-37.

Silverman M., Lee P.R. et Lydecker M., 1982, "The drugging in the Third World", *International Journal of Health Services*, vol. 12, n° 4, pp. 585-596.

Suret-Canale J., 1964, *Afrique Noire, Vol. 2 : l'ère coloniale 1900-1945*, Editions Sociales, Paris.

Thomas A.E., 1975, "Health care in Ukambani Kenya: a socialist critique", in S.R. Ingman et A.E. Thomas (eds), *op.cit.*

Tola Olu Pearce, 1980, "Political and economic changes in Nigeria and the organisation of medical care", *Social Science and Medicine*, vol. 14 B, n° 2, pp. 91-98.

Twumasi P.A., 1981, "Colonialism and international health: a study in social change in Ghana", *Social Science and Medicine*, vol. 15 B, n° 2, pp. 147-151.

U.N.I.C.E.F., 1985, *A portée de main : un avenir pour les enfants d'Afrique*.

Unger J.P. et Killingsworth R., 1986, "Selective primary health care: a critical review of methods and results", *Social Science and Medicine*, vol. 22, n° 10, pp. 1001-1013.

Walsh J.A. et Warren K.S., 1979, "Selective primary health care: an interim strategy for disease control in developing countries", *New England Journal of Medicine*, vol. 301, pp. 967-974.

# 13

MIGRATIONS ET URBANISATION

Joël GREGORY

> *"Maintenant, - notre temps - telle une calamité, année par année, les bras valides s'en allaient tenter fortune dans les cités urbaines, où selon toute apparence, la vie semblait plus facile".*
> (Ousmane Sembene, Vehi-Ciosane, Présence Africaine, 1966).

Ce sujet mériterait à lui seul tout un ouvrage interdisciplinaire[1] et nous ne pourrons en ces quelques pages que mettre en évidence les faits les plus marquants, et poser quelques-unes des questions qui nous semblent importantes. De plus, la diversité de l'Afrique au sud du Sahara est telle que c'est une véritable gageure que d'essayer de donner une vision synthétique de problèmes tels que les migrations et l'urbanisation. Cela dit, on ne peut comprendre les tendances et caractéristiques récentes de ces phénomènes sans recul historique et sans discussion préalable des concepts, des définitions et des données utilisées pour les mesurer.

1. UN PEU D'HISTOIRE DES MOUVEMENTS DE POPULATION

Du 17ème siècle à nos jours, l'histoire des migrations et de l'urbanisation africaines peut grossièrement être découpée en *trois*

---

(1) Voici quelques ouvrages ou parties d'ouvrages consacrés à ce problème : R. Byerlee (1972), S. Findley (1982), J. Gregory et V. Piché (1985), S. Stichter (1985) et R. Stren (1986).

grandes périodes [2]: les 17ème, 18ème et 19ème siècles dominés par le commerce des esclaves, la fin du 19ème et le début du 20ème siècle qui sont les décennies de pénétration et de conquête coloniales, et le reste du 20ème siècle qui verra le développement des migrations dites spontanées.

1.1. Les mouvements forcés de population : la traite esclavagiste

Les conséquences générales de cette traite constituent peut-être le sujet le plus débattu et le plus préoccupant pour les spécialistes d'histoire économique et sociale. Même si parfois le débat a été controversé (Ph. Curtin, 1969 ; J. Inikori, 1976), on ne peut sous-estimer le rôle de ces migrations forcées. Cette réallocation massive de populations africaines, pendant ces trois siècles de commerce transatlantique[3], lança un riche commerce maritime, dominé au début par les nations européennes, fournit la force de travail du système de production agricole américain, et peupla l'hémisphère Ouest d'une population noire dans un contexte familial et culturel euro-américain. Parallèlement, les sociétés côtières africaines, de la Sénégambie à l'Angola, participent à ce commerce d'esclaves et souvent en tirent profit. Les populations plus éloignées de l'intérieur ont aussi été concernées par ces migrations forcées, comme victimes, fournisseurs ou intermédiaires.

La question actuellement la plus controversée est celle de l'importance de ce commerce, autrement dit du nombre d'Africains qui ont été expatriés. Les estimations vont de 9 à 15 millions[4]. Mais il y a aussi d'autres questions fondamentales pour l'analyse sociale de l'impact de ces mouvements forcés, les plus importants qu'il y ait jamais eus dans l'histoire de l'humanité :

- quelles sociétés ont été particulièrement affectées et dans quelle proportion (les pertes) ? Par ailleurs, quelles sociétés ont pu

---

(2) On a fort peu de données quantitatives sur les siècles précédents.

(3) Sans parler ici de la traite transsaharienne, menée par les arabes du 11ème au 20ème siècle, qui fut moins importante mais dont les conséquences sociales, économiques et politiques furent dramatiques dans certaines régions (D. Cordell, 1986).

(4) P. Curtin (1969), J. Inikori (1976) et P. Lovejoy (1982).

échapper à cette traite, mais alors n'en ont-elles pas au contraire profiter ?[5]

- quelle était la mortalité associée à cette émigration forcée[6] ? Il y a de grandes variations dans les nombres avancés de décès lors des razzias, des longs voyages vers les ports ou durant les traversées. Il ne suffit pas de connaître les arrivées *nettes* dans les Amériques ou le monde islamique, il nous faut aussi connaître les départs pour mesurer un impact *brut* ;

- enfin quelles étaient les caractéristiques (âge, sexe...) des populations emmenées en esclavage ? Il s'agissait souvent de jeunes hommes dans le trafic transatlantique.

1.2. Les conquêtes et pénétrations coloniales de 1880 à 1945

Dans le cadre de l'expansion du capitalisme industriel européen, l'Afrique est encore au premier rang dans les stratégies des gouvernements de l'Europe du XIXème siècle, mais cette fois comme plaque tournante d'une grande compétition politique, économique et commerciale entre pays du Nord. C'est l'installation de l'économie coloniale par l'appropriation des terres, l'extraction minière et le travail (sur place) des Africains (C. Coquery-Vidrovitch, 1972 ; J. Suret-Canale, 1964).

Au début, ce furent surtout *des migrations temporaires,* souvent forcées, pour le transport de marchandises, la construction de chemins de fer et de routes ou le défrichement de terres (D. Cordell, 1987 ; R. Gervais, 1987). Mais peu à peu, tout au long de la première moitié du XXème siècle, vont s'intensifier les besoins de main-d'oeuvre pour la création des infrastructures nécessaires à la domination coloniale, main-d'oeuvre qui sera payée bien en dessous de sa valeur réelle. Sans parler des deux grandes guerres de 1914-18 et de 1939-1945, pendant lesquelles disparurent nombre de jeunes Africains recrutés dans les armées françaises et britanniques.

Parallèlement, va se développer *la croissance urbaine.* La multiplication des frontières administratives et l'installation de la

---

(5) Pour ce genre de questions, voir par exemple les travaux de P. Manning (1981), J. Thornton (1981) ou encore de J. Thornton (1980), et A. Mahadi - J. Inikori (1987) qui ont des points de vue différents.

(6) Pour ce problème, voir H. Klein et S. Engerman (1975, 1979).

bureaucratie coloniale nécessitent un minimum d'infrastructure urbaine pour la petite colonie européenne, pour la classe moyenne commerçante asiatique et pour le monde africain des domestiques, travailleurs et artisans. La plupart des grandes villes de l'Afrique sub-saharienne (Dakar, Accra, Lagos, Nairobi...) commencent à croître véritablement pendant cette période.

Une partie non négligable des mouvements migratoires entre 1890 et 1945 ont requis la force et ont parfois entraîné violences et révoltes (A.I. Asiwaju, 1976). Le travail forcé du début du siècle va peu à peu être remplacé par le travail "volontaire", souvent saisonnier[7]. Ces premières grandes migrations se sont surtout dirigées vers les plantations du Ghana de l'époque, de la Côte d'Ivoire et du Nigéria, vers les mines du Congo Belge, de la Zambie et de la Rhodésie, vers les fermes du Kenya, de l'Ouganda et de la Tanzanie, et enfin vers les mines et fermes d'Afrique du Sud. Les villes commençaient aussi à fournir quelques emplois salariés en dehors du secteur primaire. Sauf au Congo Belge et en Afrique du Sud, beaucoup de colonies toléraient alors ces migrations du milieu rural vers les villes.

1.3. L'accélération des migrations spontanées depuis 1945

Le travail forcé fut, un peu partout, officiellement aboli après la seconde guerre mondiale. Les recrutements militaires se ralentirent aussi beaucoup. Cependant, c'est à cette période que s'accéléreront les mouvements migratoires. En Afrique de l'Ouest et de l'Est, les villes prennent rapidement de l'importance, avec une croissance industrielle dans les plus grandes d'entre elles, comme Dakar, Accra, Lagos, Nairobi et aussi Abidjan et Dar-es-Salaam. La Côte d'Ivoire devient importatrice de main-d'oeuvre, et les mouvements migratoires s'intensifient à l'intérieur du Nigéria, du Kenya et de la Tanzanie. En Afrique Centrale, le "copperbelt" et le Shaba (ex-Katanga) prennent rapidement de l'importance, attirant de nombreux travailleurs avec leurs familles, et Kinshasa devient la principale ville de la région malgré de sévères contrôles des migrations. L'Afrique du Sud, elle, accélère son développement

---

(7) Il fallait bien payer les impôts et faire face à une première monétarisation des économies.

industriel en confortant le système d'apartheid permettant, entre autres, de contrôler les mouvements des Africains. C'est de cette période de l'après-guerre (1945-1960) que date véritablement l'augmentation des inégalités, qui existent aujourd'hui, entre monde urbain et monde rural, entre petite agriculture et agriculture commerciale (S. Amin, 1974).

Tous ces mouvements de migrations et d'urbanisation vont continuer après les indépendances (dans les années 1960), mais vont aussi s'intensifier. Le rythme de l'urbanisation, commencée sous la période coloniale, va terriblement s'accroître et le caractère même des grandes villes va changer. De nouveaux courants de migrations internes vont apparaître, d'autres déjà existants vont s'intensifier. En Afrique de l'Ouest, le mouvement du Sahel vers les plantations et villes côtières s'accélère dramatiquement, et la Côte d'Ivoire va supplanter le Ghana comme premier importateur de travailleurs (S. Coulibaly et autres, 1980). L'Afrique de l'Est attire aussi beaucoup d'Afrique Centrale (Rwanda, Burundi et Congo) et de Somalie, perpétuant des mouvements très tôt amorcés dans la période coloniale (W. Elkan, 1960). L'Afrique du Sud et le Zimbabwe ont énormément besoin de main-d'oeuvre des pays environnants (Mozambique, Malawi, Lesotho, Botswana et Swaziland) pour leur industrie, leurs mines et leur agriculture.

Mais peut-être le plus dramatique depuis 1960 est le problème des *réfugiés*, ces centaines de milliers de personnes qui fuient la sécheresse ou les guerres civiles[8]. Leur nombre augmente depuis 1980, et l'Afrique détient en la matière le triste record mondial.

2. LE DEFI DES DEFINITIONS ET DES DONNEES

La démographie, peut-être trop souvent préoccupée par des problèmes techniques, se doit aussi de réfléchir aux problèmes plus conceptuels, à la base même des données qu'elle va devoir collecter et interpréter.

---

(8) Plus de un million de personnes pour la seule Ethiopie. Sur ce problème, voir par exemple United Nations (1983) ou *Population Today* (1986).

2.1. L'ambiguïté des définitions

Tout d'abord, qu'est-ce qu'*une migration* ? Une question qui, de prime abord, peut sembler triviale, mais à laquelle en fait il y a presque autant de réponses qu'il y a d'ouvrages sur le sujet. Toute étude sérieuse de migrations doit clairement préciser les paramètres de temps et d'espace servant à définir l'événement "migration". Cela peut sembler évident, mais ce n'est pas toujours fait dans la littérature scientifique.

L'unité de temps utilisée par le démographe, le sociologue ou l'économiste va dépendre de l'objet de l'étude. Si, par exemple, les migrations saisonnières sont importantes dans une population, la durée de résidence minimale dans un autre endroit, requise pour être considérée comme migrant, doit être plus courte que la durée de la saison (3 mois par exemple). Si, au contraire, on cherche à mesurer seulement les migrations "permanentes", on devra allonger la durée de résidence ailleurs (plusieurs années). Mais il faudra encore définir la "résidence" ou la "permanence". *L'unité spatiale* est sans doute plus facile à préciser : on peut visualiser un pays, une province ou un département. Mais il faut être attentif aux changements de limites territoriales, d'autant plus fréquents que l'unité administrative considérée est petite.

Ces questions de définitions du temps et de l'espace, importantes en matière de migration, sont universelles, mais il s'y ajoute deux difficultés dans le contexte africain : 1) la connaissance du temps (durée, âge, date....) n'y est pas aussi précise que dans bien d'autres parties du monde, 2) les limites administratives ont souvent changé au cours des soixante dernières années, ce qui rend plus complexe la reconstitution des "vies migratoires".

Le tableau 1 (en annexe) est une illustration de la variété des définitions utilisées en Afrique pour la seule *immigration internationale*. On y observe notamment le vague de certaines définitions ("les personnes arrivant dans le pays") et les différentes durées de séjour utilisées (un, six ou douze mois).

Un autre problème est celui de la définition *du milieu urbain*. Comme ailleurs, les pays africains présentent une grande variété de définitions : pour 38 pays sub-sahariens (tableau 2 en annexe), on a plus de 25 définitions différentes. Et les démographes africains se posent les mêmes questions qu'ailleurs : comment caractériser le milieu urbain ? est-ce par un indicateur de taille (plus de x milliers d'habitants) ? ou par un indicateur plus économique (proportion d'habitants exerçant une activité non agricole) ? ou encore par un indicateur mesurant davantage le rôle administratif et politique des unités urbaines ? Toutes les situations se rencontrent (tableau 2 en annexe).

2.2. Le problème des données

Comme sur les autres champs de la démographie, *on a de plus en plus de données sur le phénomène migratoire*. Presque tous les pays africains ont désormais fait au moins un recensement, et beaucoup en sont à leur troisième ou quatrième expérience. On a aussi de nombreuses enquêtes nationales ou régionales sur les migrations[9]. Par ailleurs, la démographie et les démographes s'améliorent tant dans les méthodes de collecte des migrations que dans les techniques d'analyse à utiliser.

Cela dit, *la plupart des données demeurent insuffisantes pour la mesure de la migration,* même dans les pays statistiquement développés. Cela est vrai pour les migrations internes comme pour les migrations internationales. Il faut aussi souligner que *les données de migrations sont par nature plus difficiles à collecter que celles de fécondité ou de mortalité*[10]. En définitive, on doit être prudent dans toute approche quantitative des migrations et de l'urbanisation en Afrique.

3. LES MIGRATIONS RECENTES : UNE SYNTHESE

Nous présenterons un tableau des mouvements migratoires selon les sous-régions telles que définies par les Nations Unies, en

---

[9] Pour un essai de vision de synthèse sur l'Afrique de l'Ouest, voir K. Zachariah et J. Condé (1980).

[10] Brièvement quelques problèmes : 1) on a souvent confusion entre migration (l'événement) et migrant (la personne), 2) l'événement lui-même est renouvelable (on peut migrer plusieurs fois) et réversible (on part d'un endroit, mais on peut y revenir), 3) l'événement affecte deux populations (presque) simultanément : un départ ici est une arrivée ailleurs.

nous consacrant essentiellement aux *migrations internationales,* avant une brève vision d'ensemble du problème des réfugiés.

L'Afrique de l'Ouest

C'est sur cette sous-région que l'on a le plus de données en matière de migrations internationales. Le tableau 1 présente quelques résultats pour cinq pays[11]. Vers 1975, la Côte d'Ivoire est le premier pays d'immigration[12] : près de la moitié des "étrangers" résidant dans cinq pays y sont installés (tableau 1). En revanche, c'est le Burkina Faso qui de loin fournit le plus d'émigrants : 30 % environ pour les pays envisagés en tableau 1. Le Mali suit le Burkina avec près de 14 %. Pour les huit pays étudiés, cela représente au total, vers 1975, quelque 3,1 millions d'individus vivant ailleurs que dans leur pays d'origine, dont une très grande partie sont restés dans la sous-région (2,8 millions). Cette population à l'étranger représente dans les 7 % de la population totale des huit pays. Il n'est guère évident que depuis 1980 la situation ait fondamentalement changé : malgré un ralentissement de l'économie ivoirienne et les efforts d'un pays comme le Burkina Faso, les courants migratoires prédominants vont toujours des pays sahéliens vers la Côte d'Ivoire.

Les migrations en Afrique de l'Ouest se font essentiellement entre pays de la région, mais on ne doit pas oublier deux grands mouvements intercontinentaux : celui des Maliens, Mauritaniens et Sénégalais vers la France et celui des Cap-Verdiens vers les Etats-Unis, et dans une moindre mesure vers le Portugal[13].

L'Afrique Centrale

On connaît mal les migrations contemporaines dans cette région. On sait qu'une fraction importante de la population du Gabon (estimée à 1,2 million en 1985) est née à l'étranger : au

---

(11) Ces résultats sont issus d'une étude conjointe de la Banque Mondiale et de l'O.C.D.E. effectuée vers la fin des années 1970.

(12) Dans l'étude citée en (11), le Nigéria n'est pas pris en considération.

(13) Pour la seule région de Paris, on compte quelque 55 000 personnes originaires de la Vallée du Fleuve Sénégal (J. Condé et P.S. Diagne, 1986). On estime à 200 000 le nombre de Cap-Verdiens vivant aux Etats-Unis, essentiellement dans l'est du Massachussets.

Tableau 13.1 : Evaluation (vers 1975) du nombre (en milliers) de nationaux d'origine étrangère dans huit pays d'Afrique de l'Ouest.

Pays d'origine	Pays actuel						Total (1)
	Côte d'Ivoire	Ghana	Sénégal	Togo	Burkina		
Burkina	726,2	159,3	13,7	2,0	-		908,4
Mali	348,5	13,4	28,9	-	26,0		422,3
Guinée	105,8	n.d.	180,2 (2)	-	n.d.		344,0
Togo	12,1	264,7	-	-	3,5		260,3
Ghana	42,5	-	1,0	100,0	20,9		172,5
Mauritanie	-	-	150,0	-	-		150,0
Nigéria	49,6	55,5	n.d.	n.d.	2,3		114,7
Bénin	50,0	25,0	-	30,0	-		105,0
Total (1)	1475,9	587,2	505,1	173,6	121,1		3051,0

(1) Ce total inclut d'autres pays que ceux présentés ici
(2) Y compris la Guinée Bissau
n.d. : non disponible

Source :
- K.C. Zachariah et J. Condé (1978)
- United Nations (1983).

Cameroun, en Guinée Equatoriale et même en Afrique de l'Ouest (Burkina, Côte d'Ivoire et Sénégal), mais on n'a pas de données précises car ces étrangers ont été éliminés des résultats publiés du recensement. On sait aussi que le Cameroun, le Congo et le Zaïre sont des pays d'immigration nette[14], tandis qu'au contraire le Tchad, la Guinée Equatoriale, le Rwanda et le Burundi sont des pays d'émigration nette (J. Condé, 1984).

L'Afrique de l'Est

Les migrations actuelles dans cette région sont hétérogènes et sont surtout des mouvements de réfugiés, dont nous parlerons ultérieurement. Il convient néanmoins de signaler deux grands mouvements intercontinentaux : le premier va de l'Afrique de l'Est vers le Royaume-Uni où 164 000 Africains résidaient en 1971 ; le second concerne une importante population d'origine sud-asiatique qui, expulsée en 1972 d'Ouganda et de quelques autres pays de la sous-région, s'est dirigée vers le Royaume-Uni, mais aussi vers le Canada et les Etats-Unis.

Les principales régions d'attirance et d'immigration ont traditionnellement été les zones de plantations de coton en Ouganda, les fermes sur les plateaux du Kenya et les régions de culture du sisal en Tanzanie. Malgré l'instabilité politique de l'Ouganda, ce pays demeure un refuge pour ceux qui fuient le Rwanda et le Zaïre. La guerre contre l'Afrique du Sud et les difficultés économiques et sociales qu'elle suscite doivent sans doute aussi provoquer des émigrations de certains pays du front, en particulier du Mozambique.

L'Afrique Australe

Un peu comme l'Afrique de l'Ouest, l'Afrique Australe est une région où les migrations sont intensives et d'assez courtes durées. Elles sont liées au travail et sont en quelque sorte institutionnalisées.

L'importance de la force de travail étrangère a diminué en Afrique du Sud : les relations politiques avec les pays voisins ont évolué et le gouvernement essaie d'utiliser au maximum les

---

(14) Cela signifie simplement qu'il y a plus d'entrées que de sorties dans le territoire.

travailleurs africains du pays. Le tableau 2 montre clairement ces changements : de 1966 à 1978, le nombre de travailleurs dans les mines a augmenté de quelque 12 %, mais l'effectif des étrangers y a diminué de 18 %, tandis que celui des Africains du pays y augmentait de 72 %. Cela dit, ce déclin du nombre total de travailleurs étrangers cachent deux mouvements différents : une diminution très forte des travailleurs du Mozambique et du Malawi qui n'a pas été compensée par l'augmentation des travailleurs venant du Botswana, du Lesotho et du Swaziland.

Ces nombres absolus de travailleurs étrangers en Afrique du Sud sont de prime abord assez surprenants : ils sont par exemple bien inférieurs à ceux avancés pour la seule Côte d'Ivoire, le principal importateur de main-d'oeuvre de toute l'Afrique de l'Ouest. Bien sûr, ils ne concernent que les travailleurs des mines, mais ils signifient peut-être aussi que l'Afrique du Sud est en définitive moins dépendante de l'immigration étrangère que certains autres pays africains, ou que la migration clandestine y joue un rôle de plus en plus important.

Les réfugiés

Ce problème constitue l'aspect le plus dramatique des migrations africaines actuelles. Le tableau 3 fournit par pays quelques estimations récentes de ces réfugiés en 1983 et 1986. La Somalie et le Soudan sont les premiers pays d'accueil, notamment pour plus d'un million d'Ethiopiens. En revanche, l'Ethiopie est pays d'asile pour les Soudanais. Au Tchad, les différentes phases de la guerre civile ont provoqué des exodes vers le Cameroun, le Nigéria, le Soudan et la Centrafrique.

En Afrique Australe, les luttes politiques et militaires, dues notamment aux interventions de l'Afrique du Sud, ont provoqué des exils non seulement de ce pays (30 000 personnes)[15], mais aussi d'Angola (340 000), du Mozambique (50 000) et de la Namibie (77 000). Dans quelques autres pays, ce sont les violences et répressions politiques qui poussent certains groupes à s'exiler : dans les 160 000 personnes du Burundi et plus de 40 000 du Zaïre.

---

(15) Tous les chiffres qui suivent sont bien sûr des estimations, fournies surtout par le Haut Commissariat des Nations Unies pour les réfugiés.

Tableau 13.2 : Origine (de 1966 à 1978) des travailleurs africains en Afrique du Sud employés dans des entreprises affiliées à la Chambre des Mines (effectifs en milliers).

Pays d'origine	1966	1968	1970	1972	1974	1976	1978
Botswana	19,0	15,6	16,3	17,5	14,7	15,5	21,0
Lesotho	64,3	65,1	71,1	78,5	78,3	96,4	97,5
Swaziland	4,3	4,5	5,4	4,3	5,5	8,6	9,3
Malawi	56,3	61,7	98,2	129,2	73,1	6,9	21,6
Mozambique	109,0	105,8	113,3	97,7	101,8	48,6	33,9
Zimbabwe	-	-	-	-	-	26,9	23,0
Sous-total	252,9	252,7	304,3	327,2	273,4	202,9	206,3
Afrique du Sud	130,5	129,9	96,9	87,2	90,0	156,6	224,7
Total général	383,4	382,6	401,2	414,4	363,4	359,5	431,0

<u>Source</u> : United Nations (1983), p. 63.

Tableau 13.3 : Estimations par pays du nombre de réfugiés (en milliers).

Pays de refuge	1983		1986	
	Nombre	Commentaires	Nombre	Commentaires
Angola	96,2	70,0 namibiens 20,0 zaïrois	92,0	70,0 namibiens 13,0 zaïrois
Bénin	-	-	3,6	tchadiens
Botswana	5,0	4,3 zimbabwéens	3,6	zimbabwéens
Burundi	214,0	rwandais et zaïrois	-	-
Cameroun	3,5	3,3 tchadiens	-	-
Centrafrique	7,4	surtout tchadiens	-	-
Djibouti	35,0	éthiopiens	-	-
Ethiopie	11,0	10,8 soudanais	72,0	soudanais
Kenya	5,5	2,0 ougandais	-	-
Lesotho	11,5	surtout sud-africains	11,5	sud-africains
Nigéria	5,5	4,0 tchadiens	4,0	tchadiens
Ouganda	116,0	48,0 rwandais 32,0 zaïrois	-	-
Rwanda	49,0	31,0 ougandais 18,0 burundais	-	-
Sénégal	5,2	surtout de Guinée Biss.	5,0	Guinée Bissau
Somalie	700,0	éthiopiens	700,0	éthiopiens
Soudan	649,0	460,0 éthiopiens 184,0 ougandais 5,0 zaïrois	690,0	484 éthiopiens 200 ougandais 5,0 zaïrois
Swaziland	7,0	6,6 sud-africains	6,0	sud-africains
Tanzanie	159,0	148,0 burundais 9,5 zaïrois	178,0	153,5 burundais 15,0 zaïrois
Zaïre	301,2	215,0 angolais 57,0 ougandais	329,0	265,0 angolais 20,0 ougandais
Zambie	89,0	71,0 angolais 9,0 zaïrois	94,0	75,0 angolais 9,5 zaïrois
Zimbabwe	20,2	20,0 mozambicains	50,0	mozambicains

Source : *Refugees Magazine*, 1983, p. 53 et *Population Today*, 1986, p. 4.

4. L'URBANISATION

On associe facilement migrations et urbanisation. En fait démographiquement parlant, la croissance d'une ville dépend bien sûr du solde migratoire (les entrées moins les sorties), mais aussi de la croissance naturelle (les naissances moins les décès). Dans les villes africaines, comme un peu partout dans le Tiers Monde, l'accroissement migratoire est positif, mais l'accroissement naturel y est également important ; souvent il est même plus élevé dans les villes que dans les campagnes. La contribution des migrations à la croissance urbaine n'est pas seulement directe (plus d'arrivées que de départs), mais aussi indirecte : les immigrants sont le plus souvent de jeunes adultes en plein âge de fécondité. Cette urbanisation peut enfin résulter de changements administratifs, comme l'annexion à la ville de zones ou de villages auparavant périphériques. Les données sur l'urbanisation en Afrique sont relativement nombreuses, et sans doute de meilleure qualité que les données purement démographiques. Mais il convient de demeurer attentif au problème de comparabilité des données dont nous avons déjà parlé.

L'Afrique est l'une des régions du monde les moins urbanisées, avec l'Asie du Sud-Est et l'Asie de l'Est (surtout la Chine) : entre un quart et un tiers des populations y sont en milieu urbain, contre la moitié en Asie de l'Ouest et près des trois quarts dans le reste du monde. Néanmoins, *le degré d'urbanisation varie beaucoup à l'intérieur de l'Afrique* (tableau 4). Au niveau sous-régional, cela va de 18 % pour l'Afrique de l'Est à 50 % pour l'Afrique Australe, au niveau national de 5 % au Rwanda à 74 % à Djibouti. Ces différences importantes, comme entre le Sénégal (42 %) et le Mali (18 %) ou entre la Zambie (43 %) et le Malawi (12 %), ne sont pas des accidents statistiques ; elles correspondent à des situations réellement diversifiées en matière d'urbanisation.

Si l'urbanisation y est moins importante que dans d'autres grandes régions, *le taux de croissance urbaine est désormais rapide.* Dans les années 1950 et 1960 (Nations Unies, 1975), on a eu des taux de croissance de plus de 10 % par an pour les villes d'au moins 20 000 habitants. Une étude récente de l'Institut du Sahel donne pour les années 1970 des résultats du même ordre pour les capitales de la sous-région. Il semble même que dans une majorité de pays africains, la croissance urbaine ait été plus forte dans la

Tableau 13.4 : Proportions (%) de population considérée comme urbaine dans les pays africains en 1975 et 1985.

Pays	1975	1985
AFRIQUE DE L'OUEST	-	28
Bénin	23	39
Burkina	8	9
Cap Vert	-	27
Côte d'Ivoire	33	42
Gambie	-	21
Ghana	32	31
Guinée	16	22
Guinée Bissau	-	27
Liberia	29	39
Mali	17	18
Mauritanie	23	35
Niger	10	16
Nigéria	18	28
Sénégal	24	42
Sierra Leone	21	28
Togo	15	20
AFRIQUE CENTRALE	-	-
Angola	18	25
Cameroun	27	42
Centrafrique	36	41
Congo	36	48
Gabon	-	41
Guinée Equatoriale	-	60
Sao Tomé et Principe	-	35
Tchad	14	22
Zaïre	35	34
AFRIQUE DE L'EST	-	18
Burundi	2	7
Comores	-	23
Djibouti	-	74
Ethiopie	12	15
Kenya	12	16
Madagascar	16	22
Malawi	20	12
Maurice	-	42
Mozambique	7	13
Ouganda	10	14
Réunion	-	60
Rwanda	4	5
Seychelles	-	37
Somalie	27	34
Tanzanie	9	17
Zambie	34	43
Zimbabwe	20	24
AFRIQUE AUSTRALE	-	50
Afrique du Sud	-	53
Botswana	-	19
Lesotho	4	6
Namibie	-	51
Swaziland	-	26

Sources : pour 1975, United Nations (1981) ; pour 1985, Population Reference Bureau (1986).

Tableau 13.5 : Nombre de femmes pour 100 hommes dans les populations urbaines de 32 pays sub-sahariens.

Pays	Année	Nombre de femmes
AFRIQUE DE L'OUEST		
Bénin	1979	108
Burkina	1975	96
Côte d'Ivoire	1975	89
Gambie	1973	94
Ghana	1970	99
Liberia	1974	90
Mali	1976	103
Mauritanie	1975	87
Niger	1977	98
Nigéria	1963	88
Sénégal	1976	103
Sierra Leone	1963	88
Togo	1970	99
AFRIQUE CENTRALE		
Cameroun	1976	89
Centrafrique	1975	109
Sao Tomé	1970	98
Tchad	1978	94
Zaïre	1980	95
AFRIQUE DE L'EST		
Burundi	1983	82
Comores	1980	101
Ethiopie	1984	115
Kenya	1979	82
Madagascar	1975	101
Malawi	1977	80
Maurice	1983	108
Mozambique	1980	91
Ouganda	1969	86
Rwanda	1978	82
Seychelles	1977	103
Tanzanie	1978	90
Zimbabwe	1982	88
AFRIQUE AUSTRALE		
Botswana	1981	94

Sources : J.S. Newman (1984) et United Nations (1984).

décennie 1970 que dans la décennie précédente (Banque Mondiale, 1984). On a estimé qu'en l'an 2000 la population urbaine de l'Afrique sera dix fois supérieure à ce qu'elle était en 1950 (R. Stren, 1986).

Par ailleurs, dans 23 pays sur 32 (tableau 5), *il y a dans les villes plus d'hommes que de femmes*. Dans certains comme la Côte d'Ivoire, la Mauritanie, le Nigéria, le Burundi, le Kenya ou le Rwanda, ce déséquilibre entre sexes est important. Seuls le Bénin, la Centrafrique et surtout l'Ethiopie ont dans leur milieu urbain nettement plus de femmes que d'hommes. Ce déséquilibre général en faveur des hommes est dû aux migrations plus masculines que féminines. Cette suprématie masculine dans les villes n'est pas un phénomène universel. Par exemple, on trouve l'inverse en Amérique Latine.

5. QUELQUES DIMENSIONS DES MIGRATIONS EN AFRIQUE

Tout régime démographique a trois grandes composantes : la fécondité, la mortalité et les migrations, en interrelations constantes[16]. On peut très simplement représenter cela par le schéma suivant :

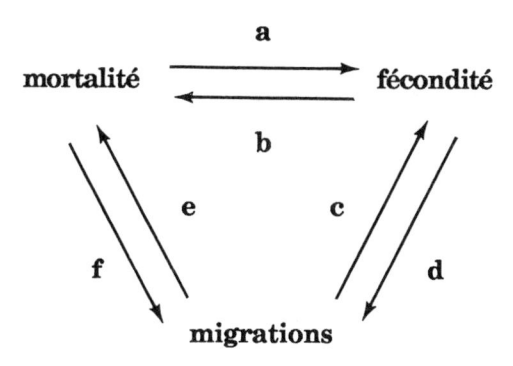

```
                    a
    mortalité  ———————————→  fécondité
               ←———————————
                \    b      /
                 \         /
                f \  e  c / d
                  \      /
                   \    /
                    ↓  ↓
                  migrations
```

Sans entrer ici dans la description détaillée de chaque relation, voici quelques hypothèses sur chaque flèche :

---

(16) En démographie formelle, on considère souvent la migration comme une variable exogène, *perturbant l'équilibre biologique entre fécondité et mortalité*. Pour une critique de cette vision des choses, voir par exemple J. Gregory et V. Piché (1981).

a : une très forte mortalité infantile a un impact direct sur la fécondité par des effets de compensation physiologique, psychique et économique.
b : une forte fécondité, autrement dit des intervalles courts entre naissances, augmente la mortalité des enfants et des mères.
c : dans les sociétés exogames, la migration nuptiale des femmes pour co-résider permet des relations sexuelles régulières.
d : dans certaines sociétés, les futures mères retournent accoucher dans leur famille d'origine.
e : certains types de migrations, notamment les migrations non volontaires, peuvent perturber la santé des individus.
f : on peut fuir des zones malsaines, à fortes morbidité et mortalité, ou des zones épidémiques.

5.1. Migrations et structures familiales

Bien que de plus en plus contestée de l'intérieur et ébranlée de l'extérieur, la famille demeure, pour la grande majorité des Africains, le point fondamental de référence sur le plan social, psychologique et économique. La famille est en fait une entité beaucoup plus large que le ménage ; cependant de plus en plus de décisions se prennent à ce dernier niveau. Mais en Afrique, la structure des ménages est très hétérogène : monogamique ou polygamique, plus ou moins étendu, à résidence plus ou moins grande (du simple logement à la grande concession)... C'est encore souvent le lieu essentiel de production et de consommation.

La grande majorité des ménages ruraux des sociétés africaines survivent sur base d'un travail domestique non rémunéré, en espérant un surplus que l'on peut vendre. Dans ce système de production, beaucoup d'activités complémentaires sont essentielles : l'entretien des outils et des abris, le ramassage du bois, l'alimentation en eau, la préparation des repas... Cette production domestique et intensive implique *une division du travail par sexe et par classe d'âges* (J. Caldwell, 1982 ; C. Meillassoux, 1975), et elle est intimement liée à la dynamique des migrations. Le départ de certains membres d'un ménage, donc d'une fraction de la force de travail, est en milieu rural à la fois une sorte de défi à sa survie économique (la production) et institutionnelle (l'autorité patriarcale), et un moyen de sauvegarde du ménage.

Le départ de quelqu'un (ou de quelques-uns) est *un défi pour le système de production et d'autorité,* dans la mesure où le plus souvent les émigrants sont jeunes (entre 15 et 30 ans) et surtout de sexe masculin[17]. Ce sont physiquement les plus productifs des hommes qui partent. Ce peut aussi être une menace pour l'autorité paternelle ou patriarcale : le jeune peut échapper plus facilement à la domination des aînés, accroître son autonomie, fonder même plus aisément une nouvelle famille... En même temps, la migration peut être un *élément de stabilisation* dans les communautés domestiques rurales, par exemple par le revenu qu'en retour elle procure, en espèces ou en nature. Et la migration de quelque(s) membre(s) d'un ménage est parfois ce qui évite de passer de la pauvreté à la misère. La migration de jeunes peut aussi être *une sorte de "soupape de sécurité"* : les plus "contestataires" partis, le contrôle social traditionnel demeure intact, et en ce sens ce peut aussi être un facteur de conservatisme.

5.2. Migrations et rapports entre sexes

Les migrations africaines depuis la fin du XIXème siècle ont à la fois renforcé et changé la perception et la réalité des rôles masculins et féminins. D'un côté, la division sexuelle du travail, qui existait avant la pénétration coloniale, s'est poursuivie par ces mouvements essentiellement masculins de migrations de travail. De l'autre, les femmes ont pu se servir de ces émigrations pour acquérir parfois un certain degré d'autonomie.

Depuis longtemps, et bien avant le colonialisme, les femmes accomplissent une grande partie du travail agricole dans la plupart des sociétés africaines, notamment pour la plantation, la culture et la récolte. Les hommes participaient aussi à certaines de ces tâches, mais investissaient plutôt dans le bétail, la chasse, la guerre et le commerce de longue distance (E. Boserup, 1970). Dès lors, comme le souligne S. Stichter (1985), les hommes ont pu répondre plus

---

(17) Pour quelques exemples, voir pour l'Afrique de l'Ouest S. Coulibaly, J. Gregory et V. Piché (1980), pour l'Afrique de l'Est S. Stichter (1982) et pour l'Afrique Australe F. Wilson (1972).

facilement à la demande de travail du système colonial, de par la nature même de leurs tâches antérieures.

Il en résulte actuellement *une nette prédominance masculine dans le travail salarié,* en villes ou dans l'agriculture commerciale. Les femmes, qui bien entendu ne demeurent pas toutes dans les villages, ont essentiellement en villes des activités de petit commerce, qui sont souvent une extension de leur travail à la maison. Dans la majorité des milieux urbains africains, il y a plus d'hommes que de femmes par l'effet d'une émigration rurale sélective (tableau 5), car le marché du travail est plus favorable aux hommes. Cela ne signifie pas pour autant que les femmes ne bougent pas : au contraire, elles alimentent même des mouvements migratoires plus locaux, à courte distance (A. Adepoju, 1983). Il semble même parfois se développer des chemins migratoires différents entre hommes et femmes qui, tout en étant différents, sont souvent complémentaires (S. Coulibaly et autres, 1980 ; Ch. Oppong, 1983). Un cas inverse en quelque sorte : celui du Togo et du Bénin, où depuis longtemps la propriété et la production agricoles sont aux mains des hommes, tandis que les femmes se consacrent plutôt aux petits et gros commerces côtiers. Il en résulte qu'à Lomé et à Cotonou, il y a nettement plus de femmes que d'hommes (Th. Locoh, 1984). *En définitive, la relation entre migrations et sexes est une dynamique complexe.*

Dans une grande partie de l'Afrique de cette fin du XXème siècle, les femmes conservent leurs deux grandes fonctions : *leur fonction de production,* dans un système agricole que les hommes ont tendance à délaisser au profit de la ville et du salariat, et *leur fonction de reproduction* (la fécondité). Peut-être même a-t-on un renforcement des rôles spécifiques de chaque sexe, d'autant plus que l'on a aussi inégalité d'accès à l'instruction.

Les migrations féminines peuvent sans doute conduire à une certaine autonomie ou émancipation par un moindre contrôle social du système patriarcal. Cela peut même conduire à certaines stratégies autonomes d'accumulation ; le marché de la prostitution en est parfois un exemple (L. White, 1983), comme celui du gros commerce dans le golfe du Bénin en serait un autre. Mais cela reste encore marginal.

5.3. Mobilité et classe sociale

L'étude des relations entre migrations et formation de classes sociales en Afrique est déjà ancienne[18], et le problème n'est pas simple dans un contexte de migrations souvent circulaires, saisonnières ou temporaires. Pour les uns (G. Arrighi, 1973), la migration a été un élément fondamental de la création d'un véritable prolétariat africain dont se servent les bourgeoisies émergentes. Pour d'autres (J. Gregory et V. Piché, 1983), les choses semblent plus complexes, dans la mesure où une grande partie des migrants oscillent entre deux mondes : celui de la paysannerie et celui du prolétariat urbain. En effet, une partie importante des travailleurs sont aussi des paysans ou en tous cas ont des liens étroits avec leur monde rural d'origine. La production et la survie d'un ménage dépendent souvent de plusieurs sphères à la fois, de la sphère capitaliste par quelque(s) emploi(s) salarié(s) et de la sphère domestique par les petits travaux et commerce de la femme, la culture de champs... Comment classer de tels ménages ?

En revanche, certaines régions d'Afrique ont connu une rapide expansion capitaliste, dans les secteurs des industries et services des grandes villes et dans les principales zones de grandes plantations et de cultures d'exportation. Là on a à la fois formation d'une classe capitaliste (propriété et pouvoir) et d'un réel prolétariat urbain ou rural.

5.4. Relations entre communautés d'origine et d'arrivée

Toute migration touche deux communautés, celle d'où l'on part et celle où l'on arrive. Ces liens entre communautés s'établissent au niveau des individus et des familles, mais aussi au niveau des communautés elles-mêmes[19].

Au niveau des familles, les relations entre les habitants des villes et ceux restés en milieu rural sont encore souvent importantes (M. H. Ross et T. Weisner, 1977). Dès qu'une famille rurale a établi quelqu'un en ville, d'autres membres de la famille étendue ou

---

(18) Voir par exemple sur ce sujet W. Elkan (1960), J. Mitchell (1956), M. Read (1942) et A. Richards (1954).

(19) Voir en la matière d'excellentes discussions de ce problème dans R. Bilsborrow, A.S. Oberai et G. Standing (1984).

certains autres villageois vont en profiter comme premier point d'attache en ville. Des échanges auront lieu : on enverra des denrées alimentaires vers la ville, on ramènera de l'argent et des marchandises dans le village. Ces relations entre unité urbaine et unité rurale d'une même famille sont souvent si intenses que, dans certaines études, on considère les deux unités comme composantes d'un même ménage. Les membres à l'extérieur du village d'origine, les enfants par exemple, seront considérés comme "membres-fantômes" du ménage, dirigé par le père. *En tous cas, tous participent à une même stratégie explicite de survie du ménage* [20].

Il peut aussi se développer des relations *à un niveau beaucoup plus communautaire*. Les transferts de compétence, souvent considérés comme une fonction-clé des migrations, en sont un exemple : les talents partent, mais la technologie et l'innovation reviennent. Un autre exemple : les projets communs aux émigrants d'un même village pour améliorer les infrastructures sociales (école, clinique, eau...) de leur zone d'origine. C'est un essai d'amélioration de la vie quotidienne, c'est aussi un investissement dans les futures stratégies de survie des villageois.

Bien entendu, tout cela n'exclut pas *des investissements souvent plus personnels des émigrants* dans leur village d'origine : des investissements parfois guère productifs et de prestige (comme par exemple la construction d'une maison mieux que les autres), ou au contraire des investissements très rentables dans des activités de production et de commerce (J.Y. Weigel, 1982).

On retrouve bien les trois grands niveaux de pouvoir et de décision dont les objectifs sont parfois discordants : la communauté, la famille et l'individu.

6. EN GUISE DE CONCLUSION

Les migrations peuvent amener la formation de populations marginales, de populations en marge de la norme ou de la normale. De l'exemple tragique des réfugiés à l'exemple évident des "populations flottantes" urbaines, on a marginalisation croissante

---

[20] Voir L. Lassonde (1986) pour le cas marocain et M. Lututala (1987) pour un exemple zaïrois.

d'une partie non négligeable de l'ensemble de la population (R. Sandbrook, 1982).

Les migrations font partie du processus de changement de l'ordre social. Elles peuvent conduire à l'émergence de nouvelles formes "libératoires" de pensée et de comportement, comme en même temps elles peuvent générer la marginalisation des groupes les plus "perturbateurs" de l'ordre établi, annihilant dès lors leur participation à toutes solutions créatives de changement.

Migrations et urbanisation : ce sont des phénomènes complexes, relevant pour les mesurer, les comprendre et les expliquer de la démographie, de la sociologie, de l'histoire, de l'économie et de la géographie. Essayer d'en présenter une synthèse pour une région aussi grande et diversifiée que l'Afrique au sud du Sahara était, rappelons-le, presque une gageure...

BIBLIOGRAPHIE

Adepoju A., 1983, "Patterns of migration by sex", in *Females and males in West Africa*, edited by Ch. Oppong, Londres, George Allen et Unwin, pp. 54-66.

Amin S., 1974, "Introduction", in *Modern migrations in Western Africa*, Londres, Oxford University Press, pp. 3-64.

Asiwaju A. I., 1976, "Migration as revolt: the example of Ivory Coast and Upper Volta before 1945", *Journal of African History*, vol. XVIII, n° 4, pp. 555-76.

Arrighi G., 1973, "Labor supplies in historial perspectives: a study of the proletarization of the African peasantry in Rhodesia", in *Essays on the political economy of Africa*, edited by G. Arrighi and J. Saul, Londres et New York, Monthly Review Press, pp. 180-234.

Bilsborrow R.E., Oberai A.S. et Standing G., 1984, *Migration surveys in low-income countries*, Londres et Sydney, Croom Helm, 552 p.

Boserup E., 1970, *Women's role in economic development*, New York, St. Martin's Press.

Byerlee D., 1972, *Research on migration in Africa: past, present and future*, East Lansing, Department of Agricultural Economics, Michigan State University, 22+10 p.

Caldwell J.C., 1969, *African rural-urban migration: the movement to Ghana's towns,* Canberra, Australian National University Press ; New York, Columbia University Press.
Caldwell J.C., 1982, *The theory of fertility decline,* New York, Academic Press.
Condé J., 1984, "International migration patterns and trends in Africa", Paris, manuscrit, 15 p.
Condé J. et Diagne P.S., 1986, *Les migrations internationales Sud-Nord. Une étude de cas : les migrants maliens, mauritaniens et sénégalais de la Vallée du Fleuve Sénégal en France,* Paris, Centre de Développement, O.C.D.E., 154 p.
Coquery-Vidrovitch C., 1972, *Le Congo au temps des grandes compagnies concessionnaires,* Paris, Mouton, 596 p.
Cordell D., 1986, *Dar al-Kuti and the last years of the trans-saharan-slave trade,* Madison, University of Wisconsin Press, 352 p.
Cordell D., 1987, "Etracting people from precapitalist production: French Equatorial Africa from the 1890s to the 1930s", in *Population and capitalism in Africa: historical perspectives,* Boulder, Westview.
Coulibaly S., Grégory J. et Piché V., 1980, *Les migrations voltaiques. Tome 1 : Importance et ambivalence de la migration voltaique,* Ottawa, Ouagadougou, C.R.D.I., 144 p.
Curtin Ph., 1969, *The Atlantic slave trade: a census,* Madison, University of Wisconsin Press, 338 p.
Elkan W., 1960, *Migrants and proletarians,* Nairobi, Oxford University Press, 149 p.
Findley S., 1982, *Migration survey methodologies: a review of design issues,* Liège, I.U.S.S.P.
Gervais R., 1987, "Creating hunger: labor and agricultural policies in Southern Mosi, 1919-1940", in *Population and capitalism in Africa: historical perspectives,* Boulder, Westview.
Gregory J., 1977, "Implications of different types of data collection for the study of migration", in *Chaire Quetelet 1976 : L'observation démographique dans les pays à statistiques déficientes,* Liège, Ordina, pp. 165-190.
Gregory J., 1979, "La démographie africaniste ou la recherche d'une technicité qui devient biais idéologique", *Revue Canadienne des Etudes Africaines/Canadian Journal of African Studies,* vol. XIII, n° 1 et 2, pp. 195-208.
Gregory J. et Piché V., 1981, *The demographic process in peripheral capitalism illustrated with African examples,* Montréal, Centre for Developing Area Studies, McGill University, 48 p.
Gregory J. et Piché V., 1983, "African return migration: past, present, and future", *Contemporary Marxism,* n° 7, pp. 169-83.

Gregory J. et Piché V., 1985, "La migration africaine vue à travers le prisme des enquêtes récentes", in *Chaire Quetelet 83 : Migrations internes, collecte des données et méthodes d'analyse*, Louvain-la-Neuve, Cabay, pp. 305-357.

Hance W.A., 1970, *Population, migration and urbanization in Africa*, New York, Columbia University Press.

Inikori J.E., 1976, "Measuring the Atlantic slave trade: an assessment of Curtin and Anstey", *Journal of African History*, vol. XVII, n°2, pp. 197-223.

Klein H.S. et Engerman S.L., 1975, "Shipping patterns and mortality in the African slave trade to Rio de Janeiro 1825-1830", *Cahiers d'Etudes Africaines*, vol. XV, n° 3, pp. 381-98.

Klein H.S. et Engerman S.L., 1979, "A note on mortality in the French slave trade in the eighteenth century", in *The uncommon market: essays on the economic history of the Atlantic slave trade*, New York, Academic Press, pp. 261-72.

Lassonde L., 1981, "La migration internationale marocaine : stratégie de ménage et promotion sociale", in *Démographie et sous-développement dans le Tiers Monde*, Montréal, C.D.A.S., McGill University.

Locoh Th., 1984, *Fécondité et famille en Afrique de l'ouest : Le Togo méridional contemporain*, Paris, P.U.F., Travaux et Documents de l'I.N.E.D., n° 107, 182 p.

Lovejoy P., 1982, "The volume of the Atlantic slave trade: a synthesis", *Journal of African History*, vol. XXIII, n° 4, pp. 473-502.

Lututala M., 1987, *Dynamique des migrations au Zaïre (1960-1983) : le réseau kinois*, Montréal, Ph. D. dissertation, Université de Montréal.

Mahadi A. et Inikori J.E., 1987, "Kasr Kano: underpopulation and capitalist development", in *Population and capitalism in Africa: historical perspectives*, Boulder, Westview.

Manning P., 1981, "The enslavement of Africans: a demographic model", *Canadian Journal of African Studies/Revue Canadienne des Etudes Africaines*, vol. XV, n° 3, pp. 499-526.

Meillassoux Cl., 1975, *Femmes, greniers et capitaux*, Paris, Maspero.

Mitchell J.C., 1956, "Urbanization, detribalization and stabilization in Southern Africa", in *Social implications of industrialization and urbanization South of the Sahara*, Paris, U.N.E.S.C.O., pp. 693-711.

Newman J.S., 1984, *Women of the world: sub-saharan Africa*, Washington, Bureau of the census, 200 p.

O.E.C.D., 1979, Directorate for Social Affairs, Manpower and Education, *Continuous reporting system on migration* (SOPEMI), Paris.
Oppong Ch. (editor), 1983, *Female and male in West Africa*, Londres, George Allen et Unwin, 402 p.
Population Reference Bureau, 1986, *World population data sheet*, Washington.
Population Today, 1986, "Where are the world's 10 million refugees?", march, p. 4.
Read M., 1942, "Migrant labour in Africa and its effects on tribal life", *International Labour Review*, vol. XLV, n° 6, pp. 605-31.
Richards A.I. (editor), 1954, *Economic development and tribal change: a study of immigrant labour in Buganda*, Cambridge University Press, 301 p.
Ross M.H. et Weisner T., 1977, "The rural-urban migrant network in Kenya: some general implications", *American Ethnologist*, vol. IV, n° 2, pp. 359-75.
Sandbrook R., 1982, *The politics of basic needs: urban aspects of assaulting urban poverty in Africa*, Londres, Heinemann.
Stichter S., 1982, *Migrant labour in Kenya: capitalism and African response, 1895-1975*, Londres, Longman, 210 p.
Stichter S., 1985, *Migrant laborers*, Cambridge University Press, 225 p.
Stren R., 1986, "The ruralization of African cities: learning to live with poverty", in *Coping with urban growth in Africa*, compilé par R. Stren avec C. Letemendia, Montréal, Centre for Developing Area Studies, McGill University.
Suret-Canale J., 1964, *Afrique noire, occidentale et centrale. Tome II : L'ère coloniale*, Paris.
Thornton J., 1980, "The slave trade in eighteenth century Angola: effects on demographic structures", *Canadian Journal of African Studies/Revue Canadienne des Etudes Africaines*, vol. XIV, n° 3, pp. 417-27.
Thornton J., 1981, "The demographic effect of the slave trade on Western Africa, 1500-1850", in *African Historical Demography II*, Edinburgh, Centre of African Studies, University of Edinburgh, pp. 691-720.
United Nations, 1981, Economic and Social Council, *Population trends and policies, their relationships to some aspects of development*, New York, 32 p.
United Nations, 1983, Economic Commission for Africa, "International migration population trends and their implications for Africa", *African Population Studies Series*, n° 4, 167 p.

United Nations, 1983, Secrétariat, "Metropolitan migration and population growth in selected developing countries, 1960-1970", *Population Bulletin of the United Nations*, n° 15, pp. 50-62.

United Nations, 1984, *Demographic Yearbook 1984*, New York.

Weigel J.Y., 1982, *Migration et production domestique des Soninké du Sénégal*, Paris, O.R.S.T.O.M., 133 p.

White L., 1983, "A colonial state and the African petty bourgeoisie: prostitution, property and the class struggle in Nairobi, 1936-1940", in F. Cooper (ed.), *Struggle for the city: migrant labor, capital and the state in urban Africa*, Beverley Hills et Londres, Sage, pp. 167-94.

Wilson F., 1972, *Migrant labour in South Africa*, Johannesburg, South African Council of Churches and SPRO-CAS, 281 p.

Zachariah J.C. et Condé J., 1978, *Demographic aspects of migration in West Africa*, Washington, Banque Mondiale, 301 p.

ANNEXE STATISTIQUE

Tableau A.13.1 : Définitions à la base des statistiques d'immigration internationale dans vingt pays sub-sahariens.

Pays	Définitions	Type(1)
Angola	passagers arrivant par mer, sans prise en compte de l'objectif ou de la durée de la visite	E
Cameroun	personnes entrant avec visas et séjournant au moins un mois	A,D
Côte d'Ivoire	non-résidents entrant pour travailler ou s'établir	B,D,E
Ethiopie	personnes arrivant avec des permis d'entrée permettant de devenir résident	B
Gabon	toutes personnes entrant, quelle que soit leur durée de séjour	E
Gambie	personnes arrivant par air ou mer	E
Ghana	toutes personnes arrivant	A,E
Madagascar	toutes personnes arrivant	E
Malawi	personnes arrivant pour séjourner comme résident plus de 6 mois	A,B
Maurice	personnes ayant un permis d'emploi (sans durée minimum spécifiée) ou une autorisation de séjour de plus de 12 mois	A,C
Mauritanie	personnes arrivant par avion	E
Nigéria	toutes personnes arrivant	E
Ouganda	personnes ayant des permis de travail ou de résidence de plus de 6 mois	A,B,C,D
Rwanda	toutes personnes enregistrées aux frontières	E
St. Hélène	personnes entrant dans l'île, à l'exclusion des habitants de l'île et de ceux travaillant dans le Royaume-Uni	E
Seychelles	résidents revenant après 12 mois d'absence ; toutes autres personnes ayant l'intention de séjourner plus de 12 mois	A,D

Tableau A.13.1 : suite et fin.

Pays	Définitions	Type(1)
Swaziland	personnes ayant des permis de résidence temporaires ou permanents	B,D
Tanzanie	non-résidents entrant pour travailler ou prendre résidence	A,B,C, D,E
Zaïre	personnes entrant avec visas, sans durée de séjour exigée	D
Zambie	non-résidents ayant une intention de séjour d'au moins 1 année ou venant pour prendre un emploi	A,C

(1) A = durée de séjour
   B = intention de résider
   C = intention de travailler ou emploi obtenu
   D = autre
   E = toutes entrées non spécifiées

Source : United Nations, 1985.

Tableau A.13.2 : Définitions du milieu urbain en Afrique.

Pays	Définitions
Angola	toutes les "cidades"
Bénin	les districts de Cotonou, Porto-Novo, Ouidah, Parakou et Djougou
Botswana	les agglomérations de plus de 5 000 habitants où au moins 75 % de l'activité économique est non-agricole
Burkina Faso	5 villes (au recensement de 1975, les localités de 10 000 habitants et plus)
Burundi	Bujumbura
Cameroun	toutes les capitales administratives jusqu'au niveau du sous-district, plus quelques agglomérations de 5 000 habitants ou plus ayant certains services publics
Cap Vert	Praia, St Filipe et Mindelo
Centrafrique	les 20 principaux centres ayant 3 000 habitants ou plus
Comores	les centres administratifs de préfecture et les localités de 5 000 habitants ou plus
Congo	les localités de 5 000 habitants ou plus
Côte d'Ivoire	les agglomérations de 10 000 habitants ou plus, ainsi que celles qui ont entre 4 000 et 10 000 habitants où plus de 50 % des chefs de ménage sont dans des activités non-agricoles
Ethiopie	les localités de 2 000 habitants ou plus
Gabon	les localités de 2 000 habitants ou plus
Gambie	Banjul
Ghana	les localités de 5 000 habitants ou plus
Guinée Equatoriale	Malabo et Rio Muni
Kenya	les localités de 2 000 habitants ou plus
Lesotho	les localités de 2 000 habitants ou plus
Liberia	les localités de 2 000 habitants ou plus
Madagascar	47 centres urbains
Malawi	tous les "townships", régions de "town planning" et centres de districts
Mali	les localités de 5 000 habitants ou plus et les centres de district

Tableau A.13.2 : suite et fin.

Pays	Définitions
Mauritanie	les localités de 5 000 habitants ou plus
Mozambique	les localités de 2 000 habitants ou plus
Namibie	centres avec une forme quelconque de gestion locale, et zones avec qualités et services urbains
Nigéria	les localités de 20 000 habitants ou plus
Ouganda	les localités de 1 000 habitants ou plus
Rwanda	Kigali, les centres administratifs de préfecture et les agglomérations importantes
Sénégal	les agglomérations de 10 000 habitants ou plus
Sierra Leone	les localités de 2 000 habitants ou plus
Soudan	les localités d'importance administrative et/ou commerciale, ou ayant 5 000 habitants ou plus
Swaziland	les localités classées "urbaines"
Tanzanie	16 "townships" reconnus administrativement (dans la Gazette)
Tchad	les villes de 5 000 habitants ou plus
Togo	Lomé et les autres communes
Zaïre	les agglomérations de 2 000 habitants ou plus, où l'activité économique prédominante est non-agricole, et les agglomérations mixtes rurales de taille, mais considérées comme urbaines en raison de leur activité économique
Zambie	les localités de 5 000 habitants ou plus à majorité de non-agriculteurs
Zimbabwe	les 19 principales villes (depuis 1982)

Sources : - United Nations, *Demographic Yearbook 1984*, New York, p. 183.
- United States, Bureau of the Census, *World Population 1983*, Washington, pp. 578-586.

14

LES POLITIQUES GOUVERNEMENTALES DE MIGRATIONS OU DE REPARTITION DE LA POPULATION

André QUESNEL

1. INTRODUCTION : QUELLES POLITIQUES FACE AUX INEGALITES DE REPARTITION DE LA POPULATION ?

La diversité de la répartition de la population au sud du Sahara ne recouvre qu'en partie les variantes écologiques, même si globalement les régions sahéliennes, avec de faibles densités de population, s'opposent aux régions tropicales humides plus fortement peuplées. En fait, cette inégalité résulte d'un découpage territorial tant de nature économique que politique, qui s'est opéré tout au long de l'histoire de cette région et s'est accentué pendant la colonisation, et plus encore dans la période qui suit les indépendances.

En effet, les nations coloniales ont été conduites, du fait de leurs objectifs économiques, à une partition des territoires qu'elles contrôlaient en deux grandes zones : d'une part, une zone d'exploitation des ressources naturelles (mines, forêts...) et des terres favorables aux cultures de rente (café, cacao, coton...), et d'autre part, une zone d'exploitation de la force de travail. Comme l'espace colonial de chacune des nations européennes se caractérisait généralement par une grande dimension, par la diversité et l'isolement des systèmes de production indigène, ainsi que par une inégale répartition de la population, les objectifs économiques de la puissance colonisatrice et la partition du territoire ne pouvaient être réalisés qu'en essayant d'imposer dans le même temps des mesures qui visaient une redistribution de la population.

En organisant donc les déplacements de la force de travail d'une zone à l'autre, selon les besoins et la localisation de la production des biens d'exportation, la puissance coloniale réalise alors une politique migratoire au sens strict du terme. Mais ce n'est pas tant cette politique migratoire que la politique économique globale qui va renforcer les différences régionales à l'intérieur de chacun des ensembles coloniaux, et y induire une nouvelle répartition de la population. En particulier, les aires d'exploitation des ressources naturelles et les régions côtières se voient privilégiées en matière d'infrastructures routières, sanitaires, scolaires... ; ces régions reçoivent les flux migratoires en provenance des autres régions, qui vont vers les villes commerciales et les capitales côtières, et elles connaissent donc un rapide accroissement de leur population globale, renforcé par la baisse de la mortalité.

Toutefois, *cette différenciation régionale générée par la stratégie coloniale ne se révèle qu'avec l'indépendance des pays africains.* Les grands espaces coloniaux sont fragmentés en de nombreux pays indépendants, très contrastés par leur superficie, la taille de leur population et surtout leur situation géo-économique. Ainsi, les pays du Sahel comme le Mali, le Niger et le Burkina se trouvent confrontés à une population rurale dont la production est principalement tournée vers la production de biens de subsistance; avec la monétarisation des échanges sociaux, ils n'ont pas d'autre choix que de laisser la partie la plus jeune de leur population active se diriger de plus en plus nombreuse, et pour des durées de plus en plus longues, vers les pays côtiers. Ceux-ci, quant à eux, connaissent une intensification et une diversification des flux migratoires à l'intérieur de leur territoire : les zones rurales productrices de biens agricoles de subsistance sont abandonnées pour les zones rurales productrices de produits destinés à l'exportation ; celles-ci, bénéficiant de l'apport de la main-d'oeuvre autochtone et étrangère, alimentent à leur tour les flux migratoires en direction des centres urbains et, plus encore, de la métropole.

Enfin, l'inégalité de la répartition de la population va se trouver encore accentuée par les politiques globales de développe-

ment mises en oeuvre par les pays : la faiblesse des ressources matérielles et humaines amène à privilégier, en priorité et de manière continue, le développement des infrastructures économiques et sociales des métropoles. Aussi, et bien que les niveaux d'urbanisation restent faibles en Afrique par rapport au reste du monde, il faut souligner *le rythme de croissance de cette urbanisation, et surtout le phénomène de "macrocéphalie urbaine"* qui touche la presque totalité des pays africains[1].

Cette croissance de la capitale va retenir l'attention de tous les gouvernants des pays. On ne peut donc s'étonner qu'en 1980, lors d'une enquête menée par les Nations Unies, aucun des 46 pays de l'Afrique Noire ne considère la répartition de sa population comme "appropriée", alors que la plupart estiment "satisfaisants" les niveaux et les tendances de l'immigration et de l'émigration (83 % et 87 % respectivement). En fait, en l'absence de critères théoriques et pratiques de distinction entre une répartition de population appropriée et non appropriée, qui soient homogènes d'un pays à l'autre, il faut bien comprendre que chacun des pays se réfère à des problèmes qui lui sont spécifiques. Et c'est par rapport à ceux-ci que l'on peut attendre des politiques gouvernementales en matière de redistribution de population.

Toutefois, tout en affirmant la nécessité d'élaborer des politiques qui soient intégrées au plan global de développement, les gouvernements se positionnent directement par rapport aux phénomènes démographiques. Aussi, devant la croissance rapide de la population urbaine et les risques d'ordre politique autant qu'économique qu'elle présente, les gouvernements ont tendance à prendre des mesures ponctuelles et bien souvent coercitives pour réduire ou inverser les flux migratoires vers la métropole : déplacements forcés sur les périmètres agricoles aménagés, expulsions des étrangers pour faire face au mécontentement des nationaux... Alors qu'à l'inverse, les différentes politiques d'aménagement du territoire et les projets de développement, qui ont des effets divers sur la redistribution de la population, sont très rarement considérés

---

(1) Le taux de croissance moyen des dix dernières années dépasse 5 % pour l'ensemble des capitales africaines ; il atteint 8 % pour des villes comme Lagos ou Yaoundé, voire 10 % dans le cas d'Abidjan, chacune représentant une part chaque fois plus grande de la population totale.

dans ce sens et dans la totalité de leurs effets. Mais plus encore : certaines politiques, qui ont comme objectif un développement régional plus égalitaire, cherchant en cela à retenir les populations dans leur lieu d'origine et à réorienter les flux migratoires, en créant des pôles de développement ou en impulsant les villes secondaires, présentent fréquemment des effets pervers dans la mesure où elles accélèrent la redistribution de la population sans en modifier le sens.

Autrement dit, ces dernières années *il est difficile de rencontrer une politique migratoire stricto sensu,* qu'il s'agisse de colonisation de terres neuves ou de mouvements encadrés de retour à la terre, *alors que toute politique en matière de développement, sectorielle ou non, quel que soit l'écart entre les objectifs et les résultats, a des effets sur la mobilité.* Et il faut bien convenir que cela conduit encore à la croissance de la métropole, mais aussi à intensifier et diversifier les réseaux migratoires sur le territoire.

Il conviendrait donc de considérer toutes ces politiques en distinguant celles qui agissent directement sur la répartition de la population de celles qui ont des effets indirects. Mais pour le moment, il n'y a pas de typologies fines qui soient bien établies : certains auteurs distinguent les politiques selon qu'elles s'appliquent à la mobilité urbaine ou à la mobilité rurale, selon qu'elles sont dirigées vers les individus ou les groupes sociaux et les entreprises (H. W. Richardson, 1983), ou bien encore selon qu'elles visent la redistribution internationale, nationale ou spontanée de la population (S.I. Abumere, 1981).

Quoi qu'il en soit, il faut bien voir que de plus en plus la préoccupation des gouvernants quant à la répartition de la population s'articule autour d'*un objectif prioritaire : ralentir les flux migratoires vers la métropole.* Ce n'est donc pas tant la répartition de la population qui est en cause que sa croissance, et le fait que le croît de la population globale est absorbé par la capitale dans une proportion chaque fois plus importante. Aussi, n'est-il pas surprenant de voir le revirement actuel des gouvernements africains en ce qui concerne la politique démographique. Jusque vers 1980, pratiquement tous pensaient que les mesures à entreprendre devaient se centrer sur la répartition de la population, et qu'une politique démographique visant l'équité et l'efficacité de la répartition des ressources et des revenus, tant du point de vue des individus que de la société globale, passait plus par les variables migratoires que par les variables de la fécondité[2]. On assiste depuis, après les échecs répétés et surtout l'accentuation des déséquilibres sociaux entre zones rurales et zones urbaines, à un repliement vers un objectif de limitation des naissances. Ce fut très clair à la Conférence de Mexico en 1984. Il y a là évidemment une simplification des processus démographiques, une méconnaissance de leur articulation avec les autres processus sociaux, et de leur spécificité selon les contextes politiques et économiques considérés. Ainsi par exemple, on peut s'attendre actuellement, dans la situation économique de réduction des ressources des pays pauvres et de crise financière internationale, à une remise en cause des processus migratoires et à des effets sur ceux-ci des politiques nationales qui ont été mises en place dans le passé.

2. LES POLITIQUES DE MIGRATIONS INTERNATIONALES : ENTRE LE LAISSEZ-FAIRE ET LA COERCITION

Les Etats d'Afrique affirment dans leur grande majorité tenir les migrations internationales comme peu préoccupantes, voire être partisans du statu quo. Cette position peut s'expliquer de deux façons, l'une d'ordre politique, l'autre d'ordre économique.

Les Etats sont jeunes, leurs frontières ont été le plus souvent fixées de manière arbitraire, et quelquefois à travers un territoire occupé par une population homogène (par exemple les Ewe du Ghana et du Togo). Afin de construire une nation et de développer un esprit nationaliste, les gouvernements recherchent plutôt la stabilisation des populations à l'intérieur des frontières, encore peu reconnues. Ils sont donc dans l'ensemble peu favorables aux mouvements migratoires internationaux.

Toutefois, *ils seront peu enclins à intervenir en matière de migrations internationales, même si ces mouvements acquièrent une certaine dimension, en ce sens qu'ils n'ont guère d'autres*

---

[2] En 1980, 52 % des pays africains estimaient encore leurs niveaux de fécondité satisfaisants, 20 % déclaraient avoir des politiques visant à abaisser ces niveaux, alors qu'à la même date plus des trois quarts déclaraient avoir des politiques visant à ralentir ou inverser les migrations internes (Nations Unies, 1982).

choix possibles. D'un côté, les pays d'émigration ne peuvent offrir des emplois à la population rurale croissante ; ils doivent accepter le désengagement des plus jeunes actifs de la production et se satisfaire du rapatriement des fonds monétaires que réalisent ces derniers. De l'autre, les pays d'immigration peuvent de moins en moins se passer de cette main-d'oeuvre étrangère, du fait que la jeunesse de ces pays est en grande partie absorbée par les circuits scolaires et les activités en milieu urbain ; cette force de travail étrangère est nécessaire à la mise en oeuvre des projets de développement ruraux et à l'extension des cultures de rente (café, cacao par exemple). Il en va ainsi des rapports entre les principaux pays sahéliens comme le Mali, le Niger, le Burkina d'une part, et la Côte d'Ivoire d'autre part. Celle-ci est peu favorable à un contrôle des flux migratoires, car cela l'obligerait à reconnaître la dimension importante de ces flux, à passer des contrats plus favorables aux migrants avec leur pays d'origine, et donc à perdre toute l'élasticité que procure cette main-d'oeuvre au marché du travail.

D'ailleurs, d'une manière générale et d'un point de vue économique, *les pays d'Afrique tentent de revenir à une libre circulation des personnes et des biens à l'intérieur de grandes régions regroupant plusieurs pays.* Différentes conventions et accords ont été signés dans ce but : l'accord communautaire des pays de l'Afrique de l'Est réunissant l'Ouganda, la Tanzanie et le Kenya, l'accord douanier des pays d'Afrique Centrale (Centrafrique, Cameroun, Congo), ainsi que l'accord des pays d'Afrique de l'Ouest. Mais rapidement, *ces accords économiques généraux sont remis en cause par la transformation et l'accroissement des flux migratoires.* Dans les pays d'immigration, une partie des flux étrangers se dirige maintenant vers les centres urbains. A partir de là, il se met en place de véritables réseaux et filières migratoires ; de nombreux migrants s'installent pour des durées de plus en plus longues et font venir les membres de leur famille (J.L. Boutillier et al., 1977).

Le sens et l'intensité de ces flux d'installation sont déterminés par le jeu des contraintes économiques qui pèsent sur les pays, les uns par rapport aux autres. En cas de crise économique dans *les pays d'immigration,* les gouvernements, sous la pression sociale, seront souvent amenés à prendre des mesures ponctuelles mais spectaculaires touchant les étrangers. Ainsi au Ghana, après la période de prospérité du gouvernement N'Krumah, suit une période de récession et de troubles ; les responsables politiques, pour faire face à un fort mécontentement interne, dans les villes surtout, promulguent un décret selon lequel priorités pour l'emploi salarié et le commerce doivent être données aux natifs : 200.000 personnes originaires du Togo, Bénin, Nigéria et Burkina sont expulsées en 1969. De même, plus récemment, au Nigéria : après le boum pétrolier de la fin des années 1970, qui génère un fort appel de main-d'oeuvre avec la mise sur pied de grands projets de construction, la récession est brutale et le gouvernement procède alors à des expulsions massives, atteignant le million de personnes (O. O. Fafowora, 1983).

Les *pays d'émigration*, quant à eux, doivent faire face à ces risques de rapatriements massifs de leurs ressortissants. Ils cherchent donc à réguler de plus en plus les contingents de migrants à destination de l'étranger par le moyen d'accords bilatéraux. Ceux-ci portent sur les migrations de travail essentiellement, les pays fournisseurs de main-d'oeuvre cherchant à maximiser tout d'abord les rapatriements de devises, tout en évitant de fortes fluctuations de leur population expatriée. Le Togo, le Burkina Faso et le Ghana ont ainsi passé divers accords avec le Gabon dans les années 1970.

Les pays d'émigration n'ont guère d'autres possibilités d'intervention que de tenter de canaliser les fonds rapatriés, ou d'obtenir compensation de la perte de population active. C'est dans ce but que le Burkina avait créé un office chargé de contrôler, à travers la délivrance de contrats de travail pour la Côte d'Ivoire, les flux de personnes et les flux monétaires. Mais la plupart des migrants échappent à ce cadre, et les accords sont directement passés entre les entreprises ivoiriennes et les recruteurs de main-d'oeuvre au Burkina, ou bien encore le plus souvent les migrants utilisent des filières migratoires plus ou moins clandestines. Bref, les intérêts des pays d'émigration et d'immigration sont divergents, et chacun a finalement intérêt au laissez-faire (R. Deniel, 1974), quitte à intervenir ponctuellement et de manière spectaculaire, sans même véritablement espérer de résultat. Il a ainsi été montré que les migrants expulsés du Ghana en 1969 avaient, pour la plupart, réintégré ce pays en moins d'un an.

Cependant, au début des années 1980, la crise financière, qui pèse sur l'ensemble des grands pays africains exportateurs de matières premières, qui sont aussi ceux ayant une grande métropole (Lagos, Abidjan, Nairobi, Accra), entraîne l'extension d'une "population flottante" qui voit ses possibilités d'emploi se réduire considérablement dans l'espace transnational (difficultés au Ghana, baisse des activités économiques en Côte d'Ivoire et au Gabon, expulsions au Nigéria). Aussi peut-on s'attendre à ce que la période du laissez-faire en matière de migrations internationales fasse place de plus en plus à une période de mesures plus coercitives, mais toujours aussi inefficaces, dans un contexte d'accroissement des flux migratoires internationaux et de rétrécissement de l'espace de production transnational.

3. LES POLITIQUES DE REPARTITION INTERNE DE LA POPULATION : DES MESURES SECTORIELLES AUX CONSEQUENCES MAL CONTROLEES

La question de la répartition interne de la population est depuis longtemps au centre des problèmes de développement des pays africains. Toutefois, le débat s'est souvent limité à considérer cette répartition en amont des projets de développement, comme un facteur freinant ou favorisant ces projets. On a rarement pris en compte les politiques et les projets de développement pour les effets qu'ils ont sur la redistribution de la population. Or, on est bien obligé de constater que les politiques qui touchent de près ou de loin à l'aménagement du territoire ont un effet sur la mobilité.

Cependant et paradoxalement, existe l'idée qu'il faut centrer l'intervention sur la répartition de la population plutôt que d'agir de manière différentielle sur la fécondité et la mortalité. Le problème est que *les idées quant aux déterminants de la migration sont assez simplistes,* le phénomène migratoire étant rarement envisagé comme un phénomène social à part entière. Les politiques et les mesures qui en découlent sont le plus souvent simplificatrices quant aux effets attendus et aux modes d'interventions mis en oeuvre : ainsi, on pense fréquemment que la simple création d'infrastructures dans les régions les plus défavorisées, ou bien la mise en place de projets de développement peut retenir la population rurale dans son lieu d'origine, ou encore que la création de pôles de développement ou l'impulsion des villes secondaires peut réduire la migration vers la capitale. Répétons que *ce n'est pas tant la pertinence de ces secteurs d'intervention qui est en cause que l'absence d'articulation des politiques, voire leurs contradictions entre elles.*

3.1. Des politiques d'aménagement du territoire accélérant la macrocéphalie urbaine

Il n'existe pas en Afrique, si l'on excepte les pays à économie planifiée comme la Tanzanie, et sur lequel nous reviendrons, de politiques d'aménagement du territoire à proprement parler. Par contre, il se dégage de l'ensemble des mesures prises dans différents domaines une politique d'intervention sur l'espace rural et urbain qui est lourde d'effets sur la redistribution de la population.

En premier lieu, nous l'avons dit, le faible niveau des ressources économiques oblige dans un premier temps du développement économique national à une concentration de l'investissement public dans les zones productrices ou susceptibles de produire des biens d'exportation, et dans la métropole surtout[3]. Il en est ainsi en ce qui concerne les infrastructures de production, routières, scolaires et sanitaires. Or, on sait que l'implantation de telles infrastructures s'accompagne de changements sociaux qui concourent à l'accroissement de la population urbaine.

Cependant, la différenciation entre ces zones plutôt privilégiées et les zones rurales se trouvent encore renforcée, quand d'abord la plupart des subventions sont accordées à la production industrielle au détriment de la production agricole, mais surtout quand les produits alimentaires d'importation sont subventionnés et que les produits locaux ont des prix plafonds. Par exemple, en Côte d'Ivoire, le riz importé concurrence la production locale de riz et la production de tubercules, dont les coûts de production et d'acheminement vers la ville sont répercutés au niveau du producteur : celui-ci risque d'abandonner la production agricole

---

[3] Signalons le cas extrême de Bujumbura, la capitale du Burundi, qui, ne représentant que 4 % de la population totale du pays, a absorbé, en 1980, 95 % du budget national en matière de santé, routes et éducation (A. Guichaoua, 1982).

pour... migrer à la ville[4]. Or, devant la croissance de la population urbaine, du chômage et de l'insécurité, les responsables politiques seront conduits à prendre des mesures qui viseront l'aménagement de l'espace urbain, et qui auront encore une fois pour résultat, quels que soient leurs objectifs et leurs modalités de réalisation, de canaliser plus encore vers la capitale les investissements publics. En bref, *souvent la politique d'aménagement du territoire suivie conduit irrévocablement à accroître les disparités entre régions ou entre milieux urbain et rural et par là même à accélérer les mouvements vers les villes.*

Par ailleurs, la réalisation d'infrastructures routières dans les zones rurales productrices de biens destinés à l'exportation, ou simplement à la capitale, a pour effet de désenclaver ces régions, mais du même coup, du fait de l'insuffisance des réalisations scolaires et sanitaires et des emplois extra-agricoles dans les petites villes proches, il en résulte d'abord une intensification de la mobilité des populations dans un espace plus élargi et à terme une orientation de celle-ci vers la capitale. On retrouve ce schéma dans la plupart des pays africains et en particulier dans les pays à économie de plantation de l'Afrique de l'Ouest, de la Côte d'Ivoire au Nigéria.

Enfin, il faut dire que les interventions et les politiques d'aménagement du territoire étaient encore timides dans la période qui suit l'indépendance, et que c'est autour de 1970 qu'intervient une véritable rupture : le boum sur les matières premières, comme le pétrole ou les phosphates, permet et exige *l'accaparement du territoire par l'Etat.* Celui-ci se déclare, par le biais de lois foncières, le détenteur de l'espace rural et urbain non encore approprié au sens du droit européen. Il affirme ainsi son monopole sur les décisions quant à l'aménagement du territoire (E. Lebris et al., 1985). Il en résulte, même au cas où les mesures ne sont pas appliquées partout, un certain nombre d'effets déstabilisateurs : spéculation foncière, installation de zones de colonisations spontanées, expulsion de paysans de zones déclarées réservées,

---

(4) Certains gouvernements essaient de contrarier la perversité de cette situation : par exemple, le Sénégal a doublé en 1980 le prix du riz importé et supprimé les subventions, tout en payant mieux l'arachide au paysan producteur.

comme au Kenya ou au Togo. De toutes façons, l'Etat est amené pour ses projets de développement à mobiliser des superficies chaque fois plus importantes, et il en résulte immédiatement ou à terme la déstabilisation des zones rurales et l'intensification de la mobilité.

La création de *pôles de développement* est une stratégie qui essaie d'associer aux objectifs du développement économique national une meilleure répartition de celui-ci, et qui par là essaie de capter et d'absorber les mouvements migratoires venant des zones rurales les plus proches, voire de renverser les mouvements en direction de la capitale. Pour la création de parcs ou de zones industrielles, il est difficile pour des raisons de rentabilité et de contrainte politique de ne pas choisir des sites proches de la capitale. Dans ce cas, le résultat est à terme une extension de celle-ci, qui se transforme en une véritable mégalopole, en ce sens que ces pôles drainent dans un premier temps la population rurale des alentours, qui vient s'employer à des travaux non qualifiés dans la construction de la zone industrielle, alors que plus tard le type et la capacité d'emplois qu'ils peuvent offrir ne s'adresseront plus guère à cette population. Celle-ci, sans emploi stable, grossira la masse des travailleurs du secteur informel, ou bien se dirigera vers d'autres aires ou d'autres projets en cours de réalisation. Il y a donc encore un effet redistributeur et accélérateur de la mobilité. Quand ces projets sont plus éloignés de la capitale, ils constituent souvent de véritables enclaves régionales qui déstabilisent aussi la population rurale et révèlent sa mobilité.

Cette stratégie des pôles de développement a peu à peu été abandonnée pour ses faibles effets sur l'emploi, mais surtout pour ses effets accélérateurs de la mobilité. On s'est progressivement tourné vers les villes secondaires, suivant l'idée, souvent réelle, que la migration à la capitale passe par des étapes intermédiaires ; il convenait de promouvoir celles-ci afin de réduire ou d'empêcher les flux vers la capitale. En fait, les *villes secondaires*, comme n'importe quel pôle de développement, quand elles n'ont pas les capacités économiques de rétention de la population qu'elles captent dans leur environnement rural, jouent également un rôle de redistributeur de la population dans un environnement immédiat ou vers la capitale, comme elles sont un multiplicateur des réseaux migratoires. Par exemple, au Togo, les villes secondaires semblent avoir une croissance très faible (1 %) par rapport à la capitale,

Lomé (4 %), bien qu'elles soient traversées par des flux d'immigration et d'émigration extrêmement importants. Mais elles ne peuvent retenir ces flux qui se dispersent dans la région ou vont vers la capitale (V. Dupont, 1986).

Cependant, l'impulsion des villes secondaires peut donner des résultats, dès l'instant où l'on prend en compte la nature des flux migratoires qui traversent ces villes, et que l'on applique une politique d'investissements directement dirigée vers eux. Par exemple, au Togo, les villes secondaires de la région des plateaux auraient pu retenir les jeunes actifs, assez bien scolarisés, en développant des activités artisanales et en implantant de nouvelles infrastructures commerciales, plus facilement sans doute que la ville de Lama-Kara, ville de savane qui a absorbé tous les investissements de ce type et qui ne pouvait capter dans son environnement immédiat qu'une population peu scolarisée et peu tournée vers les activités modernes.

Une autre politique, allant dans le même sens que la précédente, est la *décentralisation des pouvoirs administratifs et des pouvoirs économiques*. Au Nigéria, en dotant les Etats d'une certaine autonomie et en créant des capitales d'Etat, on a multiplié les centres régionaux (dix-neuf en 1976 contre six en 1963), pourvus de pouvoirs de décisions administrative et économique. Cela a permis d'une part de retenir la population rurale à l'intérieur de ces grands ensembles régionaux, et d'autre part de favoriser une migration de retour de certains travailleurs qualifiés, d'artisans, de commerçants et d'employés de l'administration (A. Adepoju, 1985). Enfin, le déplacement de la capitale, de Lagos à Abudja, devait renforcer cette redistribution de la population. Cependant, reconnaissons-le, il est impossible d'évaluer l'impact réel d'une telle politique. On constate toutefois que parmi les salariés du service public disposés à s'installer dans la nouvelle capitale, la majorité demeurait encore à Lagos en 1983-85.

Ces échecs en quelque sorte des politiques de promotion de pôles de développement ou de villes secondaires ont amené les gouvernements et les bailleurs de fonds des organismes internationaux à se tourner de plus en plus vers le développement rural.

3.2. Des politiques de développement rural pour redistribuer la population

On aurait peut-être dû commencer par là, dans la mesure où le développement rural est inscrit en priorité dans tous les plans de développement des pays africains, ou pour le moins mentionné dans tout discours politique comme le moyen primordial pour ralentir l'exode rural. Cette position découle d'une idée simple, selon laquelle la population rurale émigre en ville par manque d'opportunités, aussi bien professionnelles que scolaires et sanitaires ; en créant celles-ci, on pense que l'on retiendra la population dans son milieu d'origine. Il faut aussi rappeler qu'avant 1970, les objectifs des politiques de développement rural n'étaient jamais posés ainsi : au début des années 1960, ces projets en milieu rural n'avaient d'autres objectifs que de promouvoir la condition économique et sociale de la population (qui représentait dans certains cas 80 % et plus de la population totale) et d'accroître la production et la productivité de l'agriculture. De ce fait, et aussi du fait de l'absorption des investissements publics par le secteur urbain et industriel, les mesures en matière de développement rural ont surtout consisté en des opérations ponctuelles et essaimées sur le territoire, plus proches de l'essai expérimental de modernisation de l'agriculture que d'une véritable mise en valeur de la production agricole. Elles ne pouvaient en aucun cas permettre l'absorption du croît de la population rurale.

Au début des années 1970, le développement rural apparaît pourtant aux planificateurs comme la (seule) voie possible devant permettre à la fois de redistribuer la population rurale des terres à forte pression démographique vers les terres peu peuplées, voire inoccupées, et de promouvoir la production agricole. *Sous ce type de politique, existe un objectif explicite d'aménagement rural, qui doit être accompagné d'un déplacement de population.* Mais il faut distinguer les projets d'aménagement qui sont limités à une région ou à une petite partie du territoire de ceux qui couvrent l'ensemble d'un pays. Ces derniers s'inscrivent dans une véritable politique de développement rural, comme celle qui a été conduite en Tanzanie. En revanche, les projets plus régionaux, même lorsqu'ils couvrent une région comprenant plusieurs pays, telle l'opération d'aménagement des Voltas (sept pays dont principalement le

Ghana et le Burkina), n'en restent pas moins des opérations enfermées dans des modalités de réalisation localisées, qui, en définitive, ne leur permettent pas un impact important, ni sur la région, ni sur la redistribution de la population nationale.

Au Burkina Faso par exemple, l'opération AVV a consisté, après une éradication de l'onchocercose dans les vallées des fleuves Voltas, en l'aménagement de parcelles agricoles. Les individus installés sur ce périmètre ont été recrutés dans la partie "surpeuplée" du Plateau Mossi Central ; pour cela ils ont bénéficié d'un fort encadrement technique, de crédits et d'intrants de toute sorte. Cependant, le volume de population concernée est demeuré extrêmement faible au regard des flux d'émigration vers l'ouest du pays et surtout vers les pays côtiers, qui s'effectuent directement à partir du Plateau Central[5]. Le mérite du projet est au bout du compte d'ouvrir des terres neuves, éradiquées de l'onchocercose, et d'introduire un système intensif de production. Mais ces résultats ont été obtenus à un coût très élevé, surtout en infrastructures de base.

On trouve ce type de projets dans toute l'Afrique, avec sans doute leurs avantages, mais aussi leurs conséquences sociales importantes : les populations sont toujours forcées à se déplacer, dès qu'il y a création d'un périmètre agricole, d'une réserve naturelle ou d'un barrage[6].

Il faut ajouter qu'en dépit de leurs échecs fréquents, tant au plan de la redistribution de la population que de la production agricole, ces projets continuent de bénéficier de toute l'attention des gouvernements et des organismes internationaux de financement. L'Etat s'étant déclaré détenteur du patrimoine foncier national, il remodèle cet espace au gré des financements qu'il reçoit. Or, tout financement étant bon à recevoir, on assiste souvent sur un même territoire à une sorte de concurrence entre les financiers internationaux et les projets qu'ils patronnent : au Togo par exemple, dans ce petit pays, le projet FED pour la ville de Lama-Kara entre en

---

(5) Il y a eu environ 18.000 personnes installées entre 1973 et 1982, alors que le flux annuel moyen de départ du Plateau Central était, pendant la même période, de 25.000 personnes.

(6) Ainsi au Nigéria, les barrages de Kaniju ont nécessité la réinstallation de 44.000 exploitants agricoles de 218 villages en 141 villages.

concurrence avec le projet PNUD-FAO à Kanté, ainsi qu'avec les projets de la Banque Mondiale dans la région Bassar et dans la région des Plateaux. Le succès de l'un de ces projets met l'autre en difficulté : leur multiplication a en effet créé une grande sensibilité migratoire de la population rurale, qui se portera sur l'un et/ou l'autre projet, selon qu'il offre le maximum d'opportunités d'installation à demeure dans les meilleures conditions. *Ces projets favorisent donc une intensification et une diversification des processus migratoires.* Et en retour, du fait de cette complexité croissante des réseaux migratoires et des déterminants des déplacements, *il est de plus en plus difficile d'envisager l'impact d'un projet de développement sur la répartition de la population.*

L'expérience tanzanienne est assez différente, puisqu'elle s'appuie sur une redistribution préalable de la population dans le but d'un développement rural égalitaire, c'est-à-dire accroître la productivité agricole et doter l'ensemble de la population en services routiers, sanitaires, scolaires... Elle s'est articulée autour de la notion d'Ujuma, qui avait existé à d'autres périodes en Tanzanie et qui était un processus de création de villages et d'organisation communautaire villageoise de la production. Mais à la différence de l'Ujuma ancien, ici la décision est prise au niveau le plus élevé des pouvoirs publics ; les paysans ne sont pas associés au choix du site d'implantation des nouveaux villages, ni au choix des techniques d'exploitation agricole. La mobilisation idéologique est importante avec la déclaration d'Arusha en 1967. Mais à partir de 1973, le regroupement en villages est imposé à toutes les populations; dans les deux dernières années du programme, c'est probablement plus de cinq millions de personnes qui sont déplacées et, en 1975, 80 % de la population rurale sont installés dans ces villages (M. McCall, 1985).

L'expérience est en partie positive en ce qui concerne l'accès des populations rurales les plus défavorisées aux services sanitaires et scolaires. Mais en contrepartie, cette concentration de population pose de sérieux problèmes quant à la production agricole : éloignement des producteurs de leurs champs, réduction des terres exploitées, densification de la population rurale... Tout cela a conduit, ces dernières années, à une crise dans la production des biens de subsistance, qui engendre de nouveau un accroissement de la mobilité : les plus jeunes actifs, devant la difficulté d'accès à la terre, migrent en ville.

Il n'est pas de pays ayant adopté des mesures de "réinstallation" de la population d'une telle ampleur, dans un délai aussi court et surtout comme préalable à une politique de développement rural. Le cas de *l'Ethiopie*, qui actuellement essaie de transférer toute la population d'une région dans une autre, est difficilement comparable : il s'agit de mesures directes et brutales ; certaines populations du Wallo (victimes de la sécheresse, nomades ou urbains) sont réinstallées dans le sud-ouest du pays. On sait trop bien par les mass-media le résultat de ces déplacements forcés : il y a beaucoup de pertes en vies humaines, du fait des longues distances (supérieures à 800 kms) et des conditions dramatiques dans lesquelles s'effectuent ces déplacements. Cela n'a plus rien à voir avec une politique de développement rural.

Cela dit, en Tanzanie comme ailleurs, et malgré la "rurbanisation" de l'existence par les regroupements de villages, *la migration vers la ville n'a pu être évitée, ni détournée*. Et là comme ailleurs, on attend des politiques urbaines qu'elles réorientent, voire découragent les flux d'installation dans la capitale. Pour cela, il faudrait des politiques urbaines qui rendent la ville très "chère" quant à l'habitat, aux transports, à l'alimentation, à la scolarité... Or, on sait que pour des raisons de paix sociale, les mesures et les politiques suivies vont dans le sens inverse. Dans ce domaine encore, la Tanzanie se distingue en quelque sorte : avec les effets de la crise actuelle dans l'agriculture, la ville de Dar-es-Salam se trouve depuis quelques années confrontée à un accroissement important de l'immigration. Comme remède, les pouvoirs publics ont, en 1984, effectué une opération "coup de balai", l'opération Nguvukazi (K. Miti, 1985). Ce fut une action extrêmement ponctuelle, non préparée et qui, sous couvert d'objectifs de ralentissement du chômage urbain et d'accroissement de la production alimentaire, s'est concrétisée en un recensement des inactifs urbains (ceux qui constituent le secteur dit "informel"), suivi d'une grande rafle et du renvoi aux champs de ces individus. On ne peut qu'être sceptique sur l'efficacité de telles interventions.

4. EN CONCLUSION : DE CES ECHECS AUX POLITIQUES DE LIMITATION DES NAISSANCES

La principale caractéristique des politiques et actions en matière de répartition de la population, comme en matière de migrations internationales, est jusqu'à présent celle d'opérations limitées dans le temps et dans l'espace, peu articulées aux autres politiques, et de plus dont les effets réels sur la mobilité sont souvent très mal appréhendés. De ce fait, elles consistent de plus en plus à organiser de manière coercitive le déplacement de populations, ressemblant par là étrangement aux politiques de main-d'oeuvre mises en place sous la colonisation. La répartition de la population, qui avait semblé une des clefs du développement à nombre de pays africains, leur apparaît dorénavant comme un problème fondamental, qui s'exprime par la densification des zones rurales et la croissance urbaine. Quand on sait que le croît naturel des populations urbaines représente 60 % de la croissance globale de ces populations, et que la majorité des zones rurales africaines ont un taux de croissance qui dépasse 2 %, *la limitation de la croissance de la population semble alors le seul recours possible.*

Aussi n'est-il pas surprenant de constater qu'à la Conférence Mondiale de Mexico (1984), les responsables politiques africains étaient dans leur majorité partisans, voire demandeurs, de la mise en place de programmes de planning familial dans leur pays. Cette position qui s'est affirmée entre Bucarest et Mexico, et qui dans certains pays s'est concrétisée avant Mexico, se trouve soutenue dorénavant par tous les bailleurs de fonds en matière de développement. On risque donc à court terme de voir la mise en place de programmes qui pourront s'avérer, eux aussi, plus ou moins coercitifs, en ce sens qu'une partie de la population rurale s'inscrit toujours, et plus encore peut-être dans cette période de crise, dans des stratégies de reproductions sociales impliquant le maintien d'une haute fécondité.

Pourtant, tout en reconnaissant dans bien des domaines la nécessité d'une politique en matière de fécondité, il est peut-être important de souligner encore une fois *la nécessaire complémentarité ou articulation des politiques entre elles.* Ainsi, les politiques en matière de répartition de la population pourront avoir des effets qui correspondent à leurs objectifs dès l'instant où l'on adoptera une stratégie globale, combinant des mesures visant la réduction de la croissance urbaine, la promotion des petites villes et le développement rural (H. W. Richardson, 1985), et dans la mesure aussi où l'on se fixera des objectifs à long terme.

Les politiques et les mesures touchant à la répartition de la population doivent de toute façon se donner comme objectifs la préservation du milieu et l'équité maximale entre les individus des différentes régions. *Mais elles doivent pour cela tenir compte de la complexité des processus démographiques, et de leur évolution sous l'effet des différents programmes de développement.* Pour le moins, elles devront intégrer plus largement les nouvelles contraintes démographiques de l'Afrique, qu'elles ont jusqu'ici négligées, à savoir la densification du milieu rural et l'intensification des réseaux migratoires internationaux.

BIBLIOGRAPHIE

Abumere S.I., 1981, "Population distribution policies and measures in Africa south of the Sahara: a review", *Population and Development Review*, vol. 7, n° 3, pp. 421-433.

Adepoju A., 1985, "Development programmes and population redistribution in Nigeria", in J.I. Clarke, M. Khogali et L.A. Kosinski (eds), *Population and development projects in Africa*, Cambridge University Press, Cambridge, pp. 194-205.

Boutillier J.C., Quesnel A. et Vaugelade J., 1977, "Systèmes socio-économiques Mossi et migrations", *Cahiers O.R.S.T.O.M.*, série Sciences Humaines, vol. XIV, n° 4, pp. 361-382.

Deniel R., 1974, "Mesures gouvernementales et/ou intérêts divergents des pays exportateurs de main-d'oeuvre et des pays hôtes, Haute-Volta et Côte d'Ivoire", in S. Amin (ed.), *Modern migrations in Western Africa*, Oxford University Press, Londres, pp. 215-225.

Dupont V., 1986, *Dynamique des villes secondaires et processus migratoires en Afrique de l'Ouest. Le cas de trois centres urbains en région de plantations au Togo*, Etude et Thèses, O.R.S.T.O.M., Paris, 437 p.

Fafowora O.O., 1983, "On the expulsion of illegal migrants from Nigeria", *Population and Development Review*, vol. 9, n° 2, pp. 391-392.

Guichaoua A., 1982, "La mobilité rurale en Afrique des Hautes Terres surpeuplées : le cas du Burundi", in J. Gaude (ed.), *Phénomène migratoire et politiques associées dans le contexte africain : études de cas en Algérie, Burundi, Cameroun et Haute Volta,* O.I.T., pp. 103-164.

Miti K., 1985, "L'opération Nguvukazi à Dar-es-Salam", *Politique Africaine,* n° 17, pp. 88-104.

McCall M., 1985, "Environmental and agricultural impacts of Tanzania's villagisation programme", in J.I. Clarke, M. Khogali et L.A. Kosinski (eds), *op.cit.*, pp. 123-140.

Nations Unies, 1982, *Tendances et politiques mondiales en matière de population : rapport de suivi 1981,* vol. 2, Politiques en matière de population, New York.

Richardson H.W., 1983, "Les politiques de répartition de la population", *Bulletin Démographique des Nations Unies,* n° 15, pp. 40-58.

15

LES FEMMES AFRICAINES : DES EPOUSES, DES MERES ET DES TRAVAILLEUSES

Christine OPPONG*

> *"Elle devait puiser de l'eau, en réchauffer en quantité pour les ablutions de son mari, elle devait balayer la grande maison, la case-cuisine et la cour ; elle devait apprêter un maigre déjeuner, mettre les moutons au pâturage derrière la maison. Ce n'était pas tout. Elle devait aller au champ et en revenir vers trois heures, affamée, épuisée de fatigue, le corps envahi par mille démangeaisons".*
> (René Philombe, Sola, ma chérie, C.L.E., 1967, p. 22).

Nous examinerons différents aspects de la position de la femme vis-à-vis de l'homme dans les sociétés africaines, les liens logiques entre cette situation et la forte fécondité que l'on observe encore dans la région. La femme africaine est toujours à la fois épouse, mère et femme au travail, à l'intérieur ou à l'extérieur du ménage. Il y a progrès en matière d'égalité sexuelle dans les lois ou les constitutions, mais dans les faits, il demeure une profonde

---

* Les opinions exprimées ici ne sont pas nécessairement celles du B.I.T.

ségrégation dans l'accès à l'éducation et à l'emploi, et les vies des unes et des autres demeurent profondément différentes.

1. DES PROGRES EN MATIERE LEGISLATIVE

Au cours de la dernière décennie, ont été promulguées en Afrique beaucoup de lois encourageant l'égalité entre sexes et limitant les discriminations. Le tableau 1 (en annexe) est une synthèse de la situation pour l'ensemble de l'Afrique ; 9 pays sur 34 ont ratifié la Convention pour l'élimination de toutes formes de discrimination envers les femmes ; 14 pays ont dans leur constitution une disposition d'égalité générale, et 28 ont une disposition spécifique pour l'égalité entre hommes et femmes[1]. Mais, seuls 7 pays[2] ont interdit dans leur constitution toute discrimination entre sexes en matière de salaires, d'accès à l'emploi et de conditions de travail. En matière de mariage et de famille, il n'est plus que 2 pays (Bénin et Guinée Equatoriale) à prohiber toute inégalité.

Beaucoup de pays ont ratifié des conventions proposées par le Bureau International du Travail, mais comme le montre le tableau 2 (en annexe), le nombre moyen de conventions ratifiées demeure relativement faible, de trois à quatre par pays sur une petite douzaine pouvant concerner le travail féminin ; la plus fréquemment acceptée est l'égalité de rémunération et la non-discrimination en matière d'accès à l'emploi ; aucun pays n'a ratifié la nouvelle convention sur la protection de la maternité, mais une trentaine de pays ont certaines clauses en la matière dans leur législation du travail ; néanmoins, le nombre de femmes ainsi protégées parmi l'ensemble des femmes actives demeure très faible (ILO, 1985).

---

(1) Mais comme le soulignent G.S. Gairns et N.I. Heckel (1985) : "Si les gouvernements ne protègent pas ces droits ou ne crée pas des mécanismes d'application des lois , cela ne signifie pas que l'Etat a fait progresser au plus haut niveau une importante politique sociale".

(2) Il s'agit (tableau 1 en annexe) de la Centrafrique, du Congo, du Gabon, du Liberia, de la Somalie, du Soudan et du Zaïre.

Par ailleurs, il est essentiel de souligner que le travail des enfants n'est pas interdit par la loi et que, partout, il constitue une aide très importante, tant à la maison qu'aux champs et au marché.

Il y a certes progrès, mais encore trop peu de conventions ratifiées. C'est le résultat de difficultés de diverses natures, mises en évidence à Tunis (1983) lors de la sixième conférence africaine du BIT.

2. UNE EDUCATION FEMININE INSUFFISANTE, UN MARIAGE RAPIDE ET UNE FECONDITE PRECOCE

Dans son ensemble, l'Afrique a *les taux de scolarisation* les plus bas du monde, et non seulement les inégalités entre garçons et filles sont importantes, mais elles ont, semble-t-il, tendance à augmenter. Les écarts sont particulièrement importants dans l'enseignement secondaire et supérieur ; parmi les 18-23 ans, on a, en 1970, des taux de scolarisation de 2 % pour les filles et de 6 % pour les garçons qui seront en 1980 de 5 et 11 %. Dans la plupart des pays, les filles à l'Université représentent moins de 30 % de la population étudiante totale. Le tableau 3 en annexe montre par pays ces niveaux de scolarisation et les inégalités dans le secondaire et dans le supérieur. Cette éducation nettement moins bonne des filles est à la fois une cause et une conséquence de leur statut socio-économique, de leur mariage précoce et de leur forte fécondité.

Non seulement les filles sortent de l'école plus rapidement que les garçons, ce qui est déjà une discrimination, mais le plus souvent elles doivent ensuite rester à la maison pour prendre soin de leurs frères et soeurs plus jeunes, pour aider aux travaux domestiques, agricoles ou commerciaux. Nombre de sorties du système scolaire sont également dues à des grossesses non désirées et hors mariage[3].

Cette *fécondité précoce et "illégitime" des adolescentes* a tendance à augmenter, et c'est un problème social qui préoccupe un nombre croissant de gouvernements, car il conduit souvent à l'avortement et à ses conséquences. On attribue ce phénomène au

---

(3) Sur ce problème, voir par exemple B. Gyepi Garbrah (1985) et F. Akuffo (1986).

relâchement des contraintes et contrôles de la communauté et de la famille, suite aux migrations et à l'urbanisation, à la liberté accrue des jeunes qui leur permet de se rencontrer davantage, à l'intervalle croissant entre la puberté et le mariage, et enfin à l'ignorance largement répandue du processus de reproduction ou des méthodes de contrôle des naissances.

Ces grossesses précoces ont de sérieuses conséquences sur la santé de ces jeunes femmes et de leurs enfants : selon les résultats d'une analyse sur 39 enquêtes nationales de fécondité (J. Hobcraft et al., 1985), il apparaît partout que les enfants de ces jeunes filles ont une sensible surmortalité par rapport aux autres. Autre conséquence sociale importante : cela augmente le nombre de mères célibataires, qui doivent seules survenir à leurs besoins et à ceux de leurs enfants, dans un contexte où les liens traditionnels avec la famille diminuent ; les jeunes hommes sont pères mais non point maris, un phénomène inimaginable il n'y a guère qu'une génération. De toute évidence, dans de nombreux centres urbains, une grande proportion de ces jeunes femmes et de leurs enfants vivent dans une extrême pauvreté, avec un état de santé médiocre et une malnutrition permanente. *Tout cela contribue à un phénomène un peu nouveau en Afrique : celui des "enfants de la rue" ou même des enfants totalement abandonnés.*

Dans l'ensemble, les taux de fécondité aux jeunes âges (entre 15 et 19 ans) sont en Afrique parmi les plus élevés du monde, à quelques exceptions près : dans 33 pays, ils sont à près de 200 ‰(4) ; cette fécondité précoce représente souvent plus de 15 % de la fécondité totale (tableau 4 en annexe). Bien entendu, l'importance de cette fécondité entre 15 et 19 ans dépend en grande partie de la *précocité du mariage* : dans 11 pays africains, plus de 30 % des femmes sont déjà mariées à ces âges, ce qui est une proportion considérable ; on atteint même (tableau 4 en annexe) des proportions de 64 % en Ethiopie, de 56 % en Côte d'Ivoire, de près de 50 % en Ouganda ou au Cameroun. En revanche, au-delà de 45 ans, de nombreuses femmes se retrouvent seules ou en tous cas non mariées, résultat des divorces, des séparations et des décès des

---

(4) On atteint même (tableau 4 en annexe) 239 ‰ au Kenya et au Niger, 232 ‰ en Mauritanie et 218 ‰ au Sénégal et au Burkina Faso, des records mondiaux.

époux : entre 45 et 50 ans, on trouve fréquemment entre 20 et 40 % des femmes dans cette situation.

Dans tout remariage ou toute nouvelle union conjugale, la femme doit avoir des enfants, car un mariage sans descendance est encore inconcevable en Afrique. Mais souvent, le nouvel époux ne prendra pas à sa charge et sous sa responsabilité les enfants du lit précédent, ce qui signifie que les femmes doivent encore une fois "se débrouiller" plus ou moins seules[5].

A vrai dire, le mariage n'est pas nécessairement pour les femmes entre 30 et 50 ans quelque chose de sûr et de stable, à des âges en plus où les responsabilités maternelles sont les plus lourdes. Il est rare aussi qu'elles puissent compter sur la belle-famille. Les problèmes sont nombreux : une différence d'âges entre époux souvent assez grande qui, combinée à une espérance de vie féminine plus élevée, explique l'importance parfois du veuvage féminin ; l'étendue dans certaines ethnies de la polygamie ; la rareté du droit d'héritage pour la veuve ; l'existence encore de certaines coutumes séparant les conjoints aux âges avancés, et enfin le manque fréquent de droits économiques et sociaux pour les femmes qui deviennent veuves. En définitive, plutôt que sur leurs maris, les femmes comptent davantage sur leurs fils et leurs filles pour les aider dans leurs vieux jours, ce qui les incite aussi à une forte fécondité.

3. LES EMPLOIS FEMININS : PEU QUALIFIES ET PEU NOMBREUX EN DEHORS DE L'AGRICULTURE

Le continent africain est la région la plus frappée par *la récession économique mondiale* actuelle[6]. La détérioration des conditions économiques, d'une part, et l'augmentation rapide de la force de travail, d'autre part, ont conduit à une pression croissante sur les marchés du travail urbains, accentuée par de fortes

---

(5) Pour une étude plus détaillée sur le Ghana, voir C. Oppong et W. Bleek (1982).

(6) De nombreux écrits ont été consacrés à ce sujet. On peut aussi voir le rapport du Directeur Général du BIT à la sixième conférence régionale africaine de Tunis (1983) : "Social aspects of development in Africa : the role of social institutions".

migrations du milieu rural vers les villes. Depuis 1950, *les femmes représentent à peu près le tiers de cette force de travail*. Mais les possibilités d'emploi décroissent rapidement dans le secteur moderne comme dans le secteur traditionnel, et aujourd'hui les pays à bas revenu de l'Afrique ont les taux de chômage et de sous-emploi les plus élevés de tout le monde en développement. Vers 1978, le BIT estimait déjà le chômage, pour l'Afrique dans son ensemble, à 8,1 % et le sous-emploi à près de 44 %.

On n'a guère de statistiques, mais il est plus que probable que le chômage et le sous-emploi s'aggravent un peu partout. Il en résulte *une augmentation de la pauvreté* en zones rurales comme en zones urbaines. Des travaux récents[7] estiment la proportion de la "population pauvre" entre 50 et 70 %, et dans certaines zones rurales on peut atteindre les 90 %. Etant donné les niveaux élevés de la fécondité et les perspectives d'emploi, on prévoit une accentuation rapide de la pauvreté dans le futur[8].

De façon notoire, la qualité des données macro-économiques est pauvre pour la région, mais tous les indicateurs disponibles vont dans le même sens : déclins des revenus par tête, baisses des productions agricoles et des exportations, situations désastreuses des balances des paiements, inflations fréquentes et en définitive stagnation, déclin ou même parfois effondrement des économies nationales. Les conséquences doivent être graves, mais on a peu de statistiques sur les revenus et les emplois par sexe. Heureusement sans doute, un très grand nombre de personnes, y compris des enfants, trouvent leurs moyens d'existence (ou de survie) dans les secteurs informels des économies rurale et urbaine.

Pour l'ensemble de l'Afrique au Sud du Sahara, on estime à plus de 50 millions le nombre de femmes engagées dans une activité, principalement agricole ou commerciale, ce qui représente, nous l'avons déjà dit, près du tiers de la population active totale. Non seulement cette région a la fécondité et la croissance démographique les plus élevées au monde, mais c'est aussi une

---

(7) Tout un ouvrage, édité par D. Ghai et S. Radwan (1983), est consacré aux politiques agraires et à la pauvreté dans l'Afrique rurale ; pour plus de détails sur ces estimations, voir pp. 12-15.

(8) C'est le cas par exemple de la Banque Mondiale dans son rapport sur le développement de 1984.

région bien connue pour *la forte participation des femmes aux travaux agricoles, au commerce de la rue ou du marché et à la production domestique*. Même les statistiques officielles donnent souvent des proportions de près de 40 % de femmes de plus de 15 ans qui travaillent. Bien entendu ces chiffres peuvent varier d'un pays à un autre, ou d'une région à une autre, car l'activité féminine dépend de nombreux facteurs : structures de production, structures familiales, religion... Les femmes commencent même souvent à travailler très jeunes : pour l'ensemble de l'Afrique, les filles de 10-14 ans au travail représentent quelque 14 % de l'ensemble de la force de travail féminine.

Pendant longtemps, les *migrations* du secteur rural vers le secteur urbain ont été essentiellement masculines, mais de plus en plus les femmes aussi vont vers les villes pour trouver du travail ; dans certaines comme Addis Abeba, il y a même plus d'immigrations féminines que masculines. N'oublions pas non plus que la moitié des 12,7 millions de réfugiés au monde sont en Afrique sub-saharienne, et que la majorité de ces réfugiés sont des femmes et des enfants.

Ce travail intense des femmes se fait parallèlement à la mise au monde et à l'éducation de 6 à 7 enfants en moyenne[9], une fécondité due au mariage assez précoce et à la quasi-absence de contrôle des naissances. Pour l'ensemble de l'Afrique, les femmes vers 1970 représentaient 35 % de la population active dans l'agriculture, 34 % dans les services et le commerce et 18 % dans le secteur de l'industrie[10]. Ces dix dernières années, leur part dans les services et l'industrie a un peu augmenté. Bien entendu, les situations varient fort entre pays : dans certains, il y a plus de femmes que d'hommes dans l'industrie, alors que dans d'autres on trouve moins de 2 % de femmes dans ce secteur.

Une très forte proportion des femmes qui travaillent sont dans l'agriculture : vers 1980, 76 % environ sont dans ce secteur, contre 18 % dans les services et 6 % seulement dans l'industrie ; les proportions correspondantes pour les hommes sont respectivement de 70, 16 et 14 %. La plupart des travaux réservés aux femmes sont

---

(9) Pour plus de détails sur l'Afrique en la matière, voir entre autres H. Ware (1983).

(10) Voir K. Akadiri (1984).

pénibles, comme dans l'agriculture où l'outillage est souvent primitif, ou dans l'industrie où ce sont fréquemment des emplois peu qualifiés. Dans le milieu rural, une grande partie de ces femmes sont d'ailleurs des travailleuses familiales non rémunérées, ou sont à leur propre compte, en dehors de toute législation du travail. Dans *le secteur industriel,* les conditions de travail sont souvent fatigantes et sans guère de sécurité. Beaucoup sont dans l'industrie alimentaire (préparation et emballage), dans les usines de tabac et dans la confection en raison de leurs prétendues agilité et dextérité manuelles ; ces emplois sont non seulement souvent précaires (à la journée, à la semaine ou à la saison), ce qui accentue la tendance à préférer des femmes illettrées, peu qualifiées et non syndiquées, mais ils sont aussi fréquemment sous-payés. Mais c'est cela ou rien comme revenu monétaire pour les femmes.

La proportion de celles travaillant à leur propre compte peut varier d'un pays à un autre ; dans certains, la majorité sont dans l'agriculture, dans d'autres elles sont dans le commerce. Bien entendu, cela varie aussi selon le milieu d'habitat. Au Gabon, au Liberia et au Sierra Leone, la majorité des femmes actives se déclarent comme travailleur familial non rémunéré, surtout dans des exploitations agricoles.

Dans la plupart des pays, *le nombre d'emplois n'a guère augmenté ces dernières années,* autrement dit le chômage croît parmi ceux qui quittent l'école, soit les jeunes. Dans de nombreux pays même, le nombre de fonctionnaires stagne ou diminue, tandis que parallèlement les dépenses de développement et les investissements privés sont réduits, tout cela conduisant à un déclin de la demande d'emplois. Actuellement, dans les villes, le marché de l'emploi se rétrécit rapidement. De plus, il est bien évident qu'*il y a inégalité ou déséquilibre entre les sexes dans le secteur moderne et urbain* : on cherche de bons niveaux de qualification et les filles sont très désavantagées, notamment pour les niveaux les plus élevés. Comme on l'a déjà dit, les femmes ne représentent souvent qu'une faible proportion des travailleurs dans les secteurs privés et semi-publics ; même dans le secteur public, elles n'occupent qu'entre 10 et 20 % des emplois, incluses les enseignantes du primaire, les infirmières et les employées de bureau[11].

Par ailleurs, comme certaines études l'ont bien montré, *l'emploi salarié pour les femmes ne signifie pas nécessairement "libération" des femmes* ; cela peut prolonger, ou même parfois renforcer la suprématie masculine. Les discriminations de diverses natures que peuvent connaître les femmes de la part de leurs collègues masculins, leur faible participation et le peu de pouvoir qu'elles ont en général dans les syndicats ou les organisations de travailleurs affaiblissent leurs positions et freinent leur promotion[12], malgré les lois en vigueur sur l'égalité entre sexes[13].

En définitive, de par leur faible nombre aux postes de direction et de responsabilités ou dans les instances politiques, les femmes n'ont qu'un petit rôle dans les processus institutionnels de décision.

4. LES FEMMES DANS L'AGRICULTURE : UNE SOUS-ESTIMATION DE LEUR ROLE

Les économies africaines se caractérisent par une participation féminine intense dans la production agricole. En dépit du sous-enregistrement du travail féminin dans les statistiques, on considère que, dans 19 pays d'Afrique, *plus de 40 % des travailleurs agricoles sont des femmes*. Dans quelques pays comme le Botswana, la Centrafrique, la Gambie, le Rwanda et le Zaïre, cela dépasserait même 50 %. Un peu partout, la participation féminine a tendance à augmenter, sauf au Congo, au Gabon et au Nigéria où elle diminuerait.

En termes de quantités de travail, on estime que les femmes et les enfants en assurent la moitié en matière de plantation, 70 % pour le binage et le sarclage, 60 % pour la récolte et 80 % pour le

---

(11) Pour plus de détails, voir encore K. Akadiri (1984).

(12) Pour des études sur ce problème, voir par exemple pour le Nigéria C. Dennis (1983) et R. Pittin (1984).

(13) Tout un ouvrage vient d'être consacré pour le Tiers Monde à ce problème des inégalités entre sexes sur les marchés de l'emploi urbain (R. Anker et C. Hein editors, 1986).

transport des récoltes. Le tableau suivant donne une idée de la répartition des tâches entre hommes et femmes.

Tableau 15.1 : Proportions du travail fourni par les hommes et par les femmes dans diverses tâches agricoles.

Tâches diverses	Hommes	Femmes
Déboiser, défricher	95	5
Retourner le sol	70	30
Ensemencer et planter	50	50
Biner et sarcler	30	70
Récolter	40	60
Transporter les récoltes	20	80
Stocker et emmagasiner la récolte	20	80
Vendre les excès au marché	40	60
Tailler les arbres	90	10
Transporter l'eau et le fuel	10	90
Nettoyer les animaux et les étables	50	50
Chasser	90	10
Nourrir la famille	5	95

Source : U.N.E.C.A., 1975.

Ces dix dernières années, l'Afrique, dans son ensemble, a connu une baisse des productions agricoles. De 1972 à 1982, selon la Banque Mondiale, sur 38 pays pour lesquels on dispose de statistiques, seuls six ont connu une croissance positive de leur produit agricole par tête, et un seul dépasse une croissance de 1 %. Désormais, on reconnaît publiquement qu'une partie de l'aggravation de la situation est due au peu d'intérêt que l'on a manifesté vis-à-vis du travail de ces femmes paysannes et à la sous-estimation du rôle qu'elles jouent dans la production agricole. Fait bien connu, on ne tient guère compte de ce travail féminin dans les statistiques agricoles et les plans de développement[14]. De même, l'assistance en matière agricole a été inégalement répartie, allant essentiellement aux agriculteurs (les hommes), qui privilégient les cultures de rapport ou de rente, négligeant les productions vivrières à petite échelle qui permettent de se nourrir et qui souvent sont dans les mains des femmes. Dans de nombreux cas, l'agriculture de subsistance est une activité féminine, tandis que, lorsqu'elles existent, les cultures de rapport et les grandes plantations sont sous contrôle masculin[15]. Même quand elles participent à cette production vendue et monétarisée, elles touchent très peu du revenu gagné[16].

De récentes études, au niveau familial, de la répartition entre hommes et femmes des travaux agricoles et des responsabilités ont clairement montré comment *la sous-estimation du rôle de ce travail féminin peut conduire à l'échec de projets de développement agricoles a priori bien réfléchis*[17]. *Il faut d'urgence rectifier la situation* : reconnaître le rôle du travail des femmes (y compris dans les statistiques), leur permettre de se former, de s'équiper et d'avoir accès au crédit.

5. LES TRAVAUX DOMESTIQUES : UNE TACHE CONSIDERABLE

En Afrique, *les femmes assurent une proportion considérable des travaux du ménage* : 90 % environ de la production des cultures vivrières nécessaires à la consommation, 95 % du processus d'alimentation des membres de la famille, sans compter le temps et la dépense d'énergie parfois considérables pour apporter au ménage

---

(14) Pour la problématique générale, voir B. Rogers (1979) ; pour une illustration sur le Malawi, voir D. Hirschmann (1985).

(15) K. Crehan (1983) a étudié le cas de la Zambie, S. Jacobs (1983) celui du Zimbabwe.

(16) R. Feldman (1983) a analysé la situation en la matière dans le Kenya rural.

(17) Voir par exemple l'étude sur le Nigéria de M. Burfisher et N. Horenstein (1985).

l'eau et l'énergie nécessaires. Des études en zones rurales (ILO, 1983), consacrées à ces problèmes de *cuisine* et *d'alimentation en eau*, ont montré la charge de ces responsabilités féminines ; le tableau 2 présente, en fonction de la distance, le temps consacré au problème d'eau, temps qui peut varier selon la saison[18].

Tableau 15.2 : Temps consacré à la recherche de l'eau en Afrique.

Distance (en miles) entre la source et la maison	Temps nécessaire (en heures)	% du temps journalier de travail consacré à l'eau
0,25	0,17	2,8
0,50	0,33	5,5
1,00	0,67	11,1
2,00	1,33	22,2
3,00	2,00	33,3
4,00	2,67	44,4
5,00	3,33	55,5
6,00	4,00	66,6
7,00	4,67	77,7
8,00	5,33	88,8

Source : A. Biswas (1978)

Dans les contextes les plus difficiles, il a été estimé à au moins 25 % la consommation de calories nécessaires au seul approvisionnement en eau et en bois, ce qui bien entendu réduit l'énergie et le temps nécessaires aux autres tâches (nourriture,

---

[18] Selon une étude au Ghana (E. Ardeyfio, 1985), il faut en moyenne 5 heures par jour aux femmes pendant la saison des pluies pour ramener l'eau nécessaire. K. Jorgensen (1980) a aussi consacré une étude sur l'Afrique au temps nécessaire à l'approvisionnement en eau en fonction de la distance.

soins des enfants, gain d'argent...). Les sécheresses récentes et la diminution du bois ont sérieusement accentué les problèmes, notamment en zones sahéliennes, surtout que corrélativement le prix de l'eau et des différentes énergies a fortement augmenté sur le marché.

Le temps consacré à la *préparation des repas* est, lui aussi, très important : des études de budget-temps[19] ont montré qu'au Ghana et au Nigéria, les femmes pouvaient passer à la cuisine jusqu'à 6 ou 7 heures par jour. Heureusement, on peut combiner cette tâche avec d'autres, comme le commerce à domicile. Mais plus les femmes sont impliquées dans des activités lucratives, plus elles doivent déléguer leurs tâches ménagères, et ce sera le plus souvent aux enfants, surtout les filles, ou à des parents. *Dans les stratégies de survie des familles, beaucoup repose sur le travail des enfants*, qui vont chercher l'eau, le bois... ou encore aident leur mère aux travaux domestiques. L'enfant a souvent une utilité économique certaine, ce qui évidemment constitue un frein à la baisse de la fécondité dans des contextes traditionnellement pro-natalistes.

6. DE CETTE SITUATION DE LA FEMME AUX STRATEGIES DE FECONDITE

Tous les grands problèmes que l'on vient d'évoquer (les inégalités en matière d'éducation et de travail salarié ; la précocité du mariage et la fréquence du divorce ; la lourdeur des travaux féminins dans les économies domestique et agricole...), tous ces facteurs ne vont pas, ou pas encore, à l'encontre des grandes familles, des grossesses répétées des femmes. *L'Afrique subsaharienne a les femmes les plus fécondes du monde*. Il ne faut point s'en étonner, car *les enfants constituent de bons atouts et de précieux avoirs pour leurs mères*, par l'aide indispensable qu'ils apportent à la ferme, à la maison ou au marché, par les liens de parenté qu'ils créent, par les renforcements des rapports conjugaux

---

[19] E. Ardeyfio (1982, 1985).

qu'ils provoquent, par la sécurité que l'on peut espérer pour sa vieillesse, enfin par le statut social qu'ils donnent[20].

Les choses commencent à bouger et des signes de changement apparaissent dans les aspirations en matière de fécondité, dans les normes sur la taille de la famille, dans les comportements vis-à-vis des moyens contraceptifs modernes, mais cela n'apparaît vraiment que chez les femmes ou les couples qui ont un statut social et économique élevé, pour qui les enfants ne sont plus une aide, mais au contraire une source de dépenses non négligeable, chez ceux en définitive qui peuvent et veulent donner une éducation prolongée et un emploi moderne à leurs enfants[21].

Comme E. Boserup (1985) l'a récemment écrit, l'Afrique dans son ensemble n'a pas encore connu *les changements structurels* qui ailleurs ont conduit à un déclin de fécondité. Peu de femmes ont encore des emplois stables, de haut niveau et bien rémunérés ; la grande famille garde encore beaucoup de ses avantages, et le travail des enfants est toujours important ; la protection sociale des vieux n'est guère développée... Dans la plus grande partie de l'Afrique, tout cela est à venir, et en attendant les femmes poursuivront sans doute une stratégie de forte fécondité.

BIBLIOGRAPHIE

Adeokun L.A. et al., 1984, *The Ife labour market: A Nigerian case study*, Geneve, I.L.O., World Employment Programme research working paper.

Akadiri K., 1984, *The modern employment market in selected African countries*, I.L.O., Genève.

Akuffo E., 1987, "Teenage pregnancies and school drop outs", in C. Oppong (ed.), *op. cit.*

Anker R. et Hein C., 1985, "Fertility and employment in the Third World", *Populi*, vol. 12, n° 2.

---

(20) Dans un milieu relativement traditionnel, une femme avec peu d'enfants ou pire sans enfant se trouve souvent marginalisée, montrée du doigt ou même rejetée.

(21) Nous avons étudié ce processus de changement parmi certaines classes sociales dans plusieurs études sur le Ghana (C. Oppong, 1983, 1985 ; C. Oppong et K. Abu, 1984, 1986).

Anker R. et Hein C. (eds.), 1986, *Sex inequalities in urban employment in the Third World* , Londres, Macmillan.
Ardeyfio Schandorf E., 1982, *Rural energy production and use: the role of women* , U.N.I.F.E./U.N.U. research report.
Ardeyfio E., 1985, *The rural energy crisis in Ghana: its implications on women's work and household survival* , prepared for I.L.O., Geneva.
Biswas A.,1978, "Environmental implications of water development for developing countries", in *The social and ecological effects of water development in developing countries* , C.G. Widstrand (ed.), Oxford.
Boserup E., 1985, "Economic and demographic interrelationships in sub-saharan Africa", *Population and Development Review* , vol. 11, n° 3.
Bryceson D.F., 1980, "The proletarianization of women in Tanzania", *Review of African Political Economy* , n° 17, pp. 4-27.
Burfisher M.E. et Horenstein N.R., 1985, "Sex roles and development effects on the Nigerian Tiv farm household", *Rural Africana* , n° 21, pp. 31-49.
Cairns G.S. et Heckel N.I., 1985, "Women's equality in the world's constitutions", *Populi* , vol. 12, n° 2, pp. 51-56.
Crehan K., 1983, "Women in development in north west Zambia: from producer to housewife", *Review of African Political Economy* , n° 27/28, pp. 51-66.
Date Bah E., 1982, *Sex inequality in an African urban labour market : the case of Accra Tema* , Geneve, I.L.O., World Employment Programme research working paper. Version abrégée in R. Anker et C. Hein (eds.), 1986, *op. cit.*
Dennis C., 1983, "Capitalist development and women's work: a Nigerian case study", *Review of African Political Economy*, n° 27/28, pp. 110-119.
Feldman R., 1983, "Women's groups and women's subordination: an analysis of policies towards rural women in Kenya", *Review of African Political Economy* , n° 27/28, pp. 67-85.
Ghai D. et Radwan S. (eds.), 1983, *Agrarian policies and rural poverty in Africa*, I.L.O., Genève.
Gyepi Garbrah B.,1985, *Adolescent fertility in sub-saharan Africa*, Massachusetts, Pathfinder Fund.
Hirschmann D., 1985, "Bureaucracy and rural women : illustrations from Malawi", *Rural Africana* , n° 21.
Hobcraft J.N., McDonald J.W. et Tutstein S.O., 1985, "Demographic determinants of infant and early child mortality: a comparative analysis", *Population Studies* , vol. XXXIX, n° 3.

I.L.O., 1983, "Women workers in Africa", Chapter V, in *Report III. Conditions of work and the working environment*, Sixth African Regional Conference, Tunis, Octobre.

I.L.O., 1985, *I.L.O. and women workers questions in Africa during the U.N. decade for women*, Addis Abeba.

Jacobs S., 1983, "Women and land resettlement in Zimbabwe", *Review of African Political Economy*, n° 27/28, pp. 33-49.

Jorgensen K., 1980, *Water supply problems in rural Africa: the implication for women*, Interregional seminar on rural water supply, a contribution to the preparation of the water decade, Uppsala, Suède.

Oppong C. (ed.), 1983, *Female and male in West Africa*, Londres, George Allen and Unwin.

Oppong C., 1985, "Aspects of anthropological approaches", in G. Farooq et G. Simmons (eds.), *Fertility in developing countries: an economic perspective on research and policy issues*, Londres, Macmillan.

Oppong C. (ed.), 1987, *Sex roles, population and development in West Africa*, James Curey, Londres.

Oppong C. et Abu K., 1984, *The changing maternal role of Ghanaian women: impacts of education, migration and employment*, Genève, I.L.O., World Employment Programme research working paper.

Oppong C. et Abu K., 1987, *Seven roles of women: impacts of education, migration and employment on Ghanaian mothers*, Women, Work and Development series, Genève, I.L.O.

Oppong C. et Bleek W., 1982, "Economic models and having children : some evidence from Kwahu, Ghana", *Africa*, vol. 52, n° 4, pp. 15-32.

Pittin R., 1984, "Gender and class in a Nigerian industrial setting", *Review of African Political Economy*, n° 31, pp. 71-81.

Pittin R., 1987, "Documentation of women's work in Nigeria : problems and solutions", in C. Oppong (ed.), *op. cit.*

Rogers B., 1979, *The domestication of women*, New York, St. Martins Press.

U.N.E.C.A., 1975, *Women of Africa, to-day and tomorrow*, Addis-Abeba.

Ware H., 1983, "Female and male life cycles", in C. Oppong (ed.), *op. cit.*

ANNEXE STATISTIQUE

Tableau A.15.1 : Dispositions légales en matière d'égalité entre sexes dans 34 pays.

Pays	Date du document constitutionnel ou de l'amendement le plus récent	égalité générale	égalité entre sexes	mariage et famille	emploi
Bénin	1979	•		•	
Botswana	1971		•		
Burkina Faso	1970	•	•		
Burundi	1981		•		
Cameroun	1975	•	•		
Cap Vert*	1980		•		
Centrafrique	1981		•		•
Comores	1978	•	•		
Congo *	1979	•	•		•
Côte d'Ivoire	1975		•		
Djibouti	1977		•		
Gabon*	1982	•			•
Gambie	1970		•		
Guinée*	1982				
Guinée Equatoriale	1982	•	•	•	
Kenya*	1979		•		
Liberia*	1983	•	•		•
Madagascar	1975		•		
Maurice*	1977		•		
Mauritanie	1978				
Mozambique	1975		•		
Ouganda	1967	•			
Rwanda*	1978		•		
Sao Tomé et Principe	1975		•		
Sénégal	1981	•	•		
Seychelles	1979	•			
Sierra Leone	1978		•		
Somalie	1979		•		•
Soudan	1973	•	•		•
Tanzanie	1977	•	•		
Togo*	1979		•		
Zaïre	1978	•	•		•
Zambie	1979		•		
Zimbabwe	1979		•		

- • signifie que la constitution du pays contient des dispositions en la matière
- * signifie que le pays a ratifié la convention pour l'élimination de toutes formes de discrimination contre les femmes.

Source : "Women : progress towards equality", IPPF People Wall Chart, *People*, 1985, vol. 12, n° 2.

Tableau A.15.2 : Ratifications par les Etats africains membres des Conventions Internationales du Travail qui concernent les femmes.

Pays	\multicolumn{11}{c}{Convention numéro}	
	3	4	41	45	89	100	102	13	111	118	122	Total
Angola		•		•	•	•				•		5
Bénin		•	•							•		4
Botswana												0
Burkina	•	•	•			•				•		5
Burundi		•			•							2
Cameroun	•			•	•	•					•	5
Cap Vert										•		2
Centrafrique	•	•	•			•				•	•	6
Comores				•		•					•	3
Congo						•						1
Côte d'Ivoire	•		•	•	•					•	•	6
Djibouti				•	•	•					•	4
Ethiopie									•			1
Gabon	•	•	•	•		•				•		6
Ghana				•	•	•				•		4
Guinée	•		•	•	•	•				•	•	7
Guinée Bis.		•		•	•	•				•		5
Kenya				•	•					•		3
Lesotho				•								1
Liberia									•			1
Madagascar		•	•			•				•	•	6
Malawi			•	•		•				•		4
Mali	•	•				•				•		4
Maurice												0
Mauritanie	•			•		•	•			•	•	6
Mozambique						•				•		2
Namibie												0
Niger		•	•							•	•	5
Nigéria				•							•	2
Ouganda				•							•	2
Rwanda		•			•							2
Sénégal		•			•	•				•	•	6
Seychelles												0
Sierra Leone				•		•				•		3
Somalie				•						•		2
Soudan						•				•	•	3
Swaziland												0
Tanzanie				•								1
Tchad		•	•			•				•		4
Togo		•	•									2
Zaïre		•			•	•				•		4
Zambie				•	•					•		3
Zimbabwe				•								1

n° 3 : protection de la maternité
n° 4 : travail de nuit des femmes
n° 41 : idem n° 4 révision
n° 45 : travail sous terre des femmes
n° 89 : travail de nuit (révision)
n° 100 : égalité de salaires
n° 102 : sécurité sociale
n° 103 : idem n° 3 révision
n° 111 : discrimination pour l'emploi
n° 118 : égalité de traitement (sécurité sociale)
n° 122 : politique d'emploi.

Tableau A.15.3 : Taux par sexe d'analphabétisme et de scolarisations secondaire et supérieure dans 38 pays africains.

Pays	% d'analphabètes parmi les 15 ans et +			Taux (%) de scolarisation secondaire (1975-1980)		Taux (‰) de scolarisation post-secondaire (1980-84)	
	dates	F	H	F	H	F	H
Bénin	1975-79	83	60	10	26	0,6	2,9
Botswana	1970-74	56	63	25	21	0,5	0,8
Burkina Faso	1975-79	97	85	2	4	0,4	1,2
Burundi	1980-84	85	61	2	4	0,4	1,6
Cameroun	1975-79	76	45	13	25	2,3	11,0
Centrafrique	1980-84	81	52	-	-	0,4	2,3
Côte d'Ivoire	1980-84	76	55	9	25	3,1	12
Ethiopie	1970-74	99	92	8	16	2,7	12
Gambie	1980-84	88	71	8	19	-	-
Ghana	1970-74	82	57	27	44	1,4	8,9
Guinée	-	-	-	9	23	5,3	20
Guinée Bissau	1975-79	91	67	7	33	-	-
Guinée Equat.	-	-	-	4	18	0,1	1
Kenya	1980-84	65	40	15	23	2,7	12
Lesotho	-	-	-	20	13	1,3	0,8
Liberia	1970-74	88	70	11	29	1,5	3,9
Madagascar	-	-	-	10	13	6,4	12
Malawi	-	-	-	2	6	0,5	1,6
Mali	1975-79	94	87	5	13	0,9	6,3
Maurice	1980-84	28	14	49	52	0,5	1,5
Mauritanie	-	-	-	4	16	0,1	0,7
Mozambique	1980-84	77	56	4	9	0,3	0,5
Niger	1980-84	94	86	-	-	0,3	1,1
Nigéria	1980-84	77	54	-	-	-	-
Ouganda	1980-84	60	35	3	7	1,9	5,9
Rwanda	1975-79	61	39	1	3	0,1	1,3
Sénégal	-	-	-	8	16	2,8	9,4
Seychelles	1970-74	40	44	-	-	0,1	0,1
Sierra Leone	-	-	-	7	16	0,3	1,5
Somalie	1980-84	97	89	6	16	0,3	2,7
Soudan	-	-	-	15	20	1,9	13
Swaziland	1980-84	47	43	40	41	0,4	0,7
Tanzanie	1975-79	69	38	2	4	0,7	3,4
Tchad	-	-	-	1	6	0,1	1,5
Togo	1970-74	93	73	16	46	0,9	4,2
Zaïre	1980-84	63	26	13	33	6,2	30
Zambie	-	-	-	11	21	1,8	10
Zimbabwe	1980-84	39	24	13	18	0,5	0,9

Sources : Les taux d'analphabétisme et de scolarisation post-secondaire sont tirés de l'Annuaire Statistique de l'UNESCO de 1984, ceux de scolarisation secondaire de l'Annuaire de 1983.

Tableau A.15.4 : Diverses mesures de la précocité de la nuptialité et de la fécondité dans 42 pays.

Pays	Taux (‰) de fécondité générale à 15-19 ans (1)	Part relative (%) de la fécondité à 15-19 ans dans la fécondité totale	Proportion de filles mariées à 15-19 ans
Angola	203	15,9	-
Bénin	206	15,4	45,0
Botswana	204	15,7	7,3
Burkina Faso	218	16,8	-
Burundi	200	16,4	12,2
Cameroun	185	16,3	53,0
Cap Vert	79	14,9	-
Centrafrique	192	16,3	-
Comores	200	16,4	-
Congo	196	16,4	-
Côte d'Ivoire	206	15,4	56,0
Djibouti	172	14,1	-
Ethiopie	206	15,4	63,6
Gabon	146	15,6	-
Gambie	215	16,8	-
Ghana	206	15,4	30,9
Guinée	198	16,0	-
Guinée Bissau	175	16,3	-
Guinée Equatoriale	185	16,3	-
Kenya	239	14,7	27,6
Lesotho	174	16,2	31,5
Liberia	208	15,0	42,0
Madagascar	188	15,4	34,0
Malawi	230	16,4	-
Mali	206	15,4	-
Maurice	78	14,2	-
Mauritanie	232	16,8	-
Mozambique	200	16,4	-
Niger	239	16,8	-
Nigéria	213	15,4	44,0
Ouganda	200	16,4	-
Rwanda	207	15,0	59,3
Sénégal	218	16,8	-
Sierra Leone	200	16,3	-
Somalie	200	16,4	-
Soudan	110	8,4	22,5
Swaziland	204	15,8	-
Tanzanie	200	15,4	18,9
Togo	204	15,7	-
Zaïre	200	16,4	-
Zambie	208	15,0	-
Zimbabwe	203	15,4	-

(1) Nombre de naissances vivantes pour 1000 femmes âgées de 15 à 19 ans.

Sources : "Youth in society", Wall Chart, IPPF, *People*, vol. 12, n° 1 et Nations Unies, *Estimates and projections as assessed in 1980*, New York, ST/ESA/SER.A/82.

16

STRUCTURES FAMILIALES ET CHANGEMENTS SOCIAUX

Thérèse LOCOH

> *"Le chemin par lequel je suis venu n'est pas un mauvais chemin.*
> *Le chemin de la parenté est long, mais ce n'est pas un mauvais chemin."*
> (Chant de circoncision Bambara)

1. INTRODUCTION

Les familles africaines changent, les structures anciennes craquent... impression souvent entendue d'observateurs étrangers comme des Africains eux-mêmes. Mais pourtant, la fécondité des femmes reste pratiquement stable depuis qu'on a les moyens statistiques de la mesurer ; la polygamie elle aussi résiste ; les grandes familles, même dans les villes, sont toujours là, à côté des rares familles "nucléaires" que l'on peut y observer. Les parents, les anciens continuent à recevoir des générations plus jeunes respect, attention et moyens de subsistance, si besoin est.

Des évolutions, voire parfois des bouleversements, il y en a, comme il y en a probablement toujours eu. Les structures familiales ont leurs mécanismes d'adaptation ou de résistance aux changements. Si elles ont pu apparaître, dans le passé, relativement stables dans des normes admises par tous (et ce n'était certainement pas vrai partout), elles sont actuellement prises dans une dynamique économique, sociale, politique, démographique qui exige à brève échéance des transformations, des règles nouvelles. Il faut, pour mesurer les changements, des indicateurs démographiques (fécondité et nuptialité sont au coeur des familles), mais aussi des données sur la collectivité "famille", sa structure interne, ses mécanismes d'entrée et de sortie, voire ses stratégies économiques et culturelles.

Mais, autant la littérature anthropologique sur la famille africaine est abondante, autant celle des démographes et statisticiens est "discrète". Les anthropologues, travaillant en général sur un groupe ethnique, un ensemble social cohérent, sont plus à l'aise pour décrire et analyser les mécanismes familiaux et leur traduction dans les unités domestiques que ne le sont les démographes, amenés à utiliser des statistiques et des indicateurs chiffrés dont ils connaissent l'inadaptation, souvent relevée, aux réalités africaines.

Les définitions du ménage et de la famille utilisées dans les recensements portent la marque de leur origine européenne, et on peut dire que les données collectives sont, à quelques exceptions près[1], les parents pauvres des collectes démographiques et plus encore des analyses qui en découlent. Certes, tout le monde est prêt à accepter une définition extensive de la famille qui serait "un groupe de personnes qui ont entre elles des liens de sang ou des liens d'alliance", mais c'est un concept peu opératoire car il recouvre des situations infiniment variées et définit un groupe aux frontières incertaines, surtout en Afrique où les descendances sont nombreuses, donc la parenté étendue et les alliances multiples du fait de la polygamie. Par contre, la définition européenne de la famille biologique, ou noyau familial, composée d'un couple (ou d'un parent seul) et de leurs enfants non mariés, est trop restrictive pour les modes de vie familiaux en Afrique.

Faut-il alors renoncer à toute appréhension statistique des familles africaines, à l'analyse des données collectives des recensements et des enquêtes au nom de la spécificité des structures familiales de chaque ethnie, de chaque société ? Ce serait se priver

---

(1) Citons la remarquable enquête post-censitaire du Ghana (1960) et les données du recensement de ce même pays en 1970 et du Cameroun en 1976.

d'éléments de comparaison et d'analyse qui sont étroitement complémentaires des études approfondies menées par des sociologues et anthropologues de la famille. Economistes et démographes reconnaissent le rôle déterminant des structures familiales de résidence dans le fonctionnement des sociétés africaines. Au-delà des particularités et sous des formes différentes, les grandes unités de résidence, l'importance des fonctions économiques, le maintien de la forte fécondité, la perspective polygamique des unions, le contrôle des anciens sur les jeunes sont des traits communs à la plupart des familles africaines. Il y a, dans leur passé et leur présent, des caractéristiques voisines, mais aussi, dans leur perspective proche, des facteurs de changement identiques.

Comment évoluent leurs préférences structurelles, leurs normes dans la définition des rôles familiaux en réponse à la croissance démographique, aux nouveaux modes de production et aux transformations culturelles ? Une telle question devrait susciter une réflexion en commun de toutes les sciences sociales.

L'examen des statistiques et les études des anthropologues sur les milieux africains en transition montrent que les typologies familiales revêtent une extrême diversité, que les rôles individuels sont redistribués, recombinés, que de nouvelles structures, empruntant certaines séquences à la famille-lignage, d'autres à la famille "occidentale" dont le modèle est véhiculé par les médias, sont constamment en gestation (C. Le Cour Grandmaison, 1972).

Si l'on veut comprendre ce qui peut changer dans les structures familiales, il faut d'abord essayer de dégager quelles sont, en ce moment, leurs caractéristiques essentielles, celles que l'on retrouve de façon significative dans un grand nombre de pays ou d'ethnies en Afrique.

2. FAMILLES AFRICAINES ET STATISTIQUES : UNE CONFRONTATION DIFFICILE

Autant de sociétés et d'ethnies, autant de structures familiales, avec leurs normes de comportement, leurs définitions de rôles, leurs options en matière de contrôle de la production et de la reproduction. Pour baliser le chemin, il faut se résigner à enserrer la réalité dans des chiffres, à mettre l'accent sur ce qui est commun, seule possibilité d'un survol d'ensemble. Trois concepts sont tour à tour utilisés dans les recensements pour décrire des structures familiales : la concession, le ménage et le noyau familial. Si la concession est un concept proprement africain, les deux autres entités souffrent de leur origine européenne.

La définition la plus utilisée est celle du *ménage*. Celui-ci désigne une personne ou un groupe de personnes qui vivent sous le même toit et partagent les mêmes arrangements domestiques. Le groupe constitué par un homme résidant avec plusieurs épouses et leurs enfants dans la même concession sera considéré comme un seul ménage. Les membres d'un même ménage peuvent ne pas être liés entre eux par des liens de famille (F. Gendreau, B. Lacombe, 1977).

La *concession*, qui paraît a priori plus conforme aux situations africaines, recouvre en réalité des entités très différentes selon les ethnies, et elle devient inutilisable dans la plupart des villes. Elle désigne un ensemble d'individus, éventuellement regroupés en ménage, qui vivent au sein d'un ensemble résidentiel souvent clôturé, où ménages et individus reconnaissent l'autorité (parfois très symbolique) d'un chef de concession. Mais le concept de concession est en train de tomber en désuétude dans les recensements africains, ce qui est regrettable, au moins en milieu rural.

Quant au *noyau familial*, il décrit en général une famille biologique : père, mère(s), enfants. Mais il est rare de disposer en Afrique de statistiques sur les noyaux familiaux. Nous utiliserons autant que possible celles qui sont disponibles[2].

Le ménage est, en dépit de ses imperfections, la structure la plus aisément disponible dans les recensements africains pour approcher la description des structures familiales. Le tableau 1 donne une synthèse des données disponibles pour l'Afrique.

---

(2) C'est un problème d'exploitation de données plus que de collecte car, en général, le recensement identifie les personnes en fonction de leur lien familial au sein du ménage enquêté. Un intérêt plus vif des statisticiens pour l'analyse des structures familiales pourrait conduire à la production, au moins par sondage, de données sur les noyaux familiaux.

Tableau 16.1 : Taille des ménages dans 47 pays d'Afrique en 1960-70 et 1970-80.

Régions et pays	Sources(1) et dates		Taille moyenne des ménages		% ménages > 6 personnes		% ménages à 1 personne	
	1960-70	1970-80	1960-70	1970-80	1960-70	1970-80	1960-70	1970-80
AFRIQUE DE L'OUEST								
Bénin	R/1961	R/1979	4,5	5,4	20,3	29,6	14,2	-
Burkina Faso	E/1961	R/1975	5,2	5,7	-	-	-	5,1
Cap Vert	-	-	-	-	-	-	-	-
Côte d'Ivoire	Abidjan 1963	Abidjan 1975	4,4	5,3	-	30,8	-	-
Gambie	-	R/1973	-	8,3	-	-	-	-
Ghana	R/1960	R/1970	4,3	4,7	19,4	24	20,4	21,2
Guinée	E/1955	-	5,3	-	-	-	-	-
Guinée Bissau	-	R/1979	-	6,4	-	-	-	-
Libéria	R/1962	-	4,2	-	15,9	-	12,8	-
Mali	E/1960	R/1976	5,1	5,1	24,7	-	0,1	-
Mauritanie	E/1960	R/1977	4,5	5,5	-	-	-	-
Niger	R/1960	-	4,1	-	17,4	-	10,6	-
Nigéria	-	WFS/1981	-	5,5	-	-	-	7,8
Sénégal	Dakar 1955	-	4,4	-	-	-	-	-
Sierra Leone	R/1963	-	4,0	-	17,2	-	22,7	-
Togo	E/1961	R/1970	5,7	5,8	32,6	34,1	10	11,5
AFRIQUE DE L'EST								
Burundi	-	R/1979	-	4,5	-	20,8	-	7,3
Comores	R/1966	R/1980	4,8	5,3	22,9	31,2	6,1	3,7
Djibouti	-	-	-	-	-	-	-	-
Ethiopie	-	R/1977	-	4,3	-	-	?	-
Kenya	R/1962	R/1969	4,9	5,6	21,5	?	17,5	-
Madagascar	-	R/1975	-	?	-	-	-	-
Malawi	R/1967	-	3,4	-	-	-	-	-
Maurice (Ile)	-	R/1972	-	5,3	-	31,8	7,9	-
Mozambique	-	R/1980	-	4,3	-	-	-	18,8
Ouganda	-	R/1971	-	?	-	?	-	-

Tableau 16.1 : Suite et fin

Régions et pays	Sources(1) et dates		Taille moyenne des ménages		% ménages > 6 personnes		% ménages à 1 personne	
	1960-70	1970-80	1960-70	1970-80	1960-70	1970-80	1960-70	1970-80
Réunion	R/1967	R/1974	5,0	4,4	28,1	-	10,6	15,7
Rwanda	-	R/1978	-	4,6	-	21,5	-	7,6
Seychelles	R/1960	R/1971	-	4,7	16,6	26,3	13,1	-
Somalie	-	-	-	-	-	-	-	-
Tanzanie	R/1967	R/1978	4,4	4,8	-	24,6	-	21,3
Zambie	R/1969	-	4,7	-	23	-	12,2	-
Zimbabwe	-	-	-	-	-	-	-	-
AFRIQUE CENTRALE								
Angola	-	-	-	-	-	-	-	-
Cameroun	R/1960	R/1976	3,9	5,5	14,8	27,9	15,2	12,9
Centrafrique	R/1961	R/1974	4,4	5,3	21,3	30,3	-	-
Congo	E/1960	-	3,9	-	13,4	-	10	13,9
Gabon	-	-	-	-	-	-	-	-
Guinée Equatoriale	-	-	-	-	-	-	-	-
Sao Tomé et Principe	-	-	-	-	-	-	-	-
Tchad	E/1960	-	4,2	-	16,4	-	11,6	-
Zaïre	-	EDOZA/1977(2)	-	4,3	-	-	-	13,9
AFRIQUE AUSTRALE								
Afrique du Sud (Africains)	R/1960	-	6,5	-	41,1	-	3,7	-
Botswana	-	R/1981	-	5,5	-	32,6	-	11,7
Lesotho	R/1956	R/1976	4,0	5,0	20,8	-	?	-
Namibie	R/1960	-	-	-	37,5	-	0	-
Swaziland	R/1969	-	4,2	-	2,9	-	0	-

(1) E = Enquête Censitaire, R = Recensement, W = World Fertility Survey
(2) EDOZA = Enquête démographique Ouest Zaïre.

2.1. La taille des ménages

Image classique quand on parle de l'Afrique, la grande famille, chaleureuse et bruyante, où cohabitent anciens et adultes entourés d'une nuée de petits enfants, est toujours une réalité. Les grands ménages, regroupant plus de 6 personnes, sont en proportion importante (tableau 1). Dans la décennie 1970-1980, leur proportion se situe entre 21 % (Burundi) et 34 % (Togo). Dans ce pays par exemple, cela signifie que 60 % des habitants résident dans ce type de ménage. En Afrique au sud du Sahara, une personne sur deux environ vit dans un ménage de plus de 6 personnes[3]. Encore ne tient-on compte ici que des ménages et non des concessions, qui bien souvent regroupent plusieurs ménages.

La taille moyenne des ménages en Afrique Noire varie de 3,4 (Malawi) à 8,3 (Gambie) ; le mode se situe entre 5 et 6 personnes par ménage dans les années 1970, alors qu'il était de 4 auparavant (tableau 1 et graphique 1)[4].

Le calcul de la taille moyenne des ménages au niveau national "écrase" les diversités de situations, mais constitue, pour une première approche, un indicateur commode d'évolution. Or, ce qui frappe en Afrique, c'est *une augmentation de la taille moyenne des ménages (sauf à la Réunion), assortie d'un accroissement de la proportion des "grands" ménages dans la plupart des pays* où l'on dispose de deux observations successives, pour la décennie 1960-70 et la décennie 1970-80 (graphique 2). Bien entendu, "ménage" n'est pas exactement famille, mais cette tendance à l'augmentation de la taille des ménages est un premier signe de ce que l'Afrique ne suit pas actuellement un chemin conduisant à la famille nucléaire.

Cette augmentation ne s'explique pas par une augmentation de la fécondité, celle-ci étant plutôt restée stable, à quelques exceptions près, dans les vingt dernières années. La baisse de la mortalité a pu jouer en ce sens, mais c'est surtout le mode de constitution des nouveaux ménages, l'écart entre entrée en union et

---

(3) A titre de comparaison, en France seuls 5 % des ménages atteignent cette taille.

(4) Toujours à titre de comparaison, cette taille moyenne oscille en Europe entre 2,4 en Suède et 3,9 en Irlande, en Asie de 3,5 au Japon à 6,5 au Koweit, en Amérique du Nord de 3,1 aux Etats-Unis et au Canada à 6,1 au Nicaragua, et en Amérique du Sud de 3,4 en Uruguay à 5,8 en Colombie.

FIGURE 16.1

EVOLUTION DE LA TAILLE MOYENNE DES MENAGES ENTRE 1960-70 ET 1970-80

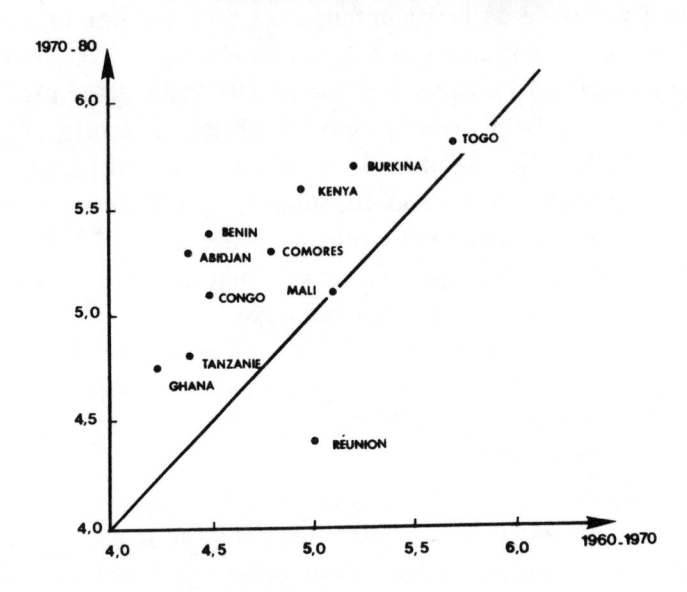

FIGURE 16.2

EVOLUTION DE LA PROPORTION DE MENAGES DE PLUS DE 6 PERSONNES

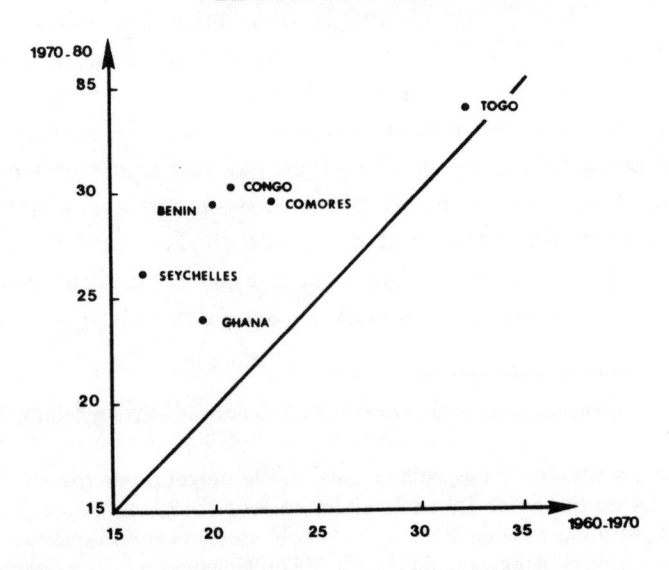

accès au statut de chef de ménage et la circulation des jeunes hors de leur famille biologique qui peuvent expliquer cette évolution. Les fonctions de production et de solidarité infléchissent, autant que les fonctions de reproduction, la composition des ménages. Un tel groupe de résidence, même si son noyau est une famille biologique, accueille souvent d'autres personnes, plus ou moins apparentées au chef de ménage ou à l'un de ses membres. Un ménage ne se limite pas, comme c'est le plus souvent le cas en Europe, à un couple entouré éventuellement d'enfants.

2.2. Les types de ménages et de familles

Seuls quelques recensements ont analysé les structures internes des ménages en en dégageant les diverses composantes familiales. Le tableau 2 reprend ces résultats pour le Tchad, le Ghana et le Congo.

Les ménages de type "famille biologique" sont majoritaires au Tchad (61 %), mais moins nombreux dans les centres urbains que dans l'ensemble du pays. Ils représentent un peu plus du tiers des ménages ghanéens en 1960 et un peu moins du tiers en 1970. Au Congo, 41 % des ménages sont de ce type.

Les ménages où il n'y a pas de couple, mais seulement un adulte avec des enfants représentent 10 % au Tchad, dans les 12 % au Ghana en 1960 et 1970 et 5 % au Congo. Ce sont, très majoritairement, des ménages dont le chef est une femme. La polygamie "à distance" (une ou plusieurs épouses vivant séparément du conjoint) en est souvent l'origine. Les "isolés" eux représentent 1/6 à 1/5 des ménages selon les pays.

Quant aux ménages "étendus" qui regroupent des familles biologiques complètes (ou incomplètes) avec d'autres personnes, parents ou non, ils sont relativement peu fréquents (17 %) au Tchad, mais plus représentés dans les centres urbains (30 % des ménages). Au Ghana, ils passent de 30 % en 1960 à 36 % en 1980, dépassant à cette date les familles de type "nucléaire". Au Congo, ils sont aussi les plus nombreux (42 %). Ces unités domestiques élargies traduisent la circulation d'individus qui vont et viennent, soit pour des raisons de travail ou de scolarisation (jeunes), soit pour de simples raisons d'hébergement (parents âgés).

Tableau 16.2 : Composition des ménages dans quelques pays africains - Répartition de 100 ménages selon leurs caractéristiques.

Type de ménage	TCHAD		GHANA		CONGO
	Tchad 1964	dont centres urbains	1960	1970	1974
(1) 1 homme, sa ou ses femmes et éventuellement des enfants	61	52	37	32	40
(2) 1 homme, sa ou ses femmes et éventuellement des enfants et d'autres personnes	13	22	16	15	29
(3) 1 homme seul et éventuellement des enfants	1	1	2	3	1
(4) 1 homme seul et éventuellement des enfants avec d'autres personnes	2	3	8	8	6
(5) 1 femme seule et éventuellement des enfants	9	9	13	9	4
(6) 1 femme seule et éventuellement des enfants avec d'autres personnes	2	5	6	13	6
(7) isolés	12	8	18	20	14
TOTAL	100	100	100	100	100
Ménages de type famille biologique (1)	61	52	37	32	41
Ménages avec un seul parent et des enfants (3+5)	10	10	15	12	5
Ménages hébergeant d'autres personnes que la famille du chef (ménages étendus) (2+4+6)	17	30	30	36	42
Isolés (7)	12	8	18	20	14
TOTAL	100	100	100	100	100

Source : Recensements.

Au Nigéria, d'après l'enquête de fécondité de 1981, 20 % des ménages ne comprennent aucun noyau familial, 56 % sont de type nucléaire et 24 % s'apparentent à une famille élargie. Au Cameroun, au recensement de 1976, 19,4 % des ménages ne comprenaient aucun noyau familial, 73,8 % un seul noyau et seulement 6,8 % deux noyaux familiaux ou plus. *L'Afrique Centrale et de l'Est, pour autant que l'on puisse en juger par ces recensements, aurait une moins forte propension que l'Afrique de l'Ouest aux grandes unités domestiques, aux regroupements de plusieurs noyaux familiaux.*

Les quelques pays dont les statistiques permettent d'esquisser une typologie des familles ne distinguent pas ménages monogames et polygames. On dispose simplement de la répartition des chefs de ménage selon leur état matrimonial dans quelques pays, mais sans relation avec le type de famille qu'ils dirigent (tableau 3).

Parmi les chefs de ménage mariés, c'est au Togo que la proportion de polygames est la plus élevée (43,6 %) et parmi les Serer des villes sénégalaises de 1960 qu'elle est la plus faible (22 %).

2.3. Les ménages dans les concessions

Les concessions regroupent en général dans une même unité physique de résidence, matérialisée souvent par un enclos, des personnes et des ménages ayant un lien avec le chef de concession, qui peut être un lien de reproduction (père-fils par exemple) ou un lien de production (aide familial). Certaines ne dépassent guère la réunion des femmes et des enfants d'un chef de famille, d'autres regroupent jusqu'à 50 à 100 personnes. A l'intérieur de la concession, les liens entre le chef et les diverses unités domestiques sont très différents selon les sociétés. Ils peuvent être des rapports de dépendance étroite, notamment en matière de production (les différents membres de la concession consacrent une partie de leur temps à la culture de champs détenus par le lignage auquel appartient le chef de concession), ou des rapports limités à un contrôle du chef dans certaines circonstances (choix d'une épouse, litiges entre membres de la concession...).

Là où il existe, l'habitat de concession représente un lieu privilégié du contrôle social et le champ clos des rapports d'autorité

Tableau 16.3 : Répartition des ménages (%) selon le statut matrimonial du chef de ménage (Togo, Cameroun), l'ethnie et la résidence rurale ou urbaine (Sénégal).

Le chef de ménage est :	SENEGAL (1960)				TOGO (1970)	CAMEROUN (1976)
	Ethnie Serer villages	villes	Ethnie wolof villages	villes		
Monogame	68,9	62,4	63,4	49,8	40,2	53,8
Polygame	25,1	17,6	26,6	25,2	31,1	17,7
Homme non marié	2,0	4,1	2,8	4,2	12,5	14,8
Femme	4,0	15,9	7,2	29,8	16,2	13,7
Total	100,0	100,0	100,0	100,0	100,0	100,0
% de chefs polygames pour 100 chefs de ménage mariés	26,7	22,0	29,5	33,6	43,6	24,7

Source : Recensements.

et de dépendance, qui régissent les relations d'un individu avec un environnement familial au sens large. La concession, en tant que structure résidentielle, est fortement liée au mode de production rural. Mais c'est une entité de dimension très variable (tableau 4).

Tableau 16.4 : Concessions et ménages. Quelques statistiques des dernières observations disponibles en la matière.

Pays	Date d'observation	Nombre moyen de personnes par concession	Nombre moyen de ménages par concession	% de concessions ayant un seul ménage
Bénin	1960	12,2	2,7	-
Burkina Faso	1975	11,3	2,0	-
Burundi	1979	6,3	1,4	73
Gabon	1960	4,5	1,2	-
Gambie	1973	13,3	1,6	76
Ghana	1970	9,7	2,0	59
Guinée	1954-1955	11,5	2,1	-
Libéria	1962	8,3	1,9	-
Mali	1976	10,3	1,9	-
Mauritanie	1977	5,8	1,4	-
Niger	1959	6,6	1,6	63
Sénégal	1958-1959	8,6	1,9	-
Tchad	1964	4,6	1,1	93
Togo	1970	12,8	2,3	-

Source : Recensements ou enquêtes nationales

En Afrique Centrale, la concession est de dimension très modeste (4,5 personnes au Gabon, 4,6 au Tchad, 6,3 au Burundi) et elle regroupe rarement plus d'un ménage. *En Afrique de l'Ouest* en revanche, elle est plus importante (sauf en Mauritanie) et regroupe en moyenne de 9 à 13 personnes. Le nombre moyen de ménages par concession varie de 1,6 en Gambie à 2,7 au Bénin. Encore s'agit-il de moyennes nationales cachant bien des diversités.

2.4. Les chefs de ménage

Ce sont massivement les hommes qui sont chefs de ménage, avec cependant des exceptions notables : 29,5 % de chefs de ménage féminins au Kenya (1969), 28,6 % au Ghana (1970), mais par contre 5,1 % au Burkina Faso (1975) (tableau 5).

Les traditions matrilinéaires expliquent probablement en partie la forte proportion de chefs de ménage féminins dans certains pays, mais il faudrait des statistiques beaucoup plus précises par groupe ethnique pour en juger véritablement. Une constante en tout cas : la taille moyenne des ménages dont le chef est une femme est partout inférieure à celle des ménages dirigés par un homme. Alors que, pour les hommes, c'est le mariage qui est la porte d'entrée aux responsabilités du ménage, pour les femmes c'est "l'après-mariage". Les femmes chefs de ménage se recrutent surtout parmi les veuves et les divorcées d'un certain âge (au-delà de 45 ans). Au Ghana, par exemple, 45 % des femmes de plus de 55 ans sont chefs de ménage. La polygamie "à distance" est aussi l'occasion pour une femme de créer sa propre unité de résidence, et il est assez fréquent dans les villes de rencontrer ce type d'arrangement domestique. Les co-épouses n'habitent plus, comme au village, dans la concession du mari ; chacune a un logement séparé que le mari visite tour à tour. Il est donc possible que la proportion de femmes parmi les chefs de ménage augmente à l'avenir, comme cela a été le cas au Ghana et au Togo entre 1960 et 1970 (tableau 5).

Par ailleurs, l'âge moyen auquel un homme devient chef de ménage est assez élevé. En effet, c'est souvent sa première union qui déclenche la constitution de son propre ménage, et partout en Afrique l'âge au mariage des hommes est tardif. Ce décalage d'âge au mariage entre hommes et femmes est la pièce maîtresse des rouages complexes de la polygamie (G. Pison, 1986).

Pour être chef de ménage, un homme, à moins de départ loin de sa famille, doit prendre femme. Il faut pour cela qu'il amasse la compensation matrimoniale à donner à la famille de son épouse. Cette "économie" est assez souvent constituée par le père (ou les oncles) du candidat au mariage[5] ou accumulée en partie par lui-même, ce qui peut exiger plusieurs années de travail. Sous une forme ou sous une autre, le jeune homme doit respecter un parcours d'obstacles avant de devenir chef de ménage. A moins d'une mort prématurée, le but finit toujours par être atteint (mariage généralisé des hommes comme des femmes), mais le délai pour y parvenir peut être long.

Tableau 16.5 : Proportion des chefs de ménages féminins pour 100 ménages dans quatorze pays.

Pays	1960-70	1970-80
Burkina Faso	-	5,1
Côte d'Ivoire - Abidjan	6,3	10,5
Ghana	25,7	28,6
Mali	-	15,1
Togo	13,6	16,2
Burundi	-	23,1
Comores	-	16,3
Kenya	-	29,5
Réunion	-	23,7
Rwanda	-	25,1
Cameroun	-	12,9
Congo	-	14,6
Gabon	8,0	-
Ouest-Zaïre	-	28,9

Sources : Recensements et enquêtes censitaires.

3. LA CIRCULATION DES ENFANTS ET DES INDIVIDUS

Très souvent, nous l'avons vu à partir de quelques pays (tableau 3), un ménage ne se limite pas à un noyau familial, mais comporte aussi des personnes n'ayant pas un lien de filiation directe avec le chef de ménage : ascendants, oncles et tantes,

---

(5) Notamment à partir des sommes qu'il a reçues à l'occasion du mariage d'une fille.

cousins, neveux, autres personnes apparentées ou non. Les traditions lignagères, selon lesquelles un enfant ne dépend pas seulement de ses parents biologiques mais de l'ensemble du segment de lignage, favorisent *la "circulation" des jeunes d'un ménage à l'autre. Tous les adultes y ont intérêt.* Pour les parents directs, ce peut être un moyen de se délester d'une partie de la "charge" de leurs descendants, lorsqu'ils en ont un grand nombre. Pour ceux qui accueillent un neveu ou une nièce, un cousin, etc... c'est l'occasion non seulement d'avoir une main-d'oeuvre auxiliaire, mais aussi de se constituer un capital de reconnaissance de la part de l'enfant ou du jeune adulte hébergé. Les adultes ont intérêt à répartir leur capital-vieillesse, essentiellement constitué des dettes que les jeunes contractent à leur égard, soit qu'ils aient été hébergés, soit qu'on leur ait affecté quelque parcelle de terre, soit encore qu'on les ait aidés à amasser une compensation matrimoniale (O. Franck, 1985).

Les descendances sont nombreuses, les enfants d'un même homme naissent sur une période très étendue (il n'est pas rare que 20 ans séparent l'aîné du benjamin), et les règles impérieuses d'entraide entre germains d'un même père sont toujours en vigueur. Les aînés sont donc assez souvent amenés à héberger et à participer à l'éducation, voire la scolarisation, des cadets. Les enfants, même très jeunes, peuvent être confiés à un ménage autre que celui de leurs parents (P. Antoine, 1983 ; O. Franck, 1985).

Au Sud-Togo par exemple (T. Locoh, 1985), 20 % des enfants de moins de 15 ans vivaient ailleurs que dans la concession de leur mère. La séparation de la mère et de son enfant n'est donc pas un phénomène rare. Les raisons invoquées pour ces séparations sont la scolarisation, l'apprentissage ou l'emploi (les enfants deviennent auxiliaires familiaux chez un autre membre de la parenté). De même à Abidjan, P. Antoine et A. Guillaume (1985) soulignent l'ampleur du phénomène des *enfants confiés.* La fonction d'hébergement y est d'ailleurs d'autant plus importante que le ménage est aisé.

Cette circulation individuelle, de pratique courante en Afrique, ne concerne pas seulement les enfants, mais aussi les jeunes adultes et les adultes. Au Ghana, d'après le recensement de 1970, c'est à peu près un quart de la population qui vit dans un ménage qui n'est pas son propre "noyau familial". Au Kenya

(1969), cette proportion est de 25,6 % pour l'ensemble du pays et de 37,4 % pour la capitale Nairobi. Les "dépendants" d'un ménage vont avoir des statuts plus variés que dans les ménages nucléaires. Les rôles familiaux sont donc eux aussi plus diversifiés à l'intérieur même d'une unité domestique.

Dans les sociétés où ménage et famille nucléaire s'identifient, certains rôles familiaux ne sont joués au sein de l'unité domestique que durant des périodes limitées du cycle de vie. Par exemple, on est frère ou soeur au sein d'une famille où l'on grandit, mais, devenu adulte, on sera frère ou soeur "à distance", ce qui change la façon dont on vit ce rôle familial spécifique. *Dans les familles africaines, les séquences du cycle de vie pendant lesquelles on est défini dans l'unité domestique par tel ou tel rôle familial, sont moins séparées, moins nettement définies par l'âge.*

Dans une famille nucléaire, chaque individu a, envers les autres membres de son unité de résidence, deux rôles familiaux principaux, l'un dans sa propre génération, l'autre dans la génération qui le précède ou le suit selon sa position. Par exemple, un homme adulte sera mari et père, un enfant sera fils et frère. Dans les familles non nucléaires, les rôles sont plus diversifiés. Un homme adulte peut être, par exemple, mari, père, fils (si son père réside dans son ménage), neveu ou oncle... A chacun de ces rôles, ses obligations et ses "bénéfices", dans leur exercice à l'égard des autres membres de l'unité domestique. Les réseaux de relations, au sein même de la vie quotidienne, des arrangements de case, de partage des repas, ont une grande complexité, mais aussi une réserve de souplesse. Cette multiplicité de rôles porte en germe une multiplicité de problèmes. Chacun doit "négocier" entre ses différentes obligations à l'égard des autres membres de la famille. On comprend que les "conseils de famille" soient une nécessité pour mettre de l'ordre périodiquement dans les relations interfamiliales et intra-ménages notamment. Mais les relations interindividuelles n'ont pas ce caractère intense, souvent exclusif, dyadique entre deux personnes. Il y a beaucoup de relations de "rechange". Un père et un fils s'opposent ? Catastrophe et conflits en cascade dans un ménage où leur face à face est inéluctable, conflit mineur dans un ménage où un oncle, un grand-père, un cousin peuvent offrir des "relations de rechange" entre un jeune et la génération des adultes.

Ce que jusqu'à maintenant nous avons présenté ne donne certainement pas une image exhaustive de toutes les familles africaines, mais certaines des caractéristiques observées se retrouvent dans la plupart des pays et confirment les observations approfondies des anthropologues.

4. CLES POUR L'ANALYSE DES STRUCTURES FAMILIALES

Pour avoir une "grille de lecture" de la dynamique des familles africaines en fonction des changements économiques, démographiques et culturels qui les affectent, on ne peut se contenter d'observer "la famille africaine" comme un tout. Dans les changements éventuels, certaines options des familles africaines sont plus affectées que d'autres, divers aspects de la, si mal dénommée, modernisation peuvent agir de façon antagoniste sur des éléments différents, produisant un résultat nul[6]. Il faut donc essayer d'identifier, pour chacun des traits les plus importants des structures familiales actuelles, l'effet des changements déterminants auxquels elles sont affrontées.

Sept variables principales rendent compte, nous semble-t-il, de l'état et du fonctionnement des structures familiales africaines. Certaines font déjà l'objet d'autres chapitres de cet ouvrage (polygamie, fécondité élevée, inégalité des statuts masculins et féminins), et nous ne rappelerons que pour mémoire leur importance dans l'analyse des changements qui affectent les familles africaines.

---

(6) Un exemple souvent cité est celui de l'influence de l'urbanisation sur la descendance des femmes : celles-ci peuvent aspirer à des comportements nouveaux en matière de fécondité, sous l'effet de la scolarisation ou du mode de vie urbain. Parce qu'elles sont influencées par des nouveaux idéaux, elles abandonnent aussi certaines traditions (l'abstinence et l'allaitement notamment) qui assuraient un étalement des naissances. Leur effort pour adopter des modèles nouveaux de vie familiale, peut-être même pour recourir à la contraception, sera contrebalancé par l'effet négatif de l'abandon des anciennes pratiques.

L'organisation familiale préférentielle est celle des grandes unités domestiques

Les statistiques disponibles montrent bien que si les grandes familles ne sont pas partout la règle, si elles deviennent rares dans certains quartiers urbains, elles restent pourtant largement dominantes dans les campagnes. Dans les villes, elles subsistent sous la forme de ménages avec un noyau familial et des éléments isolés qui viennent s'y rattacher, plus que sous forme d'un agrégat de noyaux familiaux. L'examen de l'Atlas ethnologique de G.P. Murdock (D. Tabutin, 1986) montre que la famille étendue prévaut dans 45 % des sociétés africaines, et la famille polygame avec logement séparé des épouses dans 43 % des cas observés.

La forte fécondité reste un objectif prioritaire

Cette "option" pour les descendances nombreuses n'est que rarement mise en cause, même en cette fin du vingtième siècle. De nombreux auteurs (J. Caldwell, 1977 ; E. Boserup, 1985) ont analysé les raisons objectives qui poussent les familles africaines à préserver une forte fécondité. La remarquable stabilité des niveaux de la fécondité, voire leur augmentation là où l'infécondité a regressé, est la preuve que les normes ou valeurs familiales continuent à favoriser cet objectif.

Les familles sont des unités de reproduction, mais plus généralement des unités économiques assurant la production et la répartition du revenu

Tous les travaux des anthropologues et des économistes attestent le rôle éminent des familles dans l'organisation de la production agricole (E. Boserup, 1985) et de la production artisanale urbaine. Quant au rôle de répartition du revenu, on peut dire que les familles en assument l'essentiel, notamment entre actifs et inactifs d'une même famille. Les institutions de répartition et de protection, telles que la Sécurité Sociale, n'existent qu'à l'état symbolique dans la plupart des pays. Les structures familiales ne sont pas sous la dépendance exclusive de leur fonction de reproduction.

Les solidarités lignagères l'emportent sur les solidarités conjugales

Le précepte biblique pour le candidat au mariage, "tu quitteras ton père et ta mère", n'est pas la règle générale en Afrique. Et même si le mariage crée une unité domestique indépendante, la solidarité de chacun des époux envers son propre lignage maintient, dans ces nouvelles unités, une séparation en général rigoureuse des biens et une "paix armée" à base de méfiance : la lignée a le pas sur l'alliance, dans la variante matrilinéaire comme dans la variante patrilinéaire de la famille. Une alliance fait partie de la stratégie d'un groupe familial, bien avant d'être l'accord entre deux partenaires. L'union polygamique, fondée sur l'inégalité de statut entre époux, privilégie les objectifs du lignage au détriment de la solidarité au sein d'un noyau conjugal.

L'union s'inscrit dans la perspective polygamique

Rendue souhaitable par diverses contraintes de l'environnement, notamment le niveau très élevé de la mortalité et la nécessité de grandes unités domestiques associant reproduction et production, la polygamie, bien qu'elle soit loin d'être généralisée, demeure la "perspective" de toute union. Même non réalisée, elle reste présente dans l'esprit des partenaires, et donne une marque très particulière aux relations conjugales et plus généralement aux relations d'alliance (tableau 6, col. 3). Celles-ci sont toujours vécues et interprétées en fonction de l'option possible pour la polygamie. La séparation poussée des biens en est une expression, même dans les "couples modernes".

Compte tenu de la relative parité d'effectifs masculins et féminins, le régime polygamique suppose, pour fonctionner harmonieusement, un écart élevé d'âge au premier mariage des hommes et des femmes (G. Pison, 1986). Les jeunes filles entreront en union peu après l'âge de la nubilité : à 20 ans, près de 30 % des femmes africaines ont déjà eu au moins un enfant et à 20-24 ans, 80 % au moins sont mères de famille (tableau 7). Pour les jeunes hommes au contraire, l'entrée en union sera tardive (entre 25 et 30 ans en moyenne). Cette obligation préalable qu'est la constitution de la "dot" est un grand régulateur de l'accès des hommes aux

Tableau 16.6 : Ecarts d'âge entre époux et proportions des épouses en union polygame dans onze pays africains.

Pays	Dates	(1) Ecart d'âge entre époux (en années)	(2) % des écarts égaux ou supérieurs à 10 ans	(3) % des épouses en union polygame
Bénin	1981	-	-	46
Cameroun	1978	-	36	40
Côte d'Ivoire	1980-81	-	55	41,4
Ghana	1979	12,7	-	34,5
Kenya	1977-78	-	41	30
Lesotho	1978	-	25	8,5
Mauritanie	1981	10,7	-	18
Nigéria	1980	-	-	42,6
Rwanda	1983	-	21,2	18,4
Sénégal	1978	-	-	48,5
Soudan	1979	9,9	-	16,8

Sources : Enquêtes nationales de fécondité.

Tableau 16.7 : Proportions (%) des femmes de 15 à 24 ans qui se sont mariées avant 15 ans et proportions des femmes déjà mères de famille à 15-19 et 20-24 ans (six pays).

Pays	% de femmes mariées avant 15 ans	% de femmes ayant au moins 1 enfant à	
		15-19 ans	20-24 ans
Bénin	9	25,2	81
Cameroun	21,1	31	80
Côte d'Ivoire	18,5	41,1	87,7
Ghana	9,3	21,3	75,9
Nigéria	33,9	24,7	74,5
Sénégal	27,2	34,7	79,4

Sources : Enquêtes nationales de fécondité.

femmes. Tout cela donne de grands écarts d'âge au premier mariage entre époux (tableau 6).

Le contrôle des anciens sur les jeunes est de règle dans la reproduction comme dans la production

Les familles africaines, avec des nuances selon les sociétés, ont une dérive gérontocratique. Les anciens contrôlent l'accès des jeunes à la fonction de reproduction par le système de la compensation matrimoniale. En mariant leurs filles précocement, ils maximisent le temps de reproduction, nouent des alliances avec d'autres lignages et acquièrent une compensation matrimoniale qui servira à acquérir des jeunes femmes pour leurs fils. En aidant leurs fils à accumuler la compensation matrimoniale, ils restent maîtres de l'accès aux femmes et en contrôlent là encore le choix en fonction de la stratégie du lignage. On retrouve, dans l'écart d'âge au mariage des époux, l'existence de freins aux libres décisions de jeunes adultes et celle d'une concurrence entre célibataires jeunes, candidats à la première union, et maris plus âgés, candidats à une union polygame. Ce contrôle s'exerce également au niveau de la production, puisque ce sont les anciens du lignage qui apportent les terres disponibles aux producteurs et qui accumulent une partie des surplus en vue de leur répartition familiale (A. Mignot, 1985).

Les relations entre hommes et femmes sont inégalitaires

Rappelons simplement quelques aspects démographiques de ces inégalités[7]. Les cycles de vie familiale, marqués par un fort décalage d'âge d'entrée dans la vie reproductive, infléchissent les rapports entre époux. De ce seul fait, l'épouse a déjà un statut de dépendance envers l'époux. Situation traduite par de nombreuses prescriptions et interdits visant à inscrire dans les faits l'infériorité féminine : il y a parfois toute une gestuelle des rapports quotidiens entre époux (ne pas regarder son mari dans les yeux, lui parler à la troisième personne, se tenir éloignée à certaines périodes), sans parler des mutilations physiques imposées aux femmes dans une partie de l'Afrique. C'est souvent

---

(7) Ce problème est développé par C. Oppong dans le chapitre 15 de cet ouvrage.

en avançant en âge que la femme peut améliorer son statut : une mère de famille nombreuse a du prestige et une femme âgée peut, plus facilement qu'une jeune, vivre en quasi-autonomie. La mobilité conjugale est aussi une arme dans les mains des femmes. Leur instabilité matrimoniale, dans certaines sociétés, est le juste pendant de la polygamie, qui, elle aussi, renforce le rapport inégalitaire entre hommes et femmes. Par ailleurs, les femmes sont rarement associées aux partages des biens d'un ascendant défunt. Inégalités enfin au regard des travaux à accomplir au sein du groupe familial : les femmes ont des tâches beaucoup plus lourdes et nombreuses que les hommes (B. Antheaume, 1974 ; J.P. Dozon, 1985).

5. QUELS CHANGEMENTS DANS LES STRUCTURES DES FAMILLES ?

Chacune de ces grandes caractéristiques actuelles des structures familiales peut être ou non affectée par des changements de la société. Nous voudrions ici esquisser l'analyse de leur évolution en fonction de cinq facteurs de changement qui paraissent essentiels : 1) la baisse de la mortalité, 2) le recul de la production agricole traditionnelle et l'émergence de nouveaux modes de production, 3) l'intensification des migrations et l'avènement d'un mode de vie urbain, 4) l'accès à la scolarisation et 5) l'émergence de nouveaux modèles familiaux, par le biais des contacts avec les autres cultures et le véhicule des religions, des législations et des moyens d'information.

5.1. La baisse de la mortalité

Les niveaux élevés de mortalité observés en Afrique Noire jouent un rôle important dans l'organisation des structures familiales, et certaines règles qui les régissent en sont une réponse directe ; par exemple le lévirat, qui prévoit le remariage automatique ou préférentiel des femmes avec l'un ou l'autre frère du mari défunt, ou encore les règles, souvent très strictement définies, de la prise en charge de l'enfant orphelin. La baisse de la mortalité observée, au moins dans certains pays et avec les inégalités que l'on connaît, interfère sur les relations entre conjoints, entre parents et enfants, entre générations. Comme la survie des individus, la survie des structures qui les réunissent dépend de l'évolution de la mortalité.

La très forte mortalité de la petite enfance en Afrique entretient l'obsession des parents en faveur des descendances nombreuses : il faut avoir beaucoup d'enfants parce que certains vont mourir en bas âge. Dans toutes les sociétés à forte mortalité, l'exigence est la même. Les Africaines perdent en moyenne un enfant sur quatre avant 5 ans, mais dans certaines régions rurales, c'est un enfant sur deux qui disparaît dans l'enfance. Toute amélioration de l'état sanitaire permet, toutes choses égales par ailleurs, de couvrir des objectifs de croissance de la famille identiques avec une descendance moins nombreuse.

Il est facile de l'illustrer avec des modèles. Fixons un objectif arbitraire : un homme qui se marie vers 26 ans souhaite être "remplacé" à son 60ème anniversaire par deux garçons. Il devra pour ce faire avoir au moins 8 enfants si la mortalité est très forte (espérance de vie de 30 ans), mais seulement 5 si la mortalité est passée à un niveau plus favorable (espérance de vie de 56 ans). A son 60ème anniversaire, un père ayant engendré 7 enfants en aura en moyenne 3,66 encore en vie dans la première hypothèse et 5,93 dans la seconde[8].

On observe généralement qu'une baisse de la mortalité est un préalable nécessaire, mais non suffisant à une baisse de la fécondité. Dans un premier temps, une amélioration des conditions sanitaires peut même avoir un effet positif sur la fécondité en diminuant les risques d'infécondité pathologique ; c'est ce qui se passe actuellement dans certaines populations africaines, comme au Zaïre occidental par exemple (D. Tabutin, 1982).

Par ailleurs, lorsque la mortalité est très élevée, comme elle l'est encore dans bien des régions rurales africaines, la probabilité pour un enfant de devenir *orphelin* est forte. Toute baisse de la mortalité retardera l'âge moyen auquel un enfant ou un jeune est

---

(8) Pour plus de détails sur ces relations entre mortalité et structures familiales, voir T. Locoh (1978).

privé de ses parents[9]. Confier l'entretien des enfants à leurs seuls géniteurs est donc un "risque" dans les sociétés à forte mortalité, et on comprend qu'il y ait de nombreuses normes qui prévoient à qui seront confiés les enfants en cas de décès d'un parent. Le lignage peut, si nécessaire, se substituer aux parents biologiques. Le décès n'est d'ailleurs pas le seul cas où la famille étendue doit suppléer l'absence des parents : les migrations de travail posent le même type de problème.

L'ascendant des anciens sur les jeunes, maître mot du contrôle social en Afrique, devient plus pesant quand on passe d'une mortalité très élevée à une mortalité plus faible : *le temps de coexistence des générations successives est allongé*. Pour un homme, devenir orphelin plus tard signifie aussi, dans les cas de famille étendue en cohabitation, accéder plus tard au statut de chef de concession ou de chef de famille.

Enfin, en matière d'unions, le premier effet auquel on pense quand la mortalité baisse est une *diminution du veuvage*, mais dans le cadre de la famille polygame, cela donne des effets plus complexes : la mort d'un homme fait plusieurs veuves d'un coup, la mort d'une femme peut faire un veuf, mais aussi ramener un polygame... à l'état de monogame. En termes de stocks disponibles, compte tenu de l'écart élevé d'âge au premier mariage des hommes et des femmes, l'effet de la mortalité est très inégal selon le sexe : il y a beaucoup plus de veuves que de veufs remis sur le marché matrimonial. La baisse de la mortalité atténuera cet effet.

Il est évident que l'évolution de la mortalité aura aussi des répercussions sur *la durée de vie des couples* : par exemple dans notre modèle de formation des couples (T. Locoh, 1978), au 50ème anniversaire de l'épouse, la proportion des couples où survivent les deux partenaires passe de 28 % quand la mortalité est forte (espérance de vie de 30 ans) à 64 % quand la mortalité est plus faible (espérance de vie de 56 ans).

En conclusion, les effets de la baisse de la mortalité sur la croissance démographique sont bien connus, mais ses conséquences sur l'organisation familiale sont moins bien perçues et étudiées, alors qu'elles sont, elles aussi, prévisibles.

---

[9] Cet âge passe de 22,5 ans en moyenne à 30,8 ans si l'espérance de vie masculine passe de 30 à 56 ans (T. Locoh, 1978).

5.2. Les nouveaux modes de production et d'accès aux revenus

En Afrique, *la production reste encore largement une production d'auto-consommation vivrière.* La mise en valeur de la terre, avec peu de recours encore à la traction animale ou à la mécanisation, favorise le maintien de grandes unités familiales, réunissant sous une même autorité des groupes organisés pour la production. C'est très souvent une production extensive, sur des terres qui sont l'apanage d'un groupe lignager, celui-ci prenant les décisions d'affectation des terres aux segments du lignage en fonction de leurs besoins démographiques. L'existence de terres en friche permet aux groupes les plus nombreux de puiser dans la réserve lignagère. Les aléas du climat imposent aux travaux des champs des rythmes rigoureux et la demande de main-d'oeuvre est très variable au cours de l'année. C'est le groupe qui peut rapidement mobiliser le plus grand nombre de travailleurs dans le laps de temps le plus favorable (le début de la saison des pluies) qui fera les meilleures récoltes.

Cette organisation de la production privilégie les groupes de producteurs nombreux et solidaires. Le pouvoir y est détenu par les anciens qui contrôlent en grande partie l'accès aux terres et la répartition de ses produits. Un peu partout, *on observe des brèches dans ce système de production, voire sa disparition au profit d'une appropriation privative des terres par les segments de lignage et leur transmission de père à fils ou d'oncle à neveu.* A cela, qui touche les milieux ruraux les plus traditionnels, il faut ajouter *les nouvelles pratiques culturales développées dans les économies de plantation.* Les terres sont appropriées et les cultures destinées à une utilisation exogène. La production n'est plus utilisée directement (en auto-consommation), mais vendue, transformée en salaires et revenus commerciaux. Les surplus échappent largement au contrôle des anciens de la communauté (J.P. Dozon, 1985). Enfin, *les nouveaux secteurs de l'économie, industrie et services, se développent dans les villes,* où sont distribués des revenus individuels dépendant de la qualification des travailleurs et non de leur position hiérarchique dans un groupe domestique.

Parmi les nouveaux modes de production urbains, certains empruntent cependant beaucoup aux anciens modes de la production vivrière ; c'est le *secteur informel de l'économie* où de petits entrepreneurs, artisans ou commerçants développent une activité de services organisée à partir de la famille et de la parenté. Ce secteur est favorable, comme la production vivrière traditionnelle, à une nombreuse descendance qui maintient une disponibilité de travailleurs familiaux sous-payés.

Néanmoins, dans leur ensemble, les nouvelles activités économiques sont plus neutres à l'égard de la grande famille. *La fonction de reproduction devient indépendante des objectifs de production.* L'unité domestique perd peu à peu son rôle dans la production et la distribution des moyens de production, ainsi que dans le contrôle de l'activité productive des individus. On n'en arrive pas pour autant encore à des familles de type nucléaire. L'accueil de dépendants reste une source de prestige même pour les cadres instruits des villes, et soit par choix, soit par suite de pressions, les ménages dont les revenus proviennent du secteur moderne de l'économie assurent encore largement un rôle de répartition du revenu, sous la forme par exemple de l'hébergement familial qui est de tradition en Afrique[10].

La rémunération de la production sous forme de salaires, et non plus de produits, renforce la maîtrise du travailleur sur le fruit de son travail et diminue le contrôle traditionnel des anciens de la famille sur les jeunes. *Des bouleversements sont en germe dans la répartition des pouvoirs et des devoirs au sein de la famille. Mais on n'en est pas à l'abandon des anciennes solidarités.* Bien entendu, il existe le cadre "enrichi" qui oublie sa famille au village et entasse magnétoscopes et chaînes hi-fi dans sa luxueuse villa, mais cela reste l'exception. Il est bien plus fréquent de rencontrer des petits employés harcelés de soucis financiers, voire de dettes, parce qu'ils n'arrivent pas à satisfaire toutes les

---

(10) A Abidjan (recensement de 1975) comme au Rwanda (recensement de 1978), c'est parmi le personnel administratif et les cadres que l'on trouve les chefs des ménages les plus grands en moyenne, comme c'était le cas au Gabon en 1961. Au Togo (recensement de 1970), si les cadres ont des ménages un peu moins nombreux (5,9), les agriculteurs et le personnel administratif sont en revanche à égalité : 6,8 personnes par ménage en moyenne. Au Congo (recensement de 1974), les chefs de ménages qui hébergent, en plus de leurs descendants directs, d'autres personnes, apparentées ou non, sont plus nombreux parmi le personnel administratif (54 %) et les cadres (55 %) que chez les agriculteurs (36 %).

exigences de cousins, oncles, frères et soeurs dont ils sont tenus, par la tradition familiale, de s'occuper.

Souvent, ce sont les épouses qui sont les perdantes dans la compétition entre les devoirs familiaux de leur mari : ceux qu'ils doivent à leur lignage sont parfois mieux préservés que ceux qu'ils doivent à leur propre noyau familial. Dans la société villageoise, la femme était intégrée au groupe productif familial. Même si elle avait son propre champ, elle participait aussi de façon spécifique (semences, sarclage) au cycle des récoltes, avait parfois ses propres cultures et ses prestations étaient accompagnées de contre-prestations (partie de la récolte, dons en nature). *Dans les nouveaux secteurs de production, la séparation des activités productives de l'homme et de la femme est de toute évidence plus poussée.*

De même, les jeunes vont disposer d'une relative autonomie financière, grâce à des revenus plus ou moins réguliers, alors que dans la famille traditionnelle, c'étaient les anciens qui canalisaient tout le revenu de la production et le redistribuaient en cascade à leurs nombreux dépendants.

Ainsi, des transformations de l'activité économique on peut dire qu'elles distendent les liens entre maris et épouses. Il y a des aspects négatifs : le mari peut esquiver sa responsabilité à l'égard du noyau familial mère-enfants. Mais il y a aussi une contre-partie positive : les femmes investissent des emplois tertiaires dont elles tirent de petits profits. Elles ont alors une autonomie moins précaire que celle du travail traditionnel aux champs, où le plus souvent elles dépendent complètement de l'unité de production lignagère.

5.3. La migration et l'urbanisation intenses

La migration, d'une zone rurale à une autre ou de la campagne vers la ville, à l'intérieur d'une région ou à des milliers de kilomètres, affecte la vie quotidienne de toutes les familles africaines. Rares sont celles qui restent à l'écart de ces redistributions, temporaires ou durables, de la population. Recherche d'emploi pour beaucoup (Burkinabé en quête de travail en Côte d'Ivoire, Ghanéens délaissant leur pays exsangue pour le pétrolifère Nigéria, ruraux en route vers une mythique métropole), mais aussi mouvements de catastrophe, de panique et de fuite (affamés du Sahel agglutinés à la périphérie des villes, réfugiés fuyant des guerres fraticides[11]). C'est l'un des facteurs de changement les plus flagrants de l'Afrique d'aujourd'hui.

Au regard du mode de vie habituel en grandes unités domestiques, la migration a des effets complexes, différents pour les zones de départ et les zones d'accueil. Contrairement à ce qu'on pourrait croire, la migration n'a pas toujours pour effet de multiplier les isolés ou de fragmenter les grandes familles. Elle peut se traduire aussi par l'accroissement d'une cellule familiale qui accueille le migrant dans la zone d'arrivée, ou de celle qui, dans la zone de départ, accueillera pour la période de migration l'épouse et les enfants d'un chef de ménage qui entreprend un voyage. Souvent, les migrations rurales-rurales sont le fait d'un noyau familial qui se détache d'une grande unité domestique pour cultiver des terres disponibles. Dans ce cas, se produira une nucléarisation temporaire de la famille migrante et une diminution de l'unité domestique d'origine (D. Benoit et al., 1983). S'il s'agit de migrations individuelles, selon que la société permet aisément ou non à un isolé de créer une cellule autonome, on aura accroissement ou diminution de la taille des ménages. Cette complexité des effets explique que les statistiques de certains pays n'aillent pas dans le sens attendu d'une diminution de la taille des ménages ou des concessions quand on passe du milieu rural au milieu urbain.

Quant *aux relations entre urbanisation et baisse de la fécondité,* selon les résultats des enquêtes récentes de fécondité, il semble prouvé que la relation entre migration urbaine et déclin de la fécondité n'est ni automatique, ni directe. L'influence de l'urbanisation passe par l'adoption de nouveaux comportements en matière d'entrée en union (plus tardive), d'allaitement et d'abstinence. Les analyses approfondies, menées par exemple sur le Sénégal (Y. Charbit et A. Sadio, 1985), montrent bien que, si la fécondité générale est plus élevée en milieu rural qu'en milieu urbain, la fécondité légitime est la même. C'est donc le comportement matrimonial qui, jusqu'à présent, différencie ville

---

(11) Ils seraient, selon le Haut Comité des Nations Unies pour les réfugiés, cinq millions en Afrique.

et campagne, plus que le comportement procréateur au sein de l'union.

Dans certaines régions rurales densément peuplées, les mouvements migratoires sont à la fois une des conséquences de la croissance démographique (les terres du lignage sont insuffisantes et certains doivent partir) *et l'une des causes de son maintien* : la solution de l'émigration se substitue à la solution du contrôle de la fécondité (T. Locoh, 1984). Au niveau collectif, les migrations, en contribuant à une répartition plus efficace des producteurs sur les lieux où la terre est disponible, ou vers les villes où seront accessibles des revenus salariés, permettent de maintenir la préférence pour la forte fécondité et les comportements de nuptialité qui lui sont favorables.

La migration se nourrit aussi très souvent des réflexes de solidarité de la famille. Le migrant ou le ménage migrant utilise, chaque fois que cela est possible, les médiations familiales, à la fois à l'arrivée, pour héberger les nouveaux venus, et au départ, pour protéger les membres de la cellule familiale privés du soutien du migrant. Les familles '"urbanisées" ne sont pas coupées des familles du village, comme on le croit parfois. Il n'est pas rare de voir un étudiant entretenir plusieurs personnes de son village avec sa bourse ou, à l'inverse, une famille rurale prélever sur ses maigres surplus pour envoyer de la nourriture à l'un de ses "dépendants" au chômage en ville. *Les réseaux de solidarité entre villes et campagnes et les normes d'assistance* sont si vivaces que plus d'une famille de la ville est écrasée des charges familiales diverses auxquelles elle ne peut se soustraire.

Néanmoins, la migration, parce qu'elle introduit la distance, rend plus difficile les contrôles traditionnels qu'exerçaient les dominants sur les dominés dans la famille. Ainsi, les jeunes échappent d'une certaine façon au contrôle des anciens, et les femmes de leur côté peuvent trouver dans le départ (le leur ou celui de leur mari) un gain relatif d'autonomie.

5.4. La scolarisation croissante

Bien souvent, la migration, surtout sous sa forme de l'exode rural, a pour origine une scolarisation qui, même embryonnaire, crée des aspirations nouvelles. Le fait de vivre en ville coïncide souvent, lui aussi, avec l'accès à l'école. C'est pourquoi on a parfois du mal à distinguer, dans les changements sociaux, les effets de la migration urbaine et ceux de la scolarisation.

Les effets de la scolarisation sur les structures familiales sont de plusieurs types. Il y a l'aspiration à scolariser les enfants qui entraîne des "circulations" d'enfants, des répartitions des charges d'éducation... et le niveau d'éducation des adultes qui peut modifier leur comportement familial. Par le biais de la migration et de l'accès aux nouveaux modes de production, dont elle est souvent le catalyseur, la scolarisation a certainement un effet négatif sur l'adoption d'un mode de vie en grandes concessions, mais ses effets sur la taille moyenne des ménages, unités plus restreintes, sont moins évidents. Nous avons déjà souligné que, dans les villes, ce sont souvent les ménages les plus aisés qui, parce qu'ils en ont les moyens, sont conduits à accueillir le plus grand nombre "d'alliés", notamment des enfants de la famille à scolariser. Même si un bon niveau d'éducation induit chez les adultes une aspiration à un style de vie plus proche de la famille nucléaire, les normes de l'entourage peuvent plus ou moins s'y opposer. C'est peut-être ce qui explique que, d'après les quelques observations disponibles, l'effet du niveau d'instruction du chef de ménage sur la taille moyenne des ménages soit variable selon les pays.

En ce qui concerne la fécondité, la scolarisation induit certainement une tendance à la baisse au niveau des aspirations, mais son rôle effectif sur le niveau de la fécondité est actuellement ténu. Seules les femmes très instruites ont à la fois le désir d'une famille moins nombreuse et la capacité, intellectuelle et économique, de contrôler leurs naissances. Pour les hommes, l'incidence de l'éducation sur de nouvelles aspirations est peu connue (la fécondité est toujours abordée par des enquêtes auprès des femmes). Une nombreuse descendance reste dans l'ensemble une source de prestige et de reconnaissance sociale. Même pour un homme très instruit, ayant donc en général un revenu régulier, avoir beaucoup d'enfants reste souvent souhaitable. C'est plutôt parmi les salariés de bas niveau qu'une désaffection pour la famille nombreuse est perceptible depuis quelques années, en raison de la récession économique qui touche de plein fouet les petits emplois urbains. Mais leur capacité à réaliser cette aspiration est faible, parce que les moyens efficaces d'y parvenir sont rarement accessibles. A long terme cependant, la scolarisation des enfants suscite une augmentation du coût moyen d'éducation et devrait être favorable à une révision des modèles de descendance.

Dans le domaine de la nuptialité, la scolarisation a pour principal effet de retarder l'âge au mariage des femmes, très sensiblement chez les femmes très instruites, légèrement chez celles qui n'ont qu'une éducation primaire[12]. A moyen terme, un retard de l'âge au mariage dans une fraction importante de la population féminine aura un effet perturbateur sur le fonctionnement de la polygamie, et des réajustements devraient se produire : diminution du nombre moyen d'épouses par homme marié ou retard de l'âge moyen au premier mariage des hommes.

Enfin, l'école peut conduire à une remise en cause des statuts masculins et féminins. Certes la scolarisation est un des grands leviers dont disposent les Africaines pour secouer les traditions. Mais combien disposent de ce levier ? En effet, il ne suffit pas de deux ou trois années d'école. Seules celles qui ont un niveau d'instruction suffisant pour accéder à un emploi qui leur donne l'autonomie pourront éventuellement améliorer leur statut. Encore est-ce une condition nécessaire et non pas suffisante. Bien des femmes instruites continueront de se plier aux usages de leur culture, et accepteront le maintien total des prérogatives des hommes à leur égard. La scolarisation est un tremplin dans certains cas pour un changement social durable, mais là encore l'inégalité règne, car c'est essentiellement aux hommes qu'elle profite. Les filles entrent moins nombreuses à l'école et la quittent plus tôt, de même que l'abandon scolaire est plus fréquent chez elles.

5.5. Les nouveaux modèles familiaux

Les nouvelles familles, vivant sur le modèle nucléaire d'un couple très solidaire, ayant pour fonctions principales l'éducation d'enfants et l'épanouissement affectif des partenaires, sont

---

(12) Les enquêtes de fécondité permettent de vérifier cette affirmation. Un exemple, celui du Nigéria (1981) : l'âge moyen au 1er mariage est de 16,4 ans pour les illettrées, 17,4 ans pour les femmes ayant une scolarisation primaire et 19,5 ans pour celles qui ont au moins le niveau secondaire.

présentes en Afrique, mais restent une petite minorité. Elles sont proposées comme un nouveau mode de vie possible, voire souhaitable, par certaines institutions religieuses (les religions chrétiennes) ou par certaines législations[13]. La télévision et ses feuilletons importés, la presse dite du coeur, les chansons, le cinéma, tous les moyens d'information assurent la promotion du "romantic love" et de nouveaux codes amoureux. *La famille africaine, dont nous avons vu que les principes sont tout autres, se voit donc opposer un modèle concurrent qui a, lui aussi, ses "clés"* : choix personnel de l'époux, prééminence des intérêts de la cellule conjugale sur ceux de la famille au sens large, attention prioritaire sur les descendants immédiats, perspective monogamique.

L'influence que pourrait avoir ce nouveau modèle dépend de son acceptabilité dans un milieu donné, compte tenu des stratégies des groupes dominants. C'est bien évidemment dans les milieux urbanisés, vivant d'emplois non agricoles, qui ont déjà connu une certaine rupture avec les normes familiales les plus traditionnelles, que de nouveaux modèles commencent à être "essayés". Mais ils n'ont qu'une très faible répercussion sur les 80 % d'Africains qui vivent en milieu rural, d'agriculture d'auto-subsistance, dans des conditions d'environnement qui exigent de tous les membres d'une famille le respect de la stratégie du groupe pour sa survie. Les nouvelles législations peuvent ériger en loi la monogamie (en Côte d'Ivoire), l'héritage égalitaire des biens entre hommes et femmes (au Togo), cela n'a que peu de répercussions sur une grande partie de la population.

L'une des nouvelles aspirations familiales proposée avec insistance par les organismes de planification familiale est celle de *la limitation du nombre d'enfants*. Le moins qu'on puisse dire, c'est que les arguments de ces organismes ne pèsent pas lourd en face des multiples raisons qui incitent les familles à maintenir leur préférence traditionnelle pour une nombreuse descendance. La stabilité, quand ce n'est pas la hausse, de la fécondité en Afrique suffit à l'attester. Il faut pourtant reconnaître que l'aspiration à contrôler la descendance se fait jour dans certaines couches urbaines de la population, notamment parmi les familles

---

(13) Peu à peu, des codes de la famille, en général inspirés des législations occidentales, sont adoptés par les gouvernements africains.

subsistant de petits emplois du secteur moderne, touchées à la fois par les nouveaux modèles familiaux et par la récession des économies.

Les aspirations à de nouvelles relations entre époux, qui apparaissent déjà dans les milieux aisés des villes, suscitent à la fois de grands espoirs... et de grandes déceptions. De peur de tomber de haut, hommes et femmes ont tendance à dissocier relation amoureuse et relation durable. Les hommes inventent même de nouvelles formes de polygamie : une femme "légitime", conforme à la coutume ou aux injonctions familiales, n'empêche pas d'installer ailleurs des co-épouses affectivement plus "proches" (B. Lacombe, 1986). De leur côté, les femmes, même évoluées, sont nombreuses à opter pour le statut de co-épouse à distance, qui leur permet de préserver une relative autonomie et les garde d'investir trop intensément dans une relation de couple durable dont elles doutent que leurs partenaires soient capables. La méfiance, voire même la défiance, si fortement inscrite dans les relations entre époux, couve toujours à l'état latent, même dans les milieux les plus "évolués".

6. LES FAMILLES AFRICAINES DE DEMAIN

Les structures familiales africaines changent parce qu'elles s'adaptent aux transformations économiques, démographiques et sociales du continent. Ce faisant, elles abandonnent peu à peu certaines normes et valeurs, elles innovent aussi de nouvelles formes de vie en communauté. Certes, l'ouverture d'une partie de l'Afrique à des sociétés différentes, à travers le cinéma, la lecture, l'école, la télévision ou la religion, propose de nouveaux modèles d'organisation familiale. Mais loin de copier ces modèles venus de l'extérieur, la grande majorité trouve des chemins originaux, dans une pratique familiale mieux adaptée aux nouvelles conditions d'emploi, de production, d'éducation et de résidence.

Beaucoup d'observateurs venus d'autres cultures pensent les transformations de la famille africaine en termes d'opposition entre famille élargie et famille nucléaire, cette dernière représentant l'aboutissement des transformations à prévoir. Ce recours simpliste à une hypothèse ethnocentrique, celle d'une évolution linéaire de toutes les diversités familiales vers la famille nucléaire (parents-enfants), fait grand tort à la connaissance des structures familiales africaines.

L'examen attentif de la dynamique de ces structures familiales révèle pourtant des mécanismes complexes et ouvre d'autres perspectives que celle de la famille "à l'occidentale". Même à supposer que celle-ci devienne un jour la norme en Afrique, combien divers peuvent être les chemins qu'emprunteront encore plusieurs générations pour y parvenir ! Ce sont ces chemins qu'il importe de connaître, sans a priori perturbateur de l'analyse.

Dans l'évolution actuelle, *s'il y a abandon de certains éléments de la vie familiale d'hier, il n'y a pas rejet systématique des pratiques des générations précédentes, mais plutôt restructuration et adaptation à des réalités nouvelles.* La famille africaine mérite mieux qu'un discours nostalgique sur ses valeurs passées, ou impatient sur sa lenteur à entrer dans un moule à l'occidentale. Elle est partout présente et agissante dans les nouvelles formes de vie sociale. Prenons-en quelques exemples.

Devant l'accroissement dramatique des difficultés économiques, notamment en ville, ce sont les familles qui apportent les réponses les plus cohérentes. A y regarder de près, les solidarités, dont certains déplorent l'érosion, continuent à assurer à peu près intégralement la prise en charge des "dépendants", jeunes et vieux, à amortir les problèmes d'emplois urbains en créant des mini-emplois au sein de micro-entreprises familiales, à héberger les migrants, à redistribuer sous forme d'entraide familiale une fraction des revenus salariaux.

Les ménages dirigés "de facto" par une femme sont de plus en plus nombreux. Empruntant à la tradition matrilinéaire de certaines sociétés, à la pratique polygamique où chaque mère est responsable de ses enfants et à la norme assez générale de séparation des biens des époux, ils constituent une réponse, peut-être plus ou moins adaptée, aux migrations masculines et aux démissions paternelles assez répandues en ville. Les femmes ont des responsabilités accrues et des difficultés quotidiennes souvent écrasantes, mais une plus grande autonomie.

Les règles de solidarité à l'égard des anciens et du lignage ne sont pas aussi délaissées qu'on pourrait le penser. Bien sûr, les jeunes "émancipés" laissent percer une certaine lassitude à devoir aider une multiple parentèle, mais bien peu oseraient se dérober à ces obligations. L'entretien des parents âgés est toujours respecté.

Face aux mutations économiques, démographiques et sociales de l'Afrique contemporaine, qui remettent profondément en question les équilibres antérieurs, les familles apparaissent comme les structures les plus souples et les plus aptes à générer les adaptations nécessaires. Quand on mesure le rôle joué par les réseaux familiaux dans la prise en charge des faibles, des jeunes et des dépendants, dans la création d'emplois, dans l'innovation de normes culturelles, pour ne citer que quelques secteurs-clés, on est plus enclin à admirer leur vitalité qu'à atermoyer sur la perte des valeurs traditionnelles.

BIBLIOGRAPHIE

Antoine P. et Herry C., 1983, *Urbanisation et dimension du ménage. Le cas d'Abidjan*, Cahiers O.R.S.T.O.M., Série Sciences Humaines, vol. XIX, n° 3.

Antoine P. et Guillaume A., 1986, "Une expression de la solidarité familiale à Abidjan : enfants du couple et enfants confiés", in *Les familles d'aujourd'hui*, A.I.D.E.L.F., n° 2, pp. 289-297.

Antheaume B., 1974, *Contribution à la connaissance régionale du Sud-Est Togo, le territoire d'Agbetiko*, Lomé, Centre O.R.S.T.O.M.

Bartiaux F. et Tabutin D., 1986, "Structures familiales et transition démographique dans les pays en développement", in *Les familles d'aujourd'hui*, A.I.D.E.L.F., n° 2, pp. 245-262.

Benoit D., Levi P. et Vimard P., 1983, *Structures des ménages dans les populations rurales du Sud-Togo*, Cahiers O.R.S.T.O.M, Série Sciences humaines, vol. XIX, n° 3.

Boserup E., 1985, "Economic and demographic interrelationships in sub-saharan Africa", *Population and Development Review*, vol. 11, n° 3.

Caldwell J., 1976, "Towards a restatement of demographic transition theory", *Population and Development Review*, vol. 2, n° 3-4.

Le Cour Grandmaison C., 1972, "Femmes dakaroises, rôles traditionnels féminins et urbanisation", *Annales de l'Université d'Abidjan*, série F, tome 4.

Charbit Y., Gueye L. et Ndyaye S., 1985, *Nuptialité et fécondité au Sénégal*, Travaux et Documents de l'I.N.E.D., Paris, P.U.F, n° 112.

Diop A., 1985, *La famille Wolof*, Karthala, Paris.

Dozon J.P., 1985, *La société Beti, Côte d'Ivoire*, O.R.S.T.O.M., Karthala, Paris.

Franck O., 1985, "La mobilité des enfants et l'auto-suffisance économique des femmes dans le milieu patriarcal africain", in *Femmes et pratiques alimentaires*, O.R.S.T.O.M., C.I.E., Paris.

Gendreau F. et Lacombe B., 1977, "Les données d'état, individuelles et collectives", in *Sources et analyse des données démographiques*, 3e partie, tome I, INED-INSEE-MINCOOP-ORSTOM, Paris.

Gil B., De Graft-Johnson K.T. et Colecraft E.A., 1970, *The postenumeration survey, 1960 Population Census of Ghana*, vol. VI, Accra.

Hajnal J., 1982, "Two kinds of preindustrial household formation system", *Population and Development Review*, vol. 8, n° 3.

Institut National de la Statistique et des Etudes Economiques (I.N.S.E.E.), 1975, *Recensement général de la population française. Ménages-familles.*

Lacombe B., 1986, "Les rapports de couple en milieu africain", in *Les familles d'aujourd'hui*, A.I.D.E.L.F., n° 2, pp. 285-288.

Locoh T., 1976, "La nuptialité au Togo, évolution entre 1961 et 1970", *Population*, n° 2.

Locoh T., 1978, "La baisse de la mortalité et l'évolution des structures familiales africaines", in *Mariage, fécondité et rôle des parents en Afrique de l'Ouest*, ed. by Adeba G. et al., Australian National University, Camberra.

Locoh T., 1984, *Fécondité et famille en Afrique de l'Ouest : le Togo méridional contemporain*, Travaux et Documents de l'I.N.E.D., P.U.F., Paris, n° 107.

Locoh T., 1985, "La migration des enfants rapportée par les mères. Application au Sud-Togo", in *Chaire Quetelet. Les migrations internes*, Département de Démographie, Université Catholique de Louvain, Ordina Editions, pp. 377-390.

Martin V., 1970, "Structure de la famille chez les Serer et les Wolof, Sénégal", *Population*, n° 4.

Mignot A., 1985, *La terre et le pouvoir chez les Guin du Sud-Est Togo*, Publications de la Sorbonne, Paris.

Nations Unies, 1980, *Recueil des statistiques de l'habitation (1975-77)*, New York.

National Population Bureau, 1984, *The Nigeria fertility survey (1981-82)*, vol. 1, Lagos.

Pison G., 1986, "La démographie de la polygamie", *Population*, n° 1.

République du Burundi, Ministère de l'Intérieur, Département de la Population, 1985, *Recensement général de la population, 1979*, tome III, Analyse approfondie, Bujumbura.

République de Côte d'Ivoire, Ministère de l'Economie et des Finances, Direction de la Statistique, 1984, *Enquête ivoirienne sur la fécondité, 1980-81*, Rapport principal, vol. 1, Abidjan.

Republic of Ghana, Central Bureau of Statistics, World Fertility survey, 1983, *Ghana fertility survey, 1979-80*, First report, vol. II.

Republic of Kenya, Central Bureau of Statistics, Ministry of Economic Planning and Development, World Fertility Survey, 1982, *Kenya fertility survey, 1977-78*, Nairobi, First Report, vol. II.

République Togolaise, Ministère du Plan, du Développement Industriel et de la Réforme Administrative, 1978, *Recensement général de la population de 1970*, vol. III, données sur les ménages.

République Populaire du Congo, Centre National de la Statistique et des Etudes Economiques, 1978, *Recensement général de la population du Congo 1974*, tome IV, tableaux statistiques détaillés.

République Unie du Cameroun, Ministère de l'Economie et du Plan, Direction de la Statistique et de la Comptabilité Nationale, 1983, *Recensement général de la population et de l'habitat, avril 1976*, vol. II, nuptialité ; vol. III, ménages.

République Unie du Cameroun, Institut International de Statistique - Enquête Mondiale Fécondité, 1983, *Enquête nationale sur la fécondité au Cameroun, 1978*, Rapport Principal.

Sadio A., 1985, "Fécondité générale et fécondité légitime : analyse différentielle", in Y. Charbit et al. (ed.), *op. cit.*

Tabutin D., 1982, "Evolution régionale de la fécondité dans l'Ouest du Zaïre", *Population*, n° 16

Tabutin D. et Bartiaux F., 1986, "Structures familiales et structures sociales dans le Tiers Monde", in *Les familles d'aujourd'hui*, A.I.D.E.L.F., n° 2, pp. 231-243.

World Fertility Survey, Kingdom of Lesotho, Central Bureau of Statistics, 1981, *Lesotho fertility survey*, Maseru, First Report.

17

POPULATION, ALIMENTATION ET MAIN-D'OEUVRE

Ian POOL

"Si le ventre a de quoi manger, c'est que les pieds ont bougé"
(Proverbe Lari)

La croissance démographique de l'Afrique est toujours rapide et le demeurera quelques décennies. Les problèmes de production et de consommation alimentaire sont plus que jamais à l'ordre du jour, au même titre que les problèmes de main-d'oeuvre, d'emploi et de chômage. Quelles sont les interrelations entre ces trois grandes variables ?

1. UNE REALITE COMPLEXE

Dans l'enseignement comme dans la recherche, ces trois grands problèmes que sont la démographie, l'alimentation et l'emploi sont souvent traités séparément. Même sur le terrain, les agences d'aides multilatérales se divisent les tâches, le F.N.U.A.P. s'occupant de la population, le B.I.T. de la main-d'oeuvre et la F.A.O. de l'alimentation. Mais de plus en plus, il est reconnu que cette division, en quelque sorte disciplinaire, des problèmes, pour utile qu'elle puisse être parfois au plan de la gestion, s'avère inefficace ou inadéquate pour la programmation ou la réalisation des projets.

Pratiquement tous les témoins de la crise aiguë que traverse l'Afrique actuelle sont d'accord sur un point : l'accroissement de la production alimentaire doit être considéré comme une priorité parmi les nombreux problèmes à résoudre. La mise en place de politiques visant l'amélioration des productions agricoles est un des éléments fondamentaux de la stratégie d'autosuffisance alimentaire, un objectif souvent affirmé par les gouvernements, mais encore rarement atteint. Il est évident que la croissance très rapide de la population en constitue un frein certain.

Dans chaque pays africain, c'est le paysannat qui constitue la plus grande partie du vaste réservoir de main-d'oeuvre, souvent sous-utilisée, même en zone rurale. Dans des régions parfois surpeuplées par rapport aux ressources ou à la technologie disponibles, on peut trouver du chômage (soit ouvert, soit déguisé) et un manque de jeunes travailleurs. Le surpeuplement rural pousse en effet souvent les jeunes à émigrer, à aller vers les villes ou même dans un autre pays.

Ces trois problèmes, que sont l'emploi (urbain ou rural), l'explosion démographique et l'alimentation, sont en inter-relations. Nous nous concentrerons essentiellement sur l'impact de la variable démographique sur la production agricole et l'emploi. Ce n'est qu'une partie du problème, car bien d'autres variables que la population sont cruciales en ces matières :
- l'environnement ou le climat (pensons aux sécheresses des deux dernières décennies) qui ont limité les productions agricoles[1].
- les problèmes de gestion, le manque de technologie ou même les effets de la crise pétrolière (C.E.A., 1984).
- les politiques de prix versés aux agriculteurs, de marché, ou plus globalement de stratégies de développement urbain par rapport au milieu rural. Par exemple, dans neuf pays africains, moins de 10 % des dépenses de l'Etat sont consacrées à l'agriculture (D. Ghai et S. Radwan, 1983).

---

(1) Signalons cependant que l'on parle parfois beaucoup plus des échecs que des réussites (C. Daddieh, 1985). Par exemple, il y a certes eu un déclin des récoltes de blé, mais une hausse pour certaines cultures traditionnelles comme le maïs (C.E.A., 1984).

- le choix des cultures prioritaires, cultures d'exportation ou cultures vivrières. De nombreux pays ont plutôt pris la première voie, ce qui a accru leur dépendance internationale[2] par le biais des importations dès lors nécessaires de produits alimentaires (C.E.A., 1984 ; F.A.O., 1984). Cela a aussi conduit à une différentiation sociale à l'intérieur du monde rural, entre ceux qui bénéficient de ces cultures de rapport et la majorité du monde paysan, et en cela, l'Afrique rurale ressemble de plus en plus à l'Asie ou à l'Amérique Latine (D. Ghai et S. Radwan, 1983 ; P. Gutkind et I. Wallerstein, 1985).

Enfin sur le plan démographique, nous prendrons l'hypothèse la plus réaliste : c'est que, dans le proche avenir, la fécondité, variable-clé de la croissance, va demeurer élevée en Afrique, même si de-ci de-là on peut trouver quelques indices montrant des changements en la matière, par exemple la position des gouvernements africains qui s'est, dans l'ensemble, quelque peu modifiée au cours des 15 dernières années.

2. LE PROBLEME CLASSIQUE DES DONNEES

Les données quantitatives seront essentiellement tirées des documents démographiques de la Division de la Population des Nations Unies (1982 et 1985) et de la F.A.O. (D. Norse, 1985). Ces données sont surtout des ordres de grandeur, particulièrement les perspectives et projections qui reposent sur des hypothèses difficiles à établir. Si ce problème de connaissance et de fiabilité statistique se pose en démographie (par exemple on n'a pratiquement aucune donnée certaine sur le Nigéria, le plus grand Etat africain), *le problème est encore beaucoup plus aigu en matière d'alimentation et de production.* L'incertitude y est beaucoup plus grande et l'erreur bien plus probable.

---

(2) Ces relations de dépendance ne sont plus seulement avec les anciennes métropoles traditionnelles, comme la France ou le Royaume Uni, mais aussi avec l'Afrique du Sud, le Japon ou les Etats-Unis. Dépendances par ailleurs renforcées par des migrations internationales de travailleurs, vers l'Afrique du Sud, l'Europe ou les pays du Golfe.

Cependant, la plus grande partie de la population en âge de travailler en l'an 2000 et au-delà est déjà née et a été recensée dans les opérations des années 1970 et 1980. Autrement dit, les perspectives de la population active ou de la main-d'oeuvre peuvent a priori être considérées comme plus exactes que les perspectives démographiques de la population totale.

Si on a déjà des problèmes de données au niveau national, il va sans dire que la fiabilité statistique diminue encore quand du national on veut passer au niveau des régions ou des secteurs d'habitat[3]. Par exemple en 1983, la F.A.O. a présenté par pays des chiffres sur la main-d'oeuvre rurale en Afrique, qui semblent avoir été estimés en multipliant simplement la population rurale totale par la proportion de la population nationale âgée de 15 à 65 ans (Nations Unies, 1983). C'est ce que d'aucuns appeleraient du bricolage. Mais parfois, que peut-on faire d'autre ?

3. CROISSANCE DEMOGRAPHIQUE ET ALIMENTATION

Les tableaux 1 et 2 résument la situation de l'Afrique par rapport aux autres régions en matière démographique et alimentaire. Comme d'autres parties de cet ouvrage l'ont montré, c'est en Afrique au sud du Sahara que la population augmente le plus rapidement[4] et que le taux de croissance se maintient, alors qu'il diminue ailleurs.

Bien entendu, la production alimentaire y a augmenté (1,3 % par an), mais moins rapidement qu'ailleurs (2,8 % en Asie-Pacifique et 2,4 % pour l'ensemble mondial), et surtout beaucoup moins vite que la population (2,7 % par an). Le résultat est *une diminution sensible de la production disponible par habitant,* une situation donc négative que l'on ne retrouve nulle part ailleurs dans les grandes régions géo-politiques. Qui plus est, les données du tableau 2 concernent la période 1970-76, et il est à craindre qu'avec des statistiques plus récentes, nous ayons abouti à un résultat encore plus pessimiste.

---

(3) On a d'ailleurs assez peu de données et de perspectives à ces niveaux.

(4) C'est une certitude, même si les données de base dont on dispose sont parfois douteuses ou insuffisantes.

Tableau 17.1 : Effectifs et accroissement des populations par grande région de 1980 à 2000.

Région	Effectifs absolus (en millions)		Taux d'accroissement (%)
	1980	2000	
Monde	4.432	6.115	38
Tiers-Monde	3.300	4.846	47
Pays développés	1.132	1.269	12
Afrique Tropicale	327	608	86
- orientale	133	250	88
- centrale	53	91	72
- occidentale	141	267	89
Part (%) de l'Afrique Tropicale dans le monde	7	10	17

Source : Nations Unies, 1985 (variante moyenne)

Tableau 17.2 : Taux (%) d'accroissement annuel moyen de quelques indicateurs de production alimentaire.

Région	Population (1970-75)	Production alimentaire totale (1970-76)	Production de céréales (1970-76)	Production alimentaire par habitant (1970-76)
Monde	1,9	2,4	2,7	0,5
Asie et Pacifique	2,5	2,8	2,3	0,3
Europe Occidentale	0,6	1,6	1,3	0,7
Amérique du Nord	0,9	3,1	4,1	2,2
Afrique Tropicale	2,7	1,3	1,9	-1,4
- orientale et australe	3,1	1,1	-	-1,5
- centrale	2,4	1,0	-	-1,3
- occidentale	3,0	1,9	-	-0,9

Source : C.E.A., 1984.

Continuons avec les grandes régions climatiques en Afrique, en confrontant les croissances de la demande à venir jusqu'en 2010 et de l'offre récente. C'est l'objet du tableau 3.

La croissance de la demande alimentaire est légèrement supérieure à celle de la population, car on a de bas niveaux de consommation en Afrique, qu'il convient aussi de relever, mais surtout elle est bien supérieure à l'accroissement récent des récoltes (1970-1980), quasi nul ou négatif selon la région, ou même de celui de la surface des terres consacrées aux céréales. *La situation varie dans les quatre grandes zones considérées, mais nulle part elle n'est satisfaisante.*

Ce bilan pessimiste est peut-être à relativiser dans la mesure où en Afrique, dans son ensemble, les terres actuellement cultivées ne constituent selon la F.A.O. (1984) qu'une petite partie du potentiel cultivable. Pour étendre ces superficies cultivées, il faudrait non seulement que de vastes sommes financières aillent vers le secteur rural, mais il faudrait aussi une réorganisation assez complète des systèmes de production et de vie agricoles.

En Afrique, il n'y a pas seulement ce déséquilibre global entre la production et la population totale. Il y a aussi le problème de ce que l'on appelle parfois *le niveau de dépendance démographique*, qui est le rapport numérique entre ceux qui travaillent et produisent et ceux qui ne travaillent pas. Il dépend directement de la structure par âge de la population, qui dans ce continent est extrêmement jeune par rapport aux autres régions. Cela pose plusieurs problèmes.

D'une part, *les jeunes*, surtout les 0 à 5 ans qui représentent près du cinquième de la population totale, ne sont pas des producteurs, ni dans l'agriculture, ni ailleurs, mais ce sont des consommateurs types. *De par le monde, c'est en Afrique que ce nombre de jeunes, déjà important, va augmenter le plus vite* (tableau 4). Et on se trouve face à une sorte de paradoxe : la variable essentielle en matière de santé africaine est la nutrition. Sans amélioration de celle-ci, il sera difficile de faire chuter la mortalité des enfants, et sans chute sensible de mortalité, il sera difficile de faire baisser la fécondité. Or cette grande jeunesse actuelle et à venir de l'Afrique est un frein à toute politique et à tous programmes de production agricole et alimentaire, car le paysan

Tableau 17.3 : Taux (%) régional en Afrique d'accroissement annuel moyen de quelques indicateurs démographiques et agricoles.

Afrique	Accroissement de 1980 à 2010		Accroissement de 1970 à 1980	
	population totale	demande totale de céréales	toutes récoltes	terres consacrées aux céréales
occidentale humide et sous-humide	3,4	4,0	0,2	0,9
centrale humide	3,6	3,7	- 0,9	2,3
soudano-sahélienne	2,7	3,1	0,2	2,6
orientale sous-humide et montagneuse	3,4	3,5	- 0,1	- 0,8

Source : D. Norse, 1985.

produit essentiellement pour ses enfants. Il lui est difficile d'investir pour un demain vague et lointain.

Tableau 17.4 : Accroissement global (%) de 1980 à 2000 des jeunes (0-14 ans) et des vieux (60 ans et plus).

Région	Jeunes	Vieux
Monde	17	57
Tiers Monde	20	75
Pays développés	1	35
Afrique Tropicale	94	85
- orientale	99	82
- centrale	80	74
- occidentale	95	97

Source : idem tableau 1.

D'autre part, sans doute *le vieillissement,* défini traditionnellement par la proportion de la population de plus de 64 ans, ne sera évident que dans plusieurs décennies, mais ce que l'on oublie parfois, c'est que *le nombre absolu des personnes âgées va très fortement augmenter.* Selon le tableau 5, cette population des plus de 60 ans, qui ne produit plus guère mais consomme, va presque doubler d'ici l'an 2000. C'est une évolution plus rapide que celle de l'ensemble du Tiers Monde, et surtout que celle des pays développés.

Une autre dimension du défi démographique est celui de *l'équilibre entre villes et campagnes.* Par rapport à d'autres régions, l'Afrique est sous-urbanisée, mais la croissance urbaine y est extrêmement rapide (tableau 5) et en l'an 2000 cette région aura rattrapé beaucoup de son retard. La population des consommateurs augmentera nettement plus rapidement que celle des producteurs agricoles. Cela dit, les croissances des populations rurales y demeureront beaucoup plus élevées que dans les autres régions du monde, même en Afrique Centrale où l'urbanisation est bien plus

Tableau 17.5 : Proportions de la population urbaine et accroissement des populations urbaine et rurale de 1980 à 2000.

Région	Proportion (%) de la population urbaine		Accroissement (%) de 1980 à 2000			
			milieu urbain		milieu rural	
	1980	2000	global	annuel	global	annuel
Monde	41	51	72	2,7	19	0,8
Tiers Monde	31	44	109	3,7	23	1,1
Pays développés	71	81	20	0,8	-15	-0,8
Afrique Tropicale	22	36	203	5,7	56	2,2
- orientale	16	30	236	6,3	63	2,5
- centrale	35	52	161	4,9	28	1,2
- occidentale	23	36	194	5,7	57	2,3

Source : idem tableau 1.

avancée. Si l'on se fie à ces perspectives, l'urbanisation, pourtant rapide, ne diminuera guère la pression démographique dans les campagnes.

4. LA MAIN-D'OEUVRE

De 1980 à la fin de ce siècle, on assistera en Afrique à un quasi-doublement de la population en âge de travailler, autrement dit de la population active ou de la main-d'oeuvre disponible (tableau 6). Le défi est encore plus grand ici qu'ailleurs : en maintenant les taux d'activité actuels (rapports de la population active à la population totale), il faudrait une croissance des emplois de 3,2 % par an pour faire face à la seule croissance naturelle de la population. A cela, on doit ajouter le problème du *chômage,* très important et mal connu, et que l'on doit essayer de résorber par des créations d'emplois supplémentaires. Le chômage pose deux grands problèmes aux responsables : sur le plan économique, comment diminuer le chômage et réaliser l'expansion du marché du travail ? sur le plan politique, les chômeurs, dont nombre sont des jeunes, ne sont-ils pas un risque pour la stabilité politique et peut-être économique d'un pays ?

De plus, la répartition par âge de la main-d'oeuvre africaine est de loin la plus jeune dans le monde. Il n'y a d'ailleurs qu'en Afrique sub-saharienne que la tranche d'âge des 15-24 ans augmentera un peu plus vite que l'ensemble des 15-64 ans, autrement dit que l'ensemble de la population en âge de travailler (tableau 6). Si dans les autres régions, la population active vieillit peu à peu, elle se rajeunira encore en Afrique d'ici l'an 2000, exception faite de quelques cas, comme la Réunion ou Maurice qui ont connu des déclins importants de leur fécondité.

Peu à peu, dans la main-d'oeuvre mondiale, la part africaine, et notamment des jeunes africains, est grandissante. En revanche, celle du monde développé diminue et vieillit. Cela ne posera-t-il pas quelques enjeux pour l'avenir ? Un recrutement accéléré de travailleurs de l'Afrique par manque de travailleurs non qualifiés en Europe ? Une extension des migrations intercontinentales ? Un renforcement du marché noir et illégal du travail ?

Tableau 17.6 : Effectifs (en millions) et accroissement (%) de la main-d'oeuvre de 1980 à 2000.

Région	Population 15-64 ans			Population 15-24 ans		
	1980	2000	Accroissement	1980	2000	Accroissement
Monde	2619	3836	46	857 (33)	1069 (28)	25
Tiers Monde	1877	2999	60	665 (35)	893 (30)	34
Pays développés	742	837	13	192 (26)	176 (21)	-8
Afrique Tropicale	168	314	87	62 (37)	120 (38)	94
- orientale	68	128	87	25 (37)	49 (38)	96
- centrale	28	49	75	10 (36)	18 (37)	80
- occidentale	72	137	90	27 (38)	53 (39)	96

Sources : idem tableau 1. Les chiffres entre parenthèses sont les proportions des 15-24 ans dans la population totale des 15-64 ans.

La population des travailleurs, ou plutôt des individus en âge de travailler, a une tâche extrêmement lourde car elle doit faire vivre une grande partie de la population (les jeunes et les vieux). On revient au problème de dépendance démographique : le rapport des inactifs (ceux qui ne sont pas en âge de travailler) aux actifs est nettement plus élevé en Afrique qu'ailleurs (tableau 7). Pour l'ensemble de la région ou chacune de ses grandes sous-régions, il y a à peu près un actif pour un inactif, contre 4 pour 3 dans l'ensemble du Tiers Monde et 2 pour 1 dans les pays développés. Ce rapport aura même tendance à légèrement augmenter d'ici l'an 2000. La plupart des "inactifs" en Afrique sont des jeunes de moins de 15 ans ; la part des "plus de 65 ans" y est faible et le sera encore en l'an 2000.

Tableau 17.7 : Parts relatives (%) des jeunes (moins de 15 ans) et des vieux (65 ans et plus) par rapport à la population en âge d'activité (15-64 ans) en 1980 et 2000 (rapports de dépendance démographique).

Région	Jeunes (%)		Vieux (%)		Jeunes + Vieux (%)	
	1980	2000	1980	2000	1980	2000
Monde	59	49	10	11	69	59
Tiers Monde	69	54	7	8	76	62
Pays développés	35	32	17	20	52	52
Afrique tropicale	91	94	5	6	96	100
- orientale	93	96	5	5	98	101
- centrale	82	85	6	6	88	91
- occidentale	92	96	5	5	97	101
Quelques pays						
- Kenya	114	112	4	4	118	116
- Nigéria	97	101	5	5	102	106
- Réunion	57	37	6	9	63	46
- Zaïre	86	88	5	6	91	94

Sources : idem tableau 1.

Tout cela est le résultat de la fécondité très élevée qui donne une pyramide d'âges extrêmement jeune. On voit comment les choses se modifient après des déclins de fécondité en comparant (tableau 7) le cas de la Réunion avec ceux du Kenya ou du Nigéria. Après une trentaine d'années de baisse rapide de la fécondité, la Réunion a un rapport de dépendance (63 %) proche de ceux des pays développés, tandis que le Kenya avoisine les 120 %.

5. QUELQUES ASPECTS DE L'EMPLOI

L'emploi est sans doute *l'un des problèmes les plus difficiles à étudier en Afrique*. Il n'y a pas d'enquêtes systématiques de main-d'oeuvre, et les sources conventionnelles, comme les recensements, sont tout à fait inadéquates, aussi bien pour connaître précisément les structures de l'emploi ou le type d'occupation que pour mesurer les différentes formes de chômage. Il peut même arriver que l'on exclut des "occupés" ou "employés" ceux qui ne gagnent aucun revenu, en particulier les petits paysans auto-consommateurs qui constituent la part la plus importante de la main-d'oeuvre africaine. Dans de nombreux plans nationaux de développement, sous la rubrique "emploi", on ne se réfère qu'au salariat et au patronat du secteur dit "monétaire" ou "moderne", qui n'est bien entendu qu'une composante mineure de l'ensemble du travail et des travailleurs. Enfin, dans le secteur monétaire lui-même, il n'y a guère de données précises sur le secteur dit non structuré, les petits commerçants, les artisans, les ouvriers au jour le jour... dont le rôle est important dans les villes. Dans le meilleur des cas, il n'existe que des enquêtes ponctuelles (sur une ville, un quartier, un village) qui ne peuvent fournir une vue d'ensemble.

Dans les zones rurales où se trouve la vaste majorité des travailleurs africains (souvent plus de 80 % de l'ensemble), l'emploi agricole, qui constitue une très grande partie de l'emploi total, est concentré dans pratiquement trois grands domaines, coexistant plus ou moins selon les régions : 1) la culture vivrière pour l'auto-consommation, 2) la culture vivrière destinée à des marchés nationaux et 3) la culture de produits destinés à l'exportation.

Le premier secteur est encore le plus important, mais c'est sur le secteur d'exportation que se sont concentrées en priorité la plupart des politiques agricoles africaines. La politique d'autosuffisance alimentaire est un objectif souvent proclamé, mais en fait assez peu encouragée dans la pratique et dont les résultats ne sont pas probants. Par exemple, au Burkina Faso, "malgré les efforts des paysans et leur importance numérique (90 % de la population active sont des agriculteurs), la production locale suffit à peine à nourrir la population. Depuis 1973, le pays connaît un déficit céréalier chronique..." (M. Ouedraogo, 1985).

La proportion de terres consacrées aux cultures d'exportation varie, bien entendu, beaucoup d'une région à une autre. Comme P. Fargues (1986) l'a montré pour la Côte d'Ivoire et R.K. Srivastana et I. Livingstone (1983) pour le Mozambique, *cette coexistence de deux types d'agriculture crée à terme un certain nombre de problèmes :*
- *une dévalorisation du rôle des cultures vivrières* dans la politique agricole nationale, pouvant conduire à une baisse des taux de production (P. Fargues, 1982), et même à un déficit alimentaire dans ces zones d'agriculture vivrière (H.I. Ajaegbu, 1971, pour le Nigéria et E. Orraca-Tetteh, 1971, pour le Ghana).
- *un fort mouvement migratoire* vers les zones de cultures d'exportation, provoquant une perte de jeunes travailleurs dans les régions de départ. Ces mouvements migratoires peuvent même être internationaux : c'est le cas bien connu de la Côte d'Ivoire, d'où l'on vient de Guinée, du Mali et du Burkina Faso pour travailler dans les entreprises agricoles d'exportation.
- et enfin, parfois *un déficit alimentaire global,* nécessitant l'importation de produits de base.

Mouvements migratoires, régionaux et internationaux, et structures économiques sont en profondes relations. Depuis le début de la période coloniale, le Burkina Faso a été un réservoir de main-d'oeuvre, non seulement pour l'armée française, mais surtout pour l'agriculture de la Côte d'Ivoire et du Ghana (R. Szereszewski, 1965). D'ailleurs, l'expulsion du Ghana des travailleurs étrangers en 1969 provoqua une crise dans les zones de plantations de cacao, par manque notamment d'ouvriers (A. Bequele, 1983). De tels mouvements migratoires internationaux existent dans d'autres parties de l'Afrique Tropicale. Rappelons simplement le rôle de quelques pays d'Afrique australe ou sud-orientale dans les économies minières de l'Afrique du Sud ou de l'ex-Rhodésie.

Bien entendu, le transfert d'argent et de biens effectué par les migrants vers leurs villages d'origine peut constituer un apport économique pour ces zones, mais dans l'ensemble, *la migration, quand elle est importante, n'est pas qu'avantages pour les sociétés rurales.* Comme l'écrit D. Benoît (1985) à propos du Burkina Faso, "les départs des jeunes vers les villes sont fréquemment à l'origine du vieillissement, car ils laissent les zones rurales habitées par une majorité d'enfants et de personnes âgées". Ou encore comme le dit B. Siry (1986), "le départ de ce lot de bras valides prive la production d'autant d'actifs agricoles, sans espoir de pouvoir injecter dans l'économie nationale un flux monétaire capable de sensiblement améliorer la ration alimentaire".

L'éducation des jeunes renforce leur désir de trouver du travail et par là favorise leur départ des zones rurales. P. Fargues (1982) l'a bien montré pour la Côte d'Ivoire : ce sont les plus éduqués des jeunes qui émigrent, ceux qui auraient pu être des innovateurs, beaucoup plus que ceux qui sont analphabètes ou qui n'ont fait que quelques années d'école primaire.

Mais dans les zones d'arrivées, les grandes villes le plus souvent, le travail n'est pas non plus assuré. On connaît mal les niveaux de chômage parmi les jeunes, qu'ils soient originaires de la ville ou nouvellement arrivés, mais on sait qu'ils sont élevés (M. Van Dijk, 1982). Beaucoup de ces jeunes travailleurs sont absorbés par *le secteur non structuré.* Voici ce qu'en dit M. Van Dijk à propos de Dakar :

> "Le secteur non structuré urbain fonctionne comme un secteur d'absorption ; beaucoup de migrants y trouvent un emploi, ainsi que les chômeurs, les éliminés du système scolaire et du secteur moderne et les jeunes non instruits. En fait, il y a un va-et-vient entre les secteurs non structuré et moderne, qui est un des éléments de succès pour le futur petit entrepreneur. Ces expériences, les économies réalisées tout comme la pratique du métier, l'acquis scolaire et le fait de savoir tenir une comptabilité sont positifs...".

Selon lui, la position des apprentis, soit dans les petites entreprises, soit dans les grandes entreprises commerciales, est un facteur-clé non seulement pour l'emploi des jeunes travailleurs, mais aussi pour le transfert de technologie entre ces deux secteurs, et en définitive pour la formation et l'installation des petits entrepreneurs de demain.

6. CONCLUSION

En Afrique, il y a incontestablement une pression démographique croissante sur un des besoins fondamentaux de l'homme, l'alimentation. Il y a aussi une telle croissance de la population en âge de travailler, de la population jeune, demandeuse d'emploi, que la plupart des gouvernements ne pourront pas créer les emplois nécessaires pour y faire face. Autrement dit, les taux de chômage risquent probablement d'augmenter, sans oublier la masse des jeunes à charge des actifs, l'accroissement rapide de la population âgée et la croissance urbaine accélérée. C'est la vision sans doute pessimiste des choses.

On pourrait à ces défis proposer une réponse, peut-être simpliste : accroissons la production agricole et dès lors seraient résolus deux des problèmes-clés du développement africain : 1) l'alimentation et la nutrition, qui en améliorant la santé feraient diminuer la mortalité, et ensuite la fécondité, 2) le chômage en milieu rural, qui en diminuant freinerait l'exode rural, et donc la croissance urbaine. Mais il y a des freins politiques et économiques à ce mouvement qui conduisent actuellement à une sorte d'inertie. L'un des plus importants est sans doute la dévalorisation des cultures vivrières au profit des cultures de rente, ce qui relève de la stratégie de développement agricole.

S'il existe des solutions ou des alternatives, elles se réaliseront au niveau local ou communautaire, dans des petits projets plutôt que dans des projets à grande échelle, tels que l'Afrique en a déjà connu aussi bien pour l'alimentation que pour l'emploi, et qui n'ont presque jamais réussi. Des évolutions profondes et durables peuvent surgir d'innovations plus modestes,

plus locales et moins radicales que celles qui peuvent être
planifiées à un niveau central.

BIBLIOGRAPHIE

Ajaegbu H.T., 1971, "The implications of population growth and urban influence on food supplies and nutrition needs of rural communities in Southern Nigeria", in N.O. Addo et autres (eds), *Implications of population trends for policy measures in West Africa*, Ghana Population Studies, n° 3, University of Legon, pp. 69-78.

Benoit D., 1985, *Conséquences socio-démographiques des migrations de travail sur les zones de départ*, Communication au Congrès de l'U.I.E.S.P., Florence.

Bequele A., 1983, "Stagnation and inequality in Ghana", in D. Ghai et S. Radwan (eds), *Agrarian policies and rural poverty in Africa*, B.I.T.-I.L.O., Genève, pp. 219-248.

Commission Economique pour l'Afrique (C.E.A.), 1984, "Food, production and population growth in Africa", in *Population, resources, environment and development*, Proceedings of the Expert Group Meeting, Genève, avril 1983, Population Studies n° 90, United Nations, New York, pp. 241-266.

Coulibaly S., Grégory J. et Piché V., 1980, *Les migrations voltaïques ; tome 1 : importance et ambivalence de la migration voltaïque*, Ouagadougou, C.V.R.S./I.N.S.D.

Daddieh C., 1985, "Afrique : lentement mais sûrement", *Développement*, Ottawa, A.C.D.I., pp. 18-20.

Fargues P., 1983, "La dynamique démographique des producteurs de vivriers", in Actes du séminaire sur *Les cultures vivrières, enjeu stratégique du développement en Côte d'Ivoire*, Cahiers du C.I.R.E.S., n° spécial, Abidjan, pp. 643-663.

Fargues P., 1986, "Mobilité du travail et croissance d'une économie agricole : la Côte d'Ivoire", *Revue Tiers-Monde*, I.E.D.E.S., pp. 195-209.

Food and Agricultural Organisation (F.A.O.), 1984, "Population, resources and development", in *International Conference on Population*, pp. 267-292.

Ghai D. et Radwan S., 1983, "Agrarian change, differentiation and rural poverty in Africa : a general summary", in D. Ghai et S. Radwan (eds), *op.cit.*, pp. 1-30.

Gutkind P. et Wallerstein I., 1985, "Introduction to the first edition", in P. Gutkind et I. Wallerstein (eds), *Political economy of contemporary Africa*, second edition, Beversley Hills : Sage, pp. 11-33.

Nations Unies, 1985, *Demographic indicators of countries: estimates and projections as assessed in 1982*, New York.

Norse D., 1985, *Population, ressources and food in Africa*, communication présentée à une séance spécialisée par des membres de la F.A.O., Congrès général de l'U.I.E.S.P., Florence.

Orraca-Tetteh E., 1971, "Effects of rapid population growth on nutritional needs of the people of Ghana", in N.O. Addo et autres (eds), *op. cit.*

Ouedraogou M., 1985, *Développement rural et dynamique de population*, Rapport à l'Unité de Population, Ministère de la Planification et du Développement Populaire, Burkina Faso.

Pool I., 1986, *African population: problems, projections, policies and programmes*, Ottawa, A.C.D.I., rapport diffusé, mais non publié.

Siry B., 1986, *Ressources et besoins en nutrition et en denrées alimentaires au Burkina*, Communication présentée au séminaire national sur "Population et Développement", 26-30 mai, Bobo-Dioulasso.

Srivastava R.K. et I. Livingstone, 1983, "Growth and distribution : the case of Mozambique", in D. Ghai et S. Radwan (eds), *op.cit.*, pp. 249-280.

Szereczewski R., 1965, *Structural change in the economy of Ghana*, Londres, Wiedenfeld and Nicholson.

Van Dijk M., 1982, "Les petits entrepreneurs de Dakar", in I. Deblé et P. Hugon (eds), *Vivre et survivre dans les villes africaines*, P.U.F., I.E.D.E.S., Collection Tiers Monde, pp. 95-110.

18

L'AFRIQUE DU 21ème SIECLE

Ahmed BAHRI[*]

> *"L'avenir africain, en quelque point qu'il fût examiné, exige beaucoup de sérénité, d'indulgence et surtout énormément de patience... Il se prépare une Afrique dont personne ne saurait soupçonner l'avenir, mais où la jeunesse jouera un rôle des plus décisifs".*
> (Jean Baptiste N'Tandou, L'Afrique mystifiée, *L'Harmattan, 1986*).

L'avenir est-il engendré par le passé ? Que nous réserve-t-il ? Le mot de développement devenu à la mode au cours de ce demi-dernier siècle va-t-il continuer à être le leitmotiv au cours du prochain ? L'émergence de l'Afrique, comme ensemble d'Etats souverains, une expérience vécue parfois au prix de lourds sacrifices, a certainement marqué ce siècle, malgré la faiblesse des performances économiques et malgré la marginalisation du continent dans son ensemble et son faible pouvoir de négociation, comme l'est celui du Tiers Monde dont l'Afrique constitue la partie la moins bien lotie à tous égards. Il n'est donc pas surprenant que des voix autorisées (E. Kodjo, 1985) réclament un grand dessein pour le continent, une perspective à la hauteur de ses ressources, de

---

[*] Les idées et opinions exprimées ici sont celles de l'auteur seul et n'engagent en aucune façon celles de l'Organisation des Nations Unies.

sa taille géographique, du besoin de "tenir son rang" dans le concert des blocs de nations. A l'opposé, des millions d'individus, marginalisés par la nature autant que par les hommes, vivent dans le désespoir. Leur seule préoccupation est de survivre : pas question pour eux de rêver d'un avenir au-delà du prochain rendez-vous avec une ration alimentaire hypothétique. Voilà fixé le grand écart : un pied dans la tombe, une tête dans le rêve.

Mais d'autres continents, d'autres peuples en sont passés par là également. Il n'y a nulle gêne à cacher, nulle honte à assumer les situations. Le drame de l'Afrique, comme fut le drame de l'Asie (G. Myrdal, 1968) voilà un demi-siècle, nous invite à une réflexion sur le devenir du milliard d'habitants qui peuplera le continent dans moins de vingt ans.

Or la réflexion sur le long terme n'a véritablement débuté que très récemment. Seuls quelques milieux restreints se posent des questions sur le devenir de ce continent. Les gouvernements, les hommes, les opinions publiques, les intellectuels ont leur attention accaparée par les problèmes immédiats. En général, les préoccupations vont jusqu'à l'horizon du plan national. Au-delà, quelques études de faisabilité de grands projets considèrent des horizons plus vastes, mais leurs vues restent fragmentaires et souvent ne sortent pas d'un petit cercle d'initiés. A cet égard, le Plan d'Action de Lagos constitue véritablement une première dans la réflexion sur le long terme. Même plus, cette réflexion est partagée et endossée par les gouvernements au plus haut niveau ; grâce aux médias, elle a également reçu un très large écho parmi les opinions publiques.

1. PROJECTEURS SUR LE SIECLE PROCHAIN

Il peut sembler chimérique de vouloir tenter une réflexion prospective qui embrasse le prochain siècle, mais l'expérience est d'autant plus tentante qu'elle comporte du rêve et de l'imagination. Elle n'échappe pas à l'écueil de toute prospective : faut-il prolonger les tendances ? Faut-il tout "effacer et recommencer", de façon normative ? La réalité sera probablement entre deux. Mais la difficulté principale est de se détacher des problèmes conjoncturels, à l'image d'un vaisseau spatial qui doit lutter contre la gravitation terrestre pour se mettre en orbite. Il existe aussi des freins psychologiques qui n'encouragent pas à considérer l'avenir : les situations désespérées font craindre le futur. Le mythe de l'âge d'or, comme l'appelle A. Sauvy, appartient au passé. On ne peut souscrire à cent pour cent à une assurance-bonheur, parce que si l'avenir devait la garantir, à coup sûr, le risque serait alors éliminé et le jeu n'en vaudrait plus la chandelle. La sagesse des peuples fait écouter d'une seule oreille les promesses alléchantes de quelque dirigeant utopique. On doit également lire les réflexions sur l'avenir du vingt et unième siècle d'un seul oeil, tant il y a peu de démarche scientifique et guère de propositions raisonnées et raisonnables. Cette utopie, additionnée à d'autres, finira peut-être par cerner une tendance vraisemblable. Il va sans dire que toute perspective ne saurait faire table rase du passé, qui conditionne le futur et le détermine dans une large mesure. Le reste, dû à l'aléa, s'assimile à l'imprévisible. Les prospectivistes mettent la part déterminée des événements futurs au compte des tendances lourdes, parmi lesquelles figurent les projections de population. Il serait alors intéressant de voir ce que nous offrent quelques études prospectives connues.

Mises à part les chevauchées héroïques et parfois savoureuses ou déprimantes, selon le point de vue auquel on se place, d'Aldous Huxley ou d'Orson Welles, les études de prospective ont connu un certain engouement en Occident depuis la fin de la seconde guerre mondiale, et en particulier au cours des années 60 et 70 sous l'impulsion notamment du *Club de Rome*. On a pris très au sérieux les travaux entrepris, même si les conclusions n'ont pas toujours inspiré l'enthousiasme, soit parce qu'elles ont brandi le spectre de la peur, soit parce qu'elles reformulent autrement les entrées du modèle, c'est-à-dire arrivent à des tautologies avec l'ordinateur. Il convient de rappeler que le Club de Rome fut créé en 1968. Il a produit en 1972 son premier rapport qui fit quelque bruit, *Halte à la croissance* ou *Rapport Meadows*, qui fut suivi, en 1974, par *le rapport Mesarovic-Pestel*, un peu moins alarmiste et moins apocalyptique, mais cependant toujours dans la même ligne.

Le pessimisme des visionnaires du Club de Rome à ses débuts a été quelque peu corrigé par *l'étude de Leontief* pour les Nations Unies (1973-77). L'auteur s'offre d'aller un peu dans le détail et d'envisager les problèmes sous un angle réaliste. Malheureusement, l'Afrique est laissée pour compte dans cette entreprise par la manière même dont le découpage géographique du modèle a été fait. En effet, la distinction somme toute artificielle, voire arbitraire, entre quatre catégories de pays au sein de l'Afrique, contredit les options politiques du continent en faveur de l'intégration économique et occulte certaines réalités communes aux pays africains, même si nous devons réfléchir à un découpage de l'Afrique en zones homogènes. De plus, ces catégories incluent des pays non africains, de sorte qu'il est difficile de tirer des conclusions valables pour l'ensemble du continent.

Une approche plus réaliste, légèrement antérieure d'ailleurs aux travaux de Leontief, est proposée par *le modèle latino-américain, sous la direction de A.O. Herrera* (1976). Ce groupe invite à se détacher du leitmotiv suivant : une population en croissance trop rapide va conduire à la catastrophe, l'utilisation rationnelle des ressources et la lutte contre la pollution sont des éléments secondaires. Le modèle avance l'idée que les problèmes majeurs de la société ne sont pas physiques, mais socio-politiques. L'Afrique mérite aussi d'être considérée en tant que telle, malgré les disparités qui caractérisent ses différentes sous-régions.

De façon plus générale, les modèles doivent être pris comme un des instruments didactiques, utiles pour nous éclairer sur les relations entre variables, sur les effets de quelques-unes des causes que l'on peut influencer, etc... Mais le temps ne semble pas encore venu où les hommes d'action peuvent se laisser convaincre de l'utilité pratique des modèles. Récemment, P. Bourcier de Carbon (1983) en a passé quelques-uns en revue. Il est difficile d'y retrouver l'Afrique en tant que catégorie distincte. L'auteur semble faire ressortir de sa revue que les modèles privilégient certaines variables au détriment d'autres, par le choix des "modules" introduits, par le partage de l'économie en secteurs et par les hypothèses implicites relatives à l'accumulation, au progrès technique, aux coefficients techniques de production, au statut et à l'endogénéisation des variables démographiques, entre autres aspects sur lesquels l'auteur s'interroge lui-même.

Donc, à défaut de fabriquer un modèle de long terme pour l'Afrique, il faut restreindre nos ambitions à quelques considérations d'ordre général, dont il faut espérer que le bon sens ne sera pas complètement éliminé. En tout état de cause, la plupart de ces modèles ne vont pas au-delà de l'An 2000, de sorte qu'il y a peu d'enseignements à en tirer pour le prochain siècle. Seules les projections des populations des Nations Unies constituent la tentative la plus éloignée dans le temps à laquelle on puisse s'accrocher. A quoi va donc ressembler l'Afrique du 21ème siècle ? Pour le savoir, interrogeons l'avenir.

2. LA BOULE DE CRISTAL ET L'AFRIQUE

Considérons tout d'abord les projections démographiques à long terme. Celles-ci se basent sur l'information disponible qui, pour l'Afrique, n'est malheureusement ni complète, ni fiable pour la plupart des pays. L'hypothèse implicite est faite que la transition démographique constitue la trame des événements de population pour les décennies à venir, sans que nous soyons tout à fait sûrs du modèle de transition retenu. Avec ces limitations, essayons de voir ce que donne l'exercice de projections, en variante moyenne (Bulletin démographique des Nations Unies, 1982).

Sur le niveau de la *fécondité* en Afrique et de sa perception par les Africains, la littérature ne manque pas. Un des plus récents auteurs à s'être essayé sur la question (E. Boserup, 1985) invoque le mode d'appropriation des terres, les méthodes culturales, la technologie à forte intensité de main-d'oeuvre, la recherche de garantie sur l'avenir, entre autres, comme des facteurs explicatifs de la forte fécondité, l'âge précoce au mariage étant lié à tout cela. Peut-on alors, à partir d'un tel modèle, même partiel puisqu'il ne met pas en exergue les variables culturelles, induire une tendance vraisemblable de la fécondité sur le long terme ? Pour ce faire, peu d'indications sont disponibles. On peut penser que dans les campagnes, la diffusion des techniques médicales comme la vaccination, le traitement des eaux, la réhydratation des bébés, la lutte contre les parasites fera reculer la mortalité infantile et encourage dans un premier temps la fécondité, qui apparaîtra comme la sanction victorieuse d'une lutte difficile et aléatoire pour la réalisation d'une descendance nombreuse, valeur culturelle dominante. Ce n'est que plus tard que la fécondité amorcera une baisse, lorsque la scolarité prolongée des filles, le recul de l'âge au mariage, l'introduction de méthodes culturales moins manuelles, entre autres, auront créé un environnement plus favorable à l'acceptation de méthodes contraceptives modernes. L'allaitement maternel, pour une mère en bonne santé et suffisamment nourrie, tend malheureusement à reculer comme technique de nutrition, de protection du nourrisson et de contraception traditionnelle. *L'avenir est par conséquent difficile à cerner.*

Les hypothèses de fécondité (indice synthétique de fécondité) et de mortalité (espérance de vie à la naissance) sont les suivantes d'après les Nations Unies (1982) :

	1980-1985		2000-2005		2040-2045	
	Afrique	Monde	Afrique	Monde	Afrique	Monde
f	6,3	4,9	3,0	2,2	2,2	2,0
e_0	50,8	59,2	59,9	65,5	72,6	74,3

Il apparaît que les "progrès" dans la baisse de la *fécondité*, d'abord lents jusqu'à la fin de ce siècle, vont s'accélérer au cours du prochain, pour atteindre les niveaux de l'Asie vers l'an 2050 et se stabiliser à un niveau légèrement inférieur à 2, lorsque le taux net de reproduction aurait atteint le niveau 1.

Quant à la *mortalité*, son progrès serait plus rapide que pour l'ensemble du monde, puisque l'Afrique gagnerait presque 9 ans d'espérance de vie à la naissance pour un peu plus de 6 ans dans le monde d'ici la fin du siècle. Puis le rythme du progrès va suivre la moyenne mondiale pour porter l'Afrique en l'an 2050 au niveau actuel de l'Amérique du Sud.

Ces performances remarquables vont induire *un accroissement de la population sans précédent,* puisque l'Afrique allant d'un demi-milliard en ce moment va passer le cap du milliard avant l'an 2010. Sa part dans la population mondiale va passer de dix à vingt pour cent en l'espace de 70 ans.

Cependant cette évolution va se faire à l'ombre d'une préoccupation majeure : *la mortalité infantile.* En effet, il est connu que la plupart des pays de la région connaissent encore des taux de mortalité infantile inadmissibles, supérieurs à 100 p. 1000, taux comparables à ceux de Cuba d'il y a un quart de siècle. Or ce pays a réussi à faire baisser son taux de 85 p. 1000 en 1960 à 20 p. 1000 aujourd'hui. La moyenne continentale africaine ne descendra au-dessous de 100 p. 1000 qu'après 1990, au-dessous de 80 p. 1000, taux mondial actuel, qu'en l'an 2000 et n'approchera les 50 p. 1000 qu'au milieu du siècle prochain.

Ces projections constituent plus ou moins des prolongements de tendance. Aux erreurs près sur les données disponibles, il semble au stade actuel de nos connaissances sur les infrastructures sanitaires, sur leur performance, sur l'étendue, l'efficacité et l'adhésion des masses à l'éducation sanitaire et sur l'environnement en général, que l'Afrique, en matière de baisse de la mortalité infantile, ne soit capable que d'une révolution lente. Par conséquent, il y a lieu de penser qu'une baisse concomittante ou ultérieure de la fécondité se fera vraisemblablement au même rythme, en hypothèse prudente.

Un des arguments avancés par les protagonistes de la baisse de la fécondité est la menace du *vieillissement*, oubliant le fait que dans les pays dits vieux, la baisse de la fécondité a été amorcée il y a un ou deux siècles, voire plus. Que va-t-il se passer en Afrique à cet égard en l'an 2025 ? A ce moment-là, le pourcentage des plus de 65 ans sera de 8 %, soit deux points au-dessous de l'actuel taux de 10 % des Etats-Unis ou de l'Union Soviétique. Ce taux ne rattrapera celui des autres régions que vers la fin du prochain siècle, c'est-à-dire lorsque la population mondiale se sera stabilisée et qu'il n'y aura plus que peu de variations entre les régions. Autrement dit, le caractère jeune de la population africaine va continuer pour bien longtemps encore.

3. EVOLUTION SOCIO-ECONOMIQUE ET POLITIQUE

Peut-on prolonger les tendances actuelles de l'économie africaine ? Les Nations Unies et la Banque Mondiale, entre autres, ont entrepris cet exercice partant de la situation que l'on connaît. *Le quart de siècle passé a vu l'Afrique basculer de l'optimisme et de l'espoir vers le pessimisme et la crise ouverte.* La baisse de la production de nourriture par tête d'habitant, l'insuffisance de la croissance des revenus et leur mauvaise distribution, l'aggravation du chômage, la détérioration des termes de l'échange, l'exploitation des ressources naturelles, la non maîtrise des questions d'environnement (y compris la lutte contre la désertification et la pollution), les calamités naturelles, l'existence de conflits armés, l'instabilité et/ou l'absence d'institutions constituent, entre autres, le lot de l'Afrique. Prolonger ces tendances aboutit inexorablement à la crise. C'est ce que montre l'étude de la Commission Economique pour l'Afrique pour l'an 2008. La Commission a choisi cette année-horizon pour marquer une étape de 25 ans venant après une autre de même durée qui la sépare de son établissement en 1958.

A cet horizon, *on prévoit, si rien n'est changé dans l'évolution qui a eu cours, une situation critique, bien plus compliquée que la situation actuelle avec des effets imprévisibles sur les plans social et politique.* En effet, *le chômage et le sous-emploi* vont s'aggraver, surtout en milieu rural où les taux vont connaître des pointes de 40 %. Le croît démographique et l'afflux des populations rurales vers les villes vont aboutir à un taux d'*urbanisation* de près de 50 % avec les conséquences que l'on imagine sur la demande en services urbains, la nécessité de générer des revenus pour permettre aux populations de survivre. Le monde rural ne sera pas de reste avec les problèmes puisque, malgré l'exode, les campagnes continueront de connaître *des pressions sur la terre cultivable disponible,* avec une densité moyenne de 400 habitants au km^2 de terre arable. Le *déficit alimentaire* ne fera que s'accroître, surtout en céréales, dont la demande annuelle passera de 75 millions de tonnes à 224 millions de tonnes, nécessitant le triplement des importations et le maintien de la ration quotidienne à son niveau actuel, sans espoir d'amélioration en moyenne.

La continuation de *l'érosion* sous toutes ses formes, *l'avance du désert* vers le Nord aussi bien que le Sud, *le recul de la forêt* vont, sous réserve de non changements climatiques, imprévisibles aujourd'hui, rendre les sécheresses plus contraignantes encore que celles connues jusqu'à ce jour. La conséquence première en sera une pression plus grande des flux de population sur les terres clémentes, les villes, les pays voisins. De nouveaux équilibres géopolitiques devront alors être recherchés par la concertation ou par d'autres moyens selon les circonstances. Les troubles éventuels qui en résulteront ne seront propices ni à l'investissement, ni au travail productif, ni aux améliorations nécessaires des infrastructures de base.

Quelques pays continueront à exploiter les ressources du sous-sol disponibles. Mais la variété et les qualités seront singulièrement réduites. Seuls les phosphates, la bauxite, le fer et le cuivre continueront à être d'un certain rapport, sous réserve de variations cycliques des prix et en faisant l'hypothèse que les avancées technologiques, notamment dans le domaine des engrais et des techniques de construction, ne perturberont pas trop la demande pour ces produits miniers.

Dans le domaine de l'*énergie*, des tendances contradictoires vont se manifester. D'une part, les ressources minérales comme le pétrole, le gaz et l'uranium iront vers l'épuisement. Ne seront avantagés que les rares pays qui auront su préserver suffisamment de leurs réserves pour ne pas dépendre des importations et pour utiliser une partie de leurs ressources comme matière première et non plus comme source d'énergie (pétrole). D'autre part, les potentialités hydro-électriques commenceront à être exploitées à une échelle supranationale. Mais cela nécessitera une volonté politique et une entente entre pays riverains. De plus, il faudra que les pays africains aient accumulé suffisamment de ressources pour participer de manière active dans les grands projets.

Un auteur avisé, grand connaisseur de l'Afrique, André Pisani, indique que dans la plupart des pays africains, la naissance de l'Etat a précédé celle de la Nation. A la construction de celle-ci, les pouvoirs politiques successifs ont dévolu le clair de leurs ressources, négligeant du coup les questions économiques. Ainsi *l'absence ou la faiblesse du concept d'Etat-Nation* se traduit pour les pays africains par un surcoût de gestation que d'autres pays ont déjà absorbé au cours de leur évolution historique. Si cette analyse procède d'une observation au départ fondée et d'un jugement de bon sens, cependant le processus de formation des Etats-Nations, ailleurs dans le monde, a suivi le même cheminement, et l'on ne voit pas à ce point de l'évolution historique des pays africains comment on pourrait renoncer à la construction de l'Etat-Nation ou en différer le projet. Il nous semble qu'au-delà de la recherche d'équilibres entre groupes ethniques, aux contours plus contrastés qu'ailleurs, un des problèmes majeurs de l'Afrique est *l'apparition, à l'ombre de l'Etat naissant, d'une bureaucratie peu productive, voire contreproductive,* véritable classe sociale dont la force réside, non pas dans ses performances, ni dans la réalisation d'un projet social conforme aux aspirations nationales, mais dans son inertie et sa capacité à ralentir la machine économique.

Qu'adviendra-t-il de la bureaucratie africaine au 21ème siècle ? Pour tenter de répondre à cette question, il faut d'abord s'interroger sur l'essence de cette bureaucratie, qui transcende les systèmes socio-politiques. On peut émettre l'hypothèse que la bureaucratie est secrétée par l'effet du projet de construction d'Etats modernes, introduit par le pouvoir colonial, qui s'est greffé au système traditionnel d'administration du pouvoir politique, où le clientélisme ne se fonde pas sur des enjeux économiques, mais bien plus sur la cohésion du groupe ethnique, sur le jeu d'alliances et d'ententes, le tout géré par les détenteurs de la rente de l'instruction, ceux qui sont capables d'écrire et de lire et de contrôler la communication avec l'étranger.

Il faut donc s'attendre à ce que, avec le progrès de l'instruction et des systèmes éducatifs, même inadaptés, l'homogénéisation du mode de pensée dans les opinions africaines, par les média, et les échecs répétés des plans de développement promis par les bureaucraties, d'autres systèmes se mettent en place, plus axés sur des enjeux économiques et plus contrôlés par les communautés. La centralisation excessive des Etats actuels, droite venue de la tradition jacobine, sera difficile à éliminer. On peut seulement souhaiter que les détenteurs du pouvoir en usent dans l'intérêt général.

Ainsi, si tout continue comme auparavant, l'Afrique du vingt-et-unième siècle sera bien plus pauvre et plus démunie que vers le milieu de ce siècle. Un groupe restreint de dirigeants politiques et d'entrepreneurs mercantiles préserveront des îlots de prospérité où continuera de se pratiquer une économie extravertie, avec peu d'effets sur les économies nationales. La vie dans les campagnes sera bien plus difficile encore qu'aujourd'hui. De même, dans les villes, les problèmes seront rendus plus compliqués à cause de la pression démographique. Dès lors s'ouvriront des périodes difficiles de troubles sociaux et politiques, qui ne seront pas incompatibles avec l'installation de régimes durs, peu pressés de partager leur pouvoir avec des communautés locales et des citoyens organisés en partis politiques.

Mais ce scénario est purement spéculatif. Nous pensons que tout ira mieux pour l'Afrique au prochain siècle. Pourquoi ? Tout d'abord, l'étape qu'aura traversée le continent, au cours de cette fin de siècle, permettra de tirer de formidables enseignements pour l'avenir. En effet, il serait insensé de croire que les dirigeants, les élites, les éléments les plus conscients parmi les populations vont laisser se répéter les crises et les catastrophes sans réagir et sans ajuster leurs actions et leurs comportements pour y faire face. La chance de l'Afrique réside dans cette dynamique. Que risque-t-il de se passer ? Il faut envisager l'avenir en mettant en parallèle les handicaps et les avantages pour aboutir à un projet réalisable.

4. L'AFRIQUE AU JEU DE GO

Les deux principaux handicaps de l'Afrique sont constitués par son écologie et son peuplement. En effet, plusieurs régions d'habitations et de cultures font face à *des obstacles climatiques et pédologiques.* Elles sont exposées à des fléaux comme la malaria, la trypanosomiase, la bilharziose, l'onchocercose... Ces obstacles ne sont pas insurmontables, mais la lutte est difficile et de longue haleine. Des progrès sont parfois enregistrés, mais la victoire totale contre un fléau donné n'est pas dictée par quelques intérêts particuliers. En tout cas, la lutte contre les endémies et autres calamités naturelles ne sera efficace que lorsque les Africains en auront pris la responsabilité et la direction et seront directement concernés. L'assistance extérieure peut jouer un rôle important si elle est insérée dans un cadre adéquat et naturel. Cela pose de façon plus large les problèmes de progrès technique et de ce que, par abus de langage, on nomme transfert technologique. Nous reviendrons sur ce problème.

Le second handicap réside dans *le peuplement.* L'Afrique a, plus que tout autre continent, payé le tragique tribut de l'histoire, sous la forme de l'esclavage et du travail forcé de la colonisation. L. M. Maes (1985) est l'un des derniers en date, parmi de nombreux auteurs, à s'être penché sur la question. Le handicap apparaît à la fois dans les énormes pertes de population, en partie au profit d'autres continents, et dans une redistribution de population dictée non pas par le développement naturel du continent, mais par les besoins spécifiques de la traite et de la colonisation. Le phénomène est encore ressenti de manière latente, même si la croissance démographique de l'Afrique a été et reste proprement spectaculaire, et même si cette croissance rend de plus en plus difficile la culture itinérante sur brûlis.

Parmi les avantages de l'Afrique, on cite souvent ses ressources naturelles et minières. Dans la mesure où les ressources sont renouvelables, comme le potentiel halieutique, les réserves forestières et foncières, les quantités d'eau aptes à être mises en réserve ou capables de servir de support pour les transports, elles constituent un avantage certain. Les ressources minières ont un statut plus difficile à cerner. En effet, étant donné leur caractère épuisable, il s'agit, soit de les préserver pour l'avenir, soit d'en tirer le meilleur parti possible, en les transformant sur place ou en bénéficiant au moins d'une partie de la rente minière. Or le handicap de l'Afrique de ce point de vue est connu : peut-elle préserver ses ressources, sans se couper du monde, en renonçant à gagner quelques devises utiles aux importations ?

Parmi les autres avantages de l'Afrique, on peut citer *la population et une volonté politique des pays.* Il peut sembler contradictoire de parler de la population à la fois comme d'un handicap et comme d'un avantage. Tout dépend de la manière dont elle est considérée. Si la population est vue comme une ressource que l'on peut mobiliser et valoriser, et que l'on arrive effectivement à le faire, nul doute qu'il y a là un avantage. Si l'on voit par contre les taux de dépendance et la pression de la demande sociale sur les différents secteurs de l'économie, le côté handicap reprend son sens. Sur la volonté politique des pays africains à assumer un destin unitaire, à promouvoir des groupements supranationaux et continentaux pour favoriser leur développement économique, la littérature ne manque pas.

Au cours des récentes décennies d'indépendance, un jeu dialectique semble s'être instauré entre des nationalismes grandissants et un panafricanisme réel. A la différence des pays européens où la naissance et la consolidation des nationalismes antinomiques n'ont pas fait la part belle à l'unité européenne, bien au contraire, l'Afrique progresse dans une voie plus prometteuse. Il est permis de s'attendre à ce qu'elle s'épargne les conflits meurtriers du genre de ceux qui ont secoué l'Europe avant qu'elle ne décide de s'unir, et à ce qu'elle fasse des progrès substantiels dans la voie de l'unité économique, malgré les obstacles divers qu'elle doit surmonter. On peut se demander si les pauvres ont une propension inférieure à celle des riches à s'unir économiquement et si la création de zones de libre échange a un sens, lorsque l'on a peu à échanger. Posé en ces termes, le problème de création d'ensembles économiques englobant plusieurs pays semble utopique. Mais y renoncer semble aussi irréaliste, tant il nous paraît évident que la valorisation des ressources africaines passe nécessairement par des regroupements économiques multinationaux qui prennent avantage des complémentarités, là où elles existent, et de la concertation là où l'atomicité risque de disperser les rangs. Sans parler des économies d'échelle que ne manquent pas d'apporter les projets regroupant plusieurs pays. Mais le processus de l'unification économique n'est pas facile à promouvoir. Il risque d'être plus lent que l'on imagine. Faudra-t-il moins d'un siècle pour atteindre le but ?

Nous avons évoqué le *progrès technique*. Comment va se poser le problème ? Entre deux cas de figure donnés, comme par exemple une province de Chine et une zone d'écologie semblable dans le centre de l'Afrique, le progrès technique fait la différence et explique que dans un cas les rendements agricoles sont dix fois supérieurs et permettent d'accomoder une population trois fois plus dense que dans le second cas. Mais pourquoi donc, sachant cela, les habitants du centre de l'Afrique n'arrivent pas aux mêmes performances, toutes choses égales par ailleurs ? *L'acquisition et la maîtrise de la technologie* sont plus complexes qu'il n'y paraît au premier abord. Elles sont plus lentes à réaliser. Elles n'emportent l'adhésion des intéressés, en particulier les paysans, que lorsque ceux-ci sont convaincus de leur utilité et en ont vu la preuve tangible. Or il est difficile d'administrer la preuve arithmétique d'un procédé technologique venu d'ailleurs, lorsque le propre procédé du paysan se base sur une expérience pluricentenaire, voire millénaire. De plus, l'indépendance de centres de recherche africains pour la mise au point de variétés nouvelles plus performantes demeure encore un voeu. Il faut d'abord convaincre les dirigeants.

De façon plus générale et plus théorique, les choix technologiques et la pression démographique ont été étudiés par L. Hugon (1983), à la suite de E. Boserup (1981). Il ressort de cette étude que la pression démographique exerce des effets à la fois sur l'offre et sur la demande de travail. Ces effets seront soit progressifs, soit régressifs "selon la possibilité des acteurs de s'approprier ou non les innovations technologiques". En dernière analyse, "les effets dépendent des capacités de contrôle et de maîtrise des processus de transformation de la part des acteurs sociaux, à la fois supports et créateurs de relations sociales". Concrètement pour l'Afrique, cela signifierait que si le secteur dit informel recevait de la part de l'Etat plus d'attention et d'encouragements, il pourrait assumer le rôle historique d'endogénéiser les progrès technologiques nécessaires à l'Afrique du prochain siècle.

Ce discours sera-t-il encore de mise au 21ème siècle ? Si l'on suit de façon irrationnelle les optimistes, on peut penser que le progrès, d'abord lent, va ensuite s'accélérer pour induire des changements décisifs dans les méthodes de culture et d'élevage, dans la protection du milieu, dans l'usage de l'eau et de la terre, dans la maîtrise de la fécondité et de l'énergie, pour que ce qui nous paraît aujourd'hui être des barrières insurmontables ne soit plus que vague souvenir.

5. CONCLUSION

Par un lapsus inopiné faisant suite à la répétition inlassable de quelques concepts comme stratégie, on a fini par découvrir la "stragédie" africaine du développement. Après tout, ce nouveau terme ne décrit-il pas correctement la trajectoire de l'Afrique ? Partis dans l'enthousiasme des années soixante et l'euphorie de belles stratégies, les pays africains ne tombent-ils pas les uns après les autres, sauf exceptions notables, dans des tragédies, dont on se demande comment ils vont se débarrasser.

Les événements ont la mémoire courte, mais mémoire tout de même. Lorsque la volonté de survie existe, lorsque des potentialités latentes sont à portée de main, nul n'est besoin de désespérer. La leçon apprise des conjonctures difficiles enseigne une évaluation de soi, la remise en question de certains credo, la mise en chantier de nouvelles perspectives. Nouvelles stratégies ? La vie au jour le jour doit faire place à une réhabilitation progressive des économies, à la remise à l'honneur de pans entiers des composantes sociales, comme la paysannerie pauvre et les petits artisans. La confiance dans l'avenir doit être restaurée.

A la remise en route de la machine économique, doivent s'envisager les étapes suivantes basées sur le dégagement d'un surplus, l'investissement de consolidation pour éviter la régression et l'élargissement de la base productive. Cette action ne se fait ni dans l'isolement, ni dans l'autarcie. Les Africains sont en droit d'attendre des relations bien comprises, basées sur l'intérêt réciproque et sur le besoin d'amorcer un processus irréversible de progrès économique et social. La solidarité est à ce prix.

BIBLIOGRAPHIE

Abumere S.I., 1981, "Distribution policy in Africa South of the Sahara", *Population and Development Review,* vol. 7, n° 3, pp. 421-433.

Adedeji Adebayo, 1981, "Africa permanent underdog ?", *International Perspectives.*

Amin S., 1982, "A critique of the World Bank report entitled accelerated development in sub-saharan Africa, *Africa Development,* n° 1.

Banque Mondiale, *Rapports annuels,* Washington.

Boserup E., 1985, "Economical demographic interrelationship in sub-saharan Africa", *Population and Development Review ,* vol. 2, n° 3, pp. 383-397.

Bourcier de Carbon P., 1983, "Demain le Tiers-Monde : population et développement, modèles démo-économiques", Revue *Tiers Monde,* n° 94, pp. 409-420.

Club de Rome, 1972, *Halte à la croissance ?,* Fayard, Collection écologie, Paris, 314 p.

Commission Economique pour l'Afrique des Nations Unies, 1983, *La CEA et le développement de l'Afrique, étude perspective préliminaire,* n° 008, Addis Abeba.

Coquery-Vidrovitch C., 1985, "Démographie, écologie, et histoire-démographie et traite négrière", in *Histoire démographique - Concept d'ethnie - Recherches diverses,* L'Harmattan, Université de Paris 1, pp. 33-49.

Dag Hammarskjöld Foundation, 1975, *The 1975 D.H. report: World now?* Uppsala.
Decoufle A.C., 1972, *La prospective,* Que sais-je ?, P.U.F., Paris.
Diop Maes L.M., 1985, "Essai d'évaluation de la population de l'Afrique Noire aux XVème et XVIème siècles", *Population ,* n° 6, pp. 855-889.
Fourastie J., 1965, *Les 40 000 heures, inventaire de l'avenir,* Laffont-Gonthier, Paris, 246 p.
I.D.R.C., 1976, *Catastrophe or new Society? A Latin American World Model,* Ottawa.
Frolov I., 1982, *Global problems and the future of Mankind,* Progress Publishers, Moscou, 311 p..
Gaudier M., *Africa 2000 . An analytical bibliography on African proposals for the 21st century,* International Institute for Social Studies, Bibliographic series n° 5.
Hugon Ph., 1983, "Prévision démographique et choix technologiques", *Revue Tiers-Monde,* n° 94, pp. 399-408.
Kodjo E., 1985, *Demain l'Afrique,* Ed. Stock, Paris, 336 p.
Léontief W., 1977, *L'expertise de W. Léontief. Une étude de l'O.N.U. sur l'économie mondiale future,* Dunod, Paris, 255 p.
Mesarovic M. et Pestel E., 1974, *Mankind at the turning point, the second report of the Club of Rome,* Dutton/Reader's Digest, New York, 210 p.
Myrdal G., 1968, *Asian Drama,* 3 volumes, Ed. Panthéon, New York.
Nations Unies, 1982, *Bulletin démographique,* n° 14.
O.U.A., 1979, *Quelle Afrique en l'an 2000 ?,* Addis Abeba, 145 p.
O.U.A., 1980, *Plan d'action de Lagos,* Addis Abeba, 143 p.
Pisani E., 1984, *La main et l'outil,* Lafont, 248 p.
UNITARD/IDEP, 1977, *Conférence on the future of Africa,* Dakar.
World Bank, 1981, *Accelerated development in sub-saharan Africa: an agenda for action,* Washington, 198 p.
Zartman et al., 1979, *Africa in the 1980's: a continent in crisis,* New York, 232 p.

annexes

- notes sur les auteurs
- index des matières
- index des auteurs cités
- index géographique et ethnique
- liste des figures
- liste des tableaux
- table détaillée des matières

notes sur les auteurs

Eliwo AKOTO	Chercheur ; Département de Démographie, Université Catholique de Louvain, 1 Place Montesquieu, 1348-Louvain-la-Neuve (Belgique).
Ahmed BAHRI	Chef de la Division de la Population ; Commission Economique des Nations Unies pour l'Afrique (C.E.A.), P.O. Box 3001, Addis Ababa (Ethiopie).
Joseph CHAMIE	Chef de la section de politiques de population ; Division de la Population, Nations Unies, New York N.Y. 10017 (U.S.A.).
Catherine COQUERY-VIDROVITCH	Professeur, Directeur du Laboratoire "Tiers-Monde, Afrique" (Unité associée au C.N.R.S.) ; Université Paris-7, 2 Place Jussieu, 75005-Paris (France).
Philippe FARGUES	Maître de recherche ; Institut National d'Etudes Démographiques (I.N.E.D.), Département "Méthodes et prévisions", 27, rue du Commandeur, 75675-Paris Cedex 14 (France).
Joël GREGORY	Professeur titulaire ; Département de Démographie, Université de Montréal, Case postale 6128 (Suc. A), Montréal H3C 3J7 (Canada).
Allan HILL	Senior lecturer ; Centre for Population Studies, London School of Hygiene and Tropical Medicine, 31 Bedford Square, Londres WC1B 3EL (Grande-Bretagne).

Georgia KAUFMANN — Chercheur ; Institute of Social Anthropology, Oxford University, St Antony's College, Oxford OX2 6JF (Grande-Bretagne).

Ron LESTHAEGHE — Professeur ordinaire ; Interuniversity Programme in Demography, Vrije Universiteit Brussel, 2 Pleinlaan, 1050 Bruxelles (Belgique).

Thérèse LOCOH — Chargée de recherche, conseiller scientifique à l'Unité de Recherche Démographique (Lomé) ; Institut National d'Etudes Démographiques (I.N.E.D.), Département "Méthodes et prévisions", 27 rue du Commandeur, 75675-Paris Cedex 14 (France).

Dominique MEEKERS — Chercheur ; Population Studies Center, Université de Pennsylvanie, 3718 Locust Walk, Philadephie, PA 19104 (U.S.A).

Christine OPPONG — Chercheur ; Bureau International du Travail (B.I.T.), Service de la Planification de l'emploi et des activités en matière de population ; 12 Parc Château Banquet, Genève 1202 (Suisse).

Kasa Asila PANGU — Chercheur et enseignant ; Institut de Médecine Tropicale, Unité de Santé Publique, 155 Nationalestraat, 2000-Anvers (Belgique).

Gilles PISON — Chercheur ; Musée de l'Homme, Laboratoire d'Anthropologie, Palais de Chaillot, 75116-Paris (France).

Ian POOL — Professeur, directeur du centre ; Population Studies Centre, Department of Sociology, University of Waikato, Hamilton (Nouvelle-Zélande).

André QUESNEL	Chargé de recherches, responsable de l'UR B.5 ; Institut Français de Recherche Scientifique pour le Développement en Coopération (O.R.S.T.O.M.), Département B "Milieux et Sociétés", 213 rue Lafayette, 75010-Paris (France).
Mpembele SALA-DIAKANDA	Professeur et chercheur, directeur de l'I.F.O.R.D. ; Institut de Formation et de Recherches Démographiques, B.P. 1556, Yaoundé (Cameroun).
Ronny SCHOENMAECKERS	Expert des Nations Unies auprès du Ministère du Plan et des Mines, Togo ; P.N.U.D., B.P. 911, Lomé (Togo).
Dominique TABUTIN	Chargé d'enseignement et Chef de travaux, Président du Département de Démographie, Université Catholique de Louvain, 1 Place Montesquieu, 1348-Louvain-la-Neuve (Belgique).
Francine Van de WALLE	Chercheur associé ; Population Studies Center, Université de Pennsylvanie, 3718 Locust Walk, Philadephie, PA 19104-6298 (U.S.A.).
Etienne Van de WALLE	Professeur ; Population Studies Center, Université de Pennsylvanie, 3718 Locust Walk, Philadephie, PA 19104-6298 (U.S.A.).
Wim van LERBERGHE	Chercheur et enseignant ; Institut de Médecine Tropicale, Unité de Santé Publique, 155 Nationalestraat, 2000-Anvers (Belgique).
Dominique WALTISPERGER	Chargé des études démographiques et chargé de cours à l'Institut de Démographie de Paris ; Ministère des Affaires Sociales, du Travail et de l'Emploi, Service des Etudes et des Systèmes d'Information (SESI), 1 Place Fontenoy, 75007-Paris (France).

index des matières

Abandon d'enfants, 43, 424
Abstinence sexuelle, 25, 27, 67, 114, 120, 143, 144-150, 152, 156, 158
Accouchement, 306, 307, 318, 347
Adultère, 264-265
Ages (problèmes d'), 219
Agriculture
    historique, 53-55
    emplois, 425-431
    et population, 53, 67
    production, 430, 466
    système, 232, 235, 346-347, 409, 480, 491-492
    voir aussi production agricole, déficit alimentaire, autosuffisance
Aide alimentaire, *voir* assistance
Alcoolisme, 338
Alimentation, 309, 482-488, *voir aussi* production agricole
Allaitement, 25, 27, 35, 67, 114, 120, 143, 146, 150-154, 319-321, 362
Aménagement du territoire, 41, 401-405, 409-412
Aménorrhée post-partum, 125, 146, 151, 152
Assistance extérieure, 49, 351, 353
Autoconsommation, 466
Autosuffisance alimentaire, 47, 480, 492, *voir aussi* production agricole
Avortement, 43, 114, 179, 189-190

Bilharzioze, 203
Bureaucratie, 360, 505-506

Causes de décès, *voir* mortalité
Célibat, 226, 230, 235, 244, 245, 251, 255, 256, *voir aussi* mariage
Centralisation, 360
Changement social, 20, 119, 132
    et familles, 441-476
Chef de ménage, *voir* ménage
Choléra, 64
Chômage, 426, 428, 480, 488, 504
Circulation des individus, 45, 455-457
Classes sociales, *voir* stratification sociale
Climat, 21, 51-53, 507
Coït interrompu, 156, 157
Collecte des données, 78, 111, 154, 219, 251-252, 279-280, 292-294, 374-375, *voir aussi* qualité.
Colonisation, 65-66, 371-373, *voir aussi* histoire
Compensation matrimoniale, *voir* dot
Concession, 444, 451, 453
Contraception
    généralités, 114, 131
    législation, 158, 174
    politiques de, 172, 173, 185, 186
    pratique et méthodes, 25, 28, 120, 122, 124, 154, 155, 156-160
    voir aussi fécondité, espacement des naissances, planification familiale
Contrôle social, 19, 20, 149
Crise économique, 38, 49, 298, 346, 351, 425, 426
Croissance démographique, *voir* population

Croissance économique, 343, *voir aussi* crise
Cultures de rente, 338, 410, 466, 481, 491-492
Cultures vivrières, 481, 491-492
Cycle de vie, 259, 260, 457

Décentralisation, 411-412
Déficit alimentaire, 492, 504, *voir aussi* production agricole
Densité, 79, 80, 81, 418
Dépendance économique et politique, 298, 358, 481
Déplacements de population, *voir* traite, réfugiés ou migrations
Désertification, 504
Développement rural, 41, 42, 48, 346, 413-417
Différences d'âges entre époux, *voir* mariage
Disparités, *voir* inégalités
Divorce, 31, 222-224, 256, 257, 263
Données, *voir* collecte ou qualité
Dot, 257, 460, 462

Eau, 337, 352, 432
Ecologie, 49, 51, 507
Education, *voir* instruction
Effectifs, *voir* population
Emigration, *voir* migrations
Emploi, 43, 47-48, 425-429, 488, 491-494, *voir aussi* population active
Endémies, 60-63
Energie, *voir* ressources
Enfants (rôle et travail), 44, 429, 433-434, 456, *voir aussi* jeunesse
Enfants confiés, *voir* circulation des individus
Epidémies, 52, 60, 337, *voir aussi* maladies
Erosion, 504

Esclavage, *voir* traite
Espacement des naissances, 142, 143, 144, 152-153, 159, *voir aussi* intervalles entre naissances et contraception
Espérance de vie, *voir* mortalité générale (niveaux)
Etat civil, 279-280
Etat matrimonial, 253, 254, 259-260
Etat nutritionnel, *voir* nutrition
Etat sanitaire, 338, 351, *voir aussi* nutrition, santé
Ethnies
  et abstinence, 145, 146
  et infécondité, 194-201, 209
  et nuptialité, 233-236
  et mortalité, 328-329
Exode rural, *voir* migrations ou urbanisation
Expulsions, 407

Famille
  définition, 442
  et mortalité, 46, 463-465
  et migrations, 386-387, 468-470
  et polygamie, 267-277
  et production, 466-468
  structures et évolution, 44-45, 119, 150, 441-476
  types de, 449-451, 459, 472-474
  voir aussi ménage
Famine, 309
Fécondité
  calendrier, 120-124, 160, 267
  des adolescentes, 43, 423-424
  et migrations, 468-470
  et mortalité, 35, 88, 89, 311-313, 464
  et polygamie, 33, 262-267
  facteurs, 44, 89, 120, 131, 194, 433-434, 458, 471, 501

niveaux-tendances, 24, 25, 112, 114, 135-137, 194, 266, 424, 440, 459, 501-502
politiques, 172, 173, 185, 186, 187, 188
variabilité, 116-118
variables intermédiaires, 112, 114

Femmes
et chefs de ménage, 454-455
et migrations, 387-389
et travail, 232, 233, 320-322, 388, 425-433
rôle et statut, 42-43, 231, 233, 237, 388-389, 462-463
voir aussi inégalités sexuelles, travail

Gérontocratie, 101, 462
Gouvernements, *voir* politiques
Grippe espagnole, 65
Grossesse (circonstances), 318-319, *voir aussi* accouchement

Héritage, 232-233, 234, 235, 466
Histoire de la population, 51-69, *voir aussi* colonisation

Immigration, voir migrations
Industrie, *voir* secteur industriel
Inégalités régionales, 41, 80, 90-92, 347, 353, 401-405
Inégalités sexuelles, 43, 423, 428, 462-463, 468, *voir aussi* législation
Inégalités, *voir aussi* mortalité des enfants et mortalité générale
Infécondité, *voir* stérilité
Infections, *voir* maladies
Interdit sexuel, *voir* abstinence
Intervalles entre naissances, 26, 120, 125-130, 138-139, 153
Instruction
et famille, 470-472

et fécondité, 471-472
et migrations, 493
et mortalité, 292
et nuptialité, 218, 231, 232, 234, 235-236, 472
niveaux, 423, 439
rôle, 127, 128, 129, 131
Islam, 59, 119, 146, 147, 236, 255

Jeunesse, 24, 93-95, 97, 484, *voir aussi* structures, pyramides des âges et travail

Kwashiorkor, 142, 306, 323

Lactation, *voir* allaitement
Législation
contraception, 158, 179-180, 189-190
égalités sexuelles, 422-423, 437, 438
nuptialité, 252
Lévirat, 256, 463
Limitation des naissances, *voir* planification familiale ou politiques de population
Lois, *voir* législation

Main d'oeuvre, *voir* population active ou emploi
Maladies diarrhéiques, 294, 306, 307, 310
Maladies infectieuses et parasitaires, 310, *voir aussi* chaque maladie
Maladies respiratoires, 295, 306, 307
Maladies vénériennes, 63, 195, 196, 206, 208, 266
Malnutrition, *voir* nutrition ou santé
Mariage
âge, 31, 32, 120, 217, 218, 226, 230, 235, 424-425, 440, 472

écarts d'âges entre époux, 225, 227, 235-236, 253-255, 265, 276, 460, 461
facteurs, 231-236
instabilité, 31, 210, 465
nombre, 260, 261
séparation, 150, 210
types, 275-276
voir aussi divorce, nuptialité, polygamie
Masculinité à la naissance, 250-251
Médicaments, 353, 354, 358-359
Ménages
chef de, 45, 452, 454-455
définitions, 442, 444
et concessions, 451-453
taille, 45, 445-449, 467
types, 449-451
voir aussi famille
Migrations
conséquences, 40, 46, 338, 469, 493
définitions, 373-375
et structures d'âges, 92
et nuptialité, 219
et structures familiales, 386-389, 468-470
historique, 39, 67, 369-373, 401-402
internes, 401-405, 408-416, 427, 492-493
internationales, 42, 376-379, 396-397, 405-408, 492-493
politiques, 41, 401-418
Mobilité conjugale, *voir* mariage et remariage
Modèles démo-économiques, 499-501
Modernisation, 153, 209, 231-236
Moeurs sexuelles, *voir* relations
Morbidité, *voir* maladies
Mortalité des enfants
causes de décès, 35, 294, 324
et âge des mères, 311-313

et culture, 327-328
et fécondité, *voir* fécondité
et intervalles, 313-315
et instruction, 314-316
et sevrage, 319-321, 323-324
et travail des mères, 319-323
facteurs, 310-329
inégalités spatiales, 35, 324-327
niveaux, 35, 282, 286, 314, 325, 464, 502-503
Mortalité générale
causes de décès, 35, 292-296, 306, 307
facteurs, 291
inégalités, 34, 91, 92, 283-285, 291-292
méthodes de mesure, 280-281
niveaux, 34, 77, 83, 85, 90-92, 281-285, 297, 502
structures par âge ou sexe, 285-286, 287, 288-290
tables de mortalité, 302-305
Mortalité intra-utérine, 114
Mortalité néonatale, 311-313, 314, 317-319
Mortalité périnatale, 313, 318
Mouvements de population, *voir* migrations

Natalité, 77, 83, 85, 90-92
Nombre d'enfants, *voir* fécondité
Noyau familial, 444
Nuptialité, 31
concepts et indicateurs, 219-222, 251-252
schémas, 224-229, 231, 233, 236
voir aussi mariage, célibat, divorce et polygamie
Nutrition-malnutrition, 36, 294, 296, 309, 310, 318, 351, 352

Orphelins, 268-269, 270, 463, 464

Paludisme, 60-62, 203, 295, 307, 337, 339
Parenté, *voir* système de
Pauvreté, 426, 506
Peste, 64
Perspectives
   généralités, 49, 79
   de densité, 80
   de population, 74-76, 79, 501-503
   voir aussi prospective
Planification familiale (politique de), 28, 158, 213, 362, 417-418
Poids à la naissance, 36, 311, 318
Pôles de développement, 411-412
Politiques de contraception ou de fécondité, *voir* contraception ou fécondité
Politiques de population, 29, 167-171, 175-179, 213, 404-405, 417-418
Politiques de développement, 402-405, *voir aussi* développement
Politiques de migrations, *voir* migrations
Politiques de santé, *voir* santé
Polygamie, 31, 32-33, 218, 220-221, 225, 228, 230-231, 231-236, 246-247, 249-278, 451, 460, 474
Polygynie, *voir* polygamie
Population
   croissance, 22, 23, 80, 81, 112, 258, 482-488, 502
   effectifs, 22, 68, 73-76, 187, 188
Population active, 47, 97, 488-491, *voir aussi* emplois, travail
Population scolaire, 97, 100, *voir aussi* scolarisation
Prématurité, 36, 311
Prévisions, *voir* perspectives
Prix, 480

Production agricole ou alimentaire, 47, 351, 466, 482-486, 491-492
Progrès technique, 50, 68, 509
Projections, *voir* perspectives
Prospective économique et politique, 497-513
Pyramides des âges, 98, 253, 254, 258, *voir aussi* structures par âge

Qualité des données, 78, 154, 229, 255, 279-281, 293, 375, 481-482, *voir aussi* collecte

Rajeunissement, *voir* jeunesse
Rapport de dépendance démographique, 48, 484, 490
Rapport de masculinité à la naissance, *voir* masculinité
Récession économique, *voir* crise
Réfugiés, 39, 378, 379, 381-382
Relations sexuelles, 114, 147-148, 207, 264, *voir aussi* abstinence sexuelle
Religion, 119, *voir aussi* Islam
Remariage, 32, 222-224, 256- 257, 260, 261
Répartition de la population, 40, 401-405, 408-416, *voir aussi* migrations et urbanisation
Reproduction, *voir* système de
Ressources naturelles, 49, 505, 508
Revenus, 466-468
Rougeole, 294, 306, 307, 310, 315
Reproduction (rythmes de), 267-268
Ruptures d'union, *voir* divorce ou veuvage

Salaires, *voir* revenus
Santé
   actions, 208, 296-298

budgets, 343-346, 353-354, 355
historique, 66, 335-340
organisation, 37, 350-351
politiques, 36, 335-364
voir aussi soins de santé primaires
Scolarisation, 43, 46, 87, 124, 439, 470-472, *voir aussi* instruction
Sécheresses, 38, 52, 53, 309
Secteur industriel, 466-468
Secteur informel, 411, 416, 491, 493-494, 510
Sécurité sociale, 131, 459
Séparation, *voir* divorçe
Sevrage, *voir* allaitement et mortalité des enfants
SIDA, 329, 363
Soins de santé primaires, 37-38, 299, 317, 348-349, 361-363
Solidarités, 46, 119, 460, 467-468, 470
Sous-fécondité, *voir* stérilité
Stérilisation, 179-180, 189-190
Stérilité et infécondité, 20, 114, 119, 192-214, 263
Stratégies de survie, 20, 390, 433
Stratification sociale, 234, 389
Structures familiales, *voir* famille
Structures par âges, 92, 93-96, *voir aussi* pyramides des âges
Structures sociales, 327-328
Surmortalité féminine ou masculine, 258, 286, 288, 289, 290
Système démographique, 18, 19, 385-386, *voir aussi* système de reproduction
Système de filiation, 234, 235, *voir aussi* système de parenté
Système d'héritage, *voir* héritage
Système de parenté, 268-276
Système de reproduction, 19, 467

Technologie, 509, *voir aussi* progrès technique
Tétanos, 295, 306, 307
Traite, 21, 39, 55-59, 370-371, 507
Transition démographique, 18, 20, 66, 77, 83-87, 90-93
Travail
de la femme, 43, 44, 232-233, 388, 425-431
des jeunes, 44 , 429
domestique, 386, 387, 431-433
forcé, 371-372
Trypanosomiase, 62, 203, 337, 340

Unification économique, 50, 508-509
Urbanisation, 39, 40, 292
définition, 374-375, 398-399
histoire, 371-373
niveaux et croissance, 382-385, 403, 486-488, 504
relations villes-campagnes, 390-391, 409-417, 468-470, 493
villes secondaires, 411-412

Vaccination, 296, 353, 354, 356, 362
Variole, 63, 64, 307, 343
Veuvage, 31, 222-224, 256, 465
Vieillissement, 24, 94-95, 100-101, 486, 503
Villes, *voir* urbanisation

index des auteurs

Abu K., 434
Abumere S.I., 404
Adegbola, 121
Adeokun L.A., 148
Adepoju A., 388, 412
Ajaegbu H.I., 492
Akadiri K., 427, 429
Akoto E., 36, 310, 325, 326
Akuffo F., 423
Akwasi Aidoo, 339
Amin S., 76, 373
Anker R., 429
Antheaume B., 463
Antoine Ph., 456
Ardeyfio E., 432, 433
Arowolo O., 168
Arrighi G., 389
Asiwaju A.I., 372
Austen R., 55
Azefor M., 201, 206, 292
Ayeni O., 282

Bahri A., 49, 50
Baker D.H., 206
Banerji D., 363
Banque Mondiale, 350, 353, 376, 385, 426, 430, 503
Benoit D., 469, 493
Bequele A., 492
Bergner L., 318
Berman P., 363
Bertrand J.T., 156, 157
Bichmann W., 347
Bilsborrow R., 389
Binkin N.J., 160

Biraben J.N., 68
Biswas A., 432
B.I.T., 422, 423, 425
Blake J., 114
Bledsoe C.H., 361
Bleek W., 154, 160, 425
Boerma J.T., 313
Boland R., 362
Bongaarts J., 114, 143, 146, 151, 153
Bonte M., 145
Boserup E., 232, 233, 387, 434, 459, 501, 510
Bourcier de Carbon Ph., 500
Bourgeois-Pichat J., 198
Boutillier J.L., 406
Brokensha D., 147
Brown G.F., 167
Bureau of Census, 284
Burfisher M., 431
Burton R.F., 64
Byerlee R., 369

Caldwell J.C., 142, 145, 147, 148, 159, 161, 193, 195, 206, 218, 232, 235, 292, 315, 386, 459
Caldwell P., 142, 145, 147, 148, 149, 159, 195, 206
Cantrelle P., 291, 293, 314, 316, 318, 320, 324, 343

Carael M., 142, 145, 149, 151, 152, 157, 320
Casterline J.B., 218, 222, 231, 318
C.E.A., 280, 480, 481, 483, 504
Charbit Y., 469
Christie J., 64
Clairin R., 208, 307
Clignet R., 218
Club de Rome, 499
Clyde D.F., 336
Cockrane, 155, 160
Cohen R., 222
Comaroff J.L., 233
Condé J., 375, 376, 377, 378
Coppens M., 52
Coquery C., 51, 78, 371
Cordell D., 370, 371
Coulibaly S., 373, 387, 388
Crehan K., 431
Curtin Ph., 56, 61, 370

Daddieh C., 480
Davis K., 114
De Ferranti D., 353
De Garine I., 323
Deniel R., 407
Dennis C., 429
Destane de Bernis G., 342
De Sweetmer C., 313
Diagne P.S., 376
Dias I., 52, 58
Dini C., 320

Diop M.A., 68
Diop J.L., 343
Donne L., 124, 146, 152
Dow T., 157, 159
Dozon J.P., 463, 466
Dries H., 218, 232
Ducreux E., 68
Dumoulin J., 341
Dunn P.M., 313
Dupont V., 412
Durand J., 68

Eelens F., 124, 146, 152, 320
Elkan W., 373, 389
Engerman S., 371
Erny P., 320
Ewbank D., 324

Fafowora O.O., 407
F.A.O., 76, 481, 482, 484
Fargues Ph., 22, 77, 492, 493
Farid S.M., 155, 160
Feldman R., 431
Ferguson J., 347
Ferry B., 142
Findley S., 369
Flip T., 351
Ford J., 62
Forde D., 231
Fortes M., 145
Frank O., 120, 146, 456
Franke R.F., 338
Frood J., 323

Gabel G., 60
Gairns G.S., 422
Gaisie S., 145, 291
Garenne M., 343
Gautier H., 167
Gendreau F, 444

Gervais R., 371
Ghai D., 426, 480, 481
Gish O., 349, 357, 363
Glucksberg H., 359
Goldman N., 220
Goode W., 218, 231
Goody J.R., 148, 232, 233, 235
Goubaud M.F., 361
Gough H.G., 218, 231
Gray R., 150, 319
Gregory J., 39, 310, 369, 385, 387, 389
Grodos D., 364
Gubry P., 91
Guest I., 200
Guichaoua A., 409
Guillaume A., 456
Gutkind P., 481
Gyepi Garbrah B., 423

Hajnal J., 217, 275
Harrison K.A., 311
Hartwig G.W., 64
Heckel N.I., 422
Hein C., 429
Henry L., 143, 147, 198
Hibbert C., 335
Hill A., 36, 327
Hirschmann D., 431
Ho T.J., 323
Hobcraft J., 313, 314, 315, 324, 325, 424
Hogan C.P., 347
Horenstein N., 431
Hugon L., 510
Hunpono-Wusu O.O., 307
Hunter G., 218, 231

I.L.O., *voir* B.I.T.
Inikori J.E., 57, 370
I.P.P.F., 437, 440

Jacobs S., 431
Janssens P.G., 340
Jeliffe D.B., 313
Jorgensen K., 432

Kaufmann N., 32
Kekovole J., 231
Keuzeta O., 306
Kielman A., 318
Killingsworth R., 363
King M., 349
Kiyaga-Mulindwa D., 59
Klein H., 371
Kodjo E., 20, 497
Knodel I., 150, 152
Kumekpor T.K., 150
Kunz P., 264
Kuper A., 229, 233

Lacombe B., 444, 474
Lassonde L., 390
Lebris E., 410
Le Cour Grand-maison C., 443
Ledent H., 206
Lepage P., 320
Léridon H., 125, 127, 264, 320
Lesthaeghe R., 119, 121, 144, 146, 149, 159, 218, 220, 221, 223, 224, 229, 231, 233, 234, 235, 247
Lightbourne R., 319
Lindenbaum S., 315
Livingstone I., 492
Locoh Th., 45, 46, 145, 148, 149, 264, 388, 456, 464, 465, 470
Lorimer F., 144, 145, 156
Lovejoy P., 56, 370
Lututala M., 390

Mabogunge A.L., 168
MacCormack C.P., 355
Maes L.M., 507
Makhoul N., 347
Mahadi A., 371
Maina-Ahlberg B., 315
Manning P., 59, 371
Martin J., 62
Martorell R., 323
Mason M., 58
Masuy-Stroobant G., 316
Mburu F.M., 341
McCall M., 415
McCarthy J., 159, 218, 231
McCollum J., 321
McDonald P., 218, 222, 231, 313, 315
McGregor I.A., 321
McKeown T., 316
Meillassoux C., 386
McNicoll G., 77
Meller J.W., 351
Mercenier P., 349
Middeton J.F., 158
Mignot A., 462
Mitchell J., 389
Miti K., 416
Mollard E., 318
Molnos A., 156
Mondot-Bernard J.M., 320
Morgan R.W., 156
Mosley W.H., 127, 320, 360
Mott F., 314
Muganzi L.S., 291
Murdock G.P., 249, 459
Musham H., 264
Myrdal G., 498

Naeye R.L., 318
Nag M., 127, 153
Naismith D., 323
Nations Unies, 73, 78, 80, 158, 284, 316, 321, 322, 373, 377, 380, 382, 383, 384, 397, 399, 405, 483, 502, 503
N'Cho Sombo, 297, 298, 306
Nerlove S.B., 320
Newman J.S., 384
N'Krumah K., 51
Norse D., 481, 485
Nzita K., 313, 318

Oberai A.S., 389
O.C.D.E., 280, 376
Olusanya P.B., 159
Omindi-Odhiambo, 318
O.M.S., 193, 295, 296, 298, 319, 356
Oni G.A., 159
Oppong Ch., 42, 43, 150, 388, 425, 434
Orraca-Tetteh E., 492
Orubuloye I.O., 148
Ouedraogo M., 492

Page H., 121, 144, 159
Palloni A., 313
Pangu K.A., 36, 38
Patterson K.D., 65, 337
Pebley A., 220, 311
Perrot Cl., 67
Piché V., 310, 369, 385, 387, 389
Pisani A., 505
Pison G., 252, 267, 268, 454, 460

Pittin R., 429
P.N.U.D., 355
Pool I., 47, 48
Potter R.G., 114, 143, 151
Pourtier R., 58
Prentice A.M., 318

Quesnel A., 41

Radcliffe-Brown A.R., 231
Radwan S., 426, 480, 481
Randall S., 266, 327
Read M., 389
Reining P., 156
Retel-Laurentin A., 63, 195, 196, 197, 201, 207, 208
Riccioli B., 68
Richards A., 156, 389
Richardson H.W., 404, 418
Rifkin S., 363
Rodriguez G., 127
Roemer M.I., 351
Rogers B., 431
Romaniuk A., 153, 195, 201, 206, 207, 208, 210
Ross M.H., 389
Rowland M., 321
Royston E., 347
Rutishauser I., 323
Rutstein S.O., 312, 313, 314

Sadio A., 469
Sai F.T., 168
Sala-Diakanda M., 150, 195, 198, 201, 206
Sandbrook R., 391

Saucier J.F., 119, 150
Saunders M., 68
Schoenmaeckers R., 116, 119, 126, 144, 147, 156, 320
Schuftan C., 346
Segal M., 341
Senghor D., 357
Shaw Th., 60
Silverman M., 359
Singer J., 359
Siry B., 493
Smith J., 264
Srivastana R.K., 492
Standing G., 389
Stichter S., 369, 387
Stren R., 369, 385
Suret-Canale J., 338, 339, 371
Susser M.W., 318
Swartz M., 157
Szereszewski R., 492

Tabutin D., 91, 153, 201, 230, 282, 297, 298, 306, 459, 464
Tala Olu Pearce, 338
Thornton J., 52, 58, 371
Tienda M., 313

Tietze C., 151
Tonglet R., 364
Toutain P., 250
Trussel J., 218, 231, 311
Tshibemba wa Mulumba, 318
Tymowski M., 53
Twumasi P.A., 336, 339

U.N.E.C.A., 430
U.N.E.S.C.O., 439
Unger J.P., 363
U.N.I.C.E.F., 295, 298, 299, 317, 350, 351, 352, 364
United Nations, *voir* Nations Unies
Université de Princeton, 285

Van Balen H., 145
Van den Eerembeemt M.L., 313
Van de Walle E., 26, 144, 217, 220, 231
Van de Walle F., 26, 144
Van Dijk M., 493

Van Lerberghe W., 36, 38
Van Vianem H.A.W., 313
Verrière J., 211
Vincent P., 198

Wallerstein I., 481
Walsh J.A., 362
Walt G., 363
Waltisperger D., 34, 284, 285
Ware H., 159, 427
Warren D.M., 145
Warren K.S., 362
Webster J., 52
Weigel J.Y., 389
Weisner T., 389
Westoff C., 144
White L., 63, 388
Whitehead R.G., 319, 323
Willcox J., 68
Wilson F., 387

Young M., 362

Zachariah K., 375, 377

index géographique et ethnique

Afrique du Sud, 52, 54, 64, 79, 107, 177, 178, 183, 185, 186, 187, 189, 225, 243, 285, 372, 373, 379, 380, 383, 446
Algérie, 73, 136
Angola, 21, 40, 52, 57, 58, 63, 64, 107, 183, 185, 187, 189, 225, 230, 243, 244, 245, 357, 361, 370, 381, 383, 396, 398, 438, 440, 446
Ashanti, 145

Baganda, 143, 156
Bakongo, 198, 205
Bakosi, 199, 202, 211, 212
Baluba, 207, 208
Bambara, 143, 266, 327
Bamiléké, 80, 199, 200, 202, 211, 212
Bantou, 54
Bassa, 199, 200, 202, 211, 212
Batetela, 207, 208
Bénin, 27, 107, 117, 118, 123, 124, 126, 128, 135, 138, 146, 152, 155, 175, 183, 185, 186, 187, 189, 241, 246, 292, 294, 307, 312, 355, 357, 377, 381, 383, 384, 388, 398, 407, 422, 437-40, 445, 453, 461
Bobo-Oulé, 208
Bono, 145
Botswana, 39, 107, 135, 178, 183, 185, 186, 188, 189, 233, 243, 350, 352, 373, 379, 380, 381, 383, 384, 398, 429, 437-40, 446
Burkina, 30, 62, 90, 100, 107, 135, 142, 158, 179, 183, 185, 186, 187, 189, 196, 208, 241, 280, 292, 294, 295, 296, 307, 353, 354, 376, 377, 378, 383, 384, 398, 402, 406, 407, 414, 424, 437-40, 445, 453, 455, 492, 493
Burundi, 54, 79, 107, 135, 176, 179, 183, 185, 186, 187, 189, 242, 280, 350, 353, 354, 356, 373, 378, 381, 383, 384, 398, 409, 437-40, 445, 447, 453, 455

Cameroun, 30, 37, 39, 55, 62, 80, 90, 93, 107, 117, 118, 120, 122, 123, 124, 126, 128, 135, 138, 143, 145, 146, 148, 152, 155, 176, 183, 185, 186, 187, 189, 192, 196, 198, 200, 201, 202, 206, 210, 211, 212, 223, 224, 225, 241, 244, 245, 246, 280, 282, 294, 306, 312, 314, 318, 325, 340, 344, 356, 359, 378, 379, 381, 383, 384, 396, 398, 424, 437-40, 442, 446, 451, 452, 455, 461
Cap Vert, 39, 107, 175, 183, 185, 186, 188, 189, 376, 383, 398, 437-40, 445
Centrafrique, 39, 54, 62, 90, 107, 135, 179, 183, 186, 188, 189, 196, 242, 280, 379, 381, 383, 384, 398, 429, 437-40, 446
Comores, 79, 107, 183, 185, 186, 188, 189, 383, 384, 398, 437-40, 445, 455
Congo, 45, 62, 107, 135, 175, 183, 185, 186, 188, 189, 196, 243, 244, 245, 246, 341, 352, 373, 378, 383, 398, 429, 437-40, 446, 449, 450, 455, 467

Congo belge, *voir* Zaïre
Côte d'Ivoire, 39, 42, 55, 64, 67, 88, 90, 91, 92, 100, 107, 117, 118, 120, 123, 124, 126, 128, 135, 138, 145, 146, 152, 155, 156, 176, 183, 185, 186, 187, 189, 225, 230, 241, 244, 245, 246, 280, 287, 288, 289, 290, 291, 302, 312, 318, 350, 353, 372, 373, 376, 377, 378, 379, 383, 384, 396, 398, 406, 408, 409, 410, 424, 437-40, 445, 455, 456, 461, 467, 473, 492, 493

Djibouti, 183, 185, 188, 189, 381, 383, 437, 438, 440, 445
Dioula, 142
Douala, 30, 199, 200, 202, 211, 212

Egypte, 53, 73, 136
Ekonda, 204
Ethiopie, 39, 53, 63, 79, 107, 176, 177, 183, 185, 186, 187, 189, 296, 309, 324, 347, 350, 356, 373, 379, 381, 383, 384, 396, 398, 416, 424, 445
Ewe, 145, 150, 405
Ewondo, 143, 148

Fang, 199, 200, 202, 211, 212

Gabon, 42, 58, 107, 135, 172, 176, 178, 183, 185, 186, 188, 189, 196, 243, 376, 383, 396, 398, 407, 408, 428, 429, 437, 438, 440, 446, 453, 455, 467
Gambie, 107, 171, 176, 178, 183, 185, 186, 188, 189, 321, 383, 384, 396, 398, 429, 437, 439, 440, 445, 447, 453
Ghana, 31, 42, 45, 55, 66, 107, 114, 115, 116, 117, 118, 123, 124, 126, 128, 135, 138, 145, 146, 150, 151, 152, 153, 154, 155, 178, 183, 185, 186, 187, 189, 223, 224, 225, 230, 241, 244, 245, 246, 282, 291, 294, 296, 299, 312, 314, 318, 321, 322, 324, 325, 326, 337, 339, 344, 347, 352, 372, 373, 377, 383, 384, 396, 398, 405, 406, 407, 408, 425, 432, 434, 438-40, 442, 445, 449, 450, 453, 455, 456, 461, 492
Guinée, 58, 107, 176, 183, 185, 186, 187, 189, 241, 252, 280, 377, 383, 437-40, 445, 453, 492
Guinée Bissau, 107, 178, 183, 185, 186, 188, 189, 241, 383, 438-40, 445
Guinée Equatoriale, 108, 176, 183, 185, 186, 188, 189, 295, 378, 383, 398, 422, 437, 439, 440, 446

Haoussa, 30, 199, 200, 202, 211, 212
Haute-Volta, *voir* Burkina
Havu, 142, 143

Ikale, 143

Kamba, 315
Kenya, 25, 27, 28, 31, 39, 52, 54, 62, 63, 79, 108, 114, 115, 117, 118, 122, 123, 124, 125, 126, 128, 135, 139, 145, 146, 151, 152, 153, 154, 155, 158, 175, 178, 183, 185, 186, 187, 189, 223, 224, 225, 229, 230, 242, 244, 245, 246, 282, 286, 287, 288, 289, 290, 291, 304, 314, 315, 318, 320, 321, 322, 324, 325, 326, 347, 352, 353, 372, 378, 381, 383, 384, 398, 411, 424, 431, 437-40, 445, 455, 457, 461, 490, 491
Kusasi, 145

Lesotho, 27, 31, 39, 108, 126, 127, 128, 139, 141, 146, 151, 152, 153, 154, 155, 177, 183, 185, 186, 188, 189, 223, 224, 242, 282, 296, 314, 321, 322, 324, 325, 326, 353, 373, 379, 380, 381, 383, 398, 438-40, 446, 461
Liberia, 108, 135, 177, 183, 185, 186, 188, 189, 225, 241, 244, 245, 246, 321, 322, 383, 384, 398, 428, 437-40, 445, 453
Lowilli, 145, 148
Lulua, 198, 200, 205
Lybie, 73

Madagascar, 64, 108, 183, 185, 186, 187, 189, 286, 287, 288, 289, 290, 294, 304, 353, 354, 356, 360, 383, 384, 396, 398, 437-40, 445
Mafa, 80
Malawi, 39, 108, 135, 175, 176, 183, 185, 186, 187, 189, 229, 242, 280, 373, 379, 380, 383, 384, 396, 398, 438-40, 445, 447
Mali, 39, 55, 108, 135, 142, 158, 179, 183, 185, 186, 187, 189, 242, 244, 245, 246, 287, 288, 289, 290, 303, 313, 317, 327, 328, 342, 353, 354, 356, 357, 358, 360, 376, 377, 383, 384, 398, 402, 406, 438-40, 445, 453, 455, 492
Maroc, 73, 136
Maurice, 34, 79, 108, 175, 183, 185, 186, 188, 189, 279, 280, 286, 287, 288, 289, 290, 294, 297, 305, 306, 383, 384, 396, 437-40, 445, 488
Mauritanie, 39, 73, 108, 155, 178, 179, 183, 185, 186, 188, 189, 241, 244, 245, 246, 376, 377, 383, 384, 396, 399, 424, 437-40, 445, 453, 461
Mbeere, 147

Mongando, 204
Mongo, 30, 198, 200, 203, 204, 205, 206
Mossi, 100
Mozambique, 39, 56, 62, 108, 183, 185, 186, 187, 189, 229, 242, 246, 353, 357, 359, 361, 373, 378, 379, 380, 383, 384, 399, 437-40, 445, 492

Namibie, 108, 225, 243, 383, 399, 406
Ndebele, 225
Niger, 108, 135, 175, 179, 183, 185, 186, 187, 189, 242, 352, 357, 360, 383, 384, 402, 406, 424, 438-40, 445, 453
Nigéria, 24, 25, 39, 42, 55, 58, 79, 80, 97, 99, 100, 102, 108, 114, 115, 135, 143, 145, 148, 155, 170, 175, 177, 183, 185, 186, 187, 189, 225, 241, 282, 286, 287, 288, 289, 290, 292, 294, 296, 303, 307, 311, 312, 314, 321, 322, 325, 337, 350, 372, 379, 381, 383, 384, 396, 399, 407, 408, 412, 414, 429, 431, 438-40, 445, 451, 461, 472, 490, 491
Nkundo, 204
Ntomba, 204
Nzakara, 30

Ouganda, 54, 79, 108, 170, 178, 183, 185, 186, 187, 189, 242, 337, 350, 352, 372, 378, 381, 383, 384, 396, 399, 424, 437-40, 445

Peuls, 30, 199, 200, 202, 211, 212, 266, 313, 327
Peuls Bande, 32, 252, 253-262, 267-277
Pygmoïdes, 206

Réunion, 34, 79, 108, 280, 286, 287, 288, 289, 290, 305, 383, 446, 447, 455, 488, 490, 491
Rhodésie, *voir* Zimbabwe
Rwanda, 27, 54, 64, 79, 80, 102, 108, 135, 141, 175, 176, 178, 179, 184, 185, 186, 187, 189, 242, 244, 245, 246, 296, 320, 352, 353, 373, 378, 381, 383, 384, 396, 399, 429, 437-40, 446, 455, 461, 467

Sahel, 39, 42, 64, 141, 147, 151, 157, 158, 229, 266, 292, 309, 324, 343, 351, 412
Sao Tomé et Principe, 184, 185, 186, 188, 189, 383, 384, 437, 446
Sénégal, 25, 31, 39, 54, 58, 108, 114, 115, 117, 118, 120, 123, 124, 126, 128, 135, 139, 142, 146, 152, 155, 176, 178, 184, 185, 186, 187, 189, 223, 224, 230, 241, 244, 245, 247, 282, 285, 291, 292, 312, 314, 316, 318, 320, 324, 325, 336, 343, 347, 353, 376, 377, 378, 381, 383, 384, 399, 410, 424, 437-40, 445, 452, 453, 461, 469, 493
Serer, 451, 452
Seychelles, 79, 177, 178, 184, 185, 186, 188, 189, 279, 280, 383, 384, 396, 437-39, 446
Sierra Leone, 108, 157, 177, 184, 185, 186, 188, 189, 322, 347, 354, 355, 383, 384, 399, 428, 437-40, 445
Somalie, 39, 108, 179, 184, 185, 186, 187, 189, 242, 285, 296, 350, 373, 379, 381, 383, 437-40, 446
Soudan, 39, 55, 73, 79, 109, 125, 126, 128, 135, 139, 146, 151, 152, 153, 155, 177, 184, 185, 186, 187, 189, 196, 223, 224, 243, 324, 345, 353, 379, 381, 399, 437-40, 461
St Hélène, 396
Swaziland, 109, 178, 184, 185, 186, 188, 189, 373, 379, 380, 381, 383, 397, 399, 446

Tallensi, 145
Tamasheq, 327
Tanzanie, 39, 42, 52, 79, 109, 135, 175, 177, 184, 185, 186, 187, 189, 229, 230, 242, 247, 291, 294, 295, 299, 345, 350, 352, 354, 359, 372, 378, 381, 383, 384, 397, 399, 409, 413, 415, 416, 437-40, 446
Tchad, 39, 45, 73, 135, 184, 185, 186, 187, 189, 242, 356, 379, 383, 384, 399, 438, 439, 446, 449, 450, 453
Togo, 37, 45, 109, 135, 142, 149, 150, 184, 185, 186, 188, 189, 241, 383, 384, 388, 399, 405, 407, 411, 414, 437-40, 445, 447, 451, 452, 453, 455, 456, 467, 473
Touaregs, 266
Tunisie, 73, 136, 179
Twana, 225

Venda, 225

Wolof, 142, 452

Yaoundé, 30, 199, 200, 202, 211, 212
Yemen du Nord, 83
Yoruba, 119, 142, 145, 147, 148, 153, 158, 160

Zaïre, 30, 31, 40, 54, 79, 91, 93, 102, 109, 135, 150, 153, 157, 177, 179, 184, 185, 186, 187, 189, 192, 196, 198, 200, 201, 203,

204, 206, 208, 209, 210, 211,
213, 224, 225, 230, 243, 247,
313, 318, 340, 346, 350, 352,
355, 356, 359, 364, 372, 378,
381, 383, 384, 397, 399, 429,
437-40, 446, 455, 464, 490
Zambie, 109, 135, 176, 184, 185,
186, 187, 189, 229, 242, 345,
347, 352, 353, 372, 381, 383,
397, 399, 431, 437-40, 446
Zanzibar, 196
Zimbabwe, 39, 109, 135, 158, 184,
185, 187, 189, 243, 296, 341,
350, 353, 354, 358, 372, 373,
380, 381, 383, 384, 399, 437-40,
446

liste des figures

Le premier chiffre indique le numéro du chapitre, le second le numéro du graphique dans le chapitre.

Figure 3.1 : Le poids relatif de l'Afrique sub-saharienne dans le monde de 1950 à 2025.
Figure 3.2 : Accroissement démographique des grands ensembles géo-politiques de 1950 à 2025.
Figure 3.3 : Taux bruts de natalité et de mortalité de 1950 à 2025 ; A-grands ensembles géo-politiques, B-Afrique.
Figure 3.4 : Taux de natalité et de mortalité dans le monde, en Afrique et en Côte d'Ivoire ; A-Tous pays en développement (par période), B-Par région (1975-80), C-Tous les pays d'Afrique Noire (1975-80), D-La Côte d'Ivoire (par milieu et par période).
Figure 3.5 : Taux annuels d'accroissement par grands groupes d'âges ; A-accroissement des jeunes, B-accroissement des personnes âgées.
Figure 3.6 : Evolution de la structure par âge des actifs en Afrique et dans le monde (1980-2000).
Figure 3.7 : Pyramides des âges du Nigeria en 1985 et 2025.
Figure 3.8 : Accroissements relatifs et absolus des populations scolarisables et des personnes âgées au Nigéria et dans quelques autres pays.
Figure 4.1 : Indices synthétiques de fécondité de 1955 à 1985 dans quatre grandes régions du monde.
Figure 4.2 : Evolution de l'indice synthétique de fécondité dans quatre pays sub-sahariens.
Figure 4.3 : Indices synthétiques régionaux de fécondité.
Figure 4.4 : Comparaison des schémas de fécondité par âge d'une population traditionnelle et d'une population en transition.
Figure 4.5 : Evolution par région de la proportion (%) de la descendance réalisée à 25 ans dans la descendance totale.
Figure 4.6 : Intervalles moyens (en mois) entre naissances vivantes selon l'âge des mères, leur milieu d'habitat et leur niveau d'éducation.

Figure 4.7 : Variations des intervalles moyens entre naissances et du nombre moyen d'enfants par niveau d'éducation selon le milieu d'habitat (femmes de 25 à 34 ans).
Figure 7.1 : Carte des ethnies à faible fécondité.
Figure 7.2 : Taux (‰) de fécondité (femmes en union monogame) par groupe de générations et par ethnie au Zaïre.
Carte 8.1 : Aires statistiques.
Carte 8.2 : Proportions de femmes célibataires à 15-19 ans et estimation de leur âge moyen au premier mariage.
Carte 8.3 : Différences d'âges entre époux.
Carte 8.4 : Rapports de polygynie (nombre de femmes mariées sur le nombre d'hommes mariés).
Figure 9.1 : Pyramide des âges de la population Peul Bandé au 1er mars 1980 selon diverses catégories d'état matrimonial.
Figure 9.2 : Variations du nombre moyen de mariages et remariages selon l'âge chez les Peul Bandé en 1980.
Figure 9.3 : Variations selon l'âge des taux d'orphelins de père ou de mère chez les Peul Bandé en 1983.
Figure 9.4 : Nombre de germains et de demi-germains d'un individu et leur répartition selon le ou les parents communs.
Figure 9.5 : Les quatre types de cousins germains et leur différence d'âge moyenne avec ego.
Figure 10.1 : Evolution selon l'âge des rapports des quotients observés à ceux du modèle Ouest.
Figure 10.2 : Evolution selon l'âge des rapports des quotients de mortalité de chaque sexe.
Figure 12.1 : Evolution relative (%) de 1973 à 1980 des dépenses publiques pour la santé, par habitant et par an en monnaie constante, et du rapport personnel de santé/population, dans cinq pays africains (base 100 en 1973).
Figure 16.1 : Evolution de la taille moyenne des ménages entre 1960-70 et 1970-80.
Figure 16.2 : Evolution de la proportion des ménages de plus de six personnes.

liste des tableaux

Le premier chiffre indique le numéro du chapitre, le second le numéro du tableau dans le chapitre. Les tableaux dont les numéros sont précédés de la lettre A se trouvent en annexe du chapitre concerné.

Tableau 3.1 : Répartition des 48 pays de l'Afrique au sud du Sahara selon le volume de leur population et leur densité en 1950, 1980 et 2025.

Tableau 3.2 : Taux bruts (‰) de natalité et de mortalité régionales au Cameroun et au Zaïre.

Tableau 3.3 : Mouvements naturels et structures par âges de la Côte d'Ivoire (1978-79).

Tableau A.3.1 : Effectifs de population et mouvements naturels pour l'ensemble de l'Afrique au sud du Sahara de 1950 à 2025.

Tableau A.3.2 : Taux annuels moyens (p. 1000) d'accroissement de la population de 1950 à 1980, par grands groupes d'âges et aires géo-politiques.

Tableau A.3.3 : Données sur la population d'âge actif (15-64 ans) de 1980 à 2000.

Tableau A.3.4 : Densités, taux bruts (‰) de natalité, de mortalité et d'accroissement naturel en 1980-85 et populations totales en 1965, 1985, 2005 et 2015 pour 44 pays sub-sahariens.

Tableau 4.1 : Indices synthétiques régionaux de fécondité dans six pays.

Tableau 4.2 : Intervalles moyens (en mois) entre naissances vivantes, par pays, selon l'âge des mères, leur milieu d'habitat et leur niveau d'éducation.

Tableau A.4.1 : Indices synthétiques de fécondité pour un certain nombre de pays dans le monde de 1950 à 1984.

Tableau A.4.2 : Intervalles moyens (en mois) entre naissances vivantes, dans huit pays, selon l'âge des mères, leur éducation et leur région de résidence.

Tableau 5.1 : Durée moyenne (en mois) de l'abstinence post-partum, de l'allaitement et de l'aménorrhée dans huit pays africains.

Tableau 5.2 : Rapport des durées d'abstinence, d'allaitement et d'aménorrhée par instruction (illettrées = 100) et par milieu d'habitat (rural = 100).

Tableau 5.3 : Proportions de femmes mariées (tous âges) connaissant et utilisant la contraception.

Tableau 6.1 : Perceptions gouvernementales (%) des niveaux actuels de la fécondité en 1976 et 1983.

Tableau 6.2 : Politiques gouvernementales (%) en matière de fécondité en 1976 et 1983.

Tableau 6.3 : Politiques d'accès (%) aux méthodes modernes de contraception en 1976 et 1983.

Tableau A.6.1 : Les pays africains selon qu'ils ont fait ou pas une déclaration officielle à la conférence d'Accra (1971) et à la conférence d'Arusha (1984).

Tableau A.6.2 : Perceptions des gouvernements (en 1983) de leur niveau de fécondité actuelle selon leur politique d'intervention, selon leur politique en matière de contraception moderne et selon leur fécondité en 1980-85.

Tableau A.6.3 : Idem tableau A.6.2 pour 1977.

Tableau A.6.4 : Classement des pays selon leur population en 1985, selon la perception de leur niveau de fécondité et selon leur politique d'intervention en matière de fécondité.

Tableau A.6.5 : Répartition des pays selon le statut légal et les critères d'autorisation pour l'avortement et la stérilisation.

Tableau 7.1 : Proportions (%), selon l'âge et l'ethnie, de femmes infécondes en milieu rural parmi les femmes actuellement en union - Zaïre, 1975-77.

Tableau 7.2 : Proportions (%), selon l'âge et l'ethnie, de femmes infécondes parmi les femmes actuellement en union - Cameroun, 1978 -

Tableau 7.3 : Proportions (%), selon l'ethnie et l'âge actuel, de femmes qui sont demeurées infécondes au cours des cinq premières années de mariage (femmes toujours en première union) - Cameroun, 1978 -

Tableau 7.4 : Proportions (%), selon l'âge et l'ethnie, de femmes infécondes parmi les femmes encore en première union - Cameroun, 1978 -

Tableau 7.5 : Comparaison du pourcentage de femmes infécondes selon le groupe d'âge dans quelques tribus de la Cuvette Centrale (Zaïre) en 1955-57 et en 1975-77.

Tableau 7.6 : Proportions (%), selon l'âge et l'ethnie, de femmes infécondes parmi les femmes mariées plus d'une fois - Cameroun, 1978 -

Tableau 7.7 : Nombre moyen d'enfants nés-vivants parmi les femmes mariées au moins une fois - Cameroun, 1978 -

Tableau 8.1 : Proportions (%) de premiers mariages qui se sont terminés par un divorce ou un veuvage selon la durée du mariage - moyenne pour six pays, femmes âgées de 15 à 50 ans -

Tableau 8.2 : Proportions (%), pour les femmes, de premiers mariages qui se terminent par un veuvage ou un divorce et proportions de femmes qui se remarient.

Tableau 8.3 : Proportions de variance expliquée par des indicateurs d'organisation sociale et par l'instruction féminine pour quatre variables de nuptialité.

Tableau A.8.1 : Evolution récente des proportions (%) de femmes célibataires à 15-19 et 20-24 ans dans onze pays africains.

Tableau A.8.2 : Evolution récente des proportions (%) d'hommes célibataires à 20-24 et 25-29 ans dans onze pays africains.

Tableau A.8.3 : Evolution récente de quelques indicateurs de polygynie dans quatorze pays africains.

Tableau 9.1 : Les rythmes de reproduction des hommes et des femmes chez les Peul Bandé du Sénégal.

Tableau 9.2 : Nombre moyen de germains (frères et soeurs) et de demi-germains (demi-frères et demi-soeurs) d'un individu et leur répartition selon le ou les parents communs.

Tableau 10.1 : Quelques estimations du taux d'enregistrement des décès dans douze enquêtes africaines.

Tableau 10.2 : Comparaison de données de mortalité aux jeunes âges selon le type d'enquêtes et selon les sources (quotients de mortalité de 0 à 1 an et de 1 à 5 ans).

Tableau 10.3 : Espérances de vie à la naissance (en années) selon le continent ou la région en Afrique.

Tableau 10.4 : Espérances de vie à la naissance par sexe dans sept pays.

Tableau 10.5 : Evolution des espérances de vie à la naissance à Maurice.

Tableau A.10.1 : Quelques tables de mortalité lissées (ensemble des deux sexes) - sept pays -

Tableau A.10.2 : Quelques répartitions de décès par cause ; 1-Maurice, 2-Cameroun, 3-Nigeria, 4-Burkina Faso et Bénin.

Tableau 11.1 : Rapport (%) pour six pays du quotient de mortalité néonatale des mères d'un groupe d'âges quinquennal donné à celui des mères âgées de 20 à 29 ans.

Tableau 11.2 : Evolution du risque relatif de mortalité néonatale selon le nombre d'enfants nés dans les deux années qui précèdent la naissance (base 100 pour aucun enfant).

Tableau 11.3 : Mortalités infantile et juvénile selon le niveau d'instruction des mères - cinq pays -

Tableau 11.4 : Surmortalité ou sous-mortalité des enfants selon l'activité et le statut professionnel de la mère - six pays -

Tableau 11.5 : Mortalité des enfants (‰) selon le lieu de résidence de la mère dans six pays.

Tableau 12.1 : Taux d'accroissement en Afrique du nombre de lits d'hôpitaux entre 1950 et 1980.

Tableau 12.2 : Proportions des accouchements en maternités selon le milieu d'habitat.

Tableau 12.3 : Subsides gouvernementaux à la "zone de santé" de Kasongo (Zaïre) de 1981 à 1985.

Tableau 13.1 : Evaluation (vers 1975) du nombre (en milliers) de nationaux d'origine étrangère dans huit pays d'Afrique de l'Ouest.

Tableau 13.2 : Origine (de 1966 à 1978) des travailleurs africains en Afrique du Sud employés dans des entreprises affiliées à la Chambre des Mines.

Tableau 13.3	:	Estimation par pays du nombre de refugiés.
Tableau 13.4	:	Proportions (%) de population considérée comme urbaine dans les pays africains en 1975 et 1985.
Tableau 13.5	:	Nombre de femmes pour 100 hommes dans les populations urbaines de 32 pays sub-sahariens.
Tableau A.13.1	:	Définitions à la base des statistiques d'immigration internationale dans 20 pays sub-sahariens.
Tableau A.13.2	:	Définitions du milieu urbain en Afrique.
Tableau 15.1	:	Proportions du travail fourni par les hommes et par les femmes dans diverses tâches agricoles.
Tableau 15.2	:	Temps consacré à la recherche de l'eau en Afrique.
Tableau A.15.1	:	Dispositions légales en matière d'égalité entre sexes dans 34 pays.
Tableau A.15.2	:	Ratifications par les Etats africains membres des Conventions Internationales du travail qui concernent les femmes.
Tableau A.15.3	:	Taux par sexe d'analphabétisme et de scolarisation secondaire et supérieure dans 38 pays.
Tableau A.15.4	:	Diverses mesures de la précocité de la nuptialité et de la fécondité dans 42 pays.
Tableau 16.1	:	Taille moyenne des ménages et pourcentage de ménages isolés et de ménages de plus de six personnes en 1960-70 et 1970-80.
Tableau 16.2	:	Composition des ménages dans quelques pays.
Tableau 16.3	:	Répartition des ménages (%) selon le statut matrimonial du chef de ménage (Togo, Cameroun), l'ethnie et la résidence rurale ou urbaine (Sénégal).
Tableau 16.4	:	Concessions et ménages. Quelques statistiques des dernières observations disponibles en la matière.
Tableau 16.5	:	Proportions des chefs de ménages féminins pour 100 ménages dans quatorze pays.
Tableau 16.6	:	Ecarts d'âge entre époux et proportions des épouses en union polygame dans onze pays.
Tableau 16.7	:	Proportions (%) des femmes de 15 à 24 ans qui se sont mariées avant 15 ans et proportions des femmes déjà mères de famille à 15-19 et 20-24 ans (six pays).

Tableau 17.1 : Effectifs et accroissement des populations par grande région de 1980 à 2000.

Tableau 17.2 : Taux (%) d'accroissement annuel moyen de quelques indicateurs de production alimentaire.

Tableau 17.3 : Taux (%) régional en Afrique d'accroissement annuel moyen de quelques indicateurs démographiques et agricoles.

Tableau 17.4 : Accroissement global (%) de 1980 à 2000 des jeunes (0-14 ans) et des vieux (60 ans et plus).

Tableau 17.5 : Proportions de la population urbaine et accroissement des populations urbaine et rurale de 1980 à 2000.

Tableau 17.6 : Effectifs (en millions) et accroissement (%) de la main-d'oeuvre de 1980 à 2000.

Tableau 17.7 : Parts relatives (%) des jeunes (moins de 15 ans) et des vieux (65 ans et plus) par rapport à la population en âge d'activité (15-64 ans) en 1980 et 2000.

table des matières

	page
Remerciements	5
Introduction générale	7
Sommaire	12

Chapitre 1 : Réalités démographiques et sociales de l'Afrique d'aujourd'hui et de demain, une synthèse — 17

D. TABUTIN

1 - Quelques réflexions et généralités préalables	17
2 - Le passé démographique de l'Afrique : indispensable pour comprendre la situation actuelle	21
3 - Une croissance démographique sans précédent depuis 1950	22
4 - La fécondité la plus élevée du monde	24
5 - Des mécanismes traditionnels d'espacement des naissances à la contraception : un pari pour l'avenir	26
6 - Une sensible évolution des positions des gouvernements en matière de planification familiale	28
7 - Un problème que l'on ne peut oublier : la forte stérilité dans certaines populations	29
8 - Le mariage : une institution universelle mais aux multiples visages	30
9 - La polygamie : une forme toujours importante de mariage	32
10 - La mortalité : des progrès plus lents que prévu	33
11 - La survie des enfants : une situation préoccupante	35
12 - Des politiques de santé à la hauteur des problèmes ?	36
13 - Les migrations et l'urbanisation : une composante des stratégies de survie	39
14 - Le quasi-échec des politiques de répartition de la population	40
15 - Les femmes : un rôle essentiel, un statut à améliorer	42
16 - Une adaptation des structures familiales aux réalités socio-économiques	44

17 - L'alimentation et l'emploi : deux problèmes prioritaires	47
18 - Et pour demain, quelles perspectives ?	49

Chapitre 2 : Les populations africaines du passé — 51

C. COQUERY-VIDROVITCH

1 - Les facteurs écologiques	51
Les variations climatiques de longue durée	51
Les "révolutions agricoles"	53
2 - Un facteur externe : les traites négrières	55
Les chiffres d'exportation	55
Les incidences démographiques globales de la traite	56
Les effets démographiques différentiels	57
Les disparités régionales	58
Les effets induits, politiques et sociaux	59
3 - La colonisation : commerce et épidémies	60
Les grandes endémies	60
Les épidémies	63
Les effets démographiques de la colonisation	65
4 - Le bilan démographique	66
Des origines au XVIème siècle : un accroissement ancien mais modéré de la population	66
Depuis le XVIème siècle : des accidents démographiques accentués	68
Bibliographie	69

Chapitre 3 : La transition démographique africaine, bilan depuis 1950 et perspectives — 73

Ph. FARGUES

1 - La part croissante de l'Afrique dans la population du globe	73
2 - Explosion démographique, explosion des inégalités de densité	77
3 - Le "retard" de l'Afrique : transition plus lente ou baisse accélérée de mortalité ?	83
4 - Indépendance entre mortalité et natalité ?	87
5 - Diversité sociale, diversité régionale des transitions	90
6 - Jeunesse des structures par âge et croissance des populations à charge, jeunes et vieux	93

7 - Quelques conclusions	101
Bibliographie	102
Annexe statistique	104

Chapitre 4 : Niveaux et tendances de la fécondité   111

R. SCHOENMAECKERS

1 - Introduction	111
2 - La variabilité des niveaux de fécondité	114
3 - L'évolution des schémas par âge de la fécondité	120
4 - La précocité de la fécondité	122
5 - Les différences en matière d'intervalles entre naissances	125
6 - Quelques remarques finales	130
Bibliographie	132
Annexe statistique	135

Chapitre 5 : Les pratiques traditionnelles ou modernes des couples en matière d'espacement ou d'arrêt de la fécondité   141

E. et F. VAN DE WALLE

1 - En guise d'introduction	141
2 - L'abstinence et l'espacement entre naissances	144
3 - Les différentes fonctions attribuées à l'abstinence	147
4 - L'allaitement	150
5 - La contraception : le problème des données	154
6 - Les pratiques contraceptives traditionnelles	156
7 - Les pratiques contraceptives modernes	158
8 - Les comportements d'arrêt de la fécondité	160
9 - Conclusion	161
Bibliographie	161

Chapitre 6 : Les positions et politiques gouvernementales en matière de fécondité et de planification familiale   167

J. CHAMIE

1 - Une vue d'ensemble	169
2 - Une évolution des idées au niveau des gouvernements	170

3 -	Comparaison entre l'Afrique et les autres régions	171
4 -	Options et politiques nationales	175
5 -	Quelque changement d'options entre 1977 et 1983	176
6 -	Prises de positions, politiques et taille des pays	177
7 -	Peu de pays à vouloir véritablement freiner leur croissance démographique	178
8 -	Des législations plutôt restrictives pour l'avortement et la stérilisation	179
9 -	Quelques conclusions	180
	Bibliographie	181
	Annexe statistique	183

Chapitre 7 : L'infécondité de certaines ethnies   191

M. SALA-DIAKANDA

1 -	Tout d'abord, qu'est-ce que l'infécondité ?	192
2 -	Un problème historique et ethnique	194
3 -	Un phénomène encore très important dans certaines ethnies	196
4 -	Une évolution variable de l'infécondité, avec une tendance à la baisse	201
5 -	Un phénomène socio-pathologique	203
6 -	Quelques facteurs d'explication du déclin de l'infécondité	207
7 -	Conséquences et implications pour les politiques de population	209
8 -	Synthèse	214
	Bibliographie	215

Chapitre 8 : Caractéristiques et tendances du mariage   217

G. KAUFMANN, R. LESTHAEGHE et D. MEEKERS

1 -	Introduction	217
2 -	Mesures et définitions des indicateurs	219
3 -	Quelques facteurs démographiques influençant la polygynie	220
4 -	Divorce, veuvage et remariage	222
5 -	Les schémas régionaux de nuptialité	224
6 -	L'évolution des âges au mariage et de la polygynie	229
	Les âges au mariage	230
	La polygynie	230

7 - Quelques éléments d'explication des différences régionales de nuptialité — 231
8 - Conclusion — 236

Bibliographie — 237
Annexes (cartes et statistiques) — 240

Chapitre 9 : Polygamie, fécondité et structures familiales — 249

G. PISON

1 - Les conditions démographiques de la polygamie — 250
    Des explications fantaisistes — 250
    Les difficultés d'étude du mariage — 251
    L'écart d'âge au mariage entre hommes et femmes — 253
    Les autres facteurs démographiques — 255
2 - Les changements fréquents de situation matrimoniale — 259
3 - La polygamie et la fécondité — 262
    Le niveau individuel — 263
    Le niveau collectif — 265
4 - La famille et la parenté dans les sociétés polygames — 267
    Les rythmes de reproduction des hommes et des femmes — 267
    Une parenté asymétrique — 268
    Des mariages privilégiés — 275
5 - Conclusion — 277

Bibliographie — 278

Chapitre 10 : Les tendances et causes de la mortalité — 279

D. WALTISPERGER

1 - Introduction : un manque persistant de données — 279
2 - Le niveau de mortalité : une évolution inquiétante — 281
3 - Les structures de la mortalité selon l'âge et le sexe — 285
    Les structures par âge — 285
    Les différences entre sexes — 286
    En définitive... — 289
4 - La mortalité : un risque inégalement partagé — 291
5 - De quoi meurt-on en Afrique ? — 292
    Problèmes d'observation et de définition — 292
    Principales causes de décès et causes principales de maladie — 294
    Les actions entreprises — 296

Chapitre 11 : Morbidité, malnutrition et mortalité des enfants 309

E. AKOTO et A. HILL

6 - Une nouvelle perception du problème : un espoir pour l'avenir	298
Bibliographie	299
Annexe statistique	302

1 - Introduction : une profusion de causes	309
2 - Des causes de décès : allusions et illusions	310
L'âge et la fécondité de la mère	311
L'intervalle entre naissances vivantes	313
Le niveau d'éducation des parents	315
L'accès et l'utilisation des services sanitaires	316
3 - Les facteurs de la mortalité selon l'âge	317
La mortalité du premier mois de vie	317
La mortalité entre 1 et 6 mois	319
La mortalité entre 6 mois et 3 ans	323
4 - La mortalité selon le milieu d'habitat	324
5 - L'importance des facteurs socio-culturels	327
6 - Conclusion	328
Bibliographie	329

Chapitre 12 : Les politiques de santé 335

W. Van LERBERGHE et K. Asila PANGU

1 - De la colonisation à la première guerre mondiale : santé militaire et santé des colons	335
2 - De la première guerre mondiale aux indépendances : santé urbaine et lutte contre les grandes épidémies	337
3 - Des indépendances à Alma Ata : la lente émergence des soins de santé primaires	341
4 - Le post-Alma Ata : le fossé entre discours et réalités	350
5 - Le foisonnement des petits projets	356
6 - Le manque de politiques nationales cohérentes	358
7 - La dérive vers les "soins sélectifs"	361
8 - Et demain ?	363
Bibliographie	364

Chapitre 13 : Migrations et urbanisation 369
    J. GREGORY

1 - Un peu d'histoire des mouvements de population 369
    Les mouvements forcés de population : la traite esclavagiste 370
    Les conquêtes et pénétrations coloniales de 1880 à 1945 371
    L'accélération des migrations spontanées depuis 1945 372
2 - Le défi des définitions et des données 373
    L'ambiguïté des définitions 374
    Le problème des données 375
3 - Les migrations récentes : une synthèse 375
4 - L'urbanisation 382
5 - Quelques dimensions des migrations en Afrique 385
    Migrations et structures familiales 386
    Migrations et rapports entre sexes 387
    Mobilité et classe sociale 389
    Relations entre communautés d'origine et d'arrivée 389
6 - En guise de conclusion 390

Bibliographie 391
Annexe 396

Chapitre 14 : Les politiques gouvernementales de migration ou de répartition de la population 401
    A. QUESNEL

1 - Introduction : quelles politiques face aux inégalités de répartition de la population ? 401
2 - Les politiques de migrations internationales : entre le laissez-faire et la coercition 405
3 - Les politiques de répartition interne de la population : des mesures sectorielles aux conséquences mal contrôlées 408
    Des politiques d'aménagement du territoire accélérant la macrocéphalie urbaine 409
    Des politiques de développement rural pour redistribuer la population 413
4 - En conclusion : de ces échecs aux politiques de limitation des naissances 417

Bibliographie 418

Chapitre 15 : Les femmes africaines : des épouses, des mères et des travailleuses 421

Ch. OPPONG

1 - Des progrès en matière législative 422
2 - Une éducation féminine insuffisante, un mariage rapide et une fécondité précoce 423
3 - Les emplois féminins : peu qualifiés et peu nombreux en dehors de l'agriculture 425
4 - Les femmes dans l'agriculture : une sous-estimation de leur rôle 429
5 - Les travaux domestiques : une tâche considérable 431
6 - De cette situation de la femme aux stratégies de fécondité 433

Bibliographie 434
Annexe statistique 437

Chapitre 16 : Structures familiales et changements sociaux 441

Th. LOCOH

1 - Introduction 441
2 - Familles africaines et statistiques : une confrontation difficile 443
    La taille des ménages 447
    Les types de ménages et de familles 449
    Les ménages dans les concessions 451
    Les chefs de ménage 454
3 - La circulation des enfants et des individus 455
4 - Clés pour l'analyse des structures familiales 458
5 - Quels changements dans les structures familiales ? 463
    La baisse de la mortalité 463
    Les nouveaux modes de production et d'accès aux revenus 466
    La migration et l'urbanisation intenses 468
    La scolarisation croissante 470
    Les nouveaux modèles familiaux 472
6 - Les familles africaines de demain 474

Bibliographie 476

Chapitre 17 : Population, alimentation et main-d'oeuvre — 479

I. POOL

1 - Une réalité complexe — 479
2 - Le problème classique des données — 481
3 - Croissance démographique et alimentation — 482
4 - La main-d'oeuvre — 488
5 - Quelques aspects de l'emploi — 491
6 - Conclusion — 494

Bibliographie — 495

Chapitre 18 : L'Afrique du 21ème siècle — 497

A. BAHRI

1 - Projecteurs sur le siècle prochain — 498
2 - La boule de cristal et l'Afrique — 501
3 - Evolution socio-économique et politique — 503
4 - L'Afrique au jeu de go — 507
5 - Conclusion — 510

Bibliographie — 511

Annexes

Notes sur les auteurs — 513
Index des matières — 519
Index des auteurs — 525
Index géographique et ethnique — 529
Liste des figures — 535
Liste des tableaux — 537
Table des matières — 543

Achevé d'imprimer
sur les presses de
l'Imprimerie Graphique de l'Ouest
Le Poiré-sur-Vie (Vendée)
Dépôt légal : Septembre 1988
N° d'imprimeur : 8137